本課題的研究曾獲江蘇省社會科學基金(0805109)和江蘇省
高校社會科學基金(0805064)資助;
本書出版得到南京師範大學文學院漢語言文字學學科資助。

北朝通語語音研究

劉冠才　著

中　華　書　局

圖書在版編目(CIP)數據

北朝通語語音研究/劉冠才著. —北京:中華書局,2020.1
ISBN 978-7-101-12236-7

Ⅰ.北… Ⅱ.劉… Ⅲ.古漢語–方言研究–中國–北朝時代
Ⅳ.H171

中國版本圖書館 CIP 數據核字(2016)第 251685 號

書　　名	北朝通語語音研究
著　　者	劉冠才
出版發行	中華書局
	(北京市豐臺區太平橋西里 38 號　100073)
	http://www.zhbc.com.cn
	E-mail:zhbc@zhbc.com.cn
印　　刷	北京瑞古冠中印刷廠
版　　次	2020 年 1 月北京第 1 版
	2020 年 1 月北京第 1 次印刷
規　　格	開本/710×1000 毫米　1/16
	印張 24¼　插頁 2　字數 410 千字
印　　數	1-1500 册
國際書號	ISBN 978-7-101-12236-7
定　　價	86.00 元

目　録

序

竺家寧

　　劉冠才先生是海峽兩岸著名的音韻學家，在臺灣不論是資深的學者們或是年輕的研究生、博士生，對於劉先生都並不陌生，劉先生在音韻學方面的論著，臺灣的圖書館裏、學術網站上都很容易找到。

　　劉先生的著作十分豐碩，他對於上古聲母、《古書疑義舉例》《顏氏家訓》都曾經從音韻學的角度進行了深入的研究，又透過北朝的一些語料發表了多篇論文，包含《周書》《魏書》《北齊書》，由這些資料中所蘊含的聲韻現象，分析了當時許多語音特點，這樣的研究工作爲當時的語音變遷做了十分細緻而完整的描述，也可以看出劉先生在研究工作上的前後相承，表現了一貫性與連續性，因而總能對問題的本質做出很好的詮釋。

　　近來劉先生又完成了他的大作《北朝通語語音研究》，這部書的焦點在於漢語語音史的斷代研究，這種斷代研究是近代聲韻學的一個重要發展方向。我們都瞭解，音韻學是一個立體的學科，縱貫漢語的兩千年歷史，對於每個階段的音韻特色和演化規律，我們必須進行深入而細緻的探索，把每個時代的變化説出來。劉先生的論著不僅僅做了嚴格的斷代，同時也界定了空間上的差異，把關注的重心放在北朝的語音研究上。在音韻史的領域上，這是一個極有意義的工作。特別是南北朝正值中國大分裂的時代，當時留存的語料表現了"各有土風、遞相非笑"的局面，劉先生的論著更注意到了這個時期共同語的發展狀況，透過這樣的著作和研究，把這個分裂時代，南北各地在不同的語音背景下如何向漢民族共同語發展，其間的脈絡痕迹做了深入的探索。劉先生引用了魯國堯先生提出的"南朝通語"和"北朝通語"的概念，説明了金陵、洛陽語音之間既有聯繫、又有區別的狀況，由此也爲《切韻》音系的性質問題提供了一條嶄新的思路，使我們能够更確切地瞭解"南北是非,古今通塞"的意義内涵。

　　劉先生在整個章節布置上表現了一絲不苟的嚴謹治學態度。例如論及北朝時期魚虞模尤侯幽歌戈麻九韻的關係,劉先生曾來函討論,認爲《廣韻》中的許多相關韻在韻文中的通押情况複雜,若分開敘述,則前後互見之處太多,顯得重複囉嗦;若將相關的韻放在一起敘述,又使各個章節之間比例失調。但是爲了避免重複,還是儘量把相關的韻放在一起敘述了。原稿是將魚虞模與尤侯幽六韻放在一起的,但劉先生又發現歌戈麻與魚虞模也有交叉,最後把九韻放在一起討論,並通過在本節最後的結論突出南北及不同時代的語音差異。由此可以看出劉先生用功之勤,在治學態度上給年輕的後學樹立了很好的典範。

　　在全書的架構上,劉先生具體地討論了北朝時期的聲韻母系統,描述其間的發展變化,韻母方面又按照韻尾的類型,從陰、陽、入三個角度切入,客觀地呈現了北朝時期的音韻面貌。最後,劉先生更討論了北朝時期的聲調問題,由《顔氏家訓》《齊民要術》等文獻觀察分析,確切地描述了北朝語音的特色,這些都在學術史上具有重要的參考意義和價值。

竺家寧序於臺北内湖居

2015 年 10 月 30 日

序

李　開

  魯國堯教授 2002 年、2003 年在《中國語文》發表題爲《顏之推謎題及其半解》的長篇論文，以擬"哥德巴赫猜想"之類，十分引人注目。此亦可謂宗德國哲人提出的"問題意識"，但"謎題、難題"顯然要比"問題"重大得多，解決起來困難得多。魯著把《顏氏家訓・音辭篇》"南染吳越，北雜夷虜，皆有深弊，不可具論"四句話命名爲"顏之推謎題"，並簡化爲"南北語深弊論"。文中結合方言史和移民史重點對其中的"南染吳越"進行破解，北語暫付闕如，故謂之"半解"。文章借助梅耶的歷史比較法的語彙，提出公元 4 世紀的"語言入侵"是造成"南染吳越"的根本原因。問題是時代的聲音，魯著提出問題，在高層次上"半解"問題，對在特定的時代研究語音史上的重大課題是有引領作用的。要是着意另"半解"的"北朝通語"，或者説要把劉君新著《北朝通語語音研究》納入一個預設的形上性的邏輯系統，以更好地把握全書，我願推劉著是"顏之推謎題"另"半解"研究的學理邏輯式。本來，原子事實從根本説是邏輯事實（維特根斯坦），故集大量考據個別形態的原子經驗事實應是邏輯事實，現在從已成之著論返回到語音史實的觀照，意欲"處處扶向路"，今以揭示其内在邏輯爲途轍，當是一法門。

  其一，關於北朝通語的聲母系統。書中以《顏氏家訓》《魏書》等北朝史書、《齊民要術》中的語音材料爲基礎語料展開對象研究。原始語料總是以散見的個別形態呈現，收集、整理、辨析、分類，爬羅剔抉，汰盡雜色，理據與史實對應等，即所謂考據學的工夫是不可少的。《音辭篇》圍繞《切韻》音系性質的研究，歷來引人注目，但往往因先入之見"單一音系"還是"綜合音系"影響了對材料的判斷和使用，而對於反映南北朝時期南北聲母的差異，則因課題的缺位幾乎從未引起重視。文中舉出《音辭篇》中 8 條,以窺見南北朝後期南北聲母特點。第 1 條是"其謬失輕微者,則南人以'錢'爲'涎',以'石'爲'射',以'賤'爲'羨',以'是'爲'舐'"。第 3 條是"璵璠,魯之寶玉。當音'餘煩',江南皆音'藩屛'之'藩'"。至於《書證篇》中的語音材料也有 8 條,更爲學界失察。如第 3 條:"《漢書》云:'中外提福。'"對材料分析的方法是共同的:列出《切韻》的反切,輔以《唐韻》的反切,並見聲紐、等、韻部,在此基礎上作出比較,最後得出結論,如説:"就聲母方面而論,以'錢'爲'涎'和以'賤'爲'羨'反映的是南人齒音從邪不分,以'石'爲'射'和以'是'爲'舐'反映的是南人舌音船禪不分。換個角度説,北人在聲母方面齒音從邪能分,舌音船禪能分。"由反切還可發現問題本身的綜合及其多彩、複雜和矛盾交織,如上舉《音辭篇》第 3 條材料,據陸德明《經典釋文·左傳音義》"璠,又方煩反"不好斷定江南"璠"字有幫母(非母)音,而顧野王的《玉篇》"璠,音甫園反"則可證明江南"璠"字亦有幫母(非母)一讀。顧野王和稍後的陸德明都是吳人,或者可以解釋爲南朝通語"璠"讀幫母(非母)字,正是顏之推表述的"璠"江南皆音"藩屛"之"藩"的依據,而陸德明的又音和顧野王之音,則表明"璠"在當時的吳方言中確與《切韻》音一致。從前有人認爲《切韻》是據吳音所作,或認爲《切韻》中有吳音,此處即是多彩、交雜的一例。如果統歸於北朝通語的研究,此例與顏之推認定的北音又是一致的,而與江南通語並不一致,可見公元 4 世紀"語言入侵"也十分複雜,需具體情況具體分析。語音史中的反切,有類於達爾文學説中的細胞、馬克思《資本論》中的商品,借此原初性構成,會發現各自的整個世界。反切所攜帶的多方面文化資訊之豐富幾乎是無以倫比的,全書狠抓反切不放,看似平淡無奇,實質把握真諦,恰好中的。不僅爲對象研究所必須,實際上也是問題本身的科學邏輯所決定。常見材料可能習焉不察,經爲我所用後迭顯價值,難得的材料經"采銅"作業而得,就愈發珍貴。例如,作者發現:在《齊民要術》的音注材料中,與聲母有關的 146 條,其中與唇音有關的 18 條,與舌音有關的 51 條,與齒音有關的 38 條,與喉牙音有關的 36 條。另有特殊的音注材料 3 條。祇與唇音並母奉母有關的音注 4 條,其中之一是用輕唇音奉母字爲重唇音並母字注音:卷七《笨麴并酒》第六六,標目"笨"字下小注"符本切"(並/奉混合一上);祇與唇音明母微母有關的音注 5 條,其中用明母字爲明母字注音的 3 條,用微母字爲明母字注音的 1 條,用明母字爲微母字注音的 1 條;祇與滂母敷母有關的音注材料 2 條。綜此,作者認爲,在《齊民要術》音注中,儘管有不少以重唇音爲重唇音注音的情況,但也有不少是以輕唇音爲重唇音注音的情況,甚至還有以重唇音爲輕唇音注音的情況。說明《齊民要術》小注是比較早的,甚至早於《切韻》,很可能就是賈思勰的自注。此外,文中對《齊民要術》音注材料所反映的北朝通語的聲母特點作了專題研究,在三個層次上分別對其唇音、舌音、齒音、喉牙音等作了系統剖析,得出相關結論。凡此種種,正如程千帆先生生前在一次講課中所説:"學術研究就是要搬走那些前進路上的一塊又一塊大石頭。"

其二,北朝通語陰聲韻韻母系統。下分北朝時期歌戈麻魚虞模尤侯幽九韻、支脂之微齊佳皆灰咍九韻以及蕭宵肴豪四韻、祭泰夬廢四韻的分合關係。亞里斯多德有云:學術是關係詞,"相等、相似"都能成爲學術中的關係名詞。揭櫫這四大塊的内在關係,正是在千方百計深入到研究對象中去。其程序和方法在於從該時期的詩文用韻入手,如北周時期,歌戈獨用引王褒《飲馬長城窟》《高句麗》《渡河北詩》、庾信《哀江南賦》《對燭賦》《擬連珠》等詩文韻脚,故呈現出與"其一"不同的内在結構面貌,但其底層仍然是反切分析求解。

其三,北朝通語陽聲韻韻母系統。下分北朝時期東冬鍾江陽唐六韻的關係等四種關係研究之,内在構造同其二。其餘如北朝通語入聲韻韻母系統研究,子史材料反映的北朝時期韻部的一些情況,例皆仿此。

其四,北朝時期詩文用韻異調通押的情況。從《顔氏家訓》、史書材料、《齊民要術》入手,大例仿"其一"。

此外,爲了不使豐碩的考據材料湮没論題,陷於殘碎之事,劉君在討論南北朝韻部發展變化時,於每節末尾均有總結性文字,以便綱舉名目,挈領語料,使讀者一目瞭然。

綜上,拙文試圖尋繹劉著的内在學理邏輯,並由此捫索書中語音史真諦,撮述全書内容大要,脞録成果見聞,指抉閃亮之處,顧拂研究目標的進場路徑,等等。王陽明心學以"良知"須致之於事事物物,唯此方可成聖人之"全",否則祇能是"偏"。全書考據,悉心於聲、等、韻、調,致力於事事物物,以求北朝通語之"全",誠可寶貴。

本書也試圖引用相關活方言的成果據證課題,如書中提到北朝史書多有把"沙門"説成"桑門"的,沙,山紐歌部;桑,心紐陽部。此例正説明北朝時莊組與精組甚近,今洛陽方言還把"沙、桑"二字的聲母都讀成 s-,可參證。這樣的努力是可貴的,但還做得不夠。誠然,以活方言證古有多重難處,它涉及到歷史音韻的層次問題,劉君或於此持謹慎態度,但祇要音理、文獻、當下方音三合一,一般就能説明問題。而這方面的研究餘地甚大，尚祈劉君能做到以活激古，以使古今全盤皆活。應該説，北朝通語的基礎研究是漢語語音史，但它並不就衹是語音範疇，它是社會歷史文化範疇內的課題。它是語音史發展的結果，更是社會歷史文化多種合力作用的結果，甚至可以説它是操不同方言的語言共同體、有着不同利益的社會共同體之間長期博弈的結果。爲此，在將對象研究指向語音史的同時，不可不考慮相關的方方面面，方言就是最靠近的一個方面，也無妨歷史文化的其他方面。

　　還是陽明説得對：小學須有"'收放心'一段工夫"。冠才進入南京師範大學教學科研崗以後，仍孜孜於黌門舊學，且能安營紮寨打陣地戰。在五彩繽紛的商機年代下"收放心"工夫，成就顯著，余讀其文，想其人，由學品而人品，何感欣慰哉！何樂其成務哉！

李開敘於澳門科技大學國際學院

2015 年 3 月

緒　論

一、研究的意義

南北朝時期是中國歷史上最爲混亂的時期之一,也是漢語發展演變最爲劇烈的時期之一。社會動盪,戰爭頻仍,人民大規模遷徙,民族融合,使得東晉南北朝時期南北對立平行發展273年(317—589),從而形成南北各自獨立又相互影響的南北通語。以北朝通語語音研究爲切入點,在深入考察北朝語音特點的同時,探討從三國、西晉到北朝時期的語音變化,南北各地方音的特點,以及它們與通語的關係,對於漢語語音史的研究非常重要。

漢語的發展包括共同語的發展和各地區方言的發展。一般而言,一個民族的共同語應該祇有一個,其餘的方言都是圍繞着共同語並且按着自身的規律在發展變化。南北朝時期則不然,南北長時期對立和平行發展,從而形成了各自獨立的通語。由於南朝通語與北朝通語同根,並且在發展的過程中一方面受到各自所處的地域人文環境影響,同時也有相互影響的因素,使得這一時期的漢語比以往任何一個時期都更爲複雜。從地域上看,現代漢語共同語又是在北朝通語基礎上經過一千多年的不斷演變而發展起來的,所以,北朝通語語音的研究,對於瞭解漢語共同語語音史格外重要。祇有弄清北朝通語語音的發展情況,纔算真正把握了漢語共同語語音的發展史。當然,受材料的限制,北朝語音研究的難度大一些,但祇要有較爲科學的理論指導,材料挖掘得深入,方法得當,這一研究還是會取得一定的成績的。本書希望能在這一方面作一些工作。

古往今來關於《切韻》音系性質的討論,聚訟紛紜,莫衷一是,其中一個主要原因是人們對南朝通語、北朝通語及南北通語和其他方言區的共同之處及各自特點的認識不足。這一方面有材料不足的因素,同時也存在人們對已有材料的處理不十分科學的問題,未能自覺而準確地把有關材料區分爲不同的時期、不同的地域來考察。比如主張洛陽音系説的人,雖然從推理上頭頭是道,肯定《切韻》音系是以洛陽音爲主,但反對者則以"關於洛陽音文獻不足,我們知之甚少,多談無益"駁之;認爲《切韻》是以長安音爲音系基礎的,根據是《切韻》與以長安音爲音系基礎的玄應《一切經音義》的音系差不多(相同者占 90%),反對者則以"不能做一個'差不多'的音韻學家"譏之;綜合音系説認爲《切韻》音系是綜合了古今南北即"兼有古今方國之音",但單一音系論者則以難以確定"古"到什麼時候,"方"在哪裏拒。20 世紀 90 年代初,著名的語言學家魯國堯正式提出南朝通語和北朝通語的概念,用以表示金陵、洛陽這既有聯繫又有區別的兩大標準音系。南朝通語和北朝通語的明確提出,爲漢語史研究,尤其是爲自魏晉至隋唐的漢語史研究指示了門徑,也爲研究解決《切韻》音系性質的問題提供了新的思路。以北朝通語語音爲切入點,深入而系統地探討南北朝時期北朝通語與南朝通語的關係以及通語與方言的關係,從南北朝不同時期、不同方言區的語音狀況來看《切韻》的語音特點,對於理解《切韻》的性質和它的音系基礎是非常重要的。本課題的研究不僅有助於弄清《切韻》是單一音系(如果是單一音系,其音系基礎到底是什麼)還是綜合音系(如果是綜合音系,到底是如何綜合古今南北語音的),同時對於探討《切韻》又音的依據也會有很大的幫助。再有,《切韻》及後來的《廣韻》都明確地標出中古的聲調是平、上、去、入四個,但魏晉南北朝時期漢語的聲調在調類上以及每個字在具體的歸類上與《切韻》是否完全一致,我們尚不能完全確定。本課題的研究對於解決這個問題會有一定參考價值。總之,以北朝通語語音爲切入點,自覺而深入系統地探討南北朝時期北朝通語與南朝通語的關係以及通語與方言的關係,對於認識《切韻》是非常重要的。

　　中古音的研究,除了《切韻》的性質及其音系基礎這個老大難的問題外,還有諸如重紐問題、泥娘是否合一的問題、舌頭舌上是否分化的問題、俟母是否獨立的問題。此外,還有顏之推在《顏氏家訓·音辭篇》提出的"南染吳越,北雜夷虜,各有深弊"的"千古謎題"。自從清代江永、陳澧提出重紐問題後,中外學者對這一問題進行了許多討論,迄今還在爭論之中。通過深入研究南北朝各地方音,可以考察出哪些方音涉及到了這個問題,從而幫助我們判斷重紐的存在原因。其他的如泥娘是否合一、舌頭舌上是否分化、俟母是否獨立等問題,均可從方言的角度作出新的分析。並且,結合子史及其他材料,也可以尋求出"南染吳越、北雜夷虜"的蛛絲馬迹。

二、研究歷史的回顧

以往人們考察南北朝時期的語音,主要從如下 4 種材料入手:詩文用韻、音切材料、子史筆記等語音材料、梵漢對音和域外漢字讀音。

韻文材料是考察南北朝時期韻部最重要的材料。羅常培《〈切韻〉魚虞的音值及其所據方音考》(1930)是最早從詩文用韻來探討南北朝方音的重要文章,羅先生遍考六朝詩文,目的是從方音分布情況尋繹《切韻》中魚、虞分韻的語音根據,爲從詩文用韻考察方音提供了範本。王力《南北朝詩人用韻考》(1936)選取 49 位南北朝詩文作家,根據用韻的演變情況把南北朝分成三個時期,同時又分成六大方言區域,試圖從時、地兩個方面來考察南北朝韻部的演變情況。作者聲明"對於詩人的生卒年和籍貫特別注意,希望窺見語音進化和方音的差異",但他認爲地域對於詩人用韻的作用小,所以在討論時主要考慮了時代而忽略了地域因素。周祖謨《魏晉南北朝韻部之演變》(1996)、臺灣學者何大安《南北朝韻部演變研究》都是討論南北朝韻部演變的重要論著,對於瞭解南北朝時期方音都有很大的幫助。

南北朝時期的音切材料以梁顧野王《玉篇》和唐陸德明《經典釋文》最爲重要。研究《玉篇》的論著,主要有周祖謨《萬象名義中之原本玉篇音系》(1936)、周祖庠《篆隸萬象名義研究》(2001)。《萬象名義中之原本玉篇音系》根據日人沙門空海所撰《萬象名義》考求出南朝梁吳郡顧野王《玉篇》中的聲韻系統;《篆隸萬象名義研究》認爲原本《玉篇》音系是齊梁時期南朝的雅言音系,並主張以《篆隸萬象名義》爲基礎建立"新音韻學"。研究《經典釋文》的論著,據瞭解有四百餘種,包括文獻學和語言本體兩個方面的内容。國内考察《經典釋文》音系的論著主要有王力《經典釋文反切考》(1982)、邵榮芬《經典釋文音系》(1995)、沈建民《經典釋文音切研究》(2007)。王先生認爲《經典釋文》代表的是當時普通話長安音,該文的不足是把《釋文》所録各類音切看作單純而統一的平面系統,未將首音與又音分開考察,忽略了其中時空的層次性。邵先生把《經典釋文》中"會理合時,標之於首"的音切看作陸德明音切,從而考證出當時的南方標準音系即"金陵音系",並據此編出一部"南切韻",不足之處是未對該書的"又音”作全面系統的考察。沈先生區分《經典釋文》中“首音”和“異讀”材料,認爲該書“標之於首”的音切基本是陸德明音切,作者還深入地討論了異讀問題。圍繞《經典釋文》音切的成果很多,蔣希文、范新幹、簡啟賢等都有這方面的著述。日本學者阪井健一的《魏晉南北朝字音研究——經典釋文所引音義考》(1975)共討論徐邈、李軌等 20 家音切材料,分別歸納出各家的聲類、韻類和聲調。該書材料詳備完整,分析深入細緻。

子史筆記中的語音材料也是研究南北朝語音的重要依據。陳寅恪在《從史實論切韻》中闡明《切韻》音系的基礎是東晉南渡之前的洛陽音,使人們瞭解到南朝通語是源於東晉南渡之前的洛陽話及南、北通語同根等事實。周祖謨在《顏氏家訓音辭篇注補》中隨文補充了許多有關南北朝時期的方音分歧材料。魯國堯《顏之推謎題及其半解》把“南染吳越,北雜夷虜”命名爲“顏之推謎題”,並結合移民史對其中的“南染吳越”進行破解。另有筆者的《〈北齊書〉中的語音材料分析》(《渤海大學學報》2010 年 5 期)、《從〈周書〉語音材料看北朝後期至初唐北方語音的若干特點》(《泰山學院學報》2011 年 1 期)、《從〈魏書〉看南北朝時期北方語音的一些特點》(《南京師範大學文學院學報》2011 年 1 期)、《從〈顏氏家訓〉看南北朝時期南北聲母的一些差異》(《古籍整理研究學刊》2013 年 1 期)和《從〈顏氏家訓〉看南北朝時期南北韻母的一些差異》(渤海大學學報 2013 年 6 期)等若干篇從子史中材料考察北朝後期北方語音特點的文章。

梵漢對音和域外漢字讀音是考察南北朝語聲母、韻母音值的重要材料。1923 年汪榮寶發表《歌戈魚虞模古讀考》,是中國學者最早利用梵漢對音和域外漢字讀音材料探討漢魏六朝音值的論文。近年來,梵漢對音研究取得了豐碩成果。劉廣和《東晉譯經對音的聲母系統》《東晉譯經對音的韻母系統》《南朝梁語梵漢對音研究》、尉遲治平《周隋長安音初探》《周隋長安音再探》、施向東《玄奘譯著中的梵漢對音和唐初中原方音》、儲泰松《鳩摩羅什譯音研究》等,主要探討魏晉南北朝至初唐長安、洛陽和金陵語音系統,對於考察南北語音的音值均有重要參考價值。

以往的相關研究,多數學者重視時代因素,忽略地域因素,即使有的學者如王力在《南北朝詩人用韻考》中將南北朝詩人按籍貫分爲六系,但在討論南北朝詩人用韻演變時還是重點討論時代的因素。以往的研究均是把北朝語音放在南北朝語音研究之中一起討論的,本書將反映北朝時期語音的材料獨立出來考察,並按北魏、北齊、北周、隋朝四個時段分別討論,目的性更爲突出。當然,有隋一代並不屬於北朝時期,但爲了説明北朝語音的發展以及《切韻》的音系基礎,我們把隋朝語音也作爲考察的對象。爲了揭示南北語音的異同,我們也對魏晉及南朝詩文用韻的特點進行了統計分析。以往的研究在材料的使用上,主要考察詩文用韻和一些反切材料,全面系統地挖掘和綜合使用史籍、筆記、音注等其他文獻中相關材料的較少,研究的重點主要在韻部的分合演變方面,對聲母和聲調很少論及。本書在使用材料方面兼顧了子史、音注等材料,除對北朝時期的韻部的分合情況按時段進行討論外,也對北朝時期的聲母和聲調情況進行了研究説明,並結合子史、筆記材料對南北朝通語中"南染吳越"和"北雜夷虜"的成分作了初步的説明。當然,這種説明是零星的,隨文指出的。

三、關於研究材料的説明

韻文材料是研究南北朝時期韻部和聲調的主要材料。魏晉南北朝時期是中國韻文創作極爲發達的時期。這一時期的韻文除了詩之外,還有大量的辭賦、頌贊、箴銘、碑誌、哀祭文等。詩歌方面,我們主要依據逯欽立《先秦漢魏晉南北朝詩》;其他韻文材料,我們主要依據嚴可均《全上古三代秦漢三國六朝文》。此外諸如劉宋時期范曄《後漢書》傳贊中的韻語和南朝梁時期劉勰《文心雕龍》各篇贊文中的韻語也在考察之中。韻文材料對於研究魏晉南北朝時期的韻部系統和聲調系統都有一定的幫助。

魏晉南北朝時期的有韻之文,于安瀾的《漢魏六朝韻譜》和劉綸鑫主編的《魏晉南北朝詩文韻集與研究》(韻集部分)已經進行了整理,可以參考。相對而言,《漢魏六朝韻譜》雖有錯誤,但並不多見;而《魏晉南北朝詩文韻集與研究》(韻集部分)錯誤迭出,目不暇接,到了令人瞠目結舌的地步。我們在參考這些材料時大都核對了原文。本書中討論韻部分合時大都標明每個韻脚字在《廣韻》所屬的韻及開合等第,以便更好分析不同時期韻部系統的演變情況。

音注材料是從漢代開始出現的。唐以前的音注材料有很多,兩漢時期以北方學者的音注材料爲主。從三國兩晉時期開始,南方的音注材料開始出現,但還是以北方學者居多。東晉時期,北方學者甚多,南方學者衹有黃穎(東晉南海〔今廣東廣州市〕人)、李充(東晉江夏〔今湖北安陸縣南〕人)、李軌(東晉江夏〔今湖北安陸縣南〕人)、虞喜(281—365,東晉會稽余姚〔今浙江余姚市〕人)、葛洪(東晉丹陽句容〔今江蘇句容市〕人)、習鑿齒(？—384,東晉襄陽〔今湖北襄陽市〕人）等寥寥數人。到了南北朝時期，北方學者雖然還有，但音注材料則是以南方爲主了。魏晉南北朝時期還有一些籍貫不詳的學者，諸如三國時人項昭，西晉時人張斐、齊恭，南北朝時人孫檢、荀楷、諸詮之、陳國武、聶氏，南北朝梁人周遷，隋唐時人王嗣宗、江氏、劉氏、明氏，其籍貫大都不詳。就連留下了大量音注材料的東晉時人劉昌宗，其籍貫我們也不得而知。音注材料，除了散見於主要子史典籍的隨文注釋外，還有彙集漢至隋音注材料的陸德明《經典釋文》可供使用。這部分材料對於研究魏晉南北朝時期的聲母系統、韻母系統和聲調系統都有一定的幫助。我們在本書中重點整理了《齊民要術》小注中的音注材料。《齊民要術》小注的作者問題，目前還有爭議。吳承仕的《經籍舊音疏證》和余嘉錫的《四庫提要辨證》都認爲是賈思勰本人所作。後來有人認爲是宋人所注，也有人認爲其中部分是作者自注。我們通過對其中的音切材料進行全面的考察分析，認爲小注音切所反映的語音特點應是屬於較早時期的語音系統，有的可能還早於《切韻》，很可能就是賈思勰本人所作。當然，其中也夾雜一些後人的音注，甚至包括明清人的音注，不過，那是極少的現象。本書第一章“北朝時期聲母系統研究”中的第三節《齊民要術》音注材料反映的北朝後期聲母特點”、第五章“子史材料反映的北朝時期韻部情況”中的第三節《齊民要術》音注材料反映的北朝後期韻部情況”和第六章“北朝時期聲調方面的一些情況”中的第四節《齊民要術》音注材料反映的北朝後期聲調情況”，就是依據《齊民要術》的音注材料寫成的。此外，有些地方爲了説明問題，還引用了陸德明《經典釋文》中的一些音切材料。其餘相關的音注材料，我們將在另一課題“南北朝時期方音研究”中全面系統地整理使用。

　　魏晉南北朝時期時人撰寫的史書流傳下來的不多，主要有南朝宋范曄的《後漢書》、梁沈約的《宋書》、蕭子顯的《南齊書》和北齊魏收的《魏書》等。此外，唐人房玄齡的《晉書》、姚思廉的《梁書》《陳書》①、李延壽的《南史》《北史》、李百藥的《北齊書》、令狐德棻等的《周書》和魏徵的《隋書》，對考察南北朝時期的語音也有一定的作用。這些重要的史書，除了載有傳主的大量有韻之文外，還有大量的通假、異文、俗稱等材料，這些材料對於瞭解南北朝語音具有很大的幫助。尤其是《魏書》《北齊書》《周書》《北史》等，保存的北朝語音材料更多一

① 《梁書》《陳書》雖祇署名姚思廉，實則此二書爲姚察、姚思廉父子共同之力完成的。參見柴德賡《史籍舉要》第66頁，北京出版社1982年第1版。

些。《魏書》作爲現在流傳下來的僅有的一部北朝人所寫有關北朝的正統史書，其中保留了不少北朝時期的語音材料。這些語音材料，反映了北朝時期語音方面的一些特點，有聲母方面的，也有韻部和聲調方面的。有些材料所反映出的語音特點與顏之推在《音辭篇》中所談到的北人語音特點一致，其中幾條特殊語音材料所反映的語音現象似乎可以看成是“北雜夷虜”的遺迹。《北齊書》和《周書》的作者雖然都是唐人，但其中的一些語音材料對於我們瞭解北朝後期的語音面貌也有一定的幫助。這些材料不僅有助於我們考察北朝通語的實際面貌，從中也可以看出北朝時期“北雜夷虜”的蛛絲馬迹。本書第一章“北朝時期聲母系統研究”中的第二節“史籍中語音材料反映的北朝聲母特點”、第五章“子史材料反映的北朝時期韻部情況”中的第二節“史籍中語音材料反映的北朝韻部特點”、第六章“北朝時期聲調方面的一些情況”中的第三節“史籍中語音材料反映的北朝聲調情況”，就是依據《魏書》《北齊書》《周書》中的語音材料寫成的。

　　此時的子書材料以《顏氏家訓》中的語音材料最有價值。《顏氏家訓》是一部比較南北文化的著作，其中的《音辭篇》是討論南北古今語音的專篇，具有很高的音韻學價值。另有《書證篇》，雖然是一篇文獻學的經典著作，其中也有大量的語音材料。《音辭篇》中的語音材料早已引起學者們的重視，而《書證篇》中語音材料卻被大多數人忽略了。本書第一章“北朝時期聲母系統研究”中的第一節“《顏氏家訓》中語音材料反映的南北聲母差別”、第五章“子史材料反映的北朝時期韻部情況”中的第一節“《顏氏家訓》中語音材料反映的南北韻母差異”、第六章“北朝時期聲調方面的一些情況”中的第二節“《顏氏家訓》中語音材料反映的南北聲調情況”，就是依據《顏氏家訓》中的《音辭篇》和《書證篇》寫成的。

　　如前所述，梵漢對音和域外漢字讀音是考察南北朝語語聲母、韻母音值的重要材料。不過，梵漢對音材料有兩點不足：一是經文的創作時期和所依據的方言、譯經者所處的時代和所操的方言以及經文與譯文的對應等，有時不好確定；二是不同語言的語音系統往往不同，梵漢對譯，語音很難完全吻合。但無論如何，梵漢對音材料都是構擬魏晉南北朝時期漢語語音音值的寶貴材料。因爲這部分材料較爲複雜，限於時間，本書未能對這部分材料進行整理運用，將來設法補入相關的梵漢對音材料。

　　爲了對北朝語音的來龍去脈有所把握，我們也對魏晉和南朝宋齊梁陳的語音材料進行過整理分析，所以在本書中爲了説明問題，也有所涉獵，但限於篇幅和課題研究範圍，有些材料無法全部引入本書，有些南北語音特點的比較也無法展開，許多地方衹能僅用統計數字説話。這些材料我們將在"南北朝時期方音研究"中充分使用。

四、關於研究方法的説明

對所占有的材料進行定性分析和定量分析，是進行研究的科學途徑。我們對所占有的材料的性質、特點及作用進行了科學定性，對各種材料在研究中作用及局限性有着清醒的認識。本書對於所討論的問題一律作窮盡性分析，用統計數字説話，尤其是在韻部劃分時儘量避免以偏概全的"舉例式"的説明；對所討論的問題不衹是簡單地羅列材料，而是對於材料所反映的語音現象進行歸納概括，對於特殊的語音材料所反映的語音現象進行解釋説明；儘量將北朝語音特點與《切韻》聯繫起來討論。

第一章　北朝時期聲母系統研究

第一節　《顔氏家訓》中語音材料反映的
南北聲母差别[①]

《顔氏家訓》二十篇,作者顔之推,是北朝末期最爲博學的知名學者,也是南北朝時期最爲著名的學者之一。顔之推知曉南北語音的異同,所以開皇初在陸法言家中討論語音"南北是非,古今通塞"和"捃選精切,除削舒緩"時,是他這位顔外史和另一位精通語音的蕭國子多所決定的[②]。在《顔氏家訓》中的《音辭篇》和《書證篇》裏,他討論的南北語音涉及到了聲母問題、韻母問題,也涉及到了聲調問題。

《顔氏家訓》中的《音辭篇》是討論《切韻》音系性質的重要文獻,早已引起學者們的高度重視。黄侃較早地對《顔氏家訓・音辭篇》所反映的語音現象進行了初步的梳理[③];周祖謨於 1943 年 7 月著成《〈顔氏家訓・音辭篇〉注補》一文,對《音辭篇》中所反映的南北語音差異作了初步説明,因爲是隨文注釋,所以主要局限在《音辭》一篇。此後,凡是討論《切韻》音系性質和音系基礎的論著,無論是單一音系説還是綜合音系説,大都到《音辭篇》中采摘於己有利的證據。實際上,《顔氏家訓》中的《書證篇》也有許多語音材料,這些材料大都被討論南

---

① 本節的内容曾以《從〈顔氏家訓〉看南北朝時期南北聲母的一些差異》爲題在《古籍整理研究學刊》2013 年 1 期發表過。

② 參見陸法言《切韻序》。蕭該,蘭陵(今江蘇武進)人,曾撰《漢書音義》十二卷、《文選音》三卷,均已佚。

③ 參見黄侃述、黄焯編《文字聲韻訓詁筆記》第 166—172 頁,上海古籍出版社 1983 年第 1 版。

北朝語音的學者忽略了。我們在本節中既對《音辭篇》所反映的南北聲母的特點、差異進行分析,同時也對《書證篇》所反映的南北聲母的特點、差異進行考察。後文討論韻部、聲調時仿此。

一、《音辭篇》反映的南北聲母差異

在《音辭篇》中反映南北朝後期南北聲母特點的材料有 8 條,下面我們逐一進行分析。

(1)其謬失輕微者,則南人以"錢"爲"涎",以"石"爲"射",以"賤"爲"羨",以"是"爲"舐"。

錢,《切韻》昨仙反,從母仙韻;涎,《切韻》敘連反,邪母仙韻;賤,唐寫本《唐韻》才線反,從母線韻;羨,唐寫本《唐韻》似面反,邪母線韻。石,《切韻》常尺反,禪母昔韻;射,《切韻》食亦反,牀母昔韻;是,《切韻》承紙反,禪母紙韻;舐,《切韻》食氏反,牀母紙韻。就聲母方面而論,以"錢"爲"涎"和以"賤"爲"羨"反映的是南人齒音從邪不分,以"石"爲"射"和以"是"爲"舐"反映的是南人舌音船禪不分。換個角度説,北人在聲母方面齒音從邪能分,舌音船禪能分。

(2)《通俗文》曰"入室求曰'搜'",反爲"兄侯"。然則"兄"當音"所榮反"。今北俗通行此音,亦古語之不可用者①。

搜,王仁昫《刊謬補缺切韻》和《廣韻》並音所鳩反,山尤開三;服虔音"搜"爲"兄侯反"②,屬曉侯開一。此條材料説明:第一,"搜"字在漢末北方有曉母侯韻一讀;第二,顏之推時期北俗中"搜"字還流行"兄侯反"即曉母侯韻一音;第三,顏之推認爲此音雖是傳自古語,但不是可運用之音;第四,顏之推時期北朝通語中的"搜"字讀爲所鳩反,與《刊謬補缺切韻》《廣韻》一致。

須要指出的是,顏之推在這裏誤會了服虔的意思,並且在表述上含混不清,容易產生歧義。顏氏認爲服虔音應是"兄,所榮反",山母庚韻,這樣纔能符合"搜"字山母尤韻的讀音。實際上,服虔説"搜"反爲"兄侯",並不能證明他就要將"兄"字讀成"所榮反",這是顏之推誤解服虔音的地方。"今北俗通行此音,亦古語之不可用者"中的"此音"是指"搜"讀"兄侯反"即讀曉母侯韻,還是指"兄"當音"所榮反"即讀山母庚韻,引起了後人的不同理解,這是顏之推表述不十分精確的地方。清人對此條材料有諸多解釋,多不得要領,部分原因就在於

---

① 此條材料原誤作"《通俗文》曰入室曰(句)搜",後人均依從盧文弨重校正改。錢馥曰:"按:《續家訓》正作'入室求曰搜'。"《續家訓》"侯"作"舊"。

② 也有人認爲"兄侯反"一音的注音者不一定是服虔。

顏之推對服虔音的誤解以及他們對顏之推的進一步誤解。郝懿行説:"案:'兄'音所榮反,它無所見,唯《釋名》云:'兄公,俗間又曰兄伀。'與此相近,其'伀'即所榮聲之轉,或音隨俗變也。"郝氏的這番解釋顯然是在顏之推誤解服虔音的基礎上發出的議論。段玉裁説:"搜,所鳩反;兄,許榮反。服虔以'兄'切'搜',則'兄'當爲'所榮反',而不諧協。顏時北俗'兄'字'所榮反',南俗呼'許榮反',顏謂'兄侯、所榮'二反,雖傳自古語,而不可用也。又'搜'反'兄侯',則在侯韻,合今人語,而法言改入尤韻,當時韻與服異也。入室求曰'搜'與法言合,黃門撝之,蓋與下句連文並引。"清末浙江學者錢馥和近人周祖謨都對段氏的錯誤提出了批評。錢馥説:"又案:當音語氣,顏氏蓋謂'搜,所鳩反;兄,許榮反'。《通俗文》以'兄'切'搜',則'兄'當音'所榮反'矣,而'兄'固'許榮反'也,則'兄侯'之反爲不正矣。今北俗通行此'兄侯反'之音,雖是古反語,亦不可用也。若顏時北俗'兄'字'所榮反',則'兄'字訛而'搜'字不訛。顏氏自定義'兄'字可矣,何必引《通俗文》乎? 段注不得顏意。"周祖謨説:"'此音',當指'兄侯反'而言,顏云'兄'當音'所榮反'者,假設之辭。其意謂'搜'以作'所鳩反'爲是,若作'兄侯',則'兄'當反爲'所榮'矣,豈不乖謬。服音雖古,亦不可承用,故曰今北俗通行此音,亦古語之不可用者。段氏不得其解。"[1]

　　我們認爲,段玉裁的解釋有兩點可取:其一,他指出了南北朝時期南北聲母存在差異;其二,他從顏之推的論述中看出了服虔的反切中尤、侯無別,而《切韻》中尤、侯分爲二韻,從另一個角度説明顏之推把尤、侯看成是同韻的。不過,段氏沿着顏之推對"搜,兄侯反"的誤解作進一步解釋,和顏之推犯了同樣的錯誤,並且對顏之推的話有了進一步的誤解,認爲"兄"字此時存在北俗"所榮反"和南俗"許榮反"的差別,與服虔"搜,兄侯反"的本意不符。段玉裁之所以誤解了顏之推的原意,關鍵是對"然則"和"當"這兩個詞的理解出了偏差。"然則"是"如此,那麼"的意思。此處的"當"是"在某種情況下應是"的意思。

　　(3)璵璠,魯之寶玉[2],當音"餘煩",江南皆音"藩屏"之"藩"。

---

[1]　郝懿行、段玉裁、錢馥、周祖謨之説均見王利器《顏氏家訓集解》第 553 頁,周祖謨之説又見《問學集》(上册)第 422 頁。又,段説從錢馥所引,錢馥,生卒年不詳,精於考訂,著有《小學盦遺稿》。

[2]　魯之寶玉,王利器《顏氏家訓集解》作"魯人寶玉",但其自注説《説文》玉部:"璵璠,魯之寶玉。"上海書店影印《諸子集成》本(1986 年第 1 版)、周祖謨《〈顏氏家訓·音辭篇〉注補》亦均作"魯之寶玉",以作"魯之寶玉"爲是。

璵,《切韻》以諸反,余母魚韻;餘,《切韻》以諸反,余母魚韻。璠,《切韻》附元反,並母元韻;煩,《切韻》附元反,並母元韻;藩,《切韻》甫煩反,幫母元韻。顏之推認爲"璵璠"當音"餘煩",與《切韻》音系相同,而江南音"璠"爲"藩",表明江南將《切韻》的並母(奉母)字讀爲幫母(非母)字。從顏之推的表述中看,北方語音應該是"璠"讀"煩",與《切韻》讀法一致。《左傳·定公五年》:"季平子卒,陽虎欲以璵璠斂。"《經典釋文·左傳音義》:"璠,音煩,又方煩反。"又空海據梁顧野王《玉篇》而作的《篆隸萬象名義》:"璠,音甫園反。"如果説僅憑《經典釋文·左傳音義》"璠,又方煩反"還不好斷定江南"璠"字有幫母(非母)一讀,那麼顧野王《玉篇》"璠,音甫園反"則可爲確證。顧野王和稍後的陸德明都是吳方言區蘇州人①,或者可以解釋爲南朝通語"璠"讀幫母(非母)字,正是顏之推的表述的"璠"江南皆音"藩屏"之"藩"的依據,而陸德明的又音和顧野王之音,則表明"璠"在當時的吳方言中確與《切韻》音一致。從前有人認爲《切韻》是據吳音所作,或認爲《切韻》中有吳音,此處即是一例,衹不過此例與顏之推認定的北音又是一致的,而與江南通語並不一致。

　　(4)甫者,男子之美稱,古書多假借爲"父"字②。北人遂無一人呼爲"甫"者,亦所未喻。唯管仲、范增之號須依字讀耳(原注:管仲號仲父,范增號亞父)。

甫,《切韻》方主反,《廣韻》方矩切,幫(非)母麌韻;父,《切韻》扶雨反,並(奉)母麌韻。此條材料是説,"父"字本應有二音,父子之"父"及管仲、范增之號,均讀並(奉)母麌韻;男子之美稱之"父"讀爲"甫",即讀爲幫(非)母麌韻。北人把"父"字的兩種用法一律讀爲並(奉)母麌韻。言外之意,南人是將借爲"甫"的"父"字讀爲幫母(非)麌韻。就聲母而言,北人是將一些讀幫母的字讀爲並母(實際是將非母字讀爲奉母字)。當然,北人幫並相混的情況由來已久,《音辭篇》又説東漢扶風茂陵人杜林的《蒼頡訓詁》反"稗"爲"逋賣",也是以幫母字切並母字(稗,《切韻》傍卦反,並母卦韻;逋,幫母;賣,卦韻)。王國維説:"經典男子之字,多作某父,彝器則皆作父,無作甫者,知父爲本字也。男子字曰某父,女子字曰某母,蓋男之美稱莫過於父,女子之美稱莫過於母,男女既冠笄,有爲父母之道,故以某父某母字之也。漢人以某甫之甫爲且字,《顏氏家訓》並

---

① 顧野王(519—583),吳郡吳(今江蘇吳縣,屬蘇州市)人,歷仕齊梁陳。陸德明(約550—630),吳郡吳(今江蘇吳縣,屬蘇州市)人,歷仕陳隋唐。
② 此處表述似乎有問題,依據文義,似乎應是"古書多假借'父'字爲之"。

譏北人讀某父之父與父母之父無別，胥失之矣。"周祖謨説："甫、父二字不同音，《切韻》：'甫，方主反；父，扶雨反。'皆虞韻字，而甫非母，父奉母。北人不知父爲甫之假借，輒依字而讀，故顔氏譏之。"①

　　（5）江南學士讀《左傳》，口相傳述，自爲凡例。軍自敗曰"敗"，打破人軍曰"敗"（原注：補敗反）。諸記傳未見"補敗反"。徐仙民讀《左傳》唯一處有此音，又不言自敗、敗人之别，此爲穿鑿耳。

　　軍自敗曰"敗"，依《廣韻》薄邁反，並母夬韻；打破人軍曰"敗"，原注"補敗反"，幫母夬韻。錢大昕曰："《廣韻》十七夬部，敗有薄邁、補邁二切，以自破、破他爲别，此之推指爲穿鑿者。"劉盼遂曰："案：敦煌唐寫本《切韻》去聲十七夬②：'敗，薄邁反，自敗曰敗。'又：'敗字北邁反，破他曰敗。'是顔氏定《切韻》時，分自敗、敗他二音，依江南音讀，與《家訓》合。"據周祖謨所説，通過讀破的方法來區别詞義和詞性，起源於後漢，後經魏晉諸儒第衍緒餘，推而廣之③。至於"敗"字，周先生説："案：自敗、敗人之音有不同，實起於漢、魏以後之經師，漢、魏以前，當無此分别。徐仙民《左傳音》亡佚已久，惟陸氏《釋文》存其梗概。《釋文》於自敗、敗他之分，辨析甚詳……考《左傳·隱公元年》：'敗宋師於黄。'《釋文》云：'敗，必邁反，敗佗也，後放此。'斯即陸氏分别自敗、敗他之例。他如'敗國、必敗、敗類、所敗、侵敗'等敗字，皆音必邁反。必邁、補敗音同。是必江南學士所口相傳述者也。爾後韻書乃兼作二音，《唐韻》夬部：'自破曰敗，薄邁反，破他曰敗，北邁反。'即承《釋文》而來。北邁與必邁、補敗同屬幫母，薄邁與蒲邁同屬並母，清濁有異。"對於"自敗、敗他"讀音的差别，《經典釋文·序録》又説："夫質有精麤，謂之好惡（並如字），心有愛憎，稱爲好惡（上呼報反，下烏路反），當體即云名譽（音預），論情則曰毁譽（音餘），及夫自敗（蒲邁反）、敗他（補敗反）之殊④，自壞（呼怪反）、壞撤（音怪）之異，此等或近代始分，或古已爲别，相仍積習，有自來矣。余承師説，皆辨析之。"

　　此條材料説明，將"敗"字的"自敗"和"敗人"别爲二音，始自江南學士，最早見於南方學者的著作中，陸德明的《經典釋文》比較早地記録了這一現象，顔

---

① 王國維説見《女字説》，《觀堂集林》卷三第 165 頁，中華書局 1959 年第 1 版；周祖謨之説載《問學集》（上册）第 424 頁。

② 當是敦煌唐寫本《唐韻》。劉盼遂的説法引自王利器《顔氏家訓集解》第 562 頁。

③ 參見周祖謨《四聲别義釋例》，載《問學集》（上册）第 83 頁。

④ 補，原誤作"蒲"，今據盧文弨校改。

之推認爲“穿鑿”，故不予承認，體現在他多所決定的《切韻》中，則是未對此作出區別。在《切韻》箋注本和刊謬補缺本的材料中，“敗”字均無“自敗、敗人”注音的差別：敦煌箋注本《切韻》三伯3696背面去聲十七夬音薄邁反①，斯6176正面去聲十七夬音方頮反②；敦煌本王仁昫《刊謬補缺切韻》一伯2011去聲十七夬音薄邁反③；故宮博物院藏王仁昫《刊謬補缺切韻》二去聲十七夬音薄邁反④；故宮博物院藏裴務齊正字本《刊謬補缺切韻》二去聲十八夬音薄邁反⑤。北方學者的著作，對此記載則較遲。一直到了《唐韻》敦煌寫本中，“敗”字纔有了“自敗、敗他”注音的差別⑥。《廣韻》於“敗”字下注有“自破曰敗，《説文》毀也，薄邁反，又北邁反”，是承襲《唐韻》而來，而《唐韻》在此點上應是承襲了《經典釋文》的説法。《切韻》被認爲是以北方學者爲主編寫的一部重要韻書，可見顏之推時期，北音“敗”字並不存在“自敗”和“敗人”區分二音的情況，也就是説，顏之推時期的北人，將江南一些讀“補敗反”即讀幫母夬韻的“敗”字也讀爲“薄邁反”，即讀爲並母夬韻。至於劉盼遂所説，錯誤有二：一是認爲把“敗”字的“自敗”和“敗人”區分二音見於敦煌唐寫本《切韻》，實際上是見於敦煌唐寫本《唐韻》；二是顏氏定《切韻》時並未依江南音讀分“自敗、敗他”二音，因爲顏氏認爲這種區分是“穿鑿”。

　　（6）案諸字書，“焉”者鳥名，或云語詞，皆音於愆反。自葛洪《要用字苑》分“焉”字音訓：若訓“何”、訓“安”，當音於愆反，“於焉逍遥，於焉嘉客，焉用佞，焉得仁”之類是也；若送句及助詞，當音矣愆反，“故稱龍焉，故稱血焉，有民人焉，有社稷焉，託始焉爾，晉、鄭焉依”之類是也。江南至今行此分別，昭然易曉，而河北混同一音，雖依古讀，不可行於今也。

　　焉，唐寫本《切韻》殘卷三（箋注本一，斯2071）音於乾反⑦，到了王仁昫《刊謬補缺切韻》（伯2011）又增加了矣乾反一切⑧，後來的《廣韻》與之一致。於乾

①　參見周祖謨《唐五代韻書集存》第181、204頁。
②　同上第182、206頁。
③　同上第321、409頁；又見姜亮夫《瀛涯敦煌韻書卷子考釋》第89頁右，浙江古籍出版社1990年第1版。
④　同上第497頁。
⑤　同上第592頁。
⑥　同上第655頁。
⑦　同上第83、118頁。
⑧　同上第263、369頁。

反,影母仙韻;矣乾反與矣愆反音同,均爲云母仙韻。

此條材料説明如下幾點事實:第一,"焉"無論作鳥名,還是作虚詞(或云語詞),本來均讀於愆反,影母仙韻,與後來《廣韻》於乾反一樣。第二,葛洪《要用字苑》開始將"焉"字音訓分爲二,作鳥名和作疑問代詞的"焉"字均音於愆反,影母仙韻;而作指示代詞和句尾語氣詞的"焉"字則音矣愆反,云母仙韻①。第三,到了顔之推時期,江南行此分別,昭然易曉,這一點在南人顧野王的《玉篇》和陸德明的《經典釋文》中均有反映②;而河北則仍依古讀,混同一音。也就是説,河北人將南人讀作云母仙韻的指示代詞"焉"字和句尾語氣詞"焉"字均讀爲影母仙韻。第四,顔之推主張這種分別,認爲河北人將南人讀作矣愆反的"焉"字讀爲於愆反,是"雖依古讀,不可行於今也"。據敦煌唐寫本《切韻》殘卷三(箋注本一,斯2071)"焉"字祇有於虔切一音,可知陸法言的《切韻》並未遵從顔之推的意見,將"焉"字分作二音,這可以看成是《切韻》以活的語音事實爲根據的一個證據。

(7)古人云"膏粱難整",以其爲驕奢自足,不能剋勵也。吾見王侯外戚,語多不正,亦由内染賤保傅,外無良師友故耳。梁世有一侯,嘗對元帝飲謔,自陳"癡鈍",乃成"颸段"。元帝答之云:"颸異涼風,段非干木。"謂"郢州"爲"永州",元帝啟報簡文。簡文云:"庚辰吳入,遂成司隸。"③如此之類,舉口皆然。元帝手教諸子侍讀,以此爲誡。

癡,《廣韻》丑之反,徹母之韻;颸,《廣韻》楚持反,初母之韻。郢,《廣韻》以整反,余母静韻;永,《廣韻》榮昞反,又于憬切,均云母梗韻。就聲母來説,南朝梁這位侯爺將"癡鈍"説成"颸段",是將徹母讀如初母;將"郢州"讀作"永州",

---

① 周祖謨曰:"案:焉,音於愆反,用爲副詞,即安、惡一聲之轉。安,烏寒切;惡,哀都切,皆影母字也。焉音矣愆反,用爲助詞,即矣、也一聲之轉。矣(于紀切)也(羊者切)皆喻母字也。"參見周祖謨《問學集》(上册)第424頁。

② 周祖謨曰:"焉(於愆反)焉(矣愆反)之分,陸氏《經典釋文》區別甚嚴。凡訓何者,並音於虔反,語已辭,則云如字。如《左傳·隱公六年》:'我周之東遷,晉、鄭焉依。'《釋文》:'焉如字,或於虔反,非。'(案:晉、鄭焉依,即晉、鄭是依之意。)又《論語》:'子曰:十室之邑,必有忠信如丘者焉,不如丘之好學也。'《釋文》:'焉如字,衛瓘於虔反,爲下句首。'(案:晉衛瓘注本,焉字屬下句。)是也。惟《公羊·桓公二年》:'殤公知孔父死,己必死,趨而救之,皆死焉。'《釋文》焉音於虔反,殆誤。"同上第424—425頁。

③ "庚辰吳入",吳人即指楚國首都郢,"遂成司隸",司隸即指司隸都尉鮑永。此條材料是説南朝有人將"郢"讀爲"永"。

是將余母讀如云母。從顔之推的表述中,可知梁侯語音致誤之因除了"驕奢自足,不能剋勵"外,主要是"內染賤保傅"和"外無良師友"。"賤保傅"文化很低,可能説的不是標準的南朝通語而是地方色彩較濃的吳音,當然也可能是不標準的"吳音",而"良師友"則可能是指受過良好教育的能説標準通語的讀書人。此條語料似乎可以看作是顔之推所批評的"南染吳越"的一條證據。

(8)比世有人名"暹",自稱爲"纖";名"琨",自稱爲"衮";名"洸",自稱爲"汪";名"䶵"(原注:音藥),自稱爲"獡"(原注:音爍)。非唯音韻舛錯,亦使其兒孫避諱紛紜矣。

暹,《切韻》息廉反,心母鹽韻;纖,《切韻》息廉反,心母鹽韻。盧文弨説:"《廣韻》'暹'與'纖'皆息廉切,不知顔讀何音。"周祖謨以爲"纖"是"殲、瀸"之誤①。殲、瀸,《切韻》均子廉反,精母鹽韻。洸,《切韻》古光反,《廣韻》古黃切,見母唐韻;汪,《切韻》烏光反,影母唐韻;䶵,《切韻》以灼反,余母狎韻;獡,《切韻》書灼反,書母狎韻。從聲母的角度看,讀"暹"爲"殲"或"瀸",是將心母讀如精母;讀"洸"爲"汪",是將見母讀如影母;讀"䶵"爲"獡",是將余母讀如書母。這裏所反映的是何處誤讀,文中未作交代。顔本、程本、胡本、朱本"比"作"北"。根據《北齊書》,北齊有崔暹,可能就是讀"暹"爲"殲"或"瀸"之人。聯繫此數人誤讀其名,是前承"河北切攻字爲古琮,與工、公、功三字不同,殊爲僻也"而來,估計顔之推這裏所指的幾人也均是北人。

二、《書證篇》反映的南北聲母差異

《書證篇》中可以看作南北朝後期南北聲母特點的材料也有8條,下面我們逐一進行分析。

(1)《禮·王制》云:"臝股肱。"鄭注云:"謂擐衣出其臂脛。"今書皆作"擐甲"之"擐"。國子博士蕭該云:"擐,當作捾,音宣,擐是穿著之名,非出臂之義。"案《字林》,蕭讀是;徐爰音患,非也。

《經典釋文·禮記音義·王制》:"擐衣,舊音患,今讀宜音宣,依字作'捾',《字林》云:'捾,捾臂也。'"擐,音患,匣元/匣諫;捾,先全反,心母仙韻。"捾"實際就是"揎"字。"揎、宣"音同,《廣韻》均須緣切,屬於心母仙韻。將"捾"讀若"擐"、讀若"患",僅就聲母而論,是將心母讀成匣母。

(2)簡策字,竹下施束……《史記》又作"悉"字,誤而爲"述",作"�"

---

① 參見周祖謨《顔氏家訓音辭篇注補》,載《問學集》(上册)第428頁。

字,誤而爲"姤"。徐、鄒諸家皆以"悉"字音"述","妬"字音"姤",既爾,則亦可以"亥"爲"豕"字音,以"帝"爲"虎"字音乎?

此條材料顏氏的解釋存有可酌之處。讀"妬"爲"姤",雖是形近而誤,與以"亥"爲"豕"字音、以"帝"爲"虎"字音確有相似之處,但妬,《廣韻》當故切,端暮合一;姤,《廣韻》古候切,見候開一,聲母方面雖然相差甚遠,但韻母方面較近。至於"悉"字誤而爲"述",應是聲近而誤,並非形近而誤。《廣韻》悉,質開三;述,術合三。徐、鄒諸家皆以"悉"字音"述",從聲母的角度看,是將心母與船母讀混。

(3)《漢書》云:"中外禔福。"字當從示。禔,安也,音"匙匕"之"匙"。義見《蒼》《雅》《方言》,河北學士皆云如此。而江南書本多誤從手。屬文者對耦,並爲提挈之意,恐爲誤也。

禔,《廣韻》章移切(福也),章支開三;又是支切(福也,亦安也、喜也),禪支開三;又杜奚切(福也),定齊開四。匙,《廣韻》是支切,禪支開三。提,《廣韻》是支切(群飛貌),禪支開三;又弟泥切(提攜),定齊開四。禔,《切韻》殘葉(伯3798)屬於支韻[①],唐寫箋注本《切韻》殘卷(斯2055)和王仁昫《刊謬補缺切韻》(故宫博物院藏)支韻衹有章移反一音[②],到了裴務齊《正字本刊謬補缺切韻》增加了氏支反一音[③];後來的《廣韻》又增加杜奚切一音,此音與唐寫箋注本《切韻》殘卷齊韻中"禔"字度嵇切一音均是定母齊韻。不過,唐寫箋注本《切韻》殘卷齊韻中"禔"字原釋義爲"衣服好",實際是"褆"字之誤,與支韻的釋義"福也、安也"的"禔"字不同。提,唐寫箋注本《切韻》殘卷(斯2055)是支切,禪支開三;又度嵇切,定齊開四。河北學士讀"禔"爲"匙",與氏支反、是支切一致,即把"禔"讀爲禪支開三;江南書本多誤從手,"屬文者對耦,並爲提挈之意",可見南人是把"禔"字讀爲定齊開四。從上舉唐寫箋注本《切韻》殘卷(斯2055)和王仁昫《刊謬補缺切韻》(故宫博物院藏)支韻"禔"衹有章移反一音看[④],"禔"字在北方似乎主要讀爲章支開三,《廣韻》支韻中的"又音支"與之一致。

另外,《經典釋文》中的材料似乎也反映了這一點。《經典釋文·周易音

---

① 參見周祖謨《唐五代韻書集存》第42、57頁。

② 同上第152、162頁,又第438頁。

③ 同上第544頁。

④ 齊韻字殘缺不全,不好斷定是否有"禔"字,如果有,是否如唐寫箋注本《切韻》殘卷,爲"褆"之誤字,均不好斷定。

義·復》：“無祇，音支，辭也。馬同，音之是反。韓伯祈支反，云：‘大也。’鄭云：
‘病也。’王肅作‘禔’，時支反。陸云：‘禔，安也。’九家本作‘敍’字，音支。”無
祇，寫本宋本和法偉堂本《釋文》均作“無祇”，寫本《周易》“祇”亦作“祇”。《經
典釋文·周易音義·習》：“祇，音支，又祈支反。鄭云：‘當爲坻，小丘也。’京作
‘禔’，《説文》同，音支。又上支反，安也。”《周易·復》中的“祇”，陸德明音
“支”，與東漢北方的馬融音同。東晉潁川長社（今河南長葛縣東北）韓伯音
“祇”爲祈支反，群支開三；三國時期東海蘭陵（今山東蒼山縣西南）的王肅將
“祇”改作“禔”，注音是“時支反”，禪支開三；九家本“祇”字作“敍”，音支。

　　（4）《後漢書》云“鸛雀銜三鱓魚”，多假借爲“鱣鮪”之“鱣”，俗之學
士，因謂之爲“鱣魚”。

　　鱓，音“善”，“鱔”之俗字。宋本原注、《太平御覽》（九三七）、《山樵暇語》
（五）均有此注。鱓，禪元/禪獮開三；善，禪元/禪獮開三；鱣，端元/知仙開三。
從聲母的角度看，是將禪母讀爲知母。須要指出的是，《續漢書》及《搜神記》亦
説此事，皆作“鱓”字。孫卿云“魚鱉鰍鱣”及《韓非》《説苑》皆曰“鱣似虵，蠶似
蠋”，並作“鱣”字。可見假“鱣”爲“鱓”，由來已久。

　　（5）《三輔決録》云：“前隊大夫范仲公，鹽豉蒜果共一箇。”①“果”當作
“魏顆”之“顆”。北土通呼物“一由”，改爲“一顆”，“蒜顆”是俗間常語耳。
故陳思王《鸜雀賦》曰：“頭如果蒜，目似擘椒。”又《道經》云：“合口誦經聲
璨璨，眼中淚出珠子碌。”其字雖異，其音與義頗同。江南但呼爲“蒜符”，不
知謂爲“顆”。學士相承讀爲“裹結”之“裹”，言鹽與蒜共一苞裹，内箇中
耳。《正史削繁音義》又音“蒜顆”爲苦戈反，皆失也。

　　果、裹，見果合一；顆，溪果合一。此條材料從聲母的角度看，包含如下語音
信息：第一，顔之推認爲“果”通“顆”，是見母與溪母相混，也就是説牙音送氣不
送氣的界限不十分明顯。王利器引清代學者郝懿行之説：“果字古有顆音，不須
改字。《莊子·逍遥遊篇》云：‘三餐而反，腹猶果然。’《釋文》云：‘果，徐如字，
又苦火反。’是果有顆音也。”②《莊子闕誤》引文如海本“果”作“顆”。可見，

_____

① 《三輔決録》七卷，依《隋書·經籍志》，漢太僕趙岐撰，摯虞注。今佚，有張澍、茆泮林輯
　本。《御覽》八五五、九七七引《三輔決録》：“平陵范氏《南陵舊語》曰：‘前隊大夫范仲
　公，鹽豉蒜果共一箇。’言其廉儉也。”參見王利器《顔氏家訓集解》第470頁注［一］
　［三］。
② 參見王利器《顔氏家訓集解》第471頁注［四］。

"果"與"顆"相通由來已久。第二,江南學士"果"讀爲"裹",是依照傳統讀爲全清見母,而不是讀成次清溪母。

(6)或問曰:"《東宫舊事》何以呼'鴟尾'爲'祠尾'?"答曰:"張敞者,吴人,不甚稽古,隨宜記注,逐鄉俗訛謬,造作書字耳。吴人呼'祠祀'爲'鴟祀',故以'祠'代'鴟'字,呼'紺'爲'禁',故以系傍作'禁'代'紺'字,呼'盞'爲竹簡反,故以木傍作'㞡'代'盞'字,呼'鑊'字爲'霍'字,故以金傍作'霍'代'鑊'字。"

祠,邪之開三;鴟,昌脂開三。紺,見勘開一;禁,見沁開三。盞,莊產開二;竹簡反,知產開二。鑊,匣鐸合一;霍,曉鐸合一。從聲母的角度看,吴人呼"祠祀"爲"鴟祀",是讀邪母爲昌母;呼"盞"爲"竹簡反",是讀莊母爲知母;呼"鑊"爲"霍",是讀匣母爲曉母。

(7)柏人城東北有一孤山,古書無載者,唯闞駰《十三州志》以爲舜納於大麓,即謂此山,其上今猶有堯祠焉,世俗或呼爲"宣務山",或呼爲"虛無山",莫知所出。趙郡士族有李穆叔、季節兄弟、李普濟,亦爲學問,並不能定鄉邑此山。余嘗爲趙州佐,共太原王邵讀柏人城西門内碑。碑是漢桓帝時柏人縣民爲縣令徐整所立。銘云:"山有巏嶅①,王喬所仙。"方知此巏嶅山也。"巏"字遂無所出,"嶅"字依諸字書②,即"旄丘"之"旄"也。"旄"字,《字林》一音亡付反,今依附俗名,當音"權務"耳。入鄴爲魏收說之,收大嘉歎。值其爲《趙州莊嚴寺碑銘》,因云:"權務之精。"即用此也。

巏,《集韻》逵元切,群元合三;權,《廣韻》巨員切,群仙合三;宣,曉仙合三;虛,曉魚開三;嶅,《廣韻》亡遇切,微遇合三,《集韻》謨袍切,明豪開一;旄,《廣韻》莫袍切,明豪開一,《字林》一音亡付反,微遇合三;務,《廣韻》亡遇切,明(微)遇合三;無,《廣韻》武夫反,明(微)虞合三。

對於漢桓帝時柏人縣民所立碑上之"巏嶅",北齊顏之推認爲"嶅"就是"旄丘"之"旄";顏之推、魏收認爲"巏嶅(旄)"應依附俗名讀"權務";北俗讀"巏嶅(旄)"或呼爲"宣務山",或呼爲"虛無山",即將顏之推、魏收認爲應依附俗名讀"權務"的讀成"宣務"或"虛無"。從聲母的角度看,將"巏、權"讀"宣",是將群母讀爲心母;將"巏、權"讀"虛",是將群母讀爲曉母;將"嶅(旄)"讀爲"務、無",

① 山,一作"士"。巏嶅,南宋羅泌《路史·發揮》五作"巏嵍"。
② 字書,有的本子作"子書"。

依《廣韻》,是將輕唇音讀輕唇音;依《集韻》,是將重唇音明母讀爲輕唇音微母。

　　(8)世間小學者,不通古今,必依小篆,是正書記,凡《爾雅》《三蒼》《説文》豈能悉得蒼頡本指哉? 亦是隨代損益,互有同異①,西晉已往字書,何可全非? 但令體例成就不爲專輒耳。考校是非,特須消息……"率"字自有"律"音,强改爲別;"單"字自有"善"音,輒析成異:如此之類,不可不治。

　　率,《廣韻》所律切,山質合三;又所類切,山至合三。律,《廣韻》吕邺切,來術合三。單,《廣韻》都寒切,端寒開一;又時戰切,禪線開三。善,《廣韻》常演反,禪獮開三。唐寫本《切韻》殘卷(斯 2071)寒韻"單"字下注都寒反,又常演反,又市連反②。常演反和市連反反切上字均爲禪母字,這與後來《廣韻》"禪"字的聲母具有端禪兩母是一致的。當然,顏之推認爲"單"有"善"音,在聲調方面還不完全一致。至於顏之推認爲"率"字有"律"音,各種《切韻》殘卷和《廣韻》都找不到證據。在南人陸德明的《經典釋文》中"率"字有 27 例,其中祇注明"律"字一音的有 6 例:《禮記·玉藻》辟率(音律,注及下同)、《禮記·喪大記》爲率(音律)、《禮記·雜記》率箄(上音律,下音帶,本亦作"帶")、《周禮·春官·司几筵》藻率(音律,下同)、《左傳·桓公二年》藻率(音律)、《左傳·桓公六年》熊率(音律);注明"音律,又音類"或"音類,又音律"二音的有 14 例,其中三禮占 13 例:《周禮·地官·大司徒》其率(音律,又音類,後注同)、《周禮·地官·載師》率之(音律,又音類)、《周禮·地官·遂人》爲率(音律,又音類)、《周禮·春官·大宗伯》率(音律,又音類)、《周禮·春官·巾車》率以(音律,又音類)、《周禮·夏官·職方氏》此率(音律,又音類)、《周禮·冬官·考工記·鞘人》率寸(音類,又音律,下同)、《周禮·梓人》象率(音類,本又作"類",又音律)、《周禮·冬官·考工記·匠人》其率(音律,又音類,下同)、《儀記·聘禮》之率(音律,劉音類)、《禮記·王制》之率(音律,又音類,本又作"緷")、《禮記·王制》爲率(音律,又音類)、《禮記·喪大記》率而(音律,又音類),另一例是《公羊傳·哀公十二年》爲率(音律,又音類);注明"音類,又音律,又所律反"三音的有 4 例:《周易·略例下》率(音類,又音律,又所律反)、《詩·召旻》率(字又作"撃",音類。又音律,又所律反)、《周禮·天官·大宰》口率(徐、劉音類,戚音律,一音所律反,下同)、《禮記·祭義》其率(音類,又音

①　互,《續家訓》羅本以下諸本及《示兒編》二二所引均作"各",宋本作"玊"。玊,"互"之俗字。參見王利器《顏氏家訓集解》第 516 頁注[一]。
②　參見周祖謨《唐五代韻書集存》第 81、116 頁。

律,又所律反);注明"所律反,又音律"二音的 1 例:《禮記·喪服小記》澡率(上音早,下所律反,又音律);注明"所類反,又音律"二音的 1 例:《左傳·文公十五年》率多(所類反,又音律);注明"音類,又所律反"二音的 1 例:《詩·賓之初筵》率如此(音類,又所律反)。

　　上述《經典釋文》中的材料,除了《周禮·天官·大宰》是引用徐邈、劉昌宗和戚衮音外①,均爲陸德明所注首音或又音,反映的應是南人語音。另有"戚音律",戚,指戚衮,字公文,吳郡鹽官人,太建十三年(581)卒,《經典釋文·序録》說他著有《周官音》。戚衮也是南人,可見"率"有"律"音,指的是南人的語音。《切韻》及後來的《廣韻》均未收入此音,可能和《切韻》主要依據洛陽音而作有關,所以儘管對《切韻》音系多所決定的顏之推堅持"率"有"律"音,生長在北方的陸法言也未給予理會。

　　以上我們對《顏氏家訓》中的《音辭篇》和《書證篇》反映南北朝後期南北聲母各自特點的材料進行了剖析,補正了前人忽略了的一些問題。當然,顏之推的上述兩篇文獻不可能揭示出他所處的那個時期南北聲母方面存在的所有差異。周祖謨在《顏氏家訓音辭篇注補》中對顏氏漏略了的南北聲母差異進行了補說②。周先生揭示出兩點:第一,南人以匣、云爲一類③;第二,北人以審母二三等爲一類。關於"北人審二(山母)審三(書母)不分",周先生列舉了《北史·魏收傳》和《洛陽伽藍記》中的材料進行説明④。至於"南人不分匣、云"者,即南人喻三與匣母合一,周先生舉原本《玉篇》和《經典釋文》中的材料進行闡釋⑤。魏建功又認爲"匣、云不分似不限南人",依據的是庾信在北周所作的雙

①　陸德明所引"徐、劉音類",徐指徐邈,劉指劉昌宗,《經典釋文·序録》說他們各著有《周禮音》一卷。

②　參見周祖謨《問學集》(上册)第 413—414 頁。

③　此處和下面的 13 處"云"字原文均作"于",爲了全書體例統一,一律改作"云"。

④　《北史·魏收傳》,博陵崔巖以"雙聲"語嘲收曰"愚魏衰收";《洛陽伽藍記》,李元謙嘲郭文遠婢曰"凡婢雙聲"。周祖謨説:"蓋衰、雙爲審母二等,收、聲爲審母三等,今以衰收、雙聲爲體語,是審母二三等無別也。且魏收答崔巖曰:'顏巖腥瘦。'腥屬心母,瘦屬審母二等,魏以腥瘦爲雙聲,是心、審二母更有相混者矣。"參見王利器《顏氏家訓集解》第542 頁注[三六]。

⑤　原本《玉篇》"云"作"胡勳反","寓"作"胡甫反",《經典釋文·論語音義·爲政章》"尤"切爲"下求",唐寫本《尚書釋文》殘卷"猾"反爲"于八",皆是。周先生另有《萬象名義中之原本玉篇音系》,該文也主張喻母三等即于類與匣類爲一類,參見《問學集》(上册)第 317—319 頁。

聲詩,而詩中全用匣、云兩母字又不加分別,他認爲此詩必爲北人所喻①。王力曾作《經典釋文反切考》,也主張云、匣合一,祇是王先生認爲《經典釋文》代表的是當時中國的普通話長安音②。關於南人云母與匣母的分合問題,周祖庠根據云母與匣母相混率占兩母總數的 6.7%,認爲云母與匣母不分③,沈建民根據《經典釋文》云母與匣母反切上字 552 條,相混的僅 6 條(並且還有 2 條不可考),占總數的 1.09%,認爲云母與匣母雖然有相混的現象,但不能認爲是合一的④。實際上,周祖庠根據《篆隸萬象名義》中云母與匣母相混率占兩母總數的 6.7%,就斷定二者合一,也稍嫌勉强。祇是現代吳方言中還有不少云母讀匣的例證,如果説南朝時期云匣已經分立,解釋這些例證有些困難。至於北人匣、云兩母的關係,就更不能認爲是合一的了。《切韻》云、匣兩母中各個小韻的反切上字,除了“雄熊”王仁昫《刊謬補缺切韻》羽隆切、《廣韻》羽弓切外,都是截然分開的⑤。不祇如此,根據我們的考察,從漢代開始,北方語音中匣、云兩母就是分立的⑥,曾運乾所説的喻三歸匣,可能是上古更早時期的事。

第二節　史籍中語音材料反映的北朝聲母特點

一、《魏書》材料反映的聲母現象⑦

1. 唇音幫母與並母相混

　　(1)定國在繦抱,高宗幸其第,詔養宫内,至於遊止常與顯祖同處。

　　　　　　　　　　　　　　　　　　　　　　　　　　　(《陸俟傳》)

---

① 魏先生的説法參見周祖謨《問學集》(上册)第 433 頁。又庾信《問疾封中録詩》:“形骸違學宦,狹巷幸爲閒。虹回或有雨,雲合又含寒。横湖韻鶴下,回溪下猿還。懷賢爲榮衛,和緩爲綺紈。”違,《庾開府詩集》作“爲”;狹,《詩紀》云“一作挾”,綺紈《詩紀》云“疑是何丸”。

② 參見中國音韻學研究會編《音韻學研究》(第一輯)第 23—77 頁,中華書局 1984 年第 1 版;又見王力《龍蟲並雕齋文集》(第三册)第 135—211 頁。

③ 參見周祖庠《篆隸萬象名義研究》第 145 頁。

④ 參見沈建民《經典釋文音切研究》第 43—48 頁。

⑤ 參見李榮《切韻音系》第 94 頁;邵榮芬《切韻研究》(校訂本)第 34—35 頁;周祖謨《廣韻四聲韻字今音表》,中華書局 1980 年第 1 版。

⑥ 參見劉冠才《兩漢聲母系統研究》第三章第一、二節,上海古籍出版社出版 2012 年第 1 版。

⑦ 此部分内容主要節自筆者的《從〈魏書〉看南北朝時期北方語音的一些特點》,《南京師範大學文學院學報》2011 年 1 期。

“繦抱”即“繦褓”。抱,上古並母幽部,《廣韻》並母上聲皓韻;褓,上古幫母幽部,《廣韻》幫母上聲皓韻。

(2)古弼,代人也。初爲獵郎,使長安,稱旨,轉門下奏事,以敏正著稱。太宗嘉之,賜名曰“筆”,取其直而有用,後改名“弼”,言其輔佐材也。

(《古弼傳》)

筆,上古幫母入聲物部,《廣韻》幫母入聲質韻;弼,上古並母入聲物部,《廣韻》並母入聲質韻。

從這兩條材料,可以看出北朝時並母與幫母清濁相混。當然,第(2)條説服力差一些。

北朝幫並相混,不衹在《魏書》中有所反映,前面我們在討論《顏氏家訓·音辭篇》時也談到了這種情況。我們在討論《音辭篇》材料時已指出,幫並相混並不是北人的獨有現象,江南人也是如此。

2. 舌音透母與定母相混

浩乃與論曰:“承祚之評亮,乃有故義過美之譽,案其迹也,不爲負之,非挾恨之矣。何以云然? ……此策之下者。可與趙他爲偶,而以爲管蕭之亞匹,不亦過乎?”

(《毛脩之傳》)

他,上古透母歌部,《廣韻》透母歌韻;佗,上古定母歌韻,《廣韻》徒何、託何二切。徒何切,定母歌韻;託何切,透母歌韻。

《魏書》“趙佗”寫作“趙他”,説明北朝時舌音次清透母與全濁定母有相混的現象。“佗”字《廣韻》又音託何切,其依據可能就是北方時音。

3. 舌音定母與禪母相混

登國元年,僭稱皇帝,置百官,國號大秦,年曰建初,改“長安”曰“常安”。

(《羌姚萇傳》)

長,上古定母陽部,《廣韻》澄母陽韻;常,上古禪母陽部,《廣韻》澄母陽韻。此條材料似乎説明,定澄已經分化,禪母一部分字也已經演變成澄母。《顏氏家訓·音辭篇》“徐仙民《左傳音》切‘椽’爲‘徒緣’”,屬於定澄仍然相混(椽,《切韻》直攣反,澄母仙韻;徒,定母,緣,仙韻),顏之推認爲“不可依信”,可見此時定澄分化已成事實。

4. 齒音心母與山母相混

世宗委任群下,不甚親覽,好桑門之法。

(《陽尼傳》)

“桑門”即“沙門”。桑,上古心母陽部,《廣韻》心母唐韻;沙,上古山母歌部,《廣韻》山母麻韻。今洛陽音"沙"與"桑"聲母仍然相同,均讀 s-①。

　　5. 喉牙音見母與匣母相混

　　　　蠻之種類,蓋盤瓠之後,其來自久。　　　　　　　　(《蠻傳》)

"盤瓠"即"盤古"②。瓠,上古匣母魚部,《廣韻》匣母模韻;古,上古見母魚部,《廣韻》見母姥韻。中原把開天闢地之人稱作"盤古",而南方蠻夷將開天闢地之人稱作"盤瓠","盤瓠"與"盤古"應是所指同一。也就是說有些北人稱作見母的字在南方少數民族讀爲匣母。不過,是中原人受南方少數民族"盤瓠"的影響而把開天闢地之人稱作"盤古",還是南方少數民族受中原人"盤古"的影響而把開天闢地之人稱作"盤瓠",還不好確定。須要說明的是,今本《魏書·蠻傳》是後人增補的。

　　6. 喉牙音見母字讀爲齒頭心母

　　　　蠻族弟鴻貴,爲定州平北府參軍,送兵於荆州。坐取兵絹四百匹,兵欲告之,乃斬十人。又疏凡不達律令,見律有梟首之罪,乃生斷兵手,以水澆之,然後斬決。尋坐伏法。時人哀兵之苦,笑鴻貴之愚。(《宋弁傳》)

梟,上古見母宵部,《廣韻》古堯切,見母蕭韻;削,上古心母藥部,《廣韻》息約切,心母藥韻。手、首二字音同。這一條材料很有意思。《廣韻》削、梟二字聲韻均不同,今音二字聲韻均同。宋弁族弟鴻貴將"梟首"理解爲"削手",他似乎是把削、梟看成音同。就聲母而論,北方的"梟"字已不讀見母,應該讀心母了。

二、《北齊書》材料反映的聲母現象③

　　1. 幫非兩母合一

　　　　(1)睿後因侍宴,顯祖從容顧謂常山王演等曰:"由來亦有如此長史不?吾用此長史何如?"演對曰:"陛下垂心庶政,優賢禮物,須拔進居蟬珥之榮,退當委要之職,自昔以來,實未聞如此銓授。"帝曰:"吾於此亦自謂得宜。"

　　　　　　　　　　　　　　　　　　　　　　　　　(《趙郡王琛列傳》)

　　　　(2)時又有開府薛榮宗,常自云能使鬼。及周兵之逼,言於後主曰:"臣已發遣斛律明月將大兵在前去。"帝信之。經古冢,榮宗謂舍人元行恭是誰冢,行恭戲之曰:"林宗冢。"復問林宗是誰,行恭曰:"郭元貞父。"榮宗前奏

①　參見賀巍《洛陽方言詞典》第 69 頁,江蘇教育出版社 1998 第 1 版。
②　參見《李新魁語言學論集》第 439 頁,中華書局 1994 第 1 版。
③　此部分內容是依據筆者的《〈北齊書〉中的語音材料分析》修改而成的,原文見《渤海大學學報》2010 年 5 期。

曰:"臣向見郭林宗從冢出,著大帽,吉莫靴,插馬鞭,問臣我阿貞來不?"是
時群妄多皆類此。　　　　　　　　　　　　　　　　　　(《恩倖列傳》)

　　(3)蘇瓊,字珍之,武强人也。芝戲問曰:"卿欲官不?"對曰:"設官求
人,非人求官。"芝異其對,署爲府長流參軍。　　　　　　　(《蘇瓊列傳》)

前兩例之"不"字即是"否"字,後一"不"字可作"否"解,也可作語氣詞
"不"解。不,上古幫母之部,《廣韻》尤韻甫鳩切(弗也,又姓),又甫九、甫救二
切;甫九切在有韻(弗也),甫救切當在宥韻,不過《廣韻》宥韻無"不"字;《集韻》
宥韻方副切(弗也)。否,上古幫母之部,《廣韻》有方九(有韻,不也)、符鄙(旨
韻,塞也)、房彼三切。《廣韻》紙韻、《集韻》紙韻均無"否"字。"否"與"不"通,
當是"否"之方九切(有韻,不也)與"不"之甫九切(有韻,弗也)相通。此時,
"否、不"二字仍然同音,也就是幫非兩母尚未分化。

　　2. 並母與幫母相混

　　　　其妻夢猛獸將來向之,敬德走超叢棘,妻伏地不敢動。敬德占之曰:
"吾當得大官。超棘,過九卿也。爾伏地,夫人也。"　　(《馬敬德傳》)

棘,上古見母職部,中古見職開三;九,上古見母幽部,中古見有開三;伏,上
古並母職部,中古並屋合三;夫,上古幫母魚部,中古幫虞合三。就聲母而論,馬
敬德把"伏"與"夫"看成是音同或音近,反映了此時北地並母與幫母相混(奉非
相混)。

　　3. 日母與泥母相混

　　(1)王摶風初舉,建旟上地,庇民立政,時雨滂流,下識廉恥,仁加水陸,
移風易俗,自齊變魯,此王之功也。仍攝天臺,總參戎律,策出若神,威行朔
土,引弓竄迹,松塞無煙,此又王之功也。……冬十月乙未,至黃櫨嶺,仍起
長城,北至社干戌四百餘里,立三十六戍。……魏帝以天人之望有歸,丙
辰,下詔曰:"三才剖判,百王代興,治天静地,和神敬鬼,庇民造物,咸自靈
符,非一人之大寶,實有道之神器。昔我宗祖應運,奄一區宇,歷聖重光,暨
於九葉。德之不嗣,仍離屯圮,盜名字者遍於九服,擅制命者非止三公,主
殺朝危,人神靡繫,天下之大,將非魏有。"……九月,契丹犯塞。壬午,帝北
巡冀、定、幽、安,仍北討契丹。……丁巳,梁湘州刺史王琳遣使請立蕭莊爲
梁主,仍以江州内屬,令莊居之。　　　　　　　　　　　　(《文宣紀》)

　　(2)及起義信都,騰以誠款,常預謀策。騰以朝廷隔絕,號令無所歸,不
權有所立,則衆將沮散,苦請於高祖,高祖從之,遂立中興主。除侍中,尋加

使持節、六州流民大都督、北道大行臺。高祖進軍於鄴,初留段榮守信都,尋遣榮鎮中山,仍令騰居守。　　　　　　　　　　　　　（《孫騰列傳》）

　　（3）高隆之,字延興,本姓徐氏,云出自高平金鄉。父幹,魏白水郡守,爲姑壻高氏所養,因從其姓。隆之貴,魏朝贈司徒公、雍州刺史。隆之後有參議之功,高祖命爲從弟,仍云渤海蓨人。　　　　　　（《高隆之列傳》）

　　（4）薛孤延,代人也。少驍果,有武力。韓樓之反,延隨衆屬焉。後與王懷等密計討樓,爲樓尉帥乙弗醜所覺,力戰破醜,遂相率歸。行臺劉貴表爲都督,加征虜將軍,賜爵永固縣侯。後隸高祖爲都督,仍從起義。

　　　　　　　　　　　　　　　　　　　　　　　（《薛孤延列傳》）

　　以上諸例,大都可以看成“仍”與“乃”混。據我們不完全統計,“仍”與“乃”混,在《北齊書》中有近二十例①。仍,上古日母蒸部,中古日蒸開三平;乃,上古泥母之部,中古泥海開一上。就聲母而論,這些材料説明北齊時期泥日兩母是相混的,也就是此時的日母是與泥母合一的。

　　4. 山母與書母合一,云母(喻三)與疑母相近、心母與山母近同

　　　　（1）收外兄博陵崔巖嘗以雙聲嘲收曰:“愚魏衰收。”收答曰:“顔巖腥瘦,是誰所生,羊頤狗頰,頭團鼻平,飯房笒籠,著孔嘲玎。”其辯捷不拘若是。　　　　　　　　　　　　　　　　　　　　（《魏收傳》）

　　　　（2）收外兄博陵崔巖嘗以雙聲嘲收曰:“遇魏收衰曰愚魏。”收答曰:“顔巖腥瘦,是誰所生,羊頤狗頰,頭團鼻平,飯房笒籠,著孔嘲玎。”其辯捷不拘若是。　　　　　　　　　　　　　　　　（《北史·魏收傳》）

　　依據《北齊書》,崔巖以雙聲嘲弄魏收的話可分爲兩組:“愚魏”爲1組,“衰收”爲1組。愚,上古疑母侯部,中古疑母虞韻;魏,上古疑母微部,中古疑母未韻。衰,上古山母微部,中古山母脂韻;收,上古書母幽部,中古書母尤韻。依據《北史》,崔巖以雙聲嘲弄魏收的話可分爲3組:“遇魏”爲1組,“收衰”爲1組,“曰愚魏”爲1組。遇,上古疑母侯部,中古疑母遇韻;魏,上古疑母微部,中古疑母未韻。衰,上古山母微部,中古山母脂韻;收,上古書母幽部,中古書母尤韻。曰,上古匣母月部,中古云母月韻。

　　《北齊書》與《北史》所載關於魏收以雙聲答崔巖嘲弄内容一致,可分爲12組,其中上古、中古聲母全同的9組:“顔”與“巖”,上古、中古均爲疑母;“是”與

———————————————

① 其中尚有一些“仍”是作“乃”解,還是作“仍然、頻仍”解殊難斷定。

“誰”，上古、中古均爲禪母；“所”與“生”，上古、中古均爲山母；“羊”與“頤”，上古、中古均爲余母；“狗”與“頻”，上古、中古均爲見母；“頭”與“團”，上古、中古均爲定母；“鼻”與“平”、“飯”與“房”，上古、中古均爲並母；“笒”與“籠”，上古、中古均爲來母。上古、中古聲母均不同的1組：腥，上古心母耕部，中古心母青韻；瘦，上古山母幽部，中古山母宥韻。上古聲母相同，中古聲母不同的1組：嘲，上古端母宵部，中古知母肴韻；玎，上古端母耕部，中古端母青韻。至於“著、孔”二字，其聲母相差很遠：著，上古端母魚部，中古知母御韻；孔，上古溪母東部，中古溪母董韻。魏收因何以“著孔”爲雙聲，是否因爲文字傳鈔有誤，我們不得其解，留待詳考。

依據《北齊書》崔巖以雙聲嘲弄魏收的材料，我們可以知道，此時山母與書母已經合一；依據《北史》崔巖以雙聲嘲弄魏收的材料，我們還可以知道中古的云母（喻三）與疑母讀音相近。依據《北齊書》與《北史》所載魏收以雙聲答崔巖的嘲弄材料，我們可以知道此時心母與山母相同或十分相近，知母字尚未從端母中分出。

另有《楊愔列傳》：“楊愔，字遵彥，小名秦王，弘農華陰人。又令吏唱人名，誤以盧士深爲士琛，士深自言。愔曰：‘盧郎玉潤，所以從玉。’”該例反映的是古人爲偏旁所誤，正如俗語所說“秀才讀字念半邊”。

三、《周書》材料反映的聲母現象①

1. 唇音並母與幫母相混

> 上智稟自然之性，中庸有企及之美。其大也，則隆家光國，盛烈與河海爭流，授命滅親，峻節與竹帛俱茂。其小也，則溫枕扇席，無替於晨昏，損己利物，有助於名教。　　　　　　　　　　　　　　（《孝義傳》）

“竹帛”不能用“俱茂”描述，宋本“竹帛”作“竹柏”，作“竹柏”是。《北史·節義傳論》云“峻節所標，共竹柏而俱茂”，應該是用《周書》語。帛，上古並母鐸部，《廣韻》並母陌韻；柏，上古幫母鐸部，《廣韻》幫母陌韻。“柏”寫作“帛”，表明北語幫母與並母相混。

2. 齒音心母與山母相混

> （1）光性崇佛道，至誠信敬。嘗從太祖狩於檀臺山。時獵圍既合，太祖

---

① 此部分内容節自筆者的《從〈周書〉語音材料看北朝後期至初唐北方語音的若干特點》，《泰山學院學報》2011年1期。

遙指山上謂群公等曰:"公等有所見不?"咸曰:"無所見。"光獨曰:"見一桑門。"太祖曰:"是也。"即解圍而還。令光於桑門立處造浮圖,掘基一丈,得瓦鉢、錫杖各一。太祖稱歎,因立寺焉。　　　　　　　　　　(《盧光傳》)

(2)保定末,重至於京師。詔令討論五經,並校定鐘律。天和中,復於紫極殿講三教義。朝士、儒生、桑門、道士至者二千餘人。

　　　　　　　　　　　　　　　　　　　　　　　　　(《沈重傳》)

"桑門"即"沙門",分析參見本節"《魏書》材料反映的聲母現象"部分第4點。除上文提到的《魏書》《周書》這兩處例子以外,其他北人撰寫的史書也有"桑門、沙門"並用的,如《隋書·五行志下·裸蟲之孽》:"後主時,有桑門,貌若狂人,見烏則向之作禮,見沙門則毆辱之。……七年,相州有桑門,變爲蛇,尾繞樹而自抽,長二丈許。"又如《魏書·釋老志》和《南史·孝義下·滕曇恭列傳》也將"沙門"寫成"桑門"。

3. 舌音與齒音相混

(1)初,太祖自弘農入關後……清河人崔彦穆、檀琛攻滎陽,擒其郡守蘇定。　　　　　　　　　　　　　　　　　　　(《文帝紀下》)

"蘇定",宋本作"蘇宿",《周書·崔彦穆傳》《北史·崔彦穆傳》《資治通鑑·梁紀十三》均作"蘇淑"。定,上古定母耕部,《廣韻》定母徑韻;宿,上古心母覺部,《廣韻》心母屋韻;淑,上古禪母覺部,《廣韻》禪母屋韻。"宿"與"定"《廣韻》聲韻相去甚遠,應是形似而誤,"宿"與"淑"字形毫無聯繫,祇是音近。二字均屬《廣韻》屋韻字。疑原作"宿",宋本保留本字,殿本誤作"定",《北史》作"淑",《資治通鑑》因之。可以看出,此時心母三等與禪母音值較近。

(2)十六年春正月,柳仲禮率衆來援安陸,楊忠逆擊於漴頭,大破之,擒仲禮,悉虜其衆。　　　　　　　　　　　　　　　　(《文帝紀下》)

漴頭,《北史·隋本紀上》《南史·柳仲禮傳》《資治通鑑·梁紀十九》亦作"漴頭",《周書·楊忠傳》則作"淙頭",而據《考異》,梁蕭韶《太清紀》又作"潼頭"[1]。淙,上古從母冬部,《廣韻》從母冬韻;漴,上古從母冬部,《廣韻》崇母冬韻;潼,上古定母東部,《廣韻》定母東韻。"淙頭"又作"漴頭",説明此時北方語音崇母與從母相混;梁蕭韶《太清紀》作"潼頭",説明江南語音有將從母讀成定

---

[1]　北宋時《太清紀》尚存,司馬光修《資治通鑑》時,多次用《太清紀》訂補《梁書》《北齊書》,但於北周史事則無訂補。

母的現象。

4. 喉音匣母與牙音見母相混

蠻者,盤瓠之後。族類(番)〔蕃〕衍,散處江、淮之間,汝、豫之郡。憑
險作梗,世爲寇亂。　　　　　　　　　　　　　　　　　　　(《蠻傳》)

"盤瓠"即"盤古"。分析參見本節"《魏書》材料所反映的聲母現象"部分第
5點。

5. 喉音匣母與牙音群母相混

遂與吐渾廣定王、鍾留王等戰,破之。因拔其洮陽、共和二城,以其地
爲洮州。　　　　　　　　　　　　　　　　　　　　　　(《賀蘭祥傳》)

共和,宋本、南本,《周書·明帝紀》《周書·吐谷渾傳》,《北史》本傳,《册府
元龜》均作"洪和",汲本、局本作"共和",注云:"共,一作'洪'。"另《隋書·地
理志上》"臨洮郡當夷縣"條云:"後周置,又立洪和郡。"洪,上古匣母東部,《廣
韻》匣母東韻;共,上古群母東部,《廣韻》群母用韻。

6. 喉音匣母與余母(喻四)相混

普回子莫郍,自陰山南徙,始居遼西,是曰獻侯,爲魏舅生之國。九世
至侯豆歸,爲慕容晃所滅。　　　　　　　　　　　　　　(《文帝紀上》)

侯豆歸,《晉書·慕容皝傳》作"逸豆歸"。侯,上古匣母侯部,《廣韻》匣母
侯韻;逸,上古余母質部,《廣韻》余母質韻。"侯"作"逸",就聲母來説,是余母
(喻四)與匣母的對應問題。喻三上古歸匣,此條材料似乎説明此時北地喻三與
喻四已經合流或語音已十分接近,但此時的喻四應是向喻三靠攏,而喻三在某
些方言中可能與匣母較近。

7. 喉音余母(喻四)與日母相混

八月,齊神武襲陷潼關,侵華陰。太祖率諸軍屯霸上以待之。齊神武
留其將薛瑾守關而退。太祖乃進軍討瑾,虜其卒七千,還長安,進位丞相。
　　　　　　　　　　　　　　　　　　　　　　　　　　(《文帝紀上》)

薛瑾,《北齊書·神武紀》《北史·齊本紀上》《册府元龜》《資治通鑑》均作
"薛瑜",《北史·魏孝武帝紀》作"華長瑜"(作"華"是"薛"之訛),《周書·賀蘭
祥傳》作"薛長孺",《北史·賀蘭祥傳》"孺"又作"儒"。當時習慣,雙名常單
稱,又在名的上下加一字爲字,其例極多。其人可能名"瑜"字"長瑜",也可能
名"長瑜",單稱作"瑜"。《魏書·薛辯傳》中的"薛長瑜"應即是此人。瑜,上古
余母侯部,《廣韻》余母虞韻;儒,上古日母侯部,《廣韻》日母虞韻;孺,上古日母

侯部,《廣韻》日母遇韻。"瑜"與"儒、孺"音同或音近,説明余母與日母混同。

第三節　《齊民要術》音注材料反映的
北朝後期聲母特點

在《齊民要術》的音注材料中,與聲母有關的 146 條,其中與唇音有關的 18 條,與舌音有關的 51 條,與齒音有關的 38 條,與喉牙音有關的 36 條。另有特殊的音注材料 3 條。

一、唇音問題

(一)唇音幫組與非組的關係

《齊民要術》中反映唇音幫組與非組關係的音注共 15 條。

1. 祇與唇音幫母非母有關的音注(4 條)

(1)卷五《種桑柘》第四五"裁截碎木,中作錐、刀靶","靶"字下小注"音霸"。靶、霸,《廣韻》皆必駕切,同屬幫禡開二去。

(2)卷八《蒸缹法》第七七"毛蒸魚菜:白魚、鰶魚最上","鰶"字下小注"音賓"。鰶,《廣韻》卑民切;賓,《廣韻》必鄰切。小注直音與被注字同屬幫真開三平①。

上述兩條小注是以幫母字爲幫母字注音的。

(3)卷八《蒸缹法》第七七,標目"缹"字下小注"方九反"。缹,《廣韻》方九切,與小注反切同屬非有開三上。該條小注是以非母字爲非母字注音的。

(4)卷二《大豆》第六"張揖《廣雅》曰……豍豆、豌豆,留豆也","豍"字下小注"方迷反"(或本作"方迷切")。豍,《廣韻》邊兮切,幫齊平;《集韻》補典切,幫銑上;隋曹憲《博雅音》、唐玄應《一切經音義》亦均讀雙唇音,不讀唇齒音。"方迷反"則屬非齊平,故該條小注是以輕唇音非母字爲重唇音幫母字注音的。

2. 祇與唇音滂母敷母有關的音注(2 條)

(1)卷五《種藍》第五三"急手抔之","抔"字下小注"普彭反"。抔,《廣韻》普耕切,滂耕平;"普彭反",滂庚平。該條音注是以滂母字爲滂母字注音的。

(2)卷五《種紫草》第五四"候秄燥載聚","秄"字下小注"芳蒲反"。秄,

---

① 小注直音的反切與被注字的反切,均指《廣韻》中的反切。以下除特别標明外,均仿此。

《廣韻》芳無切,敷虞開三平;"芳蒲反",敷模合一平。該條小注是以敷母字爲敷母字注音的。

3. 衹與脣音並母奉母有關的音注(4條)

(1)卷一《種穀》第三"二月上旬及麻菩楊生種者爲上時","菩"字下小注"音倍、音勃"。菩,《廣韻》蒲北切,並德開一入;又音"蒲",並模合一平。倍,並海開一去;勃,並没合一入。須要指出的是,石聲漢和繆啟愉均認爲該處的"菩"字借作"勃",石先生認爲"麻勃"是麻開花,繆先生認爲"麻勃"是大麻子發芽,是萌發①。

(2)卷十《五穀、果蓏、菜茹非中國物産者》"十一月采旁勃","旁"字小注"音彭"。旁,《廣韻》步光切,並唐開二平;彭,並庚開二平。

上述兩條小注是以並母字爲並母字注音的。

(3)卷三《蔓菁》第十八"種菘、蘆菔法","菔"字下小注"蒲北反"。菔,《廣韻》房六切,奉屋合三入;"蒲北反",並德開一入。該條小注是以並母字爲奉母字注音的。

(4)卷七《笨麴并酒》第六六,標目"笨"字下小注"符本切"。笨,《廣韻》蒲本切,並混合一上;"符本切",奉混合一上。該條音注是用輕脣音奉母字爲重脣音並母字注音的。

4. 衹與脣音明母微母有關的音注(5條)

(1)卷一《種穀》第三"昔予爲禾,耕而鹵莽之","莽"字下小注"忙補反"。莽,《廣韻》模朗切,明蕩開一上;又莫補切,明姥合一上。"忙補反",明虞開三上。

(2)卷五《種榆白楊》第四六"色變白,將落,可作醬䐶……"句下小注"䐶,音牟"。䐶、牟,《廣韻》皆莫浮切,同屬明尤平。

(3)卷九《煮糗》第八四,標目"糗"字下小注"莫片反"。糗,《廣韻》莫甸切,與小注反切同屬明霰開四去。

上述3條小注是用明母字爲明母字注音的。

(4)卷十《五穀、果蓏、菜茹非中國物産者》"莓"條,標目下小注"亡代反"。莓,《廣韻》莫杯切,明灰開一平;"亡代反",微代開一去。該條音注是用輕脣音

微母字爲重唇音明母字注音的。

（5）卷十《五穀、果蓏、菜茹非中國物産者》"竹"條"頧竹，黑皮，竹浮有文"，"頧"字下小注"音模"。頧，《廣韻》武夫切（黑皮竹），又莫胡切（竹名）。模，《廣韻》莫胡切。小注直音與被注字《廣韻》又音同屬明模合一平；根據《廣韻》釋義，《齊民要術》中的"頧"字是"黑皮竹"，應讀武夫切，屬微虞合三平。也就是説，該條小注是用重唇音"模"字來爲輕唇音"頧"字注音的。

（二）唇音聲母的清濁送氣問題

《齊民要術》中反映唇音聲母清濁送氣問題的音注共 3 條。

1. 幫母與並母的關係（1 條）

卷一《耕田》第一"凡秋收之後……粱、秫、荏之下，即移嬴"，"荏"字下小注"方末反"。荏，《廣韻》蒲撥切，並末合一入；宋本《玉篇》蒲達切，並曷開一入，又補末切，幫末合一入。"方末反"，非末合一入。小注反切與被注字《廣韻》反切聲母有非並清濁的不同。依宋本《玉篇》又音反切，該條小注是以輕唇音非母"方"字爲重唇音幫母"荏"字注音的①。

2. 滂母與並母的關係（2 條）

（1）卷三《種葱》第二一"以批契繼腰曳之"，"批"字下小注"蒲結反"。批，《廣韻》匹迷切，滂齊開四平；"蒲結反"，並屑開四入。該條小注是用全濁並母字爲次清滂母字注音的。

（2）卷八《蒸缹法》第七七"胡炮肉法"，"炮"字下小注"普教切"。炮，《廣韻》薄交切，並肴開二平；"普教切"，滂肴開二平。該條小注是用次清滂母字來爲全濁並母字注音的。

《齊民要術》小注中有關唇音清濁送氣與否的材料不多，反映的情況包括兩個方面：幫母和並母的關係、滂母和並母的關係。

通過以上分析我們可以看出：第一，在《齊民要術》音注中，儘管有不少以重唇音爲重唇音注音的情況，但也有以輕唇音爲重唇音注音的情況，甚至還有以重唇音爲輕唇音注音的情況。這説明小注是比較早的，甚至早於《切韻》，因爲《切韻》祇有以輕唇音爲重唇音注音的情況，無以重唇音爲輕唇音注音的情況。

---

① 據石聲漢、繆啓愉考證，"荏"下小注，金鈔本、學津本、漸西本均作"方末反"，明鈔本、湖湘本及《學津討原》等《秘册彙函》系統版本則作"古末反"；下文《種穀》第三第二段夾注中的小注"荏"亦作"方末反"，故當以"方末反"爲是。石説參見石聲漢《齊民要術今釋》第 10 頁校［一］，繆説參見繆啓愉《齊民要術校釋》（第二版）第 40 頁校⑪。

可見此類小注很可能就是賈思勰的自注。第二,在《齊民要術》音注中,有用全濁並母字爲次清滂母字注音的,也有用次清滂母字來爲全濁並母字注音的,説明此時此地的全濁聲母讀送氣與否並不確定。

二、舌音問題

(一)祗與舌音端知章三母有關的音注

《齊民要術》中祗與舌音端知章三母有關的音注有4條,均爲三母各自獨用的音注。

(1)卷二《種麻》第八"麻欲得良田,不用故墟"小注"故墟亦良,有點葉夭折之患,不任作布也",小注"點"字下又注"丁破反"。點,《廣韻》多忝切,端忝開四上;"丁破反",端過合一去。

(2)卷五《種榆白楊》第四六"三年,中爲蠶槒",槒"字下小注"都格反"。槒,《廣韻》無,《集韻》丁歷切,端錫開四入;又陟革切,知麥開二入。"都格反",端陌開二入。須要指出的是,"槒"字《集韻》又音"陟革切"應是中唐以後後起之音,而讀"丁歷切"則是中唐以前的讀音;小注將"槒"字讀成"都格反",説明其時代較早,可以看成是賈思勰自注的一條證據。

(3)卷九《煮膠》第九十"取净乾盆,置竈埵上",埵"字下小注"丁果反"。埵,《廣韻》丁果切,與小注反切同屬端果合一上。

上述3條小注以端母注端母。

(4)卷十《五穀、果蓏、菜茹非中國物産者》"蓷"條,標目下小注"音諸"。蓷,《廣韻》無,《集韻》專於切;諸,《廣韻》章魚切。小注直音《廣韻》反切與被注字《集韻》反切同屬章魚開三平,即以章母注章母。

未見以知母注知母的音注。

(二)祗與舌音透徹昌三母有關的音注

《齊民要術》中祗與舌音透徹昌三母有關的音注有6條,均爲三母各字獨用的音注。

(1)卷十《五穀、果蓏、菜茹非中國物産者》"菜茹"條"蓍菜"下小注"他合反"。蓍,《廣韻》他合反,與小注反切同屬透合開一入。

(2)卷一《耕田》第一"至春稿種亦得",稿"字下小注"湯歷反"。稿,《廣韻》無,《集韻》他歷反,透錫入;《字彙》丁歷反,端錫入。"湯歷反",透錫入。小注反切與被注字《集韻》反切同屬透錫入。到了明代《字彙》時,"稿"字又有了"丁歷反"一讀。

(3)卷二《小豆》第七"稴種爲下","稴"字下小注"土歷反"。分析同例(2)。

上述 3 條小注以透母注透母。

(4)卷八《作醬等法》第七十"作燥脡法","脡"字下小注"丑延反"①。脡,《廣韻》丑延切,與小注反切同屬徹仙開三平。

(5)卷十《五穀、果蓏、菜茹非中國物産者》"菫"條,標目下小注"丑六反"。菫,《廣韻》許竹切,又丑六切,又恥力切。小注反切與被注字《廣韻》一又音反切同屬徹屋合三入。

(6)卷四《園籬》第三一"至明年春,剶其横枝","剶"字下小注"敕傳切"。剶,《廣韻》丑緣切,與小注反切同屬徹仙合三平。

上述 3 條小注以徹母注徹母。

未見以昌母注昌母的音注。

(三)祇與舌音定澄船書禪五母有關的音注

《齊民要術》中祇與舌音定澄船書禪五母有關的音注有 10 條。

1. 定澄船書禪五母各自獨用的音注(7 條)

(1)卷二《種瓜》第十四"然瓜有龍肝、虎掌……貾柢……","柢"字下小注"大真反"。柢,《玉篇》徒門切,定魂合一平;《廣韻》作"㹠",徒渾切,定魂合一平。"大真反",定真開三平。

(2)卷五《種榆白楊》第四六"薣"下小注"音頭"。薣、頭,《廣韻》皆度侯切,同屬定侯平。

(3)卷七《笨麴并酒》第六六"蜀人作酴酒法",句下小注"酴音塗"。酴、塗,《廣韻》皆同都切,同屬定模合一平。

(4)卷十《五穀、果蓏、菜茹非中國物産者》"石菭"條,該標目下小注,繆啟愉《齊民要術校釋》及《百子全書》本作"丈之切"(知之開三平),石聲漢《齊民要術今釋》依金鈔本作"大之切"(定之開三平),又明鈔譌作"文之切"。菭,《廣韻》徒哀切,定咍開一平。就聲母來説,小注作"大之切"可能更接近原注,此反切上字"大"與被注字"菭"的反切上字"徒"同屬定母;"丈之切"應該是較晚的

---

① "脡"字音注,北宋院刻作"丑延反",明鈔"丑"字譌作"五",金鈔譌作"且";明清刻本則作"始蟬反"。脡,《説文解字》音丑連反;《廣韻》音式連切,又丑延切;《集韻》音尸連切,又抽延切。明清刻本的"始蟬反",大致應與《廣韻》"式連切"及《集韻》"尸連切"相當,是依宋本《玉篇》改的。

音切。

上述 4 條小注以定母注定母。

(5)卷七《笨麴并酒》第六六"秫米酎法"句下小注"酎音宙"。酎、宙,《廣韻》皆直祐切,同屬澄宥開三去。

(6)卷一《耕田》第一"秋田墌實,濕勞令地硬","墌"字下小注"長劫反"。墌,《廣韻》直葉切,澄葉開三入;"長劫反",澄/知葉開三入。小注反切與被注字同屬澄葉開三入。"墌"又直立切,澄緝開三入。

上述 2 條小注以澄母注澄母。

(7)卷二《水稻》第十一"内草篅中裛之","篅"字下小注"市規反"。篅,《廣韻》市緣切,禪仙平;又是爲切,禪支合三平。"市規反",禪支合三平。小注反切與被注字又音同屬禪支平,即以禪母注禪母。

未見以船母注船母、以書母注書母的音注。

2. 定澄船書禪五母互注的音注(3 條)

(1)卷九《作豉奥糟苞》第八一"作犬腺法","腺"字下小注"徒攝反"。腺,《廣韻》直葉切,澄葉開三入;"徒攝反",定葉開三入。該條小注用定母字爲澄母字注音。

(2)卷二《黍穄》第四"燥溼候黄塲","塲"字下小注"始章切"。塲,《廣韻》直良切,澄陽開三平;"始章切",書陽開三平。該條小注用書母字爲澄母字注音①。

(3)卷十《五穀、果蓏、菜茹非中國物産者》"藤"條"江東呼爲欇攝","欇"字下注音"音涉"。欇,《廣韻》書涉切,書葉開三入;涉,禪葉開三入。該條小注用禪母字爲書母字注音。

(四)祇與泥娘日三母有關的音注

《齊民要術》中祇與泥娘日三母有關的音注有 10 條。

1. 泥娘日三母各自獨用的音注(7 條)

(1)卷二《水稻》第十一"今世有黄瓮稻……秫稻米,一名糯米","糯"字下小注"奴亂反"(《百子全書》本無此反切)。糯,《廣韻》無,《集韻》奴亂切,與小注反切同屬泥换去。"糯"又奴卧切,泥過去。

---

① 石聲漢、繆啟愉均認爲"塲"字就是現在的"墒"字。石説參見石聲漢《齊民要術今釋》第105 頁注①,繆説參見繆啟愉《齊民要術校釋》(第二版)第 103 頁注[三]。

　　（2）卷三《種蒜》第十九“冬寒，取穀耩布地”，“耩”字下小注“奴勒反”。耩，《廣韻》奴勒切，與小注反切同屬泥德入。

　　（3）卷九《炙法》第八十“腩炙”，“腩”字下小注“奴感反”。腩，《廣韻》奴感切，與小注反切同屬泥感開一上。

　　（4）卷一《種穀》第三“今墮車、下馬看……一睍黄……此二十四種，穗皆有毛，耐風，免雀暴”，“睍”字下小注“奴見反”（《百子全書》本作“怒見反”）。睍，《廣韻》胡典切，又奴甸切。小注反切與被注字又音同屬泥霰去。

　　（5）卷八《脯腊》第七五“凡生魚，悉中用，唯除鮎鱯耳”，“鮎鱯”下小注“上奴嫌反”。鮎，《廣韻》奴兼切，與小注反切同屬泥添開四平。

　　（6）卷五《種榆白楊》第四六“白楊……終不曲撓”，“撓”字下小注“奴孝切”。撓，《廣韻》奴巧切，泥巧開二上；“奴孝切”，泥效開二去。

　　上述 6 條小注以泥母注泥母。

　　（7）卷十《五穀、果蓏、菜茹非中國物産者》“蒬”條，標目下小注“而兗反”。蒬，《廣韻》而兗切，與小注反切同屬日獮合三上，即以日母注日母。

　　上述 1 條小注爲以日母注日母。

　　2. 泥娘日三母互注的音注（3 條）

　　（1）卷九《炙法》第八十“手搦爲寸半方”，“搦”字下小注“汝角切”。搦，《廣韻》女角切，娘覺開二入；“汝角反”，日覺開二入。

　　（2）卷三《蔓菁》第十八“擬作乾菜及釀葅者”，“釀”字下小注“人丈反”。釀，《廣韻》女亮切，娘漾開三去；“人丈反”，日漾開三去。

　　（3）卷四《插梨》第三七“先做麻紉，纏十許匝”，“紉”字下小注“汝珍切”。紉，《廣韻》女鄰切，娘真開三平；“汝珍切”，日真開三平。

　　上述 3 條小注均爲以日母注娘母①。

　　未見以娘母注娘母、以娘母注泥母、以泥母注娘母、以日母注泥母、以泥母注日母、以娘母注日母的小注。

　　（五）祇與來余二母有關的音注

　　《齊民要術》中祇與來余二母有關的音注有 20 條。

　　1. 來余二母各自獨用的音注（19 條）

①　例（3）“汝真切”，明鈔、金鈔及明清刻本作“支珍切”，“支”當爲“女”字之誤，則此條音注可以看成是以娘母注娘母。這裏暫依《農桑輯要》及據《農桑輯要》校過的《學津討原》《漸西村舍》刊本作“汝珍切”。

（1）卷一《耕田》第一"漫擲黍稷，勞亦再遍"，"勞"字下小注"郎到反"。勞，《廣韻》郎到切，與小注反切同屬來号開一去。"勞"又魯刀切，來豪開一平。

（2）卷二《水稻》第十一"秜，稻今年死，來年自生曰秜"，"秜"字下小注"力脂反"。秜，《廣韻》力脂反，與小注反切同屬來脂平。

（3）卷三《種胡荽》第二四："櫨生者亦尋滿地"，"櫨"字下小注"音吕"。櫨，《廣韻》郎古切，來姥合一上；吕，來語開三上。

（4）卷八《羹臛法》第七六"臉臁：用豬腸"，"臉臁"下小注"上力減切"。臉，《廣韻》力減切，與小注反切同屬來豏開二上。

（5）卷九《作菹藏生菜法》第八八"梨菹法，先作溇"，"溇"字下小注"盧感反"。溇，《廣韻》盧感切，與小注反切同屬來感開一上。

（6）卷一《種穀》第三"今墮車、下馬看……石鵽歲青……此二十四種，穗皆有毛，耐風，免雀暴"，"鵽"字下注音"良臥反"①。鵽，《廣韻》無，《集韻》盧卧反，與小注反切同屬來過去。"鵽"《集韻》又魯外切，來泰去。

（7）卷二《大豆》第六"犁細淺畤而勞之"，"畤"字下小注"良輟反"。畤，《廣韻》無，《集韻》龍輟反。小注反切與被注字《集韻》反切同屬來薛入。

（8）卷七《笨麴并酒》第六六"作酃酒法"，"酃"字下小注"盧丁反"。酃，《廣韻》郎丁切，與小注反切同屬來青開四平。

（9）卷十《五穀、果蓏、菜茹非中國物產者》"竹"條"篍竹"，"篍"字下小注"力印反"。篍，《廣韻》良印切，與小注反切同屬來震開三去。

（10）卷十《五穀、果蓏、菜茹非中國物產者》"苔"條"莖如登豆而細"，"登"字下小注"力刀切"（《百子全書》本作"即刀切"）。登，《廣韻》魯刀切，與小注反切同屬來豪開一平。

（11）卷二《種瓜》第十四"其子謂之㼂"，"㼂"字下小注"力點反"。"㼂"字《廣韻》作"瓥"，力忝反，與小注反切同屬來忝開四上。

（12）卷九《餅法》第八二"切麵粥、䴬餺粥法"，"䴬"字下小注"盧貨反"。䴬，《廣韻》無，《集韻》盧卧切，與小注反切同屬來過合一去。

（13）卷十《五穀、果蓏、菜茹非中國物產者》"桃"條"上有二神人：一曰'荼'，二曰'鬱櫨'，主領萬鬼"，"櫨"字下小注"音壘"。櫨，《廣韻》《集韻》均無，《字彙》魯猥切，來灰平；壘，來旨上。

---

① 明鈔和《秘册彙函》系統版本均作"㫐卧反"，依金鈔改作"良"。

上述 13 條音注以來母注來母。

(14)卷一《種穀》第三"穀田必須歲易"句下注"颰子則秀多而收薄矣。颰，尹絹反"。颰，《廣韻》以絹切，與小注反切同屬余線去①。

(15)卷六《養雞》第五九"瀹雞子法"，"瀹"字下小注"音爚"②。瀹、爚，《廣韻》均以灼切，余藥開三入。

(16)卷八《作炙法》第七九"白瀹肫法"，"瀹"字下小注"瀹，煮也，音藥"。本條語音關係與上條同。

(17)卷十《五穀、果蓏、菜茹非中國物產者》"柚"條"其名爲櫾"，"櫾"字下小注"音柚"。櫾、柚，《廣韻》皆余救切，余宥開三去。

(18)卷十《五穀、果蓏、菜茹非中國物產者》"芅"條"北燕謂之葪"，"葪"字下小注"音役"。葪、役，《廣韻》皆營隻切，余昔合三入。"葪"又羊捶切，余紙合三上。

(19)卷十《五穀、果蓏、菜茹非中國物產者》"菜茹"條"蓶菜"下小注"音唯"。蓶、唯，《廣韻》皆以追切，余脂合三平。

上述 6 條音注以余母注余母。

2. 來余兩母互注的音注(1 條)

卷七《笨麴并酒》第六六"柯杝酒法"，"杝"字下小注"良知反"。杝，《廣韻》作"柂"，弋支切，余支開三平;《類篇》郴知切，來支開三平。"良知反"，來支開三平。小注將余母字讀成來母，與《類篇》同。

(六)舌音聲母特殊的音注

卷五《種榆白楊》第四六"亦任生長，務使掌近"，石聲漢《齊民要術今釋》"掌"字下小注"杜康反"③。掌，《廣韻》諸兩切，章養開三上;"杜康反"，定唐開一平。小注與被注字反切上下字、聲、韻、調均不同。僅就聲母而論，小注是將舌面前音章母讀成舌頭音定母，説明此方言中章組聲母與端組聲母關係還很近，也説明全濁定母可能是不送氣聲母。

通過以上分析可以看出:第一，在《齊民要術》音注材料中，有以定母字注澄母字的音注，也有以定母注章母字的音注。以定母字注澄母字，説明舌上音澄

---

① 《百子全書》本作"户絹切"，匣線開三去。
② 南宋本作"音掄"，字書無，石聲漢《齊民要術今釋》從此，參見該書第 587 頁 59.8.1 條。本書依繆啟愉《齊民要術校釋》(第二版)，參見該書第 450 頁及 451 頁校⑨。
③ 參見石聲漢《齊民要術今釋》第 426—427 頁。

母尚未從舌頭定母中分化出來,可以看出小注的年代應該早於《切韻》的年代,因爲在《切韻》時代主要是定母切定母,澄母切澄母①。所以該條音注的作者應該不晚於《切韻》時代,可能就是賈思勰本人。至於以定母注章母字的那條音注,情況比較特殊。明鈔本"掌"字下小注據南宋本作"止兩反",《群書校補》所據鈔宋本同;《秘册彙函》系統的版本"掌"作"長",其下小注亦"止兩反"。院刻、金鈔、《農桑輯要》"掌"作"棠",其下小注"杜康反",繆啓愉《齊民要術校釋》本從之②,不過繆先生認爲"棠、掌"都是"堂"字之別體,即"掌"字,今寫作"撑"字。"止兩反",章養上;長,《廣韻》知丈切,知養上;掌,《廣韻》他孟切,徹映去。依上下文意,以作"堂"即"掌"字爲是。第二,在《齊民要術》小注中衹與泥娘日三母有關的 10 條音注,有 6 條是用泥母字爲泥母字注音,有 1 條是用日母字爲日母字注音,有 3 條是用日母字爲娘母字注音,這説明在作者的方言中日母讀如娘母,日母、娘母均與泥母關係較遠。這一方面可以看出作者的方言娘日兩母關係密切,應該合一;另一方面也可以看出泥娘兩母的差別。三母互注的 3 條音注中,前兩條材料也反映了《齊民要術》小注的材料較早,應該早於《切韻》,似乎可以看成賈思勰自注;第 3 條材料特殊一些,如果采用或本小注"支珍切",將"支"字看成是"女"字之誤,則此條音注是以娘母注娘母。第三,在《齊民要術》小注中,以來母字注來母字的 13 條,以余母字注余母字的 6 條,來余兩母互注的 1 條,説明來余兩母各自獨立又關係較近。第四,以書母字注澄母字的 1 條,説明小注作者的方言中有些澄母字與書母字讀混;以禪母字注書母字的 1 條,説明有些禪母字與書母字的讀音相近。

三、齒音問題

(一)齒音莊組與精組的關係

《齊民要術》中反映齒音莊組與精組關係的音注有 31 條。

1. 衹與精母莊母有關的音注(4 條)

(1)卷三《種薑》第二七"茈,生薑也","茈"字下小注"音紫"。茈、紫,《廣韻》皆將此切,同屬精紙上。

(2)卷五《種紅藍花梔子》第五二"乃至粉乾足,手痛捼勿住","足"字下小注"將住反"。足,《廣韻》即玉切,又將喻切。小注反切與被注字《廣韻》又音同

---

① 《切韻》中的"湛"有徒咸、直心二切。徒咸切,定母;直心切,澄母。

② 參見繆啓愉《齊民要術校釋》(第二版)第 341—342 頁。

屬精遇合三去。

(3)卷八《蒸缹法》第七十七"復以穄屈牖篸之","篸"字下小注"祖咸反"。篸,《廣韻》作紺切,精勘開一去;"祖咸反",精咸開二平。

上述3條小注以精母注精母。

(4)卷十《五穀、果蓏、菜茹非中國物産者》"藤"條"菽著枝閣間","菽"字下小注"側九反"①。菽,《廣韻》側鳩切,莊尤開三平;"側九反",莊有開三上。小注反切與被注字同屬莊母,即以莊母注莊母。

2. 衹與清母初母有關的音注(5條)

(1)卷一《種穀》第三"竹葉青、石抑闖","闖"字下小注"創怪反"。闖,《廣韻》無,《集韻》楚快切②,初夬去。"創怪反",初怪去。

(2)卷八《羹臛法》第七六"臉臘:用豬腸","臉臘"下小注"下初減切"③。臘,《廣韻》初減切,與小注反切同屬初豏開二上。

(3)卷八《作醬等法》第七十"上旬鬮豆","鬮"字下小注"楚狡切"。鬮,《廣韻》初爪切,與小注反切同屬初巧開二上。

(4)卷九《餅法》第八二"治麵砂墋法","墋"字下小注"初飲反"。墋,《廣韻》初朕切,初寢開三上;"初飲反",初沁開三去。

上述4條小注以初母注初母。

(5)卷八《羹臛法》第七六"槧淡","槧"字下小注"七豔切"。槧,《廣韻》七豔切,與小注反切同屬清豔開三去,即以清母注清母。

3. 衹與從母崇母有關的音注(4條)

(1)卷一《收種》第二"劁刈高懸之","劁"字下小注"才彫反"。劁,《廣韻》昨焦切,與小注反切同屬從蕭平。"劁"又才笑切,從笑去。

(2)卷二《大小麥》第十"宜作劁麥","劁"字下小注"才彫反",小注與被注字的語音關係與上條同。

(3)卷一《種穀》第三"予來年變齊","齊"字下小注"在細反"。齊,《廣韻》在詣切,與小注反切同屬從霽去。"齊"又徂兮切,從齊平。

---

① 《百子全書》本作"徂九反",從有開三上。繆啟愉本作"側九切",並謂《太平御覽》引作"側尤切",但"側九切、側尤切"均誤,應作"側丸切"。該説似不可取。參見《齊民要術校釋》(第二版)第814頁校⑬。

② 快,揚州使院重刻本作"忮"。

③ 音注中的"切"字,鈔與明清刻本同作"反",院刻、金鈔作"切"。

上述 3 條小注以從母注從母。

(4)卷九《筆墨》第九一"浸梣皮汁中","梣"字下小注"才心反"。梣,《廣韻》昨淫切(木名),從侵開三平;又鋤針切(青皮木名),崇侵開三平;又子心切(與"鋤針切"一音釋義無別,應是"才心反"之誤),精侵開三平。"才心反",從侵開三平。小注以從母注從母或是以從母注崇母。

未見以崇母注崇母的音注。

4. 祇與心山二母有關的音注(16 條)

(1)卷一《種穀》第三"今墮車、下馬看、百群羊……石礜歲青","歲"字下小注"蘇卧反"。歲,《廣韻》相鋭切,心祭開三母去;"蘇卧反",心過合一去。

(2)卷三《種葱》第二一"以批契繼腰曳之","契"字下小注"蘇結反"。契,《廣韻》私列切,心薛開三入;"蘇結反",心屑開四入。"契"又苦結切,溪屑入;又苦計切,溪霽去。

(3)卷八《羹臛法》第七六"肺臐法","臐"字下小注"蘇本反"。臐,《廣韻》蘇本切,與小注反切同屬心混合一上。

(4)卷八《羹臛法》第七六"笥箐魚羹","笥"字下小注"思尹反"①。笥,《廣韻》思尹反,與小注反切同屬心準合三上。

(5)卷九《素食》第八七"蘸白蒸……令米毛,不澘","澘"字下小注"先擊反"。澘,《廣韻》無,《集韻》先擊反,與小注反切同屬心錫開四入。

(6)卷九《炙法》第八十"以羊絡肚膝脂裹","膝"字下小注"素千反"②。膝,《廣韻》無,《集韻》相干切,心寒開一平;"素千反",心先開四平。

(7)卷九《作膡奧糟苞》第八一"兩頭與楔楔之兩板之間",後一"楔"字下小注"蘇結反"。楔,《廣韻》先結反,與小注反切同屬心屑開四入。

(8)卷九《餅法》第八二"切麵粥、辮糒粥法","糒"字下小注"蘇貨反"。糒,《廣韻》無,《集韻》蘇卧反,與小注反切同屬心過合一去。

(9)卷十《五穀、果蓏、菜茹非中國物産者》"廉薑"條"蔟莜,廉薑也","莜"字下小注"相維反"。莜,《廣韻》息維切,與小注反切同屬心脂合三平。

(10)卷九《素食》第八七"臕托飯","臕"字下小注"音蘇"。臕,《廣韻》無,《集韻》孫租切;蘇,《廣韻》素姑切。兩字同屬心模合一平。

---

① 笥,明清刻本譌作"苟";尹,明鈔與明清刻本譌作"丑"。院刻、金鈔不誤。

② 石聲漢指出,"素千反",依《廣韻》《集韻》應是"素干切",但是《要術》各本都作"素千切"。參見《齊民要術今釋》891—892 頁注①。

上述 10 條小注以心母注心母。

（11）卷二《大豆》第六"胡豆，䝁䜁也"，"䜁"字下小注"音雙"。䜁、雙，《廣韻》皆所江切，同屬山江開二平。

（12）卷七《塗甕》第六三"脂不復滲乃止"，"滲"字下小注"所蔭反"。滲，《廣韻》所禁切，與小注反切同屬山沁開三去。

（13）卷十《五穀、果蓏、菜茹非中國物産者》"蘧蔬"，小注爲"蔬"字注的是"音毦"。毦，《玉篇》《集韻》作"㲋"，《類篇》疎鳩切，山尤平。蔬，《廣韻》所葅切，山魚開三平；又所助切，山御開三去。

上述 3 條小注以山母注山母。

（14）卷三《雜說》第三十"漱生衣絹法"，"漱"字下小注"素鉤反"。漱，《廣韻》所佑切，山宥開三去；"素鉤反"，心候開一平。

（15）卷九《作菹藏生菜法》第八八"煮小麥時時柵之"，"柵"字下小注"桑葛反"。柵，《廣韻》無，《集韻》色責切，山麥開二入；"桑葛反"，心曷開一入。

上述兩條小注以心母注山母。

（16）卷九《餳餔》第八九"䬼、飴、餳"，"䬼"字下小注"生但反"。䬼，《廣韻》蘇旱切，心旱開一上；"生但反"，山翰開一去。該條小注以山母注心母。

5. 衪與邪母有關的音注（2 條）

（1）卷八《羹臛法》第七六"䰞臛：湯燖"，"燖"字下小注"徐廉切"①。燖，《廣韻》徐鹽切，與小注反切同屬邪鹽開三平。

（2）卷十《五穀、果蓏、菜茹非中國物産者》"菜茹"條"蘇菜"下小注"徐鹽反"。蘇，《廣韻》無，《唐韻》徐鹽切，與小注反切同屬邪鹽開三平。

上述兩條小注以邪母注邪母。

（二）齒音聲母的清濁送氣問題

《齊民要術》中反映齒音聲母清濁送氣問題的音注有 7 條。

1. 清從兩母的關係（2 條）

（1）卷一《種穀》第三"今墮車、下馬看……山齹……此二十四種，穗皆有毛，耐風，免雀暴"，"齹"字下小注"粗左反"。齹，《廣韻》昨何切，從歌開一平；"粗左反"，清哿開一上。

（2）卷二《大小麥》第十"則薄漬麥種以酢漿並蠶矢"，"酢"字下小注"且故

---

① 徐廉切，明鈔本作"徐廉反"，此處依院刻、金鈔本。

反"。酢,《廣韻》在各切,從鐸開一入;"且故反",清馬開三上。

上述兩條小注均以清母注從母。根據濁音清化規律,從母的清化規律是平聲送氣、仄聲不送氣,"醝、酢"均屬仄聲,應讀不送氣,但小注均讀送氣,也就是說這兩條小注均應早於濁音清化的時間,似乎均可以看成小注是賈思勰所作的證據。

2. 莊從兩母的關係(2 條)

(1)卷一《耕田》第一"以鐵齒鎘榛再遍杷之","榛"字下小注"俎候反"。榛,《廣韻》才奏切(鐵齒杷),從候開一去;"俎候反",莊候開三去。"榛"又倉奏切(橘屬),清候開一去。

(2)卷一《小豆》第七"皆得用鐵齒鎘榛縱橫杷勞之","榛"字下小注"俎候反",小注與被注字的語音關係同上。

上述兩條小注以莊母注從母,說明此時章莊兩組尚未合一,也就是三十六字母中的照穿牀審禪尚未形成,可見小注的時間應該早於晚唐。

3. 初精兩母的關係(1 條)

卷八《八和韲》第七三"韲"字下小注"初稽反"。韲,《廣韻》祖稽切,精齊開四平;"初稽反",初齊開四平。該條小注以初母注精母。

4. 莊清兩母的關係(1 條)

卷三《茬、蓼》第二六"芥葅,一名水蘇","葅"字下石聲漢《齊民要術今釋》本小注"音粗";繆啟愉《齊民要術校釋》本"葅"作"菹",字下小注"音祖"。葅,《廣韻》作"菹",側魚切,莊魚開三平;粗,清模合一平。菹,《廣韻》七余切,清魚開三平;又則吾切,精模合一平;祖,精姥合一上。依石本,該條小注是以清母"粗"字注莊母"葅"字;依繆本,則是以精母注精母。

5. 心清兩母的關係(1 條)

卷十《五穀、果蓏、菜茹非中國物產者》"橄欖"條"餘甘子,如梭形","梭"字下小注"且全反"。梭,《廣韻》蘇禾切,心戈合一平;"且全反",清先合三平。該條小注以清母注心母。

依據上述分析可以看出:第一,在《齊民要術》音注材料中,莊精兩組聲母相混,說明此時章莊兩組尚未合一,也就是唐末宋初三十六字母中的照穿牀審禪尚未形成,可見小注的時間早於晚唐。第二,清從兩母互注的 2 條,將齒頭全濁聲母從母字讀成正齒照二即莊組聲母字的 2 條,將齒頭音全清精母字讀成正齒音(照二舌葉音)次清初母字的 1 條,將齒頭次清清母讀成正齒全清莊母的 1

條,將齒頭音全清聲母心母字讀成齒頭音次清聲母清母字的 1 條。這些材料説明在北魏時期的某些方言中,齒音清濁送氣與否的區分並不十分嚴格;同時也説明齒頭音精組聲母和正齒音莊組聲母有相混的情況。

四、喉牙音聲母

(一)喉牙音聲母各自獨用的情況

《齊民要術》中喉牙音聲母各自獨用的音注有 32 條。

1. 以見母注見母的音注(9 條)

(1)卷一《種穀》第三"耩者,非不壅本苗深","耩"字下小注"古項反"。耩,《廣韻》古項反,與小注反切同屬見講上。《百子全書》本注作"故項反",音同。

(2)卷一《種穀》第三"朱穀、高居黄……䄷支穀……此十四種,早熟,耐旱,熟早免蟲","䄷"字下小注"音加"。䄷,《廣韻》無,《集韻》居牙切;加,《廣韻》古牙切,與被注字《集韻》反切同屬見麻平。

(3)卷二《種芋》第十六"《廣雅》曰:'蕖、芋,其葉謂之莄'","莄"字下小注"公杏反"①。莄,《廣韻》古幸切,見耿上;"公杏反",見梗上。

(4)卷三《種胡荽》第二四"間拔令稀","間"字下小注"古莧反"。間,《廣韻》古莧反,與小注反切同屬見襉開二去。"間"又古閑切,見山開二平。

(5)卷八《作醬等法》第七十"預前,日曝白鹽、黄蒸、草蒿、麥麴,令極乾燥","蕎"字下小注"居聿反"。蕎,《廣韻》居聿切,與小注反切同屬見術合三入。

(6)卷八《羹臛法》第七六"筍簟魚羹","簟"字下小注"古可反"。簟,《廣韻》無,《集韻》賈我切,與小注反切同屬見哿開一上。

(7)卷九《煮醴酪》第八五"其大盆盛者,數捲亦生水也","捲"字下小注"居萬反"。捲,《廣韻》居轉切,見獮合三上;"居萬反",見願合三去。

(8)卷十《五穀、果蓏、菜茹非中國物産者》"菜茹"條"莐"下小注"音謹"。莐、謹,《廣韻》皆居隱切,同屬見隱開三上。

(9)卷十《五穀、果蓏、菜茹非中國物産者》"竹"條"籠竹,有毛","籠"字下小注"音感"。籠,《廣韻》無,《集韻》古禫切,與小注直音同屬見感開一平。

---

① 公杏反,原作"必杏反"。明鈔和《群書校補》所據鈔宋本,同作"必杏反",金鈔作"分杏反"。《玉篇》作"公幸反",《廣韻》"去聲三十九耿"作"古杏反",《集韻》分部和讀音,都和《廣韻》相同。可能金鈔的"分"字是"公"字寫錯,而"必"字也是"公"字爛成的。

“簳”《集韻》又都感切,端感開一上。

2. 以溪母字注溪母字的音注(2條)

(1)卷六《養牛馬驢騾》第五六“大髂短脅,四駕”,“髂”字下小注“枯駕切”。髂,《廣韻》枯駕切,與小注反切同屬溪禡開二去。

(2)卷九《飧飯》第八六“䉽米飯”,“䉽”字下小注“苦怪反”。䉽,《廣韻》苦怪切,與小注反切同屬溪怪合二去。

3. 以群母字注群母字的音注(2條)

(1)卷九《素食》第八七“焦菌法”,“菌”字下小注“其殞反”。菌,《廣韻》渠殞切,與小注反切同屬群軫合三上。

(2)卷十《五穀、果蓏、菜茹非中國物産者》“蘧蔬”,“蘧”字小注“音氍”。蘧,《廣韻》強魚切,群魚開三平;氍,群虞開三平。

4. 以影母字注影母字的音注(7條)

(1)卷一《耕田》第一“其林木大者劚殺之”,“劚”字下小注“烏更反”。劚,《廣韻》烏莖切,影耕平;“烏更反”,影庚平。

(2)卷一《耕田》第一“秋耕奄青者爲上”,“奄”字下小注“一感反”。奄,《廣韻》無,《集韻》鄔感切,又衣檢切,又於贍切,又烏含切,又衣廉切,又乙業切,反切上字均爲影母字,故與小注反切同屬影母。

(3)卷一《種穀》第三“……焦金黃、鶡履蒼……此十四種,早熟、耐旱、免蟲”,“鶡”字下小注“烏含反”①。鶡,《廣韻》無,《集韻》烏含切,與小注反切同屬影覃平。

(4)卷二《黍穄》第四“踐訖即蒸而裛之”,“裛”字下小注“於劫反”。裛,《廣韻》於劫切,與小注反切同屬影葉入。“裛”又於輒切、於汲切,皆屬影母。

(5)卷二《種瓜》第十四“然瓜有龍肝、虎掌……胍𤬃……”,“胍”字下小注“音溫”。胍,《廣韻》烏渾切;溫,《廣韻》烏魂切。小注與被注字同屬影魂合一平。

(6)卷八《脯腊》第七五“煻灰中燺之”,“燺”字下小注“烏刀切”。燺,《廣韻》作“熝”,於刀切,《集韻》音切同,與小注反切同屬影豪開一平。

(7)卷八《蒸缹法》第七七“恣意飽食,亦不䭇”,“䭇”字下小注“烏縣切”。䭇,《廣韻》烏縣切,與小注反切同屬影霰合四去。

---

① 鶡,現在通行的寫法是“鶴”。

5. 以曉母字注曉母字的音注(4 條)

(1)卷一《種穀》第三"撓令洞洞如稠粥","撓"字下小注"呼毛反,攪也"。撓,《廣韻》奴巧切(撓亂),又呼毛切(攪也)。小注與被注字《廣韻》又音反切同屬曉豪平。

(2)卷二《水稻》第十一"稻苗漸長,復須薅",小注:"拔草曰薅,虎高切。"薅,《廣韻》呼毛切,與小注反切同屬曉豪平。

(3)卷九《作菹藏生菜法》第八八"㵸菹法","㵸"字下小注"呼幹反"。㵸,《廣韻》呼旰切,與小注反切同屬曉翰開一去。

(4)卷十《五穀、果蓏、菜茹非中國物産者》"菜茹"條"蘋"下小注"音罕"。蘋,《唐韻》《廣韻》呼旱切,與小注"罕"(即"罕")同屬曉旱開一上。

6. 以匣母注匣母的音注(8 條)

(1)卷一《耕田》第一"凡耕高下田,不問春秋,必須燥濕得所爲佳",注:"濕耕堅,數年不佳","垎"字小注又注"胡洛反"。垎,《玉篇》、《廣韻》、《説文》徐鉉注均作胡格切,匣陌開二入;"胡洛反",匣鐸開一入。

(2)卷二《大豆》第六"胡豆,䂞䐗也","䂞"字下小注"胡江反"。䂞,《廣韻》下江切,《集韻》胡江切,二者與小注反切同屬匣江開二平。又明鈔"䂞"作"䃺",小注"濟江反",説明在明代北方方言已有尖團音相混的現象了。

(3)卷二《種瓜》第十四"崔寔曰:十二月臘時祀炙萐,樹瓜田四角,去蠱","蠱"字下小注"胡濫反"。蠱,《廣韻》胡甘切(桑蟲),又下瞰切(瓜蟲)。小注與《廣韻》又音反切同屬匣闞去。

(4)卷四《栽樹》第三三"日月撼而落之爲上","撼"字下小注"胡感切"。撼,《廣韻》胡感切,與小注反切同屬匣感開一上。

(5)卷八《脯腊》第七五"作浥魚法"中"凡生魚悉中用,唯除鮎鱯","鮎鱯"下小注"下胡化切"。鱯,《廣韻》胡麥切,匣麥合二入;"胡化切",匣禡開四去。

(6)卷十《五穀、果蓏、菜茹非中國物産者》"竹"條"以爲柙樏","柙"字下小注"音匣"。柙、匣,《廣韻》皆胡甲切,匣狎開二入。

(7)卷十《五穀、果蓏、菜茹非中國物産者》"萑"條標目下小注"音丸"。萑、丸,《廣韻》皆胡官切,匣桓合一平。

(8)卷十《五穀、果蓏、菜茹非中國物産者》"檳榔"條"洪洪腫起,若瘣木焉",在"瘣"字下小注"黃圭反,又音回"。瘣,《廣韻》胡罪切,匣賄合一上;"黃圭反",匣齊合四平;又音"回",匣灰合一平。

未見以疑母注疑母的音注。

(二)喉牙音各聲母的相互關係

《齊民要術》中反映喉牙音各聲母相互關係的音注有4條。

1. 溪母與曉母的關係(1條)

卷六《養鵝鴨》第六十"不爾,喜軒虛羌量而死","羌"字下小注"丘向切"①。羌,《廣韻》無,《集韻》許亮切,曉漾開三去;"丘向切",溪漾開三去。該條小注以溪母注曉母。

2. 溪母與匣母的關係(2條)

(1)卷五《種桑柘》第四五"安硎泉","硎"字下小注"苦耕反"。硎,《廣韻》户經切,匣青開四平;"苦耕反",溪耕開二平。該條小注以溪母注匣母。

(2)卷十《五穀、果蓏、菜茹非中國物産者》"菜茹"條"薈"下小注"胡對反"。薈,《廣韻》祛狶切,溪尾開三上;"胡對反",匣隊合一去。該條小注以匣母注溪母。

上述兩例説明,喉牙音相混的情況在北朝時期仍然存在。

3. 溪母與影母的關係(1條)

卷十《五穀、果蓏、菜茹非中國物産者》"烏蘦"條下小注"音邱"。蘦,《廣韻》烏侯切,影侯開一平;邱,《廣韻》去鳩切,溪尤開三平。小注與被注字反切上下字、聲、韻均不同,調同。該條小注以溪母注影母。關於影母的擬音,有人認爲是零聲母,有人認爲是喉塞音?;該小注將影母讀成溪母,説明此時將影母擬成喉塞音?更爲合適一些。

五、聲母特殊關係

《齊民要術》中反映聲母特殊關係的音注有3條。

1. 心母與知母的關係(1條)

卷九《煮糗》第八四"宿客足,作糗粍","粍"字下小注"蘇革反"。粍,《廣韻》無;《玉篇》竹革切,《集韻》陟格切,同屬知陌開二入。"蘇革反",心麥開二入。該條小注將舌音知母讀成齒音心母。

2. 明母與從母的關係(1條)

卷一《耕田》第一"悉皆五、六月中穬種","穬"字下小注,明鈔、金鈔、《秘册彙函》系統版本皆作"美懿反"。穬,《廣韻》秦醉切,稻禾黏也;《集韻》作"穄",

———————————

① 丘,原誤作"立"。

秦醉切(稻之黏者),又明秘切(散種也)。小注"美懿反"與被注字《集韻》又音反切同屬明至開三去,字義亦相合。

此條小注説明,"穄"在中古有"秦醉切"(從母)、"明秘切"(明母)兩音,其中"秦醉切"應該是通語;而"明秘切"《廣韻》無,該反切與《齊民要術》"穄"字小注反切音同,當是北方某地的方音;從通語的角度來説,該條小注當是將齒頭音從母讀成重唇音明母。另一種可能,是"明秘切"也是通語讀音,祇是《廣韻》失收,如此則該條小注反切是以明母注明母。又,《農桑輯要》和據《農桑輯要》校改過的《學津討原》本該條小注作"羹懿反"①。這或許是由於見母細音字明末清初開始與從母細音讀音混同,加之注音者認爲"穄"從"冀",應該是見母字,所以將反切上字改成見母的"羹"字。

3. 待考(1條)

卷八《八和虀》第七三"未嘗渡水者宜以魚眼湯渜半許用","渜"字下小注原作"銀洽反"(疑洽開二入),石聲漢認爲是"鉏洽反"(崇洽開二入);石聲漢、繆啟愉都認爲"渜"同"煤"②。煤,曹憲《博雅音》弋涉切,余葉開三入;又士合切,崇合開一入;又丑涉切,徹葉開三入。渜,《集韻》側洽反,莊洽開二入;又實洽反,船洽開二入。小注可能是"銀洽反",也可能是"銀合反",也可能是"鉏洽反"或"鉏合反"。由於此條音注存在傳鈔的錯誤,不好確切斷定其與被注字反切上字及聲母的異同。

---

① 此條小注殊爲複雜,詳見石聲漢《齊民要術今釋》第 9 頁校[一],繆啟愉《齊民要術校釋》(第二版)第 39—40 頁校⑩、第 43 頁注[二二]。
② 石説參見石聲漢《齊民要術今釋》第 806 頁校[一〇],繆説參見繆啟愉《齊民要術校釋》(第二版)第 569 頁校⑦。

第二章　北朝時期陰聲韻的發展變化

第一節　魚虞模尤侯幽歌戈麻九韻的關係

一、北朝及隋朝魚尤歌等九韻的關係

(一)北魏時期

該時期與魚尤歌等九韻有關的有 103 個韻段。

1. 衹與魚虞模有關的韻段(55 個)

魚韻獨用的 2 個韻段①:李騫《釋情賦》餘魚居書初,温子昇《結襪子》魚餘。

虞韻獨用的 4 個韻段:陽固《刺讒詩》拘愚,祖叔辨《千里思》衢殊珠燕;無名氏《河北民爲裴俠歌》取矩;闕名《中岳嵩陽寺碑》傅住裕務樹附②。

模韻獨用的 4 個韻段:温子昇《白鼻騧》都壚;李敞《告祭石廟祝文》祖祜③;高閭《至德頌》度悟素祚,無名氏《咸陽宫人爲咸陽王禧歌》誤露渡。

魚虞通押的 11 個韻段:宗欽《東宫侍臣箴》區虞合三居魚開三虞虞合三敷虞合三珠虞合三殊虞合三符虞合三,高允《羅敷行》敷虞合三膚虞合三珠虞合三梳魚開三裾魚開三躕虞合三,陽固《疾倖詩》興魚開三趨虞合三,衛操《桓帝功德頌碑》符虞合三諭遇合三書

---

① 爲了敘述和分析便利,全書除了個别地方爲了避免混淆外,敘述時均是舉平以該上、去。不同聲調之間用分號隔開。

② 本書依據羅常培、周祖謨在《漢魏晉南北朝韻部演變研究》第 121—122 頁中的做法,將不知作者主名的作品分爲兩類,一類稱爲"闕名",一類稱爲"無名氏"。凡題"闕名"的作品,均指那些按内容應該是一人所作,其作者主名已經亡闕無考的作品;凡題"無名氏"的作品,均指那些屬於民歌以及集體創作後經文人加工潤色而流傳下來的作品。

③ 《告祭石廟祝文》,又作《嘎仙洞祝文》。

魚開三初魚開三驅虞合三,張淵《觀象賦》居魚開三符虞合三嶇虞合三墟魚開三,無名氏《洛中童謠》初魚開三珠虞合三,《李彪引諺》書魚開三蕪虞合三;闕名《崔敬邕墓誌銘》緒語開三父虞合三武虞合三舉語開三,《魯孔子廟碑》舉語開三緒語開三武虞合三宇虞合三;高允《鹿苑賦》遇遇合三曙暮合一懼遇合三著御開三,《徵士頌》傅遇合三霧遇合三署御開三著御開三。

魚模通押的 10 個韻段:宗欽《贈高允詩》都模合一蘇模合一虛魚開三書魚開三,衛操《桓帝功德頌碑》疏魚開三奴模合一呼模合一辜模合一墟魚開三塗模合一謨模合一;高允《北伐頌》旅語開三浦姥合一墅馬開三阻語開三,李騫《釋情賦》許姥合一汝語開三所語合三舉語開三,高閭《至德頌》古姥合一祜姥合一土姥合一與語開三,程駿《慶國頌》序語開三祜姥合一祖姥合一五姥合一,盧元明《劇鼠賦》處語開三藥語開三所語合三侶語開三許姥合一,無名氏《時人爲祖瑩袁翻語》楚語開三祖姥合一;高允《咏貞婦彭城劉氏》互暮合一路暮合一著御開三暮暮合一,陽固《演賾賦》墓暮合一御暮合一步暮合一素暮合一。

虞模通押的 9 個韻段:高允《答宗欽詩》都模合一珠虞合三圖模合一區虞合三,陽固《演賾賦》軀虞合三屠模合一,常景《洛橋頌》模模合一樞虞合三衢虞合三區虞合三;宗欽《贈高允詩》魯姥合一五姥合一武虞合三矩虞合三,陽固《疾倖詩》諛虞合三蠱暮合一,無名氏《時人爲李崇元融語》武虞合三股姥合一主虞合三;宗欽《東宮侍臣箴》趣遇合三度暮合一故暮合一懼遇合三步暮合一布暮合一,高允《答宗欽詩》度暮合一顧暮合一遇遇合三悟暮合一,闕名《龍驤將軍營州刺史高貞碑》數遇合三輅暮合一慕暮合一鑄遇合三。

魚虞模通押的 15 個韻段:陽固《疾倖詩》車魚開三輿魚開三徒模合一趨虞合三①,《演賾賦》塗模合一舒魚開三娛虞合三盧魚開三,崔鴻《咏寶劍詩》吾模合一珠虞合三都模合一盧魚開三胡模合一,程駿《慶國頌》初魚開三蘇模合一都模合一誅虞合三,闕名《中書令秘書監兗州刺史鄭羲碑頌》徒模合一書魚開三敷虞合三儒虞合三;元宏《弔殷比干墓文》禹虞合三與語開三語語開三苦姥合一舉語開三伫語開三宇虞合三處語開三②,衛操《桓帝功德頌碑》土姥合一所語合三阻語開三祜姥合一武虞合三,張淵《觀象賦》所語合三舉語開三楚語開三午姥合一禹虞合三緒語開三睹姥合一,闕名《劉懿墓誌銘》撫虞合三宇虞合三舉

①　徒,《漢魏六朝韻譜》看作不入韻,依該詩韻例,以認爲入韻爲宜。

②　元宏,北魏孝文帝,逯欽立《先秦漢魏晉南北朝詩》作"孝文帝元宏",嚴可均《全上古三代秦漢魏晉六朝文》作"孝文帝",于安瀾《漢魏六朝韻譜》作"北魏文成帝"。本書一律作"元宏",與"蕭衍"(梁武帝)、"蕭綱"(梁簡文帝)等體例一致。

語開三莽姥開一①,《中岳嵩高靈廟碑》序語開三甫虞合三輔虞合三祜姥合一②,仙道《老子化胡經玄歌·老君十六變詞·九變之時》柱虞合三戶姥合一所語合三語語開三府虞合三主虞合三緒語開三父虞合三;高允《答宗欽詩》著御開三務遇合三素暮合一布暮合一,陽固《演賾賦》顧暮合一慮暮合一樹遇合三污模合一,姜質《亭山賦》務遇合三趣遇合三賦遇合三處暮合一悟暮合一;衛操《桓帝功德頌碑》都模合一歟魚開三呼暮合一訴暮合一盧魚開三塗模合一枯模合一夫虞合三衢虞合三誅虞合三膚虞合三榆虞合三模模合一書魚開三廚虞合三。

2. 祇與尤侯幽有關的韻段(23 個)

尤韻獨用的 15 個韻段:高允《王子喬》酬浮,《咏貞婦彭城劉氏詩》丘周游儔,陽固《演賾賦》游瀏輈舟丘鳩悠啾,《演賾賦》游求,元宏《弔殷比干墓文》周浮遊啾,李騫《釋情賦》流周遊修,程駿《慶國頌》由繆柔憂,常景《揚雄贊》流休修求遊,《懷令李超墓誌銘》流遒休愁,《魯孔子廟碑》優樓周修,無名氏《楊衒之引謠語》囚州愁,《楊衒之引京師語》榴牛;元恭《聯句詩》壽首;高允《徵士頌》猷友舊富秀;闕名《魏故寧朔將軍固州鎮將鎮東將軍漁陽太守宜陽子司馬元興墓誌銘》冑周流猷修秋休。

侯韻獨用的 2 個韻段:陽固《刺讒詩》口厚,無名氏《魏孝武帝遷長安時諺》斗走。

尤侯通押的 5 個韻段:游雅《詩·人貴河間邢》游尤開三頭侯開一;李騫《釋情賦》首有開三柳有開三牖有開三婦有開三厚厚開一偶厚開一九有開三缶有開三壽有開三朽有開三守有開三;程駿《慶國頌》謀尤開三臭有開三佑有開三陋候開一;高允《徵士頌》猷尤開三友有開三受有開三后厚開一;盧元明《夢友人王由賦別詩》後厚開一游尤開三。

尤幽通押的 1 個韻段:張淵《觀象賦》虬尤開四流尤開三幽幽開四周尤開三。

3. 祇與歌戈麻有關的韻段(22 個)

歌戈獨用的 11 個韻段③:高允《徵士頌》和波科多,《酒訓》磋磨,陽固《疾倖

---

① 《劉懿墓誌銘》,嚴可均《全後魏文》未收,《古泉山館金石文編殘稿》《山右金石記》《越縵堂文集》《山右石刻叢編》《寶鴨齋題跋》《八瓊室金石補正》《寫禮廎讀碑記》《漢魏南北朝墓誌集釋》《碑帖敘録》等均有著録和考證。《漢魏六朝韻譜》有此韻段。宇,原作"寓",同。

② 《中岳嵩高靈廟碑》,嚴可均《全後魏文》未收,《漢魏六朝韻譜》有此韻段。

③ 在《切韻》中歌戈不分,歌戈的差別主要是開合問題,押韻是不考慮開合因素的,根據我們的觀察,歌戈各自獨用與歌戈通押的相比要少得多,所以我們這裏也和《切韻》一樣,把歌戈看成一體。説歌戈獨用是與麻韻相對而言,並不是説歌戈各自獨用,全書仿此。

詩》多何，蕭綜《聽鐘鳴》沱歌，董紹《高平牧馬詩》阿河歌，李諧《述身賦》多羅阿何河波，温子昇《安定侯曲》和歌，《相國清河王挽歌》波歌，袁翻《思歸賦》阿峨波竈河，姜質《亭山賦》波跎多過何；仙道《老子化胡經玄歌·老君十六變詞·一變之時》火坐磲我果。

麻韻獨用的 10 個韻段：鄭道昭《登雲峰山觀海島詩》沙車華家霞邪葩麻嗟，鹿悆《諷真定公詩》琶華，李諧《述身賦》霞家邪奢沙花車斜華瓜嘩，胡充華《楊白花》花家，無名氏《酈道元引古語論南北妌》妌家；高允《徵士頌》雅假下野，無名氏《賈思勰引諺論養牛馬》馬下；高允《徵士頌》夏駕霸化，元宏《弔殷比干墓文》駕銜暇霸，無名氏《老子化胡經玄歌·老君十六變詞·十六變之時》遮闍蛇家吒家花夜加舍。

歌戈麻通押的 1 個韻段：高允《酒訓》寡馬合二夥果合一。

4. 三類通押的韻段（2 個）

魚虞模與尤侯幽通押的 1 個韻段，爲虞尤侯通押：仙道《老子化胡經玄歌·老君十六變詞·七變之時》嵎虞合三由尤開三愁尤開三篌侯開一憂尤開三頭侯開一游尤開三。

魚虞模與歌戈麻通押的 1 個韻段，爲魚麻通押：李諧《述身賦》旅語開三與語開三序語開三舉語開三距語開三阻語開三野馬開三緒語開三予魚開三。

5. 九韻與他韻通押的韻段（1 個）

該韻段爲尤侯屋通押：宗欽《贈高允詩》茂候開一秀宥開三復屋合一宙宥開三。

如果將魚麻通押的 1 個韻段算作魚韻獨用的韻段，虞尤侯通押的 1 個韻段算作虞韻獨用的韻段，那麼魚韻獨用的 3 個韻段，虞韻獨用的 5 個韻段。這樣，衹與魚虞有關的 34 個韻段中，魚虞各自獨用的 8 個韻段約占 23.53%，魚虞通押的 26 個韻段約占 76.47%，可見魚虞應該合一。衹與魚模有關的 32 個韻段中，魚模各自獨用的 7 個韻段約占 21.88%，魚模通押的 25 個韻段約占 78.12%，可見魚模應該合一。衹與虞模有關的 33 個韻段中，虞模各自獨用的 9 個韻段約占 27.27%，虞模通押的 24 個韻段約占 72.73%，可見虞模應該合一。

如果把魚麻通押的 1 個韻段看成是歌戈與麻分用韻段的話，歌戈與麻分用的 22 個韻段占 95.65%；歌戈與麻通押的 1 個韻段占 4.35%。

通過以上統計，我們可以看出北魏時期：

第一，魚虞模屬於一個韻部；上古屬於魚部、《切韻》屬於麻韻上聲的"野"字，此時仍屬於魚部。

第二,尤侯幽可以合爲一部。

第三,尤韻獨用的韻段有 15 個之多,陽固的《演賾賦》連用 8 個尤韻字不雜 1 個侯幽韻字,這都顯示出尤韻具有一定的獨立性。

第四,尤幽通押的 1 個韻段,侯韻無與幽韻通押的韻段,在漢魏六朝其他時期也是尤幽通押的韻段多一些,侯幽通押的韻段極少,這也是尤侯存在某種差別的體現。

第五,魚虞模與尤侯幽通押的 1 個韻段,占魚虞模尤侯幽入韻總數的 1.3%。在這個尤侯虞通押的韻段中,其韻脚字依據王力的説法,在先秦分屬侯幽二部,在兩漢同屬幽部。

第六,北魏時期歌戈爲一部,麻獨自爲一部。麻韻與魚模通押的 1 個韻段,歌戈不與魚模通押,相比而言,麻的音值與魚模的音值近一些,歌戈的音值與魚模的音值遠些。

(二)北齊時期

該時期與魚尤歌等九韻有關的有 71 個韻段。

1. 祇與魚虞模有關的韻段(34 個)

魚韻獨用的 6 個韻段:邢劭《齊韋道遜晚春宴詩》初魚疏書①,蕭愨《奉和望山應教詩》初疎居餘,《秋思詩》初疏裾居;陸卬《祀五帝於明堂樂歌·高明樂》敘與;顏之推《和陽納言聽鳴蟬篇》處曙慮,陸卬《五郊樂歌·青帝高明樂》遽馭。

虞韻獨用的 4 個韻段:陸卬《祀五帝於明堂樂歌·高明樂》武雨②,《享廟樂辭·高明登歌樂》羽舞,《燕射歌辭·元會大饗歌·皇夏》寓武禹矩③,《大禘圜丘及北郊歌辭·昭夏樂》舞府。

模韻獨用的 12 個韻段:魏收《月下秋宴詩》塗吳蘇都,陸卬《祀五帝於明堂樂歌·皇夏樂》(帝還便殿奏)途都,《享廟樂辭·高明樂》塗都,闕名《定國寺塔

---

① 邢劭,逯欽立《先秦漢魏晉南北朝詩》作"邢邵",嚴可均《全北齊文》作"邢劭",本書一律作"邢劭"。

② 《歷代吟譜》曰:"陸卬,字雲駒,累遷給事黃門侍郎、吏部郎中。齊之郊廟諸歌,多卬所製。"爲了行文方便,北齊郊廟諸歌均繫於陸卬名下。另有北齊燕射歌辭等亦依于安瀾《漢魏六朝韻譜》題作"陸卬"。

③ 寓,同"宇"。

銘》塗盧蘇壼①;朱敬範《朱岱林墓誌銘》睹祖魯岵,陸卯《祀五帝於明堂樂歌·高明樂》戶祖;魏收《晦日汎舟應詔詩》呼慕暮步,顏之推《觀我生賦》路度故慕,陸卯《享廟樂辭·皇夏樂》慕步,《享廟樂辭·文正樂光大舞》度措布路,《元會大饗歌辭·皇夏》路慕,《元會大饗歌·登歌》布步。

魚虞通押的4個韻段:闕名《洛陽合邑諸人造像銘頌》如魚開三無虞合三虛魚開三夫虞合三,仙道《武陽山遺咏》駒虞合三躅虞合三如魚開三,無名氏《曲巖祖珽爲斛律光造謠》豎虞合三斧虞合三語語開三②;無名氏《武成殂後謠》樹遇合三去御開三。

魚模通押的1個韻段:闕名《洛陽合邑諸人造像銘頌》步暮合一寤暮合一路暮合一助御開三固暮合一。

虞模通押的4個韻段:劉逖《秋朝野望詩》湖模合一枯模合一烏模合一隅虞合三,無名氏《廢帝時童謠》姑模合一夫虞合三;蕭愨《春日曲水詩》數遇合三度暮合一路暮合一,《春日曲水詩》渡暮合一注遇合三樹遇合三住遇合三鷺暮合一。

魚虞模通押的3個韻段:闕名《馮翊王修平等寺碑》櫨模合一鋪模合一珠虞合三□,《天宮像記》圖模合一虛魚開三虞虞合三如魚開三;闕名《劉碑造像銘》語語開三吐姥合一睹姥合一舞虞合三。

2. 祇與尤侯幽有關的韻段(18個)

尤韻獨用的8個韻段:邢劭《甘露頌》周修洲流,《文宣皇帝哀策文》收游留秋,蕭愨《上之回》遊秋斻州,陸卯《大禘圓丘及北郊歌辭·高明樂》周遊流洲留休,《享廟樂辭·昭夏樂》休由;陸卯《燕射歌辭·元會大饗歌·上壽曲》壽久;高昂《征行詩》牛酒婦;陸卯《祀五帝於明堂樂歌·昭夏樂》臭祐。

侯韻獨用的1個韻段:無名氏《武陽山遺咏》藪口。

尤侯通押的9個韻段:魏收《櫂歌行》流尤開三樓侯開一,蕭愨《奉和濟黃河應教詩》猷尤開三舟尤開三油尤開三流尤開三樓侯開一浮尤開三洲尤開三丘尤開三秋尤開三遊尤開三,《春日曲水詩》樓侯開一洲尤開三流尤開三,趙儒宗《咏龜詩》謀尤開三游尤開三留尤開三頭侯開一;無名氏《邯鄲郭公歌》九有開三口厚開一走厚開一酉有開三;穆子容《太公呂望表》咒宥開三岫宥開三鷲宥開三奏候開一富宥開三胄宥開三,鄭述祖《天柱山銘》富宥開三茂候開一舊宥開三構候開一,陸卯《郊廟歌辭·始基樂恢祚舞》構候開一秀

---

① 《漢魏六朝韻譜》有此韻段,遍查嚴可均《全北齊文》無《定國寺塔銘》一文。
② 《詩紀》作"後主時童謠",此處依逯欽立《先秦漢魏晉南北朝詩》作《曲巖祖珽爲斛律光造謠》,並據《北史》等材料將作者提出,後相關韻段仿此。

宥開三茂候開一舊宥開三；陸卬《燕射歌辭·元會大饗歌·食舉樂》首宥開三壽宥開三厚厚開一。

3. 祇與歌戈麻有關的韻段（18 個）

歌戈獨用的 5 個韻段：邢劭《甘露頌》和歌河阿，魏收《七月七日登舜山詩》河阿，無名氏《徐之範引童謠》婆靴，陸法和《讖詩》可火坐，闕名《臨川王造像碑》我果火墮。

麻韻入韻的 12 個韻段：盧詢祖《中婦織流黃》斜嘉賒車花家，劉逖《浴溫湯泉詩》家邪沙車，顏之推《和陽納言聽鳴蟬篇》花車，蕭祇《和迴文詩》斜花，崔氏《靧面辭》花華，陸卬《元會大饗歌·皇夏》家華車麻；陸卬《享廟樂辭·文德樂宣政舞》野雅下假，無名氏《戲嘲陽休之》馬把①，《敕勒歌》下野；闕名《西門豹祠堂碑》瀉野夏雅②，《定國寺塔銘》馬雅夏③；無名氏《北齊末鄴中童謠》把家。

歌戈麻通押的 1 個韻段：褚士達《徐鐵臼怨歌》花麻開二何歌開一④。

4. 三類通押的韻段（1 個）

該韻段爲模麻通押：穆子容《太公呂望表》土姥合一□馬馬開二古姥合一祖姥合一怗姥合一⑤。

如果將模麻通押的 1 個韻段算作模韻獨用的韻段，那麼北齊時期魚韻獨用的 6 個韻段，虞韻獨用的 4 個韻段，模韻獨用的 13 個韻段；魚虞通押的 4 個韻段，魚模通押的 1 個韻段，虞模通押的 4 個韻段，魚虞模通押的 3 個韻段。這樣，與魚虞有關的 17 個韻段中，魚虞各自獨用的 10 個韻段約占 58.82%，魚虞通押的 7 個韻段約占 41.18%。與魚模有關的 23 個韻段中，魚模各自獨用的 19 個韻段約占 82.61%，魚模通押的 4 個韻段約占 17.39%。與虞模有關的 24 個韻段中，虞模各自獨立的 17 個韻段約占 70.83%，通押的 7 個韻段約占 29.17%。

如果將模麻通押的 1 個韻段算作麻韻獨用的韻段，那麼北齊時期歌戈與麻韻各自獨用的 18 個韻段約占 94.74%；歌戈與麻韻通押的 1 個韻段約占 5.26%。

通過以上統計，我們可以看出北齊時期：

---

① 《漢魏六朝韻譜》無此韻段，此處依嚴可均《全北齊文》，原題爲"闕名"。

② 據嚴可均《全北齊文》所說，《西門豹祠堂碑》作者其名爲"鴻"，其姓則失。

③ 《漢魏六朝韻譜》有此韻段，遍查嚴可均《全北齊文》無《定國寺塔銘》一文。

④ 花，《法苑珠林》作"華"。

⑤ 原文字殘，依文意當爲"魯"姥合一或"楚"語開三。

　　第一,魚虞模的關係比較特殊。從總的統計數字看,魚模應該分立,魚虞應該合一,而虞模是分是合不好確定。但從虞韻獨用的僅 4 個韻段,而虞模通押的竟有 8 個韻段看,是不好將虞模分開的;從虞韻獨用的 4 個韻段,魚虞通押的 7 個韻段看,魚虞應該合一。這樣就出現了虞韻與魚韻應該合一,虞韻與模韻應該合一,而魚模應該分立的奇怪現象。這種奇怪現象有三種可能,一是北齊時期魚虞模合爲一部;二是魚虞模三分;三是魚模分立,虞韻一部分字與魚韻相近,歸爲魚部,一部分字與模韻相近,歸爲模部。不論是哪種情況,魚虞模在音值上都是存在差別的,魚虞的音值較近,虞模的音值較近,魚模的音值遠一些。

　　第二,尤侯應該合爲一部。但尤韻獨用的有 9 個韻段之多,陸印的《大禘圜丘及北郊歌辭·高明樂》居然連用 6 個尤韻字不雜 1 個侯韻字,從中也可以看出,尤侯在音值上還是應該有一定的差別的。

　　第三,幽韻沒有入韻的韻段,不好斷定其與尤侯的分合關係,但從北魏、隋朝的用韻情況看,也祇好將其與尤侯合爲一部。

　　第四,魚虞模與尤侯幽是截然分爲兩類的。

　　第五,歌戈爲一部,麻獨自爲一部,麻韻與模韻音值近一些。

　　(三)北周時期

　　該時期與魚尤歌等九韻有關的有 201 個韻段。

　　1. 祇與魚虞模有關的韻段(94 個)

　　魚韻獨用的 27 個韻段:王褒《燕歌行》舒疎書,《和殷廷尉歲暮詩》居餘疏書,《明慶寺石壁詩》餘虛,庾信《道士步虛詞》(之二)初虛與書魚墟,《燕歌行》居疎書,《奉和山池詩》輿渠疎魚餘,《奉報窮秋寄隱士詩》沮鋤書魚渠疎盧,《和宇文內史入重陽閣詩》疎渠書蕖居舒妤,《寒園即目詩》居墟書舒餘魚疎,《奉和永豐殿下言志詩》(之一)譽鋤蘧舒,(之二)如裾璩輿,(之三)虛墟居初,(之四)除間妤車,(之五)餘疏睢書,(之六)初畬渠於,(之七)沮祛蒩諸,(之八)噓盧徐魚,《寄王琳詩》疎書,《小園賦》噓餘書墟盧,《象戲賦》輿初虛,《明月山銘》虛疏,《周柱國大將軍大都督同州刺史尒綿永神道碑銘》居餘疏;庾信《周柱國大將軍拓跋儉神道碑》序舉楚呂,《周大將軍琅邪壯公司馬裔墓誌銘》舉序楚,《周儀同松滋公拓跋競夫人尉遲氏墓誌銘》舉岨序抒;庾信《對燭賦》曙絮,《鏡賦》去絮。

　　虞韻獨用的 10 個韻段:庾信《擬連珠》(之三)虞廚無,釋亡名《五苦詩·病苦》夫扶俱隅①；庾信《遊山詩》聚舞雨豎，《宗廟歌・皇夏》聚豎詡舞，《秦州天水郡麥積崖佛龕銘》府乳柱雨，《望美人山銘》柱聚舞②，《周上柱國齊王憲神道碑》輔柱武雨，《周柱國大將軍紇干弘神道碑銘》父甫雨柱，《周大將軍琅邪壯公司馬裔墓誌銘》撫豎武乳，《周太傅鄭國公夫人鄭氏墓誌銘》府聚武羽。

　　模韻獨用的 9 個韻段：庾信《故周大將軍義興公蕭公墓誌銘》謨圖吳，《周宗廟歌・皇夏》（還便殿）途烏；庾信《和江中賈客詩》浦鼓，釋靜藹《列偈題石壁》苦補；庾信《別張洗馬樞詩》顧路渡菟，《周祀圜丘歌・皇夏》（皇帝入門）步顧祚，《周大將軍司馬裔碑銘》布墓訴露，《周柱國大將軍拓跋儉神道碑》墓步庫路，無名氏《周地圖記引語》布暮。

　　魚虞通押 5 個韻段：庾信《邛竹杖賦》除_{魚開三}紆_{虞合三}，釋靜藹《列偈題石壁》輸_{虞合三}蛆_{魚開三}；庾信《周五聲調曲・羽調曲》暑_{語開三}雨_{虞合三}聚_{虞合三}序_{語開三}府_{虞合三}，無名氏《蜀中爲于仲文語》禦_{語開三}武_{虞合三}；庾信《五聲調曲・商調曲》慮_{暮合一}步_{暮合一}豫_{暮合一}懼_{遇合三}。

　　魚模通押的 5 個韻段：庾信《奉和永豐殿下言志詩》（之九）樗_{魚開三}漁_{魚開三}孚_{模合一}書_{魚開三}，（一〇）蔬_{魚開三}蛆_{魚開三}疎_{魚開三}壚_{模合一}；庾信《祀五帝歌・皇夏》序_{語開三}俎_{語開三}許_{姥合一}，釋靜藹《列偈題石壁》土_{姥合一}所_{語合三}；庾信《周驃騎大將軍開府侯莫陳道生墓誌銘》祚_{暮合一}緒_{語開三}路_{暮合一}故_{暮合一}墓_{暮合一}墓_{暮合一}。

　　虞模通押的 34 個韻段：王褒《出塞》驅_{虞合三}榆_{虞合三}蒲_{模合一}圖_{模合一}，《日出東南隅行》隅_{虞合三}鋪_{模合一}無_{虞合三}圖_{模合一}襦_{虞合三}雛_{虞合三}衢_{虞合三}趨_{虞合三}模_{模合一}顱_{模合一}珠_{虞合三}吾_{模合一}蘇_{模合一}褕_{虞合三}，庾信《擬連珠》（一三）驅_{虞合三}湖_{模合一}鋪_{模合一}徒_{模合一}，《周柱國大將軍紇干弘神道碑銘》符_{虞合三}圖_{模合一}虛_{魚開三}狐_{模合一}，《周大都督湯林伯長孫瑕夫人羅氏墓誌銘》都_{模合一}符_{虞合三}圖_{模合一}，《擬咏懷詩》（一六）株_{虞合三}無_{虞合三}跗_{虞合三}奴_{模合一}愚_{虞合三}，《有喜致醉詩》珠_{虞合三}弧_{模合一}夫_{虞合三}廚_{虞合三}須_{虞合三}株_{虞合三}雛_{虞合三}，《別庾七入蜀詩》烏_{模合一}都_{模合一}圖_{模合一}枯_{模合一}株_{虞合三}，《周五聲調曲・宮調曲》樞_{虞合三}都_{模合一}圖_{模合一}烏_{模合一}租_{模合一}梧_{模合一}符_{虞合三}；庾信《對酒歌》杜_{姥合一}取_{虞合三}脯_{虞合三}舞_{虞合三}塢_{姥合一}五_{姥合一}賈_{姥合一}，《春賦》撫_{虞合三}舞_{虞合三}柱_{虞合三}鼓_{姥合一}，《三月三日華林園馬射賦》撫_{虞合三}羽_{虞合三}圃_{姥合一}乳_{虞合三}聚_{虞合三}鼓_{姥合一}，《三月三日華林園馬射賦》圃_{姥合一}

---

①　釋亡名，俗姓宋，名闕，南郡人。事梁元帝蕭繹，深見禮待。梁亡，遠客岷蜀。
②　《望美人山銘》，《藝文類聚》卷七以爲陳徐陵所作，《文苑英華》卷七八七認爲是庾信所作，此處我們將其歸在庾信名下。

舞虞合三羽虞合三虎姥合一,《哀江南賦》主虞合三虎姥合一聚虞合三祖姥合一土姥合一府虞合三,《哀江南賦》武虞合三午姥合一主虞合三鼓姥合一魯姥合一浦姥合一柱虞合三戶姥合一羽虞合三舞虞合三雨虞合三,《哀江南賦》圃姥合一古姥合一柱虞合三聚虞合三,《哀江南賦》戶姥合一虎姥合一浦姥合一蠱姥合一柱虞合三,《秦州天水郡麥積崖佛龕銘》堵姥合一柱虞合三雨虞合三,《周大將軍崔説神道碑銘》祖姥合一禹虞合三浦姥合一土姥合一土姥合一,《周柱國大將軍大都督同州刺史尒綿永神道碑銘》舞虞合三輔虞合三雨虞合三鼓姥合一,《周車騎大將軍賀婁公神道碑銘》浦姥合一武虞合三鼓姥合一虎姥合一古姥合一豎虞合三,《周上柱國宿國公河州都督普屯威神道碑銘》鼓姥合一柱虞合三虎姥合一府虞合三,《周故大將軍趙公墓誌銘》武虞合三輔虞合三土姥合一滬姥合一,《周祀圜丘歌·登歌》(初獻及初獻配帝畢)戶姥合一雨虞合三舞虞合三,《周宗廟歌·皇夏》(皇帝入廟門)鼓姥合一羽虞合三舞虞合三①;庾信《咏畫屏風詩》(一六)壺模合一廚虞合三孤模合一壚模合一;王褒《皇太子箴》樹遇合三度暮合一祚暮合一步暮合一,《漏刻銘》數遇合三赴遇合三注遇合三度暮合一,庾信《春賦》樹遇合三路暮合一渡暮合一,《小園賦》步暮合一樹遇合三路暮合一懼遇合三,《哀江南賦》路暮合一趣遇合一渡暮合一戍遇合三樹遇合三,《周上柱國宿國公河州都督普屯威神道碑銘》傅遇合三步暮合一諭遇合三樹遇合三,《周大將軍懷德公吳明徹墓誌銘》寓遇合三樹遇合三墓暮合一庫暮合一,《周大將軍上開府廣饒公鄭常墓誌銘》渡暮合一樹遇合三步暮合一路暮合一。

　　魚虞模通押的 4 個韻段:庾信《預麟趾殿校書和劉儀同詩》謨模合一圖模合一都模合一夫虞合三疎魚開三烏模合一蒲模合一湖模合一,《象戲賦》興魚開三舒魚開三居魚開三圖模合一符虞合三,《哀江南賦》吳模合一徒模合一渝虞合三巫虞合三誅虞合三弧模合一都模合一,無名氏《赤帝歌》樞虞合三除魚開三株虞合三居魚開三都模合一盧魚開三書魚開三餘魚開三。

　　2. 衹與尤侯幽有關的韻段(41 個)

　　尤韻獨用的 14 個韻段:王褒《漏刻銘》流舟謀周,《四瀆祠碑銘》浮游流州,《祭梁王僧辯母貞敬魏太夫人文》秋留浮流,庾信《和庾四詩》愁秋,《秋日詩》秋愁,《傷心賦》丘秋愁流,《竹杖賦》遊愁秋憂,《黃帝見廣成子》丘流秋求,《周車騎大將軍贈小司空宇文顯墓誌銘》州流瘳郵丘,闕名《王通墓誌銘》丘旒猷;庾信《燕歌行》柳守壽久,《鴛鴦賦》婦有守,《擬連珠》(之六)久手,《周大將軍琅邪壯公司馬裔墓誌銘》守紐柳酒。

---

① 此韻段中的姥韻"鼓"字也可以看作不入韻。

侯韻獨用的 1 個韻段：王褒《太子太保中都公陸逞碑銘》藪斗後牡。

尤侯通押的 26 個通押韻段：王褒《古曲》留$_{尤開三}$鉤$_{侯開一}$頭$_{侯開一}$游$_{尤開三}$，《牆上難爲趨》丘$_{尤開三}$酬$_{尤開三}$由$_{尤開三}$求$_{尤開三}$鉤$_{侯開一}$侯$_{侯開一}$州$_{尤開三}$投$_{侯開一}$浮$_{尤開三}$，《和庾司水修渭橋詩》牛$_{尤開三}$舟$_{尤開三}$流$_{尤開三}$侯$_{侯開一}$洲$_{尤開三}$鉤$_{侯開一}$謳$_{侯開一}$，《遊俠篇》謳$_{侯開一}$遊$_{尤開三}$侯$_{侯開一}$楸$_{尤開三}$留$_{尤開三}$①，庾信《奉和泛江詩》牛$_{尤開三}$洲$_{尤開三}$流$_{尤開三}$浮$_{尤開三}$樓$_{侯開一}$遊$_{尤開三}$，《擬咏懷詩》（之三）謀$_{尤開三}$侯$_{侯開一}$頭$_{侯開一}$留$_{尤開三}$秋$_{尤開三}$，（一八）侯$_{侯開一}$愁$_{尤開三}$頭$_{侯開一}$周$_{尤開三}$秋$_{尤開三}$流$_{尤開三}$憂$_{尤開三}$，《就蒲州使君乞酒詩》愁$_{尤開三}$流$_{尤開三}$秋$_{尤開三}$侯$_{侯開一}$，《咏畫屏風詩》（之六）游$_{尤開三}$流$_{尤開三}$樓$_{侯開一}$侯$_{侯開一}$，（二四）流$_{尤開三}$舟$_{尤開三}$樓$_{侯開一}$浮$_{尤開三}$游$_{尤開三}$，《尋周處士弘讓詩》游$_{尤開三}$丘$_{尤開三}$秋$_{尤開三}$愁$_{尤開三}$樓$_{侯開一}$留$_{尤開三}$，《移樹詩》榴$_{尤開三}$侯$_{侯開一}$，《哀江南賦》舟$_{尤開三}$游$_{尤開三}$流$_{尤開三}$樓$_{侯開一}$丘$_{尤開三}$舟$_{尤開三}$侯$_{侯開一}$洲$_{尤開三}$牛$_{尤開三}$，《自古聖帝名賢畫贊·王祥扣冰魚躍》求$_{尤開三}$流$_{尤開三}$鉤$_{侯開一}$浮$_{尤開三}$，《周兗州刺史廣饒公宇文公神道碑》侯$_{侯開一}$周$_{尤開三}$流$_{尤開三}$留$_{尤開三}$，《望美人山銘》舟$_{尤開三}$樓$_{侯開一}$侯$_{侯開一}$，《周車騎大將軍賀婁公神道碑銘》流$_{尤開三}$牛$_{尤開三}$浮$_{尤開三}$侯$_{侯開一}$，《周大將軍上開府廣饒公鄭常墓誌銘》州$_{尤開三}$牛$_{尤開三}$秋$_{尤開三}$樓$_{侯開一}$，《故周大將軍義興蕭公墓誌銘》丘$_{尤開三}$秋$_{尤開三}$侯$_{侯開一}$；庾信《自古聖帝名賢畫贊·樊噲見項王》右$_{有開三}$酒$_{有開三}$守$_{有開三}$斗$_{厚開一}$，《周兗州刺史廣饒公宇文公神道碑》部$_{厚開一}$綬$_{有開三}$柳$_{有開三}$朽$_{有開三}$，《周五聲調曲·徵調曲》（之五）首$_{有開三}$后$_{厚開一}$負$_{有開三}$，釋亡名《寶人銘》口$_{厚開一}$手$_{有開三}$醜$_{有開三}$咎$_{有開三}$久$_{有開三}$；庾信《哀江南賦》胄$_{有開三}$漏$_{候開一}$寇$_{候開一}$獸$_{有開三}$宿$_{宥開三}$鬪$_{候開一}$，《周大將軍司馬裔碑銘》構$_{候開一}$侯$_{侯開一}$鬪$_{候開一}$宿$_{宥開三}$；庾信《周譙國公夫人步陸孤氏墓誌銘》守$_{有開三}$鏤$_{候開一}$鬪$_{候開一}$。

3. 祇與歌戈麻有關的韻段（61 個）

歌戈獨用的 29 個韻段：王褒《飲馬長城窟》過和阿波多河歌戈何，《高句麗》波多娑跎，《渡河北詩》波河歌阿，庾信《擬咏懷詩》（之七）過歌波多河，（之八）波河多戈何歌，（二六）多河軻歌，《夜聽擣衣詩》波過河歌多，《和人日晚景宴昆明池詩》過多荷波，《將命使北始渡瓜步江詩》河沱戈歌，《咏畫屏風詩》（一二）羅歌荷多，（一五）過波河多，《閨怨詩》多河，《和侃法師三絕詩》（之二）多河，

---

① 《遊俠篇》，《文苑英華》卷一九六作《俠客行》，此處依《漢魏六朝韻譜》和逯欽立《先秦漢魏晉南北朝詩》。

《示封中禄詩》柯過,《周五聲調曲·宮調曲》(之一)歌和河波,《周五聲調曲·變宮調》(之一)多河和歌,《周五聲調曲·商調曲》(之三)和戈歌,《哀江南賦》河波多河歌,《對燭賦》蛾過多,《擬連珠》(之五)柯河,(一一)多戈河,(三七)河波,《終南山義谷銘》柯河,《周大將軍司馬裔碑銘》洃河戈波,《周柱國大將軍大都督同州刺史尒綿永神道碑銘》戈波河瘥,《周兖州刺史廣饒公宇文公神道碑》戈波河多,《周大將軍聞嘉公柳遐墓誌銘》洃波河,《周譙國公夫人步陸孤氏墓誌銘》戈波河歌,《周驃騎大將軍開府儀同三司冠軍伯柴烈李夫人墓誌銘》過河波歌。

麻韻獨用的 30 個韻段:庾信《春賦》斜家花,《枯樹賦》加牙花霞,《枯樹賦》槎花,《自古聖帝名賢畫贊·孫叔敖逢蛇》家蛇加華,《擬連珠》(三五)嗟沙,(四二)牙沙車,《周大將軍襄城公鄭偉墓誌銘》家霞華花,《道士步虛詞》車霞華花家,《奉和趙王美人春日詩》華花沙斜家,《七夕詩》車槎賒花,《見遊春人詩》斜華車花巴,《衛王贈桑落酒贈答詩》斜霞花沙,《舟中望月詩》家華沙花斜,《咏畫屏風詩》(之八)車花華斜,《題結綾袋子詩》霞花,《祀圜丘歌·雍樂》車霞,《周大將軍琅邪壯公司馬裔墓誌銘》斜蛇家車;庾信《哀江南賦》假野寡下馬瓦,《邛竹杖賦》夏野,《枯樹賦》社冶馬下,《擬連珠》(之二)假下,《刀銘》冶下馬,《周上柱國齊王憲神道碑》假下社夏雅,《周車騎大將軍賀婁公神道碑銘》社下馬夏,《周兖州刺史廣饒公宇文公神道碑》櫃馬社下,《行途賦及四更應詔詩》下馬;王褒《太保吳武公尉遲綱碑銘》借化,庾信《擬連珠》(二二)射價,《周五聲調曲·徵調曲》稼暇,《周五聲調曲·徵調曲》化霸。

歌戈麻通押 2 個韻段:無名氏《步虛辭》阿歌開—羅歌開—華麻開二和戈合—多歌開一,《第三無色界魔王歌》范麻開二多歌開—邪麻開三他歌開—華麻開二過戈合—何歌開一。

4. 三類通押的韻段(4 個)

魚虞模與尤侯幽通押的 3 個韻段,其中虞尤通押的 1 個韻段:無名氏《三徒五苦辭》無虞合三悠尤開三夫虞合三尤尤開三;虞幽通押的 1 個韻段:無名氏《時人爲裴諏柳虯語》諏虞開四虯幽開四;虞尤侯通押的 1 個韻段:無名氏《步虛辭》無虞合三周尤開三侯侯開—敷虞合三娛虞合三儔尤開三游尤開三。

魚虞模與歌戈麻通押的 1 個韻段,爲魚模與歌戈通押:無名氏《第三無色界魔王歌》羅歌開—峨歌開—都模合—虛魚開三魔戈合一。

5. 九韻與他韻通押的韻段(1 個)

該韻段歌戈麻與屋韻通押:釋亡名《三徒五苦辭》火果合一假馬開二我哿開一下

馬開二福屋合三①。

如果將魚模與歌戈通押的 1 個韻段算作魚模通押的韻段,將虞尤通押的 2 個韻段、虞尤侯通押的 1 個韻段算作虞韻獨用的韻段的話,魚韻獨用的 27 個韻段,虞韻獨用的 13 個韻段,模韻獨用的 9 個韻段;魚虞通押的 5 個韻段,魚模通押的 6 個韻段,虞模通押的 34 個韻段,魚虞模通押的 4 個韻段。這樣,與魚虞有關的 49 個韻段中,魚虞各自獨用的 40 個韻段占 81.63%,魚虞通押的 9 個韻段約占 18.37%。與魚模有關的 46 個韻段中,魚模各自獨用的 36 個韻段約占 78.26%,魚模通押的 10 個韻段約占 21.73%。與虞模有關的 60 個韻段中,虞模各自獨用的 22 個韻段約占 36.67%,虞模通押的 38 個韻段約占 63.33%。

如果將魚模與歌戈通押的韻段算作歌戈獨用的韻段,歌戈麻與屋韻通押的韻段算作歌戈麻通押的韻段,歌戈獨用的 30 個韻段,麻韻獨用的 30 個韻段,歌戈麻通押的 3 個韻段。歌戈與麻各自獨用的 60 個韻段約占 95.24%;歌戈與麻通押的 3 個韻段約占 4.76%②。

通過以上統計,我們可以看出北周時期:

第一,魚虞、魚模各自獨用和通押的數據,説明魚韻是一個獨立的韻部。

第二,虞模應該合爲一部。但從虞模獨用韻段數量看,虞模在音值上應有一定的差別。也就是説,從“廣文路”的角度,虞模應該合爲一部,但從“賞知音”的角度,似乎應該承認虞模在音值上還有一定的差別。

第三,尤侯應該是一個韻部,但它們的音值可能有細微的差別。

第四,幽韻字少,祇有 1 個韻段,是虞幽通押,説明此時的虞幽的關係很近。

第五,魚類與尤類通押的 3 個韻段,約占魚尤二類入韻總數(138 個韻段)的 2.17%,説明此時魚類與尤類的關係疏遠,但與北齊詩文魚尤二類無通押韻段情況有所不同。這三個韻段分別爲虞尤通押、虞幽通押、虞尤侯通押,説明虞韻與尤侯幽的主元音更近一些。

第六,歌戈與麻韻應該各自獨立。

須要指出的是,北周與北魏的用韻差別,既有時代的差別,也有地域的差別。北齊與北周,時代相差無幾,魚虞模的關係則呈現出很大的不同,這可能主要與地域差別有關。北周詩文用韻主要以庾信詩文爲主,在一定程度上説,庾

---

① “福”字雖用在本詩末句句尾,似乎未入韻。
② 釋亡名《三徒五苦辭》,逯欽立《先秦漢魏晉南北朝詩》列入“北周詩”;該詩作者活動在南朝梁元帝時期,故此詩也可以看成是南朝梁的作品。本書依逯書處理。

信詩文用韻的特點,就是北周詩文用韻的特點,而庾信又是生長在南方,開始供職於江南,後來纔供職於北周,歷仕南朝、北朝的一位特殊人物,這説明庾信是具有南北方音背景的人,北周與北齊詩文用韻差異,可能有北方東西地域的差異(北齊定都於河北鄴城,今河北臨漳縣;北周定都於陝西長安),也有南北地域的差異問題,時代因素並不是主要因素。以下討論詩文用韻涉及北齊、北周用韻差異,均可作如是理解。

(四)隋朝時期

該時期與魚尤歌等九韻有關的 153 個韻段。

1. 衹與魚虞模有關的韻段(57 個)

魚韻獨用的 20 個韻段:盧思道《遊梁城詩》墟餘裾書初疎如虛,楊廣《步虛詞》虛輿墟諸,《賜牛弘詩》書予虛初居,岑德潤《咏灰詩》虛書如,虞世基《元德太子哀冊文》諸除虛,孫萬壽《和周記室遊舊京詩》墟舒胥疎書閭如虛,薛昉《巢王座韻得餘詩》裾初魚疏餘,沈君道《侍皇太子宴應令詩》車疎魚餘,釋僧燦《信心銘》餘如,《信心銘》除如;盧思道《納涼賦》序暑簒輿舉,《孤鴻賦》俎所簒與,《盧記室誄》楚舉所語,《後園宴詩》渚楚女語,牛弘《太廟樂歌·俎人歌》舉序俎旅黍緒①,《五郊歌·赤帝歌徵音》處舉,楊廣《飲馬長城窟行》旅舉,楊素《贈薛播州詩》處語曙序佇,陳政《贈竇蔡二記室入蜀詩》阻侶,蕭大圜《竹花賦》女與語醑。

虞韻獨用的 5 個韻段:牛弘《雩祭歌·誠夏》濡敷,《太廟樂歌·皇考太祖武元皇帝神室歌》敷衢區符;牛弘《圜丘歌·昭夏》輔宇②,闕名《宋永貴墓誌銘》撫矩武宇③;闕名《邢州南和縣澧水石橋纍文碑》澍□□庶。

模韻獨用的 9 個韻段:牛弘《凱樂歌辭·述諸軍用命》謨枯逋吳;楊廣《隋秦孝王誄》古户土;盧思道《孤鴻賦》露步,《後園宴詩》暮度路,楊廣《隋秦孝王誄》度墓路步顧,楊素《贈薛播州詩》蠹故暮顧路,牛弘《凱樂歌辭·述諸軍用命》布濩度路,嚴德盛《吳郡橫山頂舍利靈塔銘》慕度祚護,無名氏《長安爲崔弘度屈突

---

① 《隋書·樂志》曰:"文帝開皇初,詔牛弘、姚察、許善心、虞世基、劉臻等詳定雅樂。……於是并撰歌辭三十首,詔并令頒行。"《隋書·牛弘傳》曰:"開皇九年,奉詔改定雅樂,又作樂府歌辭,撰定圜丘五帝凱樂。"可見隋朝郊廟等歌辭均爲牛弘等撰,爲了行文方便,我們將這一類歌辭一律署名牛弘。
② 宇,原作"寓"。寓,"宇"之異體字。
③ 嚴可均《全隋文》未收録此文,此處依《漢魏六朝韻譜》。

蓋語》醋度。

　　魚虞通押的 4 個韻段：楊堅《宴秦孝王於并州作詩》臾虞合三除魚開三無虞合三；牛弘《圜丘歌·文舞》舉語開三序語開三雨虞合三；皇甫毗《玉泉寺碑》住遇合三去御開三諭遇合三樹遇合三，無名氏《王劭引枯樹歌》樹遇合三去御開三。

　　魚模通押的 2 個韻段：魏澹《鷹賦》途模合一盧魚開三胡模合一枯模合一；無名氏《大業中童謠》語語開三許姥合一。

　　虞模通押的 13 個韻段：王胄《在陳釋奠金石會應令詩》圖模合一區虞合三儒虞合三趨虞合三，《奉和賜酺詩》區虞合三謨模合一都模合一驅虞合三吾模合一徒模合一敷虞合三榆虞合三酺模合一爐模開三，許善心《奉和還京師詩》圖模合一蘇模合一都模合一驅虞合三須虞合三徒模合一榆虞合三徂模合一梧模合一輸虞合三枯模合一，闕名《僧惠雲墓誌銘》區模合一無虞合三駒虞合三俱虞合三①；戴逵《皇太子箴》蠱姥合一舞虞合三，虞世基《講武賦》武虞合三宇虞合三補姥合一矩虞合三，袁朗《和洗掾登城南坂望京邑詩》土姥合一府虞合三宇虞合三主虞合三②；虞世基《秋日贈王中舍詩》路暮合一樹遇合三注遇合三寓遇合三，《元德太子哀册文》度暮合一諭遇合三賦遇合三，闕名《陳思王廟碑》駐遇合三路暮合一兔暮合一步暮合一，釋僧璨《信心銘》度暮合一路暮合一住遇合三，釋真觀《愁賦》遇遇合三樹遇合三路暮合一賦遇合三，釋慧凈《雜言詩》悟暮合一路暮合一樹遇合三固暮合一數遇合三霧遇合三度暮合一住遇合三。

　　魚虞模通押的 4 個韻段：虞世南《奉和幸江都應詔詩》圖模合一謨模合一蘇模合一吾模合一塗模合一吳虞合三都模合一蘆模合一湖模合一枯模合一歈虞合三樗魚開三，孔德紹《登白馬山護明寺詩》紆虞合三模模合一烏模合一都模合一鋪模合一虛魚開三隅虞合三櫨模合一珠虞合三塗模合一；釋真觀《夢賦》語語開三主虞合三縷虞合三估模合一補姥合一；釋真觀《愁賦》度暮合一住遇合三去御開三處暮合一趣遇合三慮暮合一。

　　2. 祇與尤侯幽有關的韻段（70 個）

　　尤韻獨用的 31 個韻段：辛德源《浮游花》浮游，《東飛伯勞歌》舟流，盧思道《孤鴻賦》洲流，楊廣《殤子銘》浮修留儔，《江都宮樂歌》留游秋驪州，楊素《贈薛播州詩》州丘流牛由，孫萬壽《行經舊國詩》愁丘舟秋醉留羞遊，薛道衡《宴喜賦》周浮流，《老氏碑頌》州遊浮流，《敬酬楊僕射山齋獨坐詩》浮流秋，徐儀《暮秋望月示學士各釋愁應教詩》酬劉丘舟憂，虞世基《秋日贈王中舍詩》周愁遒流

---

①　《漢魏六朝韻譜》有此韻段，遍查嚴可均《全隋文》無《僧惠雲墓誌銘》一文。

②　袁朗，雍州長安人，仕南朝陳、隋、唐三朝，據說《和洗掾登城南坂望京邑》作於初唐，故《先秦漢魏晉南北朝詩》未收此詩，《漢魏六朝韻譜》有此韻段，今依之。

秋憂，《入關詩》流愁，劉斌《和謁孔子廟詩》由流修秋求，陳政《贈竇蔡二記室入蜀詩》舟求愁流，王謨《東海懸崖題詩》流眸，牛弘《方丘歌·昭夏》周遊流，《五郊歌·白帝歌商音》秋收，《凱樂歌辭·述天下太平》猷劉休州，釋慧凈《英才言聚賦得昇天行詩》洲遊流秋，釋玄逵《言離廣府還望桂林去留愴然自述贈懷詩》洲抽收流，釋慧英《一三五七九詩》遊愁抽流秋州；盧思道《盧記室誄》久壽朽友，孫萬壽《遠戍江南寄京邑親友》久首酒友柳，薛道衡《宴喜賦》酒手，《隋高祖文皇帝頌》首咎壽阜，張碧蘭《寄阮郎詩》柳手，牛弘《圜丘歌·武舞》首久，釋僧璨《信心銘》有守咎，《信心銘》有守，闕名《陶氏墓誌銘》柳首牖婦。

　　侯韻獨用的 2 個韻段：孫萬壽《遠戍江南寄京邑親友》偶狗走口斗，牛弘《朝日夕月歌·夕月誡夏》母厚。

　　尤侯通押的 36 個韻段：盧思道《日出東南隅行》鉤(侯開一)樓(侯開一)羞(尤開三)眸(尤開三)愁(尤開三)留(尤開三)頭(侯開一)，《河曲遊》流(尤開三)遊(尤開三)洲(尤開三)稠(尤開三)樓(侯開一)猶(尤開三)謳(侯開一)溝(侯開一)憂(尤開三)，《聽鳴蟬篇》州(尤開三)求(尤開三)樓(侯開一)遊(尤開三)侯(侯開一)憂(尤開三)牛(尤開三)，孫萬壽《答楊世子詩》遊(尤開三)丘(尤開三)投(侯開一)由(尤開三)，李德林《從駕巡遊詩》遊(尤開三)秋(尤開三)輈(尤開三)旒(尤開三)秋(尤開三)流(尤開三)浮(尤開三)樓(侯開一)優(尤開三)牛(尤開三)，辛德源《短歌行》溝(侯開一)樓(侯開一)謳(侯開一)浮(尤開三)秋(尤開三)遊(尤開三)，楊廣《江陵女歌》流(尤開三)頭(侯開一)，《泛龍舟》舟(尤開三)州(尤開三)頭(侯開一)謳(侯開一)遊(尤開三)，《紀遼東》（之二）留(尤開三)謀(尤開三)侯(侯開一)，《鳳鵂歌》頭(侯開一)遊(尤開三)休(尤開三)，《臨渭源詩》悠(尤開三)流(尤開三)儔(尤開三)樓(侯開一)州(尤開三)牛(尤開三)收(尤開三)遊(尤開三)，薛道衡《豫章行》甌(侯開一)遊(尤開三)流(尤開三)洲(尤開三)樓(侯開一)，《入郴江詩》流(尤開三)牛(尤開三)洲(尤開三)浮(尤開三)鉤(侯開一)頭(侯開一)，《渡北河詩》洲(尤開三)流(尤開三)樓(侯開一)浮(尤開三)侯(侯開一)愁(尤開三)，《咏苔紙詩》流(尤開三)鉤(侯開一)，蕭琮《奉和御製月夜觀星示百僚詩》流(尤開三)秋(尤開三)修(尤開三)樓(侯開一)牛(尤開三)留(尤開三)由(尤開三)，諸葛穎《春江花月夜》洲(尤開三)樓(侯開一)，柳莊《劉生》劉(尤開三)樓(侯開一)投(侯開一)鉤(侯開一)，虞世南《至壽春詩》遊(尤開三)求(尤開三)舟(尤開三)流(尤開三)樓(侯開一)留(尤開三)旒(尤開三)休(尤開三)浮(尤開三)球(尤開三)，虞世基《講武賦》輈(尤開三)頭(侯開一)牛(尤開三)仇(尤開三)周(尤開三)收(尤開三)，孔德紹《南隱遊泉山詩》求(尤開三)遊(尤開三)流(尤開三)秋(尤開三)樓(侯開一)洲(尤開三)，《王澤嶺遭洪水詩》愁(尤開三)浮(尤開三)流(尤開三)牛(尤開三)侯(侯開一)求(尤開三)遊(尤開三)，劉斌《和許給事傷牛尚書詩》求(尤開三)秋(尤開三)流(尤開三)猷(尤開三)修(尤開三)游(尤開三)丘(尤開三)舟(尤開三)由(尤開三)溝(侯開一)愁(尤開三)留(尤開三)，馬敞《嘲牛弘》牛(尤開三)輈(侯開一)頭(侯開一)，皇甫毗《玉泉寺碑》牛(尤開三)丘(尤開三)周(尤開三)樓(侯開一)，牛弘《元會大饗歌·肆夏》猷(尤開三)侯(侯開一周尤開三優尤開三遊尤開三輈尤開三休尤開三，釋真觀《夢賦》游尤開三求尤開三侯侯開一舟尤開三留尤開三憂尤開三修尤開三投侯開一，闕名《宋永貴墓誌銘》侯侯開一周尤開三求尤開三謀尤開三；薛道衡《老氏碑頌》斗厚開一首有開三厚厚開一久有開三，闕名《建安公等造尼寺碑》后厚開一誘有開三朽有開三久有開三，魏澹《鷹賦》首有開三肘有開三誘有開三走厚開一有有開三；盧思道《仰贈特進陽休之詩》秀宥開三茂候開一搆候開一陋候開一，虞世基《講武賦》候候開一岫宥開三秀宥開三宙宥開三，《元德太子哀册文》究宥開三佑宥開三搆候開一宙宥開三疚宥開三，牛弘《雩祭歌・誠夏》奏候開一祐宥開三，《太廟樂歌・皇祖獻王神室歌》舊宥開三搆候開一富宥開三懋候開一。

尤幽通押的 1 個韻段：楊廣《隋秦孝王誄》悠尤開三幽幽開四秋尤開三。

3. 祇與歌戈麻有關的韻段（25 個）

這些韻段均爲獨用韻段。其中歌戈獨用的 13 個韻段：盧思道《祭巢湖文》哥羅河蹉，薛道衡《老氏碑頌》和羅戈多，《奉和臨渭源應詔詩》羅多波河過歌和果，柳晉《咏死牛詩》河歌①，王眘《七夕詩》梭河羅多，虞世基《零落桐詩》柯多，劉斌《咏山詩》峨多河歌，庾抱《憶江水詩》歌波②，侯夫人《自感詩》（之一）窠多，（之二）歌何，（之三）何多，釋真觀《夢賦》峨波河摩沱過何，釋慧净《雜言詩》阿陀峨河過。

麻韻獨用的 12 個韻段：盧思道《美女篇》麻華花車斜紗家，魏澹《初夏應詔詩》華花紗斜，辛德源《猗蘭操》嘉華麻花，楊廣《楊叛兒曲》華車花斜，楊侗《京洛行》華車花斜，羅愛愛《閨思詩》車斜，秦玉鸞《憶情人詩》斜花；盧思道《聽鳴蟬篇》下馬野馬，杜臺卿《淮賦》假下野，皇甫毗《玉泉寺碑》寫瓦夏野；盧思道《樂平長主公挽歌》舍夜謝駕，蕭岑《棍歌行》駕化夜。

4. 三類與他韻通押的韻段（1 個）

該韻段爲模鐸通押：嚴德盛《吳郡橫山頂舍利靈塔銘》幕鐸開一度暮合一祚暮合一護暮合一。

如果將模鐸通押的一個韻段算作模韻獨用的韻段，那麼隋朝詩文用韻中魚韻獨用的 20 個韻段，虞韻獨用的 5 個韻段，模韻獨用的 10 個韻段；魚虞通押的 4 個韻段，魚模通押的 2 個韻段，虞模通押的 13 個韻段，魚虞模通押的 4 個韻

---

① 柳晉，逯欽立《先秦漢魏晉南北朝詩》作"柳習"，本書據嚴可均《全上古三代秦漢魏晉六朝文》作"柳晉"。

② 庾抱，隋潤州江寧人，卒於唐武德元年。逯欽立《先秦漢魏晉南北朝詩》未收此詩，《漢魏六朝韻譜》收入此韻段。

段。這樣,與魚虞有關的 33 個韻段中,魚虞各自獨用的 25 個韻段約占 75.76%,魚虞通押的 8 個韻段約占 24.24%,可見魚虞不好合爲一部。與魚模有關的 36 個韻段中,魚模各自獨用的 30 個韻段約占 83.33%,魚模通押的 6 個約占 16.67%,可見魚模應該分立。與虞模有關的 32 個韻段中,虞模各自獨用的 15 個韻段約占 46.88%,虞模通押的 17 個韻段約占 53.12%,可見虞模應該合一。

通過以上統計分析我們可以看出:

第一,此時魚虞模的關係比較特殊,很難將這三韻合爲一部,尤其是魚模應該分立。至於虞韻,將它併入魚部或併入模部都有困難,從押韻的比例看,虞模的關係更近一些。

第二,從一系列統計數字看,尤侯幽似乎應該合爲一部。不過,尤侯通押的數量雖然很多,但尤韻獨用的數量也相當可觀,並且孫萬壽的《行經舊國詩》連用 8 個尤韻字,不雜侯韻字;虞世基《秋日贈王中舍詩》、釋慧英的《一三五七九詩》均連用 6 個尤韻字,不雜侯韻字。説明此時尤侯的音值還是應該有一定的差別。

第三,尤幽通押的 1 個韻段,未見侯幽通押的韻段,説明尤幽的關係比侯幽的關係近一些,這也從另一個角度説明尤侯的音值還是應該有一定的差別的。

第四,歌戈與麻各自獨用的韻段占三韻入韻總數的 100%。可見,歌戈與麻韻是各自獨立的韻部。

第五,魚虞模與尤侯幽,歌戈麻與魚虞模、尤侯幽均無通押的韻段。這説明此時歌戈麻、魚虞模、尤侯幽三組各自的關係均非常疏遠。

二、三國、兩晉、南朝魚尤歌等九韻的關係

(一)三國時期

該時期與魚尤歌等九韻有關的有 429 個韻段。

1. 祇與九韻有關的韻段(410 個)

祇與魚虞模有關的 209 個韻段,其中魚韻獨用的 16 個韻段①,虞韻獨用的 9 個韻段,模韻獨用的 41 個韻段;魚虞通押的 86 個韻段,魚模通押的 11 個韻段,虞模通押的 14 個韻段,魚虞模通押的 32 個韻段。

祇與尤侯幽有關的 92 個韻段,其中尤韻獨用的 70 個韻段,侯韻獨用的 4 個

---

① 限於篇幅和課題名稱,魏晉和南朝詩文用韻,除祭類蕭類侵類緝類等獨用韻例較少的數韻外,一般情況下不作列舉。

韻段,幽韻無獨用的韻段;尤侯通押的 11 個韻段,尤幽通押的 7 個韻段,尤侯幽無通押的韻段。

祇與歌戈麻有關的 67 個韻段,其中歌戈獨用的 16 個韻段,麻獨用的 7 個韻段;歌戈與麻通押的 44 個韻段。

魚虞模與尤侯幽通押的 30 個韻段,其中魚尤通押的 4 個韻段:陳琳《武軍賦》軥駵魚浮游,丁廙妻《寡婦賦》居幬①,左延年《秦女休行》盧休仇矛休,曹睿《善哉行》流楚;虞尤通押的 9 個韻段:陳琳《詩·春天潤九野》油衢,《詩·仲尼以聖德》流夫,《詩·沈淪衆庶間》殊由,《詩·轗軻固宜然》羞腴,左延年《秦女休行》囚襦,崔琰《述初賦》榆州,劉劭《趙都賦》舟霧,何晏《景福殿賦》有取,〔吳〕萬震《南州異物志贊·具》儔朱浮踰拘;魚侯通押的 1 個韻段:曹丕《校獵賦》走阻舉;虞侯通押的 4 個韻段:卞蘭《許昌宮賦》謳殊,應璩《百一詩》(之八)侯竽雛頭,夏侯惠《景德殿賦》附構,邯鄲淳《投壺賦》鑄膔鏤具駐;虞尤侯通押的 1 個韻段:邯鄲淳《投壺賦》取耦手稠投儔;魚虞尤通押的 1 個韻段:〔吳〕胡綜《黃龍大牙賦》書符俱休;魚虞侯通押的 5 個韻段:曹植《贈丁廙詩》廚隅謳余俱珠儲須拘儒,何晏《景福殿賦》郛葉疏婁敷書,曹植《孔子廟頌》武後宇處沮矩,嵇康《卜疑》偶所夫父禹,劉劭《趙都賦》女舞舉楚偶;魚模侯通押的 1 個韻段:陳琳《武軍賦》溝壚鉤炬;虞模尤通押的 1 個韻段:繁欽《硯頌》都敷模隅扶遊;魚虞模侯通押的 2 個韻段:繁欽《遠戍勸戒》土武矩垢輔語輔,〔吳〕楊泉《蠶賦》午祖女處所雨縷候;魚尤侯通押的 1 個韻段:陳琳《武軍賦》疏鏃軥駵魚浮遊。

魚虞模與歌戈麻通押的 12 個韻段,其中虞戈通押的 1 個韻段:應瑒《西狩賦》衢輂區隅;魚麻通押的 2 個韻段:曹植《東征賦》舉御與野,〔吳〕胡綜《黃龍大牙賦》下緒;虞麻通押的 1 個韻段:郤正《釋譏》野矩;模麻通押的 3 個韻段:阮籍《元父賦》遐洿,〔吳〕胡綜《黃龍大牙賦》祖下土夏,韋昭《吳鼓吹曲·攄武師》祖夏下;魚虞麻通押的 2 個韻段:陳琳《飲馬長城窟行》舉脯下拄,曹植《泰山梁甫行》雨野阻宇②;魚虞模歌通押的 1 個韻段:曹操《善哉行》(之二)祜苦語怙與雨覩左楚敘緒處雨;魚虞模麻通押的 2 個韻段:曹植《文帝誄》古祜下舞暑野土暑宇渚雨黍父,《閑居賦》予圃佇廡宇野渚。

---

① 幬,《廣韻》尤韻直由切,定幽/澄尤;《廣韻》号韻直由切,定幽/定尤。
② 野,一作“墅”,此處依《曹子建集》。

2. 九韻與他韻通押的韻段（19 個）

魚虞模與他韻通押的 3 個韻段，其中魚脂通押的 1 個韻段：陳琳《武軍賦》旅軌；虞支脂齊通押的 1 個韻段：徐幹《齊都賦》池璨遲隅；虞藥通押的 1 個韻段：何晏《景福殿賦》趣附注斫。

尤侯幽與他韻通押的 10 個韻段，其中之尤通押的 1 個韻段：徐幹《齊都賦》鯉右①；之侯通押的 1 個韻段：徐幹《齊都賦》起藪；蕭尤通押的 2 個韻段：甄皇后《塘上行》（之一）愁儵秋②，嵇康《思親詩》聊抽；蕭尤幽通押的 1 個韻段：繁欽《秋思賦》愁條丘幽流憂③；宵尤通押的 2 個韻段：曹丕《述征賦》飆瀏④，胡綜《黄龍大牙賦》苗脩；豪尤通押的 2 個韻段：嵇康《琴賦》流休濤糾州浮丘，邯鄲淳《孝女曹娥碑》浮流濤；宥屋通押的 1 個韻段：嵇康《琴賦》覆秀溜。

歌戈麻與他韻通押的 2 個韻段，均爲支佳歌通押：應瑒《愍驥賦》多知崖馳，何晏《景福殿賦》奇離螭崖多⑤。

魚尤兩類一同與他韻通押的 4 個韻段，其中魚虞尤之通押的 1 個韻段：劉楨《魯都賦》隅嬉洲衢魚；魚尤侯脂通押的 1 個韻段：張紘《瑰材枕賦》助鏤副備富⑥；之咍虞尤通押的 1 個韻段：〔吴〕韋昭《吴鼓吹曲·從歷數》代治囿字記事意資喜裕⑦；之咍魚微尤通押的 1 個韻段：曹操《精列》期憂居萊丘憂微。

如果將與魚虞模通押的各韻段分别併入魚虞模之中，那麽魚韻獨用的 27 個韻段，虞韻獨用的 28 個韻段，模韻獨用的 44 個韻段；魚虞通押的 95 個韻段，魚模通押的 12 個韻段，虞模通押的 15 個韻段，魚虞模通押的 37 個韻段。這樣，

---

① 《漢魏六朝韻譜》將“右數”看成一個韻段，實際上應該是“鯉右”爲一個韻段，“著數”爲一個韻段。于氏此處斷句有誤，故韻脚字摘取不確（原文是：蘭豕臑羔，焦鷺瞻鯉。佳旨雜遝，豐實左右。前撤後著，惡可悉數）。右，《廣韻》云久切（匣之/云有開三），又于救切（匣之/云宥開三）。

② 《塘上行》的作者，《玉臺新咏》卷二、《樂府詩集》卷三五均作“魏武帝”，《漢魏六朝韻譜》從之作“曹操”，此處依逯欽立《先秦漢魏晉南北朝詩》。又韻脚字儵，《玉臺新咏》作“脩”心幽/心尤開三，逯欽立認爲此韻段所在的後六句爲樂人增入之曲，必非甄皇后所作。

③ 《秋思賦》，《初學記》三作“《愁思賦》”，《漢魏六朝韻譜》從之。

④ 此韻段《漢魏六朝韻譜》失收，此處依嚴可均《全三國文》補。

⑤ 于安瀾《漢魏六朝韻譜》此韻段分爲“奇離螭”和“崖多”兩個韻段。

⑥ 《瑰材枕賦》，《三國志注》引《吴書》曰：“紘見柟榴枕，愛其文，爰作賦。”所以也有作《柟榴枕賦》的。嚴可均《全後漢文》、費振剛等《全漢賦》均作《瑰材枕賦》。此韻段《漢魏六朝韻譜》失收，此處依嚴可均《全後漢文》補。

⑦ 此韻段《漢魏六朝韻譜》失收，此處依逯欽立《先秦漢魏晉南北朝詩》補。

與魚虞有關的 187 個韻段中,魚虞各自獨用的 55 個韻段約占 29.41%,魚虞通押的 134 個韻段約占 70.59%。與魚模有關的 120 個韻段中,魚模各自獨用的 71 個韻段約占 59.17%,魚模通押的 49 個韻段約占 40.83%。與虞模有關的 124 個韻段中,虞模各自獨用的 72 個韻段約占 58.06%,虞模通押的 52 個韻段約占 41.94%。

如果將尤侯幽與他韻通押的韻段分別歸入相關的韻段之中,那麼三國時期尤韻獨用的 96 個韻段,侯韻獨用的 18 個韻段,尤侯通押的 14 個韻段,尤幽通押的 8 個韻段。

如果將魚虞模與歌戈麻通押的韻段併入相關的韻段之中,那麼歌戈獨用的 20 個韻段,麻獨用的 17 個韻段,歌戈與麻通押的 44 個韻段。這樣,歌戈與麻各自獨用的 37 個韻段約占入韻總數的 45.68%;歌戈與麻通押的 44 個韻段約占入韻總數的 54.32%。

通過以上統計,我們可以看出三國時期:

第一,魚虞模應該合爲一部,但這三韻的音值應該有細微的差別。尤其是模韻,與魚虞二韻的音值可能較遠一些,在某些方言中甚至還可以看成是一個獨立的韻部,如阮籍《咏懷詩》路顧度悟顧暮固慕露素祚,連用 11 個暮韻字不雜魚虞韻字;劉楨《處士周文甫碑》度素慕路鈷悟祚故,連用 8 個暮韻字不雜魚虞韻字。魚虞二韻的音值也應該有一定的差別。

第二,尤侯幽似乎可以歸入一部,但是尤韻獨用的有 96 個韻段[①],並且王粲《從軍詩》愁丘由流舟遊收憂疇馗休留[②],連用 12 個尤韻字不雜侯幽韻字;曹植《節遊賦》驅儔游憂舟仇流愁、《鰕䱇篇》流遊儔丘謀州浮憂,均連用 8 個尤韻字不雜侯幽韻字;曹植《感節賦》求憂休遊愁流丘、王粲《登樓賦》憂仇洲流丘疇留,均連用 7 個尤韻字不雜侯幽韻字;王粲《贈文叔良》休由留仇憂舟,連用 6 個尤韻字不雜侯幽韻字。這些都説明尤韻具有很强的獨立性。

第三,尤韻與侯韻和幽韻的關係都比較近,而侯幽的關係則相對遠一些。

第四,魚尤兩類韻的關係非常密切。魚尤通押的 4 個韻段,其中的尤韻字在先秦兩漢均屬幽部字,魚韻字在先秦兩漢均屬魚部字,它們音值相近,所以可以通押;虞尤通押的 9 個韻段,其中的尤韻字在先秦兩漢除了"有"字外,均爲幽

---

① 這裏的統計數字,是包括該韻與他韻通押的韻段在內的,下皆仿此。

② 馗,《廣韻》尤韻巨鳩切,群幽/群;又音逵,群幽/群。《樂府》作"馗"。六臣本《文選注》云:"五臣本作馗。"

部字,虞韻字在先秦時期分屬魚侯二部,也就是説,先秦時期魚侯二部的魚虞字已經從魚侯二部分立出來而與幽部中的尤韻字音值相近或合一;虞侯通押的4個韻段,其韻脚字除了"竽"字上古魚部中古虞韻,"鑄"字上古幽部中古遇韻外,其餘的韻脚字在上古均爲侯部字;虞尤侯通押的1個韻段,其韻脚字在上古分屬幽侯兩部;魚虞侯通押的5個韻段,魚模侯通押的1個韻段,魚虞模侯通押的2個韻段,魚脂尤侯通押的1個韻段,説明此時的侯韻字與魚虞模的關係也很近。

第五,魚麻通押的2個韻段,虞麻通押的1個韻段,模麻通押的3個韻段,魚虞麻通押的2個韻段,魚虞模麻通押的2個韻段,這些韻段中的韻脚字在上古均屬魚部字。

第六,蕭尤幽通押的1個韻段,豪尤通押的2個韻段,説明此時"丘"字已從之部轉入幽部,"條濤"二字尚未從幽部轉入宵部;宵尤通押的2個韻段,説明幽宵兩部主元音相近。

第七,虞藥通押的1個韻段(何晏《景福殿賦》趣附注斲),其韻脚字在上古分屬侯鐸二部,中古分屬遇藥二韻;宥屋通押的1個韻段(嵇康《琴賦》覆秀溜),其韻脚字在先秦兩漢是幽覺對轉關係。

第八,歌戈麻應該合爲一部,但此時的歌戈與麻在音值上應有差别,就是麻韻與魚虞模音值相近,歌戈與魚虞模音值相遠,也可能是一部分來自上古魚部的麻韻字還没有完全從魚部中分化出來。

(二)西晉時期

該時期與魚尤歌等九韻有關的有760個韻段。

1. 衹與九韻有關的韻段(724個)

衹與魚虞模有關的319個韻段,其中魚韻獨用的33個韻段,虞韻獨用的31個韻段,模韻獨用的51個韻段;魚虞通押的88個韻段,魚模通押的36個韻段,虞模通押的24個韻段,魚虞模通押的56個韻段。

衹與尤侯幽有關的176個韻段,其中尤韻獨用的104個韻段,侯韻獨用的1個韻段,幽韻無獨用的韻段;尤侯通押的59個韻段,尤幽通押的9個韻段,侯幽無通押的韻段,尤侯幽通押的3個韻段。

衹與歌戈麻有關的169個韻段,其中歌戈獨用的27個韻段,麻韻獨用的26個韻段;歌戈麻通押的116個韻段。

魚虞模與尤侯幽通押的48個韻段,其中魚尤通押的1個韻段:張翰《杖賦》

手久首距;虞尤通押的 16 個韻段:孫楚《蓮花賦》腴扶驈,潘岳《螢火賦》殊憂遊流珠,杜育《荈賦》秋休求流隅劉浮敷,陸機《感丘賦》丘浮疇修區,陸雲《答兄平原詩》猷扶①,《九愍·涉江》驅流疇仇,《贈顧彥先》榆須驅浮嵎,《晉故豫章內史夏府君誄》猷符流區;鄭豐《答陸士龍詩·鴛鴦》遊流浮憂舟躕,《答陸士龍詩·中陵》周浮渝殊踰躕,蔡洪《圍棋賦》籌駒驅敷符丘珠,殷巨《奇布賦》洲休由隅敷珠流區;陸雲《盛德頌》首主;傅咸《燕賦》舊赴,陸機《皇太子宴玄圃宜獻堂有令賦詩》秀數裕,《漢高功臣頌》裕附樹謀;魚虞尤通押的 3 個韻段:陸雲《九愍·□征》憂愁須遊輿舒,無名氏《神弦歌·嬌女詩》流居魚俱;張載《敘行賦》阜阻雨;虞侯通押的 12 個韻段:成公綏《故筆賦》頭軀②,陸機《吳趨行》謳趨,束皙《補亡詩·白華》陬渝勉;陸機《羽扇賦》後甫羽,《吳大司馬陸抗誄》輔後宇斧羽,《愍懷太子誄》考宇,《漢高祖功臣頌》藪武宇主,陸雲《盛德頌》后宇,《晉故散騎常侍陸府君誄》后撫武,無名氏《建興中江南謠》甀甄③;傅玄《琵琶賦》奏鴦,陸雲《答兄平原詩》構鴦④。虞尤侯通押的 6 個韻段:陸機《白雲賦》浮□扶婁,無名氏《武帝太康後童謠》(之二)柱朽後⑤,曹攄《答趙景獻詩》湊赴陋舊,鄭豐《答陸士龍詩·蘭林》秀茂授富袖附,孫拯《贈陸士龍詩》冑裕茂富,潘岳《射雉賦》授茂舊溜鴝;虞尤幽通押的 1 個韻段:夏侯湛《安石榴賦》榴樛須;魚虞侯通押的 2 個韻段:張載《登成都白菟樓詩》樓虛隅巫蔬餘居衢盧侯鉤殊魚蝣區娛,張協《玄武館賦》腴渠墟盧樓;模尤通押的 2 個韻段:裴秀《大蜡詩》阜祐;傅玄《古今畫贊·明德馬皇后》素度謀祚;虞模尤通押的 1 個韻段:傅玄《鼓吹曲·征遼東》據首怖附布;魚虞模尤通押的 1 個韻段:左思《吳都賦》儲浮餘居珠都;魚虞模侯通押的 3 個韻段:傅玄《豔歌行》隅樓女敷珠裾襦虛居樞躕車殊夫圖,張敏《頭責子羽文》偶宇許詡語謂杵序府,左思《吳都賦》盧諸趨鏤閭渠儲盧湖除膚夫姑區屠渠塗。

魚虞模與歌戈麻通押的 12 個韻段,其中魚麻通押的 3 個韻段:傅玄《蒲桃

① 《漢魏六朝韻譜》將"猷尤開三扶虞合三憂尤開三休尤開三"合爲一個韻段,誤;應該分爲"猷扶"和"憂休"兩個韻段。
② 此韻段《漢魏六朝韻譜》失收,依嚴可均《全晉文》補入。
③ 甀,音武;甄,盧斗反。
④ 鴦,《詩紀》和《陸清河集》均作鴦,《漢魏六朝韻譜》從之,此處依逯欽立《先秦漢魏晉南北朝詩》。
⑤ 此韻段《漢魏六朝韻譜》作"朽厚後",不確;原文無"厚"字,"柱"字首句末尾,武帝太康後童謠三首,其餘二首首句均入韻,所以"柱"字以看作入韻爲宜。

賦》阻野，陸雲《答兄平原詩》野旅，左思《吳都賦》者野旅；模麻通押的 5 個韻段：傅咸《申懷賦》車廬，陸雲《歲暮賦》路步度夜暮露素，《張二侯頌》夜暮故，左思《吳都賦》路布誇互；無名氏《泰始中謠》賈下；模歌通押的 1 個韻段：陸雲《吳故丞相陸公誄》祚路顧露步那；魚虞戈通押的 1 個韻段：何劭《贈張華詩》舒俱敷盧無辜墟書踈魚；魚虞模歌通押的 1 個韻段：曹攄《述志賦》娛疏圖辜歌；魚虞模麻通押的 1 個韻段：潘岳《離合詩》處呂野舉普宇。

2. 九韻與他韻通押的韻段（36 個）

魚虞模與他韻通押的 10 個韻段，其中虞脂通押的 1 個韻段：左芬《元皇后誄》禹輔軌府；魚脂灰通押的 1 個韻段：陸機《凌霄賦》沮予軌阻旅悔序舉與；魚皆通押的 1 個韻段：陸雲《歲暮賦》楚駭所舉；魚咍通押的 1 個韻段：陸機《漢高祖功臣頌》舉海旅與楚；虞模豪通押的 1 個韻段：張載《七哀詩》（之一）五主臚虎戶虜堵豎掃圃土古；模肴豪通押的 1 個韻段：陸雲《贈顧驃騎詩·思文》告度效顧；魚模脂通押的 1 個韻段：陸雲《失題·思樂芳林》予澝瞽與①；魚燭通押的 1 個韻段：潘岳《西征賦》御欲慮；魚虞模燭通押的 1 個韻段：潘岳《西征賦》處贖著惡具務傅；虞文通押的 1 個韻段：張敏《頭責子羽文》軍嶇。

尤侯幽與他韻通押的 23 個韻段，其中之尤通押的 1 個韻段：潘岳《妹哀辭》柩輴②；蕭尤通押的 1 個韻段：陸雲《晉故豫章內史夏府君誄》修周條繆流；宵尤通押的 4 個韻段：張華《燕射歌辭·晉四廂樂歌·食舉東西廂樂詩》繇休，陸機《詩》收宵，陸雲《贈汲郡太守詩》韶朝宵休，《贈鄭季曼詩·谷風》喬遥韶朝休；肴尤通押的 1 個韻段：左思《吳都賦》茅留丘流；豪尤通押的 3 個韻段：陸機《演連珠》（三〇）勞休，木華《海賦》浮濤，《海賦》濤舟流；蕭宵尤通押的 2 個韻段：陸雲《寒蟬賦》巢鴞條飂，鄭豐《答陸士龍詩·南山》蕭翹收周秋；豪尤幽通押的 1 個韻段：棗據《船賦》幽周舟流由浮濤留遊憂；蕭宵豪侯通押的 1 個韻段：左思《魏都賦》道趙繚霄滧茂詔表老；尤屋通押的 2 個韻段：陸機《文賦》留流求抽尤勠由，無名氏《陸機引里語》留熟；侯屋通押的 1 個韻段：曹攄《圍棋賦》寇複鬭；尤侯屋通押的 3 個韻段：傅咸《贈崔伏二郎詩》授茂陋覆，束晳《補亡詩·崇丘》覆茂壽，王讚《侍皇太子宴始平王詩》覆繡奏祐；宵尤侯屋通押的 1 個韻段：潘岳《西征賦》築繇祐戀；尤侯覺通押的 1 個韻段：張協《七命》（之六）羞榛殼奏；尤

———————————

① 《失題》，《漢魏六朝韻譜》作《思樂芳林》，誤。

② 《集韻》之韻："輴，《説文》'喪車也'，或作'輲'。"

錫通押的 1 個韻段:傅咸《扇賦》舟滁。

魚尤二類一同與他韻通押的 2 個韻段,其中之虞宵尤通押的 1 個韻段:蔡洪《圍棋賦》擾已朽取①;脂之虞尤通押的 1 個韻段:陸雲《贈顧尚書詩》思遊憂娛流俱私。

魚尤歌三類一同與他韻通押的 1 個韻段,爲魚虞模尤麻哈通押:陸雲《吳故丞相陸公誄》序旅舉滸予處海輔右土虎祖野虜。

如果將與魚虞模通押的各韻分別併入魚虞模之中,那麼,魚韻獨用的 41 個韻段,虞韻獨用的 70 個韻段,模韻獨用的 60 個韻段;魚虞通押的 94 個韻段,魚模通押的 37 個韻段,虞模通押的 26 個韻段,魚虞模通押的 64 個韻段。這樣,與魚虞有關的 269 個韻段,魚虞各自獨用的 111 個韻段約占 41.26%,魚虞通押的 158 個韻段約占 58.74%。與魚模有關的 202 個韻段,魚模各自獨用的 101 個韻段占 50%,魚模通押的 101 個韻段占 50%。與虞模有關的 220 個韻段,虞模各自獨用的 130 個韻段約占 59.1%,虞模通押的 90 個韻段約占 40.9%。

如果將與尤侯幽通押的分別併入各相關的韻段,那麼尤韻獨用的則是 146 個韻段,侯韻獨用的 20 個韻段,幽韻無獨用的韻段;尤侯通押的 70 個韻段;尤幽通押的 11 個韻段;尤侯幽通押的 3 個韻段。

如果將魚虞模與歌戈麻等通押的併入相關的韻段之中,那麼歌戈獨用的 30 個韻段,麻獨用的 36 個韻段,歌戈與麻通押的 116 個韻段。這樣,歌戈與麻各自獨用的 66 個韻段約占入韻總數的 36.26%,歌戈與麻通押的 116 個韻段約占入韻總數的 63.74%。

通過以上統計可以看出西晉時期:

第一,魚虞模各自獨用的韻段都不少,但魚虞、魚模、虞模以及魚虞模通押的也很多,很難將三韻截然分開。不過陸機《贈尚書郎顧彦先詩》(之二)盧舒疏除渠徐魚,連用 7 個魚韻字不雜虞模字;《漢高祖功臣頌》圖都狐壄徂辜孤,連用 7 個模韻字不雜魚虞字;《歎世賦》度暮故露素寤、《擬迢迢牽牛星詩》步顧素暮度露、陸雲《牛責季友》素暮度顧輅步②,均是連用 6 個暮韻字不雜他韻字;陸機《愍懷太子誄》圖逋辜徂孤,連用 5 個模韻字不雜他韻字;陸雲《九愍·紆思》慕素路暮露,連用 5 個暮韻字不雜他韻字,説明西晉時期,尤其是西晉末期吳越

———————————

① 該韻段《漢魏六朝韻譜》祇有"朽取"二字,似不確。

② 該韻段《漢魏六朝韻譜》失收,周祖謨收之。

方言中的魚虞模的音值還是有一定的差别的。魚虞的關係近些,模韻的獨立性更强些。

第二,尤侯幽應該合爲一部,但值得注意的是,此時尤韻獨用的竟然有148個韻段之多,並且摯虞的《思游賦》游流舟浮修丘籌收,連用8個尤韻字不雜侯幽韻字;陸雲的《喜霽賦》遒秋流留憂游州,連用7個尤韻字不雜侯幽韻字;潘尼的《後園頌》休游周柔流浮,連用6個尤韻字不雜侯幽韻字,這又似乎表明尤韻具有很强的獨立性。

第三,尤侯幽通押的1個韻段(左思《蜀都賦》洲舟遊鰷蚼謳侯浮流)是魏晉南北朝時期尤侯幽通押的唯一韻段,也是在整個魏晉南北朝時期的詩文用韻中侯幽通押的唯一韻段。尤侯、尤幽、尤侯幽的通押情況,説明尤侯關係較近,尤幽關係較近,而侯幽關係較遠,也説明尤侯幽在音值上還是有一定差别的。

第四,魚虞模與尤侯幽通押的51個韻段(包括魚尤二類一同與他韻通押的2個韻段、魚尤歌三類一同與他韻通押的1個韻段),占魚虞模尤侯幽入韻總數的8.63%,這與三國時期的情況大致相同。虞尤幽通押的1個韻段,其韻脚字"須"字上古侯部,《廣韻》虞韻;"榴"字上古幽部,《廣韻》尤韻;"樛"字上古幽部,《廣韻》幽韻。這説明有些上古侯部字此時轉入幽部①。虞尤侯通押的6個韻段,其韻脚字"鴝"字先秦侯部,《廣韻》虞韻;"授"字先秦幽部,《廣韻》宥韻;"茂"字先秦幽部,《廣韻》候韻;"舊"字先秦之部,《廣韻》宥韻;"溜"字先秦幽部,《廣韻》宥韻。這説明先秦之部中的"舊"字已從之部轉到幽部。

第五,魚虞模與麻韻的關係也很密切,通押的有10個韻段。

第六,尤屋通押的2個韻段,侯屋通押的1個韻段,尤侯屋通押的3個韻段,宵尤侯屋通押的1個韻段,説明尤侯與屋韻主元音相同或相近。

第七,尤侯幽與蕭宵肴豪通押的13個韻段,説明西晉時期尤侯幽與蕭宵肴豪關係很是密切,豪尤幽通押的1個韻段,説明"濤"此時和三國時期一樣,還没有從幽部轉入宵部;蕭尤通押的1個韻段,説明"條"字還没有從幽部完全轉入宵部;宵尤通押的4個韻段,説明此時幽宵兩部音值相近。肴尤通押的1個韻段,説明"茅"字還没有從幽部轉爲宵部,"丘"已經從之部轉入幽部。

第八,魚虞模與歌脂之咍宵肴豪燭陌等韻通押的韻段也有,大都是祇有一兩個韻段,缺少規律性。這些特殊情況,尚需進一步考察。

---

① 王力認爲"須"字先秦屬侯部,兩漢轉入魚部。

第九，歌戈麻應該合爲一部，此時的歌戈與麻在音值上有差別，麻韻與魚虞模音值相近，歌戈與魚虞模音值相遠。也可能是一部分上古魚部的麻韻字還没有完全從魚部中分化出來。

(三)東晉時期

該時期與魚尤歌等九韻有關的有 456 個韻段。

1. 祗與九韻有關的韻段(441 個)

祗與魚虞模有關的 183 個韻段，其中魚韻獨用的 22 個韻段，虞韻獨用的 8 個韻段，模韻獨用的 30 個韻段；魚虞通押的 34 個韻段，魚模通押的 19 個韻段，虞模通押的 27 個韻段，魚虞模通押的 43 個韻段。

祗與尤侯幽有關的 111 個韻段，其中尤韻獨用的 64 個韻段，侯韻獨用的 5 個韻段，幽韻無獨用的韻段；尤侯通押的 38 個韻段，尤幽通押的 3 個韻段，侯幽無通押的韻段，尤侯幽通押的 1 個韻段。

祗與歌戈麻有關的 119 個韻段，其中歌戈獨用的 34 個韻段，麻韻獨用的 39 個韻段；歌戈與麻通押的 46 個韻段。

魚虞模與尤侯幽通押的 19 個韻段，其中魚尤通押的 1 個韻段：庾闡《詩·煉形去人俗》遊魚；虞尤通押的 9 個韻：楊羲《紫微夫人歌》珠無憂，《九月六日夕雲林喻作與許侯》流腴珠，《十月七日雲林夫人作與許侯》丘浮無儔流憂娛，無名氏《月節折楊柳歌·正月歌》柳數，《月節折楊柳歌·三月歌》柳取，《月節折楊柳歌·四月歌》柳取，《月節折楊柳歌·九月歌》柳取，《月節折楊柳歌·閏月歌》柳主，郭元祖《列仙傳贊·介子推》久友取右；虞侯通押的 1 個韻段：無名氏《京口謡》嶎喉；虞尤侯通押的 4 個韻段：楊羲《四月十四日夕右英夫人吟歌此曲》流遊投趨，郭璞《山海經圖贊·北山經·辣辣罷九獸大蛇》後九呴，楊苦華《贈竺度詩》久數牖朽缶口首有後；戴逵《山贊》秀構岫漱壽；魚虞尤通押的 2 個韻段：楊羲《右英作》遊憂岨娛無，無名氏《神弦歌·嬌女詩》流居魚俱；魚模尤通押的 1 個韻段：李興《諸葛丞相故宅碣表》塗墟周餘諸；魚模侯通押的 1 個韻段：郭璞《流寓賦》固鬮舉。

魚虞模與歌戈麻通押的 9 個韻段，其中魚麻通押的 1 個韻段：孫承《嘉豚賦》輿野渚鱮；模歌戈通押的 1 個韻段：郭璞《江賦》荷葅裹炰火；模歌通押的 2 個韻段：庾闡《揚都賦》佐步布祚，闕名《吳歌·子夜歌》素蛾；模麻通押的 3 個韻段：葛洪《法嬰玄靈之曲》户土冶苦下野，無名氏《晉清商曲辭·神弦歌·宿阿曲》户下，無名氏《子夜四時歌·秋歌》夜素；魚虞模戈通押的 1 個韻段：王齊之

《諸佛贊》無虛摹羸;模歌麻通押的 1 個韻段:楊方《合歡詩》家葩涔河。

尤侯幽與歌戈麻無通押的韻段。

2. 九韻與他韻通押的韻段(15 個)

魚虞模與他韻通押的 3 個韻段,其中魚哈通押的 1 個韻段:楊羲《十月十五日右英夫人説詩令疏四首・西域真人王君常吟咏》去載豫;魚虞屋通押的 1 個韻段:無名氏《詩・川崖惟平》黍穀父;魚虞模燭通押的 1 個韻段:支遁《咏禪思道人詩》布樹路素欲趣暮務遇慮度住馭。

尤侯幽與他韻通押的 6 個韻段,其中豪尤通押的 1 個韻段:顧愷之《觀濤賦》流浮濤;蕭宵幽通押的 1 個韻段:楊羲《右英夫人作》飆瑤韶簫朝寥幽雕;蕭宵肴尤通押的 1 個韻段:楊羲《紫微作》飆輶簫囂招朝遼瘱愁①;尤屋通押的 1 個韻段:王彪之《井賦》授覆;尤侯屋通押的 1 個韻段:郭璞《與王使君詩》後授秀臭宙覆;尤侯麥通押的 1 個韻段:郭璞《爾雅圖贊・釋器・鼎》后有口。

歌戈麻與他韻通押的 4 個韻段,其中支歌麻通押的 1 個韻段:盧諶《贈劉琨詩》罷遐加他;佳麻通押的 1 個韻段:無名氏《詩・惟月孟春》崖嘉;宵戈通押的 1 個韻段:郭璞《山海經圖贊・西山經・文貝》貨小過;歌戈麻藥通押的 1 個韻段:王該《日燭》化若過賀。

魚尤二類一同與他韻通押的 1 個韻段,爲魚虞尤灰豪通押:楊方《合歡詩》浮求軀杯褐趨留魚牢軀灰儔②。

魚歌二類一同與他韻通押的 1 個韻段,爲魚歌戈麻佳通押:王該《日燭》釵羅車牙沙加過。

如果將魚虞模與他韻通押的各韻段分別併入魚虞模之中,那麼,魚韻獨用的 26 個韻段,虞韻獨用的 22 個韻段,模韻獨用的 37 個韻段;魚虞通押的 38 個韻段,魚模通押的 21 個韻段,虞模通押的 27 個韻段,魚虞模通押的 45 個韻段。這樣,與魚虞有關的 131 個韻段,魚虞各自獨用的 48 個韻段,約占 36.64%;魚虞通押的 83 個韻段,約占 63.36%。與魚模有關的 129 個韻段,魚模各自獨用的 63 個韻段,約占 48.84%;魚模通押的 66 個韻段,約占 51.16%。與虞模有關的 131 個韻段,虞模各自獨用的 59 個韻段,約占 45.04%;虞模通押的 72 個韻段,約占 54.96%。

---

① 瘱,側交反,《雲笈七籤》《諸真歌頌》作“抄”。
② 褐,《玉臺新咏》作“絢”,《韻補》同。

如果將尤侯幽與他韻通押的併入相關的韻段中，那麼尤韻獨用的 81 個韻段，侯韻獨用的 7 個韻段，幽韻獨用的 1 個韻段；尤侯通押的 44 個韻段，尤幽通押的 3 個韻段，侯幽無通押的韻段，尤侯幽通押的 1 個韻段。

如果將歌戈麻與他韻通押的併入相關的韻段之中，那麼歌戈獨用的 39 個韻段，麻獨用的 44 個韻段，歌戈與麻通押的 50 個韻段。這樣，歌戈與麻各自獨用的 83 個韻段，約占入韻總數的 62.4%；歌戈與麻通押的 50 個韻段，約占入韻總數的 37.6%。

通過以上統計，可以看出東晉時期：

第一，魚虞模各自獨用的韻段都有一些，但魚虞、魚模、虞模以及魚虞模通押的也很多，很難將三韻截然分開。衹是魚虞的關係近些，模韻的獨立性更強些。這些都是和西晉時期基本一致的。

第二，魚虞通押，來自北地西晉末東晉初的郭璞和江南的陶潛的詩文用韻都非常明顯，這說明不衹是北地魚虞不分，南方魚虞不分也較普遍。聯繫西晉末期陸機、陸雲兄弟的詩文用韻，可知魚虞不分，正如羅常培所說，主要局限在太湖周圍的狹小地區①，這衹是就"廣文路"的詩文用韻而言，至於魚虞模這三韻的實際音值的差別，僅憑詩文用韻是不好完全準確確定的。

第三，尤侯幽應該合爲一部，但從支遁《八關齋詩》儔丘修繆柔流舟求休浮，連用 10 個尤韻字不雜他韻字；陶潛《歸去來辭》遊求憂疇舟丘流休留，連用 9 個尤韻字不雜他韻字，說明尤侯幽三韻應該有一定的差別。

第四，尤侯幽的關係與西晉時期大致相同，尤韻獨用的韻段大大多於尤侯通押和尤幽通押的韻段，唯一不同的是，東晉時期未見尤侯幽三韻通押的韻段。

第五，魚虞模與尤侯幽通押的 20 個韻段（包括魚虞尤灰豪通押的 1 個韻段），約占魚虞模與尤侯幽入韻總數的 6%，說明東晉時期魚虞模與尤侯幽的關係也很密切，但比起三國、西晉時期疏遠了很多。

第六，尤韻與魚虞模的關係很密切，反映出一些虞韻字此時還沒有完全從侯部分離出來而形成《切韻》魚虞模一類的局面。虞尤侯通押的 4 個韻段，其中郭璞《山海經圖贊·北山經·辣辣罷九獸大蛇》中"後九呴"通押，說明"後"字已從侯部轉入幽部；"九"字已從之部轉入幽部；"呴"字已從侯部轉入幽部，尚

① 羅先生說："《切韻》魚、虞在六朝時候在沿着太湖周圍的吳方音有差別，在大多數的北音都沒有分別。"見羅常培《〈切韻〉魚虞音值及其所據方音考》，載《羅常培語言學論文集》第 1—28 頁。

未轉入模部；戴逵《山贊》"秀構岫漱壽"通押，説明"構"字已從侯部轉入幽部；"漱"字已從侯部轉入幽部，尚未轉入模部；虞侯通押的 1 個韻段，説明先秦侯部中"喉"字在某些方言中已經轉入幽部。

第七，除了尤韻、麻韻外，魚虞模與其他各韻通押的現象大大減少了。

第八，蕭宵肴豪與尤侯幽通押的 4 個韻段，説明二者關係仍較密切；豪尤通押的 1 個韻段，説明此時先秦兩漢幽部的"濤"字尚未轉入宵部；尤侯屋通押的 1 個韻段，説明一些上古的幽覺二部字在此時保持幽覺對轉關係；尤屋通押的 1 個韻段，王彪之《井賦》中"授覆"通押，還是保持幽覺對轉關係。

第九，歌戈麻應該合爲一部，此時的歌戈與麻在音值上有差别；和西晉時期歌戈與麻通押約占總數的 63.74% 相比，此時歌戈麻的關係遠没有西晉時候密切，呈現分化的趨勢。

第十，麻韻與魚虞模的關係和歌戈與魚虞模的關係大致相同，這與三國、西晉時期麻韻與魚虞模關係近，歌戈與魚虞模關係遠的局面也不相同。

（四）劉宋時期

該時期與魚尤歌等九韻有關的 331 個韻段（包括范曄《後漢書》傳贊韻語中與魚虞模有關的 6 個韻段、與尤侯幽有關的 3 個韻段、與歌戈麻有關的 5 個韻段）。

1. 衹與九韻有關的韻段（323 個）

衹與魚虞模有關的 169 個韻段，其中魚韻獨用的 41 個韻段，虞韻獨用的 10 個韻段，模韻獨用的 26 個韻段（包括《後漢書·安帝紀》度蠹怒路）；魚虞通押的 30 個韻段（包括《後漢書·申屠鮑郅傳》書愚，《張法滕馮度楊傳》禹拒阻撫旅，《鄧張徐楊胡傳》傅譽句），魚模通押的 18 個韻段，虞模通押的 21 個韻段（包括《後漢書·鄧寇傳》謨徒都愚），魚虞模通押的 23 個韻段（包括《後漢書·西域傳》胡區虚書拘）①。

衹與尤侯幽有關的 79 個韻段，其中尤韻獨用的 42 個韻段（包括《後漢書·朱馮虞鄭周傳》州尤囚仇謀），侯韻獨用的 3 個韻段；尤侯通押的 33 個韻段（包括《後漢書·楊李翟應爰徐傳》舅后，《章帝紀》懋候富），尤幽通押的 1 個韻段。

衹與歌戈麻有關的 71 個韻段，其中歌戈獨用的 27 個韻段（包括《後漢書·銚王祭傳》河歌和，《鄭孔荀傳》挫和佐），麻獨用的 14 個韻段（包括《後漢

---

① 見王力《龍蟲並雕齋文集》（第三册）第 342—343 頁。

書·袁紹傳》雅者下馬社);歌戈與麻通押的 30 個韻段(包括《後漢書·第五鍾離宋寒傳》阿柯奢,《班梁傳》退沙荷)。

魚虞模與尤侯幽通押的 1 個韻段,爲虞尤通押:無名氏《吳聲歌曲·讀曲歌》(五八)驅由。

魚虞模與歌戈麻通押的 3 個韻段,其中魚歌通押的 1 個韻段:無名氏《吳歌·華山畿》(一四)我汝;魚虞戈通押的 1 個韻段:范泰《佛贊》初無和滑;虞麻通押的 1 個韻段:鮑照《吳歌》(之一)成下。

2. 九韻與他韻通押的韻段(8 個)

魚虞模與他韻通押的 4 個韻段,其中魚虞哈通押的 1 個韻段:謝靈運《撰征賦》臺隅渠;模鐸通押的 2 個韻段:鮑照《紹古辭》路鶴,無名氏《吳聲歌曲·讀曲歌》(一〇)踱露;魚模鐸通押的 1 個韻段:顏延之《赭白馬賦》舉豫路步腠布輅嗇御。

尤侯幽與他韻通押的 4 個韻段,其中脂尤通押的 1 個韻段:無名氏《吳聲歌曲讀曲歌》(二三)遊龜;蕭宵豪尤通押的 1 個韻段:釋慧琳《武丘法綱法師誄》條艘遥號褒;尤屋通押的 2 個韻段:謝莊《山夜憂》悠妯流丘憂,謝靈運《武帝誄》就佑宿獸。

如果將與魚虞模通押的各韻段分別併入相應的韻段,那麼魚韻獨用的 42 個韻段,虞韻獨用的 12 個韻段,模韻獨用的 28 個韻段;魚虞通押的 32 個韻段,魚模通押的 19 個韻段,虞模通押的 21 個韻段,魚虞模通押的 23 個韻段。這樣,與魚虞有關的 109 個韻段,魚虞各自獨用的 54 個韻段約占 49.54%;通押的 55 個韻段約占 50.46%。與魚模有關的 112 個韻段,魚模各自獨用的 70 個韻段占 62.5%;通押的 42 個韻段占 37.5%。與虞模有關的 108 個韻段,虞模各自獨用的 57 個韻段約占 52.78%;通押的 51 個韻段約占 47.22%。

如果將與尤侯幽通押的其他韻各韻段併入相關的韻段之中,那麼尤韻獨用的 47 個韻段,侯韻獨用的 3 個韻段,幽韻無獨用的韻段;尤侯通押的 33 個韻段,尤幽通押的 1 個韻段;侯幽、尤侯幽均無通押的韻段。

如果將魚虞模與歌戈麻通押的韻段併入相關的韻段之中,那麼歌戈獨用的 29 個韻段,麻獨用的 15 個韻段,歌戈與麻通押的 30 個韻段。這樣,歌戈與麻各自獨用的 44 個韻段,約占入韻總數的 59.46%;歌戈與麻通押的 30 個韻段,約占入韻總數的 40.54%。

通過以上分析可以看出劉宋時期:

第一,魚虞模應該合一。當然,在劉宋時期詩文用韻中也有如劉鑠《擬孟冬寒氣至篇》初除疏書居餘虛,連用 7 個魚韻字不雜他韻字;孔寧子《犂牛賦》阻渚罜鼠楚旅序所,連用 8 個語韻字不雜他韻字;謝靈運《江妃賦》嶼渚敍與語佇,連用 6 個語韻字不雜他韻字;《永初三年七月十六日元郡初發都詩》露暮故度步惡慕顧瓠路悟①,連用 11 個暮韻字不雜他韻字;《登石室飯僧詩》浦戶莽睹鼓虎土苦,連用 8 個姥韻字不雜他韻字的情況,説明劉宋時期魚虞模在某些方言中也各都具有很強的獨立性,尤其是魚和模,獨立性都很強。

第二,尤侯幽的關係與東晉時期尤侯幽的關係大致相同,尤侯各自獨用的韻段是尤侯通押的 1.52 倍。並且,劉義隆的《元嘉七年以滑臺戰守彌時遂至陷沒後作詩》仇休收囚修秋仇憂瘳浮州籌猷流,連用 14 個尤韻字不雜侯幽韻字;謝靈運的《郡東山望溟海詩》悠憂丘洲流遒求,連用 7 個尤韻字不雜侯幽韻字;范曄的《後漢書·朱馮虞鄭周傳》贊語中州尤囚仇謀,連用 5 個尤韻字不雜侯韻字。可以看出尤侯在音值上是有一定差別的。侯幽無通押的韻段,與南北朝絕大多數時期的情況相同,可以看出此時尤侯的關係比幽侯的關係近些。

第三,歌戈麻應該合爲一部,但歌戈與麻在音值上有差別。

第四,魚類與尤類通押的僅有 1 個韻段,爲尤虞通押,説明此時尤侯幽與魚虞模關係更爲疏遠,尤韻與虞韻的關係比侯幽與虞韻的關係近一些。魚虞模與歌戈麻通押的 3 個韻段,説明魚虞模韻與歌戈麻的關係近於魚虞模與尤侯幽的關係。

第五,魚虞模、尤侯幽與他韻通押的韻段也大大減少。模鐸通押的 1 個韻段,魚模鐸通押的 1 個韻段,説明鐸韻與魚模的主要元音應該相同或相近;魚虞咍通押的 1 個韻段,脂尤通押的 1 個韻段,蕭宵豪尤通押的 1 個韻段,説明它們在某些方言中的主元音相近或者某些作家用韻較寬一些。尤屋通押的 2 個韻段,其中的屋韻字都來源於上古的覺部字,與來自上古幽部和之部的尤韻字通押,説明這些字在韻母方面的對應關係還與上古時期的幽覺對轉大致相同。先秦兩漢時期幽之兩部的關係較近,所以有來自覺部的屋韻字與來自之部的尤韻字通押的現象。

(五)南齊時期

該時期與魚尤歌等九韻有關的 142 個韻段,均爲衹與此九韻有關的韻段。

---

① 此詩首句末字爲"暑"字,可以看作不入韻。

　　袛與魚虞模有關的 73 個韻段,其中魚韻獨用的 18 個韻段,虞韻獨用的 11 個韻段,模韻獨用的 13 個韻段;魚虞通押的 5 個韻段,魚模通押的 8 個韻段,虞模通押的 10 個韻段,魚虞模通押的 8 個韻段。

　　袛與尤侯幽有關的 42 個韻段,其中尤韻獨用的 28 個韻段,侯韻獨用的 3 個韻段;尤侯通押的 10 個韻段,尤幽通押的 1 個韻段。

　　袛與歌戈麻有關的 27 個韻段,其中歌戈獨用的 8 個韻段,麻獨用的 13 個韻段,歌戈與麻韻通押的 6 個韻段。

　　與魚虞有關的 42 個韻段中,魚虞各自獨用的 29 個韻段約占 69.05%,通押的 13 個韻段約占 30.95%;與魚模有關的 47 個韻段中,魚模各自獨用的 31 個韻段約占 65.96%,通押的 16 個韻段約占 34.04%;與虞模有關的 42 個韻段中,虞模各自獨用的 24 韻段約占 57.14%,通押的 18 個韻段約占 42.86%。

　　與歌戈麻有關的 27 個韻段中,歌戈與麻韻獨用的 21 個韻段約占 77.78%,歌戈與麻韻通押的 6 個韻段約占 22.22%。

　　通過以上統計,可以看出南齊時期:

　　第一,魚虞模關係的最大特點是魚韻的獨立性較强,魚模應該分立,虞模應該合一。從統計的數字看,魚虞分立缺少説服力,但從謝朓《酬德賦》處渚佇阻舉輿語,連用 7 個語韻字不雜虞韻字;《酬德賦》傅弈賦驅樹喻駑赴句注駑,連用 11 個遇韻字不雜御韻字[①];《之宣城出新林浦白板橋詩》駑樹屢趣遇霧,連用 6 個遇韻字不雜御韻字等情況看,魚虞是應該各自獨立的;從《酬德賦》連用 11 個遇韻字不雜暮韻字,王融《净住子頌·三界内苦篇頌》互暮露婷兔悟,連用 6 個暮韻字不雜遇韻字看,虞模雖然應該合一,但在音值上應該還是有一定的差別,至少在某些方言中是這樣。

　　第二,從尤侯幽獨用和通押的情況看,不好將尤侯分開;但尤侯在音值上有一定的差別,尤幽的關係近些,侯幽的關係遠些。

　　第三,與劉宋時期歌戈與麻分用的約占 59.46% 比起來,此時歌戈與麻的分立已經漸趨明顯。歌戈與麻應該分爲二部,但在音值上還比較接近。

　　第四,魚虞模與尤侯幽、歌戈麻均無通押的韻段,説明此時魚虞模與尤侯幽、歌戈麻截然分開,毫無瓜葛。當然,這也可能與南齊時期尤侯幽、歌戈麻入韻的韻段較少有一定的關係。

———————————

① 　驅,《廣韻》有豈俱、區遇二切,區遇切屬去聲遇韻。

（六）南朝梁時期

該時期與魚尤歌等九韻有關的 788 個韻段（包括劉勰《文心雕龍》贊語中與魚虞模有關的 1 個韻段，與尤侯幽有關的 2 個韻段，與歌戈麻有關的 2 個韻段）。

1. 衹與九韻有關的韻段（784 個）

衹與魚虞模有關的 350 個韻段，其中魚韻獨用的 93 個韻段，虞韻獨用的 55 個韻段，模韻獨用的 49 個韻段，魚虞通押的 43 個韻段，魚模通押的 17 個韻段，虞模通押的 71 個韻段（包括《文心雕龍・宗經》古五府祖），魚虞模通押的 22 個韻段。

衹與尤侯幽有關的 222 個韻段，其中尤韻獨用的 96 個韻段（包括《文心雕龍・諸子》秀宙授囿），侯韻獨用的 8 個韻段，尤侯通押的 115 個韻段，尤幽通押的 3 個韻段（包括《文心雕龍・封禪》休彪幽虯），尤侯幽無通押的韻段。

衹與歌戈麻有關的 208 個韻段，其中歌戈獨用的 72 個韻段（包括《文心雕龍・議對》課懦和播），麻獨用的 127 個韻段（包括《文心雕龍・指瑕》駕謝化亞），歌戈與麻韻通押的 9 個韻段：江淹《哀千里賦》河遐，《蕭太傅東耕咒文》華霞波，《效阮公詩》河多華過何阿，張纘《瓜賦》和播牙柯娑華，蕭綱《西齋行馬詩》珂蛇訶靴多波莎過，無名氏《梁清商曲辭・西州歌・攀楊枝》爹火羅何，任昉《爲王嫡子侍皇太子釋奠詩》多家華；沈約《郊居賦》野下假搓，無名氏《雜歌謠辭・荆州百姓爲始興王憺歌》爹火我。

魚類與尤類通押的 1 個韻段，爲虞尤通押：張率《河南國獻舞馬賦應詔》軀梟趨桴。

魚類與歌類通押的 3 個韻段，其中魚麻通押的 1 個韻段：沈約《少年新婚爲之咏詩》女壂語楚暑苴舉；虞麻通押的 1 個韻段：劉孝綽《元廣州景仲座見故姬詩》夫躇蕪；模麻通押的 1 個韻段：沈約《郊居賦》浦堵户杜覩下。

2. 九韻與他韻通押的韻段（4 個）

魚類與他韻通押的 1 個韻段，爲模鐸通押：何遜《五字疊韻詩》瞑蘇姑枯盧。

尤類與他韻通押的 2 個韻段，其中蕭宵尤通押的 1 個韻段：蕭衍《藉田詩》鳥縹曉悄窕夭杪少穱兆；尤侯屋通押的 1 個韻段：徐勉《故侍中司空永陽昭王墓誌銘》構湊胄宿。

歌類與他韻通押的 1 個韻段，爲支歌戈通押：虞羲《敬贈蕭諮議詩》柯鄲訑迤。

如果將與魚虞模通押的各韻分別併入魚虞模之中,魚韻獨用的 94 個韻段,虞韻獨用的 57 個韻段,模韻獨用的 51 個韻段,魚虞通押的 43 個韻段,魚模通押的 17 個韻段,虞模通押的 71 個韻段,魚虞模通押的 22 個韻段。這樣,與魚虞均有關的 216 個韻段中,魚虞各自獨用的 151 個韻段約占 69.91%,通押的 65 個韻段約占 30.09%。與魚模均有關的 184 個韻段中,魚模各自獨用的 145 個韻段約占 78.8%,通押的 39 個韻段約占 21.2%。與虞模均有關的 201 個韻段中,虞模各自獨用的 108 個韻段占 53.73%,通押的 93 個韻段占 46.27%。

如果將與尤侯幽通押的韻段各自歸入相關的韻段之中,那麼尤韻獨用的 98 個韻段,侯韻獨用的 8 個韻段;尤侯通押的 116 個韻段,尤幽通押的 3 個韻段。

如果將與歌戈麻通押的韻段併入相關的韻段之中,那麼歌戈獨用的 73 個韻段,麻獨用的 130 個韻段,歌戈與麻通押的 9 個韻段。這樣,歌戈與麻各自獨用的 203 個韻段約占入韻總數的 95.75%,歌戈與麻通押的 9 個韻段約占入韻總數的 4.25%。

通過以上統計,可以看出南朝梁時期:

第一,魚模應該分立,虞模應該合一,魚虞分合不好確定。但從劉孝綽《歸沐呈任中丞昉詩》盧居渠裾疏虛書如噓盧璵魚,連用 12 個魚韻字不雜虞韻字;褚翔《雁門太守行》初疏車餘魚居書虛,連用 8 個魚韻字不雜虞韻字;劉孝綽《三日侍華光殿曲水宴詩》初渠居舒疏餘魚,連用 7 個魚韻字不雜虞韻字;江淹《張黃門協苦雨》渚礎序舉侶楚佇、蕭統《示雲麾弟》阻舉渚雨所予佇、沈約《燕射歌辭·三朝雅樂歌·寅雅》舉所莒與序語醑,均連用 7 個語韻字不雜麌韻字;蕭綱《玩漢水詩》渠徐疏舒墟魚、沈約《郊居賦》距醑渚楚稰佇,連用 6 個語韻字不雜麌韻字,而沈約《少年新婚爲之咏》嫗朱軀珠翠膚敷隅駒趨夫、何遜《秋夕歎白髮詩》扶殊隅珠軀須廡愉樞株翠,均是連用 11 個虞韻字不雜魚韻字;沈約《高士贊》無驅夫愉迂拘衢,連用 7 個虞韻字不雜魚韻字看,還是以魚虞分立爲是。

第二,雖然從統計數字看虞模應該合爲一部,但從沈約《少年新婚爲之咏》和何遜《秋夕歎白髮詩》,均連用 11 個虞韻字不雜模韻字,沈約《高士贊》連用 7 個虞韻字不雜模韻字,而沈約《梁鼓吹曲·賢首山》徒狐都胡塗烏逋酺吳,連用 9 個模韻字不雜虞韻字;《宿東園詩》路步互故露顧兔素暮度,連用 10 個暮韻字不雜遇韻字;《憫國賦》顧度呼布組胡[1],《八咏詩·登臺望秋月》露度素步慕圖,

---

[1]　呼,《廣韻》有去聲一讀。

均連用 6 個暮韻字不雜遇韻字看,虞模在音值上應該還是有一定的差別,至少在某些方言中是這樣。

第三,尤侯通押的竟有 116 個韻段之多,可見尤侯的關係非常密切;但尤韻獨用的也有 98 個韻段之多,尤其是范雲的《建除詩》丘罘羞尤求酬儔謀收牛疇求,連用 12 個尤韻字不雜侯韻字,《文心雕龍·諸子》秀宙授囿,連用 4 個尤韻字不雜侯韻字;侯韻獨用的也有 8 個韻段,説明尤侯的關係雖然非常密切,但也很難説它們音值完全相同。從幽韻没有獨用的韻段,尤幽通押的 3 個韻段(王籍《入若邪溪行》悠流幽游,蕭和《螢火賦》遒留遊流幽浮收,《文心雕龍·封禪》休彪幽虯)看①,尤幽二韻應該合一。

第四,幽韻祇與尤韻通押,不單獨與侯韻通押,也能説明尤侯的音值具有一定差別。尤韻與侯韻、幽韻的關係都比較近,幽韻與侯韻的關係遠一些。

第五,歌戈與麻已經分爲兩部,其分化的趨勢比起南齊時期更加明顯(南齊時期歌戈與麻通押的約占 22.22%)。此時的歌戈麻與魚虞模雖然還有通押的現象,但祇能是看成偶然的通押。

第六,魚類與尤類通押的僅 1 個韻段(虞尤通押),魚類與麻韻通押的 3 個韻段,未見與歌戈通押的韻段,可見魚類與尤韻的關係近些,與侯韻的關係遠些;與麻韻的關係近一些,與歌戈的關係更遠。

第七,《切韻》將魚虞模三分,尤侯幽三分,歌戈不分,就南朝梁詩文用韻看,都是有實際語音根據的。

(七)南陳時期

該時期與魚尤歌等九韻有關的 178 個韻段。

1. 祇與九韻有關的韻段(177 個)

祇與魚虞模有關的 72 個韻段,其中魚韻獨用的 17 個韻段,虞韻獨用的 7 個韻段,模韻獨用的 13 個韻段;魚虞通押的 6 個韻段,魚模通押的 3 個韻段,虞模通押的 23 個韻段,魚虞模通押的 3 個韻段。

祇與尤侯幽有關的 58 個韻段,其中尤韻獨用的 27 個韻段,侯韻獨用的 1 個韻段,尤侯通押的 29 個韻段,尤幽通押的 1 個韻段;幽韻無獨用的韻段,尤侯幽

---

① 王力在《范曄劉勰用韻考》中認爲休字又作烋,幽韻字,並且休字《經典釋文》也讀許虯反、虛虯反,所以《文心雕龍·封禪》4 個幽韻字(休彪幽虯)可看作獨用,而幽韻又是一個窄韻,從而可以斷定此時的幽韻是一個獨立的韻部(見《龍蟲並雕齋文集》(第三册)第 352 頁)。

無通押的韻段。

祇與歌戈麻有關的 45 個韻段,其中歌戈獨用的 23 個韻段,麻獨用的 22 個韻段。

魚虞模與尤侯幽通押的 1 個韻段,爲魚尤通押:陸玠《賦得雜言咏栗詩》周秋糈羞。

魚虞模與歌戈麻通押的 1 個韻段,爲虞麻通押:無名氏《陳初童謠》柱下。

2. 九韻與他韻通押的韻段(1 個)

該韻段爲魚類與他韻通押(遇暮鐸通押):江總《釋奠詩應令》暮昨諭渡。

如果將魚尤通押的 1 個韻段算作魚韻獨用,虞模鐸通押的 1 個韻段看成虞模通押,虞麻通押的 1 個韻段看成虞韻獨用,那么魚韻獨用的 18 個韻段,虞韻獨用的 8 個韻段,虞模通押的 24 個韻段,魚虞模通押的 3 個韻段。這樣,與魚虞均有關的 35 個韻段中,魚虞各自獨用的 26 個韻段約占 74.29%,魚虞通押的 9 個韻段約占 25.71%。與魚模均有關的 37 個韻段中,魚模各自獨用的 31 個韻段約占 83.78%,魚模通押的 6 個韻段約占 16.22%。與虞模均有關的 48 個韻段中,虞模各自獨用的 21 個韻段占 43.75%,虞模通押的 27 個韻段占 56.25%。

如果將虞麻通押的 1 個韻段看成是麻韻獨用,歌戈與麻分用的占 100%。

通過以上統計,可以看出南陳時期:

第一,魚模應該分立,虞模應該合一。

第二,魚虞應該分立,但從虞韻獨用的 8 個韻段,魚虞通押的 6 個韻段,魚虞模通押的 3 個韻段看,將魚虞分立有一定的難度。根據張正見《帝王所居篇》居渠盧虛疏書胥輿車除,連用 10 個魚韻字不雜虞韻字;徐陵《同江詹事宮城南樓詩》孚趨儒樞瑜巫廚誅,連用 8 個虞韻字不雜魚韻字,可以勉强將魚虞分開。

第三,徐陵《同江詹事登宮城南樓詩》孚趨儒樞瑜巫廚誅,連用 8 個虞韻字不雜模韻字,説明虞模雖然可以合爲一部,但在音值上似乎也存在一定的差別。

第四,《切韻》將魚虞模三分,從南朝陳詩文用韻看,是有實際語音根據的。

第五,尤侯幽的關係與隋朝時基本一致,並且尤韻的獨立性更强一些。尤韻獨用的 28 個韻段,尤侯通押的 29 個韻段,而隋朝尤韻獨用的 31 個韻段,尤侯通押的 36 個韻段,可見南陳時期尤韻獨用的比例更高一些。不祇如此,張正見《賦得岸花臨水發詩》、江總《山庭春日詩》和《七夕詩》都是連用 5 個尤韻字不雜侯韻字,而江總的《別南海賓化侯詩》居然連用 11 個尤韻字不雜侯韻字。幽韻祇與尤韻通押不與侯韻通押,這一點南朝陳和隋朝是一致的。

第六,歌戈與麻分用甚嚴,各自獨立成部。虞麻通押的 1 個韻段,雖是偶然現象,也可看出虞麻在音值上可能比較相近。

通過以上分析,我們可以得出如下結論:

第一,從三國時期開始,一直到劉宋時期,魚虞模均應該合爲一部,但這三韻的音值應該有細微的差別。尤其是模韻,與魚虞的音值可能較遠一些,在某些方言中甚至還可以看成是一個獨立的韻部;魚虞的音值也應該有一定的差別。東晉時期魚虞通押,來自北地西晉末東晉初的郭璞和江南的陶潛的詩文用韻都非常明顯,這説明不衹是北地魚虞不分,南方魚虞不分也較普遍。聯繫西晉末期陸機、陸雲兄弟的詩文用韻,可知魚虞之分,正如羅常培所説,主要局限在太湖周圍的狹小地區,這衹是就"廣文路"的詩文用韻而言,至於魚虞模此時的實際音值差別,僅憑詩文用韻是不好完全確定的。南朝從南齊時期開始,魚虞模關係的最大特點是魚韻的獨立性較强,魚模應該分立,虞模應該合一。虞模雖然應該合一,但在音值上應該還是有一定的差別,至少在某些方言中是這樣。從統計數字看,南朝梁時期,魚模應該分立,虞模應該合一,魚虞分合不好確定。但從劉孝綽等人的詩文用韻看,還是以魚虞分立爲是。從沈約等詩文用韻看,虞模在音值上也應該有一定的差別。南陳時期魚模應該分立,虞模應該合一。從統計的數字看,將魚虞分立有一定的難度。但從張正見等人的詩文用韻看,可以勉强將魚虞分開;虞模雖然可以合爲一部,但從徐陵等人的詩文用韻看,虞模在音值上似乎也存在一定的差別。北朝從北魏時期開始,魚虞模屬於一個韻部,上古屬於魚部,《切韻》屬於麻韻上聲的"野"字,此時仍屬於魚部。北齊時期魚虞模的關係比較特殊,説魚虞模合爲一部,或是魚虞模三分,或是魚模分立,虞韻一部分字歸爲魚部,一部分字歸爲模部,都有難度。所能確定的是這三韻在音值上應該有差別,魚虞的音值較近,虞模的音值較近,魚模的音值遠一些。北齊與北周,時代相差無幾,魚虞模的關係則呈現出很大的不同,主要與地域差別有關。北周詩文用韻,主要是庾信詩文用韻,而庾信是具有南北方音背景的人,北周與北齊方音差異,時代因素並不是主要因素。隋朝詩文用韻中的魚虞模的關係比較特殊,很難將這三韻合爲一部,尤其是魚模應該分立。至於虞韻,將它併入魚部或併入模部都有困難,從押韻的比例看,虞模的關係更近一些。從南朝陳及隋朝的詩文用韻看,《切韻》將魚虞模三分是有實際語音根據的。王仁昀《刊謬補缺切韻》韻目平聲魚虞模三韻、去聲御遇暮三韻均無注,衹在上聲"語"下注明:"呂與麌同,夏侯、陽、李、杜别,今依夏侯、陽、李、杜别。"説明除了成書較早的呂静《韻集》外,其餘四家韻書均是魚虞分立的。

第二,從三國、兩晉和南朝各時期的詩文用韻看,尤侯幽似乎可以併爲一部,但尤韻獨用的韻段非常多,有的韻段竟連用十幾個尤韻字不雜侯幽韻字,表現出很强的獨立性;侯幽通押的韻段很少,整個魏晉南北朝祇有西晉左思《蜀都賦》尤侯幽通押,算是1個侯幽通押的韻段,説明尤侯關係較近,尤幽關係較近,而侯幽關係較遠,這也説明尤侯幽在音值上還是有一定的差别的。尤幽通押,侯幽不通押,這也是尤侯存在某種差别的體現。幽韻是個窄韻,在整個南北朝詩文用韻中祇有南朝梁劉勰《文心雕龍·封禪》"休彪幽虯"4個幽韻字獨用,王力據此斷定此時的幽韻是一個獨立的韻部。北朝時期尤侯幽可以合爲一部,但尤韻具有一定的獨立性(幽韻在北齊、北周的詩文用韻中均未入韻,祇好參考北魏、隋朝詩文用韻的情况,將其與尤侯合爲一部)。從統計數字看,隋朝詩文用韻尤侯幽似乎應該合爲一部。不過,尤韻獨用的數量也相當可觀,並且孫萬壽《行經舊國詩》連用8個尤韻字不雜侯韻字;虞世基《秋日贈王中舍詩》、釋慧英《一三五七九詩》均連用6個尤韻字不雜侯韻字,説明尤侯還是應該有一定的差别;可以勉强地將尤幽合爲一部,祇是幽韻字入韻字太少,説服力不强。總之,整個南北朝的詩文用韻,尤侯幽似乎均應合爲一部,祇是尤侯幽在音值上應該有細微差别,尤其是侯幽,其音值應比尤幽、尤侯的差别要大。《切韻》將尤侯幽分爲三韻,主要是從"賞知音"方面考慮的,因爲無論是南朝還是北朝,依據詩文用韻,均不易將此三韻分立。《廣韻》將尤侯幽分立,同時又規定三韻通押,正是這種複雜情况的真實反映。王仁昫《刊謬補缺切韻》韻目平聲尤韻下注"夏侯、杜與侯同,呂别,今依呂";上聲有韻下注"李與厚同,夏侯爲疑,呂别,今依呂";去聲宥韻下注"呂、李與候同,夏侯爲疑,今别";去聲幼韻下注"杜與宥同,呂、夏侯别,今依呂、夏侯"。這些材料反映了尤侯合爲一部,但音值有細微差别,尤幽相近幽侯相遠的現象。

第三,北朝時期,歌戈與麻清晰地分爲二部。至於歌戈,屬於開合關係,《切韻》合一,《廣韻》中規定的歌戈通押,麻韻獨用,與北朝各個時期的詩文用韻情况是一致的。北朝及隋雖然均有歌戈與麻通押的韻段,但比例都是很低的:北魏約占4.35%,北齊約占5.26%,北周約占4.76%,隋朝無歌戈與麻通押的韻段。並且,除了北魏,北齊、北周、隋朝通押的比例確是逐步減少的。南朝也和魏晉一脈相承,除了西晉歌戈與麻韻通押的比例高於三國時期外,東晉、宋、齊、梁的比例也是逐自下降,到南陳時期歌戈與麻韻通押的韻段竟是零,與隋朝一致。相比而言,北朝一直是歌戈與麻分用,通押是屬於極少的現象,而南朝直至劉宋時期歌戈麻的關係還是很密切的,從梁朝開始纔真正分用。王力在《南北朝詩文用韻考》中對北魏高允的歌麻分用有所疑惑①,如果聯繫北朝時期無論是北魏還是北齊、北周以及後來的隋朝都是歌戈與麻分用,這一點與南朝直到梁時歌麻纔分用不一樣,問題就迎刃而解了。王先生在《漢語語音史》“魏晉南北朝的韻部”中將歌戈麻合爲一部,主要是依據劉宋陽夏四謝來立論的②,因爲這個時候歌麻尚未分韻。劉宋時期歌戈麻入韻 74 個韻段(包括魚歌通押的 1 個韻段,魚虞戈通押的 1 個韻段,虞麻通押的 1 個韻段),歌戈與麻通押的 30 個韻段,約占 40.54%。可見南朝至劉宋時期歌戈麻的關係還是很密切。南朝梁雖然是歌麻分用,但也有一些通押的韻段。王力在《南北朝詩人用韻考》中發現齊梁時期的江淹韻文有個別歌戈麻通押的現象,認爲可能與江淹早熟有關,實際上南朝梁時期歌戈麻通押的 9 個韻段,除了江淹《哀千里賦》《蕭太傅東耕咒文》《效阮公詩》外,還有張纘《瓜賦》、任昉《爲王嫡子侍皇太子釋奠詩》、蕭綱《西齋行馬詩》、沈約《郊居賦》、無名氏《梁清商曲辭·西州歌·攀楊枝》《雜歌謠辭·荆州百姓爲始興王憺歌》等。江淹的歌麻通押多些,這和江淹的作品數量較多有關,與江淹的早熟晚熟没有必然的聯繫。王先生説“蕭子良與任昉是第二期的人,他們的歌麻通押,大約祇是仿古”,也未必是事實。南齊押歌戈麻韻的共 27 個韻段,歌戈獨用的 8 個韻段,麻獨用的 13 個韻段,歌麻通押的 6 個韻段(蕭道成《塞客吟》斜霞波多歌,蕭子良《賓僚七要》華河沙多波,張融《海賦》阿渣,《海賦》阿華,《海賦》螺華,《海賦》波霞華),約占總數的 22.2%。除了蕭子良(460—494)之外,蕭道成(427?—482)、張融(444—497)也有歌麻通押的韻段。祇是南朝齊歌麻已經分韻,不像劉宋時期那樣歌麻基本合一。但當時歌麻的音值一定很近,至少要比南朝梁更近一些,所以有較多的通押情況,估計與仿古關係不大。《廣韻》規定歌戈同用,麻獨用。王仁昫《刊謬補缺切韻》韻目平聲歌麻二韻、上聲哿馬二韻均無注,祇在去聲“箇”下注明:“吕與禡同,夏侯別,今依夏侯。”也與南北朝後期歌戈麻的分合關係一致。

　　第四,尤侯幽與魚虞模關係比較密切,歌戈麻與魚虞模的關係也不算太遠,

---

① 參見王力《龍蟲並雕齋文集》(第一册)第 12 頁。
② 劉宋陽夏四謝是指謝靈運(385—433)、謝惠連(397—433)、謝莊(421—466)、謝朓(364—499)。

但尤侯幽與歌戈麻在整個魏晉南北朝時期却很少有通押的韻段。

第五,魏晉時期,尤侯幽與蕭宵肴豪的關係較爲密切,從劉宋時期開始,它們通押的韻段就不多見了,尤其是北朝時期,幾乎未見二者通押的韻段。至於歌戈麻,整個魏晉南北朝時期,祇有東晉有 1 個宵戈通押的韻段(郭璞《山海經圖贊·西山經·文貝》)。

與魚虞模尤侯幽六韻有關的還有一個問題,就是先秦的侯部在漢代是否獨立,到魏晉南北朝時期又發生了怎樣的變化。限於篇幅,我們這裏祇好從略了。

第二節　支脂之微齊佳皆灰咍九韻的關係

《廣韻》中的支齊等九韻,在南北朝詩文用韻中可以分爲兩組,一組是支脂之微,一組是齊佳皆灰咍。這兩組分別很明顯,但也有通押的情況,爲了討論的方便,我們將這九韻放在一起進行討論。

一、北朝及隋朝支齊等九韻的關係

(一)北魏時期

該時期與支齊等九韻有關的 111 個韻段。

1. 祇與支脂之微有關的韻段(80 個)

支韻獨用的 12 個韻段:陽固《演賾賦》疲離羈危,《演賾賦》馳巇,《演賾賦》隨疲爲知,元宏《弔殷比干墓文》儀曦奇移,《祭岱岳文》儀離祇儀,姜質《亭山賦》枝垂,《亭山賦》知陲枝奇,《亭山賦》儀隨欹(敧),闕名《懷令李超墓誌銘》垂儀斯奇規觜枝,《齊州刺史高湛墓誌銘》施池枝離,《元氏東魏凝禪寺三級浮圖碑》枝移儀猗;元宏《祭濟文》智被寄。

脂韻獨用的 6 個韻段:陽固《演賾賦》悲湄;元宏《弔殷比干墓文》視指履;陽固《疾倖詩》備至,《演賾賦》利器位備,邢劭《景明寺碑》器致位至,闕名《崔敬邕墓誌銘》邃淚秘燧。

之韻獨用的 26 個韻段:李騫《釋情賦》時期辭嬉箕芝治思詩[①],謝氏《贈王蕭詩》絲時,陳留長公主《代答詩》絲時;高允《徵士頌》士李止起,《答宗欽詩》已史擬止,劉昶《斷句詩》起里,陽固《演賾賦》已祉子似,李騫《釋情賦》已齒止仕,

---

① 治,《廣韻》之韻直之切,志韻直吏切,又丈之切。可見,"治"字《廣韻》有平去兩讀,此處讀平聲。魏晉南北朝詩文中用韻,凡與平聲相押的"治"字均作平聲處理,與上去聲字相押的均作去聲處理。

《釋情賦》始峙理起已恥滓，祖瑩《悲彭城》起裏，李諧《述身賦》仕理已史理子□，元熙《絕命詩》已已，元萇《振興溫泉頌》里起仕止，衛操《桓帝功德頌碑》子時起仕，程駿《慶國頌》紀矣祀起，姜質《亭山賦》史志，菩提達磨《真性頌》理始，闕名《龍驤將軍營州刺史高貞碑》已子始止，《鄭道忠墓誌》已子里史芷①，《劉懿墓誌》趾祉已里②，無名氏《時人爲上高里歌》里止子恥，《河東民爲元淑謠》止理，《東魏童謠》子裏子，胡充華《楊白花》子裏；張淵《觀象賦》紀置吏司侍異，高允《鹿苑賦》試治事異。

微韻獨用的 12 個韻段：鄭道昭《咏飛仙詩》飛歸，陽固《演賾賦》扉微歸依，蕭綜《悲落葉》飛歸③，李騫《釋情賦》歸騑扉機衣違微肥，褚緭《戲爲詩》衣非，溫子昇《閶闔門上梁祝文》微扉違飛巍衣歸，《舜廟碑》巍歸違微，闕名《齊州刺史高湛墓誌銘》依飛翬歸，《魯郡太守張猛龍清頌碑》飛徽歸依，《劉懿墓誌》威違畿飛④；姜質《亭山賦》貴味；高允《徵士頌》偉魏氣貴。

支脂通押的 4 個韻段：陽固《演賾賦》衰脂合三離支合三馳支開三，《演賾賦》移支開三龜脂合三，《演賾賦》危支合三嫣支合三夷脂開三馳支開三，菩提達磨《真性頌》離支合三至至開三。

脂之通押的 3 個韻段：仙道《老子化胡經玄歌·老君十六變詞》夷脂開三詞之開三；宗欽《贈高允詩》史止開三旨脂開三擬止開三仕止開三，《贈高允詩》已止開三理止開三止止開三水旨合三。

脂微通押的 5 個韻段：高允《答宗欽詩》微微合三機微開三墀脂開三暉微合三，張淵《觀象賦》維脂合三微微合三暉微合三闈微合三，仙道《老君十六變詞·六百歲之時》歸微合三非微合三誰脂合三悲脂開三衰脂開三微微合三；高允《北伐頌》葦尾合三美旨開三旨脂開三死旨開三；陽固《刺讒詩》貴未合三愧至合三。

之微通押的 11 個韻段：元宏《縣瓠方丈竹堂饗侍臣聯句詩》歸微合三思之開三，陽固《演賾賦》微微合三基之開三，《演賾賦》薇微合三時之開三，《演賾賦》微微合三

---

① 《鄭道忠墓誌》作於北魏正光三年（522），河南省滎陽市出土，嚴可均《全後魏文》未錄，此處依《漢魏六朝韻譜》。

②④ 《劉懿墓誌》，作於東魏興和二年（540），出土於山西省忻縣，嚴可均《全後魏文》未錄，此處依《漢魏六朝韻譜》。

③ 蕭綜，梁武帝第二子，豫章王，南兗州刺史，鎮彭城，奔北魏，尚壽陽公主，歷司徒太尉，魏建義二年卒。雖然逯欽立《先秦漢魏晉南北朝詩》將蕭綜列爲北魏詩人，但應依《漢魏六朝韻譜》將蕭綜算作南梁作家。

機微開三思之開三非微合三,《演賾賦》微微合三嶷之開三詩之開三辭之開三,程駿《慶國頌》微微合三時之開三思之開三,闕名《洛州刺史刁遵墓誌銘》司之開三怡之開三治之開三威微合三,《中書令秘書監兗州刺史鄭羲碑頌》徽微合三時之開三姬之開三期之開三,《魯孔子廟碑》暉微合三歸微合三茲之開三詩之開三;袁曜《釋奠詩》始止開三起止開三釐尾合三恥止開三;闕名《魯孔子廟碑》氣未開三祀止開三意志開三置志開三。

脂之微通押的 1 個韻段:段承根《贈李寶詩》夷脂開三師脂開三幾微開三熙之開三。

2. 祇與齊佳皆灰咍有關的韻段(20 個)

齊韻獨用的 7 個韻段:蕭綜《聽鐘鳴》棲啼淒低,無名氏《清河民爲宋世良謠》稽堤,《洛中童謠》齊梯;元宏《祭濟文》濟體澧彌,無名氏《時人爲王遵業王延明語》濟弟,《桑乾鄉里爲房景伯語》禮弟;盧元明《晦日泛舟應詔詩》蒂麗。

咍韻獨用的 4 個韻段:無名氏《雜曲歌辭·阿那瓌》埃來;李諧《述身賦》改待在礙海,陽固《演賾賦》海在改,闕名《齊州刺史高湛墓誌銘》宰海彩改。

齊皆通押的 1 個韻段:高允《咏貞婦彭劉氏詩》笄齊開四諧皆開二乖皆合二懷皆合二。

佳皆通押的 1 個韻段:無名氏《時人爲崔楷語》獬蟹開二楷駭開二。

灰咍通押的 5 個韻段:程駿《慶國頌》在海開一怠海開一倍海開一悔賄合一;高允《答宗欽詩》代代開一配隊合一載代開一賚來代開一,《徵士頌》代代開一概代開一佩隊合一載代開一,《酒訓》佩隊合一貸代開一,王容《大堤女》珮隊合一態代開一碎隊合一愛代開一。

皆灰咍通押的 2 個韻段:高允《徵士頌》偕皆開二諧皆開二懷皆合二乖皆合二摧灰合一哀咍開一,元順《蠅賦》來咍開一摧灰合一臺咍開一災咍開一懷皆合二哀咍開一才咍開一。

3. 支齊兩類通押的韻段(6 個)

支齊通押的 1 個韻段:無名氏《楊衒之引秦氏語》兒齊開四篪支開三。脂灰通押的 1 個韻段:高允《徵士頌》遺脂合三遲脂開三推灰合一飢脂開三。之灰通押的 1 個韻段:陽固《刺讒詩》理止開三起止開三悔賄合一已止開三。支脂齊通押的 1 個韻段:仙道《老子化胡經玄歌·老君十六變詞·十一變之時》地至開三爲支開三兒齊開四隨支合三池支開三麼紙開三虧支合三支支開三義支開三祇脂開三知支開三。支之齊通押的 1 個韻段:李謐《神士賦歌》爲支合三兒齊開四施支開三移支開三期之開三。脂微齊通押的 1 個韻段:仙道《老子化胡經玄歌·老君十五變詞》尼脂開三私脂開三微微合三啼齊開四。

4. 至未霽卦怪隊代與祭泰夬廢通押的韻段(1 個)

該韻段爲隊代泰通押:高允《酒訓》佩隊合—貸代開—外泰合—載代開一。

5. 至未霽卦怪隊代與相關的入聲通押的韻段(2 個)

真至未質通押的 1 個韻段:仙道《老子化胡經玄歌·老君十六變詞·八變之時》地至開三比真開三詰質開三悉未開三利至開三企真開三次至開三;霽屑薛通押的 1 個韻段:高閭《至德頌》烈薛開三哲薛開三替霽開四缺屑合四。

6. 九韻與他韻通押的韻段(2 個)

支歌通押的 1 個韻段:張淵《觀象賦》移支開三知支開三差支開三危支合三㐌歌開一螭支開三;之脂蒸通押的 1 個韻段:衛操《桓帝功德頌碑》祀止開三熾志開三思志開三應證開三意志開三備至開三使志開三。

通過以上統計,可以看出北魏時期:

第一,支之獨用的韻段均很多,支之無通押的韻段。支之二韻應該是各自獨立的韻部。支與脂,脂與之的關係近些,支與之的關係遠些。

第二,之微的關係很近,甚至可以合爲一部;在脂微通押的 5 個韻段中,真正屬於微韻與脂韻通押的韻段祇有高允《北伐頌》;屬於脂韻某些字併入微韻的 4 個韻段,祇有高允《答宗欽詩》中的脂韻"墀"字屬於上古脂部,中古脂韻;另外幾個韻段中脂韻字都是上古的微部字,表示"維誰悲愧"這些上古微部字一直到北魏時期還沒有徹底完成由微部向脂韻的轉變。另有脂微齊通押的 1 個韻段,也可以看成是微韻與脂韻通押的。脂韻獨用的 6 個韻段,其中平聲韻段、上去通押的韻段均是上古脂部字獨用;去聲韻段中則主要是上古質物兩部字通押。至於微韻獨用的 12 個韻段,平聲 10 個韻段均是上古微部字獨用;去聲 1 個韻段,兩個韻脚字在上古均爲物部字;至於高允《徵士頌》偉魏氣貴,在上古屬微物兩部,中古屬微尾未三韻。也就是說,微韻獨用的 12 個韻段,不雜 1 個脂部字和質部字。脂微的關係密切一些,但各自獨立的傾向也很明顯。主要表現在微部獨用的韻段較多,有些很長的韻段往往是脂韻或微韻獨用,如李騫《釋情賦》連用 8 個微韻字不雜脂韻字,《老子化胡經玄歌·老君十六變詞·八變之時》8 個韻脚字,除了多音的"悉"和入聲字"詰"外,主要是支脂通押,與微韻字無關。脂韻與支韻近一些,微韻與之韻近一些,這也是脂微有別的一個證據。

第三,齊韻是一個獨立的韻部,佳皆灰哈應該合爲一部。

第四,支齊通押的 1 個韻段,支脂齊通押的 1 個韻段,支之齊通押的 1 個韻段,脂微齊通押的 1 個韻段,脂灰通押的 1 個韻段,之灰通押的 1 個韻段,齊韻入韻字“兒帝系”,其中“兒”入韻三次,可見此時的“兒”字主要讀歸支部。支脂與齊韻的音值可能更近一些。北齊、北周的情況也大體如此。至於脂灰通押的 1 個韻段,之灰通押的 1 個韻段,説明脂灰、之灰的元音也很近。

第五,至未霽卦怪隊代與祭泰夬廢通押的僅 1 個韻段,爲隊代泰通押的韻段,説明北魏時期隊代泰的音值相近,也説明此時至未霽卦怪隊代與祭泰夬廢的關係很遠了。

第六,寘志至質通押的 1 個韻段,霽屑薛通押的 1 個韻段,説明此時至霽二韻中的某些字可能還有入聲一讀。

第七,支歌主元音相近或歌韻“沱”字有支韻一讀;脂之蒸的主元音相同或相近。

（二）北齊時期

該時期與支齊等九韻有關的 70 個韻段。

1. 祇與支脂之微有關的韻段（52 個）

支韻獨用的 7 個韻段:蕭祇《和迴文詩》池危,邢劭《三日華林園公宴詩》池儀移枝虧厄離,《新宮賦》奇離差垂施陂螭曦疲祇宜施支危,陽休之《咏萱草詩》垂吹池,陸卬《享廟樂辭·昭夏樂》儀義,《元會大饗樂·食舉樂》(之四)卑爲訾,穆子容《太公吕望表》枝義披羆岐麾。

脂韻獨用的 4 個韻段:斛律豐樂《歌·朝亦飲酒醉》醉次,陸卬《郊廟歌辭·大禘圜丘及北郊歌辭·皇夏樂》致次,《元會大饗歌·皇夏》睟萃,《楊子術引謡言》四二。

之韻獨用的 19 個韻段:陸卬《郊廟歌辭·五郊樂歌·黄帝高明樂》時基,《郊廟歌辭·五郊樂歌·青帝高明樂》滋期,《郊廟歌辭·祀五帝於明堂樂歌·皇夏樂》(皇帝入門奏)基思,《郊廟歌辭·享廟樂辭·昭夏樂》思時,《郊廟歌辭·享廟樂辭·文正樂光大舞》期時基熙,《郊廟歌辭·大禘圜丘及北郊歌辭·昭夏樂》之兹,《郊廟歌辭·大禘圜丘及北郊歌辭·昭夏樂》時期,無名氏《燕射歌辭·元會大饗歌·登歌》(之二)時兹,《舞曲歌辭·文舞階步辭》基期持時兹詩絲熙,《時人爲陽休之語》詩之,《齊人爲蘇珍之宋世軌語》疑之,《省中爲祖珽裴讓之語》詩之;祖珽《望海詩》里已起子,顏之推《和陽納言聽鳴蟬篇》里史市起徵子仕,褚仕達《徐鐵血怨歌》子已,陸卬《郊廟歌辭·祀五帝於明堂樂歌·武德樂》祀止,《郊廟歌辭·祀五帝於明堂樂歌·昭夏樂》已止;陸卬《郊廟歌辭·大禘圜丘及北郊歌辭·昭夏樂》事志;陸印《郊廟歌辭·大禘圜丘及北郊歌辭·高明樂》矣止事始。

微韻獨用的 12 個韻段:裴讓之《有所思》非衣微歸,楊訓《群公高宴詩》歸暉衣徽揮,魏收《美女篇》歸腓沂妃飛非,《美女篇》衣微稀威依機違,蕭愨《飛龍引》歸飛徽衣,《春日曲水詩》罿扉衣,馬元熙《日晚彈琴詩》扉暉妃飛稀,陽休之《秋詩》薇飛,陸印《郊廟歌辭·享廟樂辭·皇夏樂》稀依,《郊廟歌辭·始基樂恢祚舞》幾歸衣違,《郊廟歌辭·五郊樂歌·青帝高明樂》歸飛,《郊廟歌辭·享廟樂辭·皇夏樂》闈輝。

支脂通押的 1 個韻段:無名氏《齊人爲蘇珍之宋世軌語》裏止開三軌旨合三。

脂之通押的 4 個韻段:蕭祇《香茅詩》滋之開三時之開三遲脂開三詩之開三;顏之推《古意詩》(之一)仕止開三裏止開三史止開三祀止開三芒止開三起止開三里止開三市止開三水旨合三恥止開三子止開三齒止開三,《觀我生賦》芑止開三市止開三已止開三峙止開三仕止開三裏止開三齒止開三已止開三恃止開三水旨合三止止開三始止開三使止開三起止開三,高昂《贈弟季式詩》死旨開三比旨開三雉旨開三史止開三。

脂微通押的 1 個韻段:蕭愨《和司徒鎧曹陽辟疆晚秋詩》衰脂合三歸微合三。

之微通押的 4 個韻段:邢卲《應詔甘露寺》旗之開三霏微合三機微開三,無名氏《時人爲陰鳳語》癡之開三衣微開三,闕名《劉碑造像銘》期之開三巍微合三希微開三基之開三;無名氏《武平元年童謠》尾尾合三你止開三。

2. 祇與齊皆佳灰咍有關的韻段(15 個)

齊韻獨用的 4 個韻段:無名氏《文武舞歌·文舞辭》齊珪黎泥西攜,《清河民爲曲隄語》稽堤;陸印《享廟樂辭·登歌樂》禮濟,《元會大饗歌·食舉樂》(之一)啟禮體。

咍韻獨用的 7 個韻段:陸印《元會大饗歌·食舉樂》(之三)哉來,闕名《鄉老舉孝義雋修羅碑》來財哀哉,無名氏《武平中童謠》開臺,《顏之推引俗諺論教子》來孩,《時人爲法上諺》來災;陸印《郊廟歌辭·享廟樂辭·文正樂光大舞》海宰待凱,《元會大饗歌·登歌》(之二)海在。

灰咍通押的 3 個韻段:蕭愨《奉和元日詩》開咍開一臺咍開一杯灰合一來咍開一,《奉和冬至應教詩》灰灰合一來咍開一栽咍開一臺咍開一,惠化尼《謠》臺咍開一回灰合一。

皆灰咍通押的 1 個韻段:邢卲《冬日傷志篇》栽咍開一杯灰合一臺咍開一來咍開一開咍開一哀咍開一枚灰合一萊咍開一懷皆合二。

3. 支齊兩類通押的韻段（3 個）

脂齊通押的 1 個韻段：陸卬《元會大饗歌·食舉樂》（一〇）蕤脂合三睽齊合四龜脂合三；微灰通押的 1 個韻段：闕名《比丘僧道略等造神碑尊像銘》歸微合三飛微合三微微合三徊灰合一；之微齊通押的 1 個韻段：闕名《朱曇思等造塔頌》茲之開三暈微合三系霽開四芝之開三①。

通過以上統計，可以看出北齊時期：

第一，脂之的關係很近，但從脂之分別獨用的韻段看二者在音值上似乎還有細微的差別。脂之通押的韻段，要麼是多個脂韻字雜 1 個之韻字，如高昂《贈弟季式詩》3 個旨韻字雜 1 個止韻字；要麼是多個之韻字雜 1 個脂韻字，如蕭祗《香茅詩》3 個之韻字雜 1 個脂韻字，顏之推《古意詩》（之一）11 個之韻字雜 1 個脂韻字，《觀我生賦》13 個之韻字雜 1 個脂韻字。而顏之推的兩個韻段中的脂韻字又都是來自上古微部的“水”字。《切韻》將脂之分爲二韻而《廣韻》又規定脂之同用，與北齊詩文用韻一致。這些材料還說明，北齊時期支脂的關係較遠，支之的關係更遠。

第二，之微的關係較近，可能是主元音相同，而脂微的關係則較遠。

第三，齊韻是一個獨立的韻部，而佳皆灰咍似乎應該合爲一部。

第四，脂齊韻關係近些，微灰的關係近些。

第五，支齊二類的界限是很明顯的（支齊二類入韻 70 個韻段，二類通押的僅 3 個韻段）。

（三）北周時期

該時期與支齊等九韻有關的 212 個韻段。

1. 祇與支脂之微有關的韻段（134 個）

支韻獨用的 23 個韻段：王褒《皇太子箴》陂累，《祭梁王僧辯母貞敬魏太夫人文》虧斯碑知，庾信《三月三日華林園馬射賦》斯枝儀，《哀江南賦》爲縻皮支吹窺，《蕩子賦》離垂吹，《對燭賦》吹隨池奇，《竹枝賦》枝萎陂危，《鏡賦》宜隨，《自古聖帝名賢畫贊·舜舞干戚》儀危麾爲，《自古聖帝名賢畫贊·夫子見程生》知移羈離，《擬連珠》（三二）枝危，《思舊銘》移危，《周上柱國齊王憲神道碑》危垂陂移斯，《後魏驃騎將軍荆州刺史賀拔夫人元氏墓誌銘》褵斯儀，《咏畫

① 闕名《朱曇思等造塔頌》原文是：“爵璃往昔，麗宇今茲；弱黛留煙，炎起停暈；瑤草垂露，畫樹垂系；荷抽紫葉，嶺鬱青芝。”詩中的“系”字疑是絲字之誤，“暈”字疑是“翬”字之誤。

屏風詩》(二一)池吹枝欹,《對酒詩》知吹,《賦得荷詩》欹隨,《祀王帝歌·白帝雲門舞》宜期,《周五聲調曲·變宫調》離爲窺隨,《周五聲調曲·徵調曲》(之四)移虧爲危池知,孟康《咏日應趙王教詩》曦池規移,釋慧命《詳玄賦》歧爲漪馳規;庾信《擬連珠》(四四)翅智寄。

脂韻獨用的8個韻段:庾信《傷往詩》(之一)眉悲,《擬連珠》(之九)悲師;庾信《周祀圜丘歌·皇夏》(還便殿)軌指,《春賦》雉水美;楊文佑《爲周宣帝歌》醉次,庾信《傷心賦》位地至,《周柱國大將軍都督同州刺史尒綿永神道碑銘》謚地襚位,《周兖州刺史廣饒公宇文公神道碑》位地秘次。

之韻獨用的23個韻段:釋慧命《詳玄賦》持時疑之,釋亡名《五苦詩·愛離》思辭期時,釋静藹《列偈題石壁》時持,庾信《宗廟歌·皇夏·還便殿》時之,《周五聲調曲·羽調曲》(之一)基思熙期之;庾信《祀五帝歌·青帝雲門舞》,史起《哀江南賦》事使,《哀江南賦》恥祀始已矣起,《哀江南賦》紀始齒里市仕史子,《竹杖賦》矣齒梓里,《竹杖賦》齒仕子理,《竹杖賦》矣目矣耳恥,《鏡賦》起史裏,《擬連珠》(二九)恥士,《梁東宫行雨山銘》起裏似,《周柱國大將軍紇干弘神道碑銘》子里起始,《周柱國楚國公岐州刺史慕容公神道碑銘》仕子始里,《周趙國公夫人紇豆陵氏墓誌銘》起仕里子,無名氏《步虚詞》紀理子起擬始;王褒《太保吴武公尉遲綱碑銘》侍吏,庾信《鏡賦》值字,《周車騎大將軍賀婁公神道碑銘》嗣志試珥笥侍事,釋亡名《寶人銘》事意。

微韻獨用的32個韻段:宇文毓《貽韋居士詩》微歸衣磯飛薇機,宇文邕《二教鐘銘》微機暉飛,王褒《和張侍中看獵詩》歸圍肥飛衣,《山池落照詩》扉暉歸飛,《過藏矜道館詩》歸扉,《咏雁詩》翬歸飛稀機,《咏定林寺桂樹》圍飛,《館銘》扉衣歸飛,庾信《和宇文内史春日遊山詩》輝微衣飛圍威歸,《見征客始還遇獵詩》歸衣圍飛依機,《擬咏懷詩》(一七)暉歸衣飛圍,《仰和何僕射還宅懷故詩》稀歸扉機飛依輝衣,《重别周尚書詩》(之一)歸微,《聽歌一絶詩》歸飛,《咏羽扇詩》衣歸,《賦得集池雁詩》飛歸,《春賦》歸衣扉,《哀江南賦》扉衣,《哀江南賦》威微歸飛,《鏡賦》衣歸,《自古聖帝名賢畫贊·武丁迎傅説》飛衣違歸,《鶴讚》歸飛圍衣,《周太子太保步陸逞神道碑銘》機飛威圍,《周大將軍琅邪壯公司馬裔墓誌銘》輝機飛圍,《周譙國夫人步陸狐氏墓誌銘》歸衣機飛,《周安昌公夫人鄭氏墓誌銘》歸闈機飛衣,《周驃騎大將軍開府儀同三司冠軍伯柴烈李夫人墓誌銘》歸飛違衣,釋慧命《詳玄賦》非歸衣欷,《天宫像記》違飛;庾信《擬連珠》(一六)飛鬼;庾信《周上柱國宿國公河州都督普屯威神道碑》渭賁氣畏,釋亡名《寶人銘》畏沸。

　　脂微通押的 20 個韻段：王褒《日出東南隅行》歸微合三輝微合三飛微合三追脂合三，庾信《哀江南賦》綏脂合三闈微合三飛微合三，《傷心賦》衰脂合三依微開三歸微合三譏微開三，《枯樹賦》歸微合三薇微合三扉微開三衰脂開三悲脂開三，《周大將軍琅邪壯公司馬裔墓誌銘》微微合三稀微開三衣微開三衰脂合三，《周故大將軍趙公墓誌銘》飛微合三歸微合三衣微開三衰脂合三，《入彭城館詩》威微合三圍微合三衰脂合三飛微合三稀微開三衣微開三歸微合三，《和何儀同講竟述懷詩》機微開三衣微開三歸微合三稀微開三輝微合三飛微合三衰脂合三機微開三微微合三，《擬詠懷詩》（二一）非微合三薇微合三違微合三衰脂合三，《周宗廟歌・皇夏》微微合三歸微合三追脂合三；庾信《哀江南賦》泗至開三至至開三魅至開三冀至開三器至開三地至開三氣未開三瘁至合三，《哀江南賦》帥至合三沸未合三尉未合三，《哀江南賦》位至合三棄至開三氣未開三醉至合三，《哀江南賦》地至開三帥至合三攢未合三沸未合三淚至合三，《象戲賦》氣未開三墜至合三謂未合三畏未合三未未合三，《擬連珠》（二三）類至合三氣未開三，《周大將軍襄城公鄭偉墓誌銘》器至開三匱至合三沸未合三魏未合三，《周冠軍公夫人烏石蘭氏墓誌銘》地至開三位至合三氣未開三，《周宗廟歌・皇夏》（皇帝入廟門）位至合三謂未合三，《周五聲調曲・徵調曲》位至合三氣未開三緯未合三類至合三。

　　支脂通押的 1 個韻段：王褒《故陝州刺史馮章碑》美旨開三氏紙開三徙紙開三倚紙開三紫紙開三。

　　脂之通押的 22 個韻段：王褒《奉和趙王途中五韻詩》旗之開三師脂開三眉脂開三絲之開三時之開三①，《咏月贈人詩》帷脂合三眉脂開三遲脂開三思之開三，《太子太保中都公陸逞碑銘》思之開三悲脂開三時之開三辭之開三，庾信《寄徐陵詩》時之開三悲脂開三，《上益州上柱國趙王詩》帷脂合三眉脂開三絲之開三詞之開三滋之開三，《奉和趙王遊仙詩》師脂開三期之開三龜脂合三芝之開三綦之開三絲之開三祠之開三，《小園賦》遲脂開三茨脂開三眉脂開三龜脂合三時之開三絲之開三悲脂開三，《邛竹杖賦》滋之開三貽之開三遲脂開三之之開三，《自古聖帝名賢畫贊・堯登壇受圖》湄脂開三龜脂合三帷脂合三思之開三，《自古聖帝名賢畫贊・蔡澤就唐生相》疑之開三龜脂合三期之開三時之開三，《自古聖帝名賢畫贊・張良遇黃石公》辭之開三期之開三師脂開三祠之開三，《思舊銘》期之開三悲脂開三帷脂合三，《周柱國大將軍拓跋儉神道碑》司之開三治之開三詩之開三師脂開三，《周上柱國宿國公河州都督普屯威神道碑銘》辭之開三帷脂合三悲脂開三龜脂合

―――――――――――――――――――

① 　《藝文類聚》認爲此詩爲王褒所作，而《庾子山集》誤載此文。

三,《周太傅鄭國公夫人鄭氏墓誌銘》時之開三姬之開三辭之開三悲脂開三龜脂合三,《周儀同松滋公拓跋兢夫人尉遲氏墓誌銘》姬之開三思之開三詩之開三姨脂開三;庾信《哀江南賦》梓止開三恃止開三里止開三水旨合三死旨開三始止開三仕止開三史止開三,《哀江南賦》否旨開三始止開三起止開三死旨開三市止開三,《擬連珠》(二七)矣止開三死旨開三,《周上柱國宿國公河州都督普屯威神道碑銘》子止開三水旨合三始止開三裏止開三,《周大將軍襄城公鄭偉墓誌銘》子止開三仕止開三祀止開三履旨開三,《周大將軍隴東郡公侯莫陳君夫人竇氏墓誌銘》恃止開三子止開三祀止開三雉旨開三。

之微通押的 1 個韻段:唐瑾《華嶽頌》基之開三時之開三旗微開三熙之開三。

支脂之通押的 2 個韻段:虞信《邛竹杖賦》技紙開三倚紙開三美旨開三始止開三;王褒《皇太子箴》易寘開三棄至開三位至合三忌志開三器至開三寺志開三①。

之脂微通押的 2 個韻段:庾信《哀江南賦》尾尾合三壘旨合三雉旨開三水旨合三矣止開三;《周祀方澤歌·皇夏》(望坎位)次至開三位至合三氣未開三意志開三。

2. 祇與齊皆佳灰咍有關的韻段(67 個)

齊韻獨用的 17 個韻段:王褒《和從弟祐山家詩》(之二)攜霓埤迷啼棲蹊齊,《始發宿亭詩》嘶齊低,庾信《烏夜啼》低棲攜啼,《烏夜啼》溪棲妻啼,《將命至鄴酬祖正員詩》隄黎珪聲迷低蹊,《至老子廟應詔詩》蜺溪圭泥低啼迷西,《同顏大夫初晴詩》隄低泥溪齊,《咏畫屏風詩》(一四)齊低雞啼,《對宴齊使詩》堤悽低珪,《奉和趙王詩》攜棲啼,《小園賦》閨攜妻畦低嘶,《蕩子賦》閨笄溪,《燈賦》棲低閨,亡名《寶人銘》迷泥;王褒《皇太子箴》體啟禮,庾信《周隴右總管長史贈少保盧公神道碑銘》啟坻米禮禮,《故周大將軍義興公蕭公墓誌銘》邸弟啟禮。

佳韻獨用的 1 個韻段:庾信《示封中録詩》街佳。

皆韻獨用的 4 個韻段:庾信《晚秋詩》階槐霾排,《咏畫屏風詩》(二二)齋埋懷偕,《山齋詩》齋階埋槐乖,《周太子太保步陸逞神道碑銘》乖埋階懷。

咍韻獨用的 10 個韻段:宗懍《麟趾殿咏新井詩》開臺,庾信《春望詩》臺開來,《賦得鷺臺詩》臺來,《忽見檳榔詩》開來,《梁東宮行雨山銘》臺來;庾信《擬咏懷詩》(二四)待海改在,《擬連珠》(三九)改海,釋静藹《列偈題石壁》在宰,《列偈題石壁》海倍;庾信《周太子太保步陸逞神道碑銘》載塞代愛。

灰咍通押的 34 個韻段:李昶《奉和重適陽關》臺咍開—埃咍開—苔咍開—開咍開

① 劉綸鑫《魏晉南北朝詩文韻集與研究》(韻集部分)將"陂累易"劃分爲 1 韻段,"棄位忌器寺"爲 1 韻段。依原文文義,此處應依于安瀾《漢魏六朝韻譜》分韻。

一哀哈開—迴灰合—來哈開一，宗懍《早春詩》來哈開—開哈開—梅灰合—臺哈開一，王褒《四瀆祠碑銘》來哈開—徊灰合—杯灰合—臺哈開一，庾信《道士步虛詞》(之一)開哈開—來哈開—臺哈開—迴灰合—萊哈開—災哈開一，《和宇文京兆遊田詩》開哈開—來哈開—臺哈開—回灰合—枚灰合—盃灰合一，《奉和闡弘二教應詔詩》開哈開—來哈開—臺哈開—才哈開—迴灰合—灰灰合一，《和從駕登雲居寺塔詩》臺哈開—迴灰合—開哈開—來哈開—徊灰合一，《擬咏懷詩》(二七)臺哈開—開哈開—來哈開—灰灰合—回灰合一，《奉和示內人詩》臺哈開—來哈開—回灰合—開哈開—杯灰合一，《蒙賜酒詩》臺哈開—萊哈開—杯灰合—開哈開—來哈開一，《奉和趙王喜雨詩》臺哈開—雷灰合—杯灰合—來哈開—開哈開—莓灰合一，《聘齊秋晚館中飲酒詩》才哈開—杯灰合—臺哈開—徊灰合一，《奉和濬池初成清晨臨泛詩》開哈開—灰灰合—來哈開—迴灰合一，《正旦蒙趙王賚酒詩》杯灰合—來哈開—開哈開—迴灰合一，《蒲州刺史中山公許乞酒一車未送詩》臺哈開—迴灰合—開哈開—催灰合—來哈開一，《咏畫屏風詩》(之二)開哈開—來哈開—迴灰合—杯灰合一，《咏畫屏風詩》(一八)開哈開—來哈開—杯灰合—迴灰合一，《咏畫屏風詩》(二五)臺哈開—杯灰合—開哈開—來哈開—梅灰合—迴灰合一，《野步詩》杯灰合—來哈開一，《春日極飲詩》開哈開—杯灰合一，《祀圜丘歌·昭夏》臺哈開—徊灰合—來哈開—開哈開一，《周五聲調曲·徵調曲》該哈開—開哈開—來哈開—才哈開—臺哈開—回灰合一，《周五聲調曲·商調曲》(之三)梅灰合—埃哈開—才哈開—①，《春賦》醅灰合—杯灰合—梅灰合—來哈開一，《小園賦》徊灰合—坏灰合—來哈開—栖灰合—臺哈開—②，《蕩子賦》臺哈開—迴灰合—開哈開—來哈開一，《自古聖帝名賢畫贊·漢武帝聚書》開哈開—灰灰合—來哈開—臺哈開一，《自古聖帝名賢畫贊·高鳳好書不知流麥》迴灰合—臺哈開—來哈開—開哈開一，《望美人山銘》臺哈開—開哈開—迴灰合—來哈開一，《周太子太保步陸逞神道碑銘》推灰合—迴灰合—哀哈開—雷灰合一，《周柱國大將軍拓跋儉神道碑》雷灰合—開哈開—臺哈開—才哈開一，《周譙國公夫人步陸孤氏墓誌銘》迴灰合—灰灰合—臺哈開—徊灰合一；庾信《周柱國大將軍紇干弘神道碑》載代開—對隊合—代代開—愛代開一，《周柱國大將軍大都督同州刺史尒綿永神道碑銘》代代開—塞代開—□背隊合—愛代開一。

　　皆哈通押的1個韻段：庾信《周五聲調曲·商調曲》(之一)開哈開—乖皆合二懷皆合二哉哈開一。

---

①　原文首句對句韻腳處是"機"精緻/精葉開三，與後面的韻腳字"梅埃才"相去甚遠，今依于安瀾的做法，將首句定爲不入韻。參見《漢魏六朝韻譜》第503頁。

②　坏，《廣韻》灰韻："未燒瓦也，芳胚切。"坏，應是"坯"之古字。

3. 支齊二類通押的韻段(10 個)

支齊通押的 3 個韻段:庾信《楊柳歌》枝_{支開三}垂_{支合三}危_{支合三}吹_{支合三}兒_{齊開四}離_{支開三}池_{支開三}隨_{支合三}枝_{支開三}皮_{支開三}陂_{支開三}馳_{支開三}支_{支開三}騎_{支開三}螭_{支開三}碑_{支開三}窺_{支合三}璃_{支合三}披_{支開三}爲_{支開三}儀_{支開三}離_{支開三}移_{支開三}知_{支開三}垂_{支合三}吹_{支合三},《奉和趙王春日詩》池_{支開三}兒_{齊開四}皮_{支開三}吹_{支合三}垂_{支合三}隨_{支合三},《北園新齋成應趙王教詩》枝_{支開三}窺_{支合三}垂_{支合三}池_{支開三}移_{支開三}吹_{支合三}皮_{支開三}兒_{齊開四}厄_{支開三}知_{支開三};脂微齊通押的 1 個韻段:庾信《周大將軍懷德公吳明徹墓誌銘》衰_{脂合三}飛_{微合三}追_{脂合三}歸_{微合三}悽_{齊開四};脂微灰通押的 1 個韻段:庾信《周宗廟歌・皇夏》(獻皇祖太祖文皇帝)飛_{微合三}機_{微開三}推_{透微/透合三}唏_{微開三}歸_{微合三}追_{脂合三}微_{微合三}衣_{微開三};之灰咍通押的 1 個韻段:庾信《和李司録喜雨詩》回_{灰合一}媒_{灰合一}雷_{灰合一}臺_{咍開一}開_{咍開一}來_{咍開一}胎_{咍開一}才_{咍開一}偲_{之開三};脂灰咍通押的 1 個韻段:庾信《祀圜丘歌・皇夏》徊_{灰合一}壘_{旨合三}來_{咍開一};脂咍通押的 1 個韻段:庾信《三月三日華林園馬射賦》壘_{旨合三}開_{咍開一}來_{咍開一}臺_{咍開一};支脂微灰通押的 1 個韻段:庾信《謹贈司寇淮南公詩》機_{微開三}旆_{微開三}歸_{微合三}衣_{微開三}飛_{微合三}稀_{微開三}依_{微開三}圍_{微合三}肥_{微合三}微_{微合三}妃_{微合三}吹_{支合三}推_{合一}威_{微合三}磯_{微開三}扉_{微合三}闈_{微合三}薇_{微合三}非_{微合三}衰_{脂合三}追_{脂合三};脂之齊佳通押的 1 個韻段:無名氏《魔王歌章》紀_{止開三}理_{止開三}死_{旨開三}滓_{止開三}解_{蟹開二}體_{薺開四}子_{止開三}喜_{止開三}禮_{薺開四}。

4. 霽卦怪隊代與祭泰夬廢通押的韻段(1 個)

該韻段爲廢隊代通押:庾信《傷心賦》載_{代開一}愛_{代開一}碎_{隊合一}刈_{廢開三}。

通過以上統計,可以看出北周時期:

第一,脂之通押的韻段大大增加,如果將脂之一同與他韻通押的 5 個韻段算作脂之通押,脂之通押的則是 27 個韻段。從詩文用韻的角度看,脂之可以合爲一韻,但之韻獨用有 23 個韻段之多,並且庾信《哀江南賦》有 1 個韻段連用 8 個止韻字不雜旨韻字,《周車騎大將軍賀婁公神道碑銘》連用 7 個志韻字不雜至韻字,説明脂之在音值上還有一定的差別。《廣韻》中脂之分韻並規定脂之通押,這與此時詩文用韻情況相符。支韻與脂之的關係均很遠。

第二,脂韻獨用的 8 個韻段,微韻獨用的 32 個韻段,脂微通押的 20 個韻段,如果將脂微一同與他韻通押的 5 個韻段算作脂微通押,脂微通押的 25 個韻段。從這些數字看,脂微似乎可以合一,其實不然。在脂微平聲通押的 13 韻段中,均是以微韻字爲主,夾雜 1 個脂韻字,而脂韻字主要是“衰追”二字。其中“衰”

字出現在 9 個韻段中,"追"字出現在 5 個韻段中,而"衰追"二字在上古均屬微部字,《廣韻》中屬脂韻合口三等字。在脂微去聲(至未)通押的 11 韻段中,有 7 個韻段是和"氣"字有關。與未韻通押的至韻字如"位醉"與未韻字一樣,在上古均屬物部字;與至韻通押的未韻字如"氣"字,上古物部,《廣韻》未韻字。與支脂之微和齊皆佳灰咍兩類均有關的 1 個韻段,爲脂微齊通押的韻段(庚信《周大將軍懷德公吳明徹墓誌銘》)。

第三,齊韻是一個獨立的韻部,皆灰咍應該合爲一個韻部。但從咍韻獨用 10 個韻段考慮,灰咍的音值可能有細微的差別。佳皆應該是各自分立的。

第四,支脂之微和齊皆佳灰咍兩類的關係仍然很密切,尤其是支齊二韻的關係。

(四)隋朝時期

該時期與支齊等九韻有關的 161 個韻段。

1. 衹與支脂之微有關的韻段(124 個)

支韻獨用的 19 個韻段:盧思道《聽鳴蟬篇》宜知枝離垂,李德林《咏松樹詩》池枝吹移,辛德源《東飛伯勞歌》枝隨,薛道衡《豫章行》離隨枝,諸葛穎《奉和通衢建燈應教詩》差枝池移,虞世基《四時白紵歌·江都夏》池漪披吹枝,《秋日贈王中舍詩》披離垂枝,《賦得石詩》差危枝知,《奉和幸太原輦上作應詔詩》儀蠵枝,仲孝俊《陳叔毅修孔子廟碑》爲離馳虧,釋智才《送別詩》知離,牛弘《圜丘歌·昭夏》施馳,《朝日夕月歌·朝日誡夏》儀虧,《元會大饗歌·皇夏》儀馳披規移離危虧,袁朗《秋日應詔詩》萎池垂斯,陳政《贈寶蔡二記室入蜀詩》儀馳,闕名《棲巖道場舍利塔碑》移離池瓈,《元公墓誌》儀虧窺知,《元公夫人姬氏墓誌》枝宜岐施。

脂韻獨用的 6 個韻段:蘇蟬翼《因故人歸作詩》遲悲;無名氏《煬帝夢二豎子歌》死水;薛道衡《隋文帝頌》地至位粹,楊廣《隋秦孝王誄》備愧,釋僧燦《信心銘》自二,牛弘《郊廟歌辭·蜡祭歌·誠夏》致至。

之韻獨用的 23 個韻段:盧思道《采蓮曲》姬持絲滋時,孫萬壽《遠戍江南寄京邑親友》絲時,蕭圓肅《少傅箴》之思基司;盧思道《祭巢湖文》紀汜里擬紀止,《從軍行》已里起,孫萬壽《遠戍江南寄京邑親友》里己裏仕理止,《答楊世子詩》里子紀祉史理,楊廣《隋秦孝王誄》止耳矣子已,《飲馬長城窟行》起里,薛道衡《隋高祖文皇帝頌》涘跱起矣,虞世基《元德太子哀冊文》祉子祀齒,虞綽《大鳥銘》阯里峙祉,乙支文德《遺于仲文詩》理止,仲孝俊《陳叔毅修孔子廟碑》史已子里，牛弘《五郊歌·黃帝歌宮音》始紀，《社稷歌·春祈社誠夏》祀梓始祉，《社稷歌·秋報稷誠夏》止苣矣祀，《太廟樂歌·迎神歌》止祉，闕名《周驃騎將軍右光禄大夫雲陽縣開國男鞏君墓誌銘》子李史，《洺州南和縣澧水石橋碑》已子起始，《棲巖道場舍利塔碑》跱史裹擬，無名氏《大業中童謠》子裹，《幽州爲盧昌衡盧思道語》里子。

微韻獨用的 27 個韻段：盧思道《孤鴻賦》歸飛依菲機圍，《盧記室誄》微歸璣飛，《後園宴詩》菲歸衣飛，薛道衡《隋高祖文皇帝頌》畿微魏威；李孝貞《酬蕭侍中春園聽妓詩》菲暉衣歸飛，何妥《門有車馬客行》歸飛，尹式《送晉熙公別詩》飛歸衣非機微揮稀，楊廣《春江花月夜》（之二）暉妃，《宴東堂詩》暉飛衣扉歸，《早渡淮詩》霏暉圻飛歸，《還京師詩》歸依暉飛威，《晚春詩》暉稀飛衣，《四時白紵歌·東宮春》暉歸飛依，《紀遼東》（之一）威衣歸，王脊《七夕詩》飛衣歸機，王胄《棗下何纂纂》（之一）歸輝，虞世基《出塞》腓飛歸威微機圍唏暉畿闈，《在南接北使詩》歸飛畿衣，蔡允恭《奉和出潁至淮應令詩》圻依稀歸，孔德紹《送蔡君知入蜀詩》飛歸①，陳子良《聽得妓詩》菲飛衣衣暉②，《送別》歸衣，陳良《遊俠篇》肥飛衣歸暉，弘執恭《奉和出潁至淮應令詩》泚飛暉歸，李行之《臨終自爲墓誌銘》歸非，闕名《邢州南和縣澧水石橋纍文碑》巍歸輝□，無名氏《雜曲歌辭·送別詩》飛歸。

支脂通押的 4 個韻段：虞世基《元德太子哀册文》資脂開三儀支開三師脂開三，闕名《建安公等造尼寺碑》維脂合三綏脂合三搞支合三□，釋玄逴《戲擬四愁聊題兩絕詩》移支開三祗脂開三，無名氏《煬帝幸江南聞民歌》兒支開三屍脂開三。

支之通押的 4 個韻段：薛道衡《從駕天池應教詩》陲支合三旗之開三池支開三螭支開三，嚴德盛《吳郡横山頂舍利靈塔銘》持之開三規支合三池支開三疲支開三；釋玄逴《戲擬四愁聊題兩絕詩》思之開三陲支合三，無名氏《煬帝時并州童謠》紙紙開三紙紙開三子止開三。

脂之通押的 31 個韻段：盧思道《孤鴻賦》時之開三湄脂開三夷脂開三遲脂開三，孫萬壽《和張丞奉詔於江都望京口詩》湄脂開三悲脂開三思之開三持之開三維脂合三時之

---

① 蔡君知，《文苑英華》卷二六六作"蔡君却"。參見《文苑英華》（第二册）第 1344 頁，中華書局 1966 年第 1 版。

② 陳子良，字不詳，吳人。生年不詳，卒於貞觀六年（632）。在隋時，任軍事統帥楊素的記室（掌章表書記文檄的官員）。入唐，官右衛率府長史。與蕭德言、庾抱同爲太子李建成的東宫學士。逯欽立《先秦漢魏晉南北朝詩》未録其作品，此處依《漢魏六朝韻譜》。

開三之之開三遲脂開三，楊素《贈薛播州詩》（一四）時之開三思之開三期之開三滋之開三悲脂開三，楊廣《隋秦孝王誄》旗之開三湄脂開三禩之開三恃止開三台之開三屍脂開三茲之開三師脂開三；王胄《在陳釋奠金石會應令詩》師脂開三期之開三詩之開三茲之開三，闕名《江夏縣緣果道場七層磚塔下舍利銘》師脂開三毗脂開三持之開三時之開三，釋僧燦《信心銘》疑之開三遲脂開三，牛弘《圜丘歌·需夏》時之開三其之開三墀脂開三滋之開三基之開三，《五郊歌·赤帝歌徵音》時之開三葵脂合三，孔紹安《傷顧學士》湄脂開三思之開三芝之開三詩之開三悲脂開三帷脂合三茲之開三時之開三，陳子良《七夕看新婦隔巷停車》遲脂開三時之開三，闕名《李氏墓誌》遲脂開三欺之開三悲脂開三帷脂合三期之開三；楊廣《隋秦孝王誄》否旨開三里止開三，《隋秦孝王誄》鄙旨開三涘止開三備至開三愧至合三涘止開三，楊素《贈薛播州詩》（之八）紀止開三美旨開三里止開三起止開三已止開三，《贈薛播州詩》（一二）已止開三雉旨開三芷止開三矣止開三水旨合三，蕭皇后《述志賦》美旨開三鄙旨開三耳止開三已止開三史止開三軌旨合三，王胄《酬陸常侍詩》里止開三涘止開三死旨開三美旨開三喜止開三徵止開三止止開三紀止開三里止開三已止開三子止開三矣止開三理止開三軌旨合三鄙旨開三，虞世基《秋日贈王中舍詩》履旨開三市止開三死旨開三美旨開三，釋真觀《夢賦》子止開三已止開三指旨開三否旨開三起止開三否旨開三恥止開三，牛弘《五郊歌·黑帝歌羽音》起止開三水旨合三，《先農歌·誠夏》起止開三祀止開三壇旨開三滓止開三耜止開三祉止開三，《元會大饗歌·食舉歌》（之一）始止開三紀止開三旨旨開三俟止開三軌旨合三；楊廣《隋秦孝王誄》季至合三地至開三志志開三，李密《五言詩·金風蕩初節》意志開三冀至開三吏志開三器至開三愧至合三，虞世基《講武賦》治志開三地至開三事志開三，《元德太子哀冊文》謚至開三志志開三地至開三，李巨仁《登名山篇》地至開三季至合三吏志開三駟至開三意志開三，蕭圓肅《少傅箴》位至合三事志開三貳至開三嗣志開三器至開三肆至開三寐至開三棄至開三至至開三，牛弘《舞曲歌辭·文武舞歌·文舞歌》至至開三吏志開三異志開三；楊廣《詠鷹詩》裏止開三子止開三擬止開三美旨開三起止開三志志開三。

脂微通押的5個韻段：蕭皇后《述志賦》綏脂合三非微合三歸微合三，周若水《答江學士協詩》歸微合三菲尾合三追脂合三衰脂合三暉微合三飛微合三徽微合三衣微開三，張文恭《七夕詩》機微開三飛微合三衣微開三帷脂合三歸微合三違微合三，侯夫人《粧成詩》悲脂開三飛微合三，闕名《元公墓誌》威微合三機微開三綏脂合三歸微合三。

之微通押的2個韻段：王通《東征歌》畿微開三衣微合三基之開三違微合三歸微合三飛微合三，闕名《陳思王廟碑》基之開三微微合三□飛微合三。

支脂之通押的3個韻段：虞綽《於婺州被囚詩》累紙合三死旨開三已止開三子止

開三洍止開三裹止開三里止開三起止開三恥止開三已止開三,釋僧璨《信心銘》目止開三比旨開三止止開三爾紙開三;薛道衡《和許給事善心戲場轉韻詩》戲實開三鼻至開三駛志開三至至開三翠至合三跂實齊三。

2. 祇與齊佳皆灰咍有關的韻段(31個)

齊韻獨用的10個韻段:盧思道《神仙篇》攜梯雞蹊蜺泥西迷,《贈李若詩》萋蹊西迷珪蹄,《贈劉儀同西聘詩》攜黎西雞蹊齎低嘶泥萋,魏澹《咏桐詩》珪栖,薛道衡《昔昔鹽》堤齊蹊妻閨啼低雞泥西蹄,虞世基《晚飛烏詩》低棲啼,《賦得戲燕俱宿詩》齊泥閨棲,闕名《元公夫人姬氏墓誌》齊閨泥齊妻;薛道衡《隋高祖文皇帝頌》繼契帝替,釋慧净《雜言詩》契翳。

咍韻獨用的5個韻段①:何妥《門有車馬客行》來開,楊廣《春江花月夜》開來,王胄《棗下何纂纂》(之二)開來,陳政《贈寶蔡二記室入蜀詩》材來臺,張公禮《龍藏寺碑》臺材來能。

灰咍通押的16個韻段:盧思道《盧紀室誄》杯灰合一埃咍開一迴灰合一臺咍開一開咍開一來咍開一,李孝貞《巫山高》臺咍開一雷灰合一哀咍開一來咍開一,《奉和從叔光禄愔元日早朝詩》灰灰合一開咍開一臺咍開一來咍開一埃咍開一災咍開一才咍開一萊咍開一,楊廣《隋秦孝王誄》開咍開一臺咍開一隈灰合一來咍開一災咍開一頹灰合一,《雲中受突厥主朝宴席賦詩》迴灰合一開咍開一來咍開一杯灰合一臺咍開一,《正月十五日于通衢建燈夜升南樓詩》來咍開一開咍開一梅灰合一臺咍開一,《悲秋詩》來咍開一哀咍開一苔咍開一雷灰合一,薛道衡《秋日遊昆明池詩》徊灰合一材咍開一來咍開一灰灰合一開咍開一杯灰合一,《和許給事善心戲場轉韻詩》灰灰合一梅灰合一徊灰合一來咍開一杯灰合一哉咍開一,《梅夏應教詩》梅灰合一來咍開一開咍開一才咍開一,無名氏《西園遊上才》才咍開一徊灰合一來咍開一開咍開一枚灰合一②,虞世基《賦昆明池一物得織女石詩》回灰合一灰灰合一來咍開一開咍開一,王衡《翫雪詩》才咍開一迴灰合一栽咍開一梅灰合一,魯范《神仙篇》迴灰合一萊咍開一杯灰合一開咍開一頹灰合一,殷英童《采蓮曲》催灰合一開咍開一來咍開一杯灰合一,袁朗《和洗掾登城南坂望京邑》開咍開一迴灰合一萊咍開一灰灰合一。

3. 支齊兩類通押的韻段(4個)

支齊通押的1個韻段:闕名《寧贊碑》禮薺開四邸薺開四啟薺開四體薺開四陛薺開

---

① 《漢魏六朝韻譜》認爲薛道衡《宴喜賦》"臺埃"爲韻,誤。

② 該詩《樂府詩集》卷七四次王胄《棗下何纂纂》後而佚作者名,《詩紀》即作王胄詩,于安瀾《漢魏六朝韻譜》題作無名氏。

四泚紙開三;微灰通押的 1 個韻段:無名氏《煬帝幸江南時聞民歌》迴灰合—歸微合三①;微咍通押的 1 個韻段:馮植《竹杖銘》味未合三愛代開—;之灰咍通押的 1 個韻段:沸大《委靡辭》媒灰合—時之開三來咍開—怡之開三哉咍開—疑之開三。

　　4. 九韻與他韻通押的韻段(2 個)

　　脂之魚通押的 1 個韻段:釋真觀《夢賦》持之開三師脂開三詩之開三疑之開三時之開三與魚開三辭之開三。

　　怪泰通押的 1 個韻段:釋僧燦《信心銘》大泰開—界怪開二。

　　通過以上統計,可以看出隋朝時期:

　　第一,從支脂之獨用和通押的情況看,支韻的獨立性較强,但與之脂均有通押的韻段;脂之的關係特別密切,通押的總數和獨立的總數大致相等,從脂韻的角度考慮,脂之應該合爲一韻,但之韻獨用的 23 個韻段,還有一定的獨立性。

　　第二,從脂微獨用、脂微和之微通押的情況看,微韻雖然與脂之均有通押的韻段,但微韻獨用的韻段更多,可見微韻是一個獨立的韻部。脂微、之微通押的韻段較之從前都大大地減少了,《廣韻》規定支脂之通押,微獨用,這與隋朝的詩文用韻是一致的。

　　第三,齊類獨用和通押的材料説明,隋朝時期齊韻是一個獨立的韻部,灰咍是一個韻部,佳皆二韻均没有入韻的韻段,就隋朝詩文用韻看,不好斷定其分合關係。隋朝詩文齊皆佳灰咍各韻,除了佳皆不好斷定外,與《廣韻》同用獨用的規定是一致的。

　　第四,從支齊兩類通押的情況,可以看出之微與灰咍的主元音很近。

　　第五,脂之魚通押的 1 個韻段,説明此時的之魚雖然没有兩漢時期通押的韻段那麼多,但在某些方言中二韻的音值還比較近;泰怪通押的 1 個韻段,説明它們的主元音相同或相近。

二、三國、兩晉、南朝支齊等九韻的關係

(一)三國時期

　　該時期與支齊等九韻有關的 469 個韻段。

　　1. 祇與支脂之微有關的個韻段(292 個)

　　支韻獨用的 53 個韻段,脂韻獨用的 12 個韻段,之韻獨用的 113 個韻段,微韻獨用的 11 個韻段;脂微通押的 82 個韻段,支脂通押的 4 個韻段,支之通押的

---

① 《詩紀》一二九作《挽舟者歌》,此處依逯欽立《先秦漢魏晉南北朝詩》。

1 個韻段,脂之通押的 8 個韻段,支脂之通押的 1 個韻段,支微通押的 1 個韻段,之微通押的 1 個韻段,支脂微通押的 3 個韻段,之脂微通押的 2 個韻段。

2. 祇與齊皆佳灰咍有關的韻段(35 個)

齊韻獨用的 3 個韻段,皆韻獨用的 1 個韻段,灰韻獨用的 2 個韻段,咍韻獨用的 5 個韻段;齊皆通押的 1 個韻段,齊灰通押的 2 個韻段,皆灰通押的 1 個韻段,皆咍通押的 5 個韻段,灰咍通押的 9 個韻段,齊皆灰通押的 2 個韻段,皆灰咍通押的 4 個韻段。

3. 支齊兩類通押的韻段(71 個)

支齊通押的 5 個韻段,支佳通押的 8 個韻段,支齊佳通押的 2 個韻段,支脂齊佳通押的 1 個韻段,支皆通押的 1 個韻段,支齊皆通押的 1 個韻段,之齊通押的 3 個韻段,之灰通押的 1 個韻段,之咍通押的 6 個韻段,脂齊通押的 4 個韻段,脂皆通押的 1 個韻段,脂灰通押的 1 個韻段,脂咍通押的 1 個韻段,微咍通押的 3 個韻段,支脂齊通押的 3 個韻段,支咍通押的 1 個韻段,支微皆通押的 1 個韻段,支微灰通押的 1 個韻段,支灰咍通押的 1 個韻段,脂微齊通押的 6 個韻段,微齊通押的 1 個韻段,脂微灰通押的 3 個韻段,脂微咍通押的 2 個韻段,微齊灰通押的 1 個韻段,微齊咍通押的 1 個韻段,微皆灰咍通押的 1 個韻段,支脂微齊通押的 2 個韻段,之脂微灰通押的 1 個韻段,脂微灰通押的 1 個韻段,脂微齊灰通押的 1 個韻段,之皆咍通押的 1 個韻段,脂微灰咍通押的 2 個韻段,支脂之微咍通押的 1 個韻段,支微齊皆灰咍通押的 1 個韻段,支脂微齊皆灰咍通押的 1 個韻段。

4. 至未霽卦怪隊代與祭泰夬廢通押的韻段(15 個)

霽祭通押的 6 個韻段(王粲《浮淮賦》,曹植《畫贊・少昊》,《七啟》〔之六〕,傅巽《筆銘》,孫該《琵琶賦》,阮籍《東平賦》);霽祭夬通押的 1 個韻段(郤正《釋譏》);霽祭隊通押的 1 個韻段(〔蜀〕楊戲《季漢輔臣贊・贊張君嗣》);霽祭怪隊通押的 1 個韻段(王粲《浮淮賦》);祭隊通押的 1 個韻段(應瑒《馳射賦》)①;霽廢通押的 2 個韻段(曹植《學宮頌》②,郤正《釋譏》);霽祭廢通押的 1 個韻段(郤正《釋譏》);怪泰通押的 1 個韻段(曹植《魏德論》);怪夬通押的 1 個韻段(曹丕

---

① 《漢魏六朝韻譜》將該賦"匹馴壹衛碎潰"六個韻脚字合爲一個韻段,歸在王粲名下,不確,此處依嚴可均《全後漢文》。我們將"匹馴壹衛碎潰"分爲"匹馴壹"和"衛碎潰"兩個韻段。

② 此韻段中"霓"字《廣韻》五稽切(疑齊齊四,雌虹),又五計切(疑霽齊四,虹,又音倪),又五結切(疑屑齊四,虹,又音倪)。

《滄海賦》）。

5. 至未霽卦怪隊代與相關的入聲通押的韻段（27 個）

志德通押的 1 個韻段（繆襲《魏鼓吹曲·邕熙》）；至質通押的 4 個韻段（應瑒《馳射賦》，曹植《七啟》〔之四〕，何晏《景福殿賦》①，無名氏《杜恕引語》）；至術通押的 1 個韻段（曹植《獻詩·責躬》）；至物通押的 1 個韻段（曹睿《豫章行》）；至質術通押的 3 個韻段（曹植《白鳩謳》，《畫贊·黃帝三鼎》，郤正《釋譏》）；至質物通押的 1 個韻段（曹植《大司馬曹休誄》）；未物通押的 1 個韻段（阮籍《東平賦》）；至未沒通押的 1 個韻段（曹丕《曹蒼舒誄》）；至未祭物通押的 2 個韻段（丁廙《蔡伯喈女賦》，丁廙妻《寡婦賦》）；霽祭屑通押的 1 個韻段（曹植《蟬賦》）；霽祭怪薛通押的 1 個韻段（何晏《景福殿賦》）；霽祭泰月通押的 1 個韻段（曹植《七啟》〔之七〕）；霽月通押的 1 個韻段（曹植《親躬》）；霽月黠薛通押的 1 個韻段（曹植《魏德論》）；怪屑薛通押的 1 個韻段（王粲《游海賦》）；代沒通押的 1 個韻段（曹植《七啟》〔之五〕）；未月曷屑薛通押的 1 個韻段（邯鄲淳《上受命述表》）；至霽物通押的 1 個韻段（邯鄲淳《上受命述表》）；至質術緝通押的 1 個韻段（郤正《釋譏》）；至祭月通押的 1 個韻段（曹丕《連珠》）；未月曷屑薛通押的 1 個韻段（邯鄲淳《魏受命述》）。

6. 九韻與他韻通押的韻段（29 個）

支脂之微與他韻通押的 20 個韻段，其中支尤通押的 1 個韻段：邯鄲淳《投壺賦》此彼盩弛②；支戈通押的 1 個韻段：劉劭《七華》宜和；脂魚尤侯通押的 1 個韻段：張紘《瓌材枕賦》助鏤副備富；之尤通押的 5 個韻段：何晏《瑞頌》思休時基，嵇康《大師箴》旗謀，郤正《釋譏》尤思，《釋譏》時滋期尤辭，徐幹《齊都賦》鯉右；脂魚通押的 1 個韻段：陳琳《武軍賦》旅軌；之魚通押的 1 個韻段：應璩《百一詩·京師何繽紛》起仕舉；之微虞通押的 1 個韻段：徐幹《室思詩》之期譏叟思；之微尤通押的 1 個韻段：曹植《七啟》（之三）夷罘飛圍；脂之虞尤通押的 1 個韻段：陳琳《飲馬長城窟行》里婦住子鄙子；脂尤通押的 1 個韻段：嵇康《幽憤詩》否疛；之侯通押的 1 個韻段：徐幹《齊都賦》起藪；支之尤通押的 1 個韻段：卞蘭《贊述太子賦》基期猷儀詩辭之；之真通押的 3 個韻段：何晏《景福殿賦》敏止，韋誕

---

①　此韻段中“比”字房脂切（並脂齊三，和也，並也）；又卑履切（幫旨齊三，校也，並也）；又毗至切（並至齊三，近也，又阿黨也）；又必至切（幫至齊三，近也，併也）；又毗必切（並質齊三，比次）。

②　于安瀾《漢魏六朝韻譜》認爲“此”字不入韻。

《景福殿賦》始敏,嵇康《琴賦》敏徵子跱起;支脂微文通押的 1 個韻段;王粲《初征賦》畿夷薙依犧焚。

齊皆佳灰咍與他韻通押的 1 個韻段,爲咍登通押:何晏《景福殿賦》等在①。

支類和齊類一同與他韻通押的 8 個韻段,其中支佳歌通押的 2 個韻段:何晏《景福殿賦》奇離螭崖多②,應瑒《愍驥賦》多知崖馳;支佳麻通押的 1 個韻段:嵇康《琴賦》宜離蛇危池崖纚猗;之咍虞尤通押的 1 個韻段:〔吳〕韋昭《吳鼓吹曲·從歷數》代治圊字記事意賚喜裕;之咍侯通押的 1 個韻段:曹操《步出夏門行》海峙茂起裹志③;支脂齊虞通押的 1 個韻段:徐幹《齊都賦》池璪遲隅;脂微灰錫通押的 1 個韻段:嵇康《思親詩》追悲依摧誰戚;之微咍魚尤通押的 1 個韻段:曹操《精列》期憂居萊丘憂微。

通過以上統計,可以看出三國時期:

第一,支脂之獨用和通押的數據,説明三國時期支脂之三韻是各自分立的,支之二韻音值較遠,脂之的音值近一些,支脂的音值較支之的音值近一些。

第二,脂微韻獨用和通押的數據,説明三國時期脂微應該合爲一部。王力提出上古漢語脂微分部④,並認爲一直到兩漢時代也是如此。周祖謨在他的《兩漢韻部略説》和與羅常培合著的《漢魏晉南北朝韻部演變研究》(第一分册)中都認爲兩漢時代的微物文三部和脂質真三部應該分開。王力主要是依據屬於周洛方言區張衡、馬融等人的韻文材料來立論,所以主張脂微分立,因爲當時張衡、馬融等周洛方言區作家的詩文用韻脂微兩部確實是分立的;而羅、周兩先生是依據兩漢幾乎全部的有韻之文來立論的,所以主張兩漢時代的脂微兩部應該合一也是有一定的道理,因爲就兩漢全部有韻之文的用韻看,脂微兩部分用的占六成多,通押的占三成多⑤。到了三國時期,脂微各自獨用的 23 個韻段約占 21.9%;通押的約占 78.1%。即使加上脂韻字與其他韻字通押的 40 個韻段和微韻字與其他韻字通押的 15 個韻段,脂微各自獨用的也衹有 78 個韻段;而脂微通押的 82 個韻段,另有脂微一同與他韻通押的 29 個韻段,這樣,脂微通押

---

① 于安瀾《漢魏六朝韻譜》"等"字歸海韻。
② 于安瀾《漢魏六朝韻譜》將何晏《景福殿賦》"奇離螭崖多"合爲一個韻段,此韻段似應分爲"奇離螭"和"崖多"兩個韻段。
③ 于安瀾《漢魏六朝韻譜》"志"字不入韻。
④ 曾運乾在稍早的時候也提出了脂微分部的主張。
⑤ 參看劉冠才《兩漢韻部與聲調研究》第 22—37 頁,巴蜀書社 2007 年。

的就有 111 個韻段。在與脂微有關的 189 個韻段中，獨用的約占 41.27%，通押的約占 58.73%。這個通押比例是兩漢的近兩倍。

第三，支韻與脂之微通押的情況，齊佳獨用及支齊佳通押的情況，説明支韻與之脂微的關係較遠，而與齊佳二韻的關係較近，支齊佳應該合爲一部（齊韻主要是平上部分）。段玉裁將上古韻部定支佳爲一部，這種情況到三國的時期並未改變，當然，在段玉裁的古韻十七部中，齊韻是歸在第十五部脂微部中的。

第四，皆灰咍獨用及齊皆灰咍通押的情況，説明皆灰咍應該合爲一部，可稱爲咍部或皆部，此部的主元音應該和之微的主元音相近。當然，從咍韻獨用的 5 個韻段看，咍韻與皆灰在音值上還應該有細微的差別。

第五，至未霽卦怪隊代與祭泰夬廢通押的情況，説明霽祭應該合爲一部，齊佳皆灰咍與祭泰夬廢屬於一個大類，與支脂之微明顯分爲兩類。

第六，至未霽卦怪隊代與相關入聲通押的情況，説明許多《廣韻》讀去聲的字在三國時期可能還讀入聲。

第七，支戈通押的 1 個韻段，韻脚字"宜"和"和"上古均屬歌部字；之真通押的 3 個韻段，説明《廣韻》真韻中的"敏"字此時仍然歸在之部；咍登通押的 1 個韻段，説明"等"字此時還有之部一讀；志德通押的 1 個韻段，説明它們的主元音相同或相近；至質通押的 4 個韻段，至術通押的 1 個韻段，至未没通押的 1 個韻段，除了説明脂微合一外，還説明它們與質物等入聲主元音相同；之尤通押的 5 個韻段，之咍虞尤通押的 1 個韻段，除了何晏《瑞頌》中的尤韻"休"字上古屬幽部外，其餘韻脚字在先秦兩漢均屬之部字；之微咍魚尤通押的 1 個韻段，其中的尤韻字在先秦兩漢屬於幽部，幽之兩部在先秦兩漢均有通押的韻段；之魚通押的 1 個韻段，也與兩漢押韻的情況一致；霽祭隊通押的 1 個韻段，霽祭合一是漢魏晉南北朝的普遍現象。至於支尤通押的 1 個韻段，脂尤通押的 1 個韻段，脂魚通押的 1 個韻段，支佳歌通押的 2 個韻段，之咍侯通押的 1 個韻段，之微虞通押的 1 個韻段，脂之虞尤通押的 1 個韻段，微至祭物通押的 1 個韻段，説明此時在某些方言中它們各自主要元音可能相同或相近，或許還有作者用韻較寬，或是傳鈔有誤，留待詳考。

（二）西晉時期

該時期與支齊等九韻有關的 768 個韻段。

1. 祇與支脂之微有關的韻段（511 個）

支韻獨用的 83 個韻段，脂韻獨用的 32 個韻段，之韻獨用的 197 個韻段，微韻獨用的 41 個韻段,脂微通押的 104 個韻段,之微通押的 2 個韻段,支脂通押的 6 個韻段,支之通押的 5 個韻段,脂之通押的 25 個韻段,支微通押的 6 個韻段,支脂微通押的 7 個韻段,之脂微通押的 3 個韻段。

2. 祇與齊佳皆灰咍有關的韻段(61 個)

齊韻獨用的 13 個韻段,佳韻獨用的 1 個韻段,皆韻獨用的 2 個韻段,灰韻獨用的 1 個韻段,咍韻獨用的 13 個韻段;齊佳通押的 1 個韻段,齊皆通押的 3 個韻段,佳皆咍通押的 1 個韻段,佳咍通押的 3 個韻段,皆灰通押的 2 個韻段,皆咍通押的 4 個韻段,皆灰咍通押的 8 個韻段,灰咍通押的 9 個韻段。

3. 支齊兩類通押的韻段(115 個)

支齊通押的 11 個韻段,支佳通押的 9 個韻段,支齊佳通押的 4 個韻段,支灰通押的 1 個韻段,支之齊通押的 1 個韻段,之咍通押的 13 個韻段,脂齊通押的 8 個韻段,微齊通押的 3 個韻段,微皆通押的 2 個韻段,微灰通押的 6 個韻段,微咍通押的 2 個韻段,脂之咍通押的 3 個韻段,脂之皆通押的 1 個韻段,脂微齊通押的 7 個韻段,脂微皆通押的 2 個韻段,脂微灰通押的 9 個韻段,脂微皆咍通押的 1 個韻段,微齊灰通押的 1 個韻段,脂皆灰通押的 2 個韻段,微皆灰通押的 1 個韻段,支微皆灰通押的 1 個韻段,支脂之皆通押的 1 個韻段,支脂微齊通押的 1 個韻段,支脂微灰通押的 1 個韻段,支之微齊通押的 1 個韻段,支之微咍通押的 1 個韻段,支皆灰咍通押的 3 個韻段,之齊通押的 1 個韻段,脂微齊皆通押的 1 個韻段,脂微皆灰通押的 3 個韻段,脂微灰咍通押的 1 個韻段,脂齊皆通押的 1 個韻段,脂皆灰咍通押的 1 個韻段,微皆灰咍通押的 1 個韻段,微齊皆灰通押的 1 個韻段,支脂之齊咍通押的 1 個韻段,支脂齊通押的 3 個韻段,支之咍通押的 3 個韻段,支微咍通押的 1 個韻段,支皆灰通押的 1 個韻段。

4. 真至未霽卦怪隊代與祭泰夬廢通押的韻段(36 個)

至未與祭泰夬廢通押的 8 個韻段,其中至祭通押的 2 個韻段(陸雲《吳故丞桓陸公誄》,潘尼《火賦》),至泰通押的 1 個韻段(潘岳《射雉賦》),真至祭通押的 1 個韻段(陸雲《晉故散騎常侍夏府君誄》),至祭廢通押的 1 個韻段(陸雲《九愍·紓思》),至未泰通押的 1 個韻段(傅玄《瓜賦》),未泰通押的 1 個韻段(董京《答孫楚詩》),未泰夬廢通押的 1 個韻段(陸雲《贈鄧曼季詩·鳴鶴》〔之三〕)。霽卦怪隊代與祭泰夬廢通押的 21 個韻段,其中霽祭通押的 11 個韻段(傅玄《鼓吹曲·因時運》,夏侯湛《觀飛鳥賦》,傅咸《桑樹賦》,張華《尚書令箴》,潘岳《關中詩》,《悼亡詩》〔之三〕,潘尼《火賦》,陸機《大暑賦》,陸雲《盛德頌》，嵇含《寒食散賦》，束晳《漢高祖功臣頌》），祭代通押的 2 個韻段（陸雲《晉故豫章内史夏府君誄》，潘尼《獻長安君安仁詩》〔之五〕）；泰怪通押的 2 個韻段（傅玄《鼙舞歌·大景篇》①，摯虞《贈李叔龍以尚書郎遷建平太守詩》），霽祭代通押的 1 個韻段（鄭豐《答陸士龍詩·蘭林》），泰夬代通押的 1 個韻段（陸雲《吳故丞相陸公誄》），霽祭泰通押的 1 個韻段（傅玄《元日朝會賦》），祭泰隊通押的 1 個韻段（傅玄《衣銘》），霽祭廢通押的 1 個韻段（左思《魏都賦》），祭怪代通押的 1 個韻段（木華《海賦》）。至霽二類與祭泰夬廢通押的 7 個韻段，其中至霽祭通押的 1 個韻段（陸機《演連珠》〔之八〕），至未霽祭通押的 1 個韻段（陸機《文賦》），至祭隊代通押的 1 個韻段（陸機《七微》〔之五〕），至未隊霽祭通押的 1 個韻段（陸雲《登臺賦》），至未代祭泰通押的 1 個韻段（陸雲《答兄平原詩》），真霽祭泰通押的 1 個韻段（陸機《演連珠》〔之一〕），至隊祭廢通押的 1 個韻段（陸雲《晉故散騎常侍陸府君誄》）。

5. 真至未霽卦怪隊代與相關的入聲通押的韻段（38 個）

真至未與相關入聲通押的 25 個韻段，其中至質通押的 8 個韻段（潘岳《藉田賦》，《河陽庭前安石榴賦》，《馬汧督誄》，陸雲《登臺賦》，左思《吳都賦》，《悼離贈妹詩》，束晳《玄居賦》馹失疾日桎室，《玄居賦》肆室寐棄日至逸日），至櫛通押的 1 個韻段（左思《吳都賦》），至物通押的 1 個韻段（潘岳《哀永逝》），至未物通押的 2 個韻段（薛瑩《獻詩》，潘岳《景獻皇后哀策文》），至未質通押的 2 個韻段（潘尼《火賦》，束晳《勸農賦》），至質術通押的 3 個韻段（左思《吳都賦》，《魏都賦》，左芬《元皇后誄》），未物通押的 2 個韻段（成公綏《嘯賦》，陸機《演連珠》〔之一〕），至術櫛通押的 1 個韻段（左思《蜀都賦》），未薛通押的 1 個韻段（傅玄《晉宗廟歌·景皇帝登歌》）②，未質術沒通押的 1 個韻段（左思《吳都賦》）③，真祭薛通押的 1 個韻段（張華《烈文先生鮑玄泰誄》），至未祭泰黠通押的 1 個韻段（陸機《鼓吹賦》）；至未廢物通押的 1 個韻段（陸雲《盛德頌》）。

霽卦怪隊代與相關入聲通押的 10 個韻段，其中霽祭月通押的 1 個韻段（潘

---

① 《晉書·樂志》《宋書·樂志》均載此詩，未題作者，《樂府詩集》載此詩，題傅玄作，今依《樂府詩集》。

② 此韻段《漢魏六朝韻譜》失收，此處依逯欽立《先秦漢魏晉南北朝詩》補。

③ 此韻段中“卒”字《廣韻》有子聿切（又作將聿切，精物/精術合三，終也）、倉沒切（清物/清沒合一，“猝”之古字）和則骨切（又作臧沒切，精物/精沒合一，士卒）三音。此處“卒”字乃“猝”之古字。

岳《藉田賦》),霽祭屑通押的 1 個韻段(潘尼《惡道賦》)①,霽祭泰廢怪德通押的 1 個韻段(傅玄《舞曲歌辭·窮武篇》),霽祭怪點屑薛通押的 1 個韻段(仲長敖《覈性賦》),祭泰廢隊點合通押的 1 個韻段(陸雲《南征賦》),霽質通押的 1 個韻段(潘岳《詩·成都貴素質》),隊代麥德通押的 1 個韻段(張敏《頭責子羽文》),霽質月屑通押的 1 個韻段(皇甫謐《釋勸論》),隊没通押的 2 個韻段(左思《吳都賦》淳眛,《吳都賦》霽哼)。

至霽二類與相關入聲通押的 3 個韻段,其中至霽隊没通押的 1 個韻段(左思《吳都賦》),未代質通押的 1 個韻段(陸機《吳貞獻處士陸君誄》),旨至霽質通押的 1 個韻段(左思《魏都賦》)。

6. 九韻與他韻通押的韻段(7 個)

支脂之微與他韻通押的 4 個韻段,其中止厚通押的 1 個韻段:潘岳《笙賦》子母;止有厚通押的 1 個韻段:闕名《文明王太后哀策文》已祉母止友紀理;脂之尤虞通押的 1 個韻段:陸雲《贈顧尚書詩》思遊憂娛流俱私;之諄通押的 1 個韻段:左芬《元皇后誄》慈滋思春時泝。

齊佳皆灰咍與他韻通押的 3 個韻段,其中咍仙通押的 1 個韻段:傅玄《正都賦》垓乾;咍登通押的 1 個韻段:左思《吳都賦》倍等在②;齊皆灰咍語通押的 1 個韻段:傅咸《鳴蜩賦》槐哀頹催摧回與棲。

通過以上統計,可以看出西晉時期:

第一,支脂之三韻應該是各自分立的,脂之的關係最近,支脂的關係次之,支之的關係最遠。

第二,從脂微獨用和通押的數據看,西晉時期脂微應該合爲一部。如果將脂韻與他韻通押的 72 個韻段算作脂韻獨用的韻段,將微韻與他韻通押的 33 個韻段算作微韻通押的韻段的話,脂微各自獨用的則是 178 個韻段;如果將脂微一同與他韻通押的 44 個韻段也算作脂微通押的韻段的話,脂微通押的就是 148 個韻段。不管怎麼説,西晉時期脂微的關係都是很密切的。

第三,從齊類押韻情況及其與支類通押情況看,西晉時期齊佳與支韻關係較近,齊韻與脂韻的關係也不遠;皆灰咍應該合爲一部,之微與灰咍的關係

---

① 《惡道賦》,《藝文類聚》作《西道賦》;《初學記》及《北堂書鈔》作《惡道賦》,嚴可均《全晉文》從之。《漢魏六朝韻譜》作《苦雨賦》,承前篇賦名而誤。

② 《吳都賦》,《漢魏六朝韻譜》作《魏都賦》,此處依嚴可均《全晉文》補。

較近。

第四,從潘岳《笙賦》"子母"通押,闕名《文明王太后哀策文》"已祉母止友紀理"通押看,"母"字在西晉時期和在三國時期一樣,尚未轉入侯韻。之模通押的 1 個韻段。

第五,從眞至未霽卦怪隊代與祭泰夬廢通押的情況看,某些方言脂微去聲與去聲霽祭泰的關係也很近。

第六,眞至未霽卦怪隊代與相關入聲的通押情況,一方面説明脂微關係密切,一方面説明去入關係密切,《切韻》陰聲韻中的有些去聲至未韻字當時可能還讀入聲或有入聲一讀。

(三)東晉時期

該時期與支脂之微齊佳皆灰咍九韻有關的 475 個韻段。

1. 衹與支脂之微四韻有關的韻段(319 個)

支韻獨用的 40 個韻段,脂韻獨用的 38 個韻段,之韻獨用的 128 個韻段,微韻獨用的 22 個韻段;支脂通押的 6 個韻段,支之通押的 8 個韻段,支微通押的 4 個韻段,脂之通押的 8 個韻段,脂微通押的 61 個韻段,之微通押的 1 個韻段,支脂微通押的 2 個韻段,之脂微通押的 1 個韻段。

2. 衹與齊皆佳灰咍五韻有關的韻段(65 個)

齊韻獨用的 9 個韻段,灰韻獨用的 2 個韻段,咍韻獨用的 17 個韻段;齊佳通押的 1 個韻段,齊皆通押的 5 個韻段,佳皆通押的 1 個韻段,齊佳皆通押的 1 個韻段,皆灰通押的 2 個韻段,皆咍通押的 5 個韻段,灰咍通押的 12 個韻段,佳皆咍通押的 1 個韻段,皆灰咍通押的 3 個韻段,齊皆灰通押的 3 個韻段,齊皆灰咍通押的 3 個韻段。

3. 支類與齊類通押的韻段(54 個)

支齊通押的 8 個韻段,支佳通押的 5 個韻段,之咍通押的 10 個韻段,之齊通押的 1 個韻段,脂灰通押的 1 個韻段,微齊通押的 3 個韻段,微皆通押的 1 個韻段,微灰通押的 2 個韻段,微咍通押的 2 個韻段,微齊灰通押的 1 個韻段,支脂齊通押的 2 個韻段,支之齊通押的 1 個韻段,支微灰通押的 1 個韻段,支齊灰通押的 1 個韻段,脂齊咍通押的 1 個韻段,脂之咍通押的 1 個韻段,脂微齊通押的 1 個韻段,脂微灰通押的 5 個韻段,脂微咍通押的 1 個韻段,脂灰咍通押的 1 個韻段,之灰咍通押的 2 個韻段,脂微皆灰通押的 1 個韻段,脂微灰咍通押的 1 個韻段,支脂微齊灰通押的 1 個韻段。

4. 至未霽卦怪隊代與祭泰夬廢通押的韻段(26 個)

至未與祭泰夬廢通押的 1 個韻段,爲未祭泰通押(楊羲《雲林與衆真吟詩》〔之八〕)。

霽卦怪隊代與祭泰夬廢通押的 24 個韻段,其中霽祭通押的 17 個韻段(郭璞《與王使君詩》①,《遊仙詩》〔一三〕,《爾雅圖贊·釋器·筆》,《山海經圖贊·西山經·肥遺蛇》,《山海經圖贊·海外西經·女丑尸》,陶潛《祭從弟敬遠文》②,袁宏《從征行方頭山詩》,《祭牙文》,《三國名臣序贊》,《丞相桓溫碑銘》,戴逵《尚長贊》,《閒遊贊》,郭元祖《列仙傳贊·師門》,《列仙傳贊·呼子先》,周祇《執友箴》,王劭之《春花賦》,闕名《成帝哀策文》),霽祭廢通押的 2 個韻段(李充《學箴》,盧諶《贈劉琨詩》),霽祭怪廢通押的 2 個韻段(陶潛《祭從弟敬遠文》,《感士不遇賦》),泰怪通押的 2 個韻段(郭璞《江賦》,《山海經圖贊·北山經·磁石》),霽祭泰怪廢通押的 1 個韻段(陶潛《桃花源詩》)。

至霽二類與祭泰夬廢通押的 1 個韻段,爲至霽祭通押(郭璞《山海經圖贊·西山經·青鳥》)。

5. 至未霽卦怪隊代與相關入聲通押的韻段(8 個)

至未與相關入聲通押的 5 個韻段,其中至術通押的 1 個韻段(孫綽《至人高士傳贊·原憲》),至質術通押的 1 個韻段(李暠《述志賦》),未物通押的 2 個韻段(郭璞《山海經圖贊·中山經·視肉》,王珣《孝武帝哀策文》)③,至泰夬物月通押的 1 個韻段(楊羲《夢蓬萊四真人作詩·張誘世作》)。

霽卦怪隊代與相關入聲通押的 3 個韻段,其中霽屑通押的 1 個韻段(王彪之《井賦》),霽屑薛鎋黠通押的 1 個韻段(張翼《贈沙門竺法頵》〔之三〕),泰代物通押的 1 個韻段(皇甫謐《釋勸論》)。

6. 九韻與他韻通押的韻段(3 個)

脂微尤通押的 1 個韻段(郭璞《山海經圖贊·北山經·諸健獸白鵺竦斯鳥》

① 此韻段中"世"字《漢魏六朝韻譜》作"代"。逯欽立《先秦漢魏晉南北朝詩》該詩原文亦作"代",逯氏注云:"原當作世",今從之。

② 《漢魏六朝韻譜》將陶潛《祭從弟敬遠文》"概代開—愛代開—介怪開二惠霽合四世祭開三厲祭開三藝祭開三"六個韻腳字歸爲一個韻段,我們認爲以分爲"概愛介"和"惠世厲藝"兩個韻段爲宜。

③ 王珣,《漢魏六朝韻譜》作"王詢",此處依嚴可均《全晉文》和逯欽立《先秦漢魏晉南北朝詩》。

尾雉繡），脂微侯通押的 1 個韻段（郭璞《山海經圖贊·西山經·豪彘》豨矢
牡）①，之咍職通押的 1 個韻段（楊羲《雲林右英夫人右英吟》芝來食）。

通過以上統計，可以看出東晉時期：

第一，從支脂之獨用與通押的情況看，支脂之三韻應該是各自分立的韻部。

第二，脂微應該合爲一部。即使把脂韻、微韻分別與他韻通押的韻段看成
是脂微各自獨用的韻段，把脂微一同和他韻通押的韻段看作脂微通押的韻段，
脂微也是合一的，或者説它們的音值十分相近。

第三，之微、支脂的關係較遠，而支之、脂之、支微的關係却更近一些；從微
（未）物通押的 1 個韻段，脂（至）術通押的 1 個韻段看，東晉時期微與物、脂與術
的主元音更近一些。

第四，佳皆灰咍應該合爲一部，但從咍韻獨用及皆灰咍通押的情況看，咍韻
與佳皆灰在音值上是應該有細微的差別的；齊韻與佳皆灰的關係也很近。

第五，支齊、支佳各自關係均很近，齊佳的關係稍遠；咍韻與之韻的音值接
近而與齊韻的音值則相遠。

第六，此時霽祭應該合爲一部，泰怪代等應該合爲一部。

第七，至術通押的 1 個韻段，至質術通押的 1 個韻段，未物通押的 2 個韻段，
至泰夬物月通押的 1 個韻段；霽屑通押的 1 個韻段，霽鎋黠屑薛通押的 1 個韻
段，泰代物通押的 1 個韻段。説明至未霽卦怪隊代的有些字可能還没有完成從
入聲向去聲的演變。

第八，脂微尤通押的 1 個韻段，脂微侯通押的 1 個韻段，之咍職通押的 1 個
韻段，説明脂微與尤侯關係相近，之咍與職韻的主元音相近。

（四）劉宋時期

該時期與支齊等九韻有關的 383 個韻段，包括范曄《後漢書》傳贊韻語中的
20 個韻段。

1. 祇與支脂之微有關的韻段（263 個）

支韻獨用的 37 個韻段（包括《後漢書·左周黃傳》知疵差②，《烏桓鮮卑傳》

---

① 豪彘，《漢魏六朝韻譜》作“黄蘦草”，此處依嚴可均《全三國文》、逯欽立《先秦漢魏晉南
　北朝詩》補。
② 王力説：“李賢注：‘差，楚家反’非是。這裏義從楚家反，音從楚宜反。”見《龍蟲並雕齋
　文集》（第三册）第 341 頁注①。

施垂離;《樊宏陰識傳》毀侈紫,《馬融傳》氏侈使綺徙毀;《朱樂何傳》寄義刺偽瑞詖),脂韻獨用的 26 個韻段(包括《後漢書·吳延史盧趙傳》姿師威①;《李陳龐陳橋傳》饋貳),之韻獨用的 88 個韻段(包括《後漢書·祭祀志》祀止紀始,《隗囂公孫述傳》吏士時恃,《鄭范陳賈張傳》止里市,《章帝八王傳》已祉子祀;《杜樂劉李謝傳》熾識志忌事),微韻獨用的 34 個韻段(包括《後漢書·任李萬邳劉耿傳》幾扉依威,《張王种陳傳》微威歸,《宦者傳》違機威歸;《文苑傳》貴蔚氣費);支脂通押的 2 個韻段,支之通押的 9 個韻段,支微通押的 5 個韻段,脂之通押的 31 個韻段;脂微通押的 23 個韻段,之微通押的 3 個韻段,支脂微通押的 2 個韻段,之脂微通押的 3 個韻段。

2. 祇與齊佳皆灰咍有關的韻段(44 個)

齊韻獨用的 6 個韻段(包括《後漢書·章帝紀》濟悌體禮),皆韻獨用的 2 個韻段,灰韻獨用的 2 個韻段(包括《後漢書·皇后紀》內妹),咍韻獨用的 8 個韻段(包括《後漢書·董卓傳》災才埃);齊皆通押的 1 個韻段,齊灰通押的 1 個韻段,齊咍通押的 3 個韻段,灰咍通押的 13 個韻段,齊皆咍通押的 1 個韻段,齊灰咍通押的 1 個韻段,皆咍通押的 2 個韻段,齊皆灰咍通押的 1 個韻段,皆灰咍通押的 3 個韻段。

3. 支齊兩類通押的韻段(46 個)

支齊通押的 4 個韻段(謝莊《皇太子妃哀策文》,無名氏《吳聲歌曲·華山畿》〔一八〕,鮑照《園葵賦》,宗炳《登半石山詩》),支佳通押的 11 個韻段(范泰《高鳳贊》,顏延之《皇太子釋奠會作詩》,《赭白馬賦》,謝靈運《游南亭詩》,《山居賦》披施崖宜斯池,《山居賦》規奇崖迤,謝莊《竹贊》,《明堂歌·歌黑帝》,鮑照《贈故人馬子喬詩》,《發長松遇雪詩》,《咏雙燕詩》),之咍通押的 5 個韻段(無名氏《西曲歌·華山畿》〔二三〕,〔二五〕,《吳聲歌曲·讀曲歌》〔三四〕,〔四九〕,《西曲歌·壽陽樂》〔六章〕),脂咍通押的 1 個韻段(無名氏《吳聲歌曲·讀曲歌》〔三〇〕),微皆通押的 1 個韻段(謝惠連《雪賦》),微灰通押的 7 個韻段(謝靈運《石壁精舍還湖中作詩》,《江妃賦》,鮑照《舞鶴賦》,《河清頌》,《飛白書勢銘》,無名氏《吳聲歌曲·讀曲歌》,《陵欣歌》)②,支脂灰通押的 1 個韻段

---

① 王力說:"'威'字是微韻字,可以認爲是借韻。我們不認爲是脂微同用,因爲從上聲旨尾分立,去聲至未分立看,脂微也應該是分立的。"見《龍蟲並雕齋文集》(第三冊)第 341 頁。

② 逯欽立《先秦漢魏晉南北朝詩》將該詩的作者歸爲"鬼神"類,此處歸"無名氏"類。

（謝惠連《鞠歌行》）①,脂之齊通押的 1 個韻段（《初往新安至桐廬口詩》）,脂之齊皆通押的 1 個韻段（謝靈運《登石門最高頂詩》）,脂微灰通押的 3 個韻段（鮑照《代白紵舞歌詞》〔之一〕,劉誕之《西曲歌·襄陽樂》,釋慧琳《龍光寺竺道生法師誄》）,脂微咍通押的 1 個韻段（鮑照《代北風涼行》）,脂齊皆通押的 3 個韻段（顏延之《和謝監靈運詩》,謝靈運《贈從弟弘元詩》,謝惠連《秋胡行》〔之一〕）,微齊皆通押的 1 個韻段（謝靈運《贈安成詩》）,微皆咍通押的 1 個韻段（鮑照《松柏篇》）,支脂之齊通押的 1 個韻段（孔甯子《棹歌行》）②,脂微皆灰通押的 1 個韻段（謝靈運《撰征賦》）,微皆灰咍通押的 2 個韻段（謝靈運《撰征賦》,鮑照《代放歌行》）③,微齊皆灰咍通押的 1 個韻段（謝惠連《擣衣詩》）④。

4. 至未霽卦怪隊代與祭泰夬廢通押的韻段（15 個）

至霽祭通押的 1 個韻段（謝莊《孝武帝哀策文》）,霽祭通押的 11 個韻段（傅亮《九月九日登陵囂館賦》,鄭鮮之《祭牙文》,范泰《鸞鳥詩》⑤,謝靈運《撰征賦》,袁淑《咏冬至詩》,劉駿《祈晴文》,顏延之《陶徵士誄》,《宋文皇帝元皇后哀策文》,王劭之《春花賦》,沈勃《秋羈賦》,釋慧琳《武丘法綱法師誄》）,泰隊通押的 2 個韻段（王微《茯苓讚》,謝靈運《廬山慧遠法師誄》）,隊代廢通押的 1 個韻段（《後漢書·周黃徐姜申屠傳》）。

5. 至未霽卦怪隊代與相關的入聲通押的韻段（14 個）

實至未與相關入聲通押的 2 個韻段,其中至未質通押的 1 個韻段（謝莊《舞馬賦應詔》）,未物通押的 1 個韻段（張辯《廬山招提寺釋僧瑜贊》）。

霽卦怪隊代與相關入聲通押的 12 個韻段,其中霽祭没薛通押的 1 個韻段（謝靈運《辭禄賦》）,霽祭屑通押的 1 個韻段（闕名《宋張推兒墓誌》）,霽祭屑薛通押的 2 個韻段（謝惠連《夜集歎乖詩》,劉駿《故侍中司徒建平王宏墓誌》）,霽屑通押的 1 個韻段（無名氏《吳歌·讀曲歌》〔六六〕）,霽薛通押的 1 個韻段（王

---

① 該韻段中"隤"字逯欽立《先秦漢魏晉南北朝詩》作"隕",此處依《漢魏六朝韻譜》。
② 該韻段中"枝"字《漢魏六朝韻譜》作"芝",此處依逯欽立《先秦漢魏晉南北朝詩》。
③ 《代放歌行》中"排"字《先秦漢魏晉南北朝詩》作"非",《鮑照集》、五臣本《文選》均作"排"。該詩原文"蓼蟲避葵菫,習苦不可非",《藝文類聚》作"蓼蟲避葵菫,習苦良可哀"。《漢魏六朝韻譜》認爲"排"（或"非"、或"哀"）不入韻,誤。
④ 該韻段中"催"字《漢魏六朝韻譜》作"摧",誤。此處依逯欽立《先秦漢魏晉南北朝詩》。
⑤ 《漢魏六朝韻譜》作《經漢高廟》,誤。此處依逯欽立《先秦漢魏晉南北朝詩》。

微《四氣詩》),霽屑薛通押的 2 個韻段(謝晦《悲人道》,謝靈運《登廬山絶頂望諸嶠詩》))①,霽泰月點薛通押的 1 個韻段(爨道慶《宋故龍驤將軍護鎮蠻校尉寧州刺史邛都縣侯爨使君之碑》),霽點屑薛通押的 1 個韻段(顏延之《贈王太常僧達詩》),祭代薛通押的 1 個韻段(謝靈運《撰征賦》),隊月没通押的 1 個韻段(鮑照《代陸平原君子有所思行》)。

6. 九韻與他韻通押的韻段(1 個)

該韻段爲脂尤通押:無名氏《吳聲歌曲‧讀曲歌》(二三)遊龜。

通過以上統計,可以看出劉宋時期:

第一,支脂、支之的關係都很遠,應該各自分立,而脂之的關係很近,甚至可以合爲一部。

第二,脂微已經漸趨分立,但關係還很密切。如果將脂韻與他韻通押的 41 個韻段算作脂韻獨用的韻段,將微韻與他韻通押的 22 個韻段算作微韻獨用的韻段,將脂微二韻一同與他韻通押的 11 韻段算作脂微通押的韻段,那麽,脂韻獨用的 67 個韻段,微韻獨用的 56 個韻段,脂微通押的 34 個韻段。也可以看出劉宋時期脂微的關係更爲疏遠了。

第三,皆灰咍應該合爲一部,齊韻與皆灰咍的關係也很近。

第四,齊韻獨用的 6 個韻段,支齊通押的 4 個韻段;佳韻入韻的 11 個韻段,均爲支佳通押。説明此時支佳應該歸爲一部,支齊的關係也很近。

第五,之咍的關係很近,微灰的關係很近,灰部的主元音與之微的主元音應該相近;隊代廢通押的 1 韻段,説明此時范曄方言中的灰咍與廢韻主元音的音值應該相近。

第六,霽祭應該歸爲一個韻部,泰隊代廢應該歸爲一個韻部。

第七,至未霽卦怪隊代中一些字如"氣馳洎秘貴惠契"等應該有入聲一讀。

第八,遊龜二字的主元音較近。

(五)南齊時期

該時期與支齊等九韻有關的 157 個韻段。

1. 衹與支脂之微有關的韻段(107 個)

支韻獨用的 36 個韻段,脂韻獨用的 4 個韻段,之韻獨用的 29 個韻段,微韻

---

① 《登廬山絶頂望諸嶠詩》中"閉"字原作"閗",閗,閉之俗字。此韻段《漢魏六朝韻譜》衹包括"閉轄雪",此處依逯欽立《先秦漢魏晉南北朝詩》補。

獨用的 24 個韻段;脂微通押的 5 個韻段,脂之通押的 9 個韻段。

2. 祇與齊佳皆灰咍有關的韻段(33 個)

齊韻獨用的 8 個韻段,皆韻獨用的 1 個韻段,咍韻獨用的 3 個韻段,佳灰均無獨用的韻段;齊皆通押的 3 個韻段,皆咍通押的 1 個韻段,灰咍通押的 14 個韻段,皆灰咍通押的 3 個韻段。

3. 支齊兩類通押的韻段(7 個)

支齊通押的 1 個韻段,脂齊通押的 1 個韻段,支灰通押的 1 個韻段,支脂齊通押的 1 個韻段,支齊佳通押的 1 個韻段,脂之齊通押的 1 個韻段,脂灰咍通押的 1 個韻段。

4. 至未霽卦怪隊代與祭泰夬廢通押的韻段(3 個)

霽祭通押的 1 個韻段(王寂《第五兄揖到太傅竟陵王屬奉詩》),霽怪通押的 1 個韻段(張融《海賦》),泰代通押的 1 個韻段(張融《海賦》)。

5. 至未霽卦怪隊代與相關的入聲通押的韻段(7 個)

至未與相關入聲通押的 3 個韻段,其中至術通押的 1 個韻段(王思遠《皇太子釋奠詩》),至質櫛通押的 1 個韻段(張融《皇太子哀策文》),至質術櫛通押的 1 個韻段(王融《雪晚敬和何征君點詩》)。

霽卦怪隊駭與相關入聲通押的 4 個韻段,其中霽祭薛通押的 1 個韻段(王融《皇太子哀策文》),霽月屑薛通押的 1 個韻段(王儉《太宰褚顏回碑文》),怪月通押的 1 個韻段(張融《海賦》),隊代月沒曷通押的 1 個韻段(謝朓《冬緒羈懷示蕭諮議虞田曹劉江二常侍詩》)。

通過以上統計,可以看出南齊時期:

第一,支韻應該是一個獨立的韻部,脂之的關係較近,可以合爲一部。

第二,如果將脂韻與他韻通押的 16 個韻段算作脂韻獨用的韻段(微韻與他韻無通押的韻段,脂微無一同與他韻通押的韻段),那麼脂韻獨用的 20 個韻段,説明南齊時期脂微應該是各自獨立的韻部,但脂微的關係仍然很近。

第三,齊韻應該是一個獨立的韻部,皆灰咍應該合爲一部,齊佳與支脂之的關係較近。

第四,霽祭怪相近,泰代相近。

第五,至霽隊代怪等韻的一些字此時還没有變爲去聲,至少還有入聲一讀。

(六)南朝梁時期

該時期與支齊等九韻有關的 1000 個韻段。

1. 祇與支脂之微有關的韻段(717 個)

支韻獨用的 181 個韻段,脂韻獨用的 33 個韻段,之韻獨用的 113 個韻段,微韻獨用的 165 個韻段;脂微通押的 36 個韻段,脂之通押的 160 個韻段,支脂通押的 5 個韻段,支之通押的 5 個韻段,支脂之通押的 6 個韻段,支微通押的 3 個韻段,之微通押的 3 個韻段,之脂微通押的 5 個韻段,支脂微通押的 2 個韻段。

2. 祇與齊皆佳灰咍有關的韻段(184 個)

齊韻獨用的 41 個韻段(包括《文心雕龍・樂府》體陛啟禮),佳韻獨用的 1 個韻段(《文心雕龍・詮賦》派畫陞秤),皆韻獨用的 4 個韻段(包括《文心雕龍・諧讔》慸觟詼壞),灰韻獨用的 10 個韻段,咍韻獨用的 46 個韻段;齊皆通押的 3 個韻段,齊咍通押的 2 個韻段,皆咍通押的 2 個韻段,灰咍通押的 68 個韻段(包括《文心雕龍・麗辭》配載態佩),齊灰咍通押的 1 個韻段,皆灰咍通押的 6 個韻段。

3. 支齊兩類通押的韻段(52 個)

支齊通押的 27 個韻段,支佳通押的 10 個韻段,支齊佳通押的 1 個韻段,之齊通押的 1 個韻段,之咍通押的 3 個韻段,脂齊通押的 1 個韻段,支咍通押的 1 個韻段,脂咍通押的 1 個韻段,微咍通押的 1 個韻段,微齊通押的 2 個韻段,脂之齊通押的 2 個韻段,脂微灰通押的 1 個韻段,脂灰咍通押的 1 個韻段。

4. 志至未霽卦怪隊代與祭泰夬廢通押的韻段(24 個)

至祭通押的 1 個韻段(江淹《四時賦》),霽祭通押的 16 個韻段(裴子野《丹陽尹湘東王善政碑》,虞騫《登鍾山下峰望詩》,沈約《梁郊廟歌辭・宗廟登歌》,褚澐《咏奈詩》,張纘《南征賦》世惠藝睿濟憩世翳,《南征賦》濟枻誓祭裔,《南征賦》繼敝世濟麗替,張纘《妒婦賦》,劉孝威《公無渡河》,蕭綱《采桑》,《和贈逸民應詔詩》,《咏獨舞》,蕭詧《圍棋賦》,張綰《龍樓寺碑銘》,甄玄成《車賦》①,闕名《七召》〔之三〕;霽祭泰通押的 1 個韻段(張纘《瓜賦》),霽代通押的 1 個韻段(蕭子雲《玄圃園講賦》),祭怪通押的 1 個韻段(王中《頭陀寺碑文》),祭怪隊通押的 1 個韻段(江淹《丹砂可學賦》),泰隊代通押的 2 個韻段(蕭綱《傷離新體詩》,蕭繹《侍中新渝侯墓誌銘》)②,泰隊代廢通押的 1 個韻段(蕭綱《七勵》〔之三〕)。

---

① 《漢魏六朝韻譜》將甄玄成《車賦》"烈來薛開三熱薛開三歇月開三厲祭開三蔽祭開三戾霽開四"合爲一個韻段,我們將其分爲"烈熱歇"和"厲蔽戾"兩個韻段。

② 《侍中新渝侯墓誌銘》中"纇"字嚴可均《全梁文》作"類",不確;《漢魏六朝韻譜》作"纇",是。

5. 真至未霽卦怪隊代與相關的入聲通押的韻段(21 個)

真至未與相關入聲通押的 10 個韻段,包括至質通押的 1 個韻段(江淹《齊太祖高皇帝誄》),至屑通押的 1 個韻段(沈約《明堂登歌·歌黑帝辭》),至質術通押的 3 個韻段(江淹《齊太祖高皇帝誄》,徐勉《萱草花賦》,王筠《昭明太子哀策文》),至質櫛通押的 1 個韻段(江淹《潘黃門岳述哀》)[1],至質術櫛通押的 1 個韻段(江淹《盧郎中諶感交》),至質術物通押的 1 個韻段(蕭衍《清暑殿劢柏梁體》),至未物通押的 1 個韻段(江淹《傷愛子賦》),紙未祭屑薛通押的 1 個韻段(江淹《蕭驃騎祭石頭戰亡文》)。

霽卦怪隊代與相關入聲通押的 11 個韻段,包括霽祭薛通押的 1 個韻段(周子良《張仙卿授詩》),霽祭屑薛通押的 2 個韻段(荀濟《贈陰梁州詩》,丘遲《思賢賦》),霽祭質屑薛通押的 1 個韻段(江淹《宋故尚書左丞孫緬墓銘》),霽屑通押的 1 個韻段(王筠《詩·緣巖蔓芳杜》),霽屑薛通押的 2 個韻段(蕭繹《玄覽賦》,王筠《昭明太子哀策文》),霽黠屑薛通押的 1 個韻段(江淹《王貴嬪哀策文》),隊質物通押的 1 個韻段(大士傅弘《心王銘》),隊物術通押的 1 個韻段(無名氏《鼓角橫吹曲·黃淡思歌》),隊月通押的 1 個韻段(江淹《齊太祖高皇帝誄》)。

6. 九韻與他韻通押的韻段(2 個)

止語通押的 1 個韻段:江淹《清思詩》侶理已市;隊号通押的 1 個韻段:蕭綱《七勵》(之二)珮瑂續[2]。

通過以上統計,可以看出南朝梁時期:

第一,脂之合一,支與脂,支與之的關係較遠一些。

第二,脂微的關係似乎還很近,其實不然。脂微通押的 32 個平聲韻段中,有 31 個韻段中的脂韻平聲韻脚字均是上古微部字(其中"追"入韻 8 次,"誰衰"字均入韻 6 次,"薞"入韻 4 次,"帷"入韻 3 次,"悲"入韻 2 次,"綏幃"均入韻 1 次),去聲 4 個韻段中的至韻韻脚字"醉"(入韻 2 次)、"帥遂"(均入韻 1 次)上古均是物部字。這說明這些上古的微部字和物部字此時在某些方言中還沒有完全轉入脂韻。能真正算作脂微通押的祇有 2 個韻段:沈滿願《戲蕭娘詩》帷姿衣私,蕭繹《祭東耕文》祈私。從微韻獨用的 165 個韻段考慮,脂微以各自

---

① 李善本《文選》作《悼亡》。

② 珮,《漢魏六朝韻譜》作"佩",此處依嚴可均《全梁文》。

獨立爲部更爲合理一些;從脂之通押的 160 個韻段,之微通押的 3 個韻段,之脂微通押的 5 個韻段,也可以看出脂微的距離。

第三,皆灰咍應該合爲一部。但從咍韻獨用的 46 個韻段看,灰咍在音值上也應該有細微的差别。

第四,支與齊,支與佳,之與咍的音值更近一些,齊佳的關係較遠。

第五,霽祭應該合爲一部,泰隊代廢的關係很近。

第六,至未霽卦怪隊代中的某些字還没有完成從入聲向去聲的轉變,或至少保留入聲一讀。

第七,某些方言中之魚二韻的主元音可能相近,某些方言中灰豪二韻的主元音可能相近。

(七)南陳時期

該時期與支齊等九韻有關的 191 個韻段。

1. 衹與支脂之微有關的韻段(115 個)

支韻獨用的 25 個韻段,脂韻獨用的 3 個韻段,之韻獨用的 20 個韻段,微韻獨用的 32 個韻段;脂之通押的 31 個韻段,脂微通押的 4 個韻段。

2. 衹與齊佳皆灰咍有關的韻段(64 個)

齊韻獨用的 12 個韻段,皆韻獨用的 1 個韻段,灰韻獨用的 1 個韻段,咍韻獨用的 7 個韻段,佳韻無獨用的韻段;灰咍通押的 43 個韻段。

3. 支齊兩類通押的韻段(5 個)

之咍(志代)通押的 1 個韻段(無名氏《西曲歌·黄督》);止薺通押的 1 個韻段(沈炯《歸魂賦》);微灰通押的 2 個韻段(江總《勞酒賦》,張正見《賦得佳期竟不歸詩》);支灰咍通押的 1 個韻段(陳叔寶《棗賦》)。

4. 至未霽卦怪隊代與祭泰夬廢通押的韻段(6 個)

霽祭通押的 4 個韻段(沈炯《太尉始興昭烈王碑銘》,江總《釋奠詩應令》,陳叔寶《揚都興皇寺釋法朗墓銘》,徐陵《麈尾銘》),泰怪通押的 1 個韻段(徐孝克《天臺山修禪寺智顗禪師放生碑銘》)①,泰代通押的 1 個韻段(顧野王《餞友之綏安詩》)。

5. 至未霽卦怪隊代與相關的入聲通押的韻段(1 個)

霽屑薛通押的韻段(徐陵《長相思》)。

---

① 　徐孝克作品,嚴可均收入《全隋文》中,此處隨其兄徐陵一起放在南陳詩文中。

通過以上統計,可以看出南陳時期:

第一,支韻是一個獨立的韻部,脂之應該合一,這一點和隋朝詩文用韻情況相仿。但之韻有 20 個獨用的韻段,具有一定的獨立性,這也可能就是《切韻》脂之分韻的原因。

第二,微韻是獨立的韻部。南陳時期脂微的關係與隋朝脂微韻的關係一致。

第三,齊韻是一個獨立的韻部,灰咍是一個獨立的韻部。齊獨用、灰咍同用,與《廣韻》同用獨用的規定是一致的。皆韻入韻 1 次,是獨用;佳韻未入韻,不好斷定佳皆與齊灰咍的關係。

第四,脂之通押的韻段很多,可以看成是一個韻部,但其音值可能並不完全相同。脂齊的關係較近,之咍的關係較近。

第五,霽祭的關係近,泰怪代的關係近。

第六,霽韻與屑薛的關係較近,志至未霽卦怪隊代等去聲韻已經與入聲關係很遠了。

通過以上統計,我們可以得出如下結論:

第一,從三國至東晉時期,支脂之雖然有不少互相通押的韻段,但各自獨用的韻段占有絕對的優勢,也就是説,一直到東晉時期,支脂之仍是分屬三個不同韻部。相比而言,脂之的關係比支之的關係近些。南朝從劉宋時期開始,脂之關係更爲密切,可以合爲一部,但在音值上還是應該有細微的差別。南朝梁時期雖然支韻與脂之均有通押的韻段,但支韻與脂之仍然分立,而脂之應該合爲一部;從二者各自獨用的韻段看,應該承認脂之在音值上還有細微的差別。南陳時期支韻與脂之分立,脂之應該合一,但之韻具有一定的獨立性。北朝北魏時期支脂之雖然均有通押的韻段,但似乎仍然應該各自分立,尤其是支之,各自獨立的韻段都很多,而通押的韻段僅有 4 個;脂之的關係略近一些。北齊時期脂之的關係更近一些,可以勉强看作合一。北周時期脂之應該合爲一部。隋朝時期支脂之的關係更爲密切,不僅脂之應該合一,支脂也應該合一,支之的關係也比較近。《廣韻》規定支脂之同用,王仁昫《刊謬補缺切韻》於支紙寘下均無注,而於平聲脂下則注曰:"吕夏侯與之微大雜亂,陽、李、杜别,今依陽、李、杜。"於上聲旨韻下注曰:"夏侯與止爲疑,吕、陽、李、杜别,今依吕、陽、李、杜。"於去聲至韻下注曰:"夏侯與志同,陽、李、杜别,今依陽、李、杜。"無論是平聲,還是上去,王仁昫《刊謬補缺切韻》小注所引各家分韻,支紙寘與脂旨至、之止志均不相混,而在夏侯該《韻略》中脂旨至與之止志或是大雜亂(脂之),或是爲疑(旨止),或是同(至志)。脂之等分立,是依陽、李、杜的做法。有一點可以肯定,支與脂之同用,應該是重修《廣韻》時根據時音,唐初許敬宗奏請皇帝准許臨近通押似乎不包括支與脂之通押在内。

　　第二,從三國至東晉,脂微應屬一部,這與兩漢時期基本一致。不過,西晉時期脂韻與齊皆的關係較近,微韻與灰咍的關係較近。南朝從劉宋時期開始,脂微漸趨分立,但關係還很密切,這與劉宋時期脂之關係更爲密切,甚至可以合爲一部是同步進行的,即南朝從劉宋時期開始,脂微逐漸分離,脂之漸趨合一。南朝梁時期脂之應該合爲一部。此時脂微通押韻段中的脂韻平聲韻脚字大部分是上古微部字,去聲韻脚字均是上古物部字。另有2個韻段中微部“饑”字依文意應作“飢”,這2個韻段應該看成是脂韻獨用。真正脂微通押的祇有3個韻段。南陳時期脂韻微分立,脂之應該合一,但之韻具有一定的獨立性。北朝北魏時期似乎脂微應該合爲一部,其實不然。在這脂微通押的5個韻段中,真正屬於微韻與脂韻通押的韻段祇有1個,屬於脂韻某些字併入微韻的4個韻段。從統計數字看,北周時期脂微似乎可以合一,其實不然。在脂微平聲通押的韻段中,脂韻字主要是“衰追”二字,其中“衰”字出現在9個韻段中,“追”字出現在5個韻段中,而“衰追”二字在上古均屬微部字。“衰”字《廣韻》有楚危切(支韻)、倉回切(灰韻)和所追切(脂韻)三讀,“追”字祇有陟隹切(脂韻)一讀。另有脂微齊通押的1個韻段。在脂微去聲(至未)通押的11韻段中,有7個韻段和“氣”字有關;“氣”字上古物部,《廣韻》未韻字。這些數據説明“衰追”二字還没有完全完成從微部向脂韻的演變,“氣”字也没有完全完成從物部向至韻的演變。隋朝時期從脂韻的角度看,脂之應該合爲一部,但之韻還有一定的獨立性,這也就是《切韻》脂之分韻的原因。微韻雖然與支之脂各有通押的韻段,但微韻獨用的27個韻段,可見是一個獨立的韻部,並且脂微、之微通押的韻段較之從前都大大地減少了,這些均與南陳詩文用韻情況相仿,《切韻》支脂之三分,有其語音根據;《廣韻》規定支脂之通押,微獨用,除了支韻外,也是有其語音根據的。王仁昫《刊謬補缺切韻》韻目平聲脂韻下注“吕、夏侯與之微大雜亂,陽、李、杜別,今依陽、李、杜”,上聲旨韻下注“夏侯與止爲疑,吕、陽、李、杜別,今依吕、陽、李、杜”,去聲至韻下注“夏侯與志同,陽、李、杜別,今依陽、李、杜”,反映出了脂之微複雜的分合關係。

第三,根據段玉裁的《六書音均表》,先秦時期支佳爲一部,脂微齊皆灰爲一部。三國、兩晉一直到南朝劉宋時期,支佳的音值還是很近的,可能還是一部;三國、兩晉齊韻與脂微皆灰漸遠,而與支韻相近,甚至可以合一,這與先秦兩漢的情況略有不同。劉宋時期支齊的關係較遠,這種情況特殊一些。南齊時期支佳的關係遠遠不如劉宋時期密切。不過,南齊歷時太短,入韻的韻段很少,很難說明問題。南朝梁時期支齊、支佳的關係還是很近,甚至還可以合爲一部。南陳時期未見支齊、支佳通押的韻段。整個北朝及隋時期支韻與齊佳的關係均不近。

第四,三國、西晉、東晉以及南朝宋、齊、梁各時期皆灰咍應該合爲一部;南陳時期灰咍合爲一部,與《廣韻》的同用獨用的規定是一致的,即齊獨用、佳皆同用、灰咍同用。北魏時期佳皆灰咍合爲一部;北齊、北周時期佳皆均爲一部。隋朝齊韻是一個獨立的韻部,灰咍合爲一部,佳皆無獨用的韻段,也無與他韻通押的韻段。《廣韻》規定齊韻獨用,灰咍同用,與南陳、隋朝的詩文用韻一致,而規定佳皆同用,則是有南陳詩文用韻的依據。王仁昫《刊謬補缺切韻》韻目平聲齊韻上聲薺韻下均無注,去聲霽韻下注曰"李、杜與祭同,呂別,今依呂";平聲佳韻去聲卦韻下均無注,上聲蟹韻下注曰"李與駭同,夏侯別,今依夏侯";平聲皆韻下注曰"呂、陽與齊同,夏侯、杜別,今依夏侯、杜";去聲怪韻下注曰"夏侯與泰同,杜別,今依杜(祇見於《王二》)";平聲灰韻下注曰"夏侯、陽、杜與咍同,呂別,今依呂";上聲賄韻下注曰"李與海同,夏侯爲疑,呂別,今依呂",去聲隊韻注曰"李與代同,夏侯爲疑,呂別,今依呂"。陸法言的齊韻去聲霽韻與去聲祭韻分韻,與呂靜《韻集》一致,《廣韻》規定霽祭同用,與李季節《音譜》、杜臺卿《韻略》一致。陸法言佳皆分韻,與夏侯該《四聲韻略》同,《廣韻》規定佳皆同用,與李季節《音譜》一致。陸法言灰咍分韻,與晉呂靜《韻集》相同;《廣韻》規定灰咍同用,與陽休之、杜臺卿、李季節同。

第五,段玉裁《六書音均表》將之咍合爲一部。從三國至東晉,之咍的關係都很近,灰咍的關係也不遠,但之灰單獨通押的韻段很少見;劉宋時期之咍的關係仍然很近,但灰咍的關係更近了;南齊時期灰咍完全合一,未見之咍通押的韻段,這也可能與此時入韻韻段太少有一定關係;南朝梁時期之咍二韻獨用的韻段均很多,之咍通押的僅有 3 個韻段,未見之灰通押的韻段;南陳時期之咍通押的僅 1 個韻段,未見之灰通押的韻段,可見之灰、之咍的關係均很遠;北朝北魏時期之微的關係較近,之咍的關係較遠。整個北朝時期之咍的關係都很遠。

　　第六,在三國兩晉至劉宋時期,支脂之微與齊佳皆灰咍的關係都非常密切,南朝自齊開始支齊二類的關係疏遠,到南陳時期支齊二類通押的僅約占2.72%。北朝自北魏開始,支齊二類的關係就不密切,到了隋朝時期,支齊二類通押約占 2.52%。這可能就是《切韻》未將支脂之微與齊佳皆灰咍排在一起的實際原因。

　　第七,整個魏晉南北朝時期,霽祭都是合爲一部的,陸法言的齊韻去聲霽韻與去聲祭韻分韻,與呂靜《韻集》一致,《廣韻》規定霽祭同用,與李季節《音譜》、杜臺卿《韻略》一致。齊佳皆灰咍與祭泰夬廢屬於一個大類,而與支脂之微去聲明顯分爲兩類。南齊時期泰代相近,南朝梁時期泰隊代廢的關係很近,南陳時期泰怪、泰代關係較近。北朝各個時期祭泰夬廢與齊類去聲有通押的韻段,是一大類,而與支類主要是脂微類的去聲無通押韻段,不是一大類。《切韻》將祭泰夬廢與齊佳皆灰咍的去聲排在一起,是有實際語音根據的。

　　第八,《廣韻》陰聲韻中的一些去聲字,魏晉時期可能還讀入聲,這種情況南朝一直維持到齊梁時期,但總的趨勢是逐漸減少;北朝祇有北魏時期還有極少數韻段是去入相押,北齊北周以至隋朝再也未見去入通押的韻段,説明北朝自北齊、北周開始,先秦兩漢讀入聲、《廣韻》讀去聲的那些"次入韻"已經全部讀去聲了。南朝一直到梁陳時期霽祭二韻都與入聲有一定的關係,北朝從北齊開始,霽祭就與入聲沒有關係了。

　　第九,南北朝各個時期九韻與他韻通押的材料反映的語音現象較爲複雜,主要是九韻與魚虞模尤侯幽六韻通押。

第三節　蕭宵肴豪四韻的關係

一、北朝及隋朝蕭宵肴豪四韻的關係

(一)北魏時期

　　該時期與蕭宵肴豪有關的 24 個韻段,均爲祇與蕭宵肴豪有關的韻段。

　　宵韻獨用的 4 個韻段:元宏《縣瓠方丈竹堂饗侍臣聯句詩》沼表,李諧《述身賦》擾表紹矯兆繞夭;元宏《縣瓠方丈竹堂饗侍臣聯句詩》曜照,菩提達磨《真性頌》妙照①。

---

① 　此韻段《漢魏六朝韻譜》失收,此處依嚴可均《全後魏文》補。

豪韻獨用的 5 個韻段：無名氏《高允引諺》毫刀①，《楊衒之引游俠語》刀醪；高允《徵士頌》造道藻保，姜質《亭山賦》草倒；李諧《述身賦》好號蹈奧勞告。

蕭宵通押的 6 個韻段：張淵《觀象賦》霄宵開三標宵開三迢蕭開四飄宵開三，高閭《濟陰太守魏悦頌德碑》凋蕭開四高豪開一要宵開三昭宵開三，程駿《慶國頌》調蕭開四朝宵開三苗宵開三謡宵開三，闕名《龍驤將軍營州刺史高貞碑》沼小開三皎篠開四高豪開一夭宵開三；陽固《演賾賦》小開三了篠開四表小開三杳篠開四；温子昇《敦煌樂》笑笑開三調嘯開四。

宵笑通押的 1 個韻段：闕名《魯孔子廟碑》妙笑開三教效開二昭宵開三峭笑開三。

宵豪通押的 4 個韻段：高允《答宗欽詩》寶晧開一矯小開三表小開三縞晧開一，陽固《演賾賦》表小開三道晧開一，《疾倖詩》小小開三道晧開一；陽固《疾倖詩》要宵開三蹈号開一。

笑豪通押的 1 個韻段：高允《徵士頌》到号開一誥号開一操豪開一孝效開二教效開二。

宵笑豪通押的 3 個韻段：段承根《贈李寶詩》曜笑開三劭笑開三躁号開一調嘯開四，高允《咏貞婦彭城劉氏詩》好晧開一到号開一醮笑開三效效開二，《鹿苑賦》教效開二蹈号開一奧号開一號号開一躁号開一誥号開一照笑開三廟笑開三導号開一妙笑開三。

通過以上統計，可以看出北魏時期：

第一，蕭宵笑豪入韻韻段均爲祇與蕭宵笑豪有關的韻段。

第二，蕭宵應該合爲一部，宵豪應該合爲一部。不過，宵蕭通押的 6 個韻段，豪韻不與蕭韻通押，宵豪在音值上應該是有差別的。

第三，笑韻與宵豪的關係很近，蕭韻與豪笑的關係都很遠。

第四，蕭宵笑豪的分合趨勢：蕭韻與宵韻關係最近，與豪韻、笑韻關係較遠；豪韻與宵韻、笑韻的關係都比較密切，甚至可以合爲一部。

(二)北齊時期

該時期與蕭宵笑豪有關的 17 個韻段，均爲與蕭宵笑豪有關的韻段。

宵韻獨用的 3 個韻段：陸卬《五郊樂歌·赤帝高明樂》昭朝；邢劭《文宣皇帝哀策文》擾矯，陸卬《元會大饗歌·食舉樂》(之三)表擾。

豪韻獨用的 7 個韻段：邢劭《文宣皇帝哀策文》寶草皓，顏之推《觀我生賦》腦道埽草昊老，陸卬《大禘圜丘及北郊歌辭·高明樂》道保，《元會大饗歌·食舉

---

① 　此處是高允引諺語，亦可作高允的作品《酒訓》中的韻段。

樂》（之三）造寶，無名氏《廢帝時童謠》草道腦，《武平中童謠》早好老，《御史臺中爲宋遊道語》討道。

蕭宵通押的 2 個韻段：朱敬範《朱岱林墓誌銘》耀笑開三釣嘯開四劭笑開三妙笑開三，闕名《臨淮王造像銘》耀笑開三朓嘯開四妙笑開三召笑開三。

蕭豪通押的 1 個韻段：陸卬《大禘圜丘及北郊歌辭·昭夏樂》刀豪開一臀蕭開一高豪開一。

宵肴通押的 1 個韻段：陸卬《大禘圜丘及北郊歌辭·皇夏樂》孝效開二耀笑開三。

宵豪通押的 2 個韻段：陸卬《元會大饗歌·食舉樂》（之五）道晧開一夭宵開三早晧開一保晧開一；《大禘圜丘及北郊歌辭·皇夏樂》曜笑開三導号開一。

蕭宵肴通押的 1 個韻段：陸卬《文武舞歌·武舞階步辭》昭宵開三巢肴開二苗宵開三朝宵開三韶宵開三調蕭開四。

通過以上統計，可以看出北齊時期：

第一，蕭宵肴豪入韻韻段均爲衹與蕭宵肴豪有關的韻段，這一點與北魏時期的情況一樣。

第二，蕭宵肴應該合爲一部。

第三，豪韻即使勉强與蕭宵合爲一部，其音值也是存在一定差别的。

（三）北周時期

該時期與蕭宵肴豪有關的 26 個韻段，均爲衹與蕭宵肴豪有關的韻段。

宵韻獨用的 3 個韻段：王褒《奉和趙王隱士詩》遥飆瓢燒，庾信《自古聖帝名賢畫贊·周公戒伯禽》朝謡橋驕，《周大將軍司馬裔碑》遥橋遼姚。

肴韻獨用的 5 個韻段：庾信《擬咏懷詩》（一四）交茅巢膠弰崤庖，《園庭詩》郊爻茅巢苞膠嘲敲庖交，《周祀方澤歌·昭夏》（降神）郊庖茅匏，《小園賦》交坳巢匏，釋亡名《賓人銘》交蛟。

豪韻獨用的 10 個韻段：王褒《入塞》豪高旄刀，庾信《道士步虚詞》（一〇）高敖桃刀逃，《侍從徐國公殿下軍行詩》韜旄皋醪高刀毛勞，《和裴儀同秋日詩》皋騷毛勞高袍；王褒《皇太子箴》道寶，庾信《傷心賦》道保草，《周儀同松滋公拓跋兢夫人尉遲氏墓誌銘》草道早，釋亡名《賓人銘》惱道，《賓人銘》老造，無名氏《三徒五苦辭》寶早老惱道。

蕭宵通押的 7 個韻段：王褒《燕歌行》嬌宵開三橋宵開三條蕭開四姚宵開三，庾信《夢入堂内詩》椒宵開三條蕭開四撩蕭開四腰宵開三摇宵開三調蕭開四朝宵開三，《咏畫屏風詩》(之一)鑣宵開三條蕭開四飄宵開三驕宵開三橋宵開三,(一一)飄宵開三腰宵開三調蕭開四姚宵開三,無名氏《步虚辭》遥宵開三遼宵開三謡宵開三霄宵開三寥蕭開四橋宵開三;庾信《擬咏懷詩》(一九)曉篠開四少小開三鳥篠開四悄小開三小小開三夭宵開三,《周故大將軍趙公墓誌銘》小開三小小開三表小開三曉篠開四。

宵肴通押的 1 個韻段:庾信《擬連珠》(二〇)摽巢①。

通過以上統計,可以看出北周時期:

第一,與蕭宵肴豪有關韻段均爲衹與蕭宵肴豪有關的韻段,這一點與北魏、北齊時期的情况一樣。

第二,蕭宵應該合爲一部。但從宵肴有通押的韻段,蕭肴無通押的韻段來看,蕭宵似乎也有細微的差别。從"廣文路"的角度可以合一,從"賞知音"的角度應該分開。《切韻》是爲"賞知音"而作,所以將蕭宵分立。

第三,肴韻是一個獨立的韻部,豪韻是一個獨立的韻部。

第四,蕭宵肴豪,應該分爲宵(蕭宵)肴豪三部。

北周與北齊時代大致相仿,而蕭宵肴豪四韻的關係却有很大的差别,這主要應該是與北周詩文以庾信詩文爲主有關,庾信又是一位兼有南北語音背景的文人。

(四)隋朝時期

該時期與蕭宵肴豪有關的 36 個韻段,均爲衹與蕭宵肴豪有關的韻段。

宵韻獨用的 9 個韻段:盧思道《蜀國弦》饒朝橋要,楊廣《喜春遊歌》嬌腰,孔德紹《送蔡君知入蜀詩》遥潮,李巨仁《登名山篇》霄遥橋朝,釋法宣《愛妾换馬》鑣腰飇嬌摽;釋僧璨《信心銘》小表;虞世基《左衛大將軍左光禄大夫姚恭公墓誌銘》照妙詔,釋真觀《夢賦》笑要,牛弘《郊廟歌辭·圜丘歌·昭夏》耀照。

肴韻獨用的 1 個韻段:楊廣《隋秦孝王誄》胞郊巢。

豪韻獨用的 14 個韻段:徐儀《暮秋望月示學士各釋愁應教》高濤皋遨,虞世基《奉和望海詩》滔高濤騷毫,薛道衡《敬酬楊僕射山齋獨坐詩》勞高,闕名《宋華元墓石銘》高壕刀,無名氏《南土人爲牡蠣語》豪高;虞世基《秋日贈王中舍詩》早寶道皓討,許善心《神雀頌》道老寶皁,張公瑾《龍藏寺碑》道造惱寶,皇甫毗《玉泉寺碑》道寶昊造,鄭辨志《宣州稽亭山妙顯寺碑銘》昊道惱寶,闕名《建安公等造尼寺碑》老道寶好,釋僧璨《信心銘》道惱好;釋真觀《夢賦》冒告,牛弘

---

① 此處依于安瀾《漢魏六朝韻譜》。

《五郊歌·青帝歌角音》導冒。

蕭宵通押的 7 個韻段：盧思道《納涼賦》條蕭開四簫蕭開四鑣宵開三嶕蕭開四霄宵開三寮蕭開四，《盧記室誄》朝宵開三翹宵開三招宵開三條蕭開四鑣宵開三僚蕭開四，王冑《紀遼東》了篠開四消宵開三鑣宵開三，虞世南《追從鑾輿夕頓戲下應令詩》霄宵開三鑣宵開三橋宵開三飈宵開三遥宵開三潮宵開三條蕭開四謡宵開三，釋法宣《和趙郡王觀妓應教詩》嬌宵開三腰宵開三驕宵開三調蕭開四，釋慧凈《和盧贊府遊紀國道場詩》朝宵開三嶕蕭開四霄宵開三橋宵開三飈宵開三鑣宵開三，牛弘《元會大饗歌·食舉歌》（之二）昭宵開三饒宵開三蕭蕭開四曉蕭開四朝宵開三。

宵肴通押的 1 個韻段：牛弘《郊廟歌辭·方丘歌·昭夏》昭宵開三郊肴開二。

宵豪通押的 1 個韻段：無名氏《煬帝幸江南時聞民歌》道晧開一小小開三保晧開一草晧開一老晧開一。

蕭宵肴通押的 2 個韻段：魏澹《鷹賦》鳥篠開四小小開三擾小開三巧巧開二，孫萬壽《遠戍江南寄京邑親友》僚蕭開四招宵開三橋宵開三郊肴開二調蕭開四朝宵開三嬌宵開三銷宵開三寥蕭開四潮宵開三摇宵開三。

蕭宵豪通押的 1 個韻段：崔仲方《小山詩》朝宵開三簫蕭開四條蕭開四桃豪開一。

通過以上統計，可以看出隋朝時期：

第一，與蕭宵肴豪有關的韻段均爲祇與蕭宵肴豪有關的韻段，這一點與北魏、北齊、北周時期的情況一樣。

第二，蕭宵肴應該合爲一部，豪韻應該與蕭宵肴分爲不同的韻部。

第三，肴韻和蕭韻、肴韻和豪韻、豪韻和蕭韻均無通押的韻段，一方面可以看出肴韻和豪韻應該分爲兩部，一方面可以看出蕭韻和豪韻、蕭韻和肴韻還是有很大的差別，從中也反襯出蕭宵似乎還是有細微的差別的。《切韻》爲了“賞知音”，所以把它們分開了；《廣韻》爲了“廣文路”，所以規定蕭宵通押。依據五家小注，肴韻平聲，陽休之《韻略》與蕭宵同，夏侯、杜別；上聲巧韻，呂與晧同，陽休之與篠小同，夏侯並別；去聲效韻，陽休之《韻略》與笑嘯同，夏侯、杜別。

二、三國、兩晉、南朝蕭宵肴豪四韻的關係

（一）三國時期

該時期蕭宵肴豪入韻的 42 個韻段。

祇與蕭宵肴豪有關的 37 個韻段，其中宵韻獨用的 8 個韻段，豪韻獨用的 16 個韻段；蕭宵通押的 4 個韻段，宵肴通押的 3 個韻段，宵豪通押的 2 個韻段，肴豪通押的 1 個韻段，蕭肴通押的 1 個韻段，蕭宵豪通押的 2 個韻段。

蕭宵肴豪與他韻有關的 5 個韻段,其中魚豪通押的 1 個韻段:丁廙妻《寡婦賦》居幬;虞宵通押的 1 個韻段:曹植《矯志詩》朝孚;尤幽蕭通押的 1 個韻段:繁欽《秋思賦》愁條丘幽流憂;尤宵通押的 1 個韻段:胡綜《黃龍大牙賦》苗脩;尤豪通押的 1 個韻段:嵇康《琴賦》流休濤糾州浮丘。

通過以上統計,可以看出三國時期:

第一,蕭宵應該合爲一部,豪韻應該和蕭宵分立兩部,但它們的關係比較密切,肴韻與宵韻的關係近些,與蕭豪韻的關係次之。

第二,魚豪通押的 1 個韻段、虞宵通押的 1 韻段,也是宵豪差別的證明。

第三,尤幽與蕭豪的關係較近。

(二)西晉時期

該時期蕭宵肴豪入韻 155 個韻段。

祇與蕭宵肴豪有關的 140 個韻段,其中蕭韻獨用的 4 個韻段,宵韻獨用的 22 個韻段,肴韻獨用的 3 個韻段,豪韻獨用的 29 個韻段;蕭宵通押的 30 個韻段,蕭豪通押的 2 個韻段;宵肴通押的 4 個韻段,宵豪通押的 21 個韻段,肴豪通押的 12 個韻段,蕭肴通押的 1 個韻段;蕭宵豪通押的 4 個韻段,蕭肴豪通押的 7 個韻段,蕭宵肴豪通押的 1 個韻段。

蕭宵肴豪與他韻通押的 15 個韻段,其中蕭尤通押的 2 個韻段:陸雲《晉故豫章內史夏府君誄》修周條繆;張華《燕射歌辭·晉四廂樂歌·食舉東西廂樂詩》(之一)繇休流;宵尤通押的 3 個韻段:陸機《詩·恢恢天網》收霄,陸雲《贈汲郡太守詩》韶朝霄休,《贈鄭季曼詩·谷風》喬遙韶朝休;肴尤通押的 1 個韻段:左思《吳都賦》茅留丘流;豪尤通押的 3 個韻段:陸機《演連珠》勞休,木華《海賦》浮濤,《海賦》遊濤舟流;宵幽通押的 1 個韻段:陸機《演連珠》(二九)照謬;蕭宵尤通押的 1 個韻段:鄭豐《答陸士龍詩·南山》蕭翹收周秋;蕭宵豪尤候通押的 1 個韻段:左思《魏都賦》道趙繚霄潒茂詔表老;之虞宵尤通押的 1 個韻段:蔡洪《圍棋賦》擾已朽取①;笑錫通押的 1 個韻段:潘岳《狹室賦》曜激漂;效鐸通押的 1 個韻段:潘岳《西征賦》教櫂效樂。

通過以上統計,可以看出西晉時期:

第一,蕭宵的關係非常密切,應該合爲一部;但從宵韻獨用韻段看,蕭宵似乎應該存在細微的差別。也就是說,從押韻角度可以將蕭宵合爲一部;從審音

---

① 該韻段《漢魏六朝韻譜》祇有"朽取"二字,似不確。

的角度,似乎應該承認二者有細微的差別。

第二,説蕭豪是分是合,都存在困難。

第三,肴韻並不是一個獨立的韻部。

第四,蕭宵肴豪與尤侯幽關係較近。

第五,之虞宵尤通押的 1 個韻段,笑錫通押的 1 個韻段,效鐸通押的 1 個韻段,可能是因爲它們的主元音相近。

(三)東晉時期

該時期蕭宵肴豪入韻的 129 個韻段。

衹與蕭宵肴豪有關的 125 個韻段,其中蕭韻獨用的 1 個韻段,宵韻獨用的 25 個韻段,豪韻獨用的 22 個韻段;蕭宵通押的 18 個韻段,蕭肴通押的 1 個韻段,蕭豪通押的 2 個韻段,宵肴通押的 4 個韻段,宵豪通押的 14 個韻段,肴豪通押的 14 個韻段;蕭宵肴通押的 3 個韻段,蕭宵豪通押的 13 個韻段,蕭肴豪通押的 5 個韻段,宵肴豪通押的 1 個韻段,蕭宵肴豪通押的 2 個韻段。

蕭宵肴豪與他韻通押的 4 個韻段,其中豪尤通押的 1 個韻段:顧愷之《觀濤賦》流浮濤;蕭宵幽通押的 1 個韻段:楊羲《右英夫人作》飈瑶韶簫朝寥幽雕;蕭宵肴尤通押的 1 個韻段:楊羲《紫微作》飈軺簫嚻招朝遼痧愁①;宵戈通押的 1 個韻段:郭璞《山海經圖贊·西山經·文貝》貨小過。

通過以上統計,可以看出東晉時期:

第一,蕭宵肴豪的關係與西晉時期基本一致。

第二,蕭宵雖然從押韻的角度可以合爲一部,但從宵韻獨用韻段看,蕭宵在音值上還是應該有一定的細微差別,楊羲的《魏夫人與衆真吟詩·興寧四年丙寅四月二十七日夜降楊羲家作》招軺標翹潦銷,連用 6 個宵韻字不雜蕭韻字,也證明了蕭宵還是有一定的差別的。

第三,無論是説豪韻獨立成部,還是説豪韻與蕭宵合爲一部,都存在一定的困難。考慮到王嘉的《雜詩》老保燥早抱道,連用 6 個豪韻上聲字不雜他韻字,還是豪韻看成是一個獨立的韻部好一些,但應該承認豪韻和蕭宵的關係非常密切。

第四,肴韻不是一個獨立的韻部,比較而言,肴韻與豪韻的關係更近一些。

第五,蕭肴通押的 1 個韻段(郗雲《蘭亭詩》條郊),這在整個魏晉南北朝時

---

① 痧,側交反,《雲笈七籤》《諸真歌頌》作"抄"。

期是唯一的蕭肴單獨通押的韻段;宵戈通押的韻段(郭璞《山海經圖贊·西山經·文貝》),這也是整個魏晉南北朝時期唯一的蕭宵肴豪與歌戈麻通押的韻段。

(四)劉宋時期

該時期蕭宵肴豪入韻 85 個韻段(包括范曄《後漢書》傳贊韻語中 8 個韻段)。

祇與蕭宵肴豪有關的 84 個韻段,其中蕭韻獨用的 2 個韻段,宵韻獨用的 12 個韻段(包括《後漢書·章帝八王傳》驕饒朝苗①,《光武紀》趙擾),豪韻獨用的 24 個韻段(包括《後漢書·光武紀》討道、《明帝紀》道老考②、《荀韓鍾陳傳》皓道、《郭符許傳》寶藻);蕭宵通押的 11 個韻段,蕭豪通押的 1 個韻段,宵肴通押的 3 個韻段,宵豪通押的 11 個韻段,肴豪通押的 6 個韻段(包括《後漢書·方術傳》校效奧),蕭宵豪通押的 5 個韻段(包括《後漢書·南蠻西南夷列傳》徼峭表道兆),宵肴豪通押的 4 個韻段,蕭宵肴通押的 3 個韻段,蕭宵肴豪通押的 2 個韻段。

蕭宵肴豪與他韻通押的 1 個韻段,爲蕭宵豪尤通押:釋慧琳《武丘法綱法師誄》條艘遙號褒。

通過以上統計,可以看出劉宋時期:

第一,蕭宵應該合爲一部,但從謝靈運《入東道路詩》朝飈韶桃苗遼高朝謠,連用 9 個宵韻字不雜蕭韻字看,蕭宵在音值上似乎還是應該有一定的細微差別,從"賞知音"的角度,是應該分爲二韻的。

第二,豪韻獨用的 24 個韻段,具有很强的獨立性,尤其是劉義恭《遊子移》寶草道造抱早好倒,連用 8 個豪韻字不雜他韻字,鮑照的《在江陵歎年傷老詩》抱腦保好道草老,連用 7 個豪韻字不雜他韻字,更可以看出劉宋時期的豪韻是一個獨立的韻部。豪韻與宵韻、肴韻的關係也很密切。

第三,豪韻獨用的 24 個韻段,有 21 個是上聲韻段,平聲祇有 3 個韻段;豪韻在與其他韻通押時雖然也有不少上聲韻,但所占比例遠遠低於獨用時上聲韻所占的比例,也就是説,豪韻獨立爲韻部,可能先是從上聲字開始的。

第四,將肴韻歸入宵部或歸入豪部,均有一定難度。蕭肴没有單獨通押的

---

① 苗,王先生原文誤作"滿"。
② 《明帝紀》,王先生原文誤作"《明道紀》"。

韻段,這在整個魏晉南北朝時期的韻文中幾乎是一致的。

第五,尤韻與蕭宵豪仍有一定的聯繫。

（五）南齊時期

該時期蕭宵肴豪入韻 34 個韻段。

衹與蕭宵肴豪有關的 33 個韻段,其中蕭韻獨用的 2 個韻段,宵韻獨用的 8 個韻段,豪韻獨用的 11 個韻段;蕭宵通押的 6 個韻段,蕭豪通押的 1 個韻段,宵肴通押的 1 個韻段,宵豪通押的 4 個韻段。

蕭宵肴豪與他韻通押的 1 個韻段,爲宵豪尤通押:張融《海賦》艘高飆。

通過以上統計,可以看出南齊時期:

第一,蕭宵雖然可以合爲一部,但王融的《净住子頌·勸清增進篇頌》朝遥翹遼超橋驦,連用 7 個宵韻字不雜蕭韻字;《齊明王歌辭·清楚引》岩宵遼飈苗妖,連用 6 個宵韻字不雜蕭韻字,蕭宵在音值上還是有細微的差別的。

第二,豪韻應該是一個獨立的韻部,謝朓的《忝役湘丹與宣城吏民別詩》奧好暴冒竈導號操報勞蹈,連用 11 個豪韻字不雜他韻字;王融的《净住子頌·善友獎勸篇頌》草皓藻道保造、謝朓的《奉和竟陵王同沈右率過劉先生墓詩》寶道抱早草老,均是連用 6 個豪韻字不雜他韻字,也説明豪韻應是一個獨立的韻部。

第三,肴韻没有獨用的韻段,没有與蕭韻通押的韻段,衹出現在宵肴通押的 2 個韻段中,可將蕭宵肴合爲一個韻部。

第四,蕭宵肴豪獨用的 33 個韻段,宵豪尤通押的 1 個韻段,蕭宵肴豪與尤侯幽的關係和劉宋時期差不多。

（六）南朝梁時期

該時期與蕭宵肴豪有關的 145 個韻段（包括《文心雕龍》贊語中的 5 個韻段）。

衹與蕭宵肴豪有關的 142 個韻段,其中蕭韻獨用的 2 個韻段,宵韻獨用的 24 個韻段,肴韻獨用的 6 個韻段（包括《文心雕龍》中《隱秀》包爻交匏,《雜文》飽巧昴攬①,《原道》教孝貌傚),豪韻獨用的 42 個韻段（包括《文心雕龍》中《辨騷》騷高勞毫,《詔策》誥好蹈號);蕭宵通押的 53 個韻段,蕭豪通押的 2 個韻段,宵豪通押的 7 個韻段,肴豪通押的 1 個韻段,宵肴豪通押的 1 個韻段,蕭宵豪通押的 3 個韻段。蕭宵肴豪通押的 1 個韻段。

---

① 攬,王先生原文誤作"攬"。

　　蕭宵肴豪與他韻通押的 3 個韻段,其中宵豪藥通押的 1 個韻段:無名氏《侯景即位時童謠》袍屬著①;蕭宵尤通押的 1 個韻段:蕭衍《藉田詩》鳥縹曉悄窕夭杪少穰兆;灰豪(隊号)通押的 1 個韻段:蕭綱《七勵》(之二)珮瑁纈②。

　　通過以上統計,可以看出南朝梁時期:

　　第一,蕭宵應合爲一部,但從范雲的《治西湖詩》潮要朝嬌苗饒、蕭統的《七契》曜照召笑耀妙,均是連用 6 個宵韻字不雜蕭韻字看,蕭宵在音值上還是應該存在一些差別的。

　　第二,豪韻應是一個獨立的韻部。

　　第三,此時是整個魏晉南北朝時期肴韻獨用最多的時期。儘管肴韻還有與蕭宵豪通押的韻段,但肴韻獨立性是非常明顯的。在肴韻獨用的 6 個韻段中,有 1 個韻段是 5 個韻脚字(沈約《郊居賦》郊茅交巢坳),4 個韻段是 4 個韻脚字(《文心雕龍·隱秀》《雜文》《原道》及江淹《齊太祖高皇帝誄》孝貌教效),1 個韻段是 3 個韻脚字(蕭衍《孝思賦》孝撓教)。肴韻獨用不是偶然的巧合,而是肴韻獨立爲一個韻部的標志。

　　第四,宵藥二部主元音相同,還存在對轉關係;尤韻與蕭宵還有一定的聯繫,某些方言灰豪二韻主元音音值相近。

　　(七)南陳時期

　　該時期蕭宵肴豪入韻 34 個韻段,均爲祇與蕭宵肴豪有關的韻段,其中宵韻獨用的 14 個韻段,肴韻獨用的 1 個韻段,豪韻獨用的 8 個韻段;蕭宵通押的 11 個韻段。

　　通過以上統計,可以看出南陳時期:

　　第一,蕭宵應是一個韻部,但從宵韻獨用的 14 個韻段,尤其是沈炯的《獨酌謠》謠要招飄超喬霄韶朝遥嚻,連用 11 個宵韻字不雜蕭韻字,江總的《營涅槃懺還塗作詩》條要遥椒銷搖朝,連用 7 個宵韻字不雜蕭韻字來看,應該認爲蕭宵還是有一定的差別的。

　　第二,肴韻和豪韻均爲獨用的韻段,可以看成各自獨立的。

　　第三,梁、陳、隋與北朝蕭宵肴豪的狀況大致相似,《切韻》的蕭宵肴豪,如果

① 著,直魚切(《爾雅》太歲在戊曰著雍),澄魚齊三;又丁吕切(著任),端語齊三;又陟慮切(明也,處也,立也,補也,成也,定也),知御齊三;又張略切(服衣於身)知藥齊三;又直略切(附也)澄藥齊三。此處爲藥齊三。

② 珮,《漢魏六朝韻譜》作"佩",此處依嚴可均《全梁文》。

從"廣文路"的角度可以分爲宵肴豪三部;如果從"賞知音"的角度,就應該分爲
四韻。也就是説,《切韻》將蕭宵肴豪分立,無論從南方語音看,還是從北方語音
看,都是具有實際的語音根據的。

通過以上分析,我們可以得出如下結論:

第一,從魏晉開始,直至陳隋,就詩文用韻來看,蕭宵的關係一直比較密切,
但宵韻獨用的韻段也比較多,並且有不少6個以上宵韻字獨用的韻段,從中可
以看出蕭宵似乎存在細微的差別。從"廣文路"的角度,蕭宵應該合爲一部,從
"賞知音"的角度,應該承認蕭宵是有一定的差別的,尤其是南朝齊梁以後和整
個北朝,都是這種情況。

第二,豪韻獨立性很强,但與蕭宵肴的關係也比較密切,尤其是魏晉宋時
期,無論説豪韻是獨立的韻部或是與他韻合一,都存在一定的難度,南朝從梁陳
開始,纔明顯成爲一個獨立的韻部。

第三,肴韻的情況更是特殊,除了南朝梁、陳之外,幾乎整個魏晉南北朝時
期都没有獨用的韻段,《切韻》將肴韻獨立,韻文的依據應該是南朝梁、陳,由此
可以推斷,《切韻》分韻,主要依據北朝末期和陳隋時期的語音實際,包括北方語
音和南方語音。

第四,《切韻》蕭宵肴豪,就整個魏晉南北朝詩文用韻看,蕭宵的關係最爲密
切,蕭肴的關係最淺,由蕭肴獨自構成的韻段在整個魏晉南北朝祇有東晉郗雲
《蘭亭詩》(條郊)1個。王仁昫《刊謬補缺切韻》小注所引各家分韻,平聲蕭韻無
注,上聲篠韻下注"李、夏侯與小同,吕、杜别,今依吕、杜",去聲嘯韻下注"陽、
李、夏侯與笑同,夏侯與効同,吕、杜並别,今依吕、杜";平聲肴韻下注"陽與蕭宵
同,夏侯、杜别,今依夏侯、杜";上聲巧韻下注"吕與晧同,陽與篠、小同,夏侯並
别,今依夏侯";去聲効韻下注"陽與嘯、笑同,夏侯、杜别,今依夏侯、杜"。王韻
小注所展示的各家分韻的歧異以及平上去三聲分合關係的錯綜,一定程度上反
映了南北朝後期蕭宵肴豪四韻的分合情況。

第五,魏晉時期,魚虞模尤侯幽與蕭宵肴豪的關係較爲密切,從東晉開始,
它們通押的韻段就不多見了,南朝劉宋、梁時期還有少量尤韻與蕭宵豪通押的
韻段,而整個北朝時期,幾乎未見二者通押的韻段。至於歌戈麻,與蕭宵肴豪的
關係就更爲疏遠了,整個魏晉南北朝時期,祇有東晉有1個宵戈通押的韻段(郭
璞《山海經圖讚·西山經·文貝》)。

第四節　祭泰夬廢四韻的關係

一、北朝及隋朝祭泰夬廢四韻的關係

（一）北魏時期

該時期與祭泰夬廢有關的 18 個韻段。

1. 祇與祭泰夬廢有關的韻段（3 個）

這 3 個韻段均爲泰韻獨用：元宏《縣瓠方丈竹堂饗侍臣聯句詩》會外，高閭《至德頌》泰會帶賴，闕名《懷令李超墓誌銘》蓋帶會大。

2. 祭泰夬廢與其他去聲通押的韻段（9 個）

霽祭通押的 4 個韻段：段承根《贈李寶詩》契霽開四歲祭合三際祭開三繼霽開四，李諧《述身賦》計霽開四世祭開三系霽開四逝祭開三，張淵《觀象賦》際祭開三契霽開四世祭開三彗祭開三，闕名《中岳嵩陽寺碑》世祭開三諦霽開四滯祭開三際祭開三；霽祭夬通押的 1 個韻段：元宏《弔殷比干墓文》弊祭開三翳霽開四敗夬開二戾霽開四；祭眞通押的 2 個韻段：高允《答宗欽詩》逝祭開三滯祭開三敝祭開三賜眞開三，《鹿苑賦》裔祭開三世祭開三被紙開三制祭開三稅祭合三睿祭合三義眞開三寄眞開三；眞泰通押的 1 個韻段：闕名《懷令李超墓誌銘》眞眞開三蓋泰開一帶泰開一會泰開一大泰開一；泰代通押的 1 個韻段：高允《酒訓》外泰合一逮代開一賴泰開一。

3. 祭泰夬廢與入聲通押的韻段（6 個）。

祭薛通押的 1 個韻段：衛操《桓帝功德頌碑》烈薛開三説薛合三絶薛合三輟薛合三制祭開三列薛開三；霽祭薛通押的 1 個韻段：李騫《釋情賦》濟霽開四蕙霽合四歲祭合三裔祭開三晰薛開三；霽祭屑薛通押的 1 個韻段：李諧《述身賦》絶薛合三結屑開四滅薛開三閟霽開四世祭開三逝祭開三勢祭開三裂薛開三血屑合四；霽祭怪隊薛通押的 1 個韻段：仙道《老子化胡經玄歌・老君十六變詞・十四變之時》衛祭合三偈薛合三濟霽開四怪怪合二拜怪開二戒怪開二退隊合一誓祭開三；泰薛通押的 1 個韻段：張淵《觀象賦》滅薛開三設薛開三蔡泰開一哲薛開三；夬廢怪屑薛通押的 1 個韻段：元宏《弔殷比干墓文》潔屑開四裔祭開三列薛開三介怪開二滅薛開三桀薛開三。

通過以上統計，可以看出北魏時期：

第一，祭泰分屬兩個韻部，霽祭通押的較多，應該合爲一部（霽韻獨用的 1 個韻段，盧元明《晦日泛舟應詔詩》薺麗）。

第二，霽祭與屑薛怪隊關係近一些，尤其是與屑薛的關係更近一些。

第三,泰代通押的 1 個韻段,説明泰韻與代韻的關係更近一些。

第四,夬廢均未見獨用的韻段,夬廢與怪屑薛通押的 1 個韻段,霽祭夬通押的 1 個韻段,可見夬廢、祭夬各自的關係更爲密切一些。

(二)北齊時期

該時期與祭泰夬廢有關的 6 個韻段。

1. 衹與祭泰夬廢有關的韻段(3 個)

祭韻獨用的 1 個韻段:顏之推《觀我生賦》歲汭;泰韻獨用的 2 個韻段:陸卬《祀五帝於明堂樂歌·武德樂》會外賴,《文武舞歌·文舞辭》大外會帶籟藹。

2. 祭泰夬廢與其他去聲通押的韻段(2 個)

霽祭通押的 1 個韻段:釋静藹《列偈題石壁》逝_{祭開三}濟_{霽開四};泰隊通押的 1 個韻段:闕名《劉碑造像銘》外_{泰合一}昧_{隊合一}。

3. 祭泰夬廢與入聲通押的韻段(1 個)

該韻段爲祭薛通押:顏之推《觀我生賦》雪_{薛合三}汭_{祭合三}列_{薛開三}説_{薛合三}説_{薛合三}①。

通過以上統計,可以看出北齊時期:

第一,祭泰應該分屬兩部,霽祭應該合爲一部,泰韻與隊韻的關係更爲密切一些,應該合爲一部。

第二,夬廢,因爲没有入韻字,不好斷定其分合關係。但《文武舞歌·文舞辭》連用 6 個泰韻字不雜他韻字,説明夬廢與泰韻的關係應該不甚密切。

第三,祭韻入韻的字太少,很難論斷祭夬廢的遠近問題。

第四,祭薛通押的 1 個韻段,説明"汭"字此時可能還有入聲一讀。

(三)北周時期

該時期與祭泰夬廢有關的 11 個韻段。

1. 衹與祭泰夬廢有關的韻段(3 個)

祭韻獨用的 1 個韻段:釋亡名《寶人銘》藝蚋②;泰韻獨用的 2 個韻段:王褒《關山篇》藹外帶,徐謙《短歌行》外會。

2. 祭泰夬廢與其他去聲通押的韻段(8 個)

霽祭通押的 5 個韻段:王褒《太傅燕文公于謹碑銘》世_{祭開三}濟_{霽開四}契_{霽開四}

---

① 此處"説"字通"脱"_{透月/透末合一}。

② 蚋,嚴可均《全後周文》作蚊,此處依周祖謨。

厲祭開三,庾信《鏡賦》屟祭開三世祭開三剃霽開四,《周柱國楚國公岐州刺史慕容公神道碑銘》篲祭開三世祭開三閉霽開四衛祭合三逝祭開三,《周祀方澤歌·昭夏》(降神)荔霽開四衛祭合三齊齊開四祭祭開三①,釋亡名《寶人銘》蘇祭開三獘祭開三麗霽開四制祭開三弊祭開三;霽泰通押的 1 個韻段:釋慧命《詳玄賦》慧霽合四計霽開四翳霽開四濟霽開四帶泰開一;泰怪通押的 1 個韻段:庾信《周大將軍襄城公鄭偉墓誌銘》外泰合一蓋泰開一拜怪開二;廢隊代通押的 1 個韻段:庾信《傷心賦》載代開一愛代開一碎隊合一刘廢開三。

通過以上統計,可以看出北周時期:

第一,霽祭是一個獨立的韻部,泰與怪的關係比較密切,甚至可以合爲一部;霽泰的關係也很近。

第二,夬廢均未見獨用的韻段,祇有廢隊代通押的 1 個韻段,可以合爲一部。從中也可以看出此時夬廢與祭泰的關係並不密切,祇是入韻的韻段太少,説服力不强。

(四)隋朝時期

該時期與祭泰夬廢有關的 22 個韻段。

1. 祇與祭泰夬廢有關的韻段(9 個)

祭韻獨用的 2 個韻段:虞世基《元德太子哀册文》睿歲藝,皇甫毘《玉泉寺碑》制滯例世;泰韻獨用的 7 個韻段:盧思道《祭灙湖文》大外泰薈斾蓋,孫萬壽《遠戍江南寄京邑親友》帶外,辛德源《東飛伯勞歌》蓋帶,無名氏《長安爲崔弘度屈突蓋語》艾蓋,牛弘《圜丘歌·武舞》泰大會賴,《方丘歌·昭夏》會蓋,《舞曲歌辭·武舞歌》賴大外。

2. 祭泰夬廢與其他去聲通押的韻段(13 個)

霽祭通押的 8 個韻段:楊廣《隋秦孝王誄》弟薺開四替霽開四歲祭合三閉霽開四滯祭開三篲祭開三睿祭合三藝祭開三惠霽合四世祭開三,《隋秦孝王誄》翳霽開四替霽開四世祭開三,虞世基《左衛大將軍左光禄大夫姚恭公墓誌銘》勢祭開三制祭開三計霽開四,薛道衡《隋高祖文皇帝頌》世祭開三帝霽開四替霽開四弊祭開三,《豫章行》滯祭開三遰霽開四壻霽開四,牛弘《圜丘歌·昭夏》際祭開三惠霽合四,柳䛒《天臺國清寺智者禪師碑文》契霽開四際祭開三憩祭開三澨祭開三遰霽開四桂霽合四計霽開四曳祭開三蔽祭開三,闕名《隋柱國靈州總管海陵公賀若誼碑》帝霽開四世祭開三□□;霽祭代通押的 1 個韻段:蕭皇后《述志賦》滯祭開三逮代開一慧霽合四;霽泰通押的 1 個韻段:牛弘《五郊歌·白帝歌

---

① 　衛,《初學記》作"裔",裔,《廣韻》餘制切(余母祭韻)。

商音》戾霽開四戾霽開四帶泰開一；祭隊代通押的 1 個韻段：丁六娘《十索》對隊合一愛代開一帶泰開一；泰怪通押的 2 個韻段：楊廣《隋秦孝王誄》會泰合一外泰合一蓋泰開一大泰開一旆泰開一最泰合一賴泰開一界怪開二，釋僧璨《信心銘》大泰開一界怪開二。

通過以上統計，可以看出隋朝時期：

第一，霽祭是一個韻部（霽韻獨用的 2 個韻段：薛道衡《隋高祖文皇帝頌》繼契帝替，釋慧凈《雜言詩》契翳），泰韻是一個獨立的韻部。

第二，祭韻與代韻的關係較近，泰韻與怪韻的關係較近。

第三，夬韻和廢韻均没有入韻字，不好斷定它們與祭泰的關係。

第四，祭泰夬廢無與入聲通押的韻段。

二、三國、兩晉、南朝祭泰夬廢四韻的關係

（一）三國時期

該時期與祭泰夬廢有關的 79 個韻段。

1. 祇與祭泰夬廢有關的韻段（28 個）

祭韻獨用的 12 個韻段：曹丕《濟川賦》裔逝際，曹植《洛神賦》逝裔衛，《九咏》（之六）裔厲，王粲《游海賦》厲裔逝憩勢際①，《七釋》厲噬，應瑒《西狩賦》逝厲，阮籍《咏懷詩》（四三）裔逝際制誓，《東平賦》勢制，嵇康《四言詩》逝滯裔歲②，《琴賦》世藝，劉劭《七華》裔制，〔吳〕閔鴻《親蠶賦》稅制；泰韻獨用的 8 個韻段：曹操《氣出倡》大蓋③，曹丕《雜詩》（之二）蓋會會帶，應瑒《奕勢》害大，阮籍《咏懷詩》（之六）外帶會害賴，（三八）瀨外帶賴害大，夏侯言《皇胤賦》沛外，傅巽《皇初頌》蓋噦，〔蜀〕楊戲《季漢輔臣贊·贊馬休元張文進》害沛大；祭泰通押的 3 個韻段：王粲《俞兒舞歌·行辭新福歌》厲逝大裔世，阮籍《咏懷詩》（五八）外世裔逝誓，韋誕《景福殿賦》蓋梯會；祭夬通押的 1 個韻段：曹丕《述征賦》邁裔；泰夬通押的 2 個韻段：曹丕《煌煌京洛行》帶敗，嵇康《四言贈兄秀才入軍詩》邁艾沛害；祭泰夬通押的 1 個韻段：曹植《大饗碑銘》裔外寪艾會邁世④；泰

---

① 于安瀾《漢魏六朝韻譜》將王粲《遊海賦》的"厲裔余月／余祭開三逝禪月／禪祭開三憩溪月／溪祭開三勢際"與"臬泄屈"合一，我們認爲應該分爲兩個韻段。

② 《廣文選》《詩紀》均題作《酒會詩》（之一），《漢魏六朝韻譜》從之。此處依逯欽立《先秦漢魏晉南北朝詩》。

③ 此韻段《漢魏六朝韻譜》失收，此處依逯欽立《先秦漢魏晉南北朝詩》補。

④ 寪，《廣韻》七亂切（清元／清換合一）；《集韻》取外切（清元／清換合一），逃匿也。凡與祭泰夬廢等押韻的，均作取外切。

夬廢通押的 1 韻段:邵正《釋譏》叉敗沛會。

2. 祭泰夬廢與其他去聲通押的韻段(14 個)

霽祭通押的 6 個韻段:曹植《七啟》(之六)藝際世蛻①,《畫贊·少昊》裔世系制,王粲《浮淮賦》逝澨濟藝,傅巽《筆銘》誓契,孫該《琵琶賦》契屬逝,阮籍《東平賦》契誓逝世②;霽廢通押的 2 個韻段:曹植《學宮頌》霓义③,邵正《釋譏》廢翳;祭隊通押的 1 個韻段:應瑒《馳射賦》衛碎潰④;泰怪通押的 1 個韻段:曹植《魏德論》泰介;霽祭夬通押的 1 個韻段:邵正《釋譏》敗世計;霽祭廢通押的 1 個韻段:邵正《釋譏》計世穢;霽祭隊通押的 1 個韻段:〔蜀〕楊戲《季漢輔臣贊·贊張君嗣》惠對世;霽祭隊怪通押的 1 個韻段:王粲《浮淮賦》屆隊(定物/定隊合一)計芥裔。

3. 祭泰夬廢與入聲通押的韻段(31 個)

祭没通押的 1 個韻段:曹植《死牛詩》骨突窟洩⑤;祭月通押的 5 個韻段:徐幹《西征賦》伐制,曹植《魏德論》發制月,《王仲宣誄》屬弊制越逝,《寶刀銘》礪衛蹶,劉劭《趙都賦》越厲;祭黠通押的 1 個韻段:杜摯《笳賦》殺滯;祭月黠通押的 1 個韻段:曹植《畫贊·帝嚳》裔世察月;祭月薛通押的 1 個韻段:曹植《潛志賦》烈藝發;祭屑通押的 5 個韻段:曹植《七啟》(之六)藝際世蛻⑥,(之七)際屬穴逝世⑦,《遙逝》屬穴,何晏《景福殿賦》制臬,邵正《釋譏》節蓺制逝裔世滯誓;祭薛通押的 6 個韻段:曹植《遷都賦》世別蔽,《畫贊·黃帝》哲滅制列,《學宮頌》傑藝烈晣⑧,《平原公主誄》歲滅晣⑨,應瑒《文質論》世烈別制弊,《奕勢》列絕滅勢;祭屑薛通押的 1 個韻段:曹植《文帝誄》滅絕咽弊穴滯誓;泰薛通押的 1

---

① 此韻段《漢魏六朝韻譜》失收,此處依嚴可均《全三國文》補。

② 逝,嚴可均《全三國文》作“噬”禪魚/禪御開三。依文義當作“逝”,今依于安瀾《漢魏六朝韻譜》。

③ 霓,《廣韻》五稽切(疑齊齊四,雌虹),又五計切(疑霽齊四,虹,又音倪),又五結切(疑屑齊四,虹,又音倪)。

④ 《漢魏六朝韻譜》將該賦“匹駟壹衛碎潰”六個韻腳字合爲一個韻段,歸在王粲名下,不確。依嚴可均《全後漢文》應歸在應瑒名下,並且該賦此處的“匹駟壹衛碎潰”六個韻腳字應該分爲“匹駟壹”和“衛碎潰”兩個韻段。

⑤ 逯欽立《先秦漢魏晉南北朝詩》未録此詩,此處依《漢魏六朝韻譜》。

⑥ 蛻,此處通“霓”,“蛻霓”均有齊屑兩讀。

⑦ 于安瀾《漢魏六朝韻譜》“世”字不入韻。

⑧⑨晣,嚴可均《全三國文》作“晰”心錫/心錫開四,依文義應作“晣”。“晣”字《廣韻》有薛韻、祭韻兩讀。

個韻段：曹丕《煌煌京洛行》大劣；泰末通押的 2 個韻段：曹植《應詔》沫蓋，傅巽《槐樹賦》薆末藹；泰夬末通押的 1 個韻段：曹植《七啟》（之三）旆邁沫蓋外；泰曷黠通押的 1 個韻段：曹植《孟冬篇》軋鷃喝蓋；祭質術黠薛通押的 1 個韻段：曹植《卞太后誄》出哲藝疾列察；祭泰屑通押的 1 個韻段：應瑒《文質論》大蔽結；泰廢曷通押的 1 個韻段：曹植《王仲宣誄》乂闥帶蓋藹；祭月薛葉通押的 1 個韻段：〔蜀〕楊戲《季漢輔臣贊·贊關雲長張益德》世烈發業；祭夬月没曷屑昔通押的 1 個韻段：郭遐叔《贈嵇康詩》忽夕歲越邁結怛。

4. 祭泰夬廢與其他去聲、入聲通押的韻段（6 個）

霽祭屑通押的 1 個韻段：曹植《蟬賦》噎逝節潔；霽祭薛通押的 1 個韻段：嵇康《琴賦》列慧滯逝；霽祭怪薛通押的 1 個韻段：何晏《景福殿賦》霓泄滯屆晰①；霽泰月薛通押的 1 個韻段：曹植《七啟》泄月契外泰；至未祭物通押的 1 個韻段：丁廙妻《寡婦賦》逝寐欷霈至；至祭月通押的 1 個韻段：曹丕《連珠》發裔。

通過以上統計，可以看出三國時期：

第一，祭泰可以分爲兩部；祭泰分別與他韻通押的情況也説明二韻存在差別。祭泰通押（包括二韻同時與他韻通押）的情況，説明此時的祭泰雖然已從兩漢的祭部分立出來各立門户②，但二韻之間的關係還是比較密切的。

第二，霽祭通押（包括二韻同時與他韻通押）的韻段較多，霽泰通押衹見於祭泰月薛通押的 1 個韻段，一方面説明霽祭應該合一，另一方面也説明祭泰應該分爲兩部。

第三，夬廢二韻與祭泰的關係均不遠。具體而言，廢韻與霽祭更近一些，泰夬的關係更近一些。

第四，祭泰夬廢與其他去聲通押韻段，約占入韻總數的 17.72%；與入聲通押韻段，約占入韻總數的 39.24%；與其他去聲、入聲通押韻段，約占入韻總數的 7.59%。這些數據説明，此時祭泰夬廢四韻與入聲的關係非常密切。

---

① 霓，《廣韻》五稽切（疑齊齊四，雌虹），又五計切（疑霽齊四，虹，又音倪），又五結切（疑屑齊四，虹，又音倪）。

② 關於祭部，學者們看法不一。羅常培、周祖謨認爲此部無論是在先秦還是在兩漢都是獨立的去聲韻部；王力則將此部併入月部，認爲是月部中的長入聲，先秦、兩漢均作此處理。李新魁則將祭部獨立，與隊部、至部統稱爲次入韻。我們在《論祭部》（《古漢語研究》2003 年 2 期）和《兩漢韻部與聲調研究》（巴蜀書社 2007 年）中采用了李新魁先生的説法，將祭部稱作獨立的次入韻韻部。

第五，祭泰夬廢與入聲的關係近，而與去聲的關係遠，説明祭泰夬廢四韻中的許多字還保留入聲一讀。

第六，祭月、祭黠、祭月黠、祭月薛、祭薛通押韻段的韻脚字在上古均是月部字；祭屑通押韻段中曹植《七啟》(之七)和《遥逝》中的"穴"字中古屬屑韻，上古屬質部；何晏《景福殿賦》中的"臬"字中古屬屑韻，上古屬月部；祭屑薛通押的1個韻段(曹植《文帝誄》)，除了説明"滅絶弊滯晢"可能仍讀歸月部外，還説明"咽"字已經從真部轉爲屑部。

(二)西晉時期

該時期與泰祭夬廢有關的145個韻段。

1. 衹與祭泰夬廢有關的韻段(67個)

祭韻獨用的15個韻段：傅玄《晉天地郊明堂歌·明堂饗神歌》祭世，《鼓吹曲·仲春振旅》誓祭制，《大寒賦》逝歲，《鷹兔賦》世制，應貞《華覽崇文大夫唱》厲噬，張華《鷦鷯賦》際裔逝斃世，成公綏《嘯賦》制滯逝厲世衛，《琵琶賦》藝制世，《鴻雁賦》裔憩衛，夏侯湛《獵兔賦》猘厲際泄①，潘岳《秋興賦》厲税澨潎歲②，陸機《與弟清河雲詩》(七章)晢裔③，摯虞《思游賦》裔世制曳，左思《魏都賦》歲藝綴勢制衛④，左芬《周宣王姜后贊》制厲世；泰韻獨用的20個韻段：傅玄《鼙舞歌·大晉篇》會外，張華《晉冬至初歲小會歌》泰外，《歸田賦》藹外蓋瀨會泰，夏侯湛《愍桐賦》藹蓋外，《禊賦》會蓋外，孫楚《井賦》賴會柰汰帶，潘岳《西征賦》帶害竄外大泰，《藉田賦》蓋縩艾兑會旆藹礚外⑤，《世祖武皇帝誄》大會蓋旆，摯虞《答杜育詩》會蓋，《疾愈賦》狽帶，束皙《補亡詩·崇丘》藹大泰，《餅賦》會外最，陸雲《大將軍宴會被命作詩》泰會藹帶，張載《敘行賦》藹帶害外，張協《七命》(之七)泰外帶蔡藹大，潘尼《東武館賦》會蓋藹泰帶，《芙蓉賦》蓋會，左

① 猘，《廣韻》居例切；《集韻》居例切，又吉詣切。

② 潎，《廣韻》芳結切(薛開三)，漂潎；又匹蔽切(祭開三)，魚游水也。此處用的是"匹蔽切"一音之義。

③ 晢，《漢魏六朝韻譜》作"恃"，此處依逯欽立《先秦漢魏晉南北朝詩》。

④ 《漢魏六朝韻譜》將左思《魏都賦》"穴鼈咽影真/影屑開四穢翳癘噬罽脆耋定質/定屑開四髮歲藝綴勢制衛絶轍"算作一個韻段。我們依文意將此韻段分爲"穴屑合四鼈薛開三咽屑開四、穢廢合三翳癘祭開三噬祭開三罽祭開三脆祭合三、耋屑開四髮月合三、歲祭合三藝祭開三綴祭合三勢書祭開三制祭開三衛祭合三、絶薛合三轍薛開三"五個韻段。

⑤ 縩，《廣韻》七曷切(清月/清曷開一)，《集韻》七蓋切，此處依《集韻》。

思《蜀都賦》會藹,稔含《瓜賦》賴最①;廢韻獨用的 1 個韻段:傅玄《澡盤銘》穢廢;祭泰通押的 6 個韻段:孫楚《胡母夫人哀辭》會外賴世逝,陸機《挽歌詩》(之二)泰蓋外帶斾靄逝,《行思賦》裔會帶藹,陸雲《逸民賦》藹裔蓋際泰世,楊乂《雪賦》裔藹會②,張載《鞞舞賦》帶曳;祭夬通押的 1 個韻段:陸機《吳大司馬陸抗誄》邁世;泰夬通押的 11 個韻段:孫楚《蓮花賦》瀨邁,傅咸《答欒弘詩》邁會賴蓋,摯虞《思游賦》藹邁蓋,潘岳《哀永逝文》邁斾蓋瀨③,陸機《浮雲賦》邁需外④,《豪士賦》沛會敗大,陸雲《九愍·紓思》邁蓋斾藹,《太尉王公以九錫命大將軍讓公將還京邑祖餞贈此詩》(三章)斾邁藹蓋,《答兄平原詩》邁外裔沛,《吳故丞相陸公誄》大藹蓋邁,左思《吳都賦》會瀨邁礚外沛;泰廢通押的 4 個韻段:摯虞《贈褚武良以尚書出爲安車詩》大帶廢賴,孫楚《反金人銘》穢會,陸機《七微》(之七)乂泰,陸雲《大安二年夏四月大將軍出祖王羊二公於城南堂皇被命作此詩》(四章)薈會乂泰;祭泰夬通押的 5 個韻段:傅玄《鼓吹曲·玄雲》會翽際外邁,《晉鼓吹曲·文皇統百揆》大外乂會邁衛世,陸機《贈顧交趾公真詩》邁裔外大帶斾,陸雲《南征賦》蓋斾邁藹裔,皇甫謐《釋勸論》際會邁⑤;祭泰廢通押的 1 個韻段:張協《七命》窢惠歲薈;泰夬廢通押的 1 個韻段:張載《詩·大谷石榴》最瀨柿奈快帶⑥;祭泰夬廢通押的 2 個韻段:程曉《贈傅休奕詩》邁歲穢會,孫楚《尼父頌》穢世乂衛蔡泰邁。

　　2. 祭泰夬廢與其他去聲通押的韻段(42 個)

　　霽祭通押的 12 個韻段:傅玄《鼓吹曲·因時運》厲計世⑦,張華《尚書令箴》

---

①　此韻段《漢魏六朝韻譜》失收,此處依嚴可均《全晉文》補。

②　《雪賦》,《漢魏六朝韻譜》誤作《雲賦》,此處依嚴可均《全晉文》。

③　邁,《漢魏六朝韻譜》認爲不入韻,依文意,以認爲入韻爲是。此處依嚴可均《全晉文》。

④　《漢魏六朝韻譜》將陸機《浮雲賦》"邁夬開二需泰開一外泰合一氣未開三戾"合爲一個韻段,實際上應該分爲"邁需外"和"氣戾"兩個韻段。

⑤　此韻段《漢魏六朝韻譜》失收,此處依嚴可均《全晉文》補。

⑥　此韻段《詩紀》引"柿廢合三奈泰開一快夬合二帶泰開一"四韻脚字,《漢魏六朝韻譜》從之,題名《江南都蔗》。此處依逯欽立《先秦漢魏晉南北朝詩》補。又柿,或作"沛"泰開一。

⑦　此韻段《漢魏六朝韻譜》將"施解勢厲計世"六字合爲一個韻段,誤。該詩原文是"因時運,聖策施;長蛇交解,群桀離;勢窮奔吳,虎騎厲;惟武進,審大計,時遇其德,清一世"。于氏斷句不確,因而對韻脚字的判斷有誤:一,"解勢"不入韻而于氏誤認爲入韻;二,"離"字入韻而于氏誤認爲不入韻。全詩應分爲"施支開三離支合三"和"厲計世"兩個韻段。此處依逯欽立《先秦漢魏晉南北朝詩》。

替制裔衛①,夏侯湛《觀飛鳥賦》逝勢遞,傅咸《桑樹賦》惠世,潘岳《悼亡詩》(之三)逝厲翳歲制祭,《關中詩》銳逝厲計,《藉田賦》裔戾髮襪翳世藝厲制,潘尼《火賦》制惠,陸機《大暮賦》樘翳惠誓槩逝②,陸雲《盛德頌》制誓蓺替,嵇含《寒食散賦》世繼,束晳《漢高祖功臣頌》世契噬脆;霽祭泰通押的1個韻段:傅玄《元日朝會賦》系制會③;霽祭廢通押的1個韻段:左思《魏都賦》穢翳瘌噬羯脆;霽祭代通押的1個韻段:鄭豐《答陸士龍詩·蘭林》翳厲逝代憩愛④;霽泰通押的1個韻段:陸機《演連珠》(三六)契會;至霽祭通押的1個韻段:陸機《演連珠》(之八)際器惠;祭怪通押的2個韻段:傅玄《鼙舞歌·大晉篇》衛世歲制界⑤,木華《海賦》逝掣屆;祭怪代通押的1個韻段:木華《海賦》代瘵際裔;泰怪通押的2個韻段:摯虞《贈李叔龍以尚書郎遷建平太守詩》瀨會芥外,棗腆《答石崇詩》沛蓋介賴帶泰;泰未通押的1個韻段:張翰《杖賦》味外賴;真霽祭泰通押的1個韻段:陸機《演連珠》(之一)歲離契會;至未霽祭通押的1個韻段:陸機《文賦》致系緯掃媚翠偉;至未隊霽祭通押的1個韻段:陸雲《登臺賦》遂墜昧銳第類蔚簣閟;至祭通押的4個韻段:陸機《七微》(之一)穗稅,《盛德頌》器位蔽,陸雲《晉故豫章內史夏府君誄》厲燧墜世,《故丞桓陸公誄》肆位帥噬;至泰通押的1個韻段:潘岳《射雉賦》繪悴;至未泰通押的1個韻段:傅玄《瓜賦》氣黶翠⑥;至祭廢通押的1個韻段:陸雲《九愍·行吟》淚瘁憩穢醉;至祭隊代通押的1個韻段:陸機《七微》(之五)退厲愛萃;至未代祭泰通押的1個韻段:陸雲《答兄平原詩》大渭懿器慨世;至隊祭廢通押的1個韻段:陸雲《晉故散騎常侍陸府君誄》又懿昧世墜;祭代通押的2個韻段:陸雲《晉故豫章內史夏府君誄》裔概逝,潘尼《獻長安君安仁詩》滯厲代逝;祭泰隊通押的1個韻段:傅玄《衣銘》外內制⑦;至祭通

---

① 此韻段《漢魏六朝韻譜》失收,此處依嚴可均《全晉文》補。
② 樘,《漢魏六朝韻譜》作“懋”,此處依嚴可均《晉文》。
③ 制,《晉書·樂志》《宋書·樂志》均作“蓺”祭開三。
④ 憩,逯欽立《先秦漢魏晉南北朝詩》作“曁”,此依《文館詞林》本。于安瀾《漢魏六朝韻譜》亦作“憩”。
⑤ 《晉書·樂志》《宋書·樂志》均載此詩,未題作者,《樂府詩集》載此詩,題傅玄作,今依《樂府詩集》。衛,《漢魏六朝韻譜》作“惠”,此處依《先秦漢魏晉南北朝詩》。
⑥ 《漢魏六朝韻譜》將此韻段定爲“氣黶(于氏誤作‘膾’)翠偉”四字,不確。實際上傅玄《瓜賦》此處應該分爲“氣黶(于氏誤作‘膾’)翠”和“美偉”兩個韻段,這樣聲調一致,也符合文意。此處依嚴可均《全晉文》。
⑦ 外,《漢魏六朝韻譜》認爲不入韻,亦可。

押的 1 個韻段:潘尼《火賦》逝厲遺斃裔;未泰夬廢通押的 1 個韻段:陸雲《贈鄭曼季詩·鳴鶴》(之三)藹邁乂薈會帶愾;泰夬代通押的 1 個韻段:陸雲《吳故丞相陸公誄》大泰邁旆蓋藹愛。

3. 祭泰夬廢與入聲通押的韻段(27 個)

祭質通押的 1 個韻段:董京《答孫楚詩》逝七;祭月通押的 1 個韻段:夏侯湛《獵兔賦》發斃;祭薛通押的 8 個韻段:傅玄《擬四愁詩》(之一)逝厲泄①,左思《蜀都賦》鱉祭,《吳都賦》衛滅轍烈,夏侯湛《獵兔賦》厲際泄,張華《晉宴會歌》袂設,束皙《餅賦》際熱,《弔衛巨山文》制滅祭;成公綏《正旦大會行禮歌》(一一)泄傑裔哲烈世;祭月屑通押的 1 個韻段:左思《蜀都賦》發節厲裔罰月;祭月薛通押的 1 個韻段:左思《魏都賦》列伐制鋭月;祭屑薛通押的 3 個韻段:成公綏《正旦大會行禮歌》(一三)烈世截哲,《隸書體》制烈捫節,左思《吳都賦》傑裔世轍設噎;祭黠薛通押的 2 個韻段:夏侯淳《彈棋賦》際列拔八勢曳,束皙《近遊賦》制設熱殺;祭月没薛通押的 1 個韻段:左思《魏都賦》傑闕没晰裔髮;祭月屑薛通押的 3 個韻段:左思《蜀都賦》厲結發裂烈,左芬《元皇后誄》哲節世月晰絶,張載《羽扇賦》絜雪月厲;泰月通押的 1 個韻段:左思《魏都賦》蹶帶;泰曷通押的 2 個韻段:左思《魏都賦》達帶會大;《魏都賦》沛怛藹會;祭泰廢月通押的 1 個韻段:傅咸《喜雨賦》世乂害伐;祭鐸月薛通押的 1 個韻段:木華《海賦》浽礐渫勢;祭職通押的 1 個韻段:皇甫謐《釋勸論》説勢逼。

4. 祭泰夬廢與去聲、入聲通押的韻段(9 個)

霽祭屑通押的 2 個韻段:潘尼《惡道賦》戾計穴曳斃②,左芬《萬年公主誄》結節制翳;霽祭薛通押的 2 個韻段:潘岳《笙賦》裔惠折,左思《魏都賦》列翳世;霽祭怪黠屑薛通押的 1 個韻段:仲長敖《覈性賦》列別劣衛齧傑契計結噬竊戾厲蔑轍制斃設絶黠齕袂③;至未祭泰黠通押的 1 個韻段:陸機《鼓吹賦》器蔚綴類殺最;實祭薛通押的 1 個韻段:張華《烈文先生鮑玄泰誄》哲世厲忮;祭泰廢隊黠合通押的 1 個韻段:陸雲《南征賦》煞乂昧遏磕逝;祭泰廢怪德通押的 1 個韻段:

---

① 泄,于安瀾《漢魏六朝韻譜》作"世"祭開三,《先秦漢魏晉南北朝詩》作"泄"。依文意應作"世"。

② 《惡道賦》,《藝文類聚》作《西道賦》;《初學記》及《北堂書鈔》作《惡道賦》,嚴可均《全晉文》從之。《漢魏六朝韻譜》作《苦雨賦》,承前篇賦名而誤。

③ 仲長敖,西晉辭賦家。生卒年及生平事迹均無考。《隋書·經籍志》注云:"梁又有《仲長敖集》二卷,亡。"列於西晉山簡前。

傅玄《舞曲歌辭·窮武篇》北廢戒藝濟大。

通過以上統計，可以看出西晉時期：

第一，祭泰夬廢四韻的關係較爲混亂，一方面祭泰呈現出各自獨立的態勢，一方面又有許多的通押韻段。

第二，夬韻没有獨用的韻段，與泰韻通押的較多，與祭韻通押的較少，可見泰夬應該合爲一部。

第三，廢韻獨用的 1 個韻段，這是整個魏晉南北朝時期少有的廢韻獨用的韻段。泰廢通押及二韻一同與他韻通押的韻段較多，説明廢韻和泰韻的關係更爲近些，或者應該合一。

第四，祭泰夬廢呈現出祭爲一部，泰夬廢爲一部的格局，當然祭韻應與去聲霽韻合爲一部。

第五，祭泰夬廢與其他去聲通押韻段，約占入韻總數的 28.97%；與入聲通押韻段，約占入韻總數的 18.62%；與其他去聲、入聲一同通押韻段，約占入韻總數的 6.21%。這些數據説明此時的祭泰夬廢與入聲的關係還很密切，至少有許多祭泰夬廢四韻中的字仍有入聲一讀。

（三）東晉時期

該時期祭泰夬廢入韻 72 個韻段。

1. 祇與祭泰夬廢有關的韻段（33 個）

祭韻獨用的 7 個韻段：李興《諸葛丞相故宅碣表》世勵，盧諶《燕賦》逝際漱跇憩①，郭璞《山海經圖贊·北山經·長虵》毲噬厲，《山海經圖贊·中山經·鬼草》藝世滯，《山海經圖贊·中山經·三珠樹》際彗，湛方生《遊園咏》勢際，支曇諦《廬山賦》蒂勢；泰韻獨用的 14 個韻段：郭璞《巫咸山賦》帶藹會，《南郊賦》外帶會，《爾雅圖贊·釋水·水》帶外會，《山海經圖贊·中山經·狙如》害會大，《山海經圖贊·西山經·天狗》大害帶，《山海經圖贊·海内東經·大江北江南江浙江盧江淮湘漢漯温潁汝涇渭白沅贛泗鬱潁潢洛汾沁濟潦摩池漳水》帶外會，庾闡《海賦》礚外，《揚都賦》薈瀨會沛，袁宏《三國名臣序贊》蔡會沛泰，庾闡《三月三日詩》外瀨帶，王胡之《贈庾翼詩》泰會帶藹外瀨，陶潛《諸侯孝傳贊》會大泰賴，戴逵《申三復贊》離太會害外賴②，支遁《善多菩薩贊》大外會泰；祭泰通

---

① 跇，《廣韻》余制切（余月/余祭），又丑例切（徹月/徹祭）。

② 離，《廣韻》吕支切（支開三），近曰離，遠曰別，又姓；又力智切（寘開三），去也。該文正用利智切一音之義。

押的5個韻段:郭璞《山海經圖贊·東山經·蜚》害屬逝,孫綽《太平山銘》滯際帶瀨藹,王羲之《蘭亭詩》(之二)際制泰害會①,陶侃《相風賦》大際裔,孫瓊《悼艱賦》會際;泰夬通押的4個韻段:庾友《蘭亭詩》邁會,顧愷之《雷電賦》霠磕敗沛外②,郭元祖《列仙傳贊·嘯父》邁會蓋泰,孫承《嘉豚賦》邁蓋;祭泰夬通押的1個韻段:郭璞《山海經圖贊·北山經·精衛》衛邁害;祭泰廢通押的2個韻段:郭璞《山海經圖贊·東山經·珠鱉魚》肺害衛,曹毗《杜蘭香作詩》際外穢會③。

　2. 祭泰夬廢與其他去聲通押的韻段(26個)

　　霽祭通押的17個韻段:郭璞《與王使君詩》替弊戾惠世④,《遊仙詩》(一三)逝蔕翳,《爾雅圖贊·釋器·筆》契藝世,《山海經圖贊·西山經·肥遺蛇》契屬逝,《山海經圖贊·海外西經·女丑屍》黳翳厲,陶潛《祭從弟敬遠文》惠世厲藝⑤,袁宏《從征行方頭山詩》勢際契憩,《三國名臣序贊》世替銳戾,《丞相桓溫碑銘》世翳,《祭牙文》裔世戾惠,戴逵《尚長贊》世滯翳契逝際,《閒遊贊》世際翳契滯惠,郭元祖《列仙傳贊·師門》勢惠黳逝,《列仙傳贊·呼子先》契逝世惠,周祗《執友箴》惠世,王劭之《春花賦》制計,闕名《成帝哀策文》替衛契;至霽祭通押的1個韻段:郭璞《山海經圖贊·西山經·青鳥》憩隸地;霽祭廢通押的2個韻段:李充《學箴》廢替世厲,盧諶《贈劉琨詩》惠世廢契;霽祭廢怪通押的2個韻段:陶潛《感士不遇賦》世廢惠蔽計歲説界濟袂,《祭從弟敬遠文》刈濟界逝脆世;泰怪通押的2個韻段:郭璞《江賦》澮會沛外介,《山海經圖贊·北山經·磁石》芥會外;霽祭泰廢怪通押的1個韻段:陶潛《桃花源詩》世逝廢憩藝税呔製詣厲歲慧界蔽外契;祭泰未通押的1個韻段:楊羲《雲林與衆真吟詩》(之八)際會氣裔蓋。

　3. 祭泰夬廢與入聲通押的韻段(10個)

　　祭黠屑通押的1個韻段:曹攄《答趙景猷》裔殺節勢;祭月薛通押的1個韻段:曹攄《圍棋賦》礪制列裔伐際;祭月屑薛通押的1個韻段:王廙《婦德箴》月缺

---

① 此韻段《漢魏六朝韻譜》失收,此處依逯欽立《先秦漢魏晉南北朝詩》補。
② 磕,《漢魏六朝韻譜》作"礚",此處依嚴可均《全晉文》。
③ 此韻段《漢魏六朝韻譜》失收,此處依逯欽立《先秦漢魏晉南北朝詩》補。
④ 世,《漢魏六朝韻譜》作"代"。逯欽立《先秦漢魏晉南北朝詩》該詩原文亦作"代",逯氏注云:"原當作世。"今從之。
⑤ 《漢魏六朝韻譜》將陶潛《祭從弟敬遠文》"概代開一愛代開一介怪開二惠霽合四世祭開三厲祭開三藝祭開三"七個韻腳字歸爲一個韻段,我們認爲以分爲"概愛介"和"惠世厲藝"兩個韻段爲宜。

逝嶪;祭質通押的 1 個韻段:郭璞《贈潘尼》世室質①;泰月通押的 1 個韻段:無名氏《晉吳聲歌曲·歡好曲》(之三)月喊②;泰曷通押的 1 個韻段:無名氏《晉吳聲歌曲·七日夜女郎歌》(之四)會渴;泰薛通押的 1 個韻段:郭璞《遊仙詩》蛻滅;夬曷通押的 1 個韻段:無名氏《京口謠》喝敗;祭黠薛通押的 1 個韻段:夏侯淳《彈棋賦》際列拔八勢曳;祭廢術月薛通押的 1 個韻段:李嵩《述志賦》哲袂列際穢滯銳傑出發。

4. 祭泰夬廢與其他去聲、入聲通押的韻段(3 個)

霽祭屑薛通押的 1 個韻段:曹嘉《贈石崇》哲傑列裔衛結契;至質術通押的 1 個韻段:李嵩《述志賦》弼類墜彎述寐日;至泰夬物月通押的 1 個韻段:楊羲《夢蓬萊四真人作詩·張誘世作》關鬱位邁帶會。

通過以上統計,可以看出東晉時期:

第一,祭泰二韻各自獨立爲部,祭韻與霽韻合一;泰韻與夬韻應該合一;廢韻與祭韻的關係近一些。

第二,祭泰夬廢與其他去聲通押韻段,約占入韻總數的 36.11%;與入聲韻通押韻段,約占入韻總數的 13.89%;與其他去聲、入聲一同押韻韻段,約占入韻總數的 4.17%。此時的祭泰夬廢與其他去聲關係更近,而與入聲的關係比起三國、西晉時期疏遠了很多。

(四)劉宋時期

該時期與祭泰夬廢有關的 35 個韻段(包括范曄《後漢書》傳贊韻語中 4 個韻段)。

1. 祇與祭泰夬廢有關的韻段(10 個)

祭韻獨用的 5 個韻段:謝靈運《山居賦》弊世滯逝,謝莊《瑞雪咏》世曳晰③,《山夜憂》瀅憩,釋慧琳《武丘法綱法師誄》裔晰總衛④,《後漢書·張衡傳》蔽滯晰;泰韻獨用的 5 個韻段:王韶之《宋四廟樂歌·食舉歌》泰外帶瀡大,謝靈運《答謝諮議詩》泰帶籟害,《廬山慧遠法師誄》泰昧大害,袁淑《弔古文》艾蔡,謝莊《月賦》瀨藹。

---

① 該詩逯欽立《先秦漢魏晉南北朝詩》祇作《詩》,《詩紀》作《贈潘尼》,《漢魏六朝韻譜》從之。
② 此韻段《漢魏六朝韻譜》失收,此處依逯欽立《先秦漢魏晉南北朝詩》補。
③ 世,《漢魏六朝韻譜》認爲不入韻。
④ 晰,《廣韻》征例切(章母祭韻),又旨熱切(章母祭韻)。

2. 祭泰夬廢與其他去聲通押的韻段(15 個)

霽祭通押的 11 個韻段:傅亮《九月九日登陵囂館賦》逝憩厲澨蕙脆,鄭鮮之《祭牙文》祭厲契,范泰《鸞鳥詩》際厲勢契斃①,謝靈運《撰征賦》逝薊汭契,袁淑《咏冬至詩》歲滯惠誓,劉駿《祈晴文》滯替惠翳際藝歲,顏延之《陶徵士誄》斃逝世惠,《宋文皇帝元皇后哀策文》晰疹世衛,沈勃《秋羈賦》歲例蔕惠,釋慧琳《武丘法綱法師誄》晰裔憩綴世翳;謝鎮之《重與顧歡書頌文》翳哲制逝厲慧②;霽祭泰廢通押的 1 個韻段:謝靈運《撰征賦》旆竁帶沛外泰廢惠稅袂歲;至霽祭通押的 1 個韻段:謝莊《孝武帝哀策文》筮衛地世翳蔕③;泰隊通押的 1 個韻段:王微《茯苓讚》薈蔡艾佩;廢隊代通押的 1 個韻段:《後漢書·周黃徐姜申屠傳》對廢穢退曖。

3. 祭泰夬廢與入聲通押的韻段(4 個)

祭月通押的 1 個韻段:謝惠連《前緩聲歌》銳蔽越④;泰曷末通押的 1 個韻段:鮑照《紹古辭》(之六)達藹捋闥闊葛;祭屑薛通押的 2 個韻段:《後漢書·靈帝紀》孽缺衛,《張曹鄭傳》世祭缺輟。

4. 祭泰夬廢與其他去聲、入聲一起通押的韻段(6 個)

霽祭屑通押的 1 個韻段:闕名《宋張推兒墓誌》潔歲節蕙藝;霽祭没薛通押的 1 個韻段:謝靈運《辭禄賦》惠泄滯窟絶;霽祭屑薛通押的 2 個韻段:謝靈運《夜集歎乖詩》別切轍惠誓,劉駿《故侍中司徒建平王宏墓誌》慧藝絶烈結契折滅。霽泰薛月黠通押的 1 個韻段:爨道慶《宋故龍驤將軍護鎮蠻校尉寧州刺史邛都縣侯爨使君之碑》遏闕哲外會□殺;祭代薛通押的 1 個韻段:謝靈運《撰征賦》代濟澨閱。

通過以上統計,可以看出劉宋時期:

第一,祭泰各自獨立,祭韻與霽韻合爲一部,泰隊的關係略密切一些。

第二,祭泰夬廢與其他去聲通押韻段,約占入韻總數的 42.86%;與入聲韻通押韻段,約占入韻總數的 11.43%;與其他去聲、入聲一起通押韻段,約占入韻總數的 17.14%。此時的祭泰夬廢與其他去聲關係更近,而與入聲的關係更爲疏遠。相比而言,霽祭與屑薛等入聲韻關係密切些,泰夬廢與入聲曷末的關係

① 《漢魏六朝韻譜》作《經漢高廟》,誤。此處依逯欽立《先秦漢魏晉南北朝詩》。
② 哲,與"晰"字同。《廣韻》征例切(章母祭韻),又旨熱切(章母祭韻)。
③ 蔕,同"蔕"。
④ 越,《漢魏六朝韻譜》認爲不入韻,細尋詩意,以入韻爲是。

更近些。

（五）南齊時期

該時期祭夬廢入韻 26 個韻段。

1. 祇與祭夬廢有關的韻段（12 個）

這些韻段均爲泰韻獨用：謝超宗《齊北郊樂歌·昭夏樂》太藹，《齊北郊樂歌·隸幽樂》會蓋泰，《齊太廟樂歌·凱容樂》外藹，蕭子良《遊後園詩》外藹會，《行宅詩》外艾，張融《海賦》藹外磕①，《海賦》外帶瀨，謝朓《答王世子詩》外籟會帶艾，《後齋回望詩》帶外蓋斾，《齊雩祭歌·送神》蓋外，陸厥《南郡歌》大蓋帶蔡貝，王儉《南郊樂章·高德宣烈樂》大外藹泰。

2. 祭泰夬廢與其他去聲通押的韻段（4 個）

霽祭通押的 3 個韻段：王寂《第五兄揖到太傅竟陵王屬奉詩》麗滯蒂憓，孔稚珪《祭外兄張長史文》睿惠②，釋慧琳《新安寺釋玄運法師誄》歲計濟世；泰代通押的 1 個韻段：張融《海賦》逮外。

3. 祭泰夬廢與入聲通押的韻段（10 個）

祭屑通押的 1 個韻段：劉祥《連珠》弊世節；祭薛通押的 2 個韻段：張融《海賦》裂勢③，阮彥《皇太子釋奠會詩》（八之二）澈晰藝枻；泰末通押的 1 個韻段：孔稚珪《北山移文》外脱瀨；祭屑薛通押的 3 個韻段：蕭子良《登山望雷居士精舍同沈右衛過劉先生墓下作詩》缺絶哲滅裔逝，王融《净住子頌·皇覺辯德篇頌》哲枻缺滅徹轍，謝朓《同沈右率諸公賦鼓吹曲名二首·芳樹》枻結折絶；祭質屑通押的 1 個韻段：王儉《侍太子九日宴玄圃詩》潔衛軼④；祭月屑薛通押的 1 個韻段：王融《遊仙詩》（之一）節雪碣説礪；泰曷末通押的 1 個韻段：張融《海賦》外末太泰會達大。

通過以上統計，可以看出南齊時期：

第一，祭泰夬廢入韻的韻段很少，祭泰分立，祭韻與霽韻合爲一部，夬、廢未

---

① 此韻段《漢魏六朝韻譜》失收，此處依嚴可均《全晉文》、逯欽立《先秦漢魏晉南北朝詩》補。

② 睿，《漢魏六朝韻譜》作“叡”，此依嚴可均《全齊文》。

③ “辜”字較僻，張融《海賦》“洽辜”爲韻，“洽”下注“音合”；“辜”下注“纑合”，即纑合切。于安瀾《漢魏六朝韻譜》韻脚字摘取有誤。原韻段作“裂勢辜清緝/清合開—窟”，應作“裂勢”“洽辜”“渤並物/並没合—窟”。

④ 王儉原詩，逯欽立《先秦漢魏晉南北朝詩》爲“方軼前軌”，《藝文類聚》作“方軌前軼”，此依《藝文類聚》。

入韻,不好斷定此與他韻的分合情況。

第二,祭泰夬廢與其他去聲通押韻段,約占入韻總數的 15.38%;與入聲韻通押韻段,約占入韻總數的 38.46%。此時的祭泰夬廢與其他去聲關係較遠,而與入聲的關係却很近。相比而言,霽祭的與屑薛等入聲韻關係密切些,泰韻和曷末關係近些。

(六)南朝梁時期

該時期與祭夬廢有關的 75 個韻段。

1. 祇與祭夬廢有關的韻段(26 個)

祭韻獨用的 5 個韻段:沈約《梁鼓吹曲·漢東流》汭蔽稅,江淹《去故鄉賦》際袂滯歲,《齊太祖高皇帝誄》歲藝睿,任昉《撫軍桂陽王墓誌銘》衛説憩,丘遲《還林賦》滋裔;泰韻獨用的 20 個韻段:沈約《餞謝文學離夜詩》帶蓋瀨會外,《八咏詩·會圃臨春風》斾蓋帶①,江淹《山中楚辭五首》(之一)藹大蓋帶,《齊太祖高皇帝誄》藹蓋斾外,《齊太祖高皇帝誄》沛藹斾蓋帶,王僧孺《豫州墓誌銘》藹斾帶會最大,到洽《答秘書丞張率詩》蓋會艾害,張纘《南征賦》藹酹大賴,《懷音賦》會帶,吳均《食移》膾艾,何遜《日夕望江山贈魚司馬詩》帶外會,王筠《苦暑詩》靄瀨蓋帶,《望夕霽詩》籟靄汏會,王訓《度關山》藹外帶,蕭綱《海賦》磕外,《招真館碑銘》會外大兑泰蓋最,蕭繹《玄覽賦》蓋大會靄帶②,《玄覽賦》會帶軷,《玄覽賦》蓋斾帶,無名氏《梁鼓角橫吹曲·慕容垂歌辭》(之三)會外;夬韻獨用的 1 個韻段:劉勰《文心雕龍·檄移篇贊》邁敗蠆話。

2. 祭泰夬廢與其他去聲通押的韻段(22 個)

霽祭通押的 15 個韻段:張纘《南征賦》世惠藝睿濟憩逝罽,《南征賦》濟柴誓祭裔,《南征賦》繼敝世濟麗替,劉孝威《公無渡河》厲柴祭袂逝娣,蕭綱《采桑》閟袂縶壻,《和贈逸民應詔詩》藝制滯誓細,《咏獨舞》袂壻,蕭詧《圍棋賦》制濟,張纘《妬婦賦》制袂壻,張綰《龍樓寺碑銘》蔽際厲濟,虞騫《登鍾山下峰望詩》際睇閟細,甄玄成《車賦》厲蔽庋③,沈約《梁郊廟歌辭·宗廟登歌》帝祭衛際裔,褚澐《咏柰詩》麗蕙蒂桂際,闕名《七召》(之三)世細麗;祭代通押的 1 個韻段:蕭子雲《玄圃園講賦》諦縶逮;祭怪通押的 1 個韻段:王中《頭陀寺碑文》世衛界歲;

---

① 《漢魏六朝韻譜》認爲"斾"字不入韻。
② 《漢魏六朝韻譜》認爲"蓋"字不入韻,此處依嚴可均《全梁文》補。
③ 《漢魏六朝韻譜》將甄玄成《車賦》"烈來薛開三熱薛開三歇月開三厲祭開三蔽祭開三庋"合爲一個韻段,我們將其分爲"烈熱歇"和"厲蔽庋"兩個韻段。

祭霽泰通押的 1 個韻段：張纘《瓜賦》蔽帶際計；祭隊怪通押的 1 個韻段：江淹《丹砂可學賦》怪佩厲；泰隊代通押的 1 個韻段：蕭綱《作離新體詩》暖態背閣賴；至泰代通押的 1 個韻段：蕭繹《使中新渝侯墓誌銘》載類繪；泰廢隊代通押的 1 個韻段：蕭綱《七勵》（之三）肺菜繪綷。

3. 祭泰夬廢與入聲通押的韻段（21 個）

祭月薛通押的 1 個韻段：任昉《奉和登景陽山詩》閱塿碣柵澈哲；祭屑通押的 3 個韻段：王筠《詩·寶地恣憑陵》竊噬；《詩·九沸反成緩》切稅；蕭綸《贈言賦》汭結；祭薛通押的 6 個韻段：江淹《謝法曹惠連贈別》汭別袂雪，任昉《王貴嬪哀策文》撤裔，陶弘景《雲上之仙風賦》裔際雪，張率《河南國獻舞馬賦應詔》別勢製，王筠《昭明太子哀策文》烈綴，蕭繹《鍾山飛流寺碑銘》徹雪遰；祭屑薛通押的 6 個韻段：江淹《謝臨川靈運遊山》缺設絕徹晰沴蔽汭逝雪穴滅澨説，《齊太祖高皇帝誄》制絕澨結礪衛綴，《齊太祖高皇帝誄》筮撤結絕，張纘《丁貴嬪哀策文》缺烈晰蔽，王中《頭陀寺碑文》滅缺烈柵，蕭洽《侍釋奠會詩·冬物澄華》絜綴悅劣；祭泰屑通押的 1 個韻段：王筠《詩》帶節際；泰末通押的 3 個韻段：沈約《三日侍林光殿曲水宴應作》軷蓋旆薈瀨泰會，江淹《蕭太傅東耕咒文》軷蓋沫，陶弘景《水仙賦》沫瀨外；泰末没通押的 1 個韻段：闕名《梁鼓角横吹曲·隔谷歌》外栝活。

4. 祭泰夬廢與其他去聲、入聲通押的韻段（6 個）

霽祭薛通押的 1 個韻段：周子良《張仙卿授詩》際契轍折；霽祭屑薛通押的 3 個韻段：苟濟《贈陰梁州詩》契別歲際節雪結切，丘遲《思賢賦》世悅弊傑藝別閉袂際哲惠結，江淹《宋故尚書左丞孫緬墓銘》衛世烈節藝轍缺喆結閉滅；紙末祭屑薛通押的 1 個韻段：江淹《蕭驃騎祭石頭戰亡文》節烈折轍鋭雪欷世邁；祭薛職通押的 1 個韻段：陸璉《齊皇太子釋奠詩》哲翼列裔。

通過以上統計，可以看出南朝梁時期：

第一，霽祭合爲一部，此部與屑薛韻的關係十分密切。

第二，泰韻是一個獨立的韻部，該韻部與隊代月末的關係密切一些。

第三，夬韻雖然在其他詩文中没有入韻的韻段，但在《文心雕龍》贊語中却連用 4 個夬韻字不雜他韻字，表現出很强的獨立性，應該看成是一個獨立的韻部。衹是韻段太少，説服力不强。

第四，廢韻入韻 1 個韻段，是與泰隊代通押，故應該與泰韻合爲一部。

第五，祭泰夬廢與其他去聲通押韻段，約占入韻總數的 29. 33%；與入聲韻通押韻段，占入韻總數的 28%；與其他去聲、入聲一起通押韻韻段，占入韻總數的 8%。此時的祭泰夬廢與其他相關去聲和入聲的關係幾乎相等。

（七）南陳時期

該時期與祭泰夬廢有關的 11 個韻段。

1. 祇與祭泰夬廢有關的韻段（3 個）

這些韻段均爲泰韻獨用：江總《貞女峽賦》外斾，沈炯《歸魂賦》泰會斾害帶，徐陵《陳文皇帝哀册文》大外帶泰。

2. 祭泰夬廢與去聲通押的韻段（6 個）

霽祭通押的 4 個韻段：沈炯《太尉始興昭烈王碑銘》裔系汭計，江總《釋奠詩應令》藝滯礪替①，陳叔寶《揚都興皇寺釋法朗墓銘》蕙繼曳制世濟，徐陵《塵尾銘》制勢細；泰怪通押的 1 個韻段：徐孝克《天臺山修禪寺智顗禪師放生碑銘》大最誠蔡蓋賴；泰代通押的 1 個韻段：顧野王《餞友之綏安詩》靄瀨會蓋繪海愛鄰。

3. 祭泰夬廢與入聲韻通押的韻段（2 個）

祭屑薛通押的 2 個韻段：沈炯《歸魂賦》緤轍雪折袂咽裂，無名氏《陳太廟舞辭·武德舞》綴烈潔絶。

通過以上統計，可以看出南陳時期：

第一，霽祭合爲一部，泰韻獨立爲一個韻部；祭部與薛韻的關係密些，泰韻與怪代的關係密些。夬廢二韻均未入韻，不好斷定其分合關係。

第二，沈炯《歸魂賦》的韻脚字"咽"與"緤轍雪折裂"通押，表明"咽"字已有影母屑韻一讀；祭韻"袂"字與"緤轍雪折裂"通押，表明此時"袂"字仍有入聲一讀（"袂"字上古月部字）。

通過以上分析，我們可以得出如下結論：

第一，整個魏晉南北朝時期，祭泰均分屬兩個韻部。從三國時期一直到東晉時期，祭泰均有一些通押的韻段，也就是說，此時的祭泰雖然已從兩漢的祭部分立出來各立門户，但二韻之間的關係還是比較密切的。進入南北朝以後，南朝南齊、南陳均無祭泰通押的韻段，劉宋、南朝梁祭泰通押的韻段也大爲減少，北朝情況也大致如此。

第二，整個魏晉南北朝祭霽應該合爲一個韻部。王仁昫《刊謬補缺切韻》韻目去聲霽韻下注"李、杜與祭同，吕别，今依吕"。李季節、杜臺卿霽與祭同，《廣

---

① 此韻段《漢魏六朝韻譜》失收，此處依逯欽立《先秦漢魏晉南北朝詩》。

韻》規定霽祭同用,均與此時詩文用韻一致。

　　第三,魏晉南北朝時期夬廢入韻的很少,獨用的更少,與霽祭通押的也很少,主要是和泰韻通押,應該與泰韻合爲一部。《廣韻》規定卦怪夬同用,王仁昫《刊謬補缺切韻》韻目去聲夬韻下注"李與恠(怪)同,吕别與會同(?),夏侯别,今依夏侯";怪韻下注"夏侯與泰同,杜别,今依杜(衹見於《王二》)";廢韻下注"夏侯與隊同,今依吕"。

　　第四,三國、西晉時期祭泰夬廢與月没曷黠薛屑等入聲韻有一些通押的韻段,説明直至三國、西晉時期,祭泰夬廢等還没有完全從上古的月部中分離出來,某些字至少還保留入聲一讀。東晉時期祭泰與入聲的關係比起三國、西晉時期,疏遠了很多。但南朝一直到南陳都有祭類與月類入聲通押的韻段,趨勢是越來越少。北朝北魏時期仍有一些祭類與月類入聲通押的韻段,而北齊、北周、隋朝均未見祭泰夬廢與入聲通押的韻段。

第三章　北朝時期陽聲韻的發展變化

第一節　東冬鍾江陽唐六韻的關係

一、北朝及隋朝東冬鍾江陽唐六韻的關係

（一）北魏時期

該時期與東冬鍾江陽唐有關的 87 個韻段。

1. 衹與東冬鍾江有關的韻段（32 個）

東合一獨用的 1 個韻段：闕名《禪静寺刹前銘敬史君碑》朦虹瓏功。

東合三獨用的 6 個韻段：高允《答宗欽詩》風隆融戎，王肅《悲平城詩》中風，常景《洛橋銘》中嵩融風，張淵《觀象賦》宫窮躬中風，闕名《皇甫驎墓誌》融雄崇①，《賈思伯碑》□融隆風。

東合一東合三通押的 8 個韻段：高允《徵士頌》忠東合三躬東合三功東合一崇東合三隆東合三②，元恭《聯句詩》窮東合三蟲東合三芃東合一戎東合三嵩東合三，蕭綜《悲落葉》風東合三同東合一，李諧《述身賦》東東合一風東合三空東合一隆東合三中東合三窮東合三，李騫《釋情賦》融東合三宫東合三嵩東合三公東合一終東合三躬東合三，于子建《武德郡建沁水石橋記》功東合一風東合三同東合一公東合一，闕名《崔敬邕墓誌銘》融東合三戎東合三功東合一風東合三，《義橋石像碑》功東合一風東合三同東合一公東合一。

東合一冬通押的 1 個韻段：元勰《應制賦銅鞮山松詩》冬冬合一同東合一。

---

① 該文全稱《魏故涇雍二州別駕安西平西二府長史新平安定清水武始四郡太守皇甫君墓誌銘》，此處依《漢魏六朝韻譜》。

② 該韻段《漢魏六朝韻譜》失收，此處依嚴可均《全後魏文》補。周祖謨認爲“忠”字不入韻。

東合三冬通押的 1 個韻段：元宏《祭河文》宗_{冬合一}澧_{東合三}。

東合一鍾通押的 7 個韻段：高允《答宗欽詩》通_{東合一}封_{鍾合三}從_{鍾合三}同_{東合一}，陽固《刺讒詩》工_{東合一}從_{鍾合三}同_{東合一}墉_{鍾合三}，程駿《慶國頌》濃_{鍾合三}通_{東合一}邕_{鍾合三}逢_{鍾合三}，無名氏《河東民爲元淑謠》東_{東合一}通_{東合一}春_{鍾合三}，仙道《老君十六變詞·四變之時》蔥_{東合一}春_{鍾合三}雍_{鍾合三}龍_{鍾合三}東_{東合一}空_{東合一}重_{鍾合三}通_{東合一}；盧元明《劇鼠賦》種_{腫合三}重_{腫合三}冢_{腫合三}聳_{腫合三}孔_{董合一}；元宏《弔殷比干墓文》棟_{送合一}共_{用合三}洞_{送合一}貢_{送合一}。

東合一鍾江通押的 4 個韻段：韓延之《贈中尉李彪詩》江_{江開二}蹤_{鍾合三}龍_{鍾合三}從_{鍾合三}邦_{江開二}鴻_{東合一}同_{東合一}，高允《徵士頌》通_{東合一}胸_{鍾合三}龍_{鍾合三}邦_{江開二}，無名氏《廣平百姓爲李波小妹語》容_{鍾合三}蓬_{東合一}雙_{江開二}逢_{鍾合三}，《老子化胡經玄歌·化胡歌》松_{鍾合三}公_{東合一}蹤_{鍾合三}童_{東合一}雙_{江開二}聰_{東合一}。

鍾江通押的 2 個韻段：陽固《演賾賦》邦_{江開二}容_{鍾合三}，《演賾賦》庸_{鍾合三}江_{江開二}。

東合三冬鍾通押的 1 個韻段：元宏《弔殷比干墓文》宗_{冬合一}風_{東合三}容_{鍾合三}躬_{東合三}濃_{鍾合三}鐘_{鍾合三}鋒_{鍾合三}。

東合一東合三冬鍾通押的 1 個韻段：無名氏《齊郡王祐造像銘》宗_{冬合一}通_{東合一}功_{東合一}鴻_{東合一}封_{鍾合三}松_{鍾合三}窮_{東合三}。

2. 衹與陽唐有關的韻段（52 個）

陽韻獨用的 15 個韻段：陽固《演賾賦》陽昌鄉方，《演賾賦》亡昌，《演賾賦》相王①，《演賾賦》方常，《演賾賦》漿裳，闕名《魯郡太守張猛龍清頌碑》鄉方霜良，菩提達磨《真性頌》常忘②，《禪靜寺刹前銘敬史君碑》昌芳王張，無名氏《楊衒之引京師語》魴羊，《賈思勰引河西語》牆梁；高允《咏貞婦彭城劉氏》網壤響想，温子昇《常山公主碑銘》往壤，高孝緯《空城雀》上仰賞獎③，闕名《中岳嵩陽寺碑》仰爽；陽固《演賾賦》上量。

---

① 相,《廣韻》有息良、息亮二切,分屬陽韻和漾韻。陽韻中的"相"字是"共供也、瞻視也"；漾韻中的"相"字是"視也、助也、扶也"。"相"字在北朝詩文用韻中與平去相押時與《廣韻》的分別基本一致。王,《廣韻》雨方切,大也,君也,又雨誑切(即于放切),霸王。凡與平聲爲韻的作雨方切處理,凡與去聲爲韻的作雨誑切處理。

② 忘,《廣韻》有武方、巫放二切,分屬陽韻和漾韻,詞義並無差別。本書中"忘"字凡與平聲陽韻字押韻的作平聲處理；凡與去聲漾韻字押韻的作去聲處理。

③ 上,《廣韻》有時掌、時亮二切,分屬養韻和漾韻,詞義並無差別。本書中"上"字凡與上聲養韻字押韻的作上聲處理；凡與去聲漾韻字押韻的作去聲處理。

　　唐韻獨用的 1 個韻段:張淵《觀象賦》荒茫浪傍①。

　　陽唐通押的 36 個韻段:高允《酒訓》亡陽合三昌陽開三光唐合一芳陽合三,鄭道昭《於萊城東十里與諸門徒登青陽嶺太基山上四面及中嶺掃石置仙壇詩》場陽開三堂唐開一光唐合一崗唐開一裳陽開三房陽合三章陽開三香陽開三梁陽開三疆陽開三方陽合三莊陽開三行唐開一桑唐開一藏唐開一,陽固《演賾賦》裝陽開三陽陽開三塘唐開一羊陽開三瑲陽開三裳陽開三,元子攸《臨終詩》長陽開三鄉陽開三光唐合一楊陽開三當唐開一,蕭綜《悲落葉》當唐開一黃唐合一揚陽開三,李諧《述身賦》張陽開三陽陽開三王陽合三亡陽合三綱唐開一行唐開一鄉陽開三,常景《洛橋銘》行唐開一疆陽開三莊唐開三亡陽合三,溫子昇《擣衣詩》長陽開三黃唐合一涼陽開三光唐合一狼唐開一,李騫《釋情賦》章陽開三行唐開一皇唐合一望陽合三②,元萇《振興溫泉頌》陽陽開三望陽合三行唐開一張陽開三,張淵《觀象賦》良陽開三陽陽開三光唐合一望陽合三,元宏《弔殷比干文》閶宕開一鏘陽開三羊陽開三揚陽開三望陽合三,《弔殷比干文》殃陽開三當唐開一良陽開三亡陽合三揚陽開三昌陽開三當唐開一王陽合三方陽合三長陽開三,《弔殷比干文》光唐合一霜陽開三鄉陽開三糧陽開三翔陽開三裳陽開三,衛操《桓帝功德頌碑》皇唐合一疆陽開三綱唐開一殃陽開三狼唐開一,《桓帝功德頌碑》方陽合三荒唐合一康唐開一揚陽開三,姜質《亭山賦》黃唐合一芳陽合三鄉陽開三翔陽開三陽陽開三方陽合三,于子建《武德郡建沁水石橋記》方陽合三霜陽開三隍唐合一梁陽開三,闕名《季洪演造像頌》梁陽開三光唐合一方陽合三霜陽開三,《石門銘》彰陽開三皇唐合一方陽合三康唐開一梁陽開三襄陽開三強陽開三疆陽開三亡陽合三光唐合一長陽開三霜陽開三傷陽開三,《洛州刺史刁遵墓誌銘》亡陽合三翔陽開三光唐合一璜唐合一,《魏故持節龍驤將軍督營州諸軍事營州刺史征虜將軍太中大夫臨青男崔公之墓誌銘》荒唐合一鄉陽開三良陽開三光唐合一,《像碑文》陽陽開三堂唐開一岡唐開一芳陽合三,《中書令秘書監兗州刺史鄭羲碑頌》光唐合一章陽開三望陽合三揚陽開三,《龍驤將軍營州刺史高貞碑》□望陽合三光唐合一芳陽合三,無名氏《時人爲祖瑩袁翻語》琅唐開一方陽合三,《闞駰引語》喪唐開一糧陽開三,《賈思勰引河西語》牆陽開三梁陽開三,仙道《老子化胡經玄歌·尹喜哀歎》堭陽開三長陽開三方陽合三行唐開一傷陽開三,《老子化胡經玄歌·老君十六變詞·三變之時》方陽合三牀陽開三琅唐開一行唐開一章陽開三陽陽開三翔陽開三;

────────────────

①　浪,《廣韻》有魯當、來宕二切,分屬唐韻和蕩韻,詞義並無差別。本書中"浪"字凡與平聲唐韻字押韻的作平聲處理;凡與去聲宕韻字押韻的作去聲處理。
②　望,《廣韻》有武方、巫放二切,分屬陽韻和漾韻,詞義並無差別。本書中"望"字凡與平聲陽韻字押韻的作平聲處理;凡與去聲漾韻押韻的作去聲處理。

李諧《述身賦》往養合三壤養開三廣蕩合一上養開三響養開三網養合一蕩蕩開一,張淵《觀象賦》響養開三朗蕩開一象養開三往養合三;高允《鹿苑賦》量漾開三讓漾開三浪宕開一尚漾開三①;崔浩《慶德殿碑頌》荒唐合一羌陽開三顙蕩開一亡陽合三煌唐合一;姜質《亭山賦》宕宕開一尚漾開三忘漾合三想養開三放漾合三,馮元興《浮萍詩》上漾開三浪宕開一。

3. 六韻與他韻通押的韻段(3 個)

東合一屋通押的 1 個韻段:高閭《至德頌》東東合一服屋合三②。

陽唐庚通押的 2 個韻段:仙道《老子化胡經玄歌·老君十六變詞·五百歲之時》昌陽開三長陽開三兄庚合三翔陽開三嘗陽開三央陽開三;衛操《桓帝功德頌碑》陽陽開三光唐合一黨蕩開一橫庚合二傷陽開三堂唐開一喪唐開一漳陽開三亡陽合三行唐開一方陽合三王陽合三攘陽開三。

通過以上統計,可以看出北魏時期:

第一,東合一與鍾韻的關係非常密切。

第二,東合一與東合三的關係也不遠,已呈現出合流的趨勢。高允《答宗欽詩》、常景《洛橋銘》都是連用 4 個東合三字,張淵《觀象賦》連用 5 個東合三字不雜他韻字,説明東合三具有一定的獨立性。

第三,江韻與東合一、鍾韻的關係較近,表現出很强的一體性。

第四,冬韻與東合一、東合三、鍾韻的各自關係差不多,不好斷定其遠近。

第五,冬韻與江韻無通押的韻段,其關係可能稍遠些,也可能與此二韻字少入韻少有關係。

第六,東合一屋通押的 1 個韻段,應該是主元音相同,仍存在對轉關係。

第七,陽唐應該合爲一部,《切韻》將陽唐分立,應該是韻頭的差別,唐韻一等字,陽韻三等字。

第八,陽唐與庚韻相近而與東冬鍾江相遠,"橫兄"二字此時未轉入庚部,或還保留陽部一讀。

(二)北齊時期

該時期與東冬鍾江陽唐有關的 56 個韻段。

---

① 量,《廣韻》有吕良切,量度薄也,又力尚切(或作力讓切),合斗斛。凡與平聲爲韻的作平聲處理,凡與上去聲爲韻的作去聲處理。

② 《漢魏六朝韻譜》認爲"服"字不入韻,亦可。我們認爲"東服"通押,屬陽入對轉。

1. 祇與東冬鍾江有關的韻段(25 個)

東合一獨用的 1 個韻段：無名氏《兖州民爲鄭氏父子歌》公公同①。

東合三獨用的 7 個韻段：陸卬《祀五帝於明堂樂歌・高明樂》中風，《五郊樂歌・黄帝高明樂》窮融，《享廟樂辭・始基樂恢祚舞》風躬隆崇窮融②，《享廟樂辭・皇夏》終衷③，邢劭《文宣帝哀策文》窮弓嵩中戎風，□鴻《西門豹祀堂碑》隆躬終④，闕名《宋敬業造塔頌》宫風中沖。

鍾韻獨用的 4 個韻段：蕭放《咏竹詩》濃龍，邢劭《賀老人星詩》重雍，魏收《庭柏詩》峰濃容從⑤，陸卬《大禘圜丘及北郊歌辭・昭夏樂》恭從。

東合一東合三通押的 8 個韻段：袁奭《從駕遊山寺》衷$_{東合三}$叢$_{東合一}$風$_{東合三}$蔥$_{東合一}$，劉逖《對雨詩》空$_{東合一}$風$_{東合三}$紅$_{東合一}$中$_{東合三}$，蕭慤《悼亡賦》宫$_{東合三}$虹$_{東合一}$紅$_{東合一}$桐$_{東合一}$風$_{東合三}$窮$_{東合三}$，《奉和悲秋應令詩》蒙$_{東合一}$風$_{東合三}$叢$_{東合一}$鴻$_{東合一}$空$_{東合一}$蓬$_{東合一}$沖$_{東合三}$同$_{東合一}$功$_{東合一}$蟲$_{東合三}$⑥，魏收《後園宴樂詩》中$_{東合三}$風$_{東合三}$穹$_{東合三}$功$_{東合一}$通$_{東合一}$叢$_{東合一}$，祖珽《挽歌》宫$_{東合三}$中$_{東合三}$風$_{東合三}$空$_{東合一}$，盧詢祖《趙郡王配鄭氏挽詞》中$_{東合三}$宫$_{東合三}$風$_{東合三}$空$_{東合一}$，朱敬範《朱岱林墓誌銘》風$_{東合三}$崇$_{東合三}$空$_{東合一}$終$_{東合三}$。

東合一鍾通押的 2 個韻段：崔氏《黷面辭》紅$_{東合一}$容$_{鍾合三}$，無名氏《孝昭時童謡》翁$_{東合一}$雍$_{鍾合三}$鐘$_{鍾合三}$。

冬鍾通押的 1 個韻段：陸卬《享廟樂辭・文德樂宣政舞》統$_{冬合一}$縱$_{鍾合三}$種$_{鍾合三}$綜$_{冬合一}$。

鍾江通押的 2 個韻段：陸卬《大禘圜丘及北郊歌辭・高明樂》從$_{鍾合三}$恭$_{鍾合三}$雍$_{鍾合三}$邦$_{江開二}$，《享廟樂辭・登歌樂》用$_{用合三}$降$_{絳開二}$。

2. 祇與陽唐有關的韻段(31 個)

陽韻獨用的 12 個韻段：陸卬《大禘圜丘及北郊歌辭・昭夏樂》(紫檀既燎奏)香疆，《享廟樂辭・高明登歌樂》良張，《祀五帝於明堂樂歌・武德樂》(牲出入奏)羊方，《祀五帝於明堂樂歌・皇夏樂》(皇帝還便殿奏)章王，《享廟樂

----

① 該詩篇名《樂府詩集》卷八六、《詩紀》卷一一一並作《鄭公歌》，《漢魏六朝韻譜》、周祖謨從之。此處依《先秦漢魏晉南北朝詩》。
②③該詩作者《漢魏六朝韻譜》作“陸卬”，周祖謨題作“闕名”。
④　嚴可均《全北齊文》曰：“鴻，失其姓。”
⑤　該詩篇名《漢魏六朝韻譜》作《夜泊》，誤。此處依《先秦漢魏晉南北朝詩》。
⑥　叢，有的本子作“藂”，“叢”字之異體。

辭・皇夏》(皇帝詣便殿奏)疆長,《燕射歌辭・元會大饗歌・食舉樂》(一〇)揚襄①,魏收《祭陰道方文》裳方長傷;裴訥之《鄴館公讌詩》賞響上掌長兩,陸卬《大褅圜丘及北郊歌辭・皇夏樂》(皇帝升丘奏)仰饗,闕名《臨淮王造像碑》上丈仰想;陸卬《元會大饗歌・食舉樂》(一〇)壯望,無名氏《時人爲裴皇甫二姓兄弟語》讓亮。

　　唐韻獨用的 2 個韻段:陸卬《元會大饗歌・食舉樂》(之三)蒼光,無名氏《鄴下爲陸仲讓語》行郎。

　　陽唐通押的 17 個韻段:魏收《挾琴歌》房陽合三香陽開三行唐開一,顏之推《觀我生賦》茫唐開一疆陽開三王陽合三亡陽合三祥陽開三襄唐開一荒唐合一翔陽開三章陽開三鄉陽開三忘陽合三芳陽合三梁陽開三狼唐開一牆陽開三航唐開一張陽開三吭唐開一羊陽開三光唐合一康唐開一芒唐開一湘陽開三方陽合三傷陽開三漳陽開三鮏唐合一陽陽開三,陸卬《大褅圜丘及北郊歌辭・皇夏樂》光唐合一章陽開三,《祀五帝於明堂樂歌・肆夏樂》章陽開三光唐合一,《祀五帝於明堂樂歌・高明樂》光唐合一昌陽開三方陽合三,《享廟樂辭・始基樂恢祚舞》昌陽開三光唐合一方陽合三長陽開三,《元會大饗歌・食舉樂》(之二)光唐合一行唐開一方陽合三陽陽開三皇唐合一章陽開三裳陽開三,(之八)昌陽開三光唐合一疆陽開三,闕名《邑義造丈八大像頌》崗唐開一央陽開三祥陽開三皇唐合一疆陽開三場陽開三,《劉碑造像銘》傍唐開一當唐開一方陽合三堂唐開一場陽開三芒唐開一將陽開三光唐合一,《比丘僧道略等造神碑尊像銘》梁陽開三長陽開三康唐開一鄉陽開三,無名氏《時人爲陳元康語》張陽開三康唐開一,《敕勒歌》茫唐開一羊陽開三;陽休之《春日詩》上養開三網養合一長養開三響養開三,顏之推《觀我生賦》壤養開三想養開三曩蕩開一網養合一朗蕩開一賞養開三,陸卬《享廟樂辭・文正樂光大舞》網養合一壤養開三響養開三仰養開三;顏之推《觀我生賦》讓漾開三望漾合三謗宕開一唱漾開三量漾開三王漾合三壯漾開三暢漾開三帳漾開三抗宕開一煬漾開三喪宕開一狀漾開三掠漾開三狀漾開三葬宕開一悢漾開三上漾開三愴漾開三。

　　通過以上統計,可以看出北齊時期:

　　第一,東合三雖然還具有一定的獨立性,但與東合一的關係遠遠比北魏時期密切得多,已呈合流的趨勢。

　　第二,鍾韻與東合一雖然還有一些通押的韻段,但鍾韻獨立性漸漸顯露出

----

① 《漢魏六朝韻譜》將《食舉樂》(一〇)“揚襄壯望”合爲一個韻段,此處將其分爲“揚襄”和“壯望”兩個韻段。

來了,這一點與北魏時期有很大的差別。

第三,冬鍾的關係近於冬東的關係,這一點與《廣韻》規定冬鍾通押一致。

第四,江韻與東合一、鍾韻的關係密切一些,與東合三的關係較遠。

第五,陽唐二韻應該合爲一部,江韻與陽唐音值差別仍然較大。

(三)北周時期

該時期與東冬鍾江陽唐有關的 135 個韻段。

1. 祇與東冬鍾江有關的韻段(74 個)

東合一獨用的 3 個韻段(均爲去聲):庾信《傷心賦》鳳夢送慟,《周柱國大將軍拓跋儉神道碑》楝夢鳳貢,《周冠軍公夫人烏蘭氏墓誌銘》夢洞送。

東合三獨用的 7 個韻段:庾信《咏畫屏風詩》(一九)戎豐弓中,《周祀武帝歌·赤帝雲門舞》宮中風,《鏡賦》宮風中,《擬連珠》(一五)終窮,《後魏驃騎將軍荆州刺史賀拔夫人元氏墓誌銘》窮風終,《周車騎大將軍贈小司空宇文顯墓誌銘》雄宮隆風,釋静藹《列偈題石壁》蟲充。

鍾韻獨用的 15 個韻段:蕭撝《上蓮山詩》峰龍鍾筇逢,庾信《陪駕幸終南山和宇文内史詩》龍峰衝松蓉鍾重蜂容封①,《任洛州酬薛文學見贈別詩》蹤龍重烽從庸峰松龔封,《奉和初秋詩》鍾龍蓉重,《送周尚書弘正詩》從松,《傷往詩》重松,《擬咏懷詩》(二三)龍重從松,《同會河陽公新造山池聊得寓目詩》峰龍松重鍾濃逢,《送炅法師葬詩》封鋒松重鍾濃從,《喜晴詩》逢峰濃龍,《山齋詩》峯濃,《擬連珠》(一二)從封松,《周上柱國楚國公岐州刺史慕容公神道碑銘》封松蹤,《周大將軍隴東郡公侯莫陳君夫人竇氏墓誌銘》舂封松從,《思舊銘》龍從松。

江韻獨用的 1 個韻段:庾信《送魏王南征詩》降江。

東合一東合三通押的 41 個韻段:宇文毓《過舊宮詩》宮東合三豐㳒冬/㳒東合三桐東合一風東合三,李昶《陪駕幸終南詩》嵩東合三鴻東合一熊匣蒸/云東合三中東合三窮東合三空東合一風東合三同東合一宮東合三公東合一②,劉璠《雪賦》東東合一空東合一中東合

---

① 峰,《漢魏六朝韻譜》作"茸",誤;封,《文苑英華》卷一五九作"風"。此處依《先秦漢魏晉南北朝詩》。又:鐘,《漢魏六朝韻譜》及《先秦漢魏晉南北朝詩》均作"鍾",依詩意應作"鐘"。

② 李昶,頓丘臨黄人。仕西魏,賜姓宇文氏,所以《漢魏六朝韻譜》、周祖謨均作"宇文昶",此處依《先秦漢魏晉南北朝詩》。

三嵩東合三同東合一窮東合三濛東合一渢東合三豐滂冬/滂東合三朧東合一風東合三①，王褒《從駕北郊詩》東東合一宮東合三風東合三弓見蒸/見東合三，《靈壇銘》宮東合三風東合三通東合一空東合一，《太傅燕文公于謹碑銘》功東合一戎東合三隆東合三沖東合三，《祭梁王僧辯母貞敬魏太夫人文》戎東合三蒙東合一崇東合三隆東合三沖東合三終東合三，《關山篇》中東合三雄匣蒸/云東合三戎東合三通東合一，《長安道》宮東合三風東合三童東合一窮東合三，《玄浦瀸池臨泛奉和詩》中東合三虹東合一紅東合一風東合三空東合一東東合一，《輕舉篇》窮東合三童東合一東東合一弓見蒸/見東合三空東合一叢東合一銅東合一公東合一，《淩雲篇》窮東合三宮東合三風東合三銅東合一虹東合一忠東合三熊匣蒸/云東合三隆東合三中東合三，蕭撝《嫵婦吟》櫳東合一叢東合一紅東合一中東合三空東合一，宗羈《登渭橋詩》中東合三宮東合三通東合一公東合一同東合一，庾信《上益州上柱國趙王詩》（之二）窮東合三同東合一蓬東合一風東合三紅東合一空東合一，《夜聽擣衣詩》風東合三中東合三宮東合三紅東合一，《塵鏡詩》中東合三蓬東合一，《答王司空餉酒詩》中東合三紅東合一風東合三戎東合三中東合三，《和樂儀同苦熱詩》通東合一風東合三宮東合三豐滂冬/滂東合三筒東合一東東合一，《周祀武帝歌·青帝雲門舞》宮東合三桐東合一，《周祀武帝歌·黄帝雲門舞》同東合一宮東合三中東合三馮東合三風東合三蔥東合一，《周五聲調曲·羽調曲》（之二）雄匣蒸/云東合三鴻東合一風東合三紅東合一，《春賦》宮東合三風東合三紅東合一中東合三，《竹杖賦》熊東合三童東合一翁東合一②，《三月三日華林園馬射賦》風東合三宮東合三紅東合一弓見蒸/見東合三熊匣蒸/云東合三空東合一，《七夕賦》櫳東合一中東合三空東合一，《鴛鴦賦》籠東合一風東合三宮東合三馮東合三③，《自古聖帝明賢畫贊·漢高祖置酒沛宮》宮東合三童東合一豐東合三風東合三，《思舊銘》桐東合一風東合三④，《秦州天水郡麥積崖佛龕銘》風東合三峒東合一窮東合三宮東合三，《周太子太保步陸逞神道銘》中東合三通東合一風東合三，《周大將軍司馬裔碑銘》戎東合三風東合三弓見蒸/見東合三公東合一，《周上柱國宿國公河州都督普屯威神道碑》峒東合一通東合一雄匣蒸/云東合三峒東合一，《故周大將軍義興公蕭公墓誌銘》宮東合三戎東合三中東合三東東合一窮東合三風東合三，《周大將軍襄城公鄭偉墓誌銘》公東合一通東合一雄匣蒸/云東合三風東合三，《周兗州刺史廣饒公宇文公神道碑》蒙東合一桐東合一風東合三弓見蒸/見東合三，釋慧命《詳玄賦》窮東合三終東合三融東合三同東合一，無名氏《第一欲界飛空之

---

① 《雪賦》，《漢魏六朝韻譜》作《雷賦》，誤。此處依嚴可均《全後周文》。
② 該韻段周祖謨漏收"熊"字，依嚴可均《全後周文》及于安瀾《漢魏六朝韻譜》。
③ 《鴛鴦賦》，《漢魏六朝韻譜》作《駕鴦賦》，誤。此處依嚴可均《全後周文》。
④ 該韻段《漢魏六朝韻譜》失收，此處依嚴可均《全後周文》。周祖謨收有"桐風"一個韻段。

音》空東合一—窮東合三，無名法師《過徐君墓詩》公東合一—同東合一—東東合一—空東合一—中東合三風東合三①，釋亡名《五苦詩·死苦》終東合三中東合三空東合一—風東合三，闕名《定國寺塔銘》東東合一—中東合三風東合三空東合一。

東合一—鍾通押的 1 個韻段：釋靜藹《列偈題石壁》功東合一—松鍾合三。

東合一—江通押的 1 個韻段：無名氏《蜀中爲于仲文語》雙江開二公東合一。

東合三—鍾通押的 3 個韻段：庾信《刀銘》從鍾合三重鍾合三鋒鍾合三隆東合三，無名氏《第一欲界飛空之音》終東合三凶鍾合三，《第一欲界飛空之音》酆洚冬/洚東合三鋒鍾合三隆東合三。

東合一—東合三鍾通押的 1 個韻段：庾信《和王内史從駕狩詩》宮東合三功東合一—弓見蒸/見東合三熊匣蒸/云東合三重鍾合三。

冬鍾通押的 1 個韻段：王褒《和從弟祐山家詩》冬冬合一—峰鍾合三蹤鍾合三松鍾合三鍾鍾合三逢鍾合三龍鍾合三。

2. 祇與陽唐有關的韻段（56 個）

陽韻獨用的 24 個韻段：宇文毓《和王褒咏摘花》芳香，庾信《鬭雞詩》王場張，《山中詩》香王，《奉梨詩》香漿，《周祀圜丘歌·登歌》（初獻及獻配帝畢）祥陽長章，《周祀五帝歌·皇夏》（奠玉帛）芳量方常章，《周宗廟歌·皇夏》（獻文宣皇太后）章陽，《周大袷歌·昭夏》（降神）章王鏘，《三月三日華林園馬射賦》梁陽祥章香，《哀江南賦》長防牆亡，《哀江南賦》亡昌姜王，《竹杖賦》愴涼霜長，《擬連珠》（之八）長檣霜，《周冠軍公夫人烏石蘭氏墓誌銘》章香魴，釋亡名《寶人銘》傷長，無名氏《玉漿泉謠》陽漿翔；王褒《四瀆祠碑銘》壤上往掌，庾信《周祀圜丘歌·雍樂》（撤奠）響上②，《邛竹杖賦》賞杖，《故周大將軍義興公蕭公墓誌銘》賞上響往；庾信《周宗廟歌·皇夏》（飲福酒）罔覘，《燈賦》帳障上，《周大將軍懷德公吳明徹墓誌銘》愴將障望，《周驃騎大將軍開府儀同三司冠軍伯柴烈李夫人墓誌銘》相將望壯上。

陽唐通押的 32 個韻段：蕭撝《和梁武陵王遥望道館詩》房陽合三莊陽開三光唐合一方陽合三翔陽開三羊陽開三香陽開三裳陽開三，宗懍《春望詩》望陽合三光唐合一—楊陽開三香陽開三忘漾合三③，王褒《九日從駕詩》長陽開三霜陽開三光唐合一—堂唐開一—璜唐合一

———————————

① 逯欽立《先秦漢魏晉南北朝詩》説："無名法師，或即是釋亡名。"見該書第 2435 頁。

② 雍樂，《詩紀》作"雍夏"，《漢魏六朝韻譜》從之，此處依《先秦漢魏晉南北朝詩》。

③ 望，周祖謨認爲不入韻，《漢魏六朝韻譜》認爲入韻，依《先秦漢魏晉南北朝詩》以認爲入韻爲是。

涼陽開三郎唐開一,《送劉中書葬詩》邙唐開一鄉陽開三黃唐合一涼陽開三長陽開三,《上庸公陸勝勒功碑》王陽合三郎唐開一梁陽開三疆陽開三,庾信《王昭君》陽陽開三梁陽開三行唐開一霜陽開三張陽開三,《結客少年場行》場陽開三香陽開三陽陽開三牀陽開三郎唐開一王陽合三,《從駕觀講武詩》楊陽開三場陽開三張陽開三傷陽開三狼唐開一驤陽開三裝陽開三行唐開一芳陽合三長陽開三昌陽開三,《忝在司水看治渭橋詩》陽陽開三梁陽開三航唐開一香陽開三王陽合三長陽開三鶬陽開三,《登州中新閣詩》陽陽開三張陽開三香陽開三梁陽開三章陽開三將陽開三簧唐合一光唐合一房陽合三翔陽開三,《郊行值雪詩》茫唐開一光唐合一獐陽開三香陽開三驤陽開三梁陽開三,《奉和夏日應令詩》陽陽開三長陽開三黃唐合一香陽開三涼陽開三房陽合三簧唐合一,《咏園花詩》傍唐開一行唐開一陽陽開三粧陽開三房陽合三香陽開三王陽合三,《咏畫屏風詩》(一〇)堂唐開一梁陽開三香陽開三牀陽開三,(一七)長陽開三楊陽開三香陽開三光唐開一,《和趙王看伎詩》長陽開三凰唐合一牀陽開三郎唐開一,《周祀五帝歌·配帝舞》(初獻)藏唐開一堂唐開一湯陽開三香陽開三疆陽開三康唐開一,《周宗廟歌·昭夏》(降神)長陽開三昌陽開三陽陽開三煌唐合一唐唐開一香陽開三翔陽開三方陽合三,《周宗廟歌·皇夏》(獻皇高祖)長陽開三光唐合一昌陽開三祥陽開三,《春賦》郎唐開一楊陽開三張陽開三堂唐開一梁陽開三皇唐合一,《哀江南賦》王陽合三陽陽開三堂唐開一牆陽開三湘陽開三王陽合三,《鴛鴦賦》王陽合三梁陽開三桑唐開一牀陽開三,《秦州天水郡麥積崖佛龕銘》堂唐開一梁陽開三香陽開三牀陽開三,《周大將軍崔說神道碑》陽陽開三芒唐開一霜陽開三,《周大將軍崔說神道碑》藏唐開一亡陽合三腸陽開三鄉陽開三望陽開三,《周柱國楚國公岐州刺史慕容公神道碑銘》陽陽開三涼陽開三喪唐開一,《周車騎大將軍贈小司空宇文顯墓誌銘》昂唐開一霜陽開三亡陽合三,釋慧命《詳玄賦》芳陽合三方陽合三茫唐開一彰陽開三亡陽合三陽陽開三綱唐開一;庾信《周五聲調曲·宮調曲》(之五)壯漾開三匠漾開三抗宕開一望漾合三①帳漾開三尚漾開三相漾開三①,《周太子太保步陸逞神道碑》仰養開三上養開三廣蕩合一;庾信《哀江南賦》壯漾開三將漾開三唱漾開三喪宕開一愴漾開三②,《哀江南賦》亮漾開三上漾開三曠宕合一望漾合三仗養開三。

3. 東陽二類通押的韻段(3個)

東鍾陽通押的1個韻段:無名氏《步虛辭》龍鍾合三鐘鍾合三宮東合三蓉鍾合三王陽合三同東合一通東合一。

---

① 望,《漢魏六朝韻譜》失收,此處依《先秦漢魏晉南北朝詩》補。

② 愴,《漢魏六朝韻譜》歸在"愴長防牆亡"韻段中,欠妥;周祖謨將該字歸在"壯將唱喪愴"韻段中,甚是。

江陽通押的 2 個韻段：庾信《故周大將軍閻嘉公柳遐墓誌銘》陽_{陽開三}張_{陽開}

三章_{陽開三}江_{江開二}，《代人傷往詩》鶱_{陽開三}雙_{江開二}。

4. 六韻與他韻通押的韻段(2 個)

陽庚通押的韻段：庾信《周祀方澤歌・登歌》(初獻)陽_{余陽}/余_{陽開三}方_{幫陽}/

幫_{陽合三}香_{曉陽}/曉_{陽開三}翔_{曉陽}/曉_{陽開三}喤_{匣陽}/匣_{庚合二}桑_{心陽}/心_{唐開一}光_{見陽}/見_{唐合一}

藏_{從陽}/從_{唐開一}，無名氏《步虛辭》英_{庚開三}章_{陽開三}迎_{庚開三}翔_{陽開三}梁_{陽開三}京_庚

_{開三}。

通過以上統計，可以看出北周時期：

第一，東合一與東合三已經合一。也許是由於東合一與東合三在音值上有

些細微差別，或偶然的因素，東合一與東合三還有少量的獨用韻段。

第二，鍾韻已經從東部中獨立出來了。

第三，江韻獨用的 1 個韻段，與東合一通押的 1 個韻段，與陽韻通押的 2 個

韻段，已透露出江韻開始脱離東冬鍾，傾向陽唐的獨立的信息。

第四，冬韻不與他韻通押，但與鍾韻通押的 1 個韻段，表明冬韻與鍾韻音值

的接近。應該説，《切韻》將冬鍾分立，《廣韻》規定冬鍾通押，都是有實際語音

依據的。

第五，陽唐雖然通押的韻段很多，但陽韻獨用的韻段也不少，足見在音值上

有差別；江韻與東冬鍾的音值已遠，而與陽韻的音值很近。當然，江陽通押的 2

個韻段，均是出自具有南方語音背景的庾信詩文中。

(四)隋朝時期

該時期與東冬鍾江陽唐有關的 160 個韻段。

1. 祇與東冬鍾江有關的韻段(75 個)

東合一獨用的 6 個韻段：王衡《宿郊外曉作詩》東紅，魯范《神仙篇》同蓬，嚴

德盛《吳郡横山頂舍利靈塔銘》蒙通功籠，闕名《建安公等造尼寺碑》功空通蒙，

無名氏《長孫平引鄙諺》聾翁；楊廣《隋秦孝王誄》痛送慟。

東合三獨用的 7 個韻段：薛道衡《重酬楊僕射山亭詩》戎風，牛弘《圜丘

歌・昭夏》宮風，《五郊歌・黑帝歌羽音》窮風，《五郊歌・誠夏》隆風，《太廟

樂歌・飲福酒歌》融躬終窮，《圜丘歌・皇夏》融穹風豐躬隆，陳子良《咏春雪

詩》風中。

鍾韻獨用的 9 個韻段：薛道衡《展敬上鳳林寺詩》峰龍重濃鐘松蓉從，盧思

道《駕出圜丘詩》重龍從鍾，《春夕行經留侯墓詩》松封峰濃容重春蹤，《夜聞鄰

妓詩》重龍逢從，虞世基《元德太子哀册文》從重容①，《元德太子哀册文》重容衝，諸葛穎《賦得微雨東來應教詩》峰松濃龍封，孔德紹《送舍利宿定晉岩詩》恭峰鐘松蹤，釋慧凈《和琳法師初春法集之作詩》恭龍松鐘鋒重雍從逢。

東合一東合三通押的 43 個韻段：盧思道《後園宴詩》叢東合一—櫳東合一—紅東合一—窮東合三中東合三，《孤鴻賦》蟲東合三—東東合一—風東合三空東合三—蒙東合一—弓見蒸/見合三，《祭漵湖文》東東合一—蒙東合一—同東合一—風東合三通東合一—戎東合三，薛道衡《宴喜賦》宮東合三瓏東合一—叢東合一—空東合一—風東合三，《隋高祖文皇帝頌》蒙東合一—同東合一—功東合一—風東合三，楊廣《紀遼東》（之二）東東合一—風東合三宮東合三，《夏日臨江詩》楓東合三空東合一—紅東合一—終東合三，《隋秦孝王誄》雄匣蒸/云東合三蒙東合一—風東合三，楊素《出塞》空東合一—戎東合三東東合一—風東合三虹東合一—窮東合三弓見蒸/見東合三鴻東合一—同東合一—宮東合三，《贈薛播州詩》蒙東合一—風東合三窮東合三虹東合一—公東合一，牛弘《蜡祭歌·誡夏》功東合一—終東合三，《元會大饗歌·皇后房内歌》風東合三宮東合三功東合一—融東合三，辛德源《芙蓉花篇》紅東合一—同東合一—風東合三窮東合三，《星名》宮東合三戎東合三虹東合一—通東合一—公東合一—同東合一，虞世基《衡陽王齋閣奏妓詩》風東合三中東合三空東合一—宮東合三，《左衛大將軍左光禄大夫姚恭公墓誌銘》風東合三隆東合三功東合一，杜公瞻《咏同心芙蓉詩》中東合三紅東合一—風東合三同東合一，薛德音《悼亡詩》空東合一—風東合三中東合三朧東合一，李孝貞《鳴雁行》公東合一—中東合三風東合三宮東合三，《聽百舌鳥詩》通東合一—宮東合三窮東合三同東合一—風東合三弓見蒸/見東合三雄匣蒸/云東合三終東合三，元行恭《過故宅詩》通東合一—窮東合三蟲東合三空東合一—風東合三桐東合一，魏澹《咏石榴詩》中東合三紅東合一—風東合三空東合一，《園樹有巢鵲戲咏之》窮東合三風東合三功東合一—空東合一，孫萬壽《庭前枯樹詩》東東合一—風東合三同東合一—空東合一—功東合一，尹式《別宋常侍詩》東東合一—蓬東合一—紅東合一—風東合三，王胄《奉和悲秋應令詩》蒙東合一—風東合三蕨東合一—鴻東合一—空東合一—蓬東合一—沖東合三同東合一—功東合一—蟲東合三，蕭大圜《竹花賦》筒東合一—風東合三叢東合一—宮東合三桐東合一，孔德紹《賦得華亭鶴詩》終東合三風東合三中東合三東東合一，王由禮《驄馬》空東合一—風東合三中東合三驄東合一，弘執恭《劉生》東東合一—中東合三驄東合一—功東合一，《秋池一株蓮詩》紅東合一—風東合三，段君彦《過故鄴詩》東東合一—通東合一—桐東合一—空東合一—宮東合三同東合一，許善心《神雀頌》風東合三隆東合三宮東合三同東合一，袁朗《和洗掾登城南坂望京邑詩》中東合三葱東合一—宮東合三通東合一，孔紹安《應詔咏夭桃詩》空東合一—中東合三，陳

---

① 《漢魏六朝韻譜》作《元册太子哀册文》，誤。

子良《新城安樂宮》宮東合三中東合三紅東合一籠東合一風東合三,庾抱《驄馬》驄東合一中東合三風東合三紅東合一宮東合三,《別蔡參軍詩》東東合一同東合一中東合三鴻東合一,闕名《鞏賓墓誌》窮東合三通東合一終東合三宮東合三風東合三空東合一,釋真觀《愁賦》戎東合三空東合一東東合一通東合一風東合三紅東合一櫳東合一,《夢賦》中東合三通透東/透東合一公見東/見東合一同定東/定東合一,無名釋《順益頌》風東合三通東合一中東合三空東合一蒙東合一籠東合一,無名氏《雜歌謠辭·相州百姓爲樊叔略語》窮東合三公東合一。

　　東合一鍾通押的 2 個韻段:王胄《紀遼東》(之二)潼東合一庸鍾合三封鍾合三;釋僧燦《信心銘》動董合一種腫合三。

　　東合三鍾通押的 1 個韻段:無名氏《王忻造像銘》龍鍾合三窮東合三。

　　東合一冬鍾通押的 1 個韻段:釋僧燦《信心銘》同東合一容鍾合三宗冬合一。

　　冬鍾通押的 4 個韻段:牛弘《太廟樂歌·登歌》宗冬合一雍鍾合三重鍾合三恭鍾合三容鍾合三從鍾合三,闕名《棲巖道場舍利塔》宗冬合一雍鍾合三,《寧贙碑》宗冬合一農冬合一蹤鍾合三封鍾合三龍鍾合三;闕名《建安公等造尼寺碑》縱鍾合三統透冬/透宋合一用用合三誦用合三。

　　東合一東合三鍾通押的 1 個韻段:無名釋《生忍頌》龍鍾合三蹤鍾合三童東合一同東合一中東合三鍾鍾合三空東合一通東合一①。

　　東合一東合三江通押的 1 個韻段:闕名《江夏縣緣果道場七層磚塔下舍利銘》空東合一江江開二風東合三隆東合三。

　　2. 祇與陽唐有關的韻段(82 個)

　　陽韻獨用的 39 個韻段:薛道衡《和許給事善心戲場轉韻詩》行場房粧蔦香,楊廣《隋秦孝王誄》長方王亡傷,楊素《贈薛內史詩》光芳陽,牛弘《五郊歌·誠夏》章陽,《方丘歌·登歌》藏常香章昌,《五郊歌·黃帝歌宮音》張疆,《元會大饗歌·上壽歌》良裳長央,《雩祭歌·誠夏》陽方,王胄《爲寒牀婦贈夫歸詩》長香蔦牀,虞世基《元德太子哀冊文》將相良,蕭圓肅《少傅箴》良陽昌亡,袁朗《登城南阪望京邑詩》方強陽王,釋真觀《愁賦》鄉梁,闕名《董美人墓誌》房楊涼芳,《邢州南和縣澧水石橋纂文碑》壇章祥,《邢州南和縣澧水石橋纂文碑》常長□□,《棲巖道場舍利塔》王壇方常,《宋永貴墓誌》涼長彰;薛道衡《老氏碑頌》象響仰壤,徐儀《暮秋望月示學士各釋愁應教》賞上往掌想,許善心《奉和賜

---

① 該詩見於《古詩紀》卷一三八,《先秦漢魏晉南北朝詩》未收該詩。此處依《漢魏六朝韻譜》。

詩》象養想獎爽，虞世基《講武賦》鞅響往敞上爽，《元德太子哀策文》象想，釋真觀《愁賦》像廣瀁往長網上，《夢賦》賞往網掌響，釋慧净《雜言詩》響仰，闕名《杜乾緒等造像銘》像□脤爽，《棲巖道場舍利塔》敞掌網響，《臨淮王造像碑》上丈仰想，《定國寺塔銘》往壤仰網；薛道衡《隋高祖文皇帝頌》望障暢向，《老氏碑頌》讓上狀望，楊廣《四時白紵歌·江都夏》舫上唱，姚察《賦得笛詩》匠向亮帳讓，王胄《卧疾閩越述净名意詩》上瘴恙訪帳尚向相狀妄障量，丁六娘《十索》（之一）望賬障，牛弘《感帝歌·誡夏》尚暢，釋慧净《雜言詩》望上匠，闕名《隋柱國靈州總管海陵公賀若誼碑》望亮上讓。

　　陽唐通押的 43 個韻段：盧思道《仰贈特進陽休之詩》陽陽開三芳陽合三望陽合三光唐合一，薛道衡《奉和月夜聽軍樂應詔詩》陻唐合一霜陽開三光唐合一陽陽開三章陽開三强陽開三，《隋高祖文皇帝頌》方陽合三强陽開三王陽合三康唐開一，楊廣《白馬篇》裝陽開三傍陽開一郎唐開一光唐合一長陽開三强陽開三王陽合三楊陽開三良陽開三疆陽開三陽陽開三芒唐開一張陽開三湯陽開三揚陽開三方陽合三常陽開三，《冬至乾陽殿受朝詩》長陽開三王陽合三康唐開一陽陽開三方陽合三光唐合一鍠唐合一廊唐開一良陽開三昌陽開三，《隋秦孝王誄》王陽合三堂唐開一翔陽開三光唐合一，牛弘《太廟樂歌·皇曾祖康王神室歌》長陽開三光唐合一彰陽開三疆陽開三，《元會大饗歌·食舉歌》方陽合三良陽開三張陽開三行唐開一光唐合一，《文武舞歌·文舞歌》陽陽開三彰陽開三光唐合一，李德林《夏日詩》涼陽開三塘唐開一黃唐合一槳養開三光唐合一陽陽開三粧陽開三央陽開三，魏澹《咏階前萱草詩》芳陽合三堂唐開一長陽開三香陽開三望陽合三，《鷹賦》常陽開三黃唐合一蒼唐開一，虞世基《講武賦》堂唐開一房陽合三場陽開三陽陽開三張陽開三鏜唐開一望陽合三岡唐開一傷陽開三揚陽開三裳陽開三莊陽開三行唐開一光唐合一常陽開三莊陽開三行唐開一光唐合一常陽開三，《元德太子哀册文》昌陽開三光唐合一陽陽開三莊陽開三，袁慶《奉和御製月夜觀星示百僚詩》光唐合一涼陽開三堂唐開一長陽開三昌陽開三張陽開三相陽開三章陽開三，王胄《賦得雁送別周員外戍嶺表詩》陽陽開三長陽開三霜陽開三傷陽開三塘唐開一，《雨晴詩》涼陽開三莊陽開三塘唐開一長陽開三，庾自直《初發東都應詔詩》塘唐開一揚陽開三香陽開三光唐合一翔陽開三，岑德潤《雞鳴篇》霜陽開三張陽開三光唐合一場陽開三嘗陽開三倉唐開一，李巨仁《賦得方塘含白水詩》塘唐開一揚陽開三行唐開一黃唐合一梁陽開三，劉端《和初春宴東堂令詩》芳陽合三堂唐開一黃唐合一觴陽開三行唐開一光唐合一，皇甫毗《玉泉寺碑》王陽合三光唐合一方陽合三梁陽開三，鄭辨志《宣州稽亭山妙顯寺碑銘》航唐開一疆陽開三蒼唐開一荒唐合一，《宣州稽亭山妙顯寺碑銘》良陽開三棠唐開一梁陽開三煌唐合一長陽開三光唐合一剛唐開一王陽合三廊唐開一翔陽開三房陽合三霜陽開三香陽開三粧陽開三皇唐合一桑唐開一芳陽合三，侯夫人《自傷詩》央陽開三王陽合三房陽合三傷陽開三常陽開三量陽開三徨唐合一堂唐開一牆陽開三傷陽開三湯陽開一腸陽開三鄉陽開三，闕名《洺州南和縣澧水石橋碑》方陽合三囊唐開一祥陽開三王陽合三，《陳思王廟碑》長陽開三桑唐開一疆陽開三光唐合一，《建安公等造尼寺碑》方陽合三昌陽開三綱唐開一驤陽開三，闕名《鞏賓墓誌》陽陽開三倉唐開一鏘陽開三章陽開三光唐合一，《寧贊墓誌》壇陽開三湘陽開三長陽開三章陽開三光唐合一芒唐開一陽陽開三芳陽合三張陽開三良陽開三匡陽合三，《宋永貴墓誌》狼唐開一傷陽開三長陽開三王陽合三芳陽合三，《龍山公墓誌》陽陽開三行唐開一，釋真觀《愁賦》方陽合三綱唐開一涼陽開三腸陽開三，《夢賦》張陽開三方陽合三光唐合一崗唐開一黃唐合一牆陽開三殃陽開三腸陽開三狂陽合三常陽開三亡陽合三長陽開三，無名氏《長白山歌》場陽開三槍陽開三郎唐開一，《大業長白山童謠》郎唐開一襠唐開一光唐合一羊陽開三燙宕開一傷陽開三；薛道衡《隋高祖文皇帝頌》象養開三長養開三網養合一蕩蕩開一，牛弘《神州歌·誡夏》壤養開三長養開三響養開三兩養開三廣蕩合一，柳䛒《天臺國清寺智者禪師碑文》響養開三象養開三仰養開三往養合三曩蕩開一敞養開三養養開三爽養開三，陳政《贈寶蔡二記室入蜀詩》上養開三響養開三朗蕩開一，闕名《棲巖道場舍利塔》爽養開三晃蕩合一像養開三仰養開三，《陳思王廟碑》朗蕩開一掌養開三賞養開三響養開三，釋僧燦《信心銘》象養開三黨蕩開一。

3. 東陽二類通押的韻段（1個）

該韻段爲江陽唐通押：釋真觀《夢賦》昌陽開三揚陽開三雙江開二囊唐開一梁陽開三房陽合三堂唐開一鏘陽開三芳陽合三。

4. 六韻與他韻通押的韻段（2個）

東合一蒸通押的1個韻段：釋僧燦《信心銘》功東合一空東合一應影蒸/影蒸開三通東合一功東合一空東合一。

東合一登通押的1個韻段：釋僧燦《信心銘》能登開一空東合一。

通過以上統計，可以看出隋朝時期：

第一，東合一與東合三雖然均有一些獨用的韻段，但通押的韻段遠遠高於獨用的韻段，説明《切韻》的東韻已經形成。

第二，鍾韻具有很强的獨立性，應該獨立爲一部。

第三，冬鍾的關係很近，似乎應該合爲一部。《廣韻》規定冬鍾通押，是有實際語音根據的。

第四，江韻無獨用的韻段，與東韻、陽唐通押的各1個韻段，其中"江"字與東韻通押的1個韻段是闕名《江夏縣緣果道場七層磚塔下舍利銘》；"雙"字與陽唐通押的 1 個韻段是吳郡錢唐人釋真觀的《夢賦》,説明此時的江韻還没有完全擺脱東冬鍾而與陽唐合一,尤其是北方語音,一直未見江歸陽唐的韻段。這可能是《切韻》將江韻與東冬鍾排在一起的實際語音根據。

第五,陽唐應該合爲一部。但陽韻獨用的 39 個韻段,且薛道衡的《和許給事善心戲場轉韻詩》連用 6 個陽韻字不雜唐韻字;楊廣的《隋秦孝王誄》連用 5 個陽韻字不雜唐韻字;釋真觀的《愁賦》連用 7 個陽韻字,不雜 1 個唐韻字;虞世基的《講武賦》連用 6 個陽韻字不雜唐韻字;徐儀的《暮秋望月示學士各釋愁應教》、許善心《奉和賜詩》均是連用 5 個陽韻字不雜唐韻字;王胄《卧疾閩越述净名意詩》連用 12 個陽韻字不雜唐韻字,從這些數據中都可以看出陽韻的獨立性,《切韻》將陽唐分爲二韻,是有實際語音根據的。當然,這個差别也應是韻頭的差别,唐韻一等字,陽韻三等字。

第六,蒸韻與東合一通押的 1 個韻段,登韻與東合一通押的 1 個韻段,未見東冬鍾與陽唐通押的韻段,説明此時某些方言中東冬鍾與蒸登二韻音近。

二、三國、兩晉、南朝東冬鍾江陽唐六韻的關係

(一)三國時期

該時期東冬鍾江陽唐入韻 375 個韻段。

1. 衹與六韻有關的韻段(346 個)

衹與東冬鍾江有關的 89 個韻段,其中東合一獨用的 4 個韻段,東合三獨用的 27 個韻段(上古屬於蒸部的"雄弘弓躬"等字也轉入東合三),鍾韻獨用的 7 個韻段;東合一與鍾韻通押的 23 個韻段,與冬韻通押的 1 個韻段,與鍾韻、江韻(邦江幢雙)通押的 19 個韻段;東合三與鍾韻通押的 2 個韻段,與江韻通押的 1 個韻段;東合一與東合三通押的 2 個韻段;東合一、東合三與鍾韻通押的 2 個韻段,與冬江韻通押的 1 個韻段。

衹與陽唐有關的 242 個韻段,其中陽韻獨用的 63 個韻段,唐韻獨用的 12 個韻段,陽唐通押的 167 個韻段。

東類與陽類通押的 15 個韻段,其中東合一陽通押的 1 個韻段(〔吳〕暨豔《雜移》工傷),東合一陽唐通押的 3 個韻段(邯鄲淳《魏受命述》王同黄,〔吳〕楊泉《蠶賦》房東陽漿旁康①,無名氏《彭子陽歌》王同黄)②,東合一鍾陽通押的 1 個韻段

---

① 于安瀾《漢魏六朝韻譜》"東"字不入韻。
② 《先秦漢魏晉南北朝詩》失收《彭子陽歌》,此處依《漢魏六朝韻譜》。

（楊戲《季漢輔臣贊·贊馬孟起》從潼同亡龍）①；東合三陽通押的 1 個韻段（曹植《畫贊·漢高帝》祥攘雄湯），東合三鍾陽通押的 1 個韻段（薛綜《麟虞頌》崇容風彰），東合一東合三江陽通押的 2 個韻段（〔吳〕韋昭《鼓吹曲·關背德》通蒙江翔邦同隆，〔吳〕胡綜《黃龍大牙賦》中常望方祥）；鍾陽通押的 2 個韻段（陳琳《神女賦》嚨房昌②，〔蜀〕楊戲《季漢輔臣贊·贊昭烈帝》方鍾驤），鍾唐通押的 1 個韻段（陳琳《武軍賦》剛縫光），鍾陽唐通押的 1 個韻段（徐幹《七喻》牀陽蓉當），江陽唐通押的 2 個韻段（應瑒《西狩賦》黃幢翔驤，孫該《琵琶賦》硍颺藏光腔簧）③。

2. 六韻與他韻通押的韻段（29 個）

東冬鍾江與他韻通押的 5 個韻段，其中東合三蒸通押的 1 個韻段（曹丕《黎陽作》〔之一〕陵窮風中），東合一東合三蒸登通押的 1 個韻段（〔吳〕張昭《陶謙哀辭》東崇薨窮崩憑穹），東合三鍾韻庚清蒸通押的 1 個韻段（闕名《劉鎮南碑》熊衡豐興訟禎），東合三真文通押的 1 個韻段（〔蜀〕楊戲《季漢輔臣贊·贊諸葛丞相》濱真文風身），冬登通押的 1 個韻段（劉楨《魯都賦》宗朋）。

陽唐與他韻通押的 20 個韻段，其中與庚耕清青通押的 17 個韻段，包括陽庚通押的 2 個韻段（傅巽《七誨》秔梁牆芳，無名氏《時人爲陳群陳泰語》卿長），唐庚通押的 2 個韻段（曹植《贈白馬王彪詩》蒼橫岡黃，陳琳《武軍賦》荒京），陽唐庚通押的 12 個韻段（曹操《薤露》良强王殃京喪行傷④，曹丕《黎陽作詩》驤橫光臧陽，《至廣陵於馬上作詩》湯光橫航良商頏亡方康傷，《雜詩》長涼輶裳光橫翔鄉梁腸，《敘愁賦》方長裳章英房望傷徨鄉，《大暑賦》方衡光黃蒼，《迷迭香賦》霜英芳裳光，《大司馬曹休誄》英章光，傅巽《七誨》秔梁牆芳，劉劭《趙都賦》光陽岡英，劉楨《遂志賦》方荊行洋將場翔忘，〔蜀〕諸葛亮《季主墓碑贊》陽彰剛明），唐清通押的 1 個韻段（陳琳《武軍賦》荒營）；與真元寒三類通押的 3 個韻段，包括諄文唐通押的 1 個韻段（無名氏《京兆民爲李莊歌》君春堂），先陽通押的 1 個韻段（曹操《善哉行》王賢）⑤，桓陽唐通押的 1 個韻段（楊戲《贊李正方》綱端喪）。

東陽二類與他韻通押的 4 個韻段，其中東合一鍾陽蒸通押的 1 個韻段

① 贊馬孟起，《漢魏六朝韻譜》作“贊關雲長張翼德”，誤。此處依《全三國文》。
② 嚨，于安瀾《漢魏六朝韻譜》認爲不入韻。
③ 硍，《漢魏六朝韻譜》作“良”，此處依嚴可均《全三國文》。
④ 喪，《廣韻》息郎切，亡也，死喪也；又息浪切（又作蘇浪切，心陽/心宕開一），亡也。
⑤ 于安瀾《漢魏六朝韻譜》未收此韻段。

（〔吴〕韋昭《吴鼓吹曲·秋風》裳鷹疆傷亡功），東合三陽登通押的 1 個韻段（〔吴〕韋昭《吴鼓吹曲·通荆門》恭鋒疆章風弘央），東合三陽唐庚通押的 1 個韻段（曹操《蒿里行》凶陽行牀方亡鳴腸），東合一陽唐蒸通押的 1 個韻段（徐幹《室思詩》興方傷空光）。

通過以上統計，可以看出三國時期：

第一，東合三是一個獨立的韻部，即冬部，上古屬於蒸部的“雄弓躬”等字也轉入冬部，冬部與蒸登韻關係近一些；東合一、鍾韻、江韻應歸爲一部，即東部，東部與陽部的關係較近，這一點與兩漢的情形差不多。

第二，東合一與東合三雖然各自獨立成部，但先秦兩漢冬部中的東合三字此時已有一部分從冬部分離出來向東部靠攏。

第三，先秦兩漢東部中的鍾韻字此時已有一部分從東部分離出來開始走向獨立。

第四，先秦兩漢的冬部中的冬韻字此時已有一部分從冬部分離出來向東韻一等靠攏，並且與已有從東部開始分化趨勢的鍾韻字也比較接近。

第五，陽唐應該合爲一部，陽唐的差別主要是韻頭的差別，唐韻一等字，陽韻三等字。

第六，陽庚、唐庚、陽唐庚通押韻段中，除了劉楨《遂志賦》中“荆”字上古屬耕部、《廣韻》屬庚韻外，其餘韻段中的庚韻字（卿横京英衡杭明），均是上古屬陽部、《廣韻》屬庚韻。唐清通押的 1 個韻段，説明某些方言唐清音值較近。

第七，陽部與東部的關係密切，這一點與東漢時期基本一致。

第八，上古東部江韻此時雖與東部還有關係，但已開始向陽部靠攏。

第九，東冬陽蒸在某些方言中音值相近。

第一〇，某些方言中陽唐與真元寒的關係較近。

（二）西晉時期

該時期東冬鍾江陽唐入韻 520 個韻段。

1. 祇與六韻有關的韻段（484 個）

祇與東冬鍾江有關的 167 個韻段，其中東合一獨用的 8 個韻段，東合三獨用 55 個韻段（上古屬冬部的 48 個韻段，上古蒸部的 7 個韻段），鍾韻獨用的 4 個韻段；東合一與鍾韻通押的 33 個韻段，與江韻通押的 5 個韻段；東合一與冬鍾通押的 3 個韻段，與鍾江通押的 20 個韻段；東合三與鍾韻通押的 13 個韻段，與江韻通押的 5 個韻段（上古冬部、中古江開二的 1 個韻段）；東合一東合三通押的 4

個韻段,東合一東合三與鍾韻通押的 6 個韻段,東合一東合三與江韻通押的 3 個韻段,東合一東合三與鍾韻、江韻通押的 1 個韻段;鍾韻與江韻通押的 7 個韻段。

祇與陽唐有關的 307 個韻段,其中陽韻獨用的 104 個韻段,唐韻獨用的 14 個韻段,陽唐通押的 189 個韻段。

東類與陽類通押的 10 個韻段,其中東合一江陽通押的 2 個韻段(陸雲《贈鄭季曼詩·高岡》桐江方通芳,《失題·悠悠縣象》通功方窗同),東合一陽唐通押的 1 個韻段(夏侯湛《浮萍賦》動湯往黨枉爽),東合一東合三陽通押的 1 個韻段(陸雲《吳故丞相陸公誄》方戎功),東合一東合三鍾陽通押的 1 個韻段(陸雲《答兄平原詩》龍雄終墉蓬傷),東合一東合三鍾江陽通押的 1 個韻段(陸雲《盛德頌》容公宮邦雍功王),東合一東合三冬鍾唐通押的 1 個韻段(陸機《七微》豐宗鴻龍皇),東合一東合三鍾陽唐通押的 1 個韻段(陸雲《晉故散騎常侍陸府君誄》隆風鍾通聰章蹤綱芒),鍾江陽唐通押的 1 個韻段(杜育《荈賦》鍾陽岡降),江陽通押的 1 個韻段(陸機《七微》〔之六〕涼邦)。

2. 六韻與他韻通押的韻段(36 個)

東類與他韻通押的 7 個韻段,其中東合三蒸通押的 1 個韻段(傅玄《雜詩》蒸融),東合三冬蒸通押的 1 個韻段(夏侯湛《大暑賦》仍彤風升),東合三鍾江登通押的 1 個韻段(陸機《與弟清河詩》〔之五〕龍風弘邦崇),東合三青通押的 1 個韻段(陸雲《張二侯頌》崇宮寧沖終風),鍾真通押的 1 個韻段(傅玄《正旦大會行禮歌》賓新雍),鍾侵通押的 1 個韻段(張翰《雜詩》〔之三〕拱竦任)①,冬肴通押的 1 個韻段(潘岳《藉田賦》茅農)。

陽類與他韻通押的 29 個韻段,其中陽類與庚類通押的 26 個韻段,包括陽庚通押的 10 個韻段(傅玄《吏部尚書箴》常明,張華《祖道趙王應詔詩》明王相方彰②,潘岳《世祖武皇帝誄》良陽輬傷,陸雲《贈顧尚書詩》彰陽鄉揚張英,《寒蟬賦》翔商陽京常,張載《羽扇賦》方京,魯褒《錢神論》兄方強,袁準《招公子》粳梁芳;陸機《與弟清河雲詩》壞景,潘尼《贈司空掾安仁詩》〔之五〕上敬競病),唐庚通押的 2 個韻段(傅玄《晉鼓吹曲·於穆我皇》皇明③,成公綏《故筆賦》生明

---

① 《漢魏六朝韻譜》將該詩題作《東鄰有一樹》,是摘取該詩首句作爲篇名。此處依《先秦漢魏晉南北朝詩》。

② 明,原作"崇選穆穆,利建明德",明德,《詩紀》云:"一作明明。"

③ 該韻段《漢魏六朝韻譜》失收,其中"明"字與"生庭"等十六字構成一個韻段。此處依周祖謨。

行芒），陽唐庚通押的 10 個韻段（傅玄《大晉承運期》皇光衡明唐良康疆,《晉鼙舞歌・大晉篇》皇唐光明章方綱揚亡霜芳[①],《晉鼓吹曲・景龍飛》祥長光明疆[②],張華《博陵王宮俠曲》〔之二〕場旁霜鑲光橫牆香方,成公綏《魏相國舞陽宣文侯司馬公誄》疆京抗荒棠,夏侯淳《彈棋賦》湯橫方光,陸機《與弟清河雲詩》張康臧揚京,左思《蜀都賦》粧橫方榔鄉,《悼離贈妹詩》堂橫長,魯褒《錢神論》兄行翔張望商方光彰）,唐庚清通押的 1 個韻段（何劭《洛水祖王公應詔詩》湯鳴笙情）,唐庚青通押的 1 個韻段（傅玄《秋胡行》傍卿馨）;陽清青通押的 1 個韻段（傅玄《李賦》青名房靈瓊輕）,陽庚清青通押的 1 個韻段（傅咸《贈褚武良詩》禎京庭明揚靈征）;陽類與蒸類通押的 3 個韻段,均爲陽登通押（陸機《演連珠》〔二〇〕涼弘,陸雲《晉故散騎常侍陸府君誄》弘王昌,殷巨《鯨魚燈賦》詳燈張房翔）。

通過以上統計,可以看出西晉時期:

第一,《廣韻》中的東合三應是一個獨立的韻部,即冬部。上古蒸部"弓穹雄夢"四字此時已從蒸部轉入冬部,冬部與蒸韻的關係較近。

第二,東部仍與先秦兩漢大致相同。東合三與東合一雖然没有合一,但關係漸漸靠近;鍾韻有漸漸從東部獨立出去的傾向;鍾韻與東合一的關係近於與東合三的關係。

第三,冬韻與肴韻,鍾韻與侵韻通押,它們的主要元音可能相近。

第四,陽唐應該合爲一部,但陽唐韻頭還存在差別,唐韻一等字,陽韻三等字;西晉時期如同東漢三國時期一樣,陽部與東部的關係較近。

第五,《廣韻》庚韻中的"明京鯨羹橫英景"等字,尚未脱離陽部轉入庚韻;庚清青與陽唐的主元音也比較相近。

第六,江韻雖然與陽韻有聯繫,但主要還是與東冬鍾通押,音值與東冬鍾相近。

（三）東晉時期

該時期東冬鍾江陽唐入韻 301 個韻段。

1. 衹與六韻有關的韻段（291 個）

衹與東冬鍾江有關的 101 個韻段,其中東合一獨用的 7 個韻段,東合三獨

---

① 明,《漢魏六朝韻譜》認爲不入韻,欠妥。此處依周祖謨。又,該詩《漢魏六朝韻譜》題作無名氏,亦欠妥。

② 該韻段《漢魏六朝韻譜》失收一個"明"字,周祖謨失收一個"疆"字,此處均依《先秦漢魏晉南北朝詩》補。

用的 25 個韻段(包括上古冬部中古東合三的 19 個韻段,上古分屬冬蒸二部中古東合三的 6 個韻段〔蒸部"雄弓"二字〕);鍾韻獨用的 1 個韻段;東合一東合三通押的 8 個韻段,東合一鍾通押的 23 個韻段,東合一江通押的 10 個韻段,東合三鍾通押的 8 個韻段,東合三江通押的 1 個韻段;鍾江通押的 7 個韻段,東合三冬合一通押的 1 個韻段(上古均屬冬部);冬江通押的 1 個韻段(上古均屬冬部,中古分屬冬、江通押)①;東合一東合三鍾通押的 5 個韻段;東合一冬合一鍾通押的 1 個韻段;東合三冬合一鍾通押的 1 個韻段;東合一鍾江通押的 1 個韻段;東合一東合三鍾江通押的 1 個韻段。

祇與陽唐有關的 181 個韻段,其中陽韻獨用的 47 個韻段,唐韻獨用的 11 個韻段,陽唐通押的 123 個韻段。

東類與陽類通押的 9 個韻段,其中東合三鍾唐通押的 1 個韻段(無名氏《清商曲辭·神弦歌·姑恩曲》風中從凰),東合三陽唐通押的 1 個韻段(楊羲《雲林與衆真吟詩》房風浪)②,東合一東合三陽通押的 1 個韻段(楊羲《七月二十六日夕紫微夫人喻作令與許長史》方同空中忘洞)③,東合一東合三鍾陽通押的 3 個韻段(楊羲《雲林與衆真吟詩》方崇從終洞,《南嶽夫人授太上宮中歌》童鋒宮房通,《九月三日夕雲林王夫人喻作令示許長史》空方風龍鍾峰童通翁蹤),東合一東合三陽唐通押的 1 個韻段(楊羲《九月十八日夜雲林右英夫人作》方風中同皇漿琅昂梁房翔崇浪忘);東合一東合三鍾陽唐通押的 1 個韻段(楊羲《雲林右英夫人所喻(七月二十六日)》房風峰芒蒙皇衆鐘衝宮浪),江陽通押的 1 個韻段(習鑿齒《詩·煌煌閒夜燈》亮降)。

2. 六韻與他韻通押的韻段(10 個)

東類與他韻通押的 3 個韻段,其中東合三與蒸韻通押的 1 個韻段(郭璞《元皇帝哀策文》隆躬中崇沖憑終),冬鍾江庚通押的 1 個韻段(支曇諦《廬山賦》松江冬衡),東合一鍾虞通押的 1 個韻段(袁宏《三國名臣序贊》用雩控棟)。

陽唐與他韻通押的 5 個韻段,其中陽庚通押的 3 個韻段(郭璞《遊仙詩》景上,《江賦》鏡映上泳,《山海經圖贊·中山經·不死國》上命竟),陽耕通押的 1 個韻段(盧諶《菊花賦》傷芳莖),陽耕清通押的 1 個韻段(楊羲《四月二十三日

---

① 郭璞《山海經圖贊·海外西經·巫咸》統透冬/透宋合一綜精冬/精宋合一降見冬/見絳開二。降,《廣韻》有下江切(匣江開二)和古巷切(見絳開二)兩讀。
② 浪,《廣韻》有魯當切(來唐開一)和來宕切(來宕開一)兩讀。
③ 忘,《廣韻》有武方切(微陽撮三)和巫放切(微漾撮三)兩讀。

紫微夫人作》方精萌昌）。

　　東陽兩類與他韻通押的 2 個韻段,其中東合一東合三鍾江陽蒸通押的 1 個韻段(楊羲《方丈臺昭靈李夫人詩》馮中窗空龍房胸衝躬蟲),東合一東合三鍾陽登通押的 1 個韻段(楊羲《二月九日夜雲林作》宮空房鐘朋童崇)。

　　通過以上統計,可以看出東晉時期:

　　第一,與西晉時期比起來,東冬兩部雖然還勉强各自獨立,但東合三與東合一的關係更爲密切。

　　第二,東合三與冬韻蒸韻的關係近於東合一與冬韻蒸韻的關係。

　　第三,陽唐應該合爲一部,陽唐的差別主要是韻頭的差別,唐韻一等字,陽韻三等字。

　　第四,此時東類與陽類的關係仍然很近。江韻有與陽類通押的韻段,但江韻並未轉入陽唐。

　　第五,與三國、西晉相比,此時的上古陽部中的庚韻字與陽部漸遠。

　　第六,某些方言中東鍾可能與蒸韻的主元音近些。

　　(四)劉宋時期

　　該時期東冬鍾江陽唐六韻入韻 234 個韻段(包括《後漢書》傳贊韻語中的 22 個韻段)。

　　1. 祗與東冬鍾江陽唐六韻有關的韻段(231 個)

　　祗與東冬鍾江有關的 103 個韻段,其中東合一獨用的 2 個韻段,東合三獨用的 19 個韻段(包括《後漢書·竇融傳》豐雄忠),鍾韻獨用的 9 個韻段(包括《後漢書·桓榮丁明傳》鍾容從,《馬援傳》隴種勇,《袁張韓周傳》重奉寵);東合一東合三通押的 19 個韻段(包括《後漢書·順沖質帝紀》聰終,《宗室四王三侯傳》雄風工同功,《李陳龐陳橋傳》功中雄),東合一鍾通押的 6 個韻段(包括《後漢書·皇甫張段傳》蹤潼兇容鋒空),東合三鍾通押的 6 個韻段(包括《後漢書·禮樂志》鍾容恭從隆),東合一東合三鍾通押的 11 個韻段;東合一冬通押的 1 個韻段,東合三冬通押的 1 個韻段,東合三冬鍾通押的 1 個韻段,東合一東合三冬鍾通押的 4 個韻段;冬鍾通押的 3 個韻段(包括《後漢書·崔駰傳》鍾宗龍容,《烈女傳》蹤容彤);東合一江通押的 1 個韻段,東合一東合三江通押的 1 個韻段,鍾江通押的 4 個韻段(包括《後漢書·王劉張李彭虎傳》龍鋒江邦,《伏侯宋蔡馮趙牟韋傳》庸邦降),東合一鍾江通押的 2 個韻段,東合一東合三鍾江通押的 10 個韻段,東合三冬鍾江通押的 1 個韻段,東合一東合三冬鍾江通押的 2

個韻段。

祇與陽唐有關的 123 個韻段,其中陽韻獨用的 39 個韻段(包括《後漢書‧吳蓋陳臧傳》彊驤梁陽揚,《宣張王王杜郭吳承鄭趙傳》王方莊揚王箱,《竇何傳》祥羊房,《逸民傳》往上枉),唐韻獨用的 3 個韻段,陽唐二韻通押的 81 個韻段(包括《後漢書‧虞傅蓋臧傳》疆涼方剛揚,《西羌傳》剛羌疆陽攘,《陳王傳》綱當亡,《董卓傳》廣象蕩,《光武十五王傳》王放望宕喪相讓)。

東類與陽類通押的 5 個韻段,其中東合一陽通押的 1 個韻段(無名氏《西曲歌‧烏夜啼》〔六曲〕動往),東合三陽通押的 1 個韻段(謝惠連《猛虎行》風傷),東合一東合三陽通押的 1 個韻段(謝惠連《前緩聲歌》揚同豐),東合一東合三鍾陽唐通押的 1 個韻段(爨道慶《宋故龍驤將軍護鎮蠻校尉寧州刺史邛都縣侯楚使君之碑》融躬縱霜藏傷功),江陽通押的 1 個韻段(沈演之《嘉禾頌》攘彰湘江陽)。

2. 六韻與他韻通押的韻段(3 個)

這些韻段均爲陽唐與他韻通押,其中陽庚通押的 1 個韻段(鮑照《園葵賦》杖壤敞掌兩映放),陽唐庚通押的 1 個韻段(顏延之《陽洽事誄》陽昌皇良霜衡),陽庚清通押的 1 個韻段(王僧達《祭顏光禄文》清聲揚英)。

通過以上統計,可以看出劉宋時期:

第一,東合三與東合一漸趨一體,儘管東合三獨用的韻段還有不少,還有一定的獨立性,但東合一獨用的比例遠遠低於與東合三通押的比例。

第二,鍾韻的獨立性漸强,謝惠連的《猛虎行》峰容蹤恭縱,連用 5 個鍾韻字;謝靈運的《答中書詩》庸從蹤龍,連用 4 個鍾韻字,均不雜東合一字。

第三,陽唐應該合爲一部,陽唐的差別主要是韻頭的差別,唐韻一等字,陽韻三等字。

第四,東類與陽類的關係仍然很近,此時江韻依然與東冬鍾主元音相近。

第五,與三國、兩晉時期相比,此時上古陽部的庚韻字更具有獨立性,基本完成了從陽部向庚韻的演變。

(五)南齊時期

該時期與東冬鍾江陽唐有關的 117 個韻段。

1. 祇與六韻有關的韻段(113 個)

祇與東冬鍾江有關的 39 個韻段,其中東合三獨用的 9 個韻段,鍾韻獨用的 6 個韻段;東合一東合三通押的 16 個韻段,東合一鍾通押的 6 個韻段,東合一東合三鍾通押的 2 個韻段。

祇與陽唐有關的 74 個韻段,其中陽韻獨用的 40 個韻段,唐韻獨用的 1 個韻段,陽唐通押的 33 個韻段。

2. 六韻與他韻通押的韻段(4 個)

東類與他韻通押的 2 個韻段,其中東合一東合三登通押的 1 個韻段(張融《海賦》窮攻叢籠風崩),鍾侵通押的 1 個韻段(朱碩仙《吳聲獨曲·碩仙歌》茬動)。

陽類與他韻通押的 2 個韻段,其中陽庚通押的 1 個韻段(無名氏《齊世昌辭》昌平),陽清通押的 1 個韻段(張融《海賦》嶺況)。

通過以上統計,可以看出南齊時期:

第一,東合一與東合三應該合一了,但從東合三獨用的 9 個韻段看,二者在音值上是有一定的差別的,這大概就是一等和三等的差別了。

第二,鍾韻獨用的 6 個韻段,其獨立性漸强。

第三,冬、江未入韻,不好斷定其分合關係①。

第四,陽唐雖然可以合爲一部,但從陽韻的角度看,陽唐還是有一些差別的。

第五,陽韻與清韻通押的 1 個韻段,與上古耕部中古庚韻字通押的 1 個韻段,未見與上古陽部中古庚韻字通押的韻段,説明上古陽部中的庚韻字此時已經完全從陽部中獨立出去了(當然,也許與南齊時期入韻的韻段少有關)。

第六,東冬鍾江與陽唐通押的韻段。

(六)南朝梁時期

該時期與東冬鍾江陽唐有關的 597 個韻段(包括《文心雕龍》贊語中的 3 個韻段)。

1. 祇與六韻有關的韻段(596 個)

祇與東冬鍾江有關的 240 個韻段,其中東合一獨用的 16 個韻段(包括《文心雕龍·史傳》孔總動董,《哀弔》弄慟控送),東合三獨用的 11 個韻段,鍾韻獨用的 31 個韻段,江韻獨用的 1 個韻段;東合一東合三通押的 158 個韻段,東合一

---

① 孔稚珪《旦發青林詩》江江開二長陽開三央陽開三霜陽開三忘陽合三,王力《南北朝詩人用韻考》認爲“江”字入韻,于安瀾《漢魏六朝韻譜》認爲“江”字不入韻。“江”字用在該詩首句末尾,入韻不入韻不好斷定,考慮到江韻在劉宋及南朝梁時期還主要與東冬鍾等通押,此處的“江”字似乎以作不入韻處理近是。

鍾通押的 4 個韻段,東合三鍾通押的 1 個韻段,冬鍾通押的 3 個韻段,冬江通押的 1 個韻段,鍾江通押的 5 個韻段,東合一東合三冬通押的 1 個韻段;東合一冬鍾通押的 1 個韻段;東合一東合三鍾通押的 5 個韻段;東合一東合三江通押的 1 個韻段;東合一東合三冬鍾通押的 1 個韻段。

祇與陽唐有關的 353 個韻段,其中陽韻獨用的 107 個韻段,唐韻獨用的 6 個韻段,陽唐通押的 240 個韻段(包括《文心雕龍·養氣》想養朗爽)。

東類與陽類通押的 3 個韻段,其中江陽通押的 1 個韻段(虞羲《贈何録事諲之詩》良邦裳陽),江唐通押的 1 個韻段(蕭綱《秋晚詩》江窗江缸),江陽唐通押的 1 個韻段(江淹《侍始安王石頭城詩》王光陽湘江翔方傷)。

2. 六韻與他韻通押的韻段(1 個)

該韻段爲陽庚通押(江淹《學梁王兔園賦》魴鶃粱羹漿翔)①。

通過以上統計,可以看出南朝梁時期:

第一,最後完成了東合一和東合三的合一,即《廣韻》中的東韻在齊梁時期就已經最後形成了。

第二,鍾韻已經徹底獨立了,儘管鍾韻與東合一、東合三等還有少量的通押韻段,但比起鍾韻獨用的 31 個韻段來已是微乎其微了,並且,庾肩吾的《奉使北徐州參丞御詩》恭從蹤封墉雍重龍容鐘松鋒濃茸筇蜂鏞喁峰喁逢②,連用 21 個鍾韻字不雜他韻字,也説明此時的鍾韻已經獨立成部。

第三,先秦兩漢時的東冬分部,到此時已經發生了根本的變化;此時的冬韻與東鍾江均有通押的韻段,未見獨用的韻段,其分合關係不好確定。

第四,陽唐應該合爲一部,但從陽韻的角度考慮,二者是應該有一定的差別的,主要是開合的差別。

第五,江韻有獨立的趨勢,但其音值還是與東冬鍾更近一些,尤其是與鍾韻的音值更近一些。

第六,陽唐庚通押的 1 個韻段,其韻脚字“羹”字在先秦兩漢屬陽部字。

(七)南陳時期

南朝陳時期東冬鍾江陽唐入韻 154 個韻段,均爲祇與六韻有關的韻段。

祇與東冬鍾江有關的 71 個韻段,其中東合一獨用的 2 個韻段,東合三獨用

---

① “鶃、羹”二字《漢魏六朝韻譜》未收,欠妥;粱,《漢魏六朝韻譜》作“梁”,亦欠妥。周祖謨不誤。

② 筇,逯欽立本作“蒗”,此處依《文苑英華》本。

的 4 個韻段,鍾韻獨用的 10 個韻段;東合一東合三通押的 48 個韻段,東合一冬通押的 1 個韻段,東合三鍾通押的 1 個韻段,東合一東合三鍾通押的 2 個韻段,東合三江通押的 1 個韻段,東合一東合三江通押的 1 個韻段,東合三鍾江通押的 1 個韻段。

祇與陽唐有關的 81 個韻段,其中陽韻獨用的 26 個韻段,唐韻獨用的 1 個韻段,陽唐通押的 54 個韻段。

東類與陽類通押的 2 個韻段,其中江陽通押的 1 個韻段(徐陵《鴛鴦賦》雙鶱),江陽唐通押的 1 個韻段(陳叔寶《同平南弟元日思歸詩》黄湯方鏘長香江湘)。

通過以上統計,可以看出南陳時期:

第一,東韻獨立爲一部,鍾韻獨立爲一部,冬韻未入韻,不好斷定其分合關係。

第二,陽唐合爲一部,陽唐的差别主要是韻頭的差别,唐韻一等字,陽韻三等字;從南朝陳的詩文用韻看,《切韻》將陽唐分爲二韻,主要是從"賞知音"的角度考慮的,如果從"廣文路"考慮,陽唐或許應該合爲一韻。

第三,江韻的音值介於東冬鍾和陽唐之間,《切韻》將江韻排在東冬鍾之後,雖然有存古的因素,但也是有現實語音依據的。

通過以上分析,我們可以得出如下結論:

第一,《廣韻》中的東韻在先秦兩漢時期分屬東冬蒸三部,這種情況在魏晉詩文的用韻中也有所反映。三國時期,東合三是一個獨立的韻部,即冬部,上古屬於蒸部的"雄弓躬"等字此時也已轉入冬部,冬部與蒸登的關係近一些。西晉時期,東合一與東合三仍分屬東冬兩部。東合三與上古冬部、中古江韻字通押的 1 個韻段,與蒸韻通押的 1 個韻段,與冬韻、蒸韻通押的 1 個韻段,説明此時的冬部與蒸韻的關係較近。東晉時期東冬兩部雖然還勉强各自獨立,但東合三與東合一的關係密切起來,儘管東合三獨用的韻段還有不少,具有一定的獨立性,但東合一獨用的比例遠遠低於與東合三通押的比例。南朝從齊梁開始,尤其是在梁朝,東合一與東合三已經合一了,即《切韻》中的東韻在齊梁時期就已經最後形成了,東合一與東合三在音值上的差别祇是一等和三等的差别。北朝從北魏開始,東合一與東合三的關係就很近,已呈現出合流的趨勢;但從高允的《答宗欽詩》、常景的《洛橋銘》均是連用 4 個東合三字,張淵的《觀象賦》連用 5 個東合三字不雜他韻字看,東合三還具有一定的獨立性。北齊時期東合三雖然還具有一定的獨立性,但與東合一的關係遠遠比北魏時期密切得多。北周時期東合一與東合三雖然還各自都有一些獨用的韻段,但通押的韻段占有絕對多的比重,可以説此時東合一與東合三已經合爲一部。也許是由於東合一與東合三在音值上有些細微差别,或偶然的因素,東合一與東合三還有少量的分用韻段。

第二,《廣韻》中的鍾韻,在先秦兩漢時期與東江一起構成東部。南朝從劉宋南齊時期開始,鍾韻的獨立性漸强,謝惠連的《猛虎行》連用 5 個鍾韻字,謝靈運的《答中書詩》連用 4 個鍾韻字不雜東合一字。到了南朝梁時期,鍾韻已經徹底獨立了,其與東合一、東合三等通押韻段比起獨用韻段來已是微乎其微了,庚肩吾的《奉使北徐州參丞御詩》連用 21 個鍾韻字不雜他韻字,也説明此時的鍾韻已經獨立成部。北朝北魏時期東合一與鍾韻的關係非常密切。到了北齊時期,鍾韻雖然與東合一還有一些通押的韻段,但獨立性漸漸顯露出來,這一點與北魏時期有很大的差别。北周時期鍾韻已經從東合一中獨立出來了。隋朝時期鍾韻具有很强的獨立性,應該獨立爲一部。北齊、北周時期,與冬韻有關的均 1 個韻段,均是冬鍾通押,説明冬鍾的關係近於冬東的關係。《切韻》將冬鍾分立,《廣韻》規定冬鍾通押,都是有實際語音依據的。

第三,整個魏晉南北朝陽唐均應該合爲一部,但二韻在音值上還有細微的差别,陽韻三等,唐韵一等,二韻的差别主要在韻頭方面。《廣韻》規定陽唐同用,王仁昫《刊謬補缺切韻》韻目平聲陽韻下注"吕、杜與唐同,夏侯别,今依夏侯";上聲養韻下注"夏侯在平聲陽唐、入聲藥鐸並别,上聲養蕩爲疑,吕與蕩别,今依吕";去聲漾韻下注"夏侯在平聲陽唐、入聲藥鐸並别,去聲漾宕爲疑,吕與宕别,今依吕",陽唐同用,表示陽唐應該合爲一部,陽唐别立,反映了陽唐二韻在音值上的細微差别。

第四,《廣韻》中的江韻,在先秦時期屬於東部,《廣韻》將其排在東冬鍾之後,《中原音韻》將其與陽唐合在一起稱爲江陽韻。但就整個魏晉南北朝的詩文用韻看,江韻還是與東冬鍾關係更近一些,尤其是北朝時期,均未見北方人有江韻與陽唐通押的韻段。北周時期江韻與陽韻通押的 2 個韻段,均是出自具有南方語音背景的庾信作品;隋朝江韻與陽唐通押的 1 個韻段,是出自吳郡錢唐人釋真觀的《夢賦》。《切韻》將江韻與東冬鍾排在一起而不將其與陽唐排在一起,雖然有人認爲是存古,應該是有實際語音根據的。王仁昫《刊謬補缺切韻》韻目平聲東韻、去聲送韻均無注,上聲董韻下注"吕與腫同,夏侯别,今依夏侯。

與平聲異";平聲冬韻下注"陽與鍾江同韻,吕、夏侯别,今依吕、夏侯";冬韻没有上聲,冬韻上聲字"渾鵃附入腫韻";去聲宋韻下注"陽與用、絳同,夏侯别,今依夏侯"。王韻小注一方面反映北地陽休之《韻略》冬鍾江的密切關係,一方面反映有些方言東鍾關係近些,有些方言冬鍾關係近些。

　　第五,三國、西晉時期東冬鍾江與陽唐的關係很複雜,這一點與兩漢時期東部與陽部大量通押的情況是基本一致的①。東晉以後,東冬鍾江與陽唐通押的韻段逐漸减少。整個北朝時期,除了北周和隋朝時期的個别韻段外,未見東冬鍾江與陽唐通押的韻段。

　　第六,三國、兩晉時期,來自上古陽部的庚韻"卿横京英衡秔明"等字還没有完全從陽部分化出來。南朝從劉宋時期開始,上古陽部的庚韻字才基本完成了從陽部向庚韻的演變。北朝北魏時期陽唐庚通押的 2 個韻段,説明陽唐與庚韻相近而與東冬鍾江相遠。除了北周時期陽庚通押的 1 個韻段外,再也未見東冬鍾江陽唐與庚耕清青通押的韻段。

第二節　庚耕清青蒸登六韻的分合情况

　　《廣韻》庚耕清青四韻與蒸登二韻,在南北朝詩文用韻中通押的現象非常少。這裏放在一節中討論,主要是由於蒸登在南北朝時期入韻的韻段太少,另立一節,篇幅太小,與其他各節的篇幅懸殊;且六韻在後來的發展中逐漸合爲一部,即《中原音韻》中的庚青韻。當然,本節並不是討論庚耕清青與蒸登的關係,而是分别討論庚耕清青和蒸登各自之間的關係。

一、北朝及隋朝庚耕清青蒸登六韻的關係

(一)北魏時期

該時期與庚耕清青蒸登有關的 101 個韻段。

1. 衹與庚耕清青有關的韻段(88 個)

庚韻獨用的 7 個韻段:元暉業《感遇詩》英横,無名氏《祖珽引魏世謡》生鳴,闕名《王僧墓誌銘》生更明行,仙道《老子化胡經玄歌·太上皇老君哀歌》(之三)明行,(之六)明生;元景《臨刑自作墓誌銘》景永;陽固《演賾賦》命鏡。

---

①　參看羅常培、周祖謨《漢魏晉南北朝韻部演變研究》第 187—190、257、289—290 頁。

　　清韻獨用的 4 個韻段:陽固《演賾賦》傾并情①,《演賾賦》盛性,無名氏《魯郡太守張猛龍清頌碑》正□□聖,菩提達磨《真性頌》性净。

　　青韻獨用的 2 個韻段:高允《王子喬》星冥,無名氏《同門生爲李謐語》青經。

　　庚清通押的 17 個韻段:元宏《縣瓠方丈竹堂饗侍臣聯句詩》貞清開三明庚開三,元詡《幸華林園宴群臣於都亭曲水賦七言詩》貞清開三英庚開三,李諧《江浦賦詩》清清開三明庚開三,温子昇《涼州樂歌》城清開三横庚合二,闕名《齊州刺史高湛墓誌銘》清清開三生庚開二聲清開三京庚開三,《王偃墓誌銘》貞清開三英庚開三名清開三,《崔頠墓誌銘》英庚開三珩庚開二生庚開二名清開三,菩提達磨《真性頌》情清開三明庚開三,仙道《老子化胡經玄歌·尹喜哀歎五首(之二)·我昔上九天》英庚開三并清開三,《老子化胡經玄歌·老君十六變詞·十三變之時》迎庚開三城清開三情清開三;高允《徵士頌》情清開三竟映開三命映開三正勁開三慶映開三,李騫《釋情賦》鏡映開三鄭勁開三命映開三聖勁開三政勁開三姓勁開三盛勁開三令勁開三慶映開三映映開三,常景《司馬相如贊》性勁開三映映開三病映開三命映開三,元萇《振興温泉頌》聖勁開三命映開三,張淵《觀象賦》鏡映開三咏映合三盛勁開三競映開三聖勁開三命映開三政勁開三映映開三,闕名《龍驤將軍營州刺史高貞碑》正勁開三令勁開三競映開三敬映開三,仙道《老子化胡經玄歌·太上皇老君哀歌》(之三)請静開三敬映開三。

　　庚青通押的 13 個韻段:高允《王子喬》卿庚開三庭青開四,元萇《振興温泉頌》靈青開四生庚開二,孫道相《通津頌》齡青開四牲庚開二明庚開三,闕名《鉅鹿太守吕顯頌》明庚開三生庚開二齡青開四,無名氏《府君頌》明庚開三生庚開二齡青開四,仙道《老子化胡經玄歌·化胡歌八首》(之四)冥青開四平庚開三,《老子化胡經玄歌·尹喜哀歎五首(之五)·昔往學道時》冥青開四迎庚開三生庚開二,《老子化胡經玄歌·太上皇老君哀歌》(之一)冥青開四榮庚合三,《老子化胡經玄歌·老君十六變詞·十變之時》停青開四生庚開二,《老子化胡經玄歌·老君十六變詞·十五變之時》形青開四生庚開二,《老子化胡經玄歌·老君十六變詞·十三變之時》兵庚開三生庚開二經青開四;宗欽《贈高允詩》映映開三鏡映開三競映開三徑徑開四,常景《洛橋銘》命映開三競映開三鏡映開三命映開三定徑開四。

　　清青通押的 12 個韻段:高允《王子喬》星青開四冥青開四,陽固《演賾賦》刑青開四城清開三,《演賾賦》靈青開四成清開三,王德《春詞》聲清開三情清開三屏青開四征清開三,張淵《觀象賦》名清開三征清開三清清開三形青開四,高閭《至德頌》甯青開四刑青開

---

① 并(并州之并),清開三;并、併(合併之併),勁開三。

四成清開三旌清開三,温子昇《司徒祖瑩墓銘》靈青開四籯清開三城清開三,闕名《懷令李超墓誌銘》淳青開三程清開三情清開三輕清開三聲清開三誠清開三形青開四冥青開四①,《洛州刺史刁遵墓誌銘》齡青開四傾清合三聲清開三扃青合四;無名氏《賊爲楊津語》城清開三星青開四,仙道《老子化胡經玄歌·太上皇老君哀歌》(之六)星青開四名清開三;温子昇《舜廟碑》聖勁開三定徑開四政勁開三盛勁開三。

庚耕清通押的 1 個韻段:陽固《演賾賦》莖耕開二生庚開二征清開三情清開三。

庚清青通押的 28 個韻段:宗欽《贈高允詩》溟青開四精清開三生庚開二英庚開三,段承根《贈李寶詩》明庚開三成清開三刑青開四聲清開三,高允《徵士頌》成清開三名清開三誠清開三庭青開四冥青開四京庚開三平庚開三,《酒訓》貞清開三經青開四榮庚合三名清開三生庚開二成清開三,《咏貞婦彭城劉氏》生庚開二輕清開三冥青開四兄庚合三,鄭道昭《天柱山銘》星青開四城清開三亭青開四精清開三青青開四形青開四寧青開四溟青開四明庚開三生庚開二,李騫《釋情賦》清清開三庭青開四楨清開三成清開三明庚開三星青開四驚庚開三,《贈親友》坰青合四瀛清開三輕清開三聲清開三汀青開四驚庚開三營清合三城清開三荆庚開三明庚開三情清開三冥青開四,衛操《桓帝功德頌碑》行庚開二靈青開四明庚開三情清開三零青開四甖清合三刑青開四聲清開三形青開四兵庚開三零青開四誠清開三成清開三,《桓帝功德頌碑》榮庚合三名清開三形青開四牲庚開二靈青開四齡青開四,張淵《觀象賦》庭青開四靈青開四盈清開三衡庚開二經青開四榮庚合三京庚開三,程駿《慶國頌》情清開三輕清開三生庚開二庭青開四,蕭綜《聽鐘鳴》鳴庚開三城清開三星青開四明庚開三聲清開三情清開三橫庚開三,闕名《司馬景和妻孟氏墓誌銘》生庚開二聲清開三庭青開四名清開三傾清合三誠清開三,《洛州刺史刁遵墓誌銘》明庚開三衡庚開二庭青開四盈清開三,《魏故持節龍驤將軍督營州諸軍事營州刺史征虜將軍太中大夫臨青男崔公之墓誌銘》靈青開四明庚開三貞清開三庭青開四,《司馬昞墓誌銘》聲清開三榮庚合三馨青開四貞清開三,《南秦州刺史司馬昇墓誌銘》聲清開三庭青開四城清開三行庚開二,《魯郡太守張猛龍清頌碑》□情清開三冥青開四明庚開三②,《王偃墓誌銘》明庚開三聲清開三城清開三經青開四,《李清造報國像碑》清清開三停青開四清清開三明庚開三平庚開三榮庚合三,《寧禪寺浮圖碑》清清開三明庚開三靈青開四經青開四聲清開三嬰清開三;高允《鹿苑賦》嶺靜開三影梗開三炳梗開三正勁開三井靜開三永梗合三迴迴合四;闕名《魏故咸陽太守劉府君墓誌銘》映映開三明庚開三貞清開三寧青開四③,《祝麴文》境梗開三請靜開三影梗開三炳梗開三

---

① 冥,原作"實",誤。
② 冥,原作"實",誤。
③ 該文篇名《漢魏六朝韻譜》作《劉玉墓誌》。

猛梗開二鼎迥開四逞静開三静静開三整静開三冥青開四永梗合三；高閭《至德頌》正勁開三命映開三聖勁開三定徑開四；高允《酒訓》情清開三競映開三政勁開三令勁開三聽青開四静開二病映開三命映開三；李諧《述身賦》政勁開三定徑開四盛勁開三慶映開三命映開三令勁開三映映開三。

　　耕清青通押的 1 個韻段：姜質《亭山賦》莖耕開二坪耕開三馨青開四清清開三精清開三名清開三。

　　庚耕清青通押的 3 個韻段：李諧《述身賦》生庚開二萌耕開二情清開三名清開三刑青開四傾清合三靈青開四聲清開三京庚開三齡青開四明庚開三，元宏《祭嵩高山文》靈青開四生庚開二靈青開四精清開三經青開四成清開三盈清開三庭青開四形青開四禎清開三停青開四明庚開三誠清開三正清開三營清合三并清開三贏清開三清清開三亭青開四銘青開四宏耕合二齡青開四城清開三星青開四馨青開四衡庚開二嚶耕開二霆青開四青青開四京庚開三貞清開三寧青開四①；溫子昇《從駕幸金墉城詩》竝迥開四景梗開三屏青開四影梗開三静静開三井静開三冷梗開二警梗開三幸耿開二騁静開三。

　　2. 祗與蒸登有關的韻段（4 個）

　　蒸韻獨用的 4 個韻段：元宏《弔殷比干墓文》冰凝陵勝澄，陽固《刺讒詩》興蠅②，闕名《中岳嵩陽寺碑》興昇承，《懷令李超墓誌銘》徵膺繩。

　　3. 庚蒸二類與他韻通押的韻段（9 個）

　　庚蒸二類與真類通押的 4 個韻段，其中真庚青通押的 1 個韻段：仙道《老子化胡經玄歌·太上皇老君哀歌》（之三）寧青開四瞋真開三生庚開二身真開三，先庚青通押的 1 個韻段：仙道《老子化胡經玄歌·化胡歌八首》（之三）經青開四庭青開四明庚開三賢先開四，先青通押的 1 個韻段：仙道《老子化胡經玄歌·尹喜哀歎五首之二·我昔上九天》冥青開四天先開四③，真文元青通押的 1 個韻段：仙道《老子化胡經玄歌·化胡歌八首》（之六）賓真開三身真開三雲文合三身真開三人真開三庭青開四言元開三文文合三神真開三人真開三；與真侵二類通押的 2 個韻段，其中真青侵通押的 1 個韻段：仙道《老子化胡經玄歌·化胡歌八首》（之二）心侵開三身真開三真真

---

① 正，《廣韻》有諸盈、之盛二切，分屬平聲清韻和去聲勁韻。平聲清韻"正"，《廣韻》："正朔，本音政。"并，并州之"并"。

② 《漢魏六朝韻譜》在陽固和闕名均收該韻段，依嚴可均《全後魏文》祗在闕名之下收入該文。

③ 原詩作"但見非仙士，列翼影清天"，似應作"列翼影天清"。清，清開三，與上聯對句韻脚字"冥"正好押韻。

開三形青開四，真文先仙庚清添通押的 1 個韻段：仙道《老子化胡經玄歌·化胡歌八首》（之七）嬰清開三身真開三天先開四行庚開二身真開三天先開四千先開四人真開三君文合三人真開三嫌添開四天先開四賢先開四身真開三緣仙合三真真開三天先開四身真開三①；與東陽二類通押的 3 個韻段，其中陽庚通押的 1 個韻段：仙道《老子化胡經玄歌·老君十六變詞》昌陽開三長陽開三兄庚合三翔陽開三嘗陽開三央陽開三，陽唐庚通押的 1 個韻段：衛操《桓帝功德頌碑》陽陽開三光唐合一黨蕩開一橫庚合二傷陽開三堂唐開一喪唐開一漳陽開三亡陽合三行唐開一方陽合三王陽合三攘陽開三，東真文諄元庚青蒸通押的 1 個韻段：仙道《老子化胡經玄歌·老君十六變詞·十三變之時》賓真開三元元合三身真開三神真開三人真開三君文合三生庚開二輪諄合三僧蒸開一君文合三蟲東合三經青開四秦真開三。

通過以上統計，可以看出北魏時期：

第一，庚耕清青應該合爲一部。

第二，蒸韻獨用的 4 個韻段，登韻無入韻字，但從元宏《弔殷比干墓文》連用 5 個蒸韻字不雜登韻字來看，登蒸的界限應該是非常清楚的。

第三，陽庚、陽唐庚分別通押的韻段，其中的庚韻字在上古與陽唐二韻字同屬陽部，説明"橫兄"二字此時尚未完全分化出來，至少應該還有陽部一讀。

第四，真庚青通押的 1 個韻段，先庚青、先青和真文先仙庚清添分別通押韻段中的先韻"天賢"二字在先秦屬真部字，這些韻段説明此時真類與庚類的主元音相近。

第五，庚類與蒸類通押的僅 1 個韻段，還是東真文諄元庚青蒸通押的韻段，並且是見於用韻比較寬泛的仙道的作品中。

第六，庚蒸二類與他韻通押的韻段，絕大多數見於用韻比較寬泛的仙道的作品中，情況很複雜，是方音特點、還是用韻過寬、抑或是傳鈔有誤，尚需進一步探討。

（二）北齊時期

該時期與庚耕清青蒸登有關的 46 個韻段。

1. 祇與庚耕清青有關的韻段（42 個）

庚韻獨用的 4 個韻段：裴讓之《從北征詩》驚兵生行；陸卬《大宗圜丘及北郊歌辭·皇夏樂》警永；邢劭《獻武皇帝寺銘》行敬慶咏，陸卬《祀五帝於明堂樂

---

① 韻脚字"天"與"行"之間有一"瀏"字在韻脚字位置上，疑是誤字，或此處失韻。

歌·高明樂》敬命。

清韻獨用的 1 個韻段：陸卬《祀五帝於明堂樂歌·昭夏樂》誠聲。

庚清通押的 13 個韻段：魏收《蠟節詩》平庚開三情清開三，高延宗《經墓興感詩》明庚開三傾清合三驚庚開三情清開三名清開三，蕭愨《和崔侍中從駕經山寺詩》橫庚合二旌清開三聲清開三明庚開三成清開三平庚開三情清開三城清開三，顏之推《觀我生賦》衡庚開二聲清開三名清開三生庚開二城清開三兵庚開三，《和陽納言聽鳴蟬篇》笙庚開二聲清開三清清開三輕清開三驚庚開三城清開三，陸卬《祀五帝於明堂樂歌·高明樂》清清開三明庚開三，《元會大饗歌·皇夏》成清開三平庚開三，《五郊樂歌·黑帝高明樂》聖勁開三敬映開三；邢劭《文宣皇帝哀策文》名清開三貞清開三精清開三兵庚開三成清開三行庚開二城清開三；顏之推《古意詩》荊庚開三聲清開三名清開三生庚開二城清開三迎庚開三營清合三輕清開三并勁開三榮庚合三，闕名《馮翊王修平等寺碑》□明庚開三姓勁開三英庚開三；邢劭《甘露頌》聖勁開三競映開三鏡映開三映映開三，邢劭《文宣皇帝哀策文》姓勁開三映映開三。

庚青通押的 2 個韻段：陸卬《元會大饗歌·登歌三曲》(之一)明庚開三靈青開四；陸卬《祀五帝於明堂樂歌·皇夏樂》馨徑開四敬映開三。

耕清通押的 1 個韻段：無名氏《濟北民爲崔伯謙歌》政勁開三爭耕開二。

清青通押的 9 個韻段：穆子容《天柱山銘》成清開三經青開四亭青開四名清開三，蕭愨《屏風詩》庭青開四齡青開四形青開四星青開四經青開四亭青開四青青開四情清開三，陸卬《祀五帝於明堂樂歌·高明樂》寧青開四精清開三亭青開四，《祀五帝於明堂樂歌·武德樂》營清合三寧青開四盈清開三呈清開三清清開三①，《享廟樂辭·昭夏樂》騂清開三誠清開三齡青開四，《五郊樂歌·白帝高明樂》精清開三成清開三，《元會大饗歌·皇夏》庭青開四聲清開三，《元會大饗歌·登歌三曲》(之三)庭青開四聲清開三，無名氏《時人爲宋游道陸操語》形青開四情清開三。

庚清青通押的 12 個韻段：魏收《喜雨詩》楹清開三榮庚合三平庚開三成清開三靈青開四鳴庚開三，《看柳上鵲詩》成清開三明庚開三驚庚開三輕清開三聽青開四，《枕中篇》傾清合三停青開四驚庚開三征清開三，陸卬《大禘圜丘及北郊歌辭·武德樂》靈青開四冥青開四成清開三生庚開二，《大禘圜丘及北郊歌辭·皇夏樂》誠清開三靈青開四明庚開三溟青開四精清開三聲清開三，《祀五帝於明堂樂歌·高明樂》明庚開三冥青開四成清開三征清開三旌清開三城清開三庭青開四溟青開四精清開三行庚開二靈青開四聲清開三，《享廟

────────────────

① 營，《漢魏六朝韻譜》未收，此處依《先秦漢魏晉南北朝詩》及周祖謨補。

樂辭·始基樂恢祚舞》聲清開三冥青開四行庚開二寧青開四,《享廟樂辭·武德樂昭烈舞》成清開三寧青開四靈青開四誠清開三明庚開三,《元會大饗歌·皇夏》明庚開三幷清開三庭青開四平庚開三,《文武舞歌·武歌辭》生庚開二明庚開三聲清開三笙庚開二成清開三齡青開四;魏收《枕中篇》行映開二正勁開三廷青開四命映開三,陸卬《文舞舞歌·武舞辭》聖勁開三映映開三命映開三鏡映開三定徑開四性勁開三。

2. 祇與蒸登有關的韻段(4 個)

蒸韻獨用的 3 個韻段:陸卬《大禘圜丘及北郊歌辭·皇夏樂》升乘,《祀五帝於明堂樂歌·皇夏樂》升應,《享廟樂歌·皇夏樂》兢升凝膺承陵。

蒸登通押的 1 個韻段:無名氏《省中爲祖珽裴讓之語》能登開一徵蒸開三①。

通過以上統計,可以看出北齊時期:

第一,庚耕清青應該合爲一部。

第二,雖然蒸登通押的有 1 個韻段,但蒸韻獨用的 3 個韻段,並且陸卬《享廟樂歌·皇夏樂》連用 6 個蒸韻字不雜登韻字,該時期登蒸的界限應該是非常清楚的。

第三,庚蒸二類無通押的韻段,庚蒸二類也無與他韻通押的韻段。

(三)北周時期

該時期與庚耕清青有關的 109 個韻段。

1. 祇與庚耕清青有關的韻段(100 個)

庚韻獨用的 5 個韻段:蕭撝《勞歌》生卿,庾信《鏡賦》鳴生,《周上柱國齊王憲神道碑》明兵驚平,無名氏《周初童謠》鳴甥;庾信《周祀圜丘歌·雍樂》(撤奠)命慶。

清韻獨用的 2 個韻段:王褒《明君詞》情征城聲,庾信《周譙國公夫人步陸孤氏墓誌銘》旌城營情。

青韻獨用的 12 個韻段:王褒《從軍行》經亭陘涇形星青刑銘庭屏,庾信《對雨詩》庭萍螢星,《周祀五帝歌·青帝雲門舞》(初獻)星靈,《哀江南賦》涇陘亭螢青,《邛竹杖賦》銘庭,《周柱國大將軍拓跋儉神道碑》靈星經庭,《周上柱國宿國公河州都督普屯威神道碑銘》靈星庭經,《周隴右總管長史贈少保豆盧公神道碑銘》涇星靈亭銘,《周大將軍上開府廣饒公鄭常墓誌銘》靈經亭星,《周大將軍聞嘉公柳遐墓誌銘》星經螢,《周故大將軍趙公墓誌銘》經庭銘星,《周上柱國齊

---

① 該韻段《漢魏六朝韻譜》失收,此處依逯欽立《先秦漢魏晉南北朝詩》補。

王憲神道碑》經靈寧庭。

　　庚清通押的 65 個韻段：王褒《關山月》明庚開三城清開三兵庚開三生庚開二鳴庚開三，《燕歌行》營清合三城清開三兵庚開三行庚開二聲清開三，《看鬥雞詩》行庚開二傾清合三生庚開二兵庚開三城清開三，《雲居寺高頂詩》晴清開三生庚開二，庾信《昭君辭應詔》城清開三生庚開二行庚開二明庚開三聲清開三，《出自薊北門行》情清開三城清開三鳴庚開三兵庚開三營清合三名清開三，《道士步虛詞》（之三）名清開三城清開三榮庚合三鳴庚開三迎庚開三，《奉報趙王出師在道賜詩》平庚開三兵庚開三鳴庚開三名清開三征清開三明庚開三行庚開二營清合三城清開三迎庚開三成清開三聲清開三衡庚開二，《伏聞遊獵詩》晴清開三橫庚合二行庚開二聲清開三鳴庚開三驚庚開三平庚開三城清開三，《奉和同泰寺浮圖詩》清清開三京庚開三城清開三驚庚開三生庚開二聲清開三輕清開三明庚開三城清開三笙庚開二情清開三，《經陳思王墓詩》生庚開二名清開三平庚開三明庚開三成清開三鳴庚開三驚庚開三城清開三聲清開三情清開三，《擬詠懷詩》（之九）城清開三情清開三卿庚開三生庚開二平庚開三，（一一）情清開三城清開三兵庚開三營清合三聲清開三名清開三，《和咏舞詩》明庚開三輕清開三聲清開三成清開三傾清合三生庚開二，《夜聽擣衣詩》聲清開三城清開三明庚開三成清開三鳴庚開三，《慨然成咏詩》情清開三生庚開二平庚開三鳴庚開三，《奉答賜酒詩》城清開三平庚開三驚庚開三鳴庚開三榮庚合三，《杏花詩》英庚開三城清開三瓊清合三，《和劉儀同臻詩》城清開三明庚開三，《奉和平鄴應詔詩》兵庚開三城清開三清清開三，《代人傷往詩》（之二）城清開三行庚開二，《周祀圜丘歌·雲門舞》（初獻）誠清開三清清開三傾清合三情清開三明庚開三，《周祀五帝歌·赤帝雲門舞》（初獻）精清開三迎庚開三誠清開三生庚開二，《周宗廟歌·皇夏》（飲福酒）成清開三明庚開三，《周五聲調曲·商調曲》（之四）平庚開三成清開三旌清開三盟庚開三，《周五聲調曲·徵調曲》成清開三生庚開二輕清開三傾清合三，《哀江南賦》城清開三營清合三兵庚開三行庚開二鳴庚開三聲清開三，《蕩子賦》征清開三城清開三明庚開三，《哀江南賦》情清開三明庚開三成清開三生庚開二，《自古聖帝名賢畫贊·禹渡江》成清開三驚庚開三生庚開二平庚開三，《自古聖帝名賢畫贊·袁盎諫文帝》行庚開二城清開三驚庚開三貞清開三，《鶴贊》名清開三城清開三鳴庚開三，《擬連珠》（之七）傾清合三橫庚合二，《玉帳山銘》荊庚開三成清開三盈清開三聲清開三，《刀銘》成清開三精清開三生庚開二，《周太子太保步陸逞神道碑銘》明庚開三精清開三名清開三生庚開二，《周太子太保步陸逞神道碑銘》卿庚開三明庚開三兵庚開三名清開三，《周柱國大將軍紇干弘神道碑銘》行庚開二城清開三平庚開三生庚開二，《周柱國楚國公岐州刺史慕容公神道碑銘》征清開三營清合三聲清開三兵庚開三，《周趙國公夫人紇豆陵氏墓誌銘》城清開三生庚開二明庚開三貞清開三，《周冠軍公夫人烏石蘭氏墓誌銘》城清開三鳴庚開三笙庚開二,《周車騎大將軍賀婁公神道碑銘》塋清合三行庚開二城清開三平庚開三楹清開三,釋慧命《詳玄賦》情清開三生庚開二名清開三明庚開三平庚開三清清開三盈清開三輕清開三成清開三,釋亡名《寶人銘》生庚開二名清開三平庚開三輕清開三榮庚合三明庚開三城清開三貞清開三,《五苦詩·生苦》生庚開二驚庚開三明庚開三名清開三,闕名《裴鴻碑》卿庚開三名清開三城清開三;王褒《京師突厥寺碑》境梗開三静静開三影梗開三領静開三,庾信《秦州天水郡麥積崖佛龕銘》嶺静開三景梗開三影梗開三;庾信《至仁山銘》嶺静開三影梗開三井静開三靖勁開三,《周大將軍司馬裔碑銘》秉梗開三猛梗開二静静開三井静開三,《周隴右總管長史贈少保豆盧公神道碑銘》請静開三猛梗開二静静開三嶺静開三境梗開三;庾信《小園賦》令勁開三性勁開三病映開三鏡映開三命映開三,《哀江南賦》盛勁開三命映開三獍映開三性勁開三正勁開三,《象戲賦》正勁開三聖勁開三鏡映開三映映開三政勁開三,《周驃騎大將軍開府儀同三司冠軍伯柴烈李夫人墓誌銘》政勁開三慶映開三敬映開三令勁開三,《周柱國大將軍紇干弘神道碑銘》命映開三政勁開三暎映開三柄梗開三鏡映開三,《周故大將軍趙公墓誌銘》聖勁開三命映開三鏡映開三政勁開三,《周大將軍隴東郡公侯莫陳君夫人竇氏墓誌銘》姓勁開三政勁開三慶映開三令勁開三政勁開三命映開三競映開三,《周冠軍公夫人烏石蘭氏墓誌銘》聘勁開三命映開三政勁開三,《周大都督湯林伯長孫瑕夫人羅氏墓誌銘》盛勁開三命映開三正勁開三,《周安昌公夫人鄭氏墓誌銘》命映開三姓勁開三慶映開三,《周祀五帝歌·白帝雲門舞》(初獻)令勁開三映映開三,《周宗廟歌·皇夏》(獻明皇帝)政勁開三命映開三令勁開三鏡映開三,《周大祫歌·登歌》(奠玉帛)令勁開三敬映開三命映開三行映開二①,釋慧命《詳玄賦》性勁開三鏡映開三映映開三聖勁開三正勁開三。

　　庚青通押的 2 個韻段:庾信《象戲賦》枰庚開三靈青開四生庚開二行庚開二明庚開三,《周五聲調曲·宮調曲》平庚開三靈青開四庭青開四衡庚開二庚庚開二。

　　清青通押的 4 個韻段:庾信《周祀圜丘歌·皇夏》(還便殿)清清開三寧青開四成清開三,唐瑾《華嶽頌》城清開三清清開三靈青開四名清開三,釋亡名《寶人銘》停青開四盈清開三成清開三輕清開三情清開三聲清開三;仙道《步虛辭》(之九)靈青開四形青開四經青開四貞清開三。

　　庚清青通押的 10 個韻段:宇文逌《至渭源詩》亭青開四鳴庚開三聲清開三平庚開三清清開三,庾信《燈賦》清清開三聲清開三鳴庚開三熒青合四明庚開三情清開三,《周柱國大將軍大都督同州刺史尒綿永神道碑銘》生庚開二傾清合三鳴庚開三坰青合四聲清開

三,《周五聲調曲·商調曲》(一)明_{庚開三}行_{庚開二}成_{清開三}衡_{庚開二}刑_{青開四}情_{清開三}寧_{青開四}平_{庚開三},(三)聲_{清開三}形_{青開四}平_{庚開三},《周五聲調曲·角調曲》征_{清開三}兵_{庚開三}生_{庚開二}聲_{清開三}并_{勁開三}盈_{清開三}成_{清開三}刑_{青開四},《周五聲調曲·徵調曲》生_{庚開二}清_{清開三}明_{庚開三}傾_{清合三}平_{庚開三}庭_{青開四}銘_{青開四},仙道《三徒五苦辭》齡_{青開四}傾_{清合三}生_{庚開二}并_{勁開三}①,《三徒五苦辭》情_{清開三}嬰_{清開三}明_{庚開三}經_{青開四},《金章太空章》(以制萬魔)庭_{青開四}名_{清開三}生_{庚開二}兵_{庚開三}征_{清開三}營_{清合三}名_{清開三}鈴_{青開四}冥_{青開四}精_{清開三}平_{庚開三}傾_{清合三}清_{清開三}經_{青開四}程_{清開三}榮_{庚合三}生_{庚開二}京_{庚開三}軿_{青開四}庭_{青開四}。

2. 庚耕清青與他韻通押的韻段(3個)

庚陽通押的2個韻段:庾信《周祀方澤歌·登歌》(初獻)陽_{余陽/余陽開三}方_{幫陽/幫陽合三}香_{曉陽/曉陽開三}翔_{曉陽/曉陽開三}喤_{匣陽/匣庚合二}桑_{心陽/心唐開一}光_{見陽/見唐合一}藏_{從陽/從唐開一},無名氏《步虛辭》英_{庚開三}章_{陽開三}迎_{庚開三}翔_{陽開三}梁_{陽開三}京_{庚開三};清文仙欣通押的1個韻段:無名氏《碧落空歌》文_{文合三}分_{文合三}傳_{仙合三}雲_{文合三}仙_{仙開三}勤_{欣開三}清_{清開三}。

3. 祇與蒸登有關的韻段(6個)

蒸韻獨用的3個韻段:庾信《擬連珠》(二四)陵膺勝,《周大將軍上開府廣饒公鄭常墓誌銘》憑陵凝承,《周祀圜丘歌·皇夏》(皇帝升壇)憑升繩。

登韻獨用的3個韻段:庾信《北園堂射新成詩》登堋騰能藤朋,釋亡名《寶人銘》能燈,《寶人銘》能懵弘崩恒憎②。

通過以上統計,可以看出北周時期:

第一,除了庚清青通押的10個韻段外,庚清通押的65個韻段,庚青通押的2個韻段,可見庚清的關係近而庚青的關係遠。清青通押的4個韻段,青韻獨用的12個韻段,王褒《從軍行》連用11個青韻字不雜清韻字,説明青韻具有較強的獨立性。庾信詩文清青入韻76個韻段,清青通押的7個韻段(庚清青通押的6個韻段,清青通押的1個韻段),可見清青應該分屬不同的韻部。《廣韻》規定庚耕清同用,青獨用,就北周詩文用韻情況看,除了耕韻沒有入韻字不好斷定外,是有實際語音根據的。

第二,庚陽通押的2個韻段,説明某些庚韻字與陽韻字音值較近,因爲《廣

---

① "并"字有平去二聲,并州之"并"讀平聲,合併、并行之"并"讀去聲。此詩原句是"輾轉三徒中,去來與禍并","并"應是去聲并行之意。

② 懵,《廣韻》有莫孔(董合一)、武亘(嶝合一)二切。

韻》的庚韻字,上古就是陽部字。

第三,清文仙欣通押的 1 個韻段,説明清韻某些字與文欣先韻尾可能相混。

第四,從庾信《北園堂射新成詩》、釋亡名《寶人銘》均連用 6 個登韻字不雜蒸韻字來看,蒸登二韻應該各自獨立爲部。

(四)隋朝時期

該時期與庚耕清青蒸登有關的 114 個韻段。

1. 衹與庚耕清青有關的韻段(108 個)

庚韻獨用的 6 個韻段:薛道衡《歲窮應教詩》生京,無名氏《選人爲辛宣歌》明平京;牛弘《朝日夕月歌·朝日誡夏》景永;闕名《杜乾緒等造像銘》□景□冏;魏澹《鷹賦》命病,釋真觀《夢賦》敬咏慶命。

清韻獨用的 12 個韻段:楊廣《隋秦孝王誄》聲城,賀若弼《遺源雄詩》營名,薛道衡《夏晚詩》傾城聲,崔仲方《夜作巫山詩》輕聲,虞世基《左衛大將軍左光禄大夫姚恭公墓誌銘》營旌,《左衛大將軍左光禄大夫姚恭公墓誌銘》名盈城□,何妥《昭君詞》情并,蕭圓肅《少傅箴》盈城名貞,闕名《洺州南和縣澧水石橋銘》傾成聲城,牛弘《大廟樂歌·送神歌》成纓,釋慧净《雜言詩》城清盈聲;仲孝俊《陳叔毅修孔子廟碑》聖令政姓鄭。

青韻獨用的 2 個韻段:蕭皇后《述志賦》庭靈冥,牛弘《五郊歌·白帝歌商音》刑寧。

庚清通押的 53 個韻段:盧思道《孤鴻賦》頸靜開三聲清開三情清開三清清開三城清開三輕清開三榮庚合三,明餘慶《從軍行》驚庚開三行庚開三營清合三明庚開三城清開三,《咏死烏詩》驚庚開三聲清開三,何妥《奉敕於太常寺脩正古樂詩》情清開三生庚開二鳴庚開三名清開三平庚開三清清開三鉦清開三英庚開三輕清開三纓清開三成清開三,蕭皇后《述志賦》平庚開三明庚開三榮庚合三盈清開三名清開三,楊廣《飲馬長城窟行》行庚開二城清開三營清合三生庚開二京庚開三旌清開三,《四時白紵歌·江都夏》横庚合二平庚開三驚庚開三清清開三,《紀遼東》鯨庚開三清清開三京庚開三①,《日夜觀星詩》清清開三聲清開三楹清開三平庚開三明庚開三横庚合二情清開三,《獻歲讌宮臣詩》京庚開三城清開三明庚開三聲清開三成清開三,楊素《贈薛播州詩》(之三)清清開三聲清開三精清開三輕清開三生庚開二,薛道衡《重酬楊僕射山亭詩》平庚開三聲清開三生庚開二,柳䛒《奉和晚日

---

① “横”,原作“輕”清開三,《草堂詩箋》作“横”。逯欽立認爲“當作横”,參見《先秦漢魏晉南北朝詩》第 2665 頁。

楊子江應教詩》名清開三瀛清開三聲清開三生庚開二輕清開三,《陽春歌》聲清開三名清開三平庚開三迎庚開三,《徐則畫像贊》名清開三盈清開三生庚開二清清開三成清開三贏清開三誠清開三精清開三聲清開三情清開三城清開三,《天臺國清寺智者禪師碑文》平庚開三清清開三營清合三情清開三并勁開三精清開三誠清開三楹清開三縈清合三聲清開三平庚開三榮庚合三成清開三生庚開二盈清開三城清開三明庚開三,岑德潤《賦得臨階危石詩》平庚開三鯨庚開三生庚開二城清開三,王胄《紀遼東》行庚開二兵庚開三聲清開三,《答賀屬詩》聲清開三卿庚開三行庚開二瓊合三縷清開三清清開三情清開三名清開三,孫萬壽《遠戍江南寄京邑親友》城清開三平庚開三鳴庚開三驚庚開三情清開三生庚開二,《東歸在路率爾成咏詩》成清開三平庚開三鳴庚開三聲清開三情清開三,許善心《奉和冬至乾陽殿受朝應詔詩》珩庚開二成清開三,《神雀頌》生庚開二名清開三成清開三明庚開三,韋鼎《長安聽百舌詩》驚庚開三聲清開三,虞世南《應詔嘲司花女詩》成清開三生庚開二行庚開二;魏澹《鷹賦》生庚開二精清開三,虞世基《秋日贈王中舍詩》行庚開二情清開三京庚開三輕清開三傾合三縷清開三,《講武賦》平庚開三兵庚開三營清合三生庚開二,《講武賦》行庚開二征清開三鯨庚開三成清開三名清開三,虞綽《大鳥銘》征清開三營清合三清清開三明庚開三,孔德紹《觀太常奏新樂詩》成清開三清清開三聲清開三情清開三英庚開三生庚開二,劉斌《送劉員外同賦陳思王詩得好鳥鳴高枝詩》鳴庚開三聲清開三驚庚開三征清開三,李巨仁《賦得鏡詩》姓勁開三名清開三生庚開二明庚開三精清開三,王由禮《賦得馬援詩》聲清開三兵庚開三成清開三情清開三名清開三,《賦得高柳鳴蟬詩》驚庚開三輕清開三清清開三聲清開三,蕭大圜《竹花賦》明庚開三清清開三鳴庚開三縈清合三橫庚合二英庚開三生庚開二,張公禮《龍藏寺碑》明庚開三生庚開二營清合三城清開三,嚴德盛《吳郡橫山頂舍利靈塔銘》生庚開二盈清開三名清開三清清開三,釋真觀《夢賦》成清開三明庚開三盈清開三清清開三營清合三聲清開三榮庚合三名清開三驚庚開三生庚開二衡庚開二,牛弘《朝日夕月歌・朝日誠夏》明庚開三誠清開三,《元會大饗歌・食舉歌》(之八)成清開三平庚開三清清開三情清開三明庚開三,釋慧净《雜言詩》生庚開二程清開三榮庚合三情清開三,無名氏《陌上桑》明庚開三盈清開三成清開三;闕名《王忻造像銘》聖勁開三咏映合三,《洺州南和縣澧水石橋銘》政勁開三令勁開三鏡映開三咏映合三,牛弘《大廟樂歌・皇高祖太原府君神室歌》慶映開三令勁開三咏映合三盛勁開三,《元會大饗歌・食舉歌》(之七)政勁開三盛勁開三令勁開三性勁開三慶映開三①;薛道衡《隋高祖文皇帝頌》聖勁開三命映開三境梗開三盛清開三,釋僧燦《信心銘》病映開三静静開三,釋真觀《夢賦》正勁開

---

① 盛,《廣韻》有是征、是政二切,分屬清韻和勁韻。讀清韻的是動詞,讀勁韻的是形容詞。

三慶映開三聘勁開三净勁開三柄梗開三咏映合三鏡映開三映命映開三，闕名《宋永貴墓誌》政勁開三聖勁開三命映開三咏映合三，《棲巖寺道場舍利塔》命映開三聖勁開三性勁開三净勁開三，《洺州南和縣澧水石橋纍文碑》聘勁開三競映開三鏡映開三。

庚青通押的1個韻段：皇甫毗《玉泉寺碑》鏡映開三映映開三咏映合三定徑開四。

清青通押的12個韻段：盧思道《櫂歌行》清清開三城清開三名清開三纓清開三輕清開三情清開三汀青開四，薛道衡《從駕幸晉陽詩》經青開四營清合三旌清開三清清開三亭青開四，《老氏碑頌》楹清開三清清開三庭青開四靈青開四，皇甫毗《玉泉寺碑》經青開四精清開三齡青開四情清開三，杜之松《咏柳》營清合三城清開三名清開三星青開四聲清開三，牛弘《五郊歌·青帝歌角音》聲清開三馨青開四，《社稷歌·秋報稷誡夏》誠清開三庭青開四清清開三盈清開三，《太廟樂歌·迎神歌》庭青開四誠清開三，無名氏《文中子夢顔子援琴歌》正清開三成清開三經青開四齡青開四，《隋末江東童謡》泠青開四青青開四城清開三；皇甫毗《玉泉寺碑》屏青開四秉梗開三并勁開三鼎迥開四請静開三；無名氏《相州百姓爲樊叔略語》正勁開三定徑開四。

庚耕清通押的1個韻段：陳子良《讚德上越國公楊素》英庚開三情清開三瓊清合三名清開三衡庚開二楹清開三纓清開三甍耕開二盈清開三并清開三征清開三兵庚開三旌清開三精清開三鯨庚開三鳴庚開三平庚開三營清合三聲清開三生庚開二明庚開三卿庚開三榮庚合三輕清開三。

庚清青通押的20個韻段：盧思道《從軍行》行庚開二庭青開四名清開三，《贈別司馬幼之南聘詩》盟庚開三行庚開二亭青開四旌清開三清清開三生庚開二纓清開三名清開三，辛德源《姜肱贊》榮庚合三聲清開三貞清開三溟青開四，《東晉庾統朱明張臣尉三人贊》明庚開三形青開四榮庚合三誠清開三，楊廣《隋秦孝王誄》明庚開三精清開三情清開三鴒青開四兄庚合三，薛道衡《出塞》驚庚開三兵庚開三星青開四城清開三生庚開二聲清開三庭青開四營清合三纓清開三溟青開四京庚開三，《昭君辭》庭青開四情清開三形青開四輕清開三城清開三征清開三平庚開三聲清開三屏青開四明庚開三縈清合三名清開三傾清合三生庚開二星青開四，徐儀《暮秋望月示學士各釋愁應教詩》扃青合四庭青開四經青開四星青開四蓂青開四明庚開三情清開三，胡師耽《登終南山擬古詩》京庚開三城清開三生庚開二明庚開三横庚合二驚庚開三聲清開三庭青開四鳴庚開三名清開三平庚開三，大義公主《書屏風詩》萍青開四平庚開三青青開四聲清開三廷青開四横庚合二名清開三情清開三，皇甫毗《玉泉寺碑》征清開三清清開三庭青開四荆庚開三，虞世基《四時白紵歌·長安秋》清清開三明庚開三城清開三聲清開三青青開四，虞茂《四時白紵歌》清清開三明庚開三城清開三聲清開三青青開四，牛弘《圜丘歌·誡夏》靈青開四誠清開三營清合三聲清開三明庚開三成清開三,《元會大饗歌·大射登歌》明庚開三成清開三行庚開二正勁開三庭青開四名清開三英庚開三平庚開三橫庚合二清清開三,《凱樂歌辭·述帝德》明庚開三生庚開二聲清開三靈青開四,《文武舞歌·文舞歌》明庚開三靈青開四聲清開三,闕名《張景明墓誌銘》青青開四明庚開三貞清開三齡青開四;楊素《贈薛播州詩》(一〇)聽徑開四净勁開三夐勁合四映映開三病映開三①,薛道衡《老氏碑頌》命映開三聖勁開三鏡映開三定徑開四正勁開三。

庚耕清青通押的1個韻段:李德林《相逢狹路間》經青開四橫庚合二名清開三城清開三明庚開三營清合三生庚開二輕清開三兄庚合三情清開三明庚開三籯清開三星青開四靈青開四箏耕開二縈清開三。

2. 衹與蒸登二韻有關的韻段(4個)

蒸韻獨用的4個韻段:盧思道《從駕經大慈照寺詩》陵繩承憑冰凝蒸徵勝,柳晉《天臺國清寺智者禪師碑文》昇澄興承膺勝凝冰繩憑兢乘稱徵,蕭圓肅《少傅箴》蒸丞兢,牛弘《方丘歌·昭夏》承膺。

3. 蒸登與他韻通押的韻段(2個)

東合一蒸通押的1個韻段:釋僧燦《信心銘》功見東/見東合一空溪東/溪東合一應影蒸/影蒸開三通東合一功東合一空東合一,東合一登通押的1個韻段:釋僧燦《信心銘》能登開一空東合一。

通過以上統計,可以看出隋朝時期:

第一,庚耕清應該合爲一部。

第二,清青二韻應該合爲一個韻部,但從庚清通押的53個韻段,庚青通押的1個韻段來看,青與清似乎應該有細微的差別,即清與庚的關係近而青與庚的關係遠,《廣韻》庚耕清通押,青獨用,也反映了庚青相遠的這一語音事實。

第三,蒸韻入韻4個韻段,登韻無獨用的韻段,蒸登二韻無通押的韻段,盧思道的《從駕經大慈照寺詩》,連用9個蒸韻字不雜登韻字;柳晉的《天臺國清寺智者禪師碑文》連用14個蒸韻字不雜登韻字,蒸登二韻應該是各自獨立的韻部。

第四,此時在某些方言中蒸登二韻與東韻的主元音近一些。

二、三國、兩晉、南朝庚耕清青蒸登六韻的關係
　(一)三國時期
　該時期與庚耕清青蒸登有關的297個韻段。

---

① 原詩"北風吹故林,秋聲不可聽",此處"聽"字是"聞聽"的"聽",應是平聲,但與去聲字押韻,故作去聲處理。

1. 衹與六韻有關的韻段（260 個）

衹與庚耕清青有關的 245 個韻段，其中庚韻獨用的 5 個韻段，清韻獨用的 22 個韻段，青韻獨用的 4 個韻段；清青通押的 44 個韻段；庚清通押的 40 個韻段，庚青通押的 15 個韻段，庚清青通押的 88 個韻段；耕清通押的 1 個韻段，耕青通押的 3 個韻段，耕清青通押的 7 個韻段；庚耕清通押的 3 個韻段，庚耕青通押的 1 個韻段，庚耕清青通押的 12 個韻段。

衹與蒸登有關的 14 個韻段，其中蒸韻獨用的 9 個韻段，登韻獨用的 5 個韻段。

庚類與蒸類通押的 1 個韻段，爲庚登通押（陳琳《武軍賦》登行英）①。

2. 六韻與他韻通押的韻段（37 個）

庚耕清青與他韻通押的 27 個韻段，其中庚耕清青與東陽二類通押的 19 個韻段，包括陽庚通押的 2 個韻段（傅巽《七誨》秔梁牆芳②，無名氏《時人爲陳群陳泰語》卿長），唐庚通押的 2 個韻段（曹植《贈白馬王彪詩》蒼橫岡黃，陳琳《武軍賦》荒京），陽唐庚通押的 12 個韻段（曹操《薤露》良强王殃京喪行傷③，曹丕《黎陽作詩》驤橫光臧陽，《至廣陵於馬上作詩》湯光橫航良商顙亡方康傷，《雜詩》長涼韁裳光橫翔鄉梁腸，《敘愁賦》方長裳章英房望傷徨鄉，《大暑賦》方衡光黃蒼，《迷迭香賦》霜英芳裳光，《大司馬曹休誄》英章光，傅巽《七誨》秔梁牆芳，劉劭《趙都賦》光陽岡英，劉楨《遂志賦》方荆行洋將場翔忘，〔蜀〕諸葛亮《季主墓碑贊》陽彰剛明）；唐清通押的 1 個韻段（陳琳《武軍賦》荒營）；東陽唐庚通押的 1 個韻段（曹操《蒿里行》凶陽行牀方亡鳴腸）④；鍾庚清青通押的 1 個韻段（阮籍《清思賦》形聽清容聲冥情逞鵾生營傾寧扃征清鳴菁驚）。庚耕清青與真元寒三類通押的 7 個韻段，包括真庚通押的 1 個韻段（曹操《善哉行》仁命）；真清通押的 1 個韻段（徐幹《哀別賦》盡情）⑤；真文庚通押的 2 個韻段（闕名《劉鎮南碑頌辭》軍生人臣軍，曹植《田開疆公孫接古冶子》命釁分）；桓庚清通押的 1 個韻段（〔蜀〕楊戲《季漢輔臣贊·贊魏文長》命境亂性），真庚清押的 1 個韻段

---

① 該韻段《漢魏六朝韻譜》收在陽唐韻的韻段中。
② 秔，《漢魏六朝韻譜》未收，不妥。此處依嚴可均《全三國文》補。
③ 喪，《廣韻》息郎切，亡也，死喪也；又息浪切（又作蘇浪切，心宕開一），亡也。
④ 《漢魏六朝韻譜》認爲"行"字不入韻，欠妥。
⑤ 徐幹《京別賦》衹有見於《初學記》卷一八的殘句。

（曹操《秋胡行》臣名榮）①，真庚清青通押的 1 個韻段（郤正《釋譏》星生榮矜佞經成刑）②。庚耕清青與侵類通押的 1 個韻段，爲青侵通押（應瑒《靈河賦》舲林）。

　　蒸登與他韻通押的 9 個韻段，其中蒸登與侵類通押的 2 個韻段，爲蒸侵通押（傅嘏《皇初頌》興升音③，〔蜀〕楊戲《季漢輔臣贊·贊昭烈皇帝》音興）；蒸登與東陽二類通押的 6 個韻段，包括東合三蒸通押的 1 個韻段（曹丕《黎陽作》〔之一〕陵窮風中），東合一東合三蒸登通押的 1 個韻段（〔吳〕張昭《陶謙哀辭》東崇薨窮崩憑穹），東合三陽登通押的 1 個韻段（〔吳〕韋昭《鼓吹曲·通荆門》恭鋒疆章容風弘央）④，東合一陽唐蒸通押的 1 個韻段（徐幹《室思詩》興方傷空光），東鍾陽蒸通押的 1 個韻段（〔吳〕韋昭《吳鼓吹曲·秋風》裳鷹疆傷亡功塲封）⑤，冬登通押的 1 個韻段（劉楨《魯都賦》宗朋）；蒸登與真元寒三類真類通押的 1 個韻段，爲真元魂蒸通押（陳琳《武軍賦》陳原昏震原陳繒）。

　　庚蒸二類與他韻通押的 1 個韻段，爲東合三鍾合庚清蒸韻等通押（闕名《劉鎮南碑》熊衡豐興訟禎）。

　　通過以上統計，可以看出三國時期：

　　第一，雖然清韻獨用的有 22 個韻段，但與耕庚青通押的韻段更多（耕韻入韻韻段少一些，耕清通押的機會也略少一些），顯然無法將其獨立出去。三國時期的耕庚清青衹能合爲一部。

　　第二，庚耕清青與陽唐通押的韻段，主要是庚韻與陽唐通押，有 17 個之多（包括東陽唐庚通押的 1 個韻段）。在這些韻段中，其庚韻字除了曹操《蒿里行》中的"鳴"字和劉楨《遂志賦》中的"荆"上古耕部字外，其餘的韻脚字"橫京行英秔衡明"均是上古陽部字。唐清通押的 1 個韻段，也説明陽唐與清韻的音值較近。

　　第三，真庚、真清、真庚清、真庚清青、真文庚通押的韻段，除説明它們的主

---

① 該韻段《漢魏六朝韻譜》作"人臣榮"，似不确。
② 矜，《唐韻》巨巾切，群真開三；《廣韻》居陵切，見蒸開三。原文爲"或詭道以要上，或鬻技以自矜"。
③ 《漢魏六朝韻譜》此韻段衹有"興升"兩個韻脚字，不確。此處依嚴可均《全三國文》及周祖謨（周氏將其收在侵部合韻部分）。
④ 容，《漢魏六朝韻譜》失收，此處依《先秦漢魏晉南北朝詩》補。
⑤ 該韻段《漢魏六朝韻譜》韻脚爲"裳鷹疆傷亡"，此處依《先秦漢魏晉南北朝詩》。

元音音值相近外,也説明在某些方言中耕庚清青與真文類韻尾可能有相混的情況。

第四,青侵通押的 1 個韻段,應該是主元音音值相近的緣故。

第五,蒸登是各自獨立的韻部;蒸登共同與東韻通押,説明蒸登元音相近;蒸侵通押的 2 個韻段,説明蒸侵元音應該相同。

第六,庚類與蒸類通押的 1 個韻段(屬庚登通押韻段)、庚蒸二類一同與他韻通押的 1 個韻段(屬東合三鍾合庚清蒸韻等通押),説明在某些方言中蒸類與庚類的音值相近。

(二)西晉時期

該時期與庚耕清青蒸登有關的 514 個韻段。

1. 衹與六韻有關的韻段(467 個)

衹與庚耕清青有關的 418 個韻段,其中庚韻獨用的 12 個韻段,清韻獨用的 27 個韻段,青韻獨用的 10 個韻段;庚耕通押的 3 個韻段,庚清通押的 89 個韻段,庚青通押的 37 個韻段,庚清青通押的 134 個韻段;耕清通押的 2 個韻段,耕青通押的 1 個韻段,耕清青通押的 4 個韻段;庚耕清通押的 5 個韻段,庚耕青通押的 3 個韻段,庚耕清青通押的 9 個韻段;清青通押的 82 個韻段。

衹與蒸登二韻有關的 43 個韻段,其中蒸韻獨用的 39 個韻段,登韻獨用的 1 個韻段;蒸登通押的 3 個韻段(陸雲《九愍‧感逝》興登乘應淩升,《答兄平原詩》登淩升興乘,《失題‧精氣爲物》升登勝徵)。

蒸登與耕類通押的 6 個韻段,其中耕蒸通押的 1 個韻段(左思《吳都賦》耽勝應興菱升),耕登通押的 2 個韻段(陸雲《征西大將軍京陵王公會射堂皇太子見命作此詩》紘弘①,潘岳《爲賈謐作贈陸機詩》層恒橙崩),清蒸通押的 2 個韻段(張華《鮑玄泰誄》丞名,陸機《駕言出北闕行》陵承勝興凝冰徵淩聲),庚清蒸通押的 1 個韻段(陸機《演連珠》〔三九〕傾凝貞行情)②。

2. 六韻與他韻通押的韻段(47 個)

庚耕清青與他韻通押的 42 個韻段,其中與東冬鍾江類通押的 1 個韻段,爲東庚青通押(陸雲《張二侯頌》崇宮寧沖終風);與陽唐類通押的 25 個韻段,包括陽庚通押的 9 個韻段(傅玄《吏部尚書箴》常明,張華《祖道趙王應詔詩》明王相

---

① 《漢魏六朝韻譜》將"紘耕合二弘登合一涼來陽開三驤陽開三鏘陽開三"合爲一個韻段,亦可。
② 行,《漢魏六朝韻譜》、周祖謨均未收。凝,《漢魏六朝韻譜》失收,周祖謨收之。

方彰①,陸雲《贈顧尚書詩》彰陽鄉揚張英,《寒蟬賦》翔商陽京常,張載《羽扇賦》方京,魯褒《錢神論》兄方强,袁準《招公子》稉梁芳;陸機《與弟清河雲詩》壞景;潘尼《贈司空掾安仁詩》〔之五〕上敬競病),唐庚通押的 2 個韻段(傅玄《晉鼓吹曲·於穆我皇》皇明,成公綏《故筆賦》生明行芒),陽唐庚通押的 10 個韻段(傅玄《大晉承運期》皇光衡明唐良康疆,《晉鼙舞歌·大晉篇》皇唐光明章方綱揚亡霜芳②,《晉鼓吹曲·景龍飛》祥長光明疆③,成公綏《魏相國舞陽宣文侯司馬公誄》疆京抗荒棠,張華《博陵王宮俠曲》〔之二〕場旁霜鑲光橫牆香方,陸雲《晉故散騎常侍陸府君誄》張康臧揚京,左思《蜀都賦》粧橫方榔鄉,《悼離贈妹詩》堂橫長,夏侯淳《彈棋賦》湯橫方光,魯褒《錢神論》兄行翔張望商方光彰),陽清青通押的 1 個韻段(傅玄《李賦》青名房靈瓊輕),陽庚清青通押的 1 個韻段(傅咸《贈褚武良詩》禎京庭明揚靈征),唐庚清青通押的 1 個韻段(何劭《洛水祖王公應詔詩》湯鳴笙情),唐庚青通押的 1 個韻段(傅玄《秋胡行》傍卿馨);與真文元類通押的 16 個韻段,包括真庚通押的 1 個韻段(傅玄《古今畫贊·孫武》兵神形)④,真諄庚通押的 1 個韻段(張華《晉四廂樂歌·食舉東西廂樂詩》〔之八〕仁鈞明垠),真諄仙青通押的 1 個韻段(陸雲《晉故散騎常侍陸府君誄》仁親姻紳塵振甄鈴辰員純濱)⑤,痕庚通押的 1 個韻段(摯虞《連理頌》生根),真文清通押的 1 個韻段(傅咸《紙賦》珍貞文新),諄清通押的 2 個韻段(張林《陳夫人碑》貞順,無名氏《時人爲樂廣衛玠語》清潤),真庚清通押的 1 個韻段(陸雲《晉故豫章内史夏府君誄》明清貞矜),諄庚清青通押的 1 個韻段(傅玄《江夏任君墓銘》生淳經營京齡),文庚青通押的 1 個韻段(傅玄《白楊行》青雲鳴形)⑥,元寒清通押的 1 個韻段(傅咸《登芒賦》歎原情),仙清通押的 1 個韻段(陸機《詩·軌迹及安》整褊),仙青通押的 1 個韻段(潘岳《悲邢生》衍賤庭),元仙清通押的 1 個韻段(張華《章懷皇后誄》泉原清),真仙青通押的 1 個韻段(孫拯《贈陸士龍詩》

---

① 明,原作"崇選穆穆,利建明德",明德,《詩紀》云:"一作明明。"
② 明,《漢魏六朝韻譜》認爲不入韻,欠妥。此處依周祖謨。又,該詩《漢魏六朝韻譜》題作無名氏,亦欠妥。
③ 該韻段《漢魏六朝韻譜》失收一個"明"字,周祖謨失收一個"疆"字,此處均依《先秦漢魏晉南北朝詩》補。
④ 該韻段《漢魏六朝韻譜》失收,此處依嚴可均《全晉文》。
⑤ 鈴,于安瀾《漢魏六朝韻譜》作"鈴"群鹽開三,此處依嚴可均《全晉文》。
⑥ 該韻段《漢魏六朝韻譜》失收,此處依《先秦漢魏晉南北朝詩》補。

冥新捐賓)①,真文欣先青通押的 1 個韻段(陸雲《吳故丞相陸公誄》文辰人霆年民津神殷)②。

　　蒸登與他韻通押的 5 個韻段,其中蒸登與東類通押的 1 個韻段,爲東合三冬蒸通押(夏侯湛《大暑賦》仍彤風升);蒸登與陽類通押的 3 個韻段,均爲陽登通押(陸機《演連珠》〔二〇〕涼弘,陸雲《晉故散騎常侍陸府君誄》弘王昌,殷巨《鯨魚燈賦》詳燈張房翔);蒸登與侵類通押的 1 個韻段,爲蒸侵通押(孫楚《雪賦》林今興)。

　　通過以上統計,可以看出西晉時期:

　　第一,庚耕清青應該合爲一部,但各韻之間應該在音值上有細微的差別。

　　第二,庚韻與陽唐通押的韻段中,庚韻"衡明英京虀橫兵鯨景"與陽唐二韻的韻脚字一樣,在上古均屬陽部字,也就是説西晉時期許多上古陽部中的庚韻字還没有完全從陽部中分離出來。

　　第三,庚耕清青與真文元類通押韻段,主要是真文類與庚耕清青通押,純爲元寒二類與庚耕清青通押僅 4 個韻段,可見真文類的音值與庚耕清青的音值近一些;這也説明在西晉時期真文元類與庚耕清青的韻尾也存在相混的現象。

　　第四,蒸登是各自獨立的韻部。蒸韻與真韻的關係近些,登韻與耕韻的關係近些。不過,就北方文人的用韻看,蒸韻獨立的多,蒸登通押主要是吳方言區陸雲的詩文,屬於北方文人的衹有河南潘岳一人 1 個韻段。

　　第五,庚耕清青與東冬鍾江通押的僅 1 個韻段,與蒸登通押的 6 個韻段,蒸登入韻的韻段遠遠少於東冬鍾江入韻的韻段,可見庚耕清青與蒸登的關係要近於與東冬鍾江的關係。

　　第六,蒸侵通押的 1 個韻段,應該是它們的主元音相同。

　　(三)東晉時期

　　該時期與庚耕清青蒸登有關的 265 個韻段。

　　1. 衹與六韻有關的韻段(248 個)

　　衹與庚耕清青有關的 227 個韻段,包括庚韻獨用的 16 個韻段,清韻獨用的 12 個韻段,青韻獨用的 6 個韻段;庚耕通押的 2 個韻段,庚清通押的 49 個韻段,庚青通押的 13 個韻段,耕清通押的 3 個韻段,清青通押的 42 個韻段,庚清青通

①　冥,本集、《詩紀》均作"貞"端耕/知清開三。

②　文,周祖謨認爲不入韻,欠妥。此處依嚴可均《全晉文》及《漢魏六朝韻譜》。

押的 71 個韻段,耕清青通押的 3 個韻段,庚耕清青通押的 10 個韻段。

祇與蒸登二韻有關 20 個韻段,其中蒸韻獨用的 15 個韻段,登韻獨用的 2 個韻段,蒸登通押的 3 個韻段(郭璞《答賈九州愁詩》崩騰恒罾曾澄,《爾雅圖贊·釋獸·飛鼠》凌騰憑,許翽《杜廣平歌吟》升騰陵興勝)。

蒸類與庚類通押的 1 個韻段,爲青蒸通押(無名氏《西曲歌·那呵灘》艇陵)。

2. 六韻與他韻通押的韻段(17 個)

庚耕清青與他韻通押的 11 個韻段,其中與東陽二類通押的 8 個韻段,包括陽庚通押的 3 個韻段(郭璞《遊仙詩》景上,《江賦》鏡映上泳,《山海經圖贊·中山經·不死國》上命竟),陽庚清通押的 1 個韻段(溫嶠《侍臣箴》名享貞情生榮),陽耕通押的 1 個韻段(盧諶《菊花賦》傷芳莖),陽耕清通押的 1 個韻段(楊羲《四月二十三日紫微夫人作》方精萌昌),冬鍾江庚通押的 1 個韻段(支曇諦《廬山賦》松江冬衡),陽東鍾庚通押的 1 個韻段(楊羲《二月九日夜雲林作》宮空房鐘明童崇);與真侵二類通押的 3 個韻段,包括真青通押的 1 個韻段(無名氏《吳聲歌曲·前溪歌》〔之六〕親歡零),真清侵通押的 1 個韻段(蘇若蘭《旋璣圖詩》仁貞欽心),真青通押的 1 個韻段(無名氏《吳聲歌曲·前溪歌》)。

蒸登與他韻通押的 6 個韻段,其中與侵類通押的 3 個韻段,包括蒸侵通押的 2 個韻段(蘇若蘭《旋璣圖詩·用青》興深,無名氏《神弦歌·嬌女詩》菱澄音),登侵通押的 1 個韻段(徐廣《秋賦》林棱);與東陽二類通押的 3 個韻段,包括東合三蒸通押的 1 個韻段(郭璞《元皇帝哀策文》隆躬中崇沖憑終),東合一東合三鍾陽登通押的 1 個韻段(楊羲《二月九日夜雲林作》宮空房鐘朋童崇)①,東鍾江陽蒸通押的 1 個韻段(楊羲《方丈臺昭靈李夫人詩》馮中窗空龍房胸衝躬蟲)。

通過以上統計,可以看出東晉時期:

第一,庚耕清青還是一個韻部,但音值應該有一定的差別。庚韻與陽韻的關係更近一些,青韻與蒸韻的主元音更近一些,真青通押的 1 個韻段,可能是由於有些方言中 -ŋ 與 -n 尾相混。

第二,蒸登雖然可以勉强合爲一部,但二者的音值有一定的差別,蒸韻與青真的主元音相近,登韻與真青的主元音相遠。

---

① 　此韻段《漢魏六朝韻譜》未收,此處依《先秦漢魏晉南北朝詩》補。

（四）劉宋時期

該時期與庚耕清青蒸登有關的 214 個韻段（包括范曄《後漢書》傳贊韻語中的 15 個韻段）。

1. 衹與六韻有關的韻段（209 個）

衹與庚耕清青有關的 190 個韻段，其中庚韻獨用的 9 個韻段，清韻獨用的 7 個韻段，青韻獨用的 8 個韻段；庚清通押的 56 個韻段（包括《後漢書·耿弇傳》兵營城成，《劉趙淳于江劉周趙傳》平生名，《張王种陳傳》請甾井，《申屠鮑郅傳》正慶，《第五鍾離宋寒傳》政縈病屏命），庚青通押的 11 個韻段（包括《後漢書·劉虞公孫瓚陶謙傳》獷猛並梗），庚耕清通押的 3 個韻段，庚耕青通押的 1 個韻段，庚清青通押的 54 個韻段（包括《後漢書·郭陳傳》刑平情程卿，《黨錮傳》貞形傾明），庚耕清青通押的 13 個韻段，耕清通押的 1 個韻段，耕青通押的 1 個韻段，耕清青通押的 5 個韻段，清青通押的 21 個韻段。

衹與蒸登二韻有關的 16 個韻段，其中蒸韻獨用的 12 個韻段（包括《後漢書·明帝紀》兢勝陵，《馬援傳》昇興陵，《杜欒劉李劉謝傳》陵興，《儒林傳》陵承興徵澂），登韻獨用的 4 個韻段（包括《後漢書·郭杜孔張廉蘇羊賈陸傳》朋肱能輣，《鄧孔荀傳》騰朋）。

蒸登與庚類通押的 4 個韻段，其中耕登通押的 1 個韻段（王叔之《甘橘頌》恒能弘橙①），庚青蒸通押的 1 個韻段（謝靈運《撰征賦》經荊陵彭兵），庚清青蒸通押的 2 個韻段（劉駿《傷宣貴妃擬漢武帝李夫人賦》傾情生扃凝清，謝莊《瑞雪咏》平清蒸驚溟②）。

2. 六韻與他韻通押的韻段（4 個）

庚耕清青與他韻通押的 4 個韻段，其中陽庚通押的 1 個韻段（鮑照《園葵賦》映放），陽庚清通押的 1 個韻段（王僧達《祭顏光禄文》清聲揚英③），陽庚青通押的 1 個韻段（《後漢書·劉虞公孫瓚陶謙傳》獷猛並梗），真庚清通押的 1 個韻段（張暢《河清頌》濱秦津人星人榮）。

通過以上統計，可以看出劉宋時期：

① 《漢魏六朝韻譜》中篇名是《甘橙贊》。
② 該韻段《漢魏六朝韻譜》、周祖謨衹作"平清驚"，"溟蒸"二字依《先秦漢魏晉南北朝詩》補。
③ 揚，此處是揚雄之揚（原文班楊并稱），但嚴可均《全宋文》及《漢魏六朝韻譜》均作"楊"。所以有人説揚雄本作楊雄。

第一,庚耕清青還是一個韻部,但音值會有一定的差別,庚清與陽韻近些,耕韻與登韻近些。

第二,蒸登是各自獨立的韻部,登韻的音值與耕韻更近一些。

第三,蒸登與庚類的音值相近。

(五)南齊時期

該時期與庚耕清青蒸登有關的107個韻段。

1. 祇與六韻有關的韻段(105個)

祇與庚耕清青有關的100個韻段,其中庚韻獨用的8個韻段,清韻獨用的2個韻段,青韻獨用的6個韻段;庚耕通押的1個韻段,庚清通押的56個韻段,庚青通押的9個韻段,庚清青通押的10個韻段,庚耕清青通押的1個韻段;清青通押的7個韻段。

祇與蒸登有關的2個韻段,均爲蒸韻獨用(謝超宗《南郊樂章·嘉薦樂》凝升,《明堂樂歌·肅咸樂》承膺)。

蒸登與庚類通押的3個韻段,包括庚蒸通押的1個韻段(無名氏《沈麟士引童謠》鳴興卿),清蒸通押的1個韻段(釋慧琳《新安寺釋玄運法師誄》興城),庚清蒸通押的1個韻段(王融《應竟陵王教桐樹賦》稱聲成榮貞)。

2. 六韻與他韻通押的韻段(2個)

陽庚通押的2個韻段(無名氏《齊世昌辭》昌平,張融《海賦》嶺況)。

通過以上統計,可以看出南齊時期:

第一,庚耕清青應該合爲一部,但的音值應該有細微的差別,從韻文材料看,庚蒸的音值近一些,清陽的音值近一些。

第二,蒸登是各自獨立的韻部,蒸韻的音值與庚韻更近一些。

第三,蒸登與庚類的音值相近。

第四,庚類與陽類的音值亦相近。

(六)南朝梁時期

該時期與庚耕清青蒸登有關的362個韻段(包括《文心雕龍》贊語中的2個韻段)。

1. 祇與六韻有關的韻段(357個)

祇與庚耕清青有關的328個韻段,其中庚韻獨用的9個韻段,清韻獨用的25個韻段,青韻獨用的15個韻段(包括《文心雕龍·知音》定訂聽徑);庚耕通押的3個韻段,庚清通押的197個韻段,庚青通押的8個韻段,耕清通押的1個韻段;清青通押的 15 個韻段,庚耕清通押的 3 個韻段,耕清青通押的 1 個韻段,庚清青通押的 45 個韻段(包括《文心雕龍·風骨》並騙鯁炳),庚耕清青通押的 6 個韻段。

衹與蒸登有關的 25 個韻段,其中蒸韻獨用的 18 個韻段(包括《文心雕龍·定勢》承繩凝陵,《神思》孕應興勝),登韻獨用的 6 個韻段(包括《文心雕龍·章句》恒朋騰能,《事類》亙鄧贈懵),蒸登通押的 1 個韻段(何遜《渡連圻詩》〔之一〕恒騰矰崩藤登朋)。

庚耕清青與蒸類通押的 4 個韻段,其中清蒸通押的 1 個韻段(蕭綱《馬寶頌》清興),庚清蒸通押的 1 個韻段(蕭繹《玄覽賦》鏡聖令政稱)①,庚清青蒸通押的 1 個韻段(釋慧皎《明律贊》銘乘生形瓶),庚耕清青登通押的 1 個韻段(江淹《燈賦》燈檠形靈庭筝平營)。

2. 六韻與他韻通押的韻段(5 個)

庚耕清青與他韻通押的 3 個韻段,其中與陽類通押的 1 個韻段,爲陽唐庚通押(王筠《觀海詩》昌光梁瑩上);與真元寒三類通押的 2 個韻段,包括清青文通押的 1 個韻段(陸倕《釋奠應令詩》靈成淳聲)②,清真元通押的 1 個韻段(大士傅弘《心王銘》性正定聖勸慎)。

蒸登與他韻通押的 2 個韻段,其中蒸登與東類通押的 1 個韻段,爲東登通押(劉勰《文心雕龍·事類》亙鄧贈懵);蒸登與真類通押的 1 個韻段,爲文蒸登通押(釋寶志《伏龜山埋白石函銘》憑陵燈君)③。

通過以上統計,可以看出南朝梁時期:

第一,耕庚清青應該合爲一部。庚清蒸通押的 1 個韻段,庚清青蒸通押的 1 個韻段,清真通押的 1 個韻段,説明它們主元音相同或相近,個別真韻字與清韻字韻尾可能相混;清青文通押的 1 個韻段,其韻脚文韻"淳",疑是青韻"淳"字之誤。

第二,蒸登是各自獨立的韻部。

(七)南陳時期

該時期與庚耕清青蒸登有關的 101 個韻段,均爲衹與六韻有關的韻段。

庚韻獨用的 3 個韻段,耕韻獨用的 1 個韻段,清韻獨用的 6 個韻段,青韻獨用的 2 個韻段;庚清通押的 74 個韻段,庚青通押的 1 個韻段,庚清青通押的 8 個

---

① 稱,《廣韻》有處陵切(昌蒸開三)和昌證切(昌證開三)兩讀,此處作昌證切處理。
② 淳,疑是"淳"字之誤。淳,定耕/定青開四。
③ 《漢魏六朝韻譜》韻脚字没有"君"。

韻段,耕清通押的 1 個韻段,庚耕清通押的 1 個韻段,庚耕清青通押的 1 個韻段,清青通押的 1 個韻段。

蒸韻獨用的 2 個韻段:徐陵《陳文皇帝哀册文》稱憑繩升,《西曲歌·雙行躔》繩凝稱。

通過以上統計,可以看出南陳時期:

第一,庚清通押韻段多,應該合爲一部;青韻入韻韻段均與庚耕清通押,也不好獨立爲一個韻部;耕韻入韻韻段大多與庚清通押,也不好獨立成部。所以,庚耕清青也應該合爲一部。

第二,蒸登應是各自獨立的韻部。

通過以上分析,我們可以得出如下結論:

第一,整個魏晉南北朝時期,除了北周時期青韻具有較强的獨立性,可以獨立成部外,庚耕清青基本都應該合爲一部,這是就總的情況説的,具體到某一作家、某些字,情況又會有所不同。王仁昫《刊謬補缺切韻》韻目平聲庚耕清青四韻下均無注;上聲梗韻下注"夏侯與靖同,吕别,今依吕",去聲敬韻下注"吕與静勁徑同,夏侯與勁同,與静徑别,今並别";上聲耿韻下注"李、杜與梗、迥同,吕與靖迥同,與梗别,夏侯與梗靖迥並别,今依夏侯";上聲静韻下注"吕與迥同,夏侯别,今依夏侯";去聲勁韻下無注。這些材料反映出南北朝時期庚耕清青四韻分合的複雜情況。《廣韻》規定庚耕清同用,青獨用,王力在《漢語語音史》將南北朝時期的庚耕清青合爲一部,與詩文用韻情況大致相符;將隋—中唐時期的庚耕清青分爲兩部,一部是庚部,包括《廣韻》庚耕清,一部是青部,包括《廣韻》青韻,就隋朝詩文用韻看,理由並不充分。

第二,在三國、西晉時期,庚耕清青中的庚韻與陽唐通押的韻段很多,主要原因是"横京行英秔衡明羹兵鯨"這些庚韻字還没有完全從陽部字中分離出來。從東晉時期開始,庚耕清青與陽唐通押的韻段開始減少,但還有一定的數量。進入南朝以後,庚耕清青與陽唐通押的韻段就更少見了。北朝北魏時期陽類與庚韻通押的 2 個韻段,説明"横兄"等庚韻字二字此時應該還有陽部一讀。北周詩文用韻庚陽通押的有 2 個韻段,但總的説來,庚耕清青與陽唐的關係是遠了①。

① 另有無名氏《祠洛水歌》蒼征光唐合一,唐清通押,逯欽立歸入"先唐之作又無時代之考者"一類,見逯欽立《先秦漢魏晉南北朝詩》第 2749 頁,中華書局 1983 年第 1 版。

《切韻》將庚耕清青排在陽唐之後,可能是因爲它們當時主元音相近,也可能是有存古的考慮。

第三,整個魏晉南北朝時期庚耕清青均有與真文類通押的韻段,除了反映它們主元音可能相近外,還説明某些方言中庚耕清青與真文等韻尾相混。

第四,整個魏晉南北朝時期,除了東晉時期情況特殊一些,蒸登均應獨立成部,蒸部與庚青真的主元音近些,與侵部的主元音可能相同。

第三節　真諄臻文欣元魂痕寒桓删山先仙十四韻的關係

《廣韻》真諄臻文欣元魂痕寒桓删山先仙十四韻,在魏晉南北朝的分合情況紛繁複雜,我們這裏將其分爲真諄臻文欣、元魂痕和寒桓删山先仙三類(分別稱爲真類、元類、寒類)進行討論,以此考求這十四韻由真諄臻文欣魂痕和元寒桓删山先仙兩大類向真諄臻文欣、元魂痕寒桓删山先仙和元魂痕寒桓删山先仙三大類的演變以及真文二部、寒仙二部的分合演變過程。

一、北朝及隋朝真元等十四韻的關係

(一)北魏時期

該時期與真元寒等十四韻有關的 120 個韻段。

1. 祇與真類有關的韻段(41 個)

真韻獨用的 16 個韻段:陽固《演賾賦》親人,元澹《黄金和盤銘》賓珍銀真神新,元翰《安仁山銘》人仁,元熙《絕命詩》臣身,元宏《弔殷比干墓文》辛身因臣,《祭河文》津濱新斌神,程駿《慶國頌》新仁津辰,姜質《亭山賦》人真珍新,闕名《石門銘》轔駰新塵,《魯郡太守張猛龍清頌碑》民新津□,《邑主造像碑》真珍塵身,《鄭道忠墓誌》人臣贇陳,菩提達磨《真性頌》真身;陽固《疾倖詩》慎信,《演賾賦》信進,闕名《魯郡太守張猛龍清頌碑》胤震刃晉。

文韻獨用的 5 個韻段:高允《徵士頌》雲群汾紛文分,元宏《祭河文》文濱雲,常景《洛橋銘》墳文分曛,《王褒贊》雲群分文,袁翻《思歸賦》氳氛文君分聞緼[1]。

真諄通押的 13 個韻段:宗欽《東宮侍臣箴》民真開三倫諄合三臣真開三伸真開三,

---

① 緼,《廣韻》有於云切、於粉切(又作於刎切,吻合三)和於問切(問合三)。"緼"作"亂麻"解有平去兩讀,此處應讀平聲。

《贈高允詩》(之七)申真開三新真開三泯真開三輪諄合三①，高允《酒訓》身真開三倫諄合三津真開三因真開三，《徵士頌》純諄合三仁真開三巾真開三陳真開三輪諄合三親真開三②，胡叟《示程伯達詩》賓真開三遵諄合三均諄合三仁真開三，姜質《亭山賦》純諄合三津真開三，袁曜《釋奠詩》親真開三臣真開三恂諄合三，元宏《弔殷比干墓文》辰真開三泯真開三倫諄合三陳真開三，于子建《武德郡建沁水石橋記》神真開三民真開三仁真開三旬諄合三；宗欽《贈高允詩》信震開三進震開三慎震開三峻稕合三，高閭《至德頌》潤稕合三信震開三震震開三，闕名《洛州刺史刁遵墓誌銘》胤震開三晉震開三俊稕合三鎮震開三，《南秦州刺史司馬昇墓誌銘》晉震開三胤震開三潤稕合三峻稕合三。

真臻通押的 3 個韻段：宗欽《東宮侍臣箴》臻臻開三陳真開三津真開三新真開三，陽固《演賾賦》臻臻開三人真開三，李騫《釋情賦》寅真開三新真開三神真開三人真開三臻臻開三。

真文通押的 2 個韻段：元順《蠅賦》親真開三雲文合三文文合三真真開三珍真開三神真開三人真開三民真開三，張淵《觀象賦》津真開三珍真開三墳文合三菌軫合三。

文欣通押的 1 個韻段：陽固《演賾賦》殷欣開三文文合三雲文合三君文合三。

真諄文通押的 1 個韻段：元順《蠅賦》氛文合三春諄合三仁真開三分文合三人真開三倫諄合三身真開三聞文合三。

2. 祇與寒類有關的韻段(46 個)

寒韻獨用的 3 個韻段：高允《答宗欽詩》丹殘蘭寒；闕名《張元墓誌》幹翰漢散，無名氏《相府爲裴漢語》爛漢。

删韻獨用的 1 個韻段：蕭綜《悲落葉》還關攀。

先韻獨用的 1 個韻段：闕名《南秦州刺史司馬昇墓誌銘》縣霰縣見。

仙韻獨用的 6 個韻段：元萇《振興温泉頌》泉川，菩提達磨《真性頌》緣圓，仙道《老子化胡經玄歌·老君十六變詞·十四變之時》禪鸇；盧元明《劇鼠賦》賤膳譴，無名氏《湘川漁者歌》轉面③；闕名《鄭道忠墓誌》賤戰箭面。

寒桓通押的 10 個韻段：陽固《演賾賦》盤桓合一丹寒開一餐寒開一，張淵《觀象賦》官桓合一歡桓合一瀾寒開一端桓合一；宗欽《贈高允詩》(一二)觀換合一翰翰開一粲翰開一泮換合一，段承根《贈李寶詩》(之二)焕換合一亂換合一幹翰開一翰翰開一，

---

① 泯，《廣韻》有彌鄰切(真開三)和亡忍切(軫開三)，凡與平聲爲韻的"泯"字均作平聲處理。

② 仁，《漢魏六朝韻譜》作"人"，誤。此處依嚴可均《全後魏文》。周祖謨不誤。

③ 原文是"帆隨湘轉，望衡九面"，此處"轉"字似應讀去聲。此歌屬荆湘方言作品。

李諧《述身賦》漢翰開一—亂換合一—觀翰合一—煥換合一—館換合一—貫換合一—①，溫子昇《咏花蝶詩》散翰開一—亂換合一—玩換合一—歡翰開一，衛操《桓帝功德頌碑》算換合一—難翰開一，高閭《至德頌》煥換合一—漢翰開一—旦翰開一—觀桓合一②，袁翻《思歸賦》滿緩合一—斷換合一—散翰開一—漫換合一—瀾寒開一—岸翰開一，闕名《季洪演造像銘》觀換合一—讚翰開一—樺翰開一—判換合一。

寒桓删通押的1個韻段：元宏《弔殷比干墓文》難寒開一—安寒開一—桓桓合一—蘭寒開一—盤桓合一—關删合二。

先仙通押的15個韻段：高閭《至德頌》宣仙合三年先開四篇仙開三絃先開四，陽固《演賾賦》縣仙開三涓先合四然仙開三，程駿《慶國頌》田先開四年先開四川仙合三宣仙合三，《慶國頌》宣仙合三篇仙開三玄先合四年先開四，姜質《亭山賦》泉仙合三前先開四連仙開三煙先開四年先開四，衛操《桓帝功德頌碑》旋仙合三年先開四傳仙合三，于子建《武德郡建沁水石橋記》川仙合三船仙合三填先開四宣仙合三，李敞《告祭石廟祝文》天先開四延仙開三；闕名《魯孔子廟碑》賢先開四玄先合四聯仙開三傳仙合三③，《邑主造像碑》然仙開三天先開四千先開四玄先合四，《南秦州刺史司馬昇墓誌銘》先先開四賢先開四年先開四泉仙合三，無名氏《東魏末童謠》然仙開三天先開四；高允《徵士頌》選獮合三顯銑開四善獮開三展獮開三，闕名《禪静寺刹前銘敬史君碑》甸霰開四剪獮開三□鉉銑合四；李諧《釋奠詩》面線開三奠霰開四宴霰開四。

山先通押的1個韻段：姜質《亭山賦》田先開四山山開二煙先開四年先開四。

桓删通押的1個韻段：元恭《詩·朱門久可患》患諫合二玩換合一換換合一觀桓合一。

山先仙通押的7個韻段：張淵《觀象賦》間山開二焉仙開三天先開四連仙開三，李騫《釋情賦》躔仙開三綿仙開三天先開四山山開二蠲先合四田先開四泉仙合三筵仙開三鮮仙開三弦先開四旋仙合三間山開二年先開四，溫子昇《常山公主碑銘》山山開二泉仙合三田先開四傳仙合三，闕名《邑主造像碑》延仙開三山山開二賢先開四鞭仙開三懸先合四，《邑主造像碑》延仙開三山山開二賢先開四鞭仙開三懸先合四，仙道《老子化胡經玄歌·化胡歌》(之三)山山開二懸先合四天先開四旋仙合三妍仙開四；高允《鹿苑賦》簡產開二踐獮開三典銑開四宴霰開四遣獮開三顯銑開四。

3. 真寒二類通押的韻段(3個)

真諄仙通押的1個韻段：元宏《祭河文》珍真開三淪諄合三鱗真開三旻真開三遵諄

---

① 原文是"掩四奧而同軌，穆三辰而貞觀"，觀，似應讀去聲。

② 原文是"六府孔修，三辰貞觀"，觀，似應讀去聲。

③ 傳，《廣韻》有直攣、直戀、知戀三切。直攣切屬於平聲仙韻，直戀、知戀二切均屬去聲線韻。

合三川仙合三。真文仙通押的 1 個韻段：高允《徵士頌》雋獨合三振震開三訊震開三韻閭合三。真先仙通押的 1 個韻段：高允《咏貞婦彭城劉氏》（之一）甄真開三先先開四然仙開三泉仙合三。

4. 祇與元類有關的韻段（14 個）

元韻獨用的 5 個韻段：高允《北伐頌》蕃轅言繁，陽固《演賾賦》繁元，《刺讒詩》繁言，《疾倖詩》言繁；闕名《懷令李超墓誌銘》卷返遣遠咺篆。

魂韻獨用的 5 個韻段：高允《徵士頌》昏敦溫門，陽固《演賾賦》存孫，衛操《桓帝功德頌碑》存昆，姜質《亭山賦》魂門，無名氏《時人爲王巆語》昏存。

元魂通押的 3 個韻段：李騫《釋情賦》昏魂合一原元合三奔魂合一存魂合一，闕名《南秦州刺史司馬昇墓誌銘》源元合三軒元開三孫魂合一溫魂合一言元開三，《李憲墓誌》原元合三門魂合一昆魂合一存魂合一。

魂痕通押的 1 個韻段：高允《王子喬》門魂合一根痕開一。

5. 真元二類通押的韻段（1 個）

該韻段爲文魂通押：袁翻《思歸賦》氳文合三氛文合三文文合三君文合三門魂合一分文合三聞文合三緼文合三①。

6. 元寒二類通押的韻段（14 個）

元桓通押的 1 個韻段：無名氏《西魏時童謠》圞桓合一苑阮合三。元仙通押的 3 個韻段：無名氏《時人爲祖瑩袁翻語》翩仙開三袁元合三；無名氏《高謙之引諺》反阮合三遠阮合三，高允《咏貞婦彭城劉氏》彥線開三變線開三選線開三緩元合三。元刪通押的 1 個韻段：温子昇《涼州樂歌》阪潸開二遠阮合三。元山仙通押的 1 個韻段：程駿《慶國頌》煩元合三山山開二宣仙合三川仙合三。元先仙通押的 5 個韻段：宗欽《贈高允詩》藩元合三緣仙合三年先開四言元開三，李敞《告祭石廟祝文》田先開四年先開四遷仙開三原元合三邊先開四，闕名《洛州鄉城老人佛碑》先先開四遷仙開三焉仙開三言元開三傳仙合三；元萇《振興溫泉頌》遠阮合三轉獮合三犬銑合四；宗欽《贈高允詩》變線開三電霰開四憲願開三茜霰開四。元寒先仙通押的 1 個韻段：闕名《南秦州刺史司馬昇墓誌銘》先先開四賢先開四年先開四原元合三寒寒開一埏仙開三。元山先仙通押的 1 個韻段：宗欽《東宮侍臣箴》元元合三遷仙開三山山開二田先開四前先開四纏仙開三焉仙開三。元魂寒桓刪先仙通押的 1 個韻段：衛操《桓帝功德頌碑》旋仙合三年先開四傳仙

---

① 緼，《廣韻》有於云切（影文/影文合三）、於粉切（又作於刎切，影文/影吻合三）和於問切（影文/影問合三）。“緼”作“亂麻”解有平去兩讀，此處應讀平聲。

合三患諫合二安寒開一權仙合三宣仙合三存魂合一然仙開三端桓合一言元開三延仙開三蕃元合三川仙合三延仙開三。

7. 寒類與他韻通押的韻段(1個)

該韻段爲支仙通押:段承根《贈李寶詩》(之一)緬獮開三璽紙開三踐獮開三翦獮開三。

通過以上統計,可以看出北魏時期:

第一,真諄臻應該合爲一部,真諄應該是開合的不同,臻韻與真韻音值應該非常相近,與諄韻主元音相近,但有開合的差別,雖然可以合爲一部,但是北魏詩文中没有諄臻單獨通押的韻段。從高允《徵士頌》連用6個文韻字不雜真諄韻字,袁翻《思歸賦》連用7個文韻字不雜真諄韻字看,文韻與真諄韻字音值的差別是很大的。並且真韻字與臻韻字通押,而文韻字絶不與臻韻字通押,這都説明北魏時期的文韻與真韻應該分爲兩部。欣韻字祇入韻1次,是與文韻字通押,祇好將欣韻與文韻合爲一部。

第二,寒桓删應該合爲一部,寒桓二韻的元音應該是相同的,差別祇是開合的不同。蕭綜《悲落葉》連用3個删韻字不雜他韻字;元宏《弔殷比干墓文》連用5個寒桓字後雜入1個删韻字,説明删韻雖然可與寒桓合爲一部,但其主元音似乎應有細微的差別。山先仙應該合爲一部。

第三,真類與仙部的關係近而與寒部的關係遠。

第四,元魂痕與删山先仙應該合爲一部。

第五,支仙通押的那個韻段,説明"璽"字在北魏時期與仙韻主元音相近或有仙韻一讀。

第六,真元寒等十四韻大致分爲二大類,真諄臻文欣爲一類,元魂痕寒桓删山先仙爲一類,元魂痕與删山先仙近於寒桓,可合爲一部。

(二)北齊時期

該時期與真元寒等十四韻有關的69個韻段。

1. 祇與真類有關的韻段(28個)

真韻獨用的7個韻段:顔之推《從周入齊夜渡砥柱》辛津人新賓,褚士達《夢人倚户授其詩》真人,陸卬《元會大饗歌·肆夏》申陳,闕名《僧静明修塔造像碑》因津新真,闕名《董洪達造像銘》津塵辛;邢劭《文皇帝哀策文》殯引①;魏收

————————

① 引,《廣韻》有余忍、羊晉二切,分屬上聲軫韻和去聲震韻。

《枕中篇》進仞。

文韻獨用的 5 個韻段：邢劭《甘露頌》聞君分文，魏收《五日詩》聞雲文君，蕭慤《野田黃雀行》文群雲分軍，陸卬《祀五帝於明堂樂歌·肆夏樂》聞君，《享廟樂辭·武德樂昭烈舞》紛焚文雲。

真諄通押的 8 個韻段：裴讓之《公館讌酬南使徐陵詩》津真開三辰真開三鄰真開三綸諄合三陳真開三因真開三秦真開三濱真開三珍真開三人真開三輪諄合三新真開三，朱敬範《朱岱林墓誌銘》親真開三淪諄合三人真開三陳真開三，闕名《臨淮王造像銘》春諄合三輪諄合三秦真開三陳真開三，劉逖《清歌發詩》春諄合三塵真開三，陸卬《元會大饗歌·皇夏》賓真開三神真開三人真開三春諄合三，《元會大饗歌·食舉樂》（之一）晨真開三新真開三臣真開三春諄合三，闕名《李琮墓誌》淪諄合三塵真開三春諄合三身真開三；邢劭《廣平王碑文》燼震開三潤稕合三仞震開三振震開三。

真臻通押的 1 個韻段：陸卬《大禘圜丘及北郊歌辭·肆夏》民真開三神真開三臻臻開三陳真開三紳真開三人真開三。

真文通押的 2 個韻段：陸卬《元會大饗歌·食舉樂》（之七）君文合三垠真開三群文合三雲文合三薰文合三氳文合三；闕名《馮翊王修平等寺碑》運問合三悋震開三□□。

諄文通押的 1 個韻段：闕名《馮翊王修平等寺碑》潤稕合三□問問合三。

文欣通押的 1 個韻段：顏之推《觀我生賦》殷欣開三群文合三軍文合三□雲文合三。

真諄臻通押的 2 個韻段：申嗣邕《隴東王感孝頌》神真開三春諄合三塵真開三人真開三親真開三臻臻開三珍真開三晨真開三新真開三民真開三顃真開三巾真開三，闕名《定國寺塔銘》臻臻開三塵真開三均諄合三。

真諄欣通押的 1 個韻段：蕭慤《春庭晚望詩》隱隱開三筍準合三近隱開三盡軫開三。

2. 祇與寒類有關的韻段（36 個）

寒韻獨用的 1 個韻段：陸卬《五郊樂歌·黑帝高明樂》寒殫。

寒桓通押的 3 個韻段：邢劭《冬夜酬魏少傅直史館詩》安寒開一寒寒開一酸桓合一端桓合一殘寒開一闌寒開一冠桓合一寬桓合一蘭寒開一官桓合一韓寒開一干寒開一摶桓合一難寒開一桓桓合一，陸卬《享廟樂辭·高明樂》冠桓合一闌寒開一；闕名《吳洛族等造像銘》汗翰開一畔換合一漢翰開一讚翰開一難翰開一。

寒刪通押的 1 個韻段：闕名《鄉老舉孝義雋脩羅碑》顏刪開二蘭寒開一餐寒開一

寒寒開一。

先韻獨用的 4 個韻段：陸法和《讖詩》（之二）天年①，馮淑妃《感琵琶弦詩》憐弦，陸卬《大禘圜丘及北郊歌辭·高明樂》煙玄；陸卬《享廟樂辭·昭夏樂》見薦。

仙韻獨用的 2 個韻段：陸卬《大禘圜丘及北郊歌辭·皇夏樂》騫虔，《五郊樂歌·赤帝高明樂》宣埏。

先仙通押的 19 個韻段：蕭放《冬夜咏妓詩》年先開四眠先開四煙先開四弦先開四前先開四仙仙開三，邢劭《甘露頌》天先開四鮮仙開三懸先合四旃仙開三，《景明碑》天先開四燃仙開三蓮先開四邊先開四，荀仲舉《銅雀臺》然仙開三弦先開四捐仙合三圓仙合三，蕭慤《奉和初秋西園應教詩》前先開四煙先開四然仙開三船仙合三，顏之推《觀我生賦》鳶仙合三天先開四年先開四旋仙合三廛仙開三懸先合四煙先開四焉仙開三弦先開四連仙開三虔仙開三宣仙合三，《神仙詩》年先開四仙仙開三前先開四憐先開四篇仙開三煙先開四泉仙合三天先開四旋仙合三，魏收《枕中篇》先心文/心先開四前從元/從先開四堅見真/見先開四然日元/日仙開三②，陸卬《祀五帝於明堂樂歌·昭夏樂》年先開四牷仙合三，《祀五帝於明堂樂歌·皇夏樂》宣仙合三泉仙合三年先開四川仙合三漣仙開三天先開四，《享廟樂辭·登歌樂》先先開四聯仙開三宣仙合三天先開四埏仙開三纏仙開三年先開四愆仙開三填先開四虔仙開三懸先合四然仙開三玄先合四川仙合三延仙開三前先開四，《元會大饗歌·肆夏》天先開四先先開四宣仙合三玄先合四，闕名《比丘僧道略等造神碑尊像銘》蓮先開四淵先合四泉仙合三船仙合三，《臨淮王造像銘》邊先開四燃仙開三沿仙合三旋仙合三；闕名《李琮墓誌》燕先開四賢先開四鮮仙開三然仙開三；闕名《董洪達造像銘》顯銑開四遺獮開三善獮開三；陸卬《大禘圜丘及北郊歌辭·高明樂》變線開三薦霰開四，《祀五帝於明堂樂歌·高明樂》扇線開三薦霰開四，《元會大饗歌·食舉樂》（之六）戰線開三禪線開三縣霰合四殿霰開四見霰開四。

寒先通押的 1 個韻段：無名氏《曲巖祖珽爲斛律光造謠》天先開四安寒開一。

寒仙通押的 1 個韻段：祖珽《從北征詩》乾仙開三瀾寒開一寒寒開一安寒開一。

刪仙通押的 1 個韻段：顏之推《觀我生賦》顏刪開二關刪合二搴仙開三還刪合二③。

---

① 《讖詩》與《書壁》本爲同一作品，周祖謨兩收之，不妥。此處僅依《先秦漢魏晉南北朝詩》收之。

② 該韻段《漢魏六朝韻譜》失收，此處依《全北齊文》及周祖謨補。

③ 搴，《廣韻》九輦切，獮開三，《集韻》丘虔切，仙開三。此處依《集韻》。

山先仙通押的 3 個韻段：邢劭《文襄皇帝金像銘》詮仙合三焉仙開三纏仙開三緣仙合三鐫仙合三宣仙合三邊先開四千先開四天先開四山山開二年先開四玄先合四傅仙合三，《廣平王碑文》山山開二編仙開三玄先合四；朱敬範《朱岱林墓誌銘》彥線開三盼襉開二絢霰合四見霰開四。

3. 祗與元類有關的韻段（2 個）

這兩個韻段均爲元魂通押：蕭慤《奉和咏龍門桃花詩》門魂合一源元合三軒元開三翻元合三，元翻《唐邕寫經銘》喧元合三論魂合一翻元合三存魂合一。

4. 真元二類通押的韻段（1 個）

該韻段爲真諄臻魂通押：顏之推《觀我生賦》津真開三鄰真開三賓真開三親真開三臣真開三人真開三屯魂合一辛真開三鱗真開三身真開三真真開三仁真開三巾真開三秦真開三巡諄合三人真開三身真開三貧真開三塵真開三臻臻開三麟真開三①。

5. 元寒二類通押的韻段（2 個）

元魂先通押的 1 個韻段：闕名《臨淮王造像銘》前先開四言元開三源元合三敦魂合一。

元先仙通押的 1 個韻段：邢劭《文宣帝哀策文》卷獮合三遠阮合三反阮合三晚阮合三泫銑合四。

通過以上統計，可以看出北齊時期：

第一，真諄臻合爲一部，文韻獨立爲一個韻部，欣韻游移於真文兩部之間。

第二，元魂痕是一個韻部，元魂痕的音值介於真諄與先仙之間。

第三，真元等十四韻應該分爲三個大類，真諄臻文欣爲一類，元魂痕爲一類，寒桓删山先仙爲一類。

（三）北周時期

該時期與真元等十四韻有關的 269 個韻段。

1. 祗與真類有關的韻段（84 個）

真韻獨用的 24 個韻段：王褒《彈棋詩》人巾秦陳，《入關故人別詩》塵人，庾信《擬咏懷詩》（之五）臣親秦申人，《率爾成咏詩》人濱秦人，《仙山詩》（之一）神人，（之二）銀塵，《和迴文詩》鄰人，《周祀五帝歌·皇夏》（初獻）辰陳神，《春賦》津神人巾，《七夕賦》人秦新，《傷心賦》民仁身塵人，《竹杖賦》人民筠麟身，

---

①　周祖謨將顏之推的詩賦算作隋朝作品。秦，依據王利器《顏氏家訓集解》（附錄二）校釋應作“榛”莊真/莊臻開三。此處姑依嚴可均《全隋文》及《漢魏六朝韻譜》、周祖謨作“秦”。

《自古聖帝賢畫讚‧秦穆公飲盜驗馬》嗔人秦臣,《擬連珠》(二六)秦臣人,《思舊銘》麟秦人,《周大將軍司馬裔碑銘》賓秦麟,《周兗州刺史廣饒公宇文公神道碑》身仁親筠,徐謙《短歌行》身人,釋亡名《五盛陰詩》親鱗秦塵人身,釋静藹《列偈題石壁》神身;庾信《哀江南賦》殞軫盡;王褒《太傅燕文公于謹碑銘》殯引晉慇,庾信《周故大將軍趙公墓誌銘》刄鎮殯引,《周柱國楚國公岐州刺史慕容公神道碑銘》胤藺陣震。

　　文韻獨用的 28 個韻段:宇文邕《二教鐘銘》文熏雲分,高琳《宴詩》軍氛,蕭撝《日出行》雲君,王褒《別王都官》群雲分聞,《上庸公陸勝勒功碑》軍勳雲文,《燕歌行》分聞雲文,《咏霧應詔詩》氛雲文,庾信《道士步虛詞》(之八)雲文分聞,《燕歌行》軍紋雲,《和趙王送峽中軍詩》軍雲文群聞①,《同盧記室從軍詩》文軍群紛分聞雲君,《擬咏懷詩》(一三)氛雲軍聞君,《奉和趙王西京路春旦詩》分雲汾群氛君文薰軍,《集周公處連句詩》焚聞,《重別周尚書詩》(之二)分聞,《和淮南公聽琴聞弦斷詩》雲君,《周祀圜丘歌‧皇夏》(還便殿)分雲,《周祀五帝歌‧皇夏》(初獻)分雲文,《周五聲調曲‧宮調曲》(之一)分文君雲,《自古聖帝名賢畫讚‧成王刻桐葉封虞叔》汾文薰君,《自古聖帝名賢畫讚‧朱雲折檻》君文雲軍,《周上柱國齊王憲神道碑》君文雲分,《周大將軍司馬裔碑銘》氛君雲軍,《周柱國大將軍大都督同州刺史尒綿永神道碑銘》聞君紛雲軍,《周柱國楚國公岐州刺史慕容公神道碑銘》勳軍文聞,《周隴右總管長史贈少保豆盧公神道碑銘》君雲分勳文,《周安昌公夫人鄭氏墓誌銘》墳雲聞芬,尚法師《飲馬長城窟》群文雲軍。

　　真諄通押的 25 個韻段:王褒《入朝守門開詩》晨真開三闉真開三塵真開三輪諄合三申真開三,《別陸子雲詩》晨真開三人真開三塵真開三春諄合三因真開三,《送別裴儀同詩》人真開三輪諄合三塵真開三親真開三,庾信《哀江南賦》人真開三民真開三輪諄合三筠真開三臣真開三濱真開三麟真開三人真開三,《自古聖帝名賢畫讚‧師尚父授丹書》親真開三陳真開三綸諄合三濱真開三,《吹臺山銘》筠真開三真真開三晨真開三人真開三秦真開三春諄合三新真開三塵真開三,《至仁山銘》津真開三人真開三新真開三春諄合三,《梁東宮行雨山銘》春諄合三綸諄合三塵真開三人真開三,《周柱國大將軍大都督同州刺史尒綿永神道碑銘》春諄合三神真開三臣真開三,《周儀同松滋公拓跋兢夫人尉遲氏墓誌銘》臣真開三人真開三春諄合三,《奉報洛州詩》津真開三鄰真開三神真開三人真開三鱗真開

---

① 《文苑英華》等作《和趙王從軍詩》。

三輪諄合三春諄合三秦真開三塵真開三民真開三臣真開三,《和王少保遙傷周處士詩》秦真開三人真開三塵真開三民真開三身真開三真開三春諄合三濱真開三,《咏畫屏風詩》(之四)春諄合三鄰真開三人真開三唇諄合三神真開三,(二〇)鱗真開三人真開三春諄合三秦真開三,《鏡詩》塵真開三人真開三春諄合三鄰真開三,《周祀圜丘歌·昭夏》(俎入)辰真開三純諄合三陳真開三,《周祀圜丘歌·昭夏》(奠玉帛)陳真開三春諄合三神真開三遵諄合三,《周祀五帝歌·配帝舞》(初獻)神真開三春諄合三人真開三身真開三,《周宗廟歌·皇夏》(獻高祖武皇帝)辰真開三人真開三馴諄合三鄰真開三塵真開三輪諄合三臣真開三麟真開三賓真開三,《周五聲調曲·宮調曲》賓真開三臣真開三綸諄合三親真開三辰真開三神真開三均諄合三人真開三,《周五聲調曲·羽調曲》辰真開三臣真開三麟真開三輪諄合三巡諄合三銀真開三賓真開三人真開三,《道士步虛詞》(之五)真真開三神真開三麟真開三人真開三春諄合三塵真開三,無名氏《青帝歌》均諄合三人真開三仁真開三;庾信《周大將軍聞嘉公柳遐墓誌銘》隼準合三軫軫開三殞軫合三盡軫開三;唐瑾《華嶽頌》鎮震開三潤稕合三眘震開三峻稕合三。

真文通押的3個韻段:闕名《王通墓誌銘》親真開三人真開三新真開三文文合三;宇文邕《二教鐘銘》振震開三鎮震開三韻問合三信震開三,庾信《終南山義谷銘》鎮震開三仭震開三韻問合三。

諄文通押的2個韻段:無名氏《黃帝歌》君文合三春諄合三輪諄合三;庾信《周趙國公夫人紇豆陵氏墓誌銘》問問合三慍問合三訓問合三薶稕合三。

真諄欣通押的2個韻段:王褒《從軍行》人真開三津真開三身真開三筋欣開三辛真開三臣真開三春諄合三貧真開三,庾信《哀江南賦》綸諄合三勤欣開三臣真開三。

2. 祇與寒類有關的韻段(118個)

寒韻獨用的5個韻段:庾信《七夕賦》安干,《鏡賦》安檀蘭,《梅花詩》闌看單,《周祀五帝歌·白帝雲門舞》(初獻)壇寒,《周宗廟歌·皇夏》(獻閔皇帝)難壇寒。

桓韻獨用的3個韻段:庾信《傷心賦》短滿斷,《夜聽擣衣詩》碗滿短管斷;釋靜藹《列偈題石壁》觀漫。

刪韻獨用的8個韻段:庾信《擬連珠》(三七)關還,《擬咏懷詩》(一〇)關還,《反命河朔始入武州詩》班還顏關,《應令詩》灣還關,《看舞詩》關鬟,《望渭水詩》灣還,《咏雁詩》關還;庾信《鏡賦》鬟襻。

先韻獨用的9個韻段:庾信《奉和法筵應詔詩》天弦,《新月詩》懸弦,《弄琴詩》眠弦,《秋夜望單飛雁詩》憐邊眠,《周祀圜丘歌·雲門舞》(初獻配帝)天年,

《周祀五帝歌·青帝雲門舞》（初獻）天年，釋静藹《列偈題石壁》邊淵；庾信《周宗廟歌·皇夏》（皇帝入廟門）奠薦，《周宗廟歌·皇夏》（還便殿）薦奠。

仙韻獨用的 8 個韻段：王褒《太傅燕文公于謹碑銘》川捐旃泉，宇文超《從軍行》泉然錢，庾信《周祀圜丘歌·皇夏》（就望燎位）焉荃；王褒《靈壇銘》轉辯淺篆；庾信《竹杖賦》戰囀轉釧，《鏡賦》扇面釧，《擬連珠》（之四）變戰，《故周大將軍義興公蕭公墓誌銘》變面援箭戰。

山韻獨用的 1 個韻段：庾信《遊山詩》山間。

寒桓通押的 28 個韻段：王褒《贈周處士詩》桓桓合—難寒開—冠桓合—彈寒開—端桓合—闌寒開—歡桓合—寒寒開—瀾寒開—丹寒開一，庾信《正旦上司憲府詩》欄寒開—端桓合—官桓合—盤桓合—殫寒開—寒寒開—蘭寒開—搏桓合—欄寒開—難寒開—冠桓合—丹寒開—竿寒開一①，《擬咏懷詩》（之四）冠桓合—完桓合—安寒開—韓寒開—難寒開一，（二二）蘭寒開—完桓合—鸞桓合—安寒開一，《和炅法師游昆明池詩》懽桓合—蘭寒開—看寒開一—翰開一—鞍寒開—寒寒開一②，《周祀五帝歌·配帝舞》（初獻）官桓合—壇寒開—蘭寒開—難寒開一，《周祀五帝歌·黑帝雲門舞》（初獻）壇寒開—官桓合—蘭寒開—寒寒開一，《哀江南賦》官桓合—瀾寒開—安寒開一，《哀江南賦》難寒開—端桓合—安寒開—殘寒開—難寒開—丸桓合—寒寒開—山山開二，《傷心賦》閒山開二安寒開—棺桓合—欒桓合—寒寒開一，《燈賦》檠桓合—蘭寒開—寒寒開一，《對燭賦》寒寒開—單寒開—難寒開—盤桓合一，《思舊銘》鸞桓合—寒寒開一，《周大將軍崔説神道碑銘》官桓開—壇寒開—欄寒開—寒寒開一，《周大將軍司馬裔碑銘》官桓合—壇寒開—蘭寒開一，《周柱國大將軍紇干弘神道碑銘》壇寒開—官桓合—韓寒開—盤桓合一，《周柱國大將軍大都督同州刺史尒綿永神道碑銘》壇寒開—官桓合—韓寒開—蘭寒開一，《周車騎大將軍賀婁公神道碑銘》韓寒開—官桓合—壇寒開—鸞桓合一，《周大將軍聞嘉公柳遐墓誌銘》觀桓合—寒寒開—寬桓合—棺桓合一；庾信《和迴文詩》滿緩合—旱旱開一；庾信《周五聲調曲·羽調曲》亂換合—竄換合—旦翰開—涣換合一，《哀江南賦》泮換合—散翰開—亂換合—岸翰開—粲翰開—歎翰開一，《傷心賦》亂換合—炭翰開—散翰開—漢翰開—難翰開—館換合一，《周太子太保步陸逞神道碑銘》漢翰開—半換合—贊翰開—旦翰開一，《周大將軍崔説神道

---

① 該韻段《漢魏六朝韻譜》作“闌端官盤殫寒攔搏攔難冠丹竿”，周祖謨作“闌端官盤殫寒攔搏難冠丹竿”，均有不妥處，此處依《先秦漢魏晉南北朝詩》。欄，《先秦漢魏晉南北朝詩》作“攔”，應依《藝文類聚》卷五四、《庾開府集》卷三、《庾開府詩集》（下）改作“欄”，依詩意亦當作“欄”。

② 懽，《漢魏六朝韻譜》作“歡”，周祖謨失收，此處依《先秦漢魏晉南北朝詩》。

碑銘》奐換開—幹翰開—岸翰開—贊翰開—案翰開—,《周大將軍琅邪壯公司馬裔墓誌銘》散翰開—觀換合—半換合—漢翰開—,釋慧命《詳玄賦》亂換合—觀換合—絆換合—散翰開—漫換合—綿仙開三煥換合—①,釋亡名《寶人銘》散翰開—亂換合—。

先仙通押的 46 個韻段:王褒《皇太子箴》賢先開四偏仙開三先先開四全仙合三,庾信《奉和趙隱士詩》賢先開四川仙合三錢仙開三穿仙合三弦先開四泉仙合三年先開四然仙開三前先開四傳仙合三,《擬咏懷詩》(之二)川仙合三天先開四弦先開四連仙開三田先開四,《歸田詩》塵仙開三田先開四船仙合三錢仙開三眠先開四憐先開四,《傷王司徒褒詩》仙仙開三賢先開四遷仙開三前先開四年先開四傳仙合三蟬仙開三泉仙合三圓仙合三然仙開三天先開四妍仙開四連仙開三鞭仙開三弦先開四邊先開四煙先開四船仙合三痊仙合三綿仙開三宣仙合三田先開四焉仙開三燃仙開三憐先開四玄先合四川仙合三全仙合三篇仙開三,《和炅法師游昆明池詩》(之二)天先開四川仙合三船仙合三蓮先開四絃先開四,《別周尚書弘正詩》前先開四年先開四然仙開三弦先開四,《咏畫屏風詩》(之三)前先開四船仙合三蓮先開四燃仙開三,(之七)連仙開三絃先開四前先開四年先開四,(一三)懸先合四蓮先開四前先開四船仙合三,《送周尚書弘正詩》鳶仙合三年先開四,《春日離合詩》連仙開三弦先開四,《周祀圜丘歌·昭夏》(降神)天先開四圜刪合二弦先開四然仙開三,《周祀圜丘歌·皇夏》(飲福酒)天先開四虔仙開三年先開四,《道士步虛詞》(之四)前先開四然仙開三年先開四弦先開四蓮先開四天先開四,《周祀五帝歌·配帝舞》(初獻)宣仙合三川仙合三天先開四年先開四,《周祀五帝歌·黑帝雲門舞》(初獻)泉仙合三弦先開四年先開四,《周五聲調曲·變宮調》年先開四天先開四宣仙合三弦先開四前先開四賢先開四然仙開三焉仙開三,《怨歌行》前先開四年先開四邊先開四圓仙合三弦先開四,《燕歌行》連仙開三穿仙合三錢仙開三仙仙開三年先開四,《三月三日華林園馬射賦》筵仙開三年先開四旃仙開三鳶仙合三泉仙合三圓仙合三,《哀江南賦》年先開四賢先開四筵仙開三天先開四圓仙合三絃先開四,《哀江南賦》然仙開三鞭仙開三船仙合三年先開四,《哀江南賦》旋仙合三焉仙開三川仙合三遷仙開三年先開四天先開四然仙開三,《傷心賦》川仙合三遷仙開三田先開四年先開四泉仙合三,《對燭賦》蓮先開四眠先開四燃仙開三煙先開四錢仙開三,《象戲賦》乾仙開三玄先合四圓仙合三泉仙合三,《邛竹杖賦》年先開四賢先開四筵仙開三前先開四,《枯樹賦》遷仙開三年先開四焉仙開三穿仙合三煙先開四,《自古聖帝名賢畫讚·文王見呂尚》川仙合三船仙合三然仙開三年先開四,《自古聖帝名賢畫讚·榮啟期三樂》年先開四賢先開四然仙開三絃先開四,《自古聖帝名賢畫讚·李陵蘇武別》旋仙合三前先開四然仙開三年先開

---

① 該韻段周祖謨未收。綿,于安瀾《漢魏六朝韻譜》認爲不入韻,欠妥。

四,《自古聖帝名賢畫讚·延陵季子遇徐君》賢先開四然仙開三前先開四懸先合四,《擬連珠》(二八)憐先開四泉仙合三年先開四,(三〇)錢仙開三賢先開四眠先開四,《周大將軍司馬裔碑銘》年先開四燃仙開三圓仙合三賢先開四,《周柱國大將軍絃干弘神道碑銘》連仙開三燕霰開四賢先開四燃仙開三,《周大將軍襄城公鄭偉墓誌銘》川仙合三船仙合三燃仙開三弦先開四,《周驃騎大將軍開府侯莫陳道生墓誌銘》然仙開三川仙合三賢先開四泉仙合三,《周驃騎大將軍開府侯莫陳道生墓誌銘》前先開四連仙開三圓仙合三年先開四;王褒《館銘》銑銑開四篆獮合三辯獮開三善獮開三,庾信《周驃騎大將軍開府侯莫陳道生墓誌銘》珍銑開四典銑開四展獮開三翦獮開三鉉銑合四,《周故大將軍趙公墓誌銘》卷獮合三遣獮開三辯獮開三繭銑開三;庾信《三月三日華林園馬射賦》選線合三戰線開三讝霰開四電霰開四箭線開三面線開三殿霰開四①,《和潁川公秋夜詩》變線開三燕霰開四囀線合三箭線開三,釋静藹《列偈題石壁》賤線開三電霰開四。

寒删通押的 4 個韻段:庾信《舞媚娘》看寒開一安寒開一還删合二殘寒開一,《周祀圜丘歌·雍樂》(撤奠)蘭寒開一關删合二,仙道《三徒五苦辭》患諫合二安寒開一殘寒開一歡翰開一;庾信《周譙國公夫人步陸孤氏墓誌銘》宦諫合二雁諫開二澗諫開二贊翰開一。

寒仙通押的 2 個韻段:庾信《周驃騎大將軍開府侯莫陳道生墓誌銘》寒寒開一蘭寒開一乾仙開三,《奉和賜曹美人詩》圓仙合三寒寒開一蘭寒開一看寒開一②。

寒桓仙通押的 1 個韻段:庾信《擬咏懷詩》(二〇)寬桓合一安寒開一寒寒開一看寒開一欄寒開一鞍寒開一乾仙開三團桓合一蘭寒開一。

寒桓删山通押的 2 個韻段:庾信《問疾封中禄詩》閒山開二寒寒開一還删合二紈桓合一,仙道《白帝歌》關删合二壇寒開一蟠桓合一干寒開一寒寒開一安寒開一歡桓合一。

山先通押的 1 個韻段:釋静藹《列偈題石壁》千先開四山山開二。

3. 真寒二類通押的韻段(2 個)

真仙通押的 1 個韻段:無名氏《三徒五苦辭》身真開三緣仙合三泯真開三真真開三。真先仙通押的 1 個韻段:無名氏《步虚辭》(之四)田先開四璘真開三新真開三親真開三篇仙開三津真開三便仙開三仙仙開三天先開四緣仙合三人真開三③。

---

① 選,《廣韻》有思兖、思管、思絹三切,思兖切屬於上聲獮韻;思管切屬於上聲緩韻;思絹切屬於去聲線韻。

② 看,《廣韻》有苦寒切(又作苦干切,寒開一)和苦旰切(翰開一)兩讀,凡與平聲押韻的"看"字均作苦寒切處理。

③ 便,《廣韻》有婢面切(線開三)和房連切(仙開三)。"便"讀平聲,其義爲"安也",與此詩中"便"字義合。

4. 祇與元類有關的韻段（47 個）

元韻獨用的 6 個韻段：釋静藹《列偈題石壁》怨源；庾信《哀江南賦》遠晚，《擬連珠》（一○）遠苑，《思舊銘》返遠，《周大將軍襄城公鄭偉墓誌銘》晚遠，《周宗廟歌·皇夏》（獻文宣皇太后）晚遠。

魂韻獨用的 4 個韻段：王褒《皇太子箴》尊門，庾信《擬連珠》（二五）門論存，《周祀圜丘歌·皇夏》（皇帝入門）門屯尊，《周宗廟歌·皇夏》（飲福酒）樽孫。

元魂通押的 27 個韻段：宇文邕《二教鐘銘》門$_{魂合}$—昏$_{魂合}$—尊$_{魂合}$—元$_{元元合三}$，宗懍《和歲首空望詩》原$_{元合三}$喧$_{元合三}$門$_{魂合}$—村$_{魂合}$—幡$_{元合三}$源$_{元合三}$，王褒《長安有狹邪行》喧$_{元合三}$孫$_{魂合}$—門$_{魂合}$—轅$_{元合三}$園$_{元合三}$樽$_{魂合}$—，《送觀寧侯葬詩》源$_{元合三}$蕃$_{元合三}$溫$_{魂合}$—昆$_{魂合}$—喧$_{元合三}$魂$_{魂合}$—垣$_{元合三}$孫$_{魂合}$—轅$_{元合三}$樽$_{魂合}$—存$_{魂合}$—園$_{元合三}$門$_{魂合}$—根$_{痕開}$—村$_{魂合}$—昏$_{魂合}$—喧$_{元合三}$原$_{元合三}$①，《祭梁王僧辯母貞敬魏太夫人文》元$_{元合三}$溫$_{魂合}$—言$_{元開三}$論$_{魂合}$—原$_{元合三}$，庾信《將命至鄴詩》敦$_{魂合}$—言$_{元開三}$轅$_{元合三}$孫$_{魂合}$—樽$_{魂合}$—言$_{元開三}$論$_{魂合}$—門$_{魂合}$—存$_{魂合}$—，《同州還詩》村$_{魂合}$—門$_{魂合}$—蕃$_{元合三}$喧$_{元合三}$原$_{元合三}$園$_{元合三}$，《擬咏懷詩》（一二）冤$_{元合三}$屯$_{魂合}$—奔$_{魂合}$—原$_{元合三}$魂$_{魂合}$—言$_{元開三}$，（二五）惛$_{魂合}$—論$_{魂合}$—源$_{元合三}$樽$_{魂合}$—言$_{元開三}$，《望野詩》原$_{元合三}$村$_{魂合}$—園$_{元合三}$門$_{魂合}$—論$_{魂合}$—，《徐報使來止得一相見詩》論$_{魂合}$—源$_{元合三}$，《祀五帝歌·配帝舞》論$_{魂合}$—園$_{元合三}$尊$_{魂合}$—門$_{魂合}$—，《周宗廟歌·皇夏》（皇帝入廟門）門$_{魂合}$—言$_{元開三}$，《周宗廟歌·皇夏》（皇帝升階）言$_{元開三}$奔$_{魂合}$—樽$_{魂合}$—燔$_{元合三}$，《周宗廟歌·皇夏》（獻皇曾祖德皇帝）藩$_{元合三}$原$_{元合三}$尊$_{魂合}$—園$_{元合三}$孫$_{魂合}$—，《周祀圜丘歌·皇夏》（獻文宣皇太后）源$_{元合三}$門$_{魂合}$—，《周祀圜丘歌·雲門舞》（初獻配帝）源$_{元合三}$門$_{魂合}$—天$_{先開四}$年$_{先開四}$，《周五聲調曲·商調曲》門$_{魂合}$—原$_{元合三}$存$_{魂合}$—言$_{元開三}$，《周五聲調曲·徵調曲》尊$_{魂合}$—園$_{元合三}$源$_{元合三}$奔$_{魂合}$—，《周五聲調曲·羽調曲》言$_{元開三}$源$_{元合三}$尊$_{魂合}$—繁$_{元合三}$；庾信《擬連珠》（之三）源$_{元合三}$門$_{魂合}$—言$_{元開三}$，《陝州弘農郡五張寺經藏碑》園$_{元合三}$源$_{元合三}$論$_{魂合}$—翻$_{元合三}$言$_{元開三}$昏$_{魂合}$—轅$_{元合三}$門$_{魂合}$—喧$_{元合三}$村$_{魂合}$—垣$_{元合三}$煩$_{元合三}$奔$_{魂合}$—原$_{元合三}$怨$_{阮合三}$元$_{元合三}$存$_{魂合}$—蕃$_{元合三}$昆$_{魂合}$—，《周兗州刺史廣饒公宇文公神道碑》孫$_{魂合}$—源$_{元合三}$繁$_{元合三}$藩$_{元合三}$，《周譙國公夫人步陸孤氏墓誌銘》原$_{元合三}$門$_{魂合}$—軒$_{元開三}$言$_{元開三}$；庾信《周大祫歌·昭夏》

---

① 暄，《漢魏六朝韻譜》作"喧"，誤。周祖謨不誤。

（降神）袞混合—遠阮合三本混合一，《周車騎大將軍贈小司空宇文顯墓誌銘》本混合一—遠阮合三袞混合一—悃混合一，《周大將軍上開府廣饒公鄭常墓誌銘》本混合一渾魂合一—遠阮合三袞混合一。

　　元魂痕通押的 10 個韻段：庾信《道士步虛詞》（之七）根痕開—元元合三園元合三門魂合一言元開三，《燕歌行》昏魂合一—根痕開一—門魂合一—源元合三，《奉和法筵應詔詩》昆魂合一—軒元開三園元合三翻元合三門魂合一—根痕開一—源元合三昏魂合一—言元開三①，《咏畫屏風詩》（之五）源元合三門魂合一—園元合三根痕開一，《擬咏懷詩》（之六）恩痕開一—吞痕開一—言元開三孫魂合一—園元合三，《奉報趙王惠酒詩》園匣元/云元合三喧元合三源元合三門魂合一—樽魂合一—根痕開一—喧元合三恩痕開一—②，《枯樹賦》根痕開一—園元合三門魂合一—鴛元合三猨元合三，《擬連珠》（一四）源元合三根痕開一—門魂合一，《終南山義谷銘》根痕開一—源元合三門魂合一，《明月山銘》根痕開一—猿元合三村魂合一—門魂合一—源元合三。

　　5. 真元二類通押的韻段（2 個）

　　諄魂痕通押的 1 個韻段：無名氏《黃帝歌》根痕開一—門魂合一魂魂合一—存魂合一—春諄合三根痕開一。文魂通押的 1 個韻段：無名氏《第一欲界飛空之音》群文合三門魂合一。

　　6. 元寒二類通押的韻段（12 個）

　　元仙通押的 3 個韻段：庾信《擬咏懷詩》（一四）善獮開三蹇獮開三遣獮開三圈阮合三卷獮合三，《冬狩行連句應詔詩》選獮合三苑阮合三轉獮合三返阮合三，《周大將軍聞嘉公柳遐墓誌銘》遠阮合三冕獮開三選獮合三轉獮合三。元魂先通押的 1 個韻段：庾信《周儀同松滋公拓跋兢夫人尉遲氏墓誌銘》原元合三門魂合一魂魂合一—年先開四言元開三。元魂仙通押的 3 個韻段：庾信《哀江南賦》冤元合三言元開三屯魂合一—門魂合一—船仙合三，《周祀圜丘歌·登歌》（初獻及獻配帝畢）銓仙合三樽魂合一—原元合三，釋慧命《詳玄賦》圓仙合三喧元合三門魂合一—存魂合一—魂魂合一—論魂合一。元删仙通押的 1 個韻段：庾信《三月三日華林園馬射賦》苑阮合三坂潸開二轉獮合三遠阮合三。元先仙通押的 3 個韻段：庾信《周大都督湯林伯長孫瑕夫人羅氏墓誌銘》田先開四年先開四捐仙合三原元合三；庾信《哀江南賦》扇線開三旬諄開四縣霰合四練霰合三宴霰開四箭線開三殿霰開四變線開三戰線開三扇線開三，《喜晴應勑自疏韻詩》建願開三販願合三傳線合

---

①　《漢魏六朝韻譜》將庾信《奉和法筵應詔詩》"昆軒園翻門根源昏言"和"天弦"合爲一個韻段，此處依周祖謨分爲兩個韻段。

②　園，周祖謨認爲不入韻，《漢魏六朝韻譜》收之，以認爲入韻爲是。喧，《漢魏六朝韻譜》作"喧"，誤。周祖謨不誤。

三憲願開三壈阮開三怨阮合三辯獼開三獻願開三。元魂刪仙通押的 1 個韻段：庾信《小園賦》晚阮合三遠阮合三轉獼合三坂清開二渾魂合一。

7. 三類與他韻通押的韻段(4 個)

真文侵通押的 1 個韻段：無名氏《第二色界魔王之章》真真開三文文合三身真開三人真開三音侵開三。

真文魂痕先仙陽通押的 1 個韻段：無名氏《第二色界魔王之章》騫仙開三方陽合三身真開三仙仙開三連仙開三氛文合三存魂合一然仙開三恩痕開一。

魂唐通押的 1 個韻段：無名氏《第一欲界飛空之音》莽蕩開一門魂合一。

桓覃咸通押的 1 個韻段：庾信《夜聽擣衣詩》闇勘開一纂緩合一摻鑛開二[①]。

通過以上統計,可以看出北周時期：

第一,真諄應該合爲一部,其差別祇是開合的問題。文韻與真諄雖然有一定的關係,但應該是兩個韻部。欣韻似乎應該與真諄合爲一部,這與北魏時期欣韻和文韻合爲一部是不同的。臻韻没有入韻的字,其分合不好斷定,祇好依據北魏、北齊的押韻情況,將臻韻與真諄合在一起。

第二,寒桓應該合爲一部,其差別祇是開合不同,其主元音應該相同;先仙應該合爲一部,刪韻應該是一個獨立的韻部,音值介於寒桓與先仙之間。

第三,真寒二類通押情況説明真類與仙部的關係近而與寒部的關係遠。

第四,元魂痕應該合爲一部,元魂痕與寒類的關係近些,與真類的關係遠些。

第五,真文侵通押的 1 個韻段,説明侵韻主元音與真文相近或是侵韻的 -m 韻尾在某些方言中已經向 -n 尾靠攏。至於無名氏《第二色界魔王之章》“方”字與真文魂痕先仙通押,《第一欲界飛空之音》“莽”字與魂韻“門”字通押,可能是陽唐韻的主元音與它們的主元音相近,也可能是偶然的巧合,“方、莽”二字並不入韻。

第六,真元寒等十四韻可以分爲真諄臻文欣、元魂痕、寒桓刪山先仙三大類。

(四)隋朝時期

該時期與真元寒等十四韻有關的 196 個韻段。

1. 祇與真類有關的韻段(74 個)

真韻獨用的 16 個韻段：孫萬壽《遠戍江南寄京邑親友》濱臣身晨人,楊廣

---

① 該韻段《漢魏六朝韻譜》作“闇篸傪”。

《隋秦孝王誄》民鄰親秦，柳䛒《奉和春日臨渭水應令詩》津人，岑德潤《咏魚詩》新津，釋僧璨《信心銘》神親塵，釋真觀《夢賦》賓人神新陳，釋慧净《雜言詩》辰人津，釋慧曉《祖道賦詩》津親伸人新塵因巾①，釋智命《臨終詩》身人，無名氏《譚公府中爲裴鏡民語》新民，《時人爲庫狄士文語》瞋人，牛弘《蜡祭歌·誠夏》民垠，《元會大饗歌·食舉歌》（之四）珍新神陳垠，庾抱《卧痾喜霽開扉望月詩》辛人津神新辰；無名氏《摩多樓子》親真開三人真開三；釋僧璨《信心銘》忍盡。

　　文韻獨用的 18 個韻段：盧思道《仰贈特進陽休之詩》聞緼雲文，孫萬壽《遠戍江南寄京邑親友》氛群軍漬紛雲文勳，何妥《入塞》紛軍雲勳，《長安道》分文群軍，楊廣《望海詩》聞雲分群汾，楊素《贈薛内史詩》群君，虞世基《講武賦》分君文勳，《秋日贈王中舍詩》濆分雲聞，許善心《神雀頌》君文汾薰；孔紹安《别徐永元秀才》焚群分聞雲，劉夢予《送别秦王學士江益詩》分君，張公禮《龍藏寺碑》雲棻薰文，皇甫毗《玉泉寺碑》氳分君文，仲孝俊《陳叔毅修孔子廟碑》聞分群，牛弘《方丘歌·昭夏》芬文，《凱樂歌辭·述天下太平》勳文君氛，闕名《棲嚴道場舍利塔》文汾勳雲；闕名《元公夫人姬氏墓誌》問郡愠訓。

　　真諄通押的 30 個韻段：盧思道《城南隅宴》新真開三人真開三春諄合三濱真開三塵真開三輪諄合三旬諄合三秦真開三，《上巳禊飲詩》塵真開三春諄合三蘋真開三人真開三，《賦得珠簾詩》晨真開三人真開三塵真開三春諄合三，孫萬壽《答楊世子詩》人真開三春諄合三，《早發揚州還望鄉邑詩》晨真開三津真開三春諄合三塵真開三，辛德源《白馬篇》辰真開三春諄合三塵真開三鈞諄合三人真開三，《東飛伯勞歌》春諄合三新真開三，楊廣《隋秦孝王誄》新真開三倫諄合三人真開三淪諄合三陳真開三，《喜春遊歌》新真開三春諄合三人真開三，《幸江都作詩》春諄合三人真開三，蕭皇后《述志賦》遵諄合三仁真開三陳真開三麟真開三，楊素《出塞》親真開三身真開三濱真開三臣真開三人真開三鄰真開三春諄合三辰真開三秦真開三辛真開三塵真開三，《贈薛播州詩》新真開三濱真開三人真開三春諄合三身真開三，薛道衡《豫章行》頻真開三春諄合三新真開三人真開三塵真開三，王胄《會宴東宮應令詩》賓真開三輪諄合三塵真開三珍真開三鱗真開三春諄合三，虞世基《汴水早發應令詩》神真開三鄰真開三鈞諄合三禋真開三辰真開三紳真開三春諄合三倫諄合三陳真開三新真開三，虞世南《奉和御製月夜觀星示百僚詩》新真開三塵真開三鱗真開三輪諄合三陳真開三紳真開三辰真開三，《和平涼公觀趙郡王妓詩》陳真開三秦真開三春諄合三塵真開三津

---

① 釋慧曉，于安瀾《漢魏六朝韻譜》作“釋曇遷”，逯欽立《先秦漢魏晉南北朝詩》正文作“慧曉”，二七七五頁左側標題作“釋曉”。

真開三,侯夫人《春日看梅詩》(之一)顰真開三春諄合三,(之二)真真開三春諄合三,闕名《洺州南和縣澧水石橋碑》民真開三真真開三淪諄合三因真開三,牛弘《五郊歌·青帝歌角音》仁真開三春諄合三,《文武舞歌·武舞歌》陳真開三淳諄合三新真開三,柳䚕《奉和晚日揚子江應制詩》闉真開三輪諄合三春諄合三塵真開三,闕名《陳思王廟碑》民真開三鈞諄合三磷真開三人真開三,吕讓《和入京詩》春諄合三塵真開三秦真開三人真開三,孔紹安《侍宴咏石榴》臣真開三春諄合三,闕名《鞏賓墓誌》春諄合三人真開三塵真開三,《董美人墓誌》春諄合三塵真開三新真開三人真開三;虞世基《元德太子哀册文》峻稕合三晉震開三慎震開三。

真臻通押的1個韻段:牛弘《圜丘歌·昭夏》辰真開三臻臻開三。

真文通押的4個韻段:盧思道《升天行》群文合三君文合三文文合三雲文合三垠真開三氳文合三聞文合三紛文合三,《贈李行之》人真開三親真開三雲文合三,虞世基《初渡江詩》濱真開三雲文合三,侯夫人《自遣詩》人真開三君文合三。

真諄臻通押的3個韻段:吕讓《和入京詩》春諄合三塵真開三秦真開三人真開三,仲孝俊《陳叔毅修孔子廟碑》均諄合三貧真開三臻臻開三,牛弘《方丘歌·誠夏》神真開三辰真開三純諄合三陳真開三臻臻開三人真開三。

真文欣通押的1個韻段:丁六娘《十索》(四首之三)近隱開三盡軫開三粉吻合三。

諄文通押的1個韻段:闕名《元公墓誌銘》郡問合三問問合三順稕合三訓問合三。

2. 祇與寒類有關的韻段(94個)

寒韻獨用的1個韻段:蕭皇后《述志賦》難安寒。

桓韻獨用的3個韻段:魏澹《鷹賦》卵管緩伴,楊廣《隋秦孝王誄》滿斷短;薛道衡《宴喜賦》觀漫。

删韻獨用的3個韻段:李德林《入山詩》關環攀還顔,丁六娘《十索》顔關攀環,闕名《江夏縣緣果道場七層磚塔下舍利銘》關還。

山韻獨用的1個韻段:闕名《江夏縣緣果道場七層磚塔下舍利銘》間山。

先韻獨用的6個韻段:薛道衡《人日思歸詩》年前,諸葛穎《奉和方山靈岩寺應教詩》煙蓮前年田,闕名《邢州南和縣澧水石橋纛文碑》賢□□田,釋靈裕《臨終詩·悲永殯》前年;牛弘《方丘歌·昭夏》縣遍,闕名《僧惠雲墓誌》遍現昄。

仙韻獨用的3個韻段:魯本《與胡師耽同繫胡州出被刑獄中詩》然泉;魏澹《鷹賦》軟喘;牛弘《圜丘歌·昭夏》變睊。

寒桓通押的20個韻段:孫萬壽《別贈詩》官桓合一紈桓合一端桓合一歡桓合一彈寒開一寒寒開一殘寒開一難寒開一,辛德源《成連》端桓合一寒寒開一難寒開一單寒開一,楊廣《隋秦孝王誄》寒寒開—殘寒開—湍桓合—酸桓合一，《冬夜詩》安寒開—寒寒開—難寒開—鑾桓合一，薛道衡《宴喜賦》寒寒開—團桓合一，《重酬楊僕射山亭詩》蘭寒開—端桓合—寒寒開一，《和許給事善心戲場轉韻詩》難寒開—鞍寒開—丸桓合一，王冑《言反江陽寓目瀰涘贈易州陸司馬詩》干寒開—安寒開—盤桓合—丹寒開—竿寒開—冠換合—韓寒開—丸桓合—翰翰開—桓桓合—難寒開—漫換合—端桓合—寒寒開—蘭寒開—殘寒開—寬桓合—歡桓合—瀾寒開—歎翰開一，虞世基《講武賦》難寒開—安寒開—官桓合—歡桓合一，李巨仁《釣竿篇》瀾寒開—竿寒開—湍桓合—難寒開—安寒開一，釋僧燦《信心銘》寬桓合—難寒開一，釋真觀《夢賦》團桓合—闌寒開—單寒開—歡桓合—難寒開一，孔德紹《賦得涉江采芙蓉詩》干寒開—難寒開—寬桓合—桓桓合一，崔信明《送金竟陵入蜀詩》安寒開—難寒開—冠桓合—寒寒開—殘寒開—①；孫萬壽《答楊世子詩》翰翰開—煥換合—歎翰開—翫換合一，楊廣《隋秦孝王誄》斷換合—旦翰開—漢翰開—難翰開—叛換合一，《捨舟登陸示慧日道場玉清玄壇德衆詩》旦翰開—散旱開—翰開—喚換合—半換合—歎翰開—捍翰開—觀桓合—岸翰開一，薛道衡《隋高祖文皇帝頌》旦翰開—贊翰開—斷換合—難翰開一，牛弘《大廟樂歌・送神歌》半換合—贊翰開一，無名氏《雞鳴歌》爛翰開—喚換合—旦翰開—②。

删山通押的 1 個韻段：盧思道《從軍行》攀删開二還删合二間山開二。

先仙通押的 52 個韻段：盧思道《從軍行》泉仙合三連仙開三年先開四賢先開四天先開四，《後園宴詩》仙仙開三年先開四田先開四連仙開三然仙開三，《盧記室誄》聯仙開三年先開四天先開四賢先開四前先開四田先開四，李德林《從駕還京詩》宣仙合三年先開四川仙合三煙先開四連仙開三天先開四旋仙合三篇仙開三，楊廣《飲馬長城窟行》旋仙合三前先開四，《步虛詞》然仙開三天先開四蓮先開四煙先開四篇仙開三連仙開三泉仙合三田先開四玄先合四年先開四，《錦石擣流黃》然仙開三眠先開四前先開四，姚察《游明慶寺詩》禪仙開三蓮先開四煙先開四泉仙合三鮮仙開三連仙開三湲仙合三緣仙合三然仙開三旋仙合三，薛道衡《隋高祖文皇帝頌》然仙開三仙仙開三玄先合四年先開四，《老氏碑頌》先先開四天先開四川仙合三然仙開三，《和許給事善心戲場轉韻詩》年先開四圓仙合三懸先合四前先開四連仙開三川仙合三弦先開四，牛弘《奉和冬至乾陽殿受朝應詔詩》埏仙開三連仙開三虔仙開

---

① 該詩《先秦漢魏晉南北朝詩》未收，此處依《全唐詩》（上海古籍出版社 1985 年）補入。該詩篇名《漢魏六朝韻譜》、周祖謨均作《送金敬陵入蜀詩》，周祖謨又將作者"崔信明"誤作"崔明信"，今並依《全唐詩》校改。

② 該詩《先秦漢魏晉南北朝詩》歸爲漢代作品，《漢魏六朝韻譜》、周祖謨均將其歸爲隋朝作品，今從《漢魏六朝韻譜》及周祖謨。

三煙先開四，崔仲方《奉和周趙王咏石詩》鮮仙開三蓮先開四篇仙開三邊先開四，于仲文《答譙王詩》賢先開四燕先開四泉仙合三鞭仙開三田先開四川仙合三篇仙開三，《紀遼東》（之二）鮮仙開三旋仙合三年先開四，虞綽《大鳥銘》泉仙合三鮮仙開三翩仙開三年先開四，許善心《神雀頌》斿仙開三焉仙開三絃先開四宣仙合三年先開四①，虞世基《奉和幸江都應詔詩》天先開四船仙合三川仙合三前先開四煙先開四弦先開四斿仙開三然仙開三，《秋日贈王中舍詩》聯仙開三遷仙開三賢先開四蓮先開四田先開四，虞世南《奉和獻歲宴宮臣詩》筵仙開三弦先開四煙先開四天先開四，李巨仁《京洛篇》仙仙開三煙先開四泉仙合三前先開四船仙合三燃仙開三，《登名山篇》天先開四川仙合三煙先開四泉仙合三仙仙開三年先開四旋仙合三，卞斌《和孔侍郎觀太常新奏樂詩》天先開四宣仙合三懸先合四沿仙合三傳仙合三弦先開四，皇甫毗《玉泉寺碑》懸先合四泉仙合三船仙合三然仙開三，釋僧燦《信心銘》延仙開三年先開四前先開四，釋慧净《於冬日普光寺臥疾值雪簡諸舊遊詩》天先開四連仙開三弦先開四篇仙開三鮮仙開三憐先開四，釋智炫《遊三學山詩》煙先開四天先開四連仙開三泉仙合三傳仙合三弦先開四穿仙合三田先開四邊先開四然仙開三，牛弘《圜丘歌·昭夏》鞭仙開三玄先合四，《社稷歌·春祈稷誠夏》先先開四虔仙開三田先開四年先開四，《先聖先師歌·誠夏》先先開四篇仙開三宣仙合三弦先開四騫仙開三，《凱樂歌辭·述帝德》褰仙開三前先開四延仙開三年先開四；鄭蜀賓《別詩》年先開四泉仙合三，闕名《僧惠雲墓誌》宣仙合三煙先開四賢先開四便仙開三，《鞏賓墓誌》宣仙合三天先開四邊先開四賢先開四，《陶氏墓誌》田先開四燃仙開三前先開四天先開四懸先合四，《董美人墓誌》憐先開四天先開四田先開四川仙合三，《李氏墓誌》天先開四聯仙開三斿仙開三焉仙開三傳仙合三蓮先開四先先開四篇仙開三，無名氏《雜曲歌辭·出塞》泉仙合三延仙開三弦先開四；盧思道《盧記室誄》鉉銑合四踐獮開三篆獮合三鮮獮開三，柳䛒《天臺國清寺智者禪師碑文》典銑開四善獮開三緬獮開三顯銑開四淺獮開三，張公禮《龍藏寺碑》踐獮開三泫銑合四辯獮開三轉獮合三，釋真觀《夢賦》善獮開三踐獮開三典銑開四遣獮開三翦獮開三辨獮開三，闕名《董美人墓誌》踐獮開三泫銑合四；盧思道《孤鴻賦》羨線開三賤線開三戰線開三薦霰開四膳線開三見霰開四澱霰開四眄銑開四，楊素《贈薛播州詩》彥線開三睠線合三絢霰合四變線開三箭線開三，牛弘《元會大饗歌·宴群臣登歌》縣霰合四宴霰開四甸霰開四蒨霰開四殿霰開四傳線合三面線開三薦霰開四徧霰開三扇線開三，虞世基《講武賦》戰線開三甸霰開四殿霰開四練霰合三，《秋日贈王中舍詩》面線開三宴霰開四縣霰合四，王胄《在陳釋奠金石會應令詩》宴霰開四饌線合三卷線合三選線合三，張公禮《龍藏寺碑》殿霰開四扇

---

① 斿，《漢魏六朝韻譜》、周祖謨均認爲不入韻，不妥。此處依嚴可均《全隋文》補入。

線開三見霰開四舊霰開四，闕名《洺州南和縣澧水石橋碑》現霰開四□便線開三箭線開三，釋僧璨《信心銘》變線開三見霰開四縣霰合四。

寒桓仙通押的 2 個韻段：魏澹《鷹賦》難寒開—寬桓合—寒寒開—乾仙開三安寒開一，薛道衡《出塞》團桓合—安寒開—寒寒開—端桓合—乾仙開三難寒開—官桓合—鞍寒開一—韓寒開—刊寒開—蘭寒開一。

山先仙通押的 2 個韻段：王胄《白馬篇》前先開四年先開四邊先開四泉仙合三鳶仙合三連仙開三賢先開四儇仙合三騫仙開三燕霰開四山山開二旃仙開三先先開四全仙合三鮮仙開三捐仙合三傳仙合三，闕名《尼脩梵石室銘》緣仙合三蓮先開四燃仙開三山山開二。

3. 真寒二類通押的韻段（4 個）

真仙通押的 1 個韻段：無名氏《時人爲何妥蕭容語》雋獮合三脊震開三。

真先仙通押的 2 個韻段：王胄《在釋奠金石會應令詩》遷仙開三堅先開四煙先開四甄真開三，牛弘《圜丘歌·文舞》天先開四宣仙合三甄真開三焉仙開三。

真桓先仙通押的 1 個韻段：沸大《媱洗曲》田先開四捐仙合三新真開三歡桓合一。

4. 祇與元類有關的韻段（17 個）

元韻獨用的 3 個韻段：王胄《敦煌樂》遠晚；楊廣《隋秦孝王誄》遠怨，《隋秦孝王誄》願建。

魂韻獨用的 3 個韻段：楊廣《賜諸葛穎》門論昆，《詩》村魂，牛弘《五郊歌·黃帝歌宮音》坤尊。

元魂通押的 6 個韻段：楊廣《隋秦孝王誄》軒元開三言元開三溫魂合一繁元合三敦魂合一，柳䛒《天臺國清寺智者禪師碑文》園元合三尊魂合—昏魂合—垣元合三源元合三溫魂合—鵷元合三幡元合三繁元合三鐏魂合—魂魂合—存魂合—原元合三①，王胄《別周記室詩》猿元合三樽魂合—喧元合三言元開三，《在陳釋奠金石會應令詩》門魂合—尊魂合—蘩元合三誼元合三，虞世基《元德太子哀册文》藩元合三門魂合—尊魂合—園元合三，闕名《元公墓誌銘》源元合三奔魂合—門魂合—蓀魂合一。

元魂痕通押的 5 個韻段：盧思道《仰贈特進陽休之詩》門魂合—恩痕開—昆魂合—言元開三，劉臻《河邊枯樹詩》門魂合—根痕開—論魂合—痕痕開—源元合三，薛道衡《宴喜賦》孫魂合—恩痕開—藩元合三園元合三軒元開三言元開三，虞世基《出塞》尊魂合—恩痕開—魂魂合—原元合三門魂合—軒元開三煩元合三源元合三翻元合三昏魂合一；釋真觀

---

① 鐏，《廣韻》徂悶切，慁合一，《集韻》徂昆切，魂合一，此處從《集韻》。

《夢賦》損混合一遠阮合三反阮合三飯阮合三懇很開一苑阮合三[①]。

5. 真元二類通押的韻段(1 個)

該韻段爲諄文魂通押:釋慧净《雜言詩》巡諄合三輪諄合三存魂合一分文合三春諄合三。

6. 元寒二類通押的韻段(6 個)

元删通押的 2 個韻段:虞世基《元德太子哀册文》苑阮合三阪潸開二遠阮合三,釋慧净《雜言詩》遠阮合三晚阮合三阪潸開二。

元仙通押的 2 個韻段:釋僧燦《信心銘》元元合三緣仙合三然仙開三,牛弘《文武舞歌·武舞歌》乾仙開三宣仙合三燔元合三。

元魂先通押的 1 個韻段:無名釋《禪暇詩》園元合三玄先合四怨阮合三門魂合一。

元魂先仙通押的 1 個韻段:闕名《王忻造像銘》源元合三先先開四千先開四年先開四門魂合一□仙仙開三。

通過以上統計,可以看出隋朝時期:

第一,真諄臻應該合爲一部,真文的關係雖然很近,但各是獨立的韻部。

第二,寒桓應該合爲一部,《切韻》寒桓不分,是有實際語音根據的;删山先仙應該合爲一部。

第三,真類與仙部的關係近,與寒部的關係遠。

第四,元魂痕應該合爲一部,元類與寒類的關係近(主要是與删先仙的關係近),而與真類的關係遠(尤其是元韻與真類的關係很遠)。

第五,真元寒等十四韻可以分爲真諄臻文欣、元魂痕、寒桓删山先仙三大類。

二、三國、兩晉、南朝真元寒等十四韻的關係

(一)三國時期

該時期與真元寒等十四韻有關的 448 個韻段,其中衹與真類有關的 156 個韻段,衹與元類有關的 7 個韻段,衹與寒類有關的 117 個韻段,真元二類通押的 9 個韻段,真寒二類通押的 27 個韻段,元寒二類通押的 92 個韻段,真元寒三類通押的 14 個韻段,真元寒三類與他韻通押的 26 個韻段。

通過進一步分析這 448 個韻段,我們得到的是如下的事實和結論:

第一,衹與真類有關的 156 個韻段,其中真韻獨用的 55 個韻段,諄韻獨用

---

① 飯,《廣韻》有扶晚、符萬二切,分屬上聲阮韻和去聲願韻。

的 2 個韻段,文韻獨用的 15 個韻段,臻韻、欣韻均無獨用的韻段;真諄通押的 30 個韻段,真臻通押的 2 個韻段,真諄臻通押的 2 個韻段;真文通押的 20 個韻段,真諄文通押的 9 個韻段,真臻文通押的 1 個韻段;真欣通押的 4 個韻段,文欣通押的 3 個韻段,真欣文通押的 2 個韻段;諄文通押的 3 個韻段,諄欣通押的 2 個韻段,真諄臻文通押的 1 個韻段,真諄文欣通押的 4 個韻段,真諄臻文欣通押的 1 個韻段。這些事實説明,三國時期真諄臻文欣應該合爲一部,但真諄臻欣的音值較近,尤其是真諄,可能主元音相同,衹是開合的不同,所以通押的比例那麼高。至於文韻,與真韻通押的不少,但各自獨立的也很多,雖然可與真臻諄合爲一部,但音值應有一些差別。

第二,衹與寒類有關的 117 個韻段,其中寒韻獨用的 9 個韻段,桓韻獨用的 4 個韻段,删韻獨用的 2 個韻段;寒桓通押的 16 個韻段,寒删通押的 3 個韻段,寒桓删通押的 6 個韻段;山韻無獨用的韻段,先韻獨用的 8 個韻段,仙韻獨用的 9 個韻段,先仙通押的 19 個韻段;删仙通押的 3 個韻段,删山先通押的 1 個韻段,删先仙通押的 2 個韻段;山先通押的 3 個韻段,山仙通押的 2 個韻段,山先仙通押的 8 個韻段;寒山通押的 1 個韻段,寒仙通押的 2 個韻段,桓仙通押的 4 個韻段,桓删山先通押的 1 個韻段,桓山仙通押的 3 個韻段,寒桓山通押的 1 個韻段,寒桓仙通押的 2 個韻段,寒删仙通押的 2 個韻段,寒桓删山通押的 2 個韻段,寒桓删仙通押的 1 個韻段,寒桓先仙通押的 2 個韻段,寒桓删山仙通押的 1 個韻段。這些材料説明,三国時期雖然寒桓關係更近一些,先仙更近一些,但很難將寒桓删山先仙六韻分爲兩部或三部。

第三,衹與元類有關的 7 個韻段,其中元韻獨用的 3 個韻段,魂韻獨用的 2 個韻段,痕韻無獨用的韻段,元魂通押的 2 個韻段。真元二類通押的 9 個韻段,其中真文魂通押的 2 個韻段,真諄文魂獨用的 2 個韻段,真臻欣元通押的 1 個韻段,真元魂通押的 1 個韻段,文元通押的 1 個韻段,文痕通押的 1 個韻段,文元魂通押的 1 個韻段。元寒二類通押的 92 個韻段,其中元寒通押的 7 個韻段,元桓通押的 1 個韻段,元寒桓通押的 3 個韻段,元寒山通押的 1 個韻段,元寒仙通押的 2 個韻段,元桓删通押的 2 個韻段;元桓仙通押的 4 個韻段,元桓删仙通押的 1 個韻段,元桓山先通押的 1 個韻段,元桓删山先仙通押的 1 個韻段,元寒桓仙通押的 1 個韻段,元寒桓删山通押的 1 個韻段,元寒桓删仙通押的 3 個韻段,元寒桓删通押的 6 個韻段,元删通押的 3 個韻段,元山通押的 2 個韻段,元先通押的 7 個韻段,元仙通押的 6 個韻段,元山先通押的 1 個韻段,元山仙通押的 2 個韻段,元先仙通押的 15 個韻段,元山先仙通押的 6 個韻段,元删山先仙通押的 1 個韻段,魂寒通押的 1 個韻段,魂仙通押的 4 個韻段,魂山先仙通押的 1 個韻段,魂寒先仙通押的 1 個韻段,元魂先仙通押的 3 個韻段,元痕先仙通押的 1 個韻段,元魂痕仙通押的 1 個韻段,魂痕先通押的 3 個韻段。真元寒三類通押的 14 個韻段,其中真元山通押的 1 個韻段,真文魂桓通押的 1 個韻段,真文魂仙通押的 1 個韻段,真魂痕先通押的 1 個韻段,真諄文魂先仙通押的 1 個韻段,真文元魂寒桓通押的 1 個韻段;諄魂先通押的 1 個韻段;臻元先仙通押的 1 個韻段,臻元寒桓先通押的 1 個韻段;文元桓通押的 1 個韻段,文元桓仙通押的 1 個韻段,文元山先仙通押的 1 個韻段,文元寒桓仙通押的 1 個韻段;欣元桓删仙通押的 1 個韻段。這些材料説明,三國時期的魂痕與真諄臻文欣關係較近,或者可以合一;元韻則與寒桓删山先仙較近,甚至可以合一。

第四,真寒二類通押的 27 個韻段,其中真先通押的 2 個韻段,諄先通押的 1 個韻段,真諄先通押的 1 個韻段,真欣先通押的 1 個韻段,真諄文先通押的 2 個韻段,臻先通押的 1 個韻段,文先通押的 2 個韻段,諄文先通押的 1 個韻段,真仙通押的 2 個韻段,文仙通押的 3 個韻段,真欣仙通押的 1 個韻段,臻先仙通押的 1 個韻段,臻山先仙通押的 1 個韻段,真諄先仙通押的 1 個韻段,真文山仙通押的 1 個韻段,真删先仙通押的 1 個韻段,真山先仙通押的 1 個韻段,文删山仙通押的 1 個韻段,真臻寒山通押的 1 個韻段,真寒桓先通押的 1 個韻段,真文桓通押的 1 個韻段。這些材料説明,三國時期真諄臻文欣與先仙的音值較近,而與寒桓的音值較遠。這些韻段中的絕大部分先韻字和少部分仙韻字,在先秦兩漢都是真部字。這一事實説明,先秦兩漢真部中的先韻字和仙韻字還没有徹底完成從真部向先韻和仙韻的演變,也就是還没有轉入三國的元部,同時也可以看出三國時期真諄臻文欣與先仙的音值近一些,而與寒桓的音值較遠,這也意味着該時期寒桓雖然可以和先仙合爲一部,但主元音似乎也有細微差别。

第五,王粲《詩·荆軻爲燕使》濱揮,真微通押,説明"揮"字從"軍"得音,此時在某些方言中可能還有文韻一讀①;廉品《大儺賦》儺軒㫃垣,歌元仙通押,"儺"字從"難"得音,説明在某些方言中"儺"字可能還有寒韻一讀。左延年《從軍行》人軍西身,齊真文通押,嵇康《琴賦》西前巔間閑,齊山先通押,曹叡《步出夏門行》蟬西連天翩間,齊山先仙通押,曹植《籲嗟篇》然閑阡間淵田西存山艱燔

---

① 該詩見於吳棫《韻補》卷一,逯欽立《先秦漢魏晉南北朝詩》認爲"濱"字應是"湄"字之誤。

連,齊魂山先仙通押;曹丕《燕歌行》難漫言還顏歎寬肝眠西間憐存①,齊魂元寒桓删山先仙通押。以上這些韻段説明此時有些方言中"西"字有仙韻一讀,這也可以解釋爲什麼從"西"得音的"茜"字會是霰韻字的特殊諧聲問題。另外,"西"字金韓孝彦的《四聲篇海》中有蘇前切一讀②,屬於仙韻,應該是古音的殘留。

第六,真庚通押的1個韻段,真清通押的1個韻段,真文庚通押的2個韻段,文唐通押的1個韻段,先陽通押的1個韻段③,説明此時某些方言可能有將 -ŋ 尾的讀如 -n 尾的現象。

第七,真侵通押的1個韻段,文侵通押的1個韻段,真臻侵通押的1個韻段,真文侵通押的2個韻段,真諄欣元仙侵通押的1個韻段,説明真類與侵部的音值近而與談部的關係遠。

(二)西晉時期

該時期與真元寒等十四韻有關的 800 個韻段,其中祇與真諄臻文欣有關的 262 個韻段,祇與元魂痕有關的 25 個韻段,祇與寒桓山删先仙有關的 267 個韻段,真元二類通押的 21 個韻段,真寒二類通押的 53 個韻段,元寒二類通押的 120 個韻段,真元寒三類通押的 20 個韻段,真元寒三類與他韻通押的 32 個韻段。

通過進一步分析這 800 個韻段,我們得到如下的事實和結論:

第一,祇與真諄臻文欣有關的 262 個韻段,其中真韻獨用的 92 個韻段,諄韻獨用的 7 個韻段,文韻獨用的 31 個韻段,欣韻獨用的 1 個韻段,臻韻無獨用的韻段;真諄通押的 63 個韻段,真臻通押的 7 個韻段,真文通押的 19 個韻段;真諄文通押的 11 個韻段,真諄臻通押的 4 個韻段,真欣通押的 6 個韻段;真諄欣通押的 3 個韻段,真文欣通押的 5 個韻段,真諄文欣通押的 2 個韻段,諄文通押的 5 個韻段,文欣通押的 6 個韻段。這些事實説明,西晉時期的真諄臻文欣五韻還是應該合爲一部。

第二,祇與寒桓山删先仙有關的 267 個韻段,其中寒韻獨用的 10 個韻段,

---

① 依逯欽立《先秦漢魏晉南北朝詩》,曹丕《燕歌行》二有兩種版本,内容一樣,祇是詩句次序略有不同,其韻脚字的次序爲"難漫言還顏歎眠西寬肝寒軒間憐存"。今依于安瀾《漢魏六朝韻譜》,祇録前一版本韻脚字。

② 《康熙字典》引作《篇海》。

③ 于安瀾《漢魏六朝韻譜》未收此韻段。

桓韻獨用的7個韻段,删韻獨用的1個韻段,寒桓通押的47個韻段,寒删通押的8個韻段,桓删通押的5個韻段,寒桓删通押的14個韻段。先韻獨用的27個韻段,仙韻獨用的23個韻段,山韻獨用的1個韻段,先仙通押的47個韻段;山先通押的7個韻段,山仙通押的9個韻段,山先仙通押的8個韻段。寒山通押的3個韻段,寒仙通押的4個韻段,寒删山通押的1個韻段,寒删仙通押的1個韻段,寒山仙通押的1個韻段,寒先仙通押的2個韻段;桓山通押的3個韻段,桓先通押的2個韻段,桓仙通押的5個韻段,桓删仙通押的1個韻段,桓先仙通押的1個韻段;寒桓山通押的3個韻段,寒桓先通押的2個韻段,寒桓仙通押的7個韻段,寒桓删山通押的1個韻段,寒桓删仙通押的4個韻段,寒桓删先通押的1個韻段,寒桓先仙通押的1個韻段;删山先通押的2個韻段,删先通押的2個韻段,删仙通押的2個韻段,删先仙通押的4個韻段。這些材料説明,西晉時期的寒桓删山先仙應該分爲寒桓删和山先仙兩部,這一點與三國時期有所不同。

第三,衹與元魂痕有關的25個韻段,其中元韻獨用的9個韻段,魂韻獨用的9個韻段,痕韻無獨用的韻段,魂痕通押的7個韻段。真元二類通押的21個韻段,其中真諄文元通押的1個韻段,真諄元魂通押的1個韻段,真魂痕通押的1個韻段,諄魂痕通押的1個韻段,真魂通押的4個韻段,諄魂通押的1個韻段;文元通押的5個韻段,文魂通押的1個韻段,文元魂通押的2個韻段;真文元魂通押的1個韻段,真文魂通押的1個韻段,諄文魂通押的2個韻段。元寒二類通押的120個韻段,其中元寒通押的6個韻段,元寒仙通押的5個韻段,元寒删仙通押的2個韻段;元桓通押的4個韻段,元寒删通押的4個韻段,元寒删山通押的3個韻段;元桓删通押的3個韻段,元桓山通押的2個韻段,元桓仙通押的3個韻段,元桓删山通押的1個韻段,元桓删仙通押的1個韻段;元寒桓通押的8個韻段,元寒桓删通押的3個韻段,元寒桓删山通押的3個韻段,元寒桓先通押的2個韻段,元寒桓仙通押的1個韻段,元寒桓删仙通押的6個韻段,元寒桓山仙通押的1個韻段,元寒山先仙通押的1個韻段,元寒删山先仙通押的1個韻段。元删通押的1個韻段;元山通押的2個韻段;元先通押的2個韻段,元仙通押的24個韻段,元山仙通押的6個韻段,元删仙通押的2個韻段;元删山通押的1個韻段,元先仙通押的8個韻段,元删先仙通押的2個韻段,元山先仙通押的5個韻段。魂先通押的1個韻段;魂先仙通押的1個韻段;魂桓山先仙通押的1個韻段,元魂山通押的1個韻段,元魂先通押的1個韻段,元魂寒桓仙通押的1個韻段,痕山先通押的1個韻段。真元寒三類通押的20個韻段,其中真元仙通押的 3 個韻段,真臻元先通押的 1 個韻段,真魂先通押的 1 個韻段,真魂先仙通押的 2 個韻段,真欣元仙通押的 1 個韻段,諄元仙通押的 1 個韻段,臻元先仙通押的 2 個韻段,文元仙通押的 1 個韻段;真文魂山先仙通押的 1 個韻段,諄魂先通押的 1 個韻段,文元魂仙通押的 1 個韻段,文欣元魂仙通押的 1 個韻段;真元寒桓通押的 1 個韻段,真元桓仙通押的 1 個韻段;文元寒桓删通押的 1 個韻段,欣元桓通押的 1 個韻段。這些材料説明,西晉時期魂痕關係較近,魂痕與元韻的關係遠;魂痕與真諄臻文欣的關係近,可以合爲一部;元韻則與寒桓删山先仙較近,與真諄臻文欣較遠,可以與寒類合爲一部。

第四,真寒二類通押的 53 個韻段,其中真寒通押的 1 個韻段,文寒桓仙通押的 1 個韻段;真先通押的 9 個韻段,真仙通押的 9 個韻段,真山先通押的 2 個韻段;諄仙通押的 2 個韻段,諄先仙通押的 1 個韻段;臻先通押的 2 個韻段,臻山先通押的 1 個韻段,臻先仙通押的 1 個韻段;文先通押的 2 個韻段,文仙通押的 2 個韻段,文先仙通押的 1 個韻段;真諄先通押的 1 個韻段;真諄仙通押的 3 個韻段;真文桓通押的 1 個韻段,真文先通押的 2 個韻段,真文仙通押的 3 個韻段,諄文仙通押的 1 個韻段;真諄臻先通押的 1 個韻段;臻山先仙通押的 2 個韻段;真諄先仙通押的 4 個韻段;諄删通押的 1 個韻段。這些材料説明,西晉時期真部與仙部的音值很近,與寒部的音值較遠。

第五,真元寒三類與庚類通押的 16 個韻段,包括真庚通押的 1 個韻段(傅玄《古今畫贊·孫武》兵神形)①,真諄庚通押的 1 個韻段(張華《晉四廟樂歌·食舉東西廂樂詩》〔之八〕仁鈞明垠),真諄仙青通押的 1 個韻段(陸雲《晉故散騎常侍陸府君誄》仁親姻紳塵振甄鈴辰員純濱)②,痕庚通押的 1 個韻段(摯虞《連理頌》生根),真文清通押的 1 個韻段(傅咸《紙賦》珍貞文新),諄清通押的 2 個韻段(張林《陳夫人碑》貞順,無名氏《時人爲樂廣衛玠語》清潤),真庚清通押的 1 個韻段(陸雲《晉故豫章内史夏府君誄》明清貞矜),諄庚清青通押的 1 個韻段(傅玄《江夏任君墓銘》生淳經營京齡),文庚青通押的 1 個韻段(傅玄《白楊行》青雲鳴形)③,元寒清通押的 1 個韻段(傅咸《登芒賦》歎原情),仙清通押的 1 個韻段(陸機《詩·軌迹及安》整編),仙青通押的 1 個韻段(潘岳《悲邢生》衍賤庭),元仙清通押的 1 個韻段(張華《章懷皇后誄》泉原清),真仙青通押的 1 個

---

① 　此韻段《漢魏六朝韻譜》失收,此處依嚴可均《全晉文》補。
② 　鈴,于安瀾《漢魏六朝韻譜》作“鈐”_{群鹽開三},此處依嚴可均《全晉文》。
③ 　該韻段《漢魏六朝韻譜》失收,此處依《先秦漢魏晉南北朝詩》補。

韻段(孫拯《贈陸士龍詩》冥新捐賓)①,真文欣先青通押的 1 個韻段(陸雲《吳故
丞相陸公誄》文辰人霆年民津神殷)②。這些材料一方面説明此時某些方言真
類與庚類主元音的關係更近一些,另一方面也説明此時某些方言真類與庚類的
韻尾相混。

　　第六,真侵通押的 6 個韻段(辛曠《贈皇甫謐詩》心臨深民鱗音欽③,傅咸
《喜雨賦》垠今民④,傅咸《鏡賦》箴深心紳淫,皇甫謐《釋勸論》沈真臣人鄰貧衾
岑濱人,皇甫謐《釋勸論》人賓真塵身人沈深,左芬《離思賦》親辰尋因巾),真諄
侵通押的 2 個韻段(皇甫謐《釋勸論》箴心鱗岑辰塵人臣倫臣⑤,摯虞《尚書令
箴》任倫身),真諄文侵通押的 1 個韻段(陸機《文賦》訊仞進潤浸峻韻振瞬),真
諄臻魂侵通押的 1 個韻段(皇甫謐《釋勸論》莘濱秦屯神倫音伸門)⑥,仙侵通押
的 1 個韻段(陸機《文賦》深翩),元寒桓鹽通押的 1 個韻段(庾敳《意賦》貫欸驗
_{疑談/疑鹽開三}遠戀願建岸館旦半玩散)。這些材料説明,西晉時期某些方言真諄
與侵韻的主元音相近,個別侵韻字的韻尾可能已由 -m 尾向 -n 尾靠攏。仙侵
通押的 1 個韻段(陸機《文賦》深翩),除了説明西晉時期某些方言中個別侵韻字
的韻尾可能已由 -m 尾向 -n 靠攏外,還説明西晉時期仙韻與真諄的主元音
相近。

　　第七,真蒸通押的 1 個韻段(束晳《貧家賦》屯辛貧陳塵鎮珍嗔仁冰身),真
庚通押的 1 個韻段(傅玄《古今畫贊·孫武》兵神形),真諄庚通押的 1 個韻段
(張華《晉四廂樂歌·食舉東西廂樂詩》〔之八〕仁鈞明垠),真文欣先青通押的 1
個韻段(陸雲《吳故丞相陸公誄》文辰人霆年民津神殷),真文清通押的 1 個韻段
(傅咸《紙賦》珍貞文新),諄清通押的 1 個韻段(張林《陳夫人碑》貞順),真庚清
通押的 1 個韻段(陸雲《晉故豫章内史夏府君誄》明清貞矜),諄庚清青通押的 1

---

① 　冥,本集、《詩紀》均作"貞"_{端耕/知清開三}。
② 　文,周祖謨認爲不入韻,欠妥。此處依嚴可均《全晉文》及《漢魏六朝韻譜》。
③ 　該韻段《漢魏六朝韻譜》作"心臨深鱗音欽",周祖謨作"心臨深民鱗音欽",亦可分爲"心
　　臨深、民鱗、音欽"三個韻段。
④ 　今,《漢魏六朝韻譜》作"辰"誤。此處依嚴可均《全晉文》及周祖謨。
⑤ 　周祖謨將皇甫謐《釋勸論》"箴心鱗岑辰塵人臣倫臣瞬勤"合爲一個韻段,《漢魏六朝韻
　　譜》將"心鱗岑辰塵人臣倫臣"和"瞬年"分爲兩個韻段。《漢魏六朝韻譜》將"瞬年"合
　　爲一個韻段,認爲"勤"字不入韻,可從,認爲"箴"字不入韻,亦欠妥。周祖謨失收
　　"年"字。
⑥ 　門,《漢魏六朝韻譜》未收,亦可。周祖謨收之。

個韻段(傅玄《江夏任君墓銘》生淳經營京齡),文庚青通押的 1 個韻段(傅玄《白楊行》青雲鳴形)。這些材料説明此時耕部有些字與真部字主元音相近,韻尾相混。痕庚通押的 1 個韻段(摯虞《連理頌》生根),文魂微通押的 1 個韻段(陸機《白雲賦》坤雲輝熅熅熅勳),説明痕韻與耕部的主元音相近,微韻與文魂主元音相同,在吳方言中"輝"字可能還陽聲韻。

第八,元寒清通押的 1 個韻段(傅咸《登芒賦》歎原情)①,元仙清通押的 1 個韻段(張華《章懷皇后誄》泉原清),仙清通押的 1 個韻段(陸機《詩·軌迹及安》整編),真仙青通押的 1 個韻段(孫拯《贈陸士龍詩》冥新捐賓),真諄仙青通押的 1 個韻段(陸雲《晉故散騎常侍陸府君誄》仁親姻紳塵振甄鈴辰員純濱)②。這些韻段中的先仙二韻的字,在上古多數屬真部,這一方面説明,有些字西晉時期尚未完成由真部向仙部的演變,一方面説明此時清青與真部字主元音相近,韻尾相混。

第九,齊元先通押的 1 個韻段(左思《蜀都賦》西淵千繁),齊先通押的 2 個韻段(潘岳《西征賦》天西淵③,無名氏《巴蜀爲譙登文石張羅語》西前),齊山先仙通押的 1 個韻段(束晳《貧家賦》牽天西憐年銷饘然懸聞邊)。這些材料説明,西晉時期"西"字在某些方言中仍有仙韻一讀。

(三)東晉時期

該時期真元寒等十四韻通押的 472 個韻段,其中祇與真諄臻文欣有關的 144 個韻段,祇與寒桓山删先仙有關的 189 個韻段,真寒二類通押的 25 個韻段,祇與元魂痕有關的 18 個韻段,真元二類通押的 15 個韻段,元寒二類通押的 68 個韻段,真元寒三類通押的 6 個韻段;真元寒三類與他韻通押的 7 個韻段。

通過進一步分析這 472 個韻段,我們得到的是如下的事實和結論:

第一,祇與真諄臻文欣有關的 144 個韻段,其中真韻獨用的 53 個韻段,諄韻獨用的 3 個韻段,文韻獨用的 15 個韻段,臻韻、欣韻均無獨用的韻段;真諄通押的 36 個韻段,真臻通押的 6 個韻段,真文通押的 2 個韻段,真諄文通押的 13 個韻段,真臻文通押的 1 個韻段,真欣通押的 4 個韻段,真諄欣通押的 3 個韻段,真臻欣通押的 1 個韻段,真文欣通押的 1 個韻段,真諄文欣通押的 1 個韻段,諄

---

① 該韻段《漢魏六朝韻譜》"原情",周祖謨作"歎原"。《漢魏六朝韻譜》認爲"歎"字不入韻,周祖謨認爲"情"字不入韻。

② 鈴,《漢魏六朝韻譜》作"鈴",此處依嚴可均《全晉文》及周祖謨。

③ 天,《漢魏六朝韻譜》認爲不入韻,欠妥。

文通押的1個韻段,文欣通押的4個韻段。這些材料説明,東晉時期真諄臻文欣還是應該合爲一部,但文韻與真諄臻欣距離更遠,這是東晉與三國、西晉時期不同的地方。

　　第二,祇與寒桓山删先仙有關的189個韻段,其中寒韻獨用的平聲6個韻段,桓韻獨用的5個韻段,删韻獨用的2個韻段,寒桓通押的29個韻段,寒删通押的4個韻段,桓删通押的3個韻段,寒桓删通押的12個韻段;山韻獨用的1個韻段,先韻獨用的16個韻段,仙韻獨用的11個韻段,先仙通押的54個韻段;山先通押的6個韻段,山仙通押的8個韻段,山先仙通押的14個韻段;寒仙通押的2個韻段,桓仙通押的1個韻段,寒桓先仙通押的1個韻段,寒山通押的2個韻段;桓删仙通押的3個韻段,桓先仙通押的1個韻段;删山通押的4個韻段,删先通押的1個韻段,删山仙通押的1個韻段,删先仙通押的1個韻段,删山先仙通押的1個韻段。這些材料説明,東晉時期寒桓删爲一部,山先仙爲一部。

　　第三,祇與元魂痕有關的18個韻段,其中元韻獨用的3個韻段,魂韻獨用的10個韻段,痕韻獨用的1個韻段,元魂通押的1個韻段,魂痕通押的3個韻段。真元二類通押的15個韻段,其中真元通押的2個韻段,諄魂通押的2個韻段,文元通押的1個韻段,文魂通押的1個韻段,文元魂通押的2個韻段,文欣魂通押的1個韻段,欣元通押的1個韻段,欣痕通押的3個韻段,真文魂痕通押的1個韻段,真諄臻痕欣通押的1個韻段,元寒二類通押的68個韻段,其中元寒通押的1個韻段,元桓通押的6個韻段,元寒桓通押的1個韻段,魂先通押的1個韻段,魂痕仙通押的1個韻段,元山通押的1個韻段,元先通押的3個韻段,元仙通押的11個韻段,元先仙通押的14個韻段,元桓删通押的2個韻段,元桓仙通押的1個韻段,元山先通押的2個韻段,元山仙通押的4個韻段,元寒山先通押的1個韻段,元删山先通押的1個韻段,元删山仙通押的3個韻段,元山先仙通押的10個韻段,元寒桓删仙通押的1個韻段,元删山先仙通押的2個韻段,元寒山先仙通押的1個韻段,魂山先仙通押的1個韻段。這些材料説明,東晉時期魂痕與真諄臻文欣的關係近,與寒桓删山先仙的關係遠;而元韻則與寒桓删山先仙的關係近,與真諄臻文欣的關係遠;元與魂痕的關係也不近。

　　第四,真桓先仙通押的1個韻段,文寒通押的1個韻段,文桓删山通押的1個韻段,真山通押的1個韻段,真先通押的5個韻段,真文山先仙通押的1個韻段,真山先通押的1個韻段,真仙通押的2個韻段,真諄先通押的3個韻段,真文仙通押的1個韻段,真山仙通押的1個韻段,真諄文仙通押的1個韻段,真諄先仙通押的 1 個韻段,諄仙通押的 1 個韻段,臻山先通押的 1 個韻段,文仙通押的 3 個韻段;真元山通押的 1 個韻段,諄元寒通押的 1 個韻段,文元仙通押的 1 個韻段,真文元仙通押的 1 個韻段,真元删山通押的 1 個韻段,文元魂仙通押的 1 個韻段。這些材料説明,東晉時期的真諄臻文欣與山先仙的關係近,與寒桓删的關係遠;也説明寒桓删與山先仙應分爲兩部;有些先秦真部中的先仙韻字還没有從真部分化出來或是還保留真部一讀。

第五,真元寒三類與他韻通押的 7 個韻段,其中真寒青通押的 1 個韻段(無名氏《吴聲歌曲·前溪歌》〔之六〕親歎零),可能是有些方言中 -ŋ 與 -n 尾相混;真文侵通押的 1 個韻段(郭璞《客傲》鱗金),真清侵通押的 1 個韻段(蘇若蘭《旋璣圖詩》仁貞欽心),真文魂侵通押的 1 個韻段(袁宏《祭牙文》文屯民衽);先談通押的 1 個韻段(無名氏《西州曲·休洗紅》淡茜),元桓山先仙添通押的 1 個韻段(曹毗《對儒》宣鮮全絃川延川山前嫌源觀篇)[1],説明東晉時期真類與侵韻主元音相近,元桓山先仙與談添主元音相近;齊元删先仙通押的 1 個韻段(孫綽《望海賦》言西還懸鶱),説明東晉時期"西"字在當時某些方言中仍有仙韻一讀[2]。

(四)劉宋時期

劉宋時期與真元等十四韻有關的 443 個韻段(包括范曄《後漢書》贊語中的 22 個韻段),其中祇與真諄臻文欣五韻有關的 133 個韻段(包括《後漢書》贊語中的 9 個韻段),祇與寒桓山删先仙六韻有關的 197 個韻段(包括《後漢書》贊語中的 5 個韻段),祇與元魂痕三韻有關的 39 個韻段(包括《後漢書》贊語中的 6 個韻段),真元二類通押的 7 個韻段(包括《後漢書》贊語中的 1 個韻段),真寒二類通押的 8 個韻段,元寒二類通押的 50 個韻段,真元寒三類與他韻通押的 9 個韻段(包括《後漢書》贊語中的 1 個韻段)。

通過進一步分析,我們得到如下的事實和結論:

第一,祇與真諄臻文欣五韻有關的 133 個韻段,其中真韻獨用的 29 個韻段,文韻獨用的 33 個韻段(包括《後漢書·劉玄劉盆子傳》聞雲分,《班彪傳》文墳雲紛,《楊李翟應霍爰徐傳》聞墳,《南匈奴傳》分聞縕,《郡國志》分君紛聞),諄韻、臻韻、欣韻均無獨用的韻段;真諄通押的 34 個韻段(包括《後漢書·荀韓

---

① 《漢魏六朝韻譜》"絃"作"弦","嫌"作"患","觀"作"年",均誤。此處依嚴可均《全晉文》及周祖謨。

② 《漢魏六朝韻譜》認爲"言西"不入韻,此處依嚴可均《全晉文》及周祖謨。

鍾陳傳》倫諄濱塵,《郭符許傳》真倫巡,《皇后紀》進潤峻信順釁),真文通押的 11 個韻段(包括《後漢書·光武紀》甄文群雲焚),諄文通押的 1 個韻段,真諄文通押的 6 個韻段,真臻通押的 3 個韻段,諄臻通押的 2 個韻段,真諄臻通押的 3 個韻段,真欣通押的 2 個韻段,文欣通押的 4 個韻段,真文欣通押的 2 個韻段,諄文欣通押的 1 個韻段,真諄文欣通押的 2 個韻段。這些材料說明,劉宋時期真諄臻三韻爲一部,文欣二韻爲一部,但真文兩部的關係很近。

　　第二,祇與寒桓山删先仙六韻有關的 197 個韻段,其中寒韻獨用的 5 個韻段,桓韻獨用的 6 個韻段,删韻獨用的 3 個韻段;寒桓通押的 29 個韻段(包括《後漢書·五行志》端干酸觀,《光武紀》贊斷漢,《梁統傳》漢算欺亂,《東夷傳》亂難漢畔),寒删通押的 7 個韻段,寒桓删通押的 17 個韻段;山韻獨用的 1 個韻段;先韻獨用的 18 個韻段,仙韻獨用的 16 個韻段,先仙通押的 59 個韻段(包括《後漢書·循吏傳》鮮蠋弦賢);山先通押的 3 個韻段,山仙通押的 5 個韻段,山先仙通押的 24 個韻段;寒先仙通押的 1 個韻段,寒山先仙通押的 1 個韻段,寒桓删仙通押的 1 個韻段,删山先仙通押的 1 個韻段。這些材料說明,劉宋時期,寒桓删應該合爲一部,山先仙應該合爲一部。

　　第三,真寒二類通押的 8 個韻段,其中真删通押的 1 個韻段,真諄先通押的 2 個韻段,真欣先通押的 1 個韻段,真山先仙通押的 3 個韻段,臻山先仙通押的 1 個韻段。這些材料說明,劉宋時期真部與仙部的音值較近,而與寒部的音值較遠。

　　第四,祇與元魂痕三韻有關的 39 個韻段,其中元韻獨用的 7 個韻段,魂韻獨用的 5 個韻段,痕韻無獨用的韻段;元魂通押的 22 個韻段(包括《後漢書·朱景王杜馬劉傳堅馬傳》存軒飜;《郭杜孔張廉王蘇羊賈陸傳》藩昏言轅,《左周黃傳》言元蕃昏,《伏侯宋蔡馮趙牟韋傳》遠本損袞,《竇何傳》怨願困),元痕通押的 2 個韻段,元魂痕通押的 3 個韻段。真元二類通押的 7 個韻段,其中真元通押的 1 個韻段,文元通押的 1 個韻段,真魂通押的 1 個韻段(《後漢書·獻帝紀》辰屯賓),文魂通押的 3 個韻段,真文諄魂通押的 1 個韻段。元寒二類通押的 50 個韻段,其中元删通押的 2 個韻段,元山通押的 1 個韻段,元删仙通押的 1 個韻段,元山仙通押的 1 個韻段,元先通押的 3 個韻段,元仙通押的 6 個韻段,元山先通押的 1 個韻段,元山仙通押的 3 個韻段,元先仙通押的 8 個韻段,元魂先仙通押的 1 個韻段,元山先仙通押的 4 個韻段,元魂桓通押的 1 個韻段,元魂仙通押的 2 個韻段,元痕先仙通押的 1 個韻段,元魂痕先通押的 1 個韻段,元魂先仙通押的 1 個韻段,元痕先仙通押的 1 個韻段,元痕山先仙通押的 1 個韻段;元寒通押的 2 個韻段,元桓通押的 2 個韻段,元寒桓通押的 2 個韻段,元寒删先通押的 1 個韻段,元寒山先仙通押的 1 個韻段,元寒桓删山仙通押的 1 個韻段,元魂寒山先通押的 1 個韻段,魂寒山仙通押的 1 個韻段。這些材料説明,劉宋時期元魂痕應該合爲一部,元魂痕的音值與山先仙近,而與真臻諄文欣和寒桓删均遠一些。

第五,真侵通押的 2 個韻段(殷淡《宋章廟樂舞歌·休成樂》宸音感範,謝靈運《臨終詩》盡殤菌慇泯忍朕)[1],元先仙鹽通押的 1 個韻段(謝靈運《山居賦》軒前檬牵翾檐)[2],説明劉宋時期侵與真部主元音相近,鹽韻與元先仙的主元音相近,有些方言的某些字 -m 尾與 -n 尾相混。真庚清通押的 1 個韻段(張暢《河清頌》濱秦津人星人榮),説明劉宋時期真耕兩部的主元音相同,某些方言有些耕部字可能與真部字韻尾相混。

第六,歌文元仙通押的 1 個韻段(釋慧琳《龍光寺竺道生法師誄》言播聞傳誼),説明此時某些歌戈韻的主元相同或相近,"播"字保留輔音 -n 尾;泰桓通押的 1 個韻段(無名氏《吳歌·華山畿》〔一八〕灌斷賴)[3],説明賴字當時在吳方言中可能有輔音 -n 尾一讀(泰韻上古屬月部,換韻上古屬元部,元月屬於陽入對轉),這也可以解釋從"賴"得音的"懶"字的特殊諧聲關係。齊山仙通押的 1 個韻段(《後漢書·竇融傳》西山然宣),齊元山先仙通押的 1 個韻段(謝靈運《山居賦》西山然源田阡),齊元山先仙通押的 1 個韻段(袁淑《效曹子建白馬篇》翩間賢年權鄽言弦西捐泉懸前然),説明此時某些方言的"西"字仍有仙韻一讀。

(五)南齊時期

該時期與真元等十四韻有關的 170 個韻段,其中祇與真類有關的 54 個韻段,祇與寒類有關的 96 個韻段,真類與寒類通押的 2 個韻段,祇與元類有關的 13 個韻段,元類與寒類通押的 4 個韻段,真類與他韻通押的 1 個韻段。

通過進一步分析這 170 個韻段,我們得到如下的事實和結論:

第一,祇與真類有關的 54 個韻段,其中真韻獨用的 19 個韻段,文韻獨用的 15 個韻段,諄韻、臻韻、欣韻均無獨用的韻段;真諄通押的 15 個韻段,真諄臻通

---

① 菌,《漢魏六朝韻譜》作"茵",誤。

② 于安瀾《漢魏六朝韻譜》此韻段"檐"字未入韻,依文義,"檐"字應入韻。

③ 依《華山畿》二十五首韻例應是"灌賴"爲韻,"斷"字不入韻。

押的 1 個韻段,諄文通押的 2 個韻段,真欣通押的 1 個韻段,文欣通押的 1 個韻段。這些材料説明,南齊時期真諄臻爲一部,文韻獨立爲一部;欣韻介於真諄與文之間。

第二,衹與寒類有關的 96 個韻段,其中寒韻獨用的 3 個韻段,桓韻獨用的 4 個韻段,删韻無獨用的韻段;寒桓通押的 15 個韻段,桓删通押的 1 個韻段;山韻獨用的 1 個韻段,先韻獨用的 8 個韻段,仙韻獨用的 18 個韻段,先仙通押的 37 個韻段,山先通押的 1 個韻段,山仙通押的 1 個韻段,山先仙通押的 5 個韻段;删先仙通押的 1 個韻段,寒先通押的 1 個韻段。這些材料説明,南齊時期寒桓爲一部,山先仙爲一部。有桓删通押的 1 個韻段,也有删先仙通押的 1 個韻段,另有元删山通押的 1 個韻段,可見南齊時期删韻已從寒桓漸漸脱離出來而與元韻一起向山先仙靠近。

第三,真類與寒類通押的 2 個韻段,其中真臻先通押的 1 個韻段,真先仙通押的 1 個韻段,説明此時的真部與仙部的音值還比較近而與寒部的關係較遠。

第四,衹與元類有關的 13 個韻段,其中元韻獨用的 7 個韻段,魂韻獨用的 3 個韻段,痕韻無獨用的韻段;元魂通押的 3 個韻段。元寒二類通押的 4 個韻段,其中元仙通押的 1 個韻段,元删仙通押的 1 個韻段;魂寒通押的 1 個韻段,魂先仙通押的 1 個韻段。未見真類與元類通押的韻段。這些材料説明,南齊時期魂痕元應該是一個韻部,元類音值與删山先仙近而與寒桓遠。

第五,真韻與侵韻通押的 1 個韻段(謝超宗《明堂樂歌·凱容宣烈樂》宸音)①,説明真侵兩部的主元音相近。

(六)南朝梁時期

該時期與真元等十四韻有關的 901 個韻段(包括《文心雕龍》贊語中的 6 個韻段),其中衹與真類有關的 315 個韻段(包括《文心雕龍》贊語中的 2 個韻段),衹與寒桓山删先仙有關的 471 個韻段(包括《文心雕龍》贊語中的 2 個韻段),真寒二類通押的 8 個韻段;衹與元類有關的 65 個韻段(包括《文心雕龍》贊語中的 2 個韻段),真元二類通押的 6 個韻段,元寒二類通押的 26 個韻段,真元寒三類通押的 1 個韻段,真元寒三類與他韻通押的 9 個韻段。

通過進一步分析這 901 個韻段,我們得到如下的事實和結論:

第一,衹與真類有關的 315 個韻段,其中真韻獨用的 98 個韻段,諄韻獨用

---

① 宸,《南齊書》《樂府》並作"晨"。

的 1 個韻段,文韻獨用的 93 個韻段(包括《文心雕龍·練字》訓分運奮),臻韻無獨用的韻段,欣韻獨用的 1 個韻段;真諄通押的 100 個韻段,真臻通押的 1 個韻段,真諄臻通押的 4 個韻段,真文通押的 6 個韻段,真諄文通押的 3 個韻段,真欣通押的 4 個韻段,文欣通押的 2 個韻段(包括《文心雕龍·聲律》近吻槿隱),諄文通押的 1 個韻段,真諄欣通押的 1 個韻段。這些材料説明,南朝梁時期真諄臻是一個韻部,文是一個韻部,欣韻游移於真文二部之間。

第二,衹與寒桓山删先仙有關的 471 個韻段,其中寒韻獨用的 12 個韻段,桓韻獨用的 11 個韻段,删韻獨用的 9 個韻段;寒桓通押的 94 個韻段(包括《文心雕龍·頌讚》讚爛旦玩),寒删通押的 3 個韻段,桓删通押的 1 個韻段,寒桓删通押的 9 個韻段。山韻獨用的 7 個韻段,先韻獨用的 53 個韻段,仙韻獨用的 31 個韻段(包括《文心雕龍·時序》變倦選面),先仙通押的 194 個韻段,山先通押的 4 個韻段,山仙通押的 3 個韻段,山先仙通押的 24 個韻段。寒山通押的 3 個韻段,寒先通押的 3 個韻段,寒先仙通押的 3 個韻段,寒山先仙通押的 1 個韻段,寒桓先通押的 1 個韻段,寒桓仙通押的 1 個韻段,寒桓山仙通押的 1 個韻段,桓先仙通押的 1 個韻段,删山通押的 2 個韻段。這些材料説明,南朝梁時期寒桓删合爲一部,删部具有一定的獨立性;山先仙應該合爲一部。

第三,真寒二類通押的 8 個韻段,其中真先通押的 3 個韻段,真仙通押的 1 個韻段,真臻先通押的 1 個韻段,欣山通押的 1 個韻段,真文仙通押的 1 個韻段,真删先仙通押的 1 個韻段。這些材料説明,真類與仙部的音值近一些,而與寒部的關係較遠。

第四,衹與元類有關的 65 個韻段,其中元韻獨用的 18 個韻段,魂韻獨用的 4 個韻段,痕韻無獨用的韻段;元魂通押的 23 個韻段(包括《文心雕龍·總術》門源繁存,《論説》論寸遜勸),元痕通押的 2 個韻段,魂痕通押的 7 個韻段,元魂痕通押的 11 個韻段。真元二類通押的 6 個韻段,其中真魂通押的 1 個韻段,真諄魂通押的 2 個韻段,諄文魂通押的 2 個韻段,文元通押的 1 個韻段。元寒二類通押的 26 個韻段,其中元寒桓通押的 1 個韻段,元寒删通押的 1 個韻段,元魂桓通押的 1 個韻段,元桓山通押的 1 個韻段,元魂仙通押的 1 個韻段,元删通押的 2 個韻段,元先通押的 2 個韻段,元仙通押的 4 個韻段,元删仙通押的 2 個韻段,元山仙通押的 1 個韻段,元先仙通押的 6 個韻段,痕先通押的 1 個韻段,元魂痕仙通押的 1 個韻段,元魂山先仙通押的 1 個韻段,魂山先仙通押的 1 個韻段。真元寒三類通押的 1 個韻段,爲文元仙通押。這些材料説明,南朝梁時期元魂痕應該合爲一部,但其音值似乎有一些差別,魂韻與元韻、痕韻的關係均較近,而元痕的關係似乎略遠一些。元類與寒類的關係近而與真類的關係遠。就寒類而言,元類與仙部的關係近,而與寒部的關係遠。

第五,真元寒三類與他韻通押的 9 個韻段,其中真類與他韻通押的 6 個韻段,包括真侵通押的 5 個韻段(蕭繹《玄覽賦》深任琴琛旻①,蕭詧《遊七山寺賦》珍臨諶心尋鋬深沈,蕭詧《遊七山寺賦》人賓春榛塵吟箴親,范縝《擬招隱士》吟群親人;沈約《釋迦文佛像銘》軫朕泯盡),真諄侵通押的 1 個韻段(蕭綱《傷離新體詩》申襟潯塵輪人)②;元類與他韻通押的 1 個韻段,爲微元痕通押的韻段(張率《河南獻舞馬賦應詔》獻萬願煇恨)③;寒類與他韻通押的 2 個韻段,包括寒桓覃通押的 1 個韻段(何遜《酬范記室雲詩》暗亂歡玩憚),齊山先仙通押的 1 個韻段(江淹《寄丘三公詩》川西堅天山)。這些材料説明,南朝梁時期,真部與侵部關係近,寒部與覃韻的關係近;南朝梁時期"西"字還有讀入仙韻的個別現象,衹是這種現象比起以前大大地減少了。

（七）南陳時期

該時期與真元等十四韻有關的 181 個韻段,衹與真諄臻文欣有關的 48 個韻段,衹與寒桓山删先仙有關的 112 個韻段,真寒兩類、真元兩類均無通押的韻段,衹與元魂痕有關的 19 個韻段,元寒二類通押的 1 個韻段;真侵通押的 1 個韻段。

通過進一步分析這 181 個韻段,我們得到如下的事實和結論:

第一,衹與真諄臻文欣有關的 48 個韻段,其中真韻獨用的 16 個韻段,文韻獨用的 7 個韻段,諄韻、臻韻、欣韻均無獨用的韻段;真諄通押的 22 個韻段,真諄臻通押的 2 個韻段,真諄欣通押的 1 個韻段。這些材料説明,南陳時期的真諄臻與北魏、北齊、北周、隋朝一樣,應該合爲一部,可見《切韻》真諄不分,與當時南北通語語音都是一致的。文韻獨用的 7 個韻段,江總《永陽王齋後山亭銘》連用 5 個文韻字不雜他韻字,江總《庚寅年二月十二日遊虎丘山精舍詩》連用 6 個文韻字不雜他韻字,且文韻没有與他韻通押的韻段,可見南陳時期的文韻應該是一個獨立的韻部。臻韻入韻 2 個韻段,欣韻入韻 1 個韻段,均與真諄通押,

---

① 琴,嚴可均《全梁文》作"瑟",於韻例不諧,此處依《漢魏六朝韻譜》。
② 襟,《文苑英華》卷二六作"巾",《藝文類聚》卷九九、《詩紀》卷六九作"襟",《先秦漢魏晉南北朝詩》《漢魏六朝韻譜》、周祖謨均從之。
③ 該韻段周祖謨衹包括"獻萬願"三個韻脚字,此處依《漢魏六朝韻譜》。

應該合爲一部。

　　第二,祇與寒桓山删先仙有關的 112 個韻段,其中寒韻獨用的 3 個韻段,桓韻獨用的 5 個韻段,寒桓通押的 21 個韻段;删韻獨用的 3 個韻段,山韻獨用的 1 個韻段,先韻獨用的 8 個韻段,仙韻獨用的 4 個韻段;删山通押的 1 個韻段;先仙通押的 64 個韻段,山先通押的 1 個韻段;寒桓仙通押的 1 個韻段。這些材料説明,南陳時期的寒桓應該合爲一部,删山應該合爲一部,先仙應該合爲一部。這些材料也説明,南陳時期的寒桓與北魏、北齊、北周、隋朝一樣,應該合爲一部,可見《切韻》寒桓不分,與當時南北通語語音都是一致的。

　　第三,祇與元魂痕有關的 19 個韻段,其中元韻獨用的 3 個韻段,魂韻、痕韻均無獨用的韻段;元魂通押的 14 個韻段,魂痕通押的 1 個韻段,元魂痕通押的 1 個韻段。元寒二類通押的 1 個韻段,爲元仙通押(江總《鐘銘》鐫楗禪)。這些材料説明,南陳時期的元魂痕應該合爲一部。同時也説明,南陳時期的元魂痕的音值更接近先仙一類。

　　第四,真侵通押的 1 個韻段(江總《梁故度支尚書陸君誄》仁真神禽辰身貧姻人),説明南陳時期侵韻的主元音與真韻字相近。不過,與南朝梁一樣,這種情況很少見了。至於"西"字,再也不見與仙韻通押的韻段了。

　　通過以上分析,我們可以得出如下結論:

　　第一,《廣韻》中的"真諄臻文欣元魂痕寒桓删山先仙"十四韻,在魏晉南北朝的分合情況紛繁複雜。從三國至東晉時期,魂痕與真諄臻文欣的關係近,與寒桓删山先仙的關係則較遠;元韻則與寒桓删山先仙較近,與真諄臻文欣魂痕較遠。劉宋時期元魂痕應該合爲一部,其音值與山先仙近,而與真臻諄文欣和寒桓删均遠一些。南朝梁時期魂痕雖然與真諄文還有一定的關係,但與元韻的關係更近,似乎應該合爲一部,而元韻與删山先仙的關係也很近。南陳時期的元魂痕應該合爲一部;從元仙通押的 1 個韻段看,南陳時期的元魂痕的音值更接近先仙一類。北魏時期元魂音值相近而不相同,元韻的音值更接近寒桓删山先仙這一大類。北齊時期元韻、魂韻、痕韻均無獨用的韻段,元魂先通押的 1 個韻段,元先仙通押的 1 個韻段,也應該如同對删韻的處理一樣,將元魂獨立爲一部,并假定其音值介於真諄與先仙之間。北周時期元韻音值與寒桓先仙一類較近,魂痕的音值與真諄文一類較近,可知元魂痕雖然可以合爲一部,但其主元音還是應該有細微的差別,《切韻》從"賞知音"的角度將其分立並且排在一起,從北周的詩文用韻看,確有實際的語音根據。隋朝元魂痕應該合爲一部,元魂在音值上似乎還有一定的差別,這也可能是《切韻》元魂分立的依據。隋朝的元韻與删先仙的音值更近一些,這也是元魂在音值上存有細微差別的一個證據。總之,南朝從劉宋時期開始,元魂痕應該合爲一部,元魂痕的音值與山先仙近,而與真臻諄文欣和寒桓删均遠一些。這種情況一直到南陳時期都是如此。北朝北魏時期,元魂痕三韻與删山先仙應該合爲一部;從北齊時期開始,真諄臻文欣元魂痕寒桓删山先仙十四韻應該分爲真元寒三大類,北周、隋朝均是如此。《廣韻》規定元魂痕同用,王仁昫《刊謬補缺切韻》韻目平聲元韻下注“陽、夏侯、杜與魂同,吕別,今依吕”,魂韻下注“吕、陽、夏侯與痕同,今別”。阮韻下注“夏侯、陽、杜與混很同,吕別,今依吕”,去聲願韻下注“夏侯與恩別,與恨同,今並別”;恩韻下注“吕、李與恨同,今並別”。《廣韻》和《王韻》小注均説明南北朝後期元魂痕大致一體的狀況。

第二,整個魏晉南北朝時期,真諄、寒桓、魂痕、先仙都是各自合一的,《切韻》真諄合一、寒桓合一,與魏晉南北朝詩文用韻一致,應是從“廣文路”的角度考慮;《廣韻》將真諄分立、寒桓分立,主要是爲了“賞知音”。魂痕分立,應該是開合的差別;先仙分立,應該是主元音存在細微的差別,先韻屬四等,仙韻屬三等。

第三,三國、西晉、東晉時期,真諄臻文欣應該合爲一部,但文韻與真諄臻保持一定距離,尤其是東晉時期,文韻與真諄臻的距離漸遠,與欣韻的距離似乎更近一些。南朝從劉宋時期開始,真諄臻爲一部,文韻爲一部,欣韻可以勉强和文韻合爲一部,但與真部的關係也很近。南齊時期真諄臻欣爲一部,文韻獨立爲一部。南朝梁時期真諄臻是一個韻部,文欣可以勉强合爲一部。南陳時期文韻獨用的 7 個韻段,欣韻無獨用的韻段,真諄欣通押的 1 個韻段,可見此時文韻是一個獨立的韻部。欣韻入韻 1 個韻段,與真諄通押,應該合爲一部。北朝北魏、北齊、北周各時期,均是真諄臻爲一部,文韻爲一部,欣韻北魏時期可以勉强與文韻合爲一韻,而北齊、北周則是與真諄合爲一部。隋朝時期真文的關係雖然很近,但應該各是獨立的韻部。《廣韻》規定真諄臻同用,文獨用,欣獨用,在一定程度上反映了南北朝後期的韻部情況。王仁昫《刊謬補缺切韻》韻目平聲真韻下注“吕與文同,夏侯、陽、杜別,今依夏侯、陽、杜”,臻韻下注“吕、陽、杜與真同,夏侯別,今依夏侯”,殷韻下注“陽、杜與文同,夏侯與臻同,今並別”。上聲隱韻下注“吕與吻同,夏侯別,今依夏侯”。吕静《韻集》的真與文同,吕静、陽休之、杜臺卿的臻與真同,也在一定程度上反映了當時韻部的分合情況。

第四,三國時期寒桓删山先仙祇好合爲一部。不過,寒桓與先仙在音值上還是應該有差别的,從真諄臻文欣與先仙通押的韻段很多,而與寒桓通押的很少,也可以看出這一點。西晉時期的寒桓删山先仙應該分爲寒桓删和山先仙兩部,這一點與三國時期有所不同。東晉時期寒桓爲一部,删山先仙爲一部,但删山,尤其是删韻與寒桓的關係也是很近的。南朝劉宋時期,寒桓删應該合爲一部,山先仙應該合爲一部。南齊時期删韻已從寒桓漸漸脱離出來而與元韻一起向山先仙靠近。南朝梁時期寒桓是一個獨立的韻段,寒桓删的關係較近,山先仙應該合爲一部。南陳時期的寒桓應該合爲一部,先仙應該合爲一部,删山應該合爲一部,其主元音與先仙相近。北朝北魏時期寒桓合爲一部,山先仙應該合爲一部,删韻具有較强的獨立性。北齊時期寒桓應該合爲一部,山韻應該與先仙合爲一部,删韻則是併於寒桓,或者是併於先仙都有困難,祇好獨立爲一部,音值介於寒桓和先仙之間。北周時期可以將寒桓合爲一部,删山合爲一部,先仙合爲一部,但應該認爲删山的音值與寒桓尤其是寒韻的音值很近。隋朝時期可以將寒桓合爲一部,删山合爲一部,先仙合爲一部。這與《廣韻》規定寒桓同用、删山同用、先仙同用是一致的。王仁昫《刊謬補缺切韻》韻目平聲删韻下注"李與山同,吕、夏侯、陽别,今依吕、夏侯、陽",山韻下注"陽與先、仙同,夏侯、杜别,今依夏侯、杜",先韻下注"夏侯、陽、杜與仙同,吕别,今依吕";産韻下注"吕與旱同,夏侯别,今依夏侯",潸韻下注"陽與銑、獮同,吕别,今依吕",銑韻下注"夏侯、陽、杜與獮同,吕别,今依吕";諫韻下注"李與襇同,夏侯别,今依夏侯",霰韻下注"夏侯、陽、杜與線同,吕别,今依吕"。李季節的删山同,夏侯咏、陽休之、杜臺卿的先仙同等,均與南北朝後期詩文用韻一致。

第五,三國時期先秦兩漢真部中的先韻字和仙韻字還没有徹底完成從真部向先韻和仙韻的演變,也就是還没有轉入三國的元部,真諄臻文欣與先仙的音值近一些,而與寒桓的音值較遠,這也意味着該時期寒桓雖然可以和先仙合爲一部,但主元音似乎也有細微差别。整個魏晉南朝時期,除了南陳外,真寒二類均有通押的韻段,從劉宋時期開始的比例大大减少;在真類與寒類通押的韻段中,以真類與山先仙通押的爲主,與寒桓删通押的比較少見,説明在整個魏晉南朝時期真類與仙部的關係較近而與寒部的關係遠些,同時也説明寒桓删和山先仙應該分爲兩部(如前所述,删韻有時與山先仙關係近些)。整個北朝及隋,真寒二類通押的比例均不高,在通押不多的韻段中,也可以看出真類與山先仙的音值近而與寒桓的音值遠。

第六,三國、西晉、东晉、劉宋各時期均有真類與庚類通押的韻段,説明真耕二部主元音相同,韻尾可能相混。從南齊開始,南朝已無真類與庚類通押的韻段,即 -ŋ 尾與 -n 尾相混的韻段。整個北朝時期,未見真類與庚類通押的韻段。除了北周無名氏《第二色界魔王之章》"方"字與真文魂痕先仙通押,《第一欲界飛空之音》"莽"字與魂韻"門"字通押,未見 -ŋ 尾與 -n 尾相混的韻段,而這兩個韻段也可能是偶然的巧合,"方、莽"二字並不入韻。

第七,三國、西晉、东晉及南朝各個時期均有真類與侵類通押的韻段,説明此時某些方言有 -m 尾陽聲韻與 -n 尾陽聲韻相混的現象。至於楊戲《季漢輔臣贊·贊諸葛丞相》濱真文風身,説明此時蜀方言中的"風"字還没有由侵部轉入東部,並且與 -m 尾相混。北朝,除了北齊真文侵通押的 1 個韻段外,未見 -m 尾與 -n 尾通押的韻段。

第八,三國、西晉、东晉及南朝宋和梁各個時期均有齊韻"西"字與寒類山先仙等通押的韻段,説明此時某些方言中"西"字有仙韻一讀,這也可以解釋爲什麽從"西"得音的"茜"字會是霰韻字的特殊諧聲問題。金韓孝彦的《四聲篇海》中"西"字有蘇前切一讀,屬於仙韻,應該是古音的殘留。南朝齊和陳未見"西"字與 -n 尾通押的韻段。北朝自北魏開始,就從未出現過"西"字與 -n 尾通押的現象。

第九,三國時期真微通押,説明"揮"字從"軍"得音,此時齊魯方言中可能還有文韻一讀;西晉時期文魂微通押,説明該時期吳方言中"輝"字可能有文韻一讀;南朝梁時期微元痕通押,説明此時"輝"字在吳方言中仍有文韻一讀。三國時期歌元仙通押,説明在某些方言中"儺"字可能還有寒韻一讀;劉宋時期歌文元仙通押和泰桓韻通押,説明此時某些歌戈韻的主元音與元仙等韻的主元音相同或相近,"播"字仍保留輔音 -n 尾,"賴"字當時在吳方言中可能有輔音 -n 尾一讀(泰韻上古屬月部,換韻上古屬元部,元月屬於陽入對轉),可以解釋從"賴"得音的"懶"字的特殊諧聲關係。以上這些都是陰聲韻與陽聲韻通押的韻段。北朝除北魏時期支仙通押的 1 個韻段,説明"璽"字在北魏時期與仙韻主元音相近或有仙韻一讀外,未見其他陰聲韻與陽聲韻通押的韻段。

第四節　侵覃談鹽添咸銜嚴凡九韻的關係

一、北朝及隋朝侵覃等九韻的關係

（一）北魏時期

該時期與侵覃等九韻有關的 14 個韻段。

侵韻獨用的 10 個韻段:高允《徵士頌》深琴音心,《答宗欽詩》深心尋箴,陽固《疾佞詩》音欽心,《演賾賦》心欽林琴,《演賾賦》琴襟心音,李諧《述身賦》深林心沈今,温子昇《春日臨池詩》陰金琴心,李顒《大乘賦》音心深林陰琴淫欽今擒吟尋;高允《酒訓》侵箴禁,袁翻《思歸賦》岑陰林深禁。

銜韻獨用的 1 個韻段:陽固《演賾賦》巖鑑。

鹽添通押的 1 個韻段:高允《答宗欽詩》兼添開四謙添開四潛鹽開三閻鹽開三。

覃談通押的 1 個韻段:陽固《演賾賦》潭覃開一甘談開一。

庚清侵通押的 1 個韻段:温子昇《鐘銘》生庚開二成清開三橫庚合二聲清開三音侵開三。

由此可見,北魏時期侵韻是一個獨立的韻部,銜韻是一個獨立的韻部。覃談的關係較近,可以合爲一個韻部;鹽添的關係較近,可以合爲一個韻部。庚清侵通押的 1 個韻段,説明它們的主元音相近。咸嚴凡未入韻,其分合關係不好確定。

（二）北齊時期

該時期與侵覃等九韻有關的 15 個韻段。

侵韻獨用的 13 個韻段:邢劭《文皇帝哀策文》心沈,陸卬《大禘圜丘及北郊歌辭·昭夏樂》臨心,《享廟樂辭·肆夏樂》心歆簪琛音金①,朱敬範《朱岱林墓誌銘》沈音金心,闕名《劉碑造像銘》尋深林心,《鄉老舉孝義雋修羅碑》今心沈林金心音,鄭公超《送庾羽騎抱詩》深心陰吟,顔之推《觀我生賦》侵潯金臨琴心林沈深陰吟,闕名《李清早報德像碑》林金陰音尋吟,《定國寺塔銘》尋臨吟,《雲門寺法懃像碑》沈尋深音霽金林心②,《李琮墓誌》吟今淫金,無名氏《時人爲義

---

① 簪,《廣韻》有側吟切(莊母侵韻)和作含切(精覃開一)兩讀。全部魏晉南北朝詩文“簪”字入韻 30 個韻段,祇有南朝梁吳均《和蕭洗馬子顯古意詩》(之一)堪南簪潭鹽,是“簪”與覃韻字爲韻,其餘均爲“簪”與侵韻字爲韻。

② 霽,原作“雨”下加“音”字。

深語》森深。

鹽添通押的 1 個韻段：魏收《永世樂》添添開四霑鹽開三嫌添開四。

蒸侵通押的 1 個韻段：陸卬《大禘圜丘及北郊歌辭‧昭夏樂》臨侵開三心侵開三升蒸開三。

由此可見，北齊時期侵韻是一個獨立的韻部，鹽添的關係較近。蒸侵通押的 1 個韻段，説明北齊時期侵蒸二部的主元音應該相同。談銜咸嚴凡没有入韻，其分合關係不好確定。

（三）北周時期

該時期與侵覃等九韻有關的 48 個韻段。

侵韻獨用的 38 個韻段：劉璠《雪賦》金林心陰禽深沈吟，王褒《温湯碑》陰沈心深，庾信《擬咏懷詩》（之一）琴心林吟岑，《夜聽擣衣詩》陰林砧琴鍼心，《歲晚出横門詩》陰臨心深琴尋，《幽居值春詩》沈臨林侵琴深金，《卧疾窮愁詩》侵心林尋琴吟，《西門豹廟詩》深侵心尋臨琴林，《咏春近餘雪應詔詩》林心琴深，《咏畫屏風詩》（之九）林琴心深，《奉答賜酒鵝詩》心沈金林，《咏樹詩》尋琴林沈，《贈周處士詩》林尋琴吟，《和趙王看妓詩》砧心，《暮秋野興賦得傾壺酒詩》琴森，《弄琴詩》林心，《春日離合詩》心尋，《道士步虚詞》（之九）深林金心尋，《周大祫歌‧昭夏》金琴臨，《周五聲調曲‧宮調曲》林琴心深，《周五聲調曲‧商調曲》深林侵心，《周五聲調曲‧徵調曲》臨心深任，《周五聲調曲‧徵調曲》心琴琛林，《小園賦》林簪沈尋林心琴，《象戲賦》音臨尋心，《竹杖賦》心禽林，《邛竹杖賦》岑陰心深沈，《自古聖帝名賢畫贊‧五月披裘負薪》心金深林，《自古聖帝名賢畫贊‧湯祝解網》沈林禽心，《擬連珠》（一九）心沈，《周上柱國齊王憲神道碑》陰林深臨，《周柱國大將軍拓跋儉神道碑》林心陰深，闕名《魏故譙郡太守曹袚樂碑》□□擒心林，釋亡名《五苦詩‧老苦》侵吟簪心，《竇人銘》陰沈，無名氏《黑帝歌》心深淫尋沉任，《步虚辭》林尋吟矜心，《三徙五苦辭》心尋林。

覃韻獨用的 7 個韻段：庾信《和侃法師三絶詩》潭南，《贈別詩》參洺，《傷心賦》篸男含，《邛竹杖賦》南潭，《枯樹賦》南潭堪，《周趙國公夫人紇豆陵氏墓誌銘》南驂覃黬，《周太傅鄭國公夫人鄭氏墓誌銘》南覃篸黬。

鹽韻獨用的 2 個韻段：庾信《擬連珠》（三三）染險；庾信《後魏驃騎將軍荆州刺史賀拔夫人元氏墓誌銘》冉驗掩。

覃咸緩通押的 1 個韻段：庾信《夜聽擣衣詩》闇勘開一纂緩合一摻嘛開二。

由此可見，北周時期侵韻和覃韻、鹽均是各自獨立的韻部，覃韻與咸韻關係較近。覃咸與緩韻通押,説明它們的主要元音相近。談銜添凡没有入韻字,其分合關係不好確定。

(四)隋朝時期

該時期與侵覃等九韻有關的 42 個韻段。

該時期侵韻獨用的 40 個韻段:盧思道《樂府·有所思》任深金林心,《仰贈特進陽休之詩》林深心簪,《盧記室誄》深金沈簪臨陰吟箴尋任音心,李孝貞《園中雜咏橘樹詩》陰林金岑心,元行恭《秋游昆明池詩》臨金深陰沈琴,何妥《樂部曹觀樂詩》深金琴音任陰臨心,楊廣《隋秦孝王誄》深心今,《賜史禪詩》深今心陰箴,《謁方山靈巖寺詩》沈陰林深心,《北鄉古松樹詩》林陰音心,楊素《山齋獨坐贈薛内史》深音陰臨琴心,《贈薛内史詩》岑林音,《贈薛播州詩》沈深音心琴,薛道衡《老氏碑頌》林心琛琴,諸葛穎《奉和御製月夜觀星示百僚詩》深陰臨沈參禽金,許善心《於太常寺聽陳國蔡子元所校正聲樂詩》臨金沈尋音深琴吟今音,李密《五言詩》林心深襟,虞世基《元德太子哀册文》今深沉吟矜,虞世南《奉和出穎至淮應令詩》潯吟沈襟,袁朗《秋夜獨坐》心禽深林吟①,陳子良《春日思歸》深心林吟,孔德紹《行經太華詩》尋深陰林簪,《夜宿荒村詩》深心斟侵禽陰吟,王由禮《賦得巖穴無結搆詩》尋深琴心,陸季覽《咏桐詩》心音,吳絳仙《謝賜合歡果》深心,陳子良《夏晚尋于政世置酒賦韻》簪心吟潯②,孔紹安《落葉》心林,闕名《杜乾緒等造像銘》尋深霪林③,《杜乾緒等造像銘》深今心音;闕名《邢州南和縣澧水石橋纍文碑》沈□□深,《張通妻陶氏墓誌》音林,《隋上柱國涼州刺史陳茂碑》吟參林,釋真觀《夢賦》深尋心林臨音禽金簪,釋僧燦《信心銘》尋心,《信心銘》心沈,《信心銘》心今,釋慧輪《憚歟詩》今心,牛弘《圜丘歌·昭夏》臨陰深;丁六娘《十索》錦寢枕。

覃韻獨用的 1 個韻段:楊廣《錦石搗流黃》闇慘。

覃咸通押的 1 個韻段:無名氏《雜曲歌辭·古歌》摻_{賺開二}闇_{勘開一}。

通過以上分析可以看出,隋朝侵韻是一個獨立的韻部,覃韻和咸韻關係較近。談鹽添銜凡没有入韻,其分合關係不好確定。

---

① 該詩《先秦漢魏晉南北朝詩》未收,《全唐詩》一函第八册收入;篇名作《秋夜獨坐》,《漢魏六朝韻譜》從之,周祖謨作《和洗掾發城南坂望京邑》。
② 該詩《先秦漢魏晉南北朝詩》未收,《漢魏六朝韻譜》、周祖謨均有此韻段,今從之。
③ 霪,原作“雨”下加“音”字。

二、三國、兩晉、南朝侵覃等九韻的關係

(一)三國時期

該時期與侵覃等九韻有關的 75 個韻段。

祇與九韻有關的 63 個韻段,其中侵韻獨用的 59 個韻段,侵覃通押的 1 個韻段(何楨《許都賦》南深),侵咸通押的 1 個韻段(阮籍《獼猴賦》侵嵒尋吟林心),侵咸銜通押的 1 個韻段(嵇康《琴賦》深嵓巖嶮尋),談鹽通押的 1 個韻段(應璩《百一詩》呻甘)。

九韻與他韻通押的 12 個韻段,其中真諄侵通押的 1 個韻段(阮籍《獼猴賦》陳純心秦真鄰),真臻侵通押的 1 個韻段(〔吳〕薛綜《鳳頌》振音麟臻),真文侵通押的 2 個韻段(楊戲《季漢輔臣贊・贊王元泰何彥英杜輔國周仲宣》真文林,《季漢輔臣贊・贊楊威公》人侵云),文侵通押的 1 個韻段(何晏《景福殿賦》林分),文欣侵通押的 1 個韻段(郤正《釋譏》群林殷),寒桓侵覃通押的 1 個韻段(楊修《許昌宮賦》南觀欄深),删先仙鹽通押的 1 個韻段(郤正《釋譏》面豔見練),東合三侵通押的 1 個韻段(卞蘭《贊述太子賦》音今尋風),蒸侵通押的 2 個韻段(傅嘏《皇初頌》興升音,〔蜀〕楊戲《季漢輔臣贊・贊昭烈皇帝》音興),青侵通押的 1 個韻段(應瑒《靈河賦》舲林)。

上述材料説明三國時期:

第一,侵韻是一個獨立的韻部,侵覃、侵咸、侵銜的關係也很近,似乎應該合爲一部,祇是覃咸銜與侵韻通押的各祇有 1 個韻段,説服力不强。

第二,談鹽通押的 1 個韻段,不與他韻通押,可以勉强看成一個部韻。也就是説,三國時期收 -m 尾的韻還與先秦兩漢一致,分爲侵談兩部;嚴添凡未入韻,其分合關係不好確定。

第三,真臻諄類與侵部主元音相近,寒桓先仙類與侵部主元音相遠一些,-m 尾與 -n 尾某些字在有些方言可能漸混。

第四,東合三侵通押的 1 個韻段,説明此時“風”字還没有完成從侵部向冬部的轉變。

第五,蒸侵通押的 2 個韻段,應該是因爲它們的主元音相同。

第六,青侵通押,可能是因爲它們的主元音相近一些,某些字的韻尾也可能相混。

(二)西晉時期

該時期與侵覃等九韻有關的 185 個韻段。

祇與九韻有關的 170 個韻段,其中侵韻獨用的 137 個韻段,談韻獨用的 2 個韻段,鹽韻獨用的 5 個韻段,添韻獨用的 1 個韻段;侵覃通押的 12 個韻段(何楨《許都賦》南深,陸機《贈馮文羆遷斥丘令詩》〔之三〕潭南林心,《贈馮文羆》南尋林欽陰深心吟金音,《贈尚書郎顧彦先詩》〔之一〕南陰霖衾尋深音心,陸雲《贈顧驃騎詩·思文》音林覃心,《喜霽賦》南陰岑林歆,《登遐頌·黄伯嚴》南岑陰襟,《盛德頌》音林尋吟龕沈,鄭豐《答陸士龍詩·鴛鴦》吟林陰南音,《答陸士龍詩·蘭林》金心林音任耽,左思《魏都賦》林臨尋陰深森潭沈音箴禽禁,張翰《雜詩》林金耽深尋吟心),侵鹽通押的 5 個韻段(陸雲《贈顧驃騎詩·有皇》〔之四〕歆潛林音尋,《贈鄭季曼詩·谷風》〔之二〕音林陰吟潛心,《失題·嗟我懷人》潛欽金心林,《榮啟期贊》心林潛陰欽音,《吳故丞相陸公誄》心林音潛吟),侵覃鹽通押的 3 個韻段(陸機《赴太子洗馬時作詩》心潭陰沈潛林岑吟深矜心,《贈顧令文爲宣春令詩》〔之二〕潛深陰南,鄭豐《答陸士龍詩·南山》潭陰潛耽欽吟),覃咸通押的 1 個韻段(陸雲《晉故豫章内史夏府君誄》南咸),談鹽通押的 1 個韻段(潘岳《西征賦》漸淡茨澉),鹽添通押的 2 個韻段(嵇含《長生樹賦》漸染點掩,陸雲《答大將軍祭酒配令文詩》念贍豔忝),鹽凡通押的 1 個韻段(陸機《文賦》濫氾豔)。

九韻與他韻通押的 15 個韻段,其中真侵通押的 6 個韻段(辛曠《贈皇甫謐詩》心臨深民鱗音欽①,傅咸《喜雨賦》垠今民②,《鏡賦》箴深心紳淫,皇甫謐《釋勸論》沈真臣人鄰貧衾岑濱人、人賓真塵身人沈深,左芬《離思賦》親辰尋因巾),真諄侵通押的 2 個韻段(皇甫謐《釋勸論》箴心鱗岑辰塵人臣倫臣,摯虞《尚書令箴》任綸身),真諄文侵通押的 1 個韻段(陸機《文賦》訊仞進潤浸深峻韻),真諄臻魂侵通押的 1 個韻段(皇甫謐《釋勸論》莘濱秦屯神倫音伸門)③,先鹽凡通押的 1 個韻段(傅玄《正都賦》炫欻劍)④,元寒桓仙鹽通押的 1 個韻段(庾敳《意賦》貫欻驗遠戀願建岸館旦半玩散),東侵通押的 1 個韻段(陸雲《贈孫顯世詩》隆岑),陽談通押的 1 個韻段(夏侯淳《笙賦》淡讓),蒸侵通押的 1 個韻段(孫楚《雪賦》林今興)。

---

① 該韻段《漢魏六朝韻譜》作"心臨深鱗音欽",周祖謨作"心臨深民鱗音欽",亦可分爲"心臨深、民鱗、音欽"三個韻段。
② 今,《漢魏六朝韻譜》作"辰"誤。此處依《先秦漢魏晉南北朝詩》及周祖謨。
③ 門,《漢魏六朝韻譜》未收,亦可。周祖謨收之。
④ 殘文。

　　上述材料説明西晉時期：

　　第一，侵韻獨用的 137 個韻段，侵覃通押的 12 個韻段，侵鹽通押的 5 個韻段，侵覃鹽通押的 3 個韻段，覃咸通押的 1 個韻段，其韻脚字在上古均爲侵部字；侵覃咸凡應該合爲一部，鹽韻的一部分字歸入侵部。

　　第二，談韻獨用的 2 個韻段，鹽韻獨用的 5 個韻段，談鹽通押的 1 個韻段，鹽添通押的 2 個韻段，其韻脚字除了“念”字上古侵部中古椽韻外，均是上古談部字，談添爲一部。鹽韻（包括平上去）中的“潛漸茨潋染掩贍豔濫”等歸入談部，這種情況和先秦時期相比，變化不大。銜嚴未入韻，其分合關係不好確定。

　　第三，真侵通押的 6 個韻段，真諄侵通押的 2 個韻段，真諄文侵通押的 1 個韻段，真諄臻魂侵通押的 1 個韻段，可能是在某些方言中它們的主元音相近，韻尾相混。侵東通押的 1 個韻段，説明其韵脚字“隆”字在西晉吳方言中仍讀歸侵部；陽談通押的 1 個韻段，可能是因爲它們主元音相近，也可能是不入韻；先鹽凡通押的 1 個韻段，元寒桓仙鹽通押的 1 個韻段，説明它們的主元音相近，韻尾可能相混。

　　（三）東晉時期

　　該時期與侵覃等九韻有關的 87 個韻段。

　　祇與九韻有關的 75 個韻段，其中侵韻獨用的 67 個韻段，覃韻獨用的 1 個韻段，談韻獨用的 2 個韻段；侵覃通押的 1 個韻段（郭璞《山海經圖贊・中山經・帝女桑》潭參蠶），覃凡通押的 1 個韻段（郭璞《山海經圖贊・中山經・鳲鳥》眇慘犯），鹽添通押的 1 個韻段（郭璞《山海經・西山經・江疑獥狟獸鵺鳥》潛犪兼）①，鹽添咸通押的 1 個韻段（張野《奉和慧遠遊廬山詩》檢漸染慊坫減），鹽咸通押的 1 個韻段（伏系之《秋懷賦》斂湛掩險漸）。

　　九韻與他韻有關的 12 個韻段，其中真侵通押的 1 個韻段（蘇若蘭《旋璣圖詩・外經》心音秦琴）；真文侵通押的 1 個韻段（郭璞《客傲》雲鱗金），真文魂侵通押的 1 個韻段（袁宏《祭牙文》文屯民衽），先侵鹽通押的 1 個韻段（郭璞《山海經圖贊・東山經・堪㺀魚軨軨獸》占蟄讖），東合三侵通押的 1 個韻段（王珣《琴贊》琴愔風林），先談通押的 1 個韻段（無名氏《西州曲・休洗紅》談茜），元寒桓仙鹽通押的 1 個韻段（庾敳《意賦》貫欵驗遠戀願建岸館旦半玩散），元桓山先仙添通押的 1 個韻段（曹毗《對儒》宣鮮全絃川延川山前嫌源觀篇）②，真清侵

---

①　犪，《山海經》原文及郭璞《圖贊》均作“蓑”。《漢魏六朝韻譜》、周祖謨均作“犪”，今從之。

②　《漢魏六朝韻譜》“絃”作“弦”，“嫌”作“患”，“觀”作“年”，均誤。此處依嚴可均《全晉文》及周祖謨。

通押的 1 個韻段(蘇若蘭《旋璣圖詩》仁貞欽心),蒸侵通押的 2 個韻段(蘇若蘭《旋璣圖詩·用青》興深①,無名氏《神弦歌·嬌女詩》菱澄音),登侵通押的 1 個韻段(徐廣《秋賦》林棱)。

上述材料説明東晉時期:

第一,侵韻是一個獨立的韻部,談韻是一個獨立的韻部,鹽添咸應該爲一部;覃凡關係較近,個別地方覃與侵音值亦近;嚴韻没有入韻的韻段,其分合關係不好確定。覃應該合爲一部,凡韻與侵覃部關係較近。

第二,侵部與蒸部的主元音應該相同,與真部的主元音應該相近,鹽部與寒桓删山先仙等韻的主元音或相同或相近;談部與先韻音值相近。

第三,王珣《琴贊》"風"字與"琴愔林"押韻,在個別方言裏"風"還保留侵部一讀。這是"風"字保留侵部讀法在南北朝時期最後的韻文材料。

(四)劉宋時期

該時期與侵覃等九韻有關的 77 個韻段。

祇與九韻有關的 74 個韻段,其中侵韻獨用的 63 個韻段(包括《後漢書·蘇楊傳》深尋陰淫,《崔駰傳》岑淫沈),覃韻獨用的 2 個韻段,鹽韻獨用的 3 個韻段;覃凡通押的 1 個韻段(殷淡《宋章廟樂舞歌·休成樂》感范),侵談鹽通押的 1 個韻段(劉鑠《過歷山湛長史草堂詩》贍浸禁蔭淡枕),侵鹽添凡通押的 1 個韻段(《後漢書·李王鄧來傳》贍識驗念玷劍),鹽添通押的 2 個韻段(孔甯子《井頌》謙沾兼瞻,無名氏《讀曲歌》〔八八〕厭念),覃鹽銜通押的 1 個韻段(劉駿《華林清暑殿賦》炎巖驂)。

九韻與他韻通押的 3 個韻段,其中真侵通押的 2 個韻段(殷淡《宋章廟樂舞歌·休成樂》宸音,謝靈運《臨終詩》盡殞菌愍泯忍朕),元先仙鹽通押的 1 個韻段(謝靈運《山居賦》軒前椽牽翾檐)②。

上述材料説明劉宋時期:

第一,侵韻是一個獨立的韻部,覃韻是一個獨立的韻部,鹽添銜是一個韻部。銜韻與侵鹽的關係都不遠。咸嚴均未入韻,其分合關係不好確定。

第二,侵韻與真韻的主元音相近,鹽韻與元先仙主元音相近。

---

① 周祖謨將蘇若蘭《旋璣圖詩·用青》"熒興形深"合爲一個韻段,實際上應該分爲"熒形"和"興深"兩個韻段。

② 檐,于安瀾《漢魏六朝韻譜》、周祖謨均認爲不入韻,依文義,"檐"字應入韻。

（五）南齊時期

該時期與侵覃等九韻有關的 31 個韻段。

祇與九韻有關的 29 個韻段，其中侵韻獨用的 27 個韻段，覃銜通押的 1 個韻段（謝朓《臨江楚賦》南潭嵐巖），覃凡通押的 1 個韻段（謝超宗《明堂樂歌·凱容宣烈樂》感范）。

九韻與他韻通押的 2 個韻段，其中真侵通押的 1 個韻段（謝超宗《明堂樂歌·凱容宣烈樂》宸音）①，東合一侵通押的 1 個韻段（朱碩仙《吳聲獨曲·碩仙歌》茌動）。

上述材料説明南齊時期：

第一，侵韻是一個獨立韻部。

第二，覃銜凡應該屬於一個韻部。其餘五韻未入韻，其分合關係不好確定。

第三，真侵的主元音相近，某些侵部字的韻尾在某些方言中可能與真韻相混。

（六）南朝梁時期

該時期與侵覃等九韻有關的 162 個韻段。

祇與九韻有關的 155 個韻段，其中侵韻獨用的 120 個韻段（包括《文心雕龍·才略》稟錦甚品）②，覃韻獨用的 9 個韻段（包括《文心雕龍·明詩》含南參耽），談韻獨用的 3 個韻段（《文心雕龍·祝盟》談甘藍慚，《比興》覽膽敢澹，《鎔裁》瞰濫淡擔），鹽韻獨用的 7 個韻段（包括《文心雕龍·情采》驗贍艷厭），侵覃通押的 2 個韻段（吳孜《春閨怨》諳參南鹽堪，《文心雕龍·奏啓》禁酖浸任），覃談通押的 3 個韻段（蕭綱《七勵》三甘談慚，孔燾《往虎窟山寺詩》南驂龕潭鹽楠含覃貪，釋寶志《讖詩》三酣），覃銜通押的 2 個韻段（范雲《麗色賦》南驂衫，沈約《江南曲》潭南諳驂嵌），鹽添通押的 6 個韻段（蕭子雲《春思詩》奩簷嫌縑③，蕭綱《七勵》〔之三〕添甜鹽，《春閨情思》纖縑簾簷嫌，何子朗《學謝體詩》沾簾纖嫌，何遜《咏雜花詩》染點斂，劉勰《文心雕龍·夸飾》檢漸琰玷），鹽咸通押的 1 個韻段（江洪《咏歌姬詩》點臉染險斂掩），鹽凡通押的 1 個韻段（蕭綱《七勵》劍

---

① 宸，《南齊書》《樂府》並作"晨"。
② 范縝《擬招隱士》岑陰，岑，逯欽立《先秦兩漢南北朝詩·梁詩》作"嶺"，誤。今依嚴可均《全上古三代秦漢三國六朝文·全梁文》。
③ 奩，《漢魏六朝韻譜》作"匲"，此處依《先秦漢魏晉南北朝詩》及周祖謨。奩，"匲"之俗字。

塹），鹽添凡通押的 1 個韻段（江淹《齊太祖高皇帝誄》塹劍念）。

　　九韻與他韻通押的 7 個韻段，其中真侵通押的 4 個韻段（蕭繹《玄覽賦》深任琴琛旻，蕭詧《遊七山寺賦》珍陰臨諶心尋崟深沈，《遊七山寺賦》人賓春榛塵吟篋親，沈約《釋迦文佛像銘》軫朕泯盡），真文侵通押的 1 個韻段（范縝《擬招隱士》吟群親人），真諄侵通押的 1 個韻段（蕭綱《傷離新體詩》申襟湑塵輪）①，寒桓覃通押的 1 個韻段（何遜《酬范記室雲詩》暗亂歎玩憚）。

　　上述材料説明南朝梁時期：

　　第一，侵韻是一個獨立的韻部，主元音與真部較近。

　　第二，覃談二韻的音值很近，似乎可以合爲一部。

　　第三，鹽添咸凡等應該合爲一部，主元音與寒桓較近。

（七）南陳時期

　　該時期與侵覃等九韻有關的 32 個韻段。

　　祇與九韻有關的 31 個韻段，其中侵韻獨用的 29 個韻段，鹽咸通押的 1 個韻段（江總《東飛伯勞歌》臉斂），鹽添通押的 1 個韻段（徐陵《鴛鴦賦》念桥厭）。

　　九韻與他韻通押的 1 個韻段，該韻段爲侵真通押（江總《梁故度支尚書陸君誄》仁真神禽辰身貧姻人）。

　　上述材料説明南陳時期：

　　第一，侵韻獨用的韻段有很多，並且張正見《釣竿篇》潯金沈深吟心，陳叔寶《獻歲立春光風具美汎舟玄圃各賦詩》禽林沈深音心，江總《修心賦》心尋深淫吟林陰，《至德二年十一月十二日升德施山齋三宿決定罪福懺悔詩》心林陰禽今駸音深，都是多個侵韻字獨用。這説明侵韻是一個獨立的韻部。

　　第二，鹽咸通押的 1 個韻段，鹽添通押的 1 個韻段，似乎可以將談鹽咸添等合爲一部；覃嚴銜凡没有入韻的字，不好斷定其開合。

　　第三，侵真通押的 1 個韻段，説明此時侵真的主元音可能接近，個別侵韻字與真韻字韻尾相混。

　　通過以上分析，我們可以得出如下結論：

　　第一，三國時期、西晉時期，收 -m 尾的韻還與先秦兩漢一致，均分爲侵談兩

---

① 　襟，《文苑英華》卷二六六作“巾”，《藝文類聚》卷九九、《詩紀》卷六九作“襟”，《先秦漢魏晉南北朝詩》《漢魏六朝韻譜》、周祖謨均從之。

部。東晉時期侵韻是一個獨立的韻部,談韻是一個獨立的韻部,鹽添咸應該合爲一個韻部;劉宋時期的侵韻是一個獨立的韻部,覃韻是一個獨立的韻部,鹽添銜是一個韻部。南齊時期侵韻是一個獨立韻部,覃銜凡應該屬於一個韻部。南朝梁時期侵韻是一個獨立的韻部,主元音與真部較近。覃談二韻的音值很近,似乎可以合爲一部。鹽添咸凡等應該合爲一部,主元音與寒桓較近。南陳時期侵韻獨用的韻段有很多,並且多個韻段都是多個侵韻字獨用,這説明侵韻是一個獨立的韻部。北魏時期侵韻是一個獨立的韻部,銜韻是一個獨立的韻部。覃談的關係較近,可以合爲一個韻部;鹽添的關係較近,可以合爲一個韻部。北齊時期侵韻是一個獨立的韻部,鹽添的關係較近。蒸侵通押的 1 個韻段,説明侵蒸二部的主元音應該相同。談銜咸嚴凡没有入韻,其分合關係不好確定。北周時期侵韻和覃韻、鹽韻均是各自獨立的韻部,覃韻與咸韻關係較近。覃咸與緩韻通押,説明它們的主要元音相近。談銜添凡没有入韻字,其分合關係不好確定。隋朝侵韻是一個獨立的韻部,覃韻和咸韻關係較近。談鹽添銜凡没有入韻,其分合關係不好確定。

第二,三國時期嚴添凡、西晉時期銜嚴、東晉時期嚴韻、劉宋時期咸嚴、南齊時期談鹽添咸嚴、南朝梁嚴韻、南陳時期覃嚴銜凡,北魏時期咸嚴凡、北齊時期談銜咸嚴凡、北周時期談銜添凡、隋朝時期談鹽添銜凡均没有入韻字,其分合關係不好確定。《廣韻》規定侵獨用,覃談同用、鹽添同用、咸銜同用、嚴凡同用;王仁昫《刊謬補缺切韻》韻目平聲談韻下注"吕與銜同,陽、夏侯别,今依陽、夏侯";上聲敢韻下注"吕與檻同,夏侯别,今依夏侯";去聲闞韻下無注;平聲咸韻下注"李與銜同,夏侯别,今依夏侯";上聲豏韻下注"李與檻同,夏侯别,今依夏侯";去聲陷韻下注"李與鑑同,夏侯别,今依夏侯";平聲鹽韻無注;上聲琰韻下注"吕與忝、范、㻆同,夏侯與范、㻆别,與忝同,今並别";去聲豔韻下注"吕與梵同,夏侯與柝同,今並别"。這些材料可以幫助瞭解北朝後期收 -m 尾韻部分合情況。

第三,三國時期東合三與侵韻通押,此時"風"字還没有完成從侵部向冬部的轉變。西晉東合三侵通押的 1 個韻段,説明其韵脚字"隆"字在西晉吳方言中仍讀歸侵部;東晉時期東合三侵通押的 1 個韻段(王珣《琴贊》"風"字與"琴愔林"押韻),表明在個别方言中"風"還保留侵部一讀。這是"風"字保留侵部讀法在南北朝時期最後的韻文材料。此後無論是南朝宋齊梁陳還是北朝各代均無"風"字與侵部字爲韻的情況。

第四，三國時期蒸侵通押的 2 個韻段，西晉時期蒸侵通押的 1 個韻段，東晉時期蒸侵通押的 2 個韻段、登侵通押的 1 個韻段，北齊時期蒸侵通押的 1 個韻段，主要是它們主要元音相同或相近。

第五，三國時期真諄侵通押的 1 個韻段，真臻侵通押的 1 個韻段，真文侵通押的 2 個韻段，文侵通押的 1 個韻段，文欣侵通押的 1 個韻段，删先仙鹽通押的 1 個韻段（邵正《釋譏》面豔見練），説明真侵兩部主元音相近，侵文兩部主元音相同；删先仙鹽的主元音相同或相近。西晉時期真侵通押的 6 個韻段，真諄侵通押的 2 個韻段，真諄文侵通押的 1 個韻段，真諄臻魂侵通押的 1 個韻段，元寒桓仙鹽通押的 1 個韻段，可能是在某些方言中它們的主元音相近，韻尾相混。東晉時期真侵通押的 1 個韻段，真文侵通押的 1 個韻段，真文魂侵通押的 1 個韻段，先侵鹽通押的 1 個韻段，元桓山先仙添通押的 1 個韻段，先談通押的 1 個韻段；劉宋時期真侵通押的 2 個韻段，元先仙鹽通押的 1 個韻段；南齊時期真侵通押的 1 個韻段；南朝梁時期真侵通押的 4 個韻段，真諄侵通押的 1 個韻段，真文侵通押的 1 個韻段，寒桓覃通押的 1 個韻段；南陳真侵通押的 1 個韻段。總的規律是真類與侵部等主元音相近，寒類與談部等主元音相近。北朝時期未見 -n 尾與 -m 尾通押的情況。

第六，三國時期青侵通押的 1 個韻段，西晉時期陽談通押的 1 個韻段，東晉時期真清侵通押的 1 個韻段，北魏時期庚清侵通押的 1 個韻段，主要是它們各自的主元音相近。

第四章　北朝時期入聲韻的發展變化

第一節　屋沃燭覺藥鐸陌麥昔錫職德十二韻的關係

一、北朝及隋朝屋沃等十二韻的關係

(一)北魏時期

該時期與屋沃等十二韻有關的 54 個韻段。

1. 衹與屋沃燭覺有關的韻段(15 個)

屋合一獨用的 2 個韻段:闕名《鄭道忠墓誌》木族牘谷①,無名氏《賈思勰引諺論種穀樹木》穀木②。

屋合三獨用的 1 個韻段:高允《鹿苑賦》囿築陸目逐福③。

屋合一屋合三通押的 1 個韻段:李諧《述身賦》福服沐肅複宿叔。

燭韻獨用的 2 個韻段:陽固《疾倖詩》粟辱,無名氏《仇儒造妖言》續足。

屋合一燭通押的 5 個韻段:宗欽《東宮侍臣箴》錄_{燭合三}屬_{燭合三}獨_{屋合一}燭_{燭合三}木_{屋合一}祿_{屋合一}僕_{屋合一},闕名《龍驤將軍營州刺史高貞碑》祿_{屋合一}穀_{屋合一}屬_{燭合三}僕_{屋合一}族_{屋合一}④,《龍驤將軍營州刺史高貞碑》祿_{屋合一}穀_{屋合一}屬_{燭合三}僕

---

① 該墓誌銘作于北魏正光三年(522)十二月二十六日,於河南省滎陽市出土。

② 此韻段《漢魏六朝韻譜》失收,此處依逯欽立《先秦漢魏晉南北朝詩》補。

③ 囿,《廣韻》于救(云宥開三)、于目(云屋合一)二切,此處應押于目切音。

④ 穀,嚴可均《全後漢文》作"槃"。槃,即"穀"字(見《齊民要術·五穀》)。《漢魏六朝韻譜》以"槃屬僕族"四字爲一韻段。將"槃"誤作"柴"。

屋合—族屋合—①,《張元墓誌》速屋合—木屋合—燭燭合三族屋合—,無名氏《趙郡爲李曾謠》鹿屋合—粟燭合三。

燭覺通押的 2 個韻段:李騫《釋情賦》足燭合三屬燭合三辱燭合三樸覺開二躅燭合三,張淵《觀象賦》角覺開二獄燭合三足燭合三燭燭合三。

屋合—沃燭通押的 1 個韻段:元萇《振興温泉頌》旭燭合三毒沃合—木屋合—谷屋合—。

屋合—燭覺通押的 1 個韻段:闕名《中書令秘書監兖州刺史鄭羲碑頌》族屋合—邈覺開二燭燭合三木屋合—。

2. 祇與藥鐸有關的韻段(8 個)

藥韻獨用的 1 個韻段:無名氏《時人爲元頤元欽語》略若②。

鐸韻獨用的 4 個韻段:段承根《贈李寶詩》涸託廓漠,陽固《演賾賦》薄託壑,闕名《邑主造像碑》惡籜鑊樂,無名氏《宣武孝明時謠》貈索③。

藥鐸通押的 3 個韻段:陽固《演賾賦》約藥開三躍藥開三壑鐸開—若藥開三,常景《洛橋銘》洛鐸開—壑鐸開—亳鐸開—若藥開三,闕名《中岳嵩陽寺碑》著藥開三樂鐸開—④。

3. 祇與陌麥昔錫有關的韻段(6 個)

昔韻獨用的 1 個韻段:無名氏《清河民爲宋世良謠》益迹⑤。

陌韻獨用的 1 個韻段:無名氏《北方童謠》格澤⑥。

麥錫通押的韻段 1 個:陽固《演賾賦》策麥開二益昔開三。

昔錫通押的 2 個韻段:元宏《縣瓠方丈竹堂饗侍臣聯句詩》辟昔開三靂錫開四,

---

① 穀,原作"檠",檠,即"穀"字,見《齊民要術·五穀》。
② 此韻段《漢魏六朝韻譜》失收,此處依逯欽立《先秦漢魏晉南北朝詩》補。
③ 貈,《廣韻》下各切(匣鐸開一,似狐善睡獸也),又莫白切(明陌開二,北方獸);索,《廣韻》蘇各切(心鐸開一,盡也,散也,又繩索,亦姓);又山戟切(疏陌齊二,求也);又山責切(疏麥開二,求也,取也,好也)。
④ 著,《廣韻》有陟慮(知御開三)、張略(藥開三)、長略(澄藥開三)三切,凡是與鐸藥等收 -k 尾字押韻時均作藥韻字處理。
⑤ 《詩紀》—〇九作《曲隄謠》,《漢魏六朝韻譜》從之,此處依逯欽立《先秦漢魏晉南北朝詩》。又《先秦漢魏晉南北朝詩》於《北魏詩》卷三和《北齊詩》卷三兩收之,據史實應歸在北魏詩文中。
⑥ 《北方童謠》,雖然見於逯欽立《先秦漢魏晉南北朝詩》之《全梁詩》中,然是北魏降梁之人王足所引北人謠諺,故應歸入北魏作品。

《祭濟文》液錫開三辟昔開三瀝錫開四績錫開四。

　　陌昔錫通押的 1 個韻段：高閭《至德頌》格陌開二石錫開三液錫開三奕昔開三。

　　4. 衹與職德有關的韻段（19 個）

　　職韻獨用的 11 個韻段：陽固《疾倖詩》極識力直翼，《演賾賦》逼息，高允《徵士頌》直識翼食式色，李騫《釋情賦》力直域翼，衛操《桓帝功德頌碑》極翼，張淵《觀象賦》極息即色側，程駿《慶國頌》食織食息，袁翻《思歸賦》色極織翼息，溫子昇《司徒元樹墓誌銘》嶷直殖，姜質《亭山賦》側陟憶，胡充華《楊白花》力臆。

　　德韻獨用的 6 個韻段：高允《徵士頌》惑國墨忒，《北伐頌》德國塞則，元宏《弔殷比干墓文》德北黑則，程駿《慶國頌》刻德塞國，陽固《疾倖詩》德國，仙道《老子化胡經玄歌・老君十六變詞・四變之時》國得。

　　職德通押的 2 個韻段：元順《蠅賦》黑德開一食職開三側職開三飾職開三棘職開三賊德開一極職開三國德合一，袁翻《思歸賦》北德開一國德合一域職合三賊德開一默德開一德德開一。

　　5. 四類通押的韻段（3 個）

　　屋合三職通押的 1 個韻段：高允《北伐頌》育屋合三域職合三福屋合三服屋合三；屋合一燭覺德通押的 1 個韻段：仙道《老子化胡經玄歌・老君十六變詞》角覺開二讀屋合一曲燭合三國德合一局燭合三速屋合一縠屋合一足燭合三[1]；錫職通押的 1 個韻段：菩提達磨《真性頌》極職開三寂錫開四。

　　6. 屋沃等十二韻與他韻通押的韻段（3 個）

　　陌麥昔錫緝通押的韻段 1 個：盧元明《劇鼠賦》睗錫開四劈錫開四瀝錫開四敵錫開四惜昔開三覓錫開四躑錫開三䘏昔開三夕昔開三碩昔開三澤陌開二襲緝開三謫麥開二客陌開二易昔開三寂錫開四擲昔開三額陌開二惕錫開四奕昔開三席昔開三適昔開三益昔開三[2]；職之咍質通押的 1 個韻段：鄭道昭《與道俗□人出萊城東南九里登雲峰山論經書詩》職職開三陟職開三域職合三逼職開三圯之開三極職開三崿咍開一勑職開三巫職開三億職開三即職開三食職開三直職開三日質開三殖職開三側職開三色職開三力職開三棘職開三識職開三翼職開三憶職開三息職開三[3]；東合一屋合三通押的 1 個韻段：高閭《至德頌》東東合一服屋合三[4]。

---

[1]　縠，原作“縠”，縠，即“縠”字。見《齊民要術・五穀》。

[2]　易，《廣韻》以豉切，寘開三，又以益切，錫開三，與陌麥昔錫字押韻的“易”字均應讀以益切。

[3]　陟，逯欽立《先秦漢魏晉南北朝詩》作“涉”禪葉開三，於音義均不合，誤。

[4]　《漢魏六朝韻譜》認爲“服”字不入韻，亦可。“東服”通押，屬陰陽對轉。

通過以上統計,可以看出北魏時期:

第一,屋合三獨用的 1 個韻段(6 個韻脚字)應該是一個獨立的韻部,屋合一與沃燭覺應該是一個韻部。

第二,藥鐸應該合爲一部,但二者在音值上應該有差別,即從藥韻的角度看,藥鐸應該合爲一部,但從鐸韻的角度看,藥鐸在音值上還是應該存在一定的差別,鐸韻和陌韻關係較近,而藥韻與陌韻關係較遠。也就是説,就北魏的詩文用韻看,《切韻》將鐸藥分爲是有一定的語音依據的。

第三,陌麥昔錫應該歸爲一個韻部。

第四,職德應該分爲兩部。職韻獨用的 11 個韻段,德韻獨用的 6 個韻段,另有鄭道昭《與道俗□人出萊城東南九里登雲峰山論經書詩》職之質通押,職韻字作韻脚字有 20 個之多,不見一個德韻字,職德的分用是非常明顯的。職德通押的 2 個韻段,説明二韻的音值可能還較相近。

第五,屋合三與職韻通押的 1 個韻段(高允《北伐頌》育屋合三域職合三福屋合三服屋合三),其中“育”字上古余母覺部,中古余母屋韻合口三等;“域福服”三字上古均爲職部字,中古“域”字云母職韻合口三等,而“福服”二字均爲屋韻字。此韻段説明北魏時期“域”應該有屋韻一讀,此音在《切韻》中並沒有保留下來。屋合一與燭覺德通押的 1 個韻段,説明德韻與屋合一燭覺的主元音相近;錫職通押的 1 個韻段,與支之有時通押是一致的,説明此時錫職的主要元音相近。

第六,陌麥昔錫緝通押的 1 個韻段,一方面説明陌麥昔錫可能合爲一部,一方面説明陌麥昔錫與緝韻的主要元音可能相近;職之哈質通押的 1 個韻段,除了説明職之的主元音相同,還存在對轉關係外,同時還説明有些《廣韻》中的哈韻字此時與之韻字的音值還是很近,質韻字與職韻字主要元音相近;東合一與屋合三通押的 1 個韻段,可能是主元音相近。

（二）北齊時期

該時期與屋沃等十二韻有關的 26 個韻段。

1. 衹與屋沃燭覺有關的韻段(5 個)

屋合三獨用的 2 個韻段:陸卬《享廟樂辭·高明登歌樂》穆福,《元會大饗歌·食舉樂》(之三)穆育。

燭韻獨用的 1 個韻段:陸卬《元會大饗歌·食舉樂》(之四)粟玉。

屋合一屋合三通押的 1 個韻段:顏之推《觀我生賦》速竹□覆木逐宿轂福谷哭。

屋合一覺通押的 1 個韻段：無名氏《廢帝時童謠》（之一）禿_{屋合一}角_{覺開二}。

2. 祇與藥鐸有關的韻段（3 個）

鐸韻獨用的 1 個韻段：邢劭《甘露頌》廓樂落壑。

藥鐸通押的 2 個韻段：朱敬範《朱岱林墓誌銘》爵_{藥開三}藥_{藥開三}廓_{鐸合一}郭_{鐸合一}，無名氏《武平未童謠》落_{鐸開一}酌_{藥開三}。

3. 祇與陌麥昔錫有關的韻段（6 個）

陌韻獨用的 1 個韻段：無名氏《時人爲唐邕白建言》赫白。

昔韻獨用的 1 個韻段：陸卬《享廟樂辭·高明樂》奕適。

昔錫通押的 2 個韻段：陸卬《元會大饗歌·登歌》（之一）逖_{錫開四}迹_{昔開三}，朱敬範《朱岱林墓誌銘》昔_{昔開三}覿_{錫開四}易_{昔開三}石_{錫開三}。

陌昔通押的 2 個韻段：崔氏《䩱面辭》白_{陌開二}譯_{昔開三}，仙道《吳猛贈廬山神君詩》宅_{陌開二}益_{昔開三}。

4. 祇與職德有關的韻段（12 個）

職韻獨用的 5 個韻段：邢劭《思公子》色識，《七夕詩》側息測色軾織翼，陽休之《正月七日登高侍宴詩》色翼，陸卬《五郊樂歌·黑帝高明樂》極力，《元會大饗歌·皇夏》息職。

德韻獨用的 4 個韻段：邢劭《甘露頌》國塞德則，《文宣皇帝哀策文》則德，陸卬《五郊樂歌·赤帝高明樂》德國，《祀五帝於明堂樂歌·高明樂》德國。

職德通押的 3 個韻段：高昂《從軍與相州刺史孫騰作行路難》息_{職開三}食_{職開三}北_{德開一}抑_{職開三}，朱敬範《朱岱林墓誌銘》德_{德開一}識_{職開三}力_{職開三}息_{職開三}，闕名《邑義造丈八大像銘》嘿_{德開一}飾_{職開三}側_{職開三}飾_{職開三}息_{職開三}極_{職開三}。

通過以上統計，可以看出北齊時期：

第一，屋合一與屋合三已合爲屋韻，但音值應有一定的差別，主要體現在韻頭的不同；從屋合一與覺韻通押的 1 個韻段，覺韻沒有獨用的韻段，也沒有和他韻通押的韻段看，屋覺似乎應該合一，但從屋韻獨用的 3 個韻段，且顏之推的《觀我生賦》連用 10 個屋部字不雜一個他韻字看，屋韻的獨立性是非常明顯的。說屋覺各自獨立成部，但這兩部的音值較近，可能比較符合事實。燭韻入韻的 1 個韻段是燭韻獨用，也就是說，北齊時期燭韻是獨立的韻部。沃韻沒有入韻，不好斷定其分合關係。

第二，藥鐸合爲一部。

第三，陌麥昔錫，除了麥韻沒有入韻的韻段不好斷定其分合外，其餘三韻的關係均很密切。盡管陌韻獨用的 1 個韻段,昔韻獨用的 1 個韻段,但陌昔通押的 2 個韻段,昔錫通押的 2 個韻段,很難將陌麥昔錫截然分開。

第四,職德各自獨立成部,但此時二部的音值還應該是非常密切的。

（三）北周時期

該時期與屋沃等十二韻有關的 58 個韻段。

1. 祇與屋沃燭覺有關的韻段（18 個）

屋合三獨用的 2 個韻段:王褒《上庸公陸騰勒功碑》叔逐,庾信《枯樹賦》覆伏蹙目。

燭韻獨用的 4 個韻段:庾信《周五聲調曲·徵調曲》（之二）欲俗粟觸足,《擬連珠》（三一）錄曲,《周柱國大將軍拓跋儉神道碑》局玉燭粟,釋慧命《詳玄賦》局綠欲曲燭。

覺韻獨用的 1 個韻段:王褒《上庸公陸騰勒功碑》岳璞。

屋合一屋合三通押的 10 個韻段:王褒《太傅燕文公于謹碑銘》覆屋瀆睦,《上庸公陸騰勒功碑》祿陸族,庾信《周五聲調曲·角調曲》（之二）谷竹牧谷叔漉屋,《小園賦》竹菊薁屋谷,《竹杖賦》谷黷逐木,《擬連珠》（一四）谷哭竹,（三四）谷竹,《周柱國大將軍紇干弘神道碑銘》谷復菊木,《周車騎大將軍賀婁公神道碑銘》蕭竹服谷,《周故大將軍趙公墓誌銘》淑縠牧谷。

屋合一屋合三沃通押的 1 個韻段:庾信《哀江南賦》覆屋合三鹿屋合一黷屋合一酷沃合一睦屋合三軸屋合三熟屋合三屋屋合一哭屋合一。

2. 祇與藥鐸有關的韻段（7 個）

鐸韻獨用的 4 個韻段:王褒《太保吳武公尉遲綱碑銘》幕落作霍,庾信《鏡賦》薄萼落,《哀江南賦》洛託落索,《周車騎大將軍贈小司空宇文顯墓誌銘》託落鶴閣。

藥鐸通押的 3 個韻段:庾信《燈賦》灼藥開三鶴鐸開一落鐸開一,《鴛鴦賦》落鐸開一約藥開三,《玉帳山銘》廓鐸合一鵲藥開三幕鐸開一落鐸開一博鐸開一。

3. 祇與陌麥昔錫有關的韻段（9 個）

陌昔通押的 3 個韻段:庾信《周祀圜丘歌·皇夏》（皇帝升壇）格陌開二澤陌開二尺昔開三,《周祀方澤歌·昭夏》（奠玉帛）澤陌開二帛陌開二迹昔開三百陌開二;釋亡名《寶人銘》迹昔開三劇陌開三。

陌錫通押的 1 個韻段:庾信《擬連珠》（一七）格陌開二客陌開二石錫開三。

昔錫通押的 2 個韻段:庾信《周五聲調曲·羽調曲》尺昔開三石錫開三璧昔開

錫錫開四脊昔開三册麥開二籍昔開三；無名氏《諸生爲呂思禮語》易昔開三敵錫開四。

　　陌麥昔錫通押的 2 個韻段：庾信《象戲賦》席昔開三璧昔開三石錫開三策麥開二白陌開二，《周大將軍崔説神道碑銘》策麥開二客陌開二石錫開三璧昔開三。

　　陌錫昔通押的 1 個韻段：劉璠《雪賦》適昔開三迹昔開三擇陌開二白陌開二積昔開三赤錫開三隙陌開三尺昔開三魄陌開二釋昔開三。

　　4. 祇與職德有關的韻段（21 個）

　　職韻獨用的 9 個韻段：庾信《擬連珠》(之一) 力臆翼息，(四〇) 食棘，《秦州天水郡麥積崖佛龕銘》極息直翼，《周大將軍聞嘉公柳遐墓誌銘》極織息棘，《周車騎大將軍贈小司空宇文顯墓誌銘》職色直翼，《周大將軍懷德公吳明徹墓誌銘》職殖力翼，《周隴右總管長史贈少保豆盧公神道碑銘》嶷直色植棘軾，《周譙國公夫人步陸孤氏墓誌銘》域色直植，釋慧命《詳玄賦》職測息力域。

　　德韻獨用的 11 個韻段：王褒《皇太子箴》國德則，《漏刻銘》刻勒則，《太保吳武公尉遲綱碑銘》德國則，《祭梁王僧辯母貞敬魏太夫人文》德國則，《太傅燕文公于謹碑銘》塞德北國；庾信《周祀圜丘歌·皇夏》(就望燎位) 則塞，《思舊銘》默得克，《周車騎大將軍贈小司空宇文顯墓誌銘》德則北勒，《周柱國楚國公岐州刺史慕容公神道碑銘》北國則德，《周故大將軍趙公墓誌銘》塞德國勒，釋慧命《詳玄賦》則國惑德。

　　職德通押的 1 個韻段：闕名《王通墓誌銘》職職開三嶷職開三忒德開一。

　　5. 四類通押的韻段（3 個）

　　均屬覺藥鐸通押：庾信《和張侍中述懷詩》剥覺開二角覺開二落鐸開一壑鐸開一渥覺開二寞鐸開一鑊鐸開一殼覺開二籜鐸開一洛鐸開一索鐸開一藥藥開三諾鐸開一託鐸開一亳鐸開一郭鐸合一藿鐸合一薄鐸開一獲麥合二樂鐸開一涸鐸開一朔覺開一雹覺開二濁覺開二鵲藥開三橐鐸開一數覺合三廓鐸合一，《哀江南賦》樂鐸開一學覺開二落鐸開一角覺開二樂鐸開一略藥開三索鐸開一鶴鐸開一濁覺開二，《鴛鴦賦》學覺開二落鐸開一約藥開三。

　　通過以上統計，可以看出北周時期：

　　第一，屋合一與屋合三合爲一韻，應該獨立成部；燭韻獨用的 4 個韻段，也是一個獨立的韻部；沃韻無獨用的韻段，屋合一、屋合三與沃韻通押的 1 個韻段，覺韻獨用的 1 個韻段，説明屋韻與沃韻的關係近，與覺韻的關係遠些；屋韻獨用的韻段較多，且庾信《小園賦》連用 5 個屋韻字不雜他韻字，《周五聲調曲·角調曲》連用 7 個屋韻字不雜他韻字，可以斷定屋韻與沃覺均應該是獨立的韻部。另從覺藥鐸通押的 3 個韻段看，北周時期的一部分覺韻字應該合爲藥鐸部。總之,就北周時期的詩文用韻看,《切韻》將屋沃燭覺各自分立,是有實際語音依據的。

第二,藥鐸的關係非常密切,應該合爲一部,但從鐸韻獨用的 4 個韻段看,藥鐸在音值上還是有一定的差別的,《切韻》將鐸藥分立,應該屬於從"賞知音"的角度來分韻的。

第三,陌麥昔錫應該合爲一部,職德是各自獨立的韻部。

(四)隋朝時期

該時期與屋沃等十二韻有關的 73 個韻段。

1. 祇與屋沃燭覺有關的韻段(26 個)

屋合三獨用的 7 個韻段:盧思道《孤鴻賦》逐宿,《盧記室誄》福陸淑目,虞世基《四時白紵歌·江都夏》逐宿,魏澹《鷹賦》宿肉熟逐,李月素《贈情人詩》宿目,牛弘《圜丘歌·登歌》穆肅服祝福,《方丘歌·昭夏》馥肅。

燭韻獨用的 12 個韻段:盧思道《孤鴻賦》綠浴旭粟續玉,《駕出圜丘詩》續燭玉,魏澹《鷹賦》束足欲局,楊廣《四時白紵歌·東宮春》綠促玉曲,楊素《贈薛播州詩》足曲躅俗欲,薛道衡《和許給事善心戲場轉韻詩》燭續曲玉,王冑《敦煌樂》續曲,虞世基《四時白紵歌·長安秋》曲續,《秋日贈王中舍詩》促玉燭足曲,丁六娘《十索》促足燭,牛弘《圜丘歌·昭夏》燭玉,闕名《石裏村造橋碑》玉續足囑。

屋合一屋合三通押的 3 個韻段:盧思道《仰贈特進陽休之詩》陸牧轂福,虞世基《講武賦》肅木福服,楊素《贈薛播州詩》谷澳穆沐馥。

屋合一燭通押的 1 個韻段:楊廣《隋秦孝王誄》促_{燭合三}谷_{屋合一}曲_{燭合三}。

屋合三燭通押的 2 個韻段:釋智果《心成頌》足_{燭合三}腹_{屋合三}覆_{屋合三}縮_{屋合三}續_{燭合三}目_{屋合三}促_{燭合三}曲_{燭合三}伏_{屋合三},無名氏《鄴下爲釋靈裕語》俗_{燭合三}伏_{屋合三}①。

沃燭通押的 1 個韻段:虞世基《元德太子哀册文》屬_{燭合三}玉_{燭合三}縟_{燭合三}沃_{沃合一}。

2. 祇與藥鐸有關的韻段(6 個)

藥韻獨用的 2 個韻段:無名氏《時人爲崔儦李若藥語》灼若,《雞鳴歌》

---

① 此文在"伏"字前還有"得在"兩個韻脚字,應該獨立構成 1 個韻段。

鑰鵲①。

鐸韻獨用的 2 個韻段：皇甫毘《玉泉寺碑》洛閣作鐸，楊廣《隋秦孝王誄》博寞洛亳。

藥鐸通押的 2 個韻段：辛德源《霹靂行》作鐸開一落鐸開一若藥開三鶴鐸開一，虞綽《大鳥銘》薄鐸開一作鐸開一鑠藥開三壑鐸開一。

3. 祇與陌麥昔錫有關的韻段（12 個）

陌韻獨用的 1 個韻段：牛弘《臘祭歌·誡夏》索澤②。

昔韻獨用的 1 個韻段：闕名《建安公等造尼寺碑》易益適。

陌麥通押的 1 個韻段：釋僧璨《信心銘》擇陌開二白陌開二隔麥開二逆陌開三。

昔錫通押的 5 個韻段：薛道衡《老氏碑頌》迹昔開三易昔開三寂錫開四石錫開三，史萬歲《石城山》辟昔開三石錫開三壁錫開四，仲孝俊《陳叔毅修孔子廟碑》奕昔開三壁錫開四績錫開四石錫開三，牛弘《凱樂歌辭·述諸軍用命》闢昔開四奕昔開三績錫開四石錫開三，闕名《洺州南和縣澧水石橋碑》射昔開三易昔開三液錫開三迹昔開三③。

陌昔錫通押的 4 個韻段：楊素《北齋獨坐贈薛内史》（之一）夕昔開三石錫開三寂錫開四白陌開二積昔開三席昔開三客陌開二，許善心《神雀頌》赤錫開三白陌開二迹昔開三戟昔開三格陌開二，釋真觀《夢賦》擲昔開三隙陌開三適昔開三陌陌開二客陌開二石錫開三白陌開二炙昔開三，闕名《江夏縣綠果道場七層磚塔下舍利銘》怕陌開二迹昔開三溺錫開四宅陌開二④。

4. 祇與職德有關的韻段（24 個）

職韻獨用的 11 個韻段：盧思道《聽鳴蟬篇》極側食，何妥《門有車馬客行》極識息，薛道衡《豫章行》極憶息，《重酬楊僕射山亭詩》息側色，諸葛穎《奉和出潁至淮應令詩》直色識力，蕭皇后《述志賦》色極職識息，李播《天文大象賦》極翼，釋僧璨《信心銘》則息直憶力測，釋靈裕《臨終詩·哀速終》棘息，闕名《建安公等造尼寺碑》飾翼息□，無名氏《澤雉》翼息。

德韻獨用的 10 個韻段：楊廣《隋秦孝王誄》則國德克，薛道衡《隋高祖文皇

---

① 《漢魏六朝韻譜》有此韻段，逯欽立《先秦漢魏晉南北朝詩》未收該詩。
② 索，《廣韻》蘇各切（心鐸開一，盡也，散也，又繩索，亦姓）；又山戟切（疏陌齊二，求也）；又山責切（疏麥開二，求也，取也，好也）。
③ 射，《廣韻》神夜切，又音夜，均禡韻；又音石，昔韻。此處射讀昔韻。
④ 怕，《廣韻》普駕切，禡韻，怕懼；又普伯切，陌韻，憺怕，静也，此韻段原文"至聖何像，疑爾恢泊"，明顯是憺泊義。

帝頌》慝國德塞，蕭皇后《述志賦》則德惑，王胄《在陳釋奠金石會應令詩》則德忒國，闕名《隋上柱國梁州刺史陳茂碑》國德，釋真觀《愁賦》則惑德北，牛弘《圜丘歌·武舞》則國德塞，《五郊歌·赤帝歌徵音》德國，《大廟樂歌·迎神歌》國則，《凱樂歌辭·述帝德》則塞德克。

職德通押的 3 個韻段：楊廣《隋秦孝王誄》翼職開三國德合—塞德開—直職開三側職開三，薛道衡《隋高祖文皇帝頌》則德開—植職開三息職開三極職開三，鄭辨志《宣州稽亭山妙顯寺碑銘》忒德開—識職開三則德開—德德開一。

5. 四類通押的韻段（5 個）

沃德通押的 1 個韻段：釋真觀《夢賦》惑德合—毒沃合—德德開—賊德開—尅德開—則德開—慝德開—得德開—國德合—匐德合—勒德開—①。

覺鐸通押的 2 個韻段：盧思道《盧記室誄》朔覺開二樂鐸開—學覺開二握覺開二，王胄《在陳釋奠金石會應令詩》邈覺開二朴覺開二樂鐸開—學覺開二。

沃藥鐸通押的 1 個韻段：牛弘《元會大饗歌·食舉歌》（之三）作鐸開—腢沃合—藥藥開三錯鐸開—樂鐸開一。

覺藥鐸通押的 1 個韻段：釋僧璨《信心銘》惡鐸開—覺覺開二縛藥合三錯鐸開—惡鐸開—酌藥開三捉覺開二却藥開三。

通過以上統計，可以看出隋朝時期：

第一，屋合一與屋合三合爲一韻，即東韻，燭韻也獨立爲一部；沃韻入韻 3個韻段，其中沃燭通押的 1 個韻段，沃德通押的 1 個韻段，沃藥鐸通押的 1 個韻段；覺韻入韻 3 個韻段，均是與藥鐸二韻通押。可見沃覺也應該分立，沃韻與燭韻、藥鐸、德韻關係都不遠，而覺韻與藥鐸二韻關係更近些。《廣韻》規定屋韻獨用、沃燭同用、覺韻獨用，與隋朝詩文用韻的具體情況大致相符合。

第二，藥鐸可以合爲一部，但二者在音值上還是應該有細微的差別的，就是鐸韻與覺韻的關係比藥韻與覺韻的關係近些。這可能就是《切韻》將鐸藥分立的原因。

第三，昔錫應該合爲一部；陌麥的關係較密，也可以合爲一部。王力在《漢語語音史》"隋—中唐時代的韻部"中將陌麥昔錫四韻分爲兩部，陌麥昔合爲一部（詩文用韻舉的是宋之問《答田徵君》），錫韻獨立成部（未舉詩文用韻例證）。即使以初唐詩文用韻而論，陌麥昔錫四韻的關係也並非如王先生所述。依據鮑

_____

① 匐，《廣韻》屋韻方六切，《廣韻》德韻博黑切，此處讀博黑切，德韻字。

明煒《唐代詩文韻部研究》,初唐時期(與王力所説初唐至中唐約略相等)陌麥昔錫入韻 149 個韻段,其中陌韻獨用的 8 個韻段,麥韻獨用的 8 個韻段,昔韻獨用的 37 個韻段,錫韻獨用的 7 個韻段;陌麥通押的 4 個韻段,陌麥昔通押的 10 個韻段,陌麥昔錫通押的 3 個韻段,陌昔通押的 38 個韻段,陌昔錫通押的 5 個韻段,陌錫通押的 1 個韻段,麥錫通押的 7 個韻段,昔錫通押的 25 個韻段,陌昔錫月通押的 1 個韻段,陌麥鐸通押的 1 個韻段。

　　第四,職韻、德韻獨用韻段均較多,且釋真觀《夢賦》除了 1 個沃韻字外,連用 9 個德韻字不雜職韻字。這些都説明隋朝職德是各自獨立的韻部,衹是兩部的音值較近。德韻與沃韻的關係比職韻與沃韻的關係近一些。王力在《漢語語音史》"隋—中唐時代的韻部"中將職德二韻合爲一部,就初唐詩文用韻的情況來看,大致成立。依據鮑明煒《唐代詩文韻部研究》,初唐時期職韻獨用的 103 個韻段,德韻獨用的 65 個韻段,職德通押的 70 個韻段。就隋朝詩文用韻看,職德二韻以分立爲宜。

二、三國、兩晉、南朝屋沃等十二韻的關係

(一)三國時期

　　該時期與屋沃等十二韻有關的 148 個韻段。

　　衹與屋沃燭覺有關的 37 個韻段,其中屋合一獨用的 1 個韻段,屋合三獨用的 5 個韻段,燭韻獨用的 5 個韻段;屋合一屋合三通押的 1 個韻段(傅巽《七誨》),屋合一燭通押的 6 個韻段,屋合三燭通押的 1 個韻段(劉楨《魯都賦》),屋合三屋合一燭通押的 2 個韻段(〔吴〕薛綜《嘲蜀使張奉》,楊泉《五湖賦》),屋合一覺通押的 2 個韻段,屋合三覺通押的 1 個韻段(〔吴〕韋昭《玄陽賦》),沃燭通押的 1 個韻段(嵇康《琴賦》俗曲鵠)[1];燭覺通押的 6 個韻段,屋合一燭覺通押的 4 個韻段,屋合一屋合三與燭覺通押的 2 個韻段(〔吴〕陳琳《神龜賦》幄琢鹿緑服,〔吴〕萬震《南州異物志贊・犀》)。

　　衹與藥鐸有關的 7 個韻段,其中藥韻獨用的 1 個韻段,鐸韻獨用的 2 個韻段,藥鐸通押的 4 個韻段。

　　衹與陌麥昔錫有關的 13 個韻段,其中陌韻獨用的 4 個韻段,昔韻獨用的 1 個韻段,陌麥通押的 1 個韻段,陌昔通押的 1 個韻段,陌錫通押的 2 個韻段,昔錫通押的 1 個韻段,麥錫通押的 1 個韻段,陌麥昔錫通押的 2 個韻段。

---

[1]　《漢魏六朝韻譜》無此韻段,此處依嚴可均《全三國文》補。

　　祇與職德有關的 54 個韻段，其中職韻獨用的 27 個韻段，德韻獨用的 17 個韻段（包括〔蜀〕楊戲《季漢輔臣贊・贊關雲長張益德》）；職德通押的 10 個韻段（包括〔蜀〕楊戲《季漢輔臣贊・贊糜芳士仁郝普潘濬》，〔吳〕胡綜《黃龍大牙賦》，〔吳〕陸凱《吳先賢傳贊・奮武將軍顧承》）。

　　屋沃等十二韻通押的 29 個韻段，其中屋合三職通押的 6 個韻段（曹丕《瑪瑙勒賦》，《曹蒼舒誄》，繁欽《定情詩》，徐幹《齊都賦》，何晏《瑞頌》，〔吳〕閔鴻《親蠶賦》），屋合三德通押的 1 個韻段（〔吳〕薛綜《麟頌》），屋合三職德通押的 3 個韻段（徐幹《冠賦》，〔蜀〕郤正《釋譏》，〔吳〕韋昭《鼓吹曲・承天命》），屋合三覺鐸通押的 1 個韻段（左延年《從軍行》）①，屋合一燭覺陌通押的 1 個韻段（〔吳〕薛綜《麟賦》），屋合三錫通押的 1 個韻段（焦先《祝岣歌》），藥陌通押的 1 個韻段（王粲《硯銘》），藥鐸陌通押的 2 個韻段（王粲《羽獵賦》，曹植《七啟》〔之五〕），鐸陌通押的 3 個韻段（曹植《魏德論》，阮籍《東平賦》，〔吳〕楊泉《五湖賦》），鐸昔通押的 2 個韻段（曹植《詩・君王禮英賢》，《七啟》〔之五〕），鐸陌昔通押的 3 個韻段（曹丕《陌上桑》，曹植《當車已駕行》，應璩《百一詩》），鐸陌麥昔通押的 1 個韻段（曹植《贈丁儀詩》），麥職德通押的 1 個韻段（〔吳〕韋昭《鼓吹曲・克皖城》），麥德通押的 1 個韻段（韋誕《敍志賦》），錫德通押的 1 個韻段（繆襲《鼓吹曲・定武功》），藥職德通押的 1 個韻段（〔蜀〕楊戲《季漢輔臣贊・贊龐士元》曄臆德）。

　　屋沃等十二韻與他韻通押的 8 個韻段②，其中屋合三職薛通押的 1 個韻段（〔吳〕楊泉《蠶賦》雪飾職服翼極憶）③，燭覺錫職德術通押的 1 個韻段（曹操《度關山》則極息域獄矓職律力國劉俗德曲戚），陌昔屑通押的 1 個韻段（應璩《百一詩・細微可不慎》穴石白客逆蹠澤）④，職德質通押的 1 個韻段（曹植《承露盤銘》德極秩），德薛通押的 1 個韻段（〔蜀〕楊戲《季漢輔臣贊・贊趙子龍陳叔至》克烈），德薛業通押的 1 個韻段（〔蜀〕楊戲《季漢輔臣贊・贊鄧孔山》烈惑業），德合通押的 1 個韻段（嵇康《卜疑》德合），燭候通押的 1 個韻段（曹植《鷂

---

①　此韻段中"目"字《初學記》作"白"。白，陌開二。
②　另有阮瑀《箏賦》落節，《漢魏六朝韻譜》有此韻段。細揣文意，"落節"似不爲韻。
③　雪，于安瀾《漢魏六朝韻譜》認爲入韻，依文意，可以認爲不入韻。
④　穴，《藝文類聚》作"鄄"，《詩紀》云："一作鄄。"鄄，崇宵/崇宵開二。按：穴，應是"窡"之誤。窡，《廣雅・釋宮》窟也；《廣韻》陌韻陟格切，知母陌韻開口三等。跖，《廣文選》作"肋"，《詩紀》云："一作肋。"肋，來職/來德開一。

雀賦》豆粟)①。

通過進一步分析,可以看出三國時期:

第一,屋合一、屋合三雖有通押的韻段,但屋合三獨用的韻段很多,屋合一與屋合三通押的較少,並且除了北地泥陽(今陝西耀縣)的傅巽《七誨》外,主要見於吳方言區的作家作品;屋合一與燭覺關係很近,應該合爲一部;屋合三與燭覺通押不多,除了劉楨《魯都賦》外,也主要見於吳方言區的作家作品。也就是說,三國時期吳方言區的屋合三與屋合一應該合一,其餘方言區以屋合三獨立爲部,屋合一與燭覺合一爲妥。沃韻入韻一個韻段,與燭韻通押,應該合爲一個韻部。

第二,藥鐸應該看成是一個韻部,但丁儀《厲志賦》惡錯閣壑託薄作恪昨怍,連用10個鐸韻字不雜藥韻字,說明此時藥鐸還是有一定的差別的。在藥鐸通押的4個韻段中,無名氏《時人爲曹洪駿馬諺》躍鶴,在上古都是藥部字;徐幹《齊都賦》鄂若,〔吳〕無名氏《孫亮初童謠》恪若絡閣,在上古都是鐸部字。衹有王粲《遊海賦》躍搏,纔算真正的藥鐸通押。也就是說,三國時期的藥鐸兩部應該分立,與先秦兩漢基本一致。

第三,陌麥昔錫應該合爲一部。

第四,職德關係很密切,尤其是蜀方言和吳方言區作家的作品,通押的比例較大。蜀方言與職德有關的6個韻段,其中職與德分用的3個韻段,包括德韻獨用的1個韻段(楊戲《季漢輔臣贊‧贊關雲長張益德》),德薛業通押的1個韻段(楊戲《季漢輔臣贊‧贊鄧孔山》),德薛通押的1個韻段(楊戲《季漢輔臣贊‧贊趙子龍陳叔至》);職與德通押的3個韻段,包括職德通押的1個韻段(楊戲《季漢輔臣贊‧贊糜芳士仁郝普潘濬》),屋職德通押的1個韻段(郤正《釋譏》),藥職德通押的1個韻段(楊戲《季漢輔臣贊‧贊龐士元》);吳方言與職德有關的8個韻段,其中職德分用的4個韻段,包括職韻獨用的1個韻段(閔鴻《芙蓉賦》),屋職通押的1個韻段(閔鴻《親蠶賦》),屋合三職薛通押的1個韻段(楊泉《蠶賦》),屋合三德通押的1個韻段(薛綜《麟頌》);職與德通押的4個韻段,包括職德通押的2個韻段(胡綜《黃龍大牙賦》,陸凱《吳先賢傳贊‧奮武將軍顧承》),屋合三職德通押的1個韻段(韋昭《鼓吹曲‧承天命》),麥職德通

① 此韻段《漢魏六朝韻譜》未收,此處依嚴可均《全三國文》補(《全三國文》是依《太平御覽》卷八四一補入的)。

押的 1 個韻段(韋昭《鼓吹曲·克皖城》)。謹慎一點説,吳、蜀方言區職德應是一個韻部,其他方言區職德應該分立。

第五,屋合三職通押的 6 個韻段,屋合三德通押的 1 個韻段,屋合三職德通押的 3 個韻段,這些韻段的屋韻字在先秦兩漢都是職部字,也就是説這些字在三國時期還沒有完全從職部中獨立出來,在這些韻段中還都屬於職部字;屋覺鐸通押的 1 個韻段,屋燭覺陌通押的 1 個韻段,屋錫通押的 1 個韻段,可能是因爲它們韻尾相同,在某些方言中主要元音又相近的緣故。

第六,藥鐸陌通押的 2 個韻段,屬於藥鐸兩部通押;屋覺鐸通押的 1 個韻段,屬於覺鐸兩部通押。

第七,在藥鐸與陌麥昔錫通押的 12 個韻段中,除了曹植《詩·君王禮英賢》“璧薄”外,其餘 11 個韻段韻脚字中陌麥昔錫的字在上古都是鐸韻字,並且曹丕《陌上桑》宅客陌筓索石錯柏席落惜,11 個韻脚字,有 7 個陌麥昔錫韻字;曹植《贈丁儀詩》落閣澤獲博客惜薄,8 個韻脚字,有 4 個陌麥昔錫韻字,而這些字在先秦兩漢都是鐸部字,説明它們在三國時期還沒有從鐸部中分離出來。另有陌昔屑通押的 1 個韻段(應璩《百一詩》穴石白客逆蹠澤),除了“穴”字,其他 6 個韻脚字上古也都是鐸部字。

第八,屋職薛通押的 1 個韻段,德薛通押的 1 個韻段,職德質通押的 1 個韻段,職德藥通押的 1 個韻段,德薛業通押的 1 個韻段,陌昔屑通押的 1 個韻段,燭覺錫職德術通押的 1 個韻段,表明某些方言中某些 -k 尾字和某些 -t 尾字韻尾可能相混;燭候通押的 1 個韻段,可能是當時某些方言燭候的主元音相同或相近。這些情況比較複雜,需要進一步考察。

(二)西晉時期

該時期與屋沃等十二韻有關的 338 個韻段。

祇與屋沃燭覺有關的 104 個韻段,其中屋合一獨用的 4 個韻段,屋合三獨用的 18 個韻段,屋合一屋合三通押的 2 個韻段(左芬《萬年公主誄》福速禄,陸雲《祖考頌》服縠禄屋);燭韻獨用的 9 個韻段,覺韻獨用的 1 個韻段;屋合一燭通押的 21 個韻段,屋合三燭通押的 11 個韻段,屋合一屋合三燭通押的 2 個韻段;燭覺通押的 3 個韻段,屋合一覺通押的 5 個韻段,屋合一屋合三覺通押的 1 個韻段;屋合一燭覺通押的 20 個韻段,屋合三燭覺通押的 1 個韻段,屋合一屋合三燭覺通押的 3 個韻段;屋合三沃通押的 2 個韻段;沃覺通押的 1 個韻段。

祇與藥鐸有關的 27 個韻段,其中鐸韻獨用的 23 個韻段,藥鐸通押的 4 個韻段。

　　祇與陌麥昔錫有關的 49 個韻段,其中陌韻獨用的 6 個韻段,麥韻獨用的 1
個韻段,昔韻獨用的 5 個韻段,錫韻獨用的 3 個韻段;昔錫通押的 7 個韻段,陌昔
通押的 4 個韻段,陌錫通押的 3 個韻段,麥昔通押的 6 個韻段,麥錫通押的 3 個
韻段,陌昔錫通押的 3 個韻段,麥昔錫通押的 5 個韻段,陌麥錫通押的 3 個韻段。

　　祇與職德有關的 88 個韻段,其中職韻獨用的 51 個韻段,德韻獨用的 21 個
韻段,職德通押的 16 個韻段。

　　四類通押的 64 個韻段,其中屋職通押的 2 個韻段(傅玄《鞞舞歌·大晉
篇》,劉琨《答盧諶詩》)①,屋德通押的 1 個韻段(陸雲《喜霽賦》),屋職德通押
的 2 個韻段(傅玄《吏部尚書箴》,陸雲《晉故散騎常侍陸府君誄》),屋陌通押的
1 個韻段(成公綏《菊頌》),屋麥職德通押的 1 個韻段(陸機《東宮作詩》)②,屋
燭錫德通押的 1 個韻段(陸機《贈武昌太守夏少明詩》),屋覺錫德通押的 1 個韻段
(陸機《七微》〔之七〕),屋沃錫德通押的 1 個韻段(陸雲《贈顧驃騎詩·有
皇》),沃德通押的 1 個韻段(陸機《挽歌辭》),燭覺藥通押的 1 個韻段(陸雲《晉
故散騎常侍陸府君誄》),燭覺鐸通押的 1 個韻段(左思《魏都賦》),覺藥鐸通押
的 1 個韻段(摯虞《太康頌》),覺藥錫通押的 1 個韻段(陸機《贈馮文羆斥丘令
詩》),覺藥昔錫通押的 1 個韻段(夏侯湛《雷賦》),覺鐸通押的 3 個韻段(成公
綏《嘯賦》,孫楚《和氏外孫小同哀文》,孫惠《楠榴枕賦》),覺鐸陌通押的 1 個韻
段(何劭《遊仙詩》),覺錫通押的 1 個韻段(左思《魏都賦》),覺陌昔錫通押的 1
個韻段(殷巨《奇布賦》),覺職通押的 1 個韻段(陸機《詩·澄神玄漠流》),覺德
通押的 1 個韻段(陸機《與弟清河雲詩》),藥陌通押的 1 個韻段(荀勖《晉四廂
樂歌·正旦大會行禮歌》),藥鐸陌通押的 2 個韻段(夏侯湛《獵兔賦》,孫楚《榮
啟其贊》),藥鐸陌錫通押的 1 個韻段(張協《七命》〔之六〕),藥鐸錫通押的 1 個
韻段(張載《羽扇賦》),藥麥通押的 1 個韻段(夏侯湛《繳彈賦》),藥錫通押的 3
個韻段(潘岳《蓮花賦》,《芙蓉賦》,左思《蜀都賦》),藥昔通押的 2 個韻段(傅咸
《汙卮賦》,陸機《演連珠》〔四二〕),鐸陌通押的 5 個韻段(左思《吳都賦》,陸機
《歎逝賦》,張協《七命》〔之七〕,盧旡忌《太公呂望表》,無名氏《元康三年蜀中
童謠》),鐸錫通押的 1 個韻段(夏侯湛《山路吟》),鐸昔通押的 6 個韻段(陸雲

──────────

① 　劉琨《答盧諶詩》,《漢魏六朝韻譜》失收,此處依逯欽立《先秦漢魏晉南北朝詩》補。
② 　《東宮作詩》,《昭明文選》作《赴洛二首》(之二),《漢魏六朝韻譜》從之,此處依逯欽立
　　《先秦漢魏晉南北朝詩》。

《祖考頌》,《逸民箴》,《晉故豫章内史夏府君誄》,左芬《元皇后誄》,張翰《贈張弋陽詩》,陸沖《風賦》),鐸陌昔通押的 4 個韻段(張協《七命》〔之三〕,左思《蜀都賦》,《魏都賦》,左芬《元皇后誄》),鐸陌錫通押的 2 個韻段(左思《蜀都賦》,陸雲《逸民賦》),鐸昔錫通押的 2 個韻段(陸機《七微》〔之三〕,陸雲《喜霽賦》),麥德通押的 1 個韻段(左思《悼離贈妹詩》〔之一〕),麥職德通押的 2 個韻段(左思《魏都賦》,陸雲《晉故散騎常侍陸府君誄》),藥麥昔通押的 1 個韻段(陸雲《贈鄭曼季詩·高岡》),屋沃覺錫通押的 1 個韻段(陸雲《大安二年夏四月大將軍初祖王羊二公於城南堂皇被命作此詩》〔六章之二〕),覺藥鐸錫通押的 1 個韻段(陸機《遂志賦》),藥陌昔錫通押的 1 個韻段(陸雲《贈顧驃騎詩·有皇》),覺藥鐸陌昔通押的 1 個韻段(夏侯淳《彈棊賦》),屋燭覺藥鐸德通押的 1 個韻段(陸雲《吳故丞相陸公誄》)。

屋沃等十二韻與他韻通押的 6 個韻段,其中藥效通押的 1 個韻段(潘岳《西征賦》教權效樂);職志通押的 1 個韻段(潘岳《馬汧督誄》熾植);職緝通押的 1 個韻段(張翰《贈張弋陽詩》力職惻邑);職祭通押的 1 個韻段(皇甫謐《釋勸論》説勢逼);鐸昔錫質通押的 1 個韻段(蔡洪《圍棋賦》郭落弈射悉);霽祭泰廢怪德通押的 1 個韻段(傅玄《舞曲歌辭·窮武篇》北廢戒藝祭濟大)。

通過進一步分析,可以看出西晉時期:

第一,屋合一與屋合三雖然關係密切,但似乎尚未完全合一。屋合一與燭覺的關係似乎更爲密切一些,應該合爲一部;屋合三與沃韻的關係似乎更爲密切一些,應該合爲一部。

第二,藥鐸應該合一,但在音值上似乎還是有細微差別的。

第三,從錯綜複雜的情況看,陌麥昔錫衹好合爲一部;職德二韻雖然可以分爲兩部,但它們的音值應該是很近的。

第四,屋沃燭覺、藥鐸、陌麥昔錫、職德四類通押的 64 個韻段,通押的情況比較複雜,有的是通押的韻脚字在上古同屬一個韻部,如藥陌通押的 1 個韻段,鐸陌通押的 5 個韻段,鐸錫通押的 1 個韻段,鐸昔通押的 6 個韻段,鐸陌昔通押的 4 個韻段,鐸陌錫通押的 2 個韻段,鐸昔錫通押的 2 個韻段,這些韻段的韻脚字在上古都是鐸部字;麥德通押的 1 個韻段,麥職德通押的 2 個韻段,這些韻段的韻脚字在上古都是職部字;有的可能是上古韻尾相同,而在某些方言中主元音又相近。上古屋部的“覿”字,此時還是讀歸屋部,東晉時期也是如此,一直到劉宋時期“覿”字纔轉入錫韻,與《切韻》一致。

　　第五,屋沃等十二韻與他韻通押的 6 個韻段,其中藥效通押的 1 個韻段,其韻脚字在上古分屬宵藥兩部,説明此時它們的主元音還相同;職志通押的 1 個韻段,其韻脚字在上古均屬職部,説明此時它們還均屬職部,或是因爲主元音還相同;職緝通押的 1 個韻段,也是因爲主元音相同。至於職祭、鐸昔錫質、霽祭泰廢怪德通押的韻段,可能就是因爲某些方言這些韻段各自的音同或音近的緣故。

(三)東晉時期

　　該時期與屋沃等十二韻有關的 214 個韻段。

　　祇與屋沃燭覺有關的 66 個韻段,其中屋合一獨用的 1 個韻段,屋合三獨用的 18 個韻段,燭韻獨用的 9 個韻段,覺韻獨用的 1 個韻段;屋合一屋合三通押的 2 個韻段;屋合一燭通押的 16 個韻段,屋合三燭通押的 2 個韻段;屋合一覺通押的 2 個韻段,屋合三覺通押的 1 個韻段;沃覺通押的 1 個韻段,燭覺通押的 6 個韻段;屋合一燭覺通押的 7 個韻段。

　　祇與藥鐸有關的 20 個韻段,其中藥韻獨用的 1 個韻段,鐸韻獨用的 13 個韻段,藥鐸通押的 6 個韻段。

　　祇與陌麥昔錫有關的 40 個韻段,其中陌韻獨用的 1 個韻段,昔韻獨用的 3 個韻段;陌昔通押的 4 個韻段,陌錫通押的 3 個韻段;麥昔通押的 4 個韻段,麥錫通押的 5 個韻段;昔錫通押的 11 個韻段;陌麥昔通押的 2 個韻段,陌昔錫通押的 2 個韻段,麥昔錫通押的 4 個韻段,陌麥昔錫通押的 1 個韻段。

　　祇與職德有關的 48 個韻段,其中職韻獨用的 25 個韻段,德韻獨用的 13 個韻段,職德通押的 10 個韻段。

　　四類通押的 33 個韻段,其中屋鐸通押的 2 個韻段(無名氏《西曲歌·翳樂》,《西曲歌·翳樂》),屋覺鐸通押的 1 個韻段(周祇《執手箴》),屋燭職通押的 1 個韻段(孫承《嘉豚賦》),屋職通押的 3 個韻段(郭璞《流寓賦》,《山海經圖贊·東山經·狸力獸鴢胡鳥》,《山海經圖贊·海外北經·駏驉》),屋麥職德通押的 1 個韻段(釋道安《東宮作詩》),屋覺藥鐸錫通押的 1 個韻段(郭璞《江賦》),沃錫通押的 1 個韻段(郭璞《元皇帝哀策文》),燭覺鐸通押的 1 個韻段(陶潛《時運詩》),覺鐸通押的 1 個韻段(庾闡《海賦》),覺藥鐸通押的 1 個韻段(郭璞《與王使君詩·懷遠與文》),覺鐸錫通押的 1 個韻段(釋僧肇《鳩摩羅什法師誄》),覺藥鐸錫通押的 1 個韻段(郭璞《井賦》),覺陌錫通押的 1 個韻段(郭璞《山海經圖贊·西山經·玃如》);藥麥通押的 1 個韻段(無名氏《吴聲歌曲·上聲歌·三月寒暖適》〔之五〕），藥鐸麥通押的 1 個韻段（湛方生《弔鶴文》），藥鐸錫通押的 1 個韻段（郭璞《蜜蜂賦》），藥鐸陌昔通押的 1 個韻段（陶潛《自祭文》），藥陌昔通押的 2 個韻段（郭璞《山海經圖贊·海內北經·馮夷》，王羲之《蘭亭詩》），鐸陌通押的 1 個韻段（李顒《雷賦》），鐸昔通押的 1 個韻段（無名氏《吳歌·子夜歌》〔三〇〕），鐸錫通押的 1 個韻段（范堅《安石榴賦》），鐸陌昔通押的 2 個韻段（梅陶《怨詩行》，李興《諸葛丞相故宅碣表》），鐸陌錫通押的 1 個韻段（郭璞《山海經圖贊·北山經·山獋》）①，鐸昔錫通押的 1 個韻段（李暠《述志賦》），鐸陌昔錫通押的 1 個韻段（郭璞《江賦》）；陌職通押的 1 個韻段（無名氏《吳歌·子夜歌》），麥德通押的 2 個韻段（郭璞《山海經圖贊·南山經·鳧》，孫綽《與庾冰詩》）。

屋沃等十二韻與他韻通押的 7 個韻段，其中沃錫号通押的 1 個韻段（郭璞《山海經圖贊·北山經·鵁鸖》鵁覷鵁），藥昔曷通押的 1 個韻段（郭璞《山海經圖贊·北山經·狍鴞》腋割若）②，鐸嘯通押的 1 個韻段（盧諶《太尉劉公誄》藋微），陌禡通押的 1 個韻段（無名氏《時人爲王廙語》白亞），職志通押的 1 個韻段（盧諶《贈劉琨詩》值意餌識），職志至通押的 1 個韻段（王胡之《答謝安詩》）③，職櫛通押的 1 個韻段（王嘉《白帝子歌》）。

通過進一步分析，可以看出東晉時期：

第一，屋合一與沃燭覺應是一個韻部，屋合三應是自成爲一個韻部；藥鐸應是一個韻部，但鐸韻獨用韻段較多，且盧諶《時興詩》廓藿洛薄落索粵作漠，連用 9 個鐸韻字不雜藥韻字，可見藥鐸在音值上應有一定的差別；陌麥昔錫應是一個韻部，昔錫的音值更近一些。職德應該分屬兩部，衹是職德的關係還是比較密切的。

第二，屋沃燭覺、藥鐸、陌麥昔錫、職德四類通押韻段情況比較複雜，可以找出兩條規律：其一，陌麥昔錫與藥鐸關係近一些，與屋沃燭覺的關係遠些；其二，鐸陌通押的 1 個韻段，藥陌昔通押的 2 個韻段，鐸陌昔錫通押的 1 個韻段，韻脚字在上古都是鐸部字；麥德通押的 2 個韻段，韻脚字在上古都是職部字。

---

① 原文爲："獋山之獸，見乃歡嘘，厥性善投，行如矢激。是維氣精，出則風作。"嘘，《廣韻》呼訏切（曉禡開二，虎聲）；又古伯切（見陌合二，鳥啼）。激，原作"繳"，嚴可均校作"激"，依文義以作"激"是。

② 該韻段《漢魏六朝韻譜》未收，此處依嚴可均《全晉文》補。

③ 識，《廣韻》賞職（職韻，玄常、知也）、熾吏（志韻，標識）二切。

　　第三,屋沃等十二韻與他韻通押韻段情況更爲複雜一些。陌禡通押的 1 個韻段,韻腳字上古均屬鐸部字;職志通押的 1 個韻段,韻腳字上古或是屬於職部,或是屬於之部;職志至通押的 1 個韻段,除了説明職志主元音相同外,還説明有些地方的有些 -k 尾字和 -t 尾字的韻尾開始相混;職櫛通押的 1 個韻段,一方面可以看出職德應該各自獨立爲部,一方面也反映有些地方的有些 -k 尾字和 -t 尾字的韻尾開始相混;藥昔曷通押的 1 個韻段,也反映有些地方的有些 -k 尾字和 -t 尾字的韻尾開始相混;鐸嘯通押的 1 個韻段,其中的去聲"徼"字在上古讀入聲;沃錫号通押的 1 個韻段,号韻與沃韻的主要元音相同或相近。

(四)劉宋時期

　　該時期與屋沃等十二韻有關的 199 個韻段(包括范曄《後漢書》傳贊韻語中 20 個韻段)。

　　祇與屋沃燭覺有關的 49 個韻段,其中屋合一獨用的 1 個韻段(《後漢書・東夷傳》谷族);屋合三獨用的 15 個韻段(包括《後漢書・劉袁吕傳》牧福逐覆),燭韻獨用的 2 個韻段(包括《後漢書・輿服志》局玉欲縟),覺韻獨用的 2 個韻段(包括《後漢書・鄭范陳賈張傳》學幄駁);屋合一屋合三通押的 9 個韻段(包括《後漢書・桓帝紀》禄獄續,《崔駰傳》禄辱俗),屋合一燭通押的 3 個韻段(包括《後漢書・桓帝紀》禄獄續,《崔駰傳》禄辱俗),屋合三燭通押的 1 個韻段,屋合一屋合三燭通押的 3 個韻段,屋合三覺通押的 1 個韻段,屋合一燭覺通押的 5 個韻段,屋合三燭覺通押的 2 個韻段,屋合一屋合三燭覺通押的 2 個韻段,屋合一沃燭覺通押的 1 個韻段,燭覺通押的 1 個韻段,沃燭通押的 1 個韻段。

　　祇與藥鐸有關的 34 個韻段,其中鐸韻獨用的 9 個韻段,藥鐸通押的 25 個韻段(包括《後漢書・袁張韓周傳》博幘雀,《酷吏傳》薄作虐略)。

　　祇與陌麥昔錫有關的 46 個韻段,其中陌韻獨用的 2 個韻段,昔韻獨用的 4 個韻段,錫韻獨用的 2 個韻段;昔錫通押的 5 個韻段,陌昔通押的 7 個韻段,麥昔通押的 2 個韻段,麥錫通押的 3 個韻段,陌麥昔通押的 3 個韻段,陌麥錫通押的 1 個韻段,陌昔錫通押的 5 個韻段,麥昔錫通押的 6 個韻段(包括《後漢書・耿弇傳》策狄迹液),陌麥昔錫通押的 6 個韻段。

　　祇與職德有關的 52 個韻段,其中職韻獨用的 23 個韻段(包括《後漢書・桓榮丁鴻傳》翼飾食,《李杜傳》職力稷極直),德韻獨用的 25 個韻段(包括《後漢書・光武紀》國塞德,《孝和孝殤帝紀》則慝德克,《百官志》默德克弒國,《馮岑賈傳》克德賊國,《楊震傳》德國惑弒則,《劉虞公孫瓚陶謙傳》德北國,《獨行傳》

弍惑德），職德通押的 4 個韻段（劉駿《丁都護歌》，釋慧琳《武丘法綱法師誄》，無名氏《吳歌・碧玉歌》，《吳歌・讀曲歌》）。

四類通押的 13 個韻段，其中屋燭覺鐸通押的 1 個韻段（謝靈運《歸途賦》），屋燭覺鐸錫通押的 1 個韻段（謝靈運《過白岸亭詩》），屋燭職德通押的 1 個韻段（謝惠連《雪賦》），屋合一燭覺德通押的 1 個韻段（鮑照《觀漏賦》），屋藥通押的 1 個韻段（鮑照《石帆銘》），燭覺德通押的 1 個韻段（謝靈運《撰征賦》），燭覺沃鐸通押的 1 個韻段（謝瞻《於客城答靈運詩》），燭德通押的 1 個韻段（謝靈運《東陽溪中贈答詩》），覺陌通押的 1 個韻段（謝靈運《慧海法師誄》），藥鐸麥通押的 1 個韻段（謝靈運《撰征賦》），鐸麥通押的 1 個韻段（謝靈運《贈從弟弘元詩》），陌麥昔錫職通押的 1 個韻段（鮑照《代貧賤苦愁行》），職昔通押的 1 個韻段（劉義慶《西曲・烏夜啼》）。

屋沃等十二韻與他韻通押的 5 個韻段，其中昔眞通押的 1 個韻段（沈攸之《西曲・西烏夜飛》刺僻）；昔薛通押的 1 個韻段（謝靈運《登孤山詩》折蘗）；陌昔質通押的 1 個韻段（任豫《夏潦省宅詩》室陌拆夕白迹惜）；麥昔錫齊通押的 1 個韻段（謝靈運《山居賦》適隔石戴借霓）；職緝通押的 1 個韻段（徐爰《食箴》稷植執）。

通過以上統計，可以看出劉宋時期：

第一，屋合一與屋合三已經合爲一部，但二者在音值上似乎還有一定的差別，就是屋合一與燭覺的關係近一些，而屋合三與燭覺的關係遠一些。

第二，藥鐸應該合爲一部，陌麥昔錫合爲一部，職德應該分爲兩部。

第三，四類通押韻段情況比較複雜，可能是通押的各韻脚字韻尾相同，主元音相近等方面的原因，也不排除某些作家韻寬的因素。

第四，昔眞通押的 1 個韻段，韻脚字主元音相同或相近，在先秦兩漢均是錫部字；昔薛通押的 1 個韻段，陌昔質通押的 1 個韻段，説明他們在某些方言可能主元音相同或相近；職緝通押的 1 個韻段，説明職緝的主元音相同；麥昔錫齊通押的 1 個韻段，説明麥昔錫齊的主元音相同或相近。

（五）南齊時期

該時期與屋沃等十二韻有關的 81 個韻段。

祇與屋沃燭覺有關的 27 個韻段，其中屋合一獨用的 1 個韻段，屋合三獨用的 6 個韻段，燭韻獨用的 7 個韻段；屋合一屋合三通押的 8 個韻段，屋合一燭通押的 1 個韻段，屋合三燭通押的 3 個韻段，燭覺通押的 1 個韻段。

衹與藥鐸有關的 10 個韻段,其中鐸韻獨用的 5 個韻段,藥鐸通押的 5 個韻段。

衹與陌麥昔錫有關的 11 個韻段,其中陌韻獨用的 1 個韻段,昔韻獨用的 1 個韻段;陌麥通押的 1 個韻段,陌昔通押的 5 個韻段,陌昔錫通押的 1 個韻段,麥昔錫通押的 1 個韻段,陌麥錫通押的 1 個韻段。

衹與職德有關的 30 個韻段,其中職韻獨用的 18 個韻段,德韻獨用的 12 個韻段。

四類通押的 3 個韻段,其中屋合三德通押的 1 個韻段(王儉《南郡王冠祝辭》),覺藥鐸通押的 1 個韻段(孔稚珪《北山移文》),昔職通押的 1 個韻段(謝朓《答張齊興詩》)。

通過以上統計,可以看出南齊時期:

第一,屋合一、屋合三已經合一,也就是説此時東韻已經形成;燭韻是一個獨立的韻部;藥鐸應是一個韻部,但在音值上似乎應有一定的差別;陌麥昔錫應該是一個韻部;職德應該分立。

第二,在四類通押的 3 個韻段中,屋德通押的 1 個韻段,其韻腳字在先秦兩漢均屬職部字;覺藥鐸通押的 1 個韻段,説明它們的主元音相近;昔職通押的 1 個韻段,説明昔職主元音音值相近。

(六)南朝梁時期

該時期與屋沃等十二韻有關的 396 個韻段。

衹與屋沃燭覺有關的 114 個韻段,其中屋合一獨用的 1 個韻段,屋合三獨用的 20 個韻段,燭韻獨用的 39 個韻段,覺韻獨用的 8 個韻段;屋合一屋合三通押的 38 個韻段,屋合一覺通押的 1 個韻段,屋合三燭通押的 3 個韻段,屋合一屋合三燭通押的 1 個韻段,燭覺通押的 3 個韻段。

衹與藥鐸有關的 59 個韻段,其中藥韻獨用的 2 個韻段,鐸韻獨用的 25 個韻段,藥鐸通押的 32 個韻段。

衹與陌麥昔錫有關的 65 個韻段,其中陌韻獨用的 7 個韻段,麥韻獨用的 2 個韻段,昔韻獨用的 15 個韻段,錫韻獨用的 2 個韻段;陌麥通押的 1 個韻段,陌昔通押的 17 個韻段,陌錫通押的 3 個韻段,麥錫通押的 2 個韻段,昔錫通押的 8 個韻段,陌麥昔通押的 1 個韻段,陌麥錫通押的 1 個韻段,陌昔錫通押的 5 個韻段,麥昔錫通押的 1 個韻段。

衹與職德有關的 142 個韻段,其中職韻獨用的 113 個韻段,德韻獨用的 26

個韻段(包括《文心雕龍·程器》德北則國);職德通押的 3 個韻段。

四類通押的 14 個韻段,其中屋合三職通押的 1 個韻段(蕭詧《咏百合詩》色抑馥)①;屋合一德通押的 1 個韻段(張纘《南征賦》德國克繯則匐);屋合一燭德通押的 1 個韻段(甄玄成《車賦》木曲墨忒鹿);燭鐸通押的 1 個韻段(丘遲《侍中吏部尚書何府君誄》壑浴玉辱);燭覺鐸通押的 1 個韻段(任昉《答陸倕感知己賦》朴學幄曲樂握縟);覺鐸通押的 4 個韻段(蕭綱《箏賦》角學樂,《海賦》鑿礴博濁壑漠,虞羲《贈蕭諮議詩》幕學樂度②,《贈何録事諲之詩》學樂岳度);覺藥鐸通押的 2 個韻段(費昶《贈徐郎詩》鵲璞鶴落爵臛閣③;甄玄成《車賦》角躍脚閣泊);鐸陌通押的 1 個韻段(無名氏《鼓角横吹曲·黄淡思歌》百索);鐸陌昔通押的 1 個韻段(何遜《賦咏聯句》額索易拍戟劇);鐸陌昔錫通押的 1 個韻段(何遜《往晉陵聯句》適惜壁益陌客擇索)。

屋沃等十二韻與他韻通押的 2 個韻段,其中昔祭通押的 1 個韻段(闕名《七召》〔之一〕積易烏敝);質昔錫通押的 1 個韻段(江淹《知己賦》籍密厤)。

通過以上統計,可以看出南朝梁時期:

第一,屋合一、屋合三合爲一部;燭覺應該分立,但燭覺的關係比燭覺與屋合一、屋合三的關係要近得多;藥鐸應該合爲一部,但二韻的音值應有差別;陌麥昔錫應該合爲一部;職德應該分爲兩部。

第二,屋沃燭覺、藥鐸、陌麥昔錫、職德四類通押韻段情況比較複雜。屋合三職通押的 1 個韻段,屋合一德通押的 1 個韻段,屋合一燭德通押的 1 個韻段,説明在某些方言中屋韻與職德的主元音相近;燭鐸通押的 1 個韻段,燭覺鐸通押的 1 個韻段,覺鐸通押的 4 個韻段,覺藥鐸通押的 2 個韻段,説明燭覺與藥鐸的音值更近一些;鐸陌通押的 1 個韻段,鐸陌昔通押的 1 個韻段,鐸陌昔錫通押的 1 個韻段,説明有些鐸韻字與陌麥昔錫的音值較近,而藥韻則與陌麥昔錫的音值遠一些,這也説明,藥鐸雖然可以合爲一部,但二者的主元音還是有細微差別的。

第三,昔祭通押的 1 個韻段,質昔錫通押的 1 個韻段,可能是主元音相近的緣故。

----

① 馥,于安瀾《漢魏六朝韻譜》認爲不入韻。原詩作"接葉有多種,開花無異色。寒露或低垂,從風時偃抑。甘菊愧仙方,菊蘭謝芳馥"。依原詩,"馥"字似乎應該入韻。

② 幕,于安瀾《漢魏六朝韻譜》認爲不入韻,依原詩韻例,"幕"字應該入韻。

③ 鶴,于安瀾《漢魏六朝韻譜》作"鶮",此處依逯欽立《先秦漢魏晉南北朝詩》。

（七）南陳時期

該時期與屋沃等十二韻有關的 50 個韻段。

祇與屋沃燭覺有關的 14 個韻段,其中屋合三獨用的 3 個韻段,燭韻獨用的 8 個韻段;屋合一屋合三通押的 2 個韻段,屋合三燭通押的 1 個韻段。

祇與藥鐸有關的 10 個韻段,其中鐸韻獨用的 2 個韻段,藥鐸通押的 8 個韻段。

祇與陌麥昔有關的 13 個韻段,其中昔韻獨用的 2 個韻段,錫韻獨用的 1 個韻段;陌昔通押的 1 個韻段,陌錫通押的 2 個韻段,昔錫通押的 3 個韻段,陌昔錫通押的 4 個韻段。

祇與職德有關的 11 個韻段,其中職韻獨用的 6 個韻段,德韻獨用的 5 個韻段。

四類通押的 1 個韻段,爲屋德通押(徐陵《咏柑詩》淑竹國郁育)。

屋沃等十二韻與他韻通押的 1 個韻段,爲德業通押(江總《陳宣帝哀策文》業默德塞)。

通過進一步分析,可以看出南朝陳時期:

第一,屋韻是一個獨立的韻部(屋合一、屋合三),燭韻是一個獨立的韻部,屋燭二部的主元音相近;沃覺沒有入韻的韻段,其分合關係不好確定。《切韻》將屋燭分立,與南朝陳的詩歌用韻完全吻合。

第二,藥鐸是一個韻部,陌昔錫應該合爲一部,麥韻沒有入韻的韻段,不好斷定其分合關係。

第三,比起北朝及隋朝來,職德各自的獨立性更強。職德應該分爲兩部。

第四,屋沃燭覺、藥鐸、陌麥昔錫、職德四類通押的 1 個韻段,是屋德通押,說明它們的主元音相近。值得注意的是,此時屋沃燭覺唯一的異韻相押就是屋德構成的韻段,這可以看出德韻與屋韻的關係比職韻與屋韻的關係近些,《切韻》中的某些德韻字當時可能已有屋韻一讀。

第五,屋沃等十二韻與他韻通押的 1 個韻段,是德業通押,也可能是它們的主元音相近的緣故。

通過以上分析,我們可以得出如下結論:

第一,三國時期吳方言區的屋合三與屋合一應該合一,其餘方言區以屋合三獨立爲部,屋合一與燭覺合一爲妥。西晉時期屋合一與屋合三雖然關係密切,但似乎尚未完全合一。屋合一與燭覺的關係似乎更爲密切一些,應該合爲一部;屋合三與沃韻的關係似乎更近一些,應該合爲一部。東晉時期屋合一與沃燭覺應是一個韻部,屋合三應是自成爲一個韻部。南朝從劉宋時期開始屋合一與屋合三已經合爲一部,祇是劉宋時期的屋合一與屋合三在音值上似乎還有一定的差別,就是屋合一與燭覺的關係近一些,而屋合三與燭覺的關係遠一些。北朝從北齊時期開始,屋合一與屋合三已合爲東韻,但音值應有一定的差別,主要體現在韻頭的不同。王仁昫《刊謬補缺切韻》韻目入聲沃韻下注"陽與燭同,呂、夏侯別,今依呂、夏侯",北地陽休之《韻略》分韻與《廣韻》規定沃燭同用一致。

第二,三國時期的藥鐸兩部應該分立,與先秦兩漢一致。兩晉及南朝宋齊梁時期的藥鐸應該合一,但在音值上應有一定的差別;南陳時期藥鐸是一個韻部。北魏時期從藥韻的角度看,藥鐸應該合爲一部,但從鐸韻的角度看,藥鐸在音值上還是應該存在一定的差別,鐸韻和陌韻關係較近,而藥韻與陌韻關係較遠。北齊時期的藥鐸合爲一部,祇是入韻的韻段太少,不易説明問題。北周時期藥鐸的關係非常密切,應該合爲一部,但在音值上還是有一定的差別的。隋朝藥鐸可以合爲一部,但二者在音值上還是應該有細微的差別的。《切韻》將藥鐸分爲二韻,應該屬於從"賞知音"的角度來分韻的。王仁昫《刊謬補缺切韻》韻目入聲藥韻下注"呂、杜與鐸同,夏侯別,今依夏侯"。《廣韻》規定藥鐸同用,呂靜《韻集》、杜臺卿《韻略》的藥與鐸同,均與詩文用韻一致。

第三,從錯綜複雜的情況看,從三國、兩晉一直到南朝宋齊梁時期,陌麥昔錫均應是一個韻部,其音值與藥鐸的關係較近。南朝陳時期麥韻沒有入韻的韻段,不好斷定其分合關係,陌昔錫應該合爲一部,未見與他韻通押的韻段。北魏、北齊、北周時期,陌麥昔錫應該合爲一部。隋朝時期昔錫應該合爲一部;陌麥的關係較密,也可以合爲一部,陌韻與昔錫的關係也很近。《廣韻》規定陌麥昔同用,錫獨用,王仁昫《刊謬補缺切韻》韻目入聲錫韻下注"李與昔同,夏侯與陌同,呂與昔別,與麥同,今並別";昔韻下注殘損不可辨。這些也説明陌麥昔錫的錯綜複雜的關係。

第四,三國時期吳、蜀方言區職德應是一個韻部,其他方言區職德應該分立,但音值應該很近。西晉、東晉職德兩部的關係與三國時期大致相同。南朝劉宋、梁時期職德應該分爲兩部,但均有通押的韻段。南齊、南陳時期職德没有通押的韻段,此時職德徹底是各自獨立的韻部。北朝北魏、北齊時期的職德各自獨立成部,但此時二部的音值還應該是非常密切的。北周時期職德是各自獨立的韻部。隋朝時期職德是各自獨立的韻部,祇是兩部的音值較近。德韻與沃韻的關係比職韻與沃韻的關係近一些。

第五,三國時期與四類有關的 148 個韻段,四類通押的 29 個韻段,約占 19.59%;西晉時期與四類有關的 338 個韻段,四類通押的 64 個韻段,約占 18.93%;東晉時期與四類有關的 214 個韻段,四類通押的 33 個韻段,約占 15.42%;劉宋時期與四類有關的 199 個韻段,四類通押的 13 個韻段,約占 6.53%;南齊時期與四類有關的 81 個韻段,四類通押的 3 個韻段,約占 3.7%;南朝梁時期與四類有關的 396 個韻段,四類通押的 14 個韻段,約占 3.54%;南陳時期與四類有關的 50 個韻段,四類通押的 1 個韻段,約占 2%;北魏時期與四類有關的 54 個韻段,四類通押的韻段有 3 個,約占 5.6%;北齊時期與四類有關的 26 個韻段,四類無通押的韻段;北周時期與四類有關的 58 個韻段,四類通押的 3 個韻段,約占 5.2%;隋朝時期與四類有關的 73 個韻段,四類通押的 5 個韻段,約占 6.85%。三國、兩晉時期四類通押的比例較高,主要是有些上古屬於同一韻部後來分屬《廣韻》不同的韻的字通押,如三國時期屋沃燭覺、藥鐸、陌麥昔錫、職德四類通押的 29 個韻段,其中屋職、屋德、屋職德通押 10 韻段(包括屋職薛通押的 1 個韻段)中的屋韻字(服福),在先秦兩漢都是職部字;麥職德通押的 1 個韻段,麥德通押的 1 個韻段,其中麥韻的“革麥”二字在上古均屬職部字。説明這些字(服福革麥)在三國時期還没有完全從職部中獨立出來。藥鐸與陌麥昔錫通押的 12 個韻段,除了曹植《詩·君王禮英賢》“璧薄”屬於屬鐸錫兩部、王粲《羽獵賦》“駱弱作錯澤”屬於藥鐸兩部外,其餘 10 個韻段中的陌麥昔錫四韻字在上古均屬於鐸部字,説明它們在三國時期還没有從鐸部中分離出來。西晉時期四類通押的 64 個韻段,其中 30 個通押的韻段在上古爲同部字,東晉時期四類通押的 33 個韻段,與鐸韻通押的陌昔錫各韻段中的韻脚字在上古均屬鐸部字;麥德通押的 2 個韻段,韻脚字在上古都是職部字。劉宋時期以後,四類通押的比例小了很多,總的趨勢是所占比例越來越小。北朝除了北齊時期四類入韻 26 個韻段無通押的韻段外,北魏、北周及隋朝各時期四類通押的比例均略小於南朝劉宋時期而高於齊梁陳時期,有些韻段也是屬於上古同部中古不同韻的通押。當然,整個魏晉南北朝時期四類通押的情況很複雜(參看本節前面相關部分所作的分析),並且在不同時期、不同地域中有不同的體現,我們將在《南北朝時期方音研究》中對這一問題作進一步分析。

　　第六,三國時期四類與他韻通押的 9 個韻段,約占四類入韻總數 148 個韻段的 6.08%;西晉時期四類與他韻通押的 6 個韻段,約占四類入韻總數 338 個韻段的 1.78%;東晉時期四類與他韻通押的 7 個韻段,約占四類入韻總數 214 個韻段的 3.27%;劉宋時期四類與他韻通押的 5 個韻段,約占與四類入韻總數 199 的 2.51%;南齊時期與四類有關的 81 個韻段,未見四類與他韻通押的韻段;南朝梁時期四類與他韻通押的 2 個韻段,約占四類入韻總數 396 的 0.5%;南陳時期四類與他韻通押的 1 個韻段,占四類入韻總數 50 個韻段的 2%;北魏時期四類與他韻通押的有 3 個韻段,約占四類入韻總數 54 個韻段的 5.56%;北齊時期與四類有關的 26 個韻段、北周時期與四類有關的 58 個韻段、隋朝時期與四類有關的 73 個韻段,四類均無與他韻通押的韻段。整個魏晉南北朝時期,除了北魏外,四類與他韻通押的比例均大大小於四類通押的比例。在四類與他韻通押的韻段中,主要是它們的主要元音相同或相近,有的甚至還存在對轉關係,有些通押的韻段還可以看出有些方言的 -k 尾字和 -t 尾字的韻尾開始相混。魏晉南北朝時期四類與他韻通押的情況更爲复杂,詳見本節前面的相關分析。至於四類與他韻通押在不同地域的體現,我們也擬在《南北朝時期方音研究》中作進一步地分析。

第二節　質術櫛物迄月没曷末鎋黠屑薛
十三韻的關係

一、北朝及隋朝質月等十三韻的關係

(一)北魏時期

　　該時期與質月等十三韻有關的 34 個韻段。爲了敘述方便,我們將質術櫛物迄五韻稱爲"質類",將月没曷末鎋黠屑薛八韻稱爲"月類",下仿此。

　　1. 衹與質類有關的韻段(10 個)

　　質韻獨用的 2 個韻段:陽固《疾倖詩》眤失日疾,蕭綜《悲落葉》密失日;質術通押的 4 個韻段:高允《鹿苑賦》出術合三吉質開三術術合三室質開三溢質開三畢質開三,《徵士頌》一質開三恤術合三逸質開三出術合三,陽固《演賾賦》術術合三質質開三,李諧《述身賦》筆質開三述術合三室質開三實質開三密質開三出術合三;質物通押的 1 個韻段:衛操《桓帝功德頌碑》室質開三物物合三;質術物通押的 3 個韻段:元宏《祭岱岳

文》崛_{物合三}律_{術合三}物_{物合三}秩_{質開三}溢_{質開三}室_{質開三},陽固《演賾賦》質_{質開三}術_{術合三}物_{物合三},《演賾賦》鬱_{物合三}珳_{術合三}術_{術合三}質_{質開三}①。

2. 祇與月類有關的韻段(16個)

月韻獨用的3個韻段:高允《鹿苑賦》發伐闕謁月越,《北伐頌》蹶伐發鉞,闕名《禪静寺刹前銘敬史君碑》發月蹶闕;薛韻獨用的4個韻段:崔巨倫《五月五日詩》熱舌,常景《嚴君平贊》雪説舌徹,鹿念《諷真定公詩》雪絶,無名氏《東魏武定末童謡》折滅;月没通押的1個韻段:温子昇《司徒元樹墓誌銘》越_{月合三}發_{月合三}闕_{月合三}没_{没合一};月黠通押的1個韻段:周南《晚粧詩》月_{月合三}發_{月合三}滑_{黠合二}越_{月合三};月薛通押的2個韻段:衛操《桓帝功德頌碑》烈_{薛開三}發_{月合三},闕名《魯郡太守張猛龍清頌碑》雪_{薛合三}發_{月合三}闕_{月合三}月_{月合三};屑薛通押的3個韻段:陽固《演賾賦》決_{屑合四}悦_{薛合三},《演賾賦》哲_{薛開三}節_{屑開四},李騫《釋情賦》拙_{薛合三}渫_{薛開三}説_{薛合三}轍_{薛開三}列_{薛開三}缺_{屑合四}結_{屑開四};曷末通押的1個韻段:闕名《季洪演造像頌》達_{曷開一}遏_{曷開一}脱_{末合一}末_{末合一};黠末通押的1個韻段:無名氏《孝明時洛下謡》拔_{黠合二}末_{末合一}。

3. 質類與相關去聲通押的韻段(2個)

至質通押的1個韻段:張淵《觀象賦》位_{至合三}秩_{質開三}失_{質開三}筆_{質開三};寘志至質通押的1個韻段:無名氏《老子化胡經玄歌·老君十六變詞》地_{至開三}比_{至開三}詰_{質開三}悉_{志開三}利_{至開三}企_{寘開三}次_{至開三}②。

4. 月類與相關去聲通押的韻段(6個)

祭薛通押的1個韻段:衛操《桓帝功德頌碑》烈_{薛開三}説_{薛合三}絶_{薛合三}輟_{薛合三}制_{祭開三}列_{薛開三};霽祭薛通押的1個韻段:李騫《釋情賦》濟_{霽開四}蕙_{霽合四}歲_{祭合三}裔_{祭開三}晰_{薛開三};霽祭屑薛通押的1個韻段:李諧《述身賦》絶_{薛合三}結_{屑開四}滅_{薛開三}閉_{霽開四}世_{祭開三}逝_{祭開三}勢_{祭開三}裂_{薛開三}血_{屑合四};霽祭怪隊薛通押的1個韻段:仙道《老子化胡經玄歌·老君十六變詞·十四變之時》衛_{祭合三}偈_{薛合三}濟_{霽開四}怪_{怪合二}拜_{怪開二}戒_{怪開二}退_{隊合一}誓_{祭開三};霽祭泰薛通押的1個韻段:張淵《觀象賦》際_{祭開三}契_{霽開四}世_{祭開三}彗_{祭合三}滅_{薛開三}設_{薛開三}蔡_{泰開一}哲_{薛開三};夬廢怪屑薛通押的1個韻段:元宏《弔殷比干墓文》潔_{屑開四}裔_{祭開三}列_{薛開三}介_{怪開二}滅_{薛開三}桀_{薛開三}。

---

① 《漢魏六朝韻譜》將此韻段分爲2個韻段,依該賦韻例可以看作1個韻段。

② 悉,同"愛",影微/影代;又息,曉母未韻;又同"忌",見之/見志。

通過以上分析,可以看出北魏時期:

第一,質術物應該合爲一部,迄櫛沒有入韻,不好斷定其分合。另有至韻"位"字與質韻字通押,"位"字上古屬於物部,表明上古的某些物部字此時雖與至韻字相近,但還沒有完全變爲去聲。

第二,月薛雖有通押的韻段,但各自獨用的韻段也不少,以各自獨立爲部爲是。從屑薛通押的 3 個韻段看,薛韻與屑韻合爲一部,依據通行的稱呼,稱爲"屑部"。

第三,月沒通押的 1 個韻段,沒韻應該歸爲月部;從月黠通押的 1 個韻段看,月部與黠韻近一些。

第四,曷末通押的 1 個韻段,應該獨立爲一部,稱爲曷部,但從黠末通押的 1 個韻段看,曷部與黠韻或月部關係近一些。

第五,眞志至與質類的關係近一些;霽祭與屑薛怪隊關係近一些,尤其是與屑薛的關係更近一些。

(二)北齊時期

該時期與質月等十三韻有關的 18 個韻段。

1. 祇與質類有關的韻段(7 個)

質韻獨用的 5 個韻段:陸卬《享廟樂辭·昭夏樂》倮室,《祀五帝於明堂樂歌·皇夏樂》佾吉,邢劭《新宮賦》室秩匹,闕名《臨淮王造像碑》一日室實,無名氏《文宣時童謠》室日;質櫛通押的 1 個韻段:陸卬《元會大饗歌·食舉樂》(之一)瑟_{櫛開三}一質_{開三};質術通押的 1 個韻段:陸卬《元會大饗歌·食舉樂》(之九)日_{質開三}溢_{質開三}律_{術合三}。

2. 祇與月類有關的韻段(9 個)

月韻獨用的 3 個韻段:陸卬《五郊樂歌·赤帝高明樂》發月,《祀五帝於明堂樂歌·高明樂》闕發,闕名《劉碑造像銘》闕發越月;薛韻獨用的 1 個韻段:崔氏《黶面辭》雪悅;屑薛通押的 4 個韻段:陸卬《大禘圜丘及北郊歌辭·高明樂》列_{薛開三}節_{屑開四},《享廟樂辭·登歌樂》設_{薛開三}潔_{屑開四},《元會大饗歌·皇夏》節_{屑開四}列_{薛開三}晣_{薛開三}轍_{薛開三}①,《元會大饗歌·肆夏》節_{屑開四}烈_{薛開三};月沒通押的 1 個韻段:顏之推《觀我生賦》伐_{月合三}窣_{沒合一}窟_{沒合一}闕_{月合三}沒_{沒合一}忽_{沒合一}月_{月合三}。

---

① 晣,逯欽立《先秦漢魏晉南北朝詩》、于安瀾《漢魏六朝韻譜》均作"晰"_{錫開四},疑誤。

3. 質類與月類通押的韻段(1 個)

該韻段爲質薛通押:闕名《洛陽合邑諸人造像銘》滅_{薛開三}軼_{質開三}。

4. 十三韻與相關去聲通押的韻段(1 個)

該韻段爲祭薛通押:顔之推《觀我生賦》雪_{薛合三}汭_{祭合三}列_{薛開三}説_{薛合三}説_{薛合三}。

通過以上分析,可以看出北齊時期:

第一,質術櫛應該合爲一部;物迄没有入韻的韻段,不好斷定其分合關係。

第二,月韻是一個獨立的韻部;月没通押的 1 個韻段,説明没韻可以歸入月部;屑薛可以合爲一部;質薛通押的 1 個韻段,説明屑部與質部的音值近些。

第三,上古月部祭韻中的一些字,尚未完全完成從月部向祭韻的轉變①。

(三)北周時期

該時期與質月等十三韻有關的 33 個韻段。

1. 祇與質類有關的韻段(6 個)

質韻獨用的 3 個韻段:王褒《皇太子箴》秩弼室,釋亡名《寶人銘》失一,無名氏《步虛辭》一日實質逸;質術通押的 2 個韻段:唐瑾《華嶽頌》疾_{質開三}秩_{質開三}日_{質開三}出_{昌物/昌術合三},庾信《周柱國大將軍拓跋儉神道碑》密_{質開三}失_{質開三}膝_{質開三}出_{術合三};質櫛通押的 1 個韻段:庾信《周祀圜丘歌·昭夏》(俎入)日_{質開三}瑟_{櫛開三}質_{質開三}。

2. 祇與月類有關的韻段(26 個)

没韻獨用的 2 個韻段:庾信《哀江南賦》勃卒窟骨没,《周上柱國宿國公河州都督普屯威神道碑銘》忽没卒窟。屑韻獨用的 2 個韻段:庾信《竹杖賦》結蠚蔑,《擬連珠》(三八)節穴。薛韻獨用的 7 個韻段:庾信《擬咏懷詩》(一〇)滅絕雪別,《和侃法師三絕詩》(之三)絕別,《周祀圜丘歌·皇夏》(就望燎位)晰徹,《周五聲調曲·羽調曲》徹拙絕,《周大將軍上開府廣饒公鄭常墓誌銘》折哲滅別,《擬連珠》(一八)雪絕別,釋亡名《寶人銘》滅絕。

屑薛通押的 7 個韻段:庾信《哀江南賦》裂_{薛開三}折_{薛開三}徹_{薛開三}舌_{薛開三}穴_{屑合四}別_{薛開三}節_{屑開四}滅_{薛開三},《枯樹賦》絕_{薛合三}別_{薛開三}血_{屑合四}節_{屑開四}折_{薛開三}裂_{薛開三}穴_{屑合四}蘖_{薛開三},《周大將軍襄城公鄭偉墓誌銘》結_{屑開四}別_{薛開三},《周驃騎

---

① 當然,這些字在先秦兩漢也可以稱爲祭部,詳見拙著《兩漢韻部與聲調研究》第七章第五節,巴蜀書社 2007 年。

大將軍開府儀同三司冠軍伯柴烈李夫人墓誌銘》設薛開三結屑開四絕薛合三別薛開三,《周安昌公夫人鄭氏墓誌銘》咽屑開四絕薛合三折薛開三別薛開三,劉璠《雪賦》雪薛合三節屑開四別薛開三潔屑開四烈薛開三①,《雪賦》閱薛合三絕薛合三結屑開四雪薛合三。月沒通押的 2 個韻段:庾信《對燭賦》沒沒合—歇月開三月月合三,《周大將軍懷德公吳明徹墓誌銘》沒沒合—骨沒合—月月合三;月薛通押的 3 個韻段:庾信《周趙國公夫人紇豆陵氏墓誌銘》絕薛合三月月合三發月合三雪薛合三,《後魏驃騎將軍荊州刺史賀拔夫人元氏墓誌銘》轍薛開三竭月開三絕薛合三,《小園賦》竭月開三裂薛開三滅薛開三折薛開三別薛開三絕薛合三雪薛合三。月沒薛通押的 1 個韻段:庾信《自古聖帝名賢畫贊·鉏麑見趙盾》笏沒合—發月合三闕月合三絕薛合三。月屑薛通押的 2 個韻段:庾信《三月三日華林園馬射賦》節屑開四穴屑合四埒薛合三絕薛合三月月合三,《哀江南賦》竭月開三節屑開四烈薛開三碣月開三。

3. 十三韻與相關去聲通押的韻段(1 個)

該韻段爲霽薛通押:庾信《鶴贊》閉霽開四絕薛合三別薛開三。

通過以上分析,可以看出北周時期:

第一,質術櫛合爲一部,物迄沒有入韻的韻段,不好斷定其分合的關係。

第二,屑薛雖然可以合爲一部,但音值上還是應該有細微的差別;從月薛、月沒薛、月屑薛通押的韻段看,似乎月韻也應該與屑薛合爲一部。

第三,沒韻應是一個獨立的韻部。

第四,霽薛通押,"閉"字可能還有入聲質部一讀。

(四)隋朝時期

該時期與質月等十三韻有關的 35 個韻段。

1. 祇與質類有關的韻段(15 個)

質韻獨用的 8 個韻段:辛德源《東飛伯勞歌》七日,楊廣《季秋觀海詩》疾日一溢密筆,薛道衡《宴喜賦》逸一,虞世基《元德太子哀册文》日躓實,蕭皇后《述志賦》溢謐一膝,釋曇延《戲題方圓動静四字詩》日室,牛弘《五郊歌·黑帝歌羽音》質室,《元會大饗歌·食舉歌》(之五)謐實栗溢一。

質術通押的 3 個韻段:盧思道《駕出圜丘詩》日質開三吉質開三出術合三,柳䛒《奉和晚日楊子江應制詩》畢質開三一質開三出術合三日質開三筆質開三,闕名《李氏墓誌》謐質開三出術合三帙質開三。質櫛通押的 2 個韻段:薛道衡《隋高祖文皇帝頌》

---

① 《初學記》"別"字作"烈",韻同;"烈"字作"洌",音同。

日質開三瑟櫛開三一質開三秩質開三，袁朗《和洗掾登城南坂望京邑》室質開三日質開三畢質開三瑟櫛開三。質術物通押的 1 個韻段：張公禮《龍藏寺碑》術術合三拂物合三佛物合三室質開三。質術迄通押的 1 個韻段：皇甫毘《玉泉寺碑》律術合三訖迄開三出術合三畢質開三實質開三。

　　2. 祇與月類有關的韻段（17 個）

　　月韻獨用的 3 個韻段：盧思道《孤鴻賦》月闕，楊素《贈薛内史》歇發月，薛道衡《敬酬楊僕射山齋獨坐詩》發月越。薛韻獨用的 2 個韻段：盧思道《盧記室誄》滅折絕烈，闕名《龍山公墓誌銘》傑徹。

　　月没通押的 4 個韻段：盧思道《從軍行》越月合三月月合三骨没合一歇月開三没没合一，《彭城王挽歌》發月合三没没合一卒没合一月月合三，《聽鳴蟬篇》忽没合一没没合一月月合三越月合三發月合三，楊廣《飲馬長城窟行》没没合一忽没合一卒没合一窟没合一月月合三發月合三謁月開三闕月合三。

　　屑薛通押的 6 個韻段：魏澹《鷹賦》血屑合四纈屑開四雪薛合三鐵屑開四，楊廣《隋秦孝王誄》别薛開三絶薛合三訣屑合四，虞世基《講武賦》烈薛開三哲薛開三截屑開四，牛弘《大廟樂歌·送神歌》撤薛開三挈屑開四，闕名《周驃騎將軍右光禄大夫雲陽縣開國男鞏君墓誌銘》哲薛開三傑薛開三節屑開四潔屑開四，《陶氏墓誌銘》切屑開四結屑開四咽屑開四絶薛合三。

　　月屑薛通押的 2 個韻段：柳顧《天臺國清寺智者禪師碑文》徹薛開三設薛開三厥月合三潔屑開四閱薛合三滅薛開三，虞世基《講武賦》設薛開三列薛開三闕月合三悦薛合三節屑開四。

　　3. 質類與月類通押的韻段（1 個）

　　該韻段爲質屑通押：釋僧燦《信心銘》切屑開四一質開三畢質開三。

　　4. 十三韻與相關去聲通押的韻段（1 個）

　　該韻段爲質術至通押：王胄《在陳釋奠金石會應令詩》軼質開三瘁至合三逸質開三出術合三。

　　5. 十三韻與他韻通押的韻段（1 個）

　　該韻段爲質櫛錫通押：楊廣《隋秦孝王誄》疾質開三躓質開三瑟櫛開三漆質開三羃錫開四。

　　通過以上統計，可以看出隋朝時期：

　　第一，質韻除了獨用韻段外，另有 7 個韻段與術櫛物迄通押，此外還有質屑、質術至（至韻上古屬質部）、質櫛錫通押韻段各 1 個，説明此時質類應該合爲一部。

第二,在質術至通押的韻段中,至韻"瘁"字與"軼逸出"三字爲韻。瘁,上古從母物部,《廣韻》從母至韻;軼,上古余母質部,《廣韻》余母質韻;逸,上古余母質部,《廣韻》余母質韻;出,上古昌母物部,《廣韻》昌母術韻。依王力的《漢語語音史》,兩漢時期質物分部,依周祖謨的《兩漢韻部略説》和羅常培、周祖謨《漢魏晉南北朝韻部演變研究》(第一分册),兩漢時期質物兩部合一。我們認爲兩漢時期質物兩部的關係,在不同的方言中有不同的體現,不能一概而論①。這個韻段説明,到了隋朝,在兩漢時期屬於質物部的"瘁"字還没有完全演變成中古的去聲至韻字。

第三,月韻獨立成部,屑薛合爲一部,月部與屑部雖然分爲兩部,但音值相差並不太遠。

第四,没韻應該與月部合爲一部。

二、三國、兩晉、南朝質月等十三韻的關係

(一)三國時期

該時期與質月等十三韻有關的 122 個韻段。

1. 祇與十三韻有關的韻段(63 個)

祇與質類有關的 20 個韻段,其中質韻獨用的 9 個韻段,物韻獨用的 2 個韻段;質術通押的 6 個韻段,質櫛通押的 2 個韻段,質術物通押的 1 個韻段。

祇與月類有關的 38 個韻段,其中月韻獨用的 3 個韻段,没韻獨用的 1 個韻段,曷韻獨用的 1 個韻段,末韻獨用的 2 個韻段,屑韻獨用的 2 個韻段,薛韻獨用的 6 個韻段;月曷通押的 1 個韻段,月黠通押的 1 個韻段,月屑通押的 1 個韻段,月薛通押的 4 個韻段,曷末通押的 3 個韻段,屑薛通押的 9 個韻段,月没黠通押的 1 個韻段,月末薛通押的 1 個韻段,月黠屑通押的 1 個韻段,月曷屑薛通押的 1 個韻段。

質類與月類通押的 5 個韻段,其中質屑通押的 1 個韻段,質薛通押的 3 個韻段,物月通押的 1 個韻段。

2. 質月等十三韻與他韻通押的韻段(59 個)

質類與相關去聲通押的 13 個韻段,其中至質通押的 4 個韻段(應瑒《馳射賦》,曹植《七啟》〔之四〕,何晏《景福殿賦》,無名氏《杜恕引語》),至術通押的 1 個韻段(曹植《獻詩·責躬》),至物通押的 1 個韻段(曹睿《豫章行》),未物通押

① 參見劉冠才《兩漢韻部與聲調研究》第 38—44 頁,巴蜀書社 2007 年。

的 1 個韻段(阮籍《東平賦》),至質術通押的 2 個韻段(曹植《畫贊·黄帝三鼎》,郗正《釋譏》),至質物通押的 1 個韻段(曹植《大司馬曹休誄》),至未祭物通押的 1 個韻段(丁廙妻《寡婦賦》逝寐欷嚱至),至泰質術通押的 1 個韻段(曹植《白鳩謳》),至祭隊質通押的 1 個韻段(應瑒《馳射賦》)①。

月類與相關去聲通押的 41 個韻段,其中與祭類通押的 37 個韻段,包括霽月通押的 1 個韻段(曹植《獻詩·責躬》),祭月通押的 5 個韻段(曹植《魏德論》②,《寶刀銘》,《王仲宣誄》,徐幹《西征賦》,劉劭《趙都賦》),祭没通押的 1 個韻段(曹植《死牛詩》)③,祭黠通押的 1 個韻段(杜摯《笳賦》),祭屑通押的 5 個韻段(曹植《七啓》〔之六〕,〔之七〕④,《遥逝》,何晏《景福殿賦》,郗正《釋譏》),祭薛通押的 6 個韻段(曹植《遷都賦》,《畫贊·黄帝》,《學宮頌》⑤,《平原公主誄》⑥,應瑒《文質論》,《奕勢》),霽月黠薛通押的 1 個韻段(曹植《魏德論》),霽祭月通押的 1 個韻段(曹植《七啓》〔之七〕),霽祭屑通押的 1 個韻段(曹植《蟬賦》),霽祭薛通押的 1 個韻段(嵇康《琴賦》),霽祭廢薛通押的 1 個韻段(曹植《學宮頌》),霽祭怪薛通押的 1 個韻段(何晏《景福殿賦》)⑦,祭泰屑通押的 1 個韻段(應瑒《文質論》),祭月黠通押的 1 個韻段(曹植《畫贊·帝嚳》),祭月薛通押的 1 個韻段(曹植《潛志賦》),祭屑薛通押的 1 個韻段(曹植《文帝誄》),泰廢曷通押的 1 個韻段(曹植《王仲宣誄》),泰末通押的 1 個韻段(曹植《應詔》),泰薛通押的 1 個韻段(曹丕《煌煌京洛行》),泰夬末通押的 1 個韻段(曹植《七啓》〔之三〕),泰曷黠通押的 1 個韻段(曹植《孟冬篇》),泰末黠通押的 1 個韻段(傅巽《槐樹賦》),怪屑薛通押的 1 個韻段(王粲《游海賦》),代没通押的 1 個韻段(曹植《七啓》〔之五〕);與至類通押的 3 個韻段,包括至祭月通押

---

① 《漢魏六朝韻譜》將該賦"匹駟壹衛碎潰"六個韻脚字合爲一個韻段,歸在王粲名下,不確,此處依嚴可均《全後漢文》。

② 該韻段中"制"字《漢魏六朝韻譜》認爲不入韻,此處依嚴可均《全三國文》補。

③ 逯欽立《先秦漢魏晉南北朝詩》未録此詩,此處依《漢魏六朝韻譜》。

④ 該韻段中"世"字《漢魏六朝韻譜》認爲不入韻,此處依嚴可均《全三國文》補。

⑤ 該韻段中"晰"字嚴可均《全三國文》作"晰"心錫/心錫開四,依文義應作"晰"。"晰"字《廣韻》有薛韻、祭韻兩讀。此外,質月兩類一同與相關去聲通押的 1 個韻段,爲祭質術黠薛通押的韻段(曹植《卞太后誄》出哲藝疾列察)。

⑥ 該韻段中"晰"字嚴可均《全三國文》作"晰"心錫/心錫開四,依文義應作"晰"。

⑦ 該韻段中"霓"字《廣韻》五稽切(疑齊齊四,雌虹),又五計切(疑霽齊四,虹,又音倪),又五結切(疑屑齊四,虹,又音倪)。

的 1 個韻段(曹丕《連珠》),至未没通押的 1 個韻段(曹丕《曹蒼舒誄》),未月曷屑薛通押的 1 個韻段(邯鄲淳《魏受命述》);與至祭兩類通押的 1 個韻段,爲至祭月通押的韻段(曹丕《連珠》)。

質類與其他入聲通押的 1 個韻段,爲質錫通押(阮籍《鳩賦》栗戚室疾溢一日畢)①;月類與其他入聲通押的 1 個韻段,爲薛葉通押(王粲《仿連珠》業雪);質類與相關去聲及其他入聲通押的 1 個韻段,爲至質術緝通押(邯正《釋譏》質術悉秘執出失);月類與相關去聲及其他入聲通押的 2 個韻段,其中祭月薛葉通押的 1 個韻段(〔蜀〕楊戲《贊許司徒》世烈發業)②,祭夬月没曷屑昔通押的 1 個韻段(郭遐叔《贈嵇康詩》忽夕歲越邁結悝)。

通過進一步分析,可以看出三國時期:

第一,質術櫛應該合爲一部,物韻雖然可以勉强獨立成部,但與質術櫛關係非常密切。

第二,曷末應該合爲一部,屑薛應該合爲一部。韋誕《景福殿賦》連用 4 個薛韻字不雜屑韻字,屑薛在音值上似乎應該有細微差别,至少在某些方言中是如此。

第三,月韻與曷部、屑部的關係都很近③,王力在《漢語語音史》"魏晉南北朝的韻部"中將月没合爲一部即月部,就三國時期的用韻情況來説,過於籠統了一些。

第四,質屑兩部的關係較近。

第五,質類、月類與至類、祭類的通押情況説明,至未和霽祭泰代這些韻中的中古去聲字在三國時代還没有從質物月的入聲韻部完全分立出來,也説明至未雖然與祭泰夬有聯繫,但界限還是很明顯的。

第六,至於質類、月類與其他入聲通押的情況較爲複雜,是因爲主元音相同相近,抑或是某人用韻過寬、傳鈔之誤,尚需進一步研究。

(二)西晉時期

該時期與質月等十三韻有關的 198 個韻段。

---

① 阮籍《鳩賦》中此韻段于安瀾《漢魏六朝韻譜》作"栗戚室疾溢日畢軀失",實際上應該分爲"栗戚室疾溢一日畢、怒軀、滅失"三個韻段。其中"怒、滅",于先生認爲不入韻,似不確。

② 《漢魏六朝韻譜》將楊戲《贊許司徒》"世烈發業德懋國"合爲一個韻段,我們將其分爲"世烈發業"和"德懋國"兩個韻段。

③ 屑部,王力《漢語語音史》稱爲"薛部"。

　1. 祇與十三韻有關的韻段(128 個)

　祇與質類有關的 49 個韻段,其中質韻獨用的 22 個韻段;質術通押的 18 個韻段,質櫛通押的 2 個韻段,質物通押的 4 個韻段,術物通押的 2 個韻段,質術物通押的 1 個韻段。

　祇與月類有關的 65 個韻段,其中月韻獨用的 5 個韻段,没韻獨用的 3 個韻段,屑韻獨用的 1 個韻段,薛韻獨用的 8 個韻段;月曷末通押的 3 個韻段,月屑通押的 2 個韻段,月薛通押的 7 個韻段,月屑薛通押的 9 個韻段,月黠屑薛通押的 1 個韻段,没薛通押的 1 個韻段,曷末通押的 2 個韻段,曷末鎋通押的 1 個韻段,末屑薛通押的 2 個韻段,黠屑通押的 1 個韻段,黠薛通押的 2 個韻段,黠屑薛通押的 1 個韻段,屑薛通押的 16 個韻段。

　質類與月類通押的 14 個韻段,其中質月通押的 1 個韻段(傅玄《詩·蟾蜍食明月》),質黠通押的 1 個韻段(陸機《演連珠》〔四七〕),質月黠通押的 1 個韻段(殷巨《奇布賦》),質薛通押的 3 個韻段(傅玄《九曲歌》,陸機《演連珠》〔四六〕,陸雲《失題》),質屑薛通押的 2 個韻段(陸機《答賈謐詩》,《吳大司馬陸抗誄》),質術曷通押的 1 個韻段(陸雲《晉故散騎常侍陸府君誄》),質術薛通押的 1 個韻段(陸機《九愍·涉江》),質物没通押的 1 個韻段(左思《吳都賦》),櫛屑薛通押的 1 個韻段(左思《吳都賦》),物屑薛通押的 1 個韻段(傅咸《明意賦》),物没通押的 1 個韻段(左思《吳都賦》)。

　2. 質月等十三韻與他韻通押的韻段(70 個)

　質類與相關去聲通押的 20 個韻段,其中至質通押的 8 個韻段(潘岳《藉田賦》,《河陽庭前安石榴賦》,《馬汧督誄》,陸雲《登臺賦》,左思《悼離贈妹詩》〔之二〕,《吳都賦》,束皙《玄居賦》馼失疾日桱室,《玄居賦》肆室寐棄日至逸日),至未質通押的 2 個韻段(束皙《勸農賦》,潘尼《火賦》),至質術通押的 3 個韻段(左思《吳都賦》,《魏都賦》,左芬《元皇后誄》),至櫛通押的 1 個韻段(左思《吳都賦》),至術櫛通押的 1 個韻段(左思《蜀都賦》),至物通押的 1 個韻段(潘岳《哀永逝》),未物通押的 2 個韻段(成公綏《嘯賦》,陸機《演連珠》〔之一〕),至未物通押的 2 個韻段(潘岳《景獻皇后哀策文》,薛瑩《獻詩》)。

　月類與去聲霽祭等韻通押的 34 個韻段,其中霽月通押的 1 個韻段(張協《羽扇賦》),霽屑通押的 1 個韻段(潘岳《西征賦》),霽薛通押的 1 個韻段(傅玄《晉鼓吹曲·順天道》,韻脚字上古均屬月部),霽祭屑通押的 1 個韻段(左芬《萬年公主誄》),霽祭薛通押的 2 個韻段(潘岳《笙賦》,左思《魏都賦》),霽黠屑

薛通押的 1 個韻段(潘岳《西征賦》),祭月通押的 1 個韻段(夏侯湛《獵兔賦》),
祭月屑通押的 1 個韻段(左思《蜀都賦》),祭月薛通押的 1 個韻段(左思《魏都
賦》),祭月屑薛通押的 3 個韻段(左思《蜀都賦》,左芬《元皇后誄》,張載《羽扇
賦》),祭月没薛通押的 1 個韻段(左思《魏都賦》),祭泰廢月通押的 1 個韻段
(傅咸《喜雨賦》),祭薛通押的 9 個韻段(傅玄《擬四愁詩》〔之一〕①,夏侯湛《獵
兔賦》,左思《吳都賦》,《蜀都賦》,潘尼《惡道賦》②,張華《晉宴會歌》,束皙《餅
賦》,《弔衛巨山文》,成公綏《正旦大會行禮歌》〔一一〕),祭屑薛通押的 3 個韻
段(成公綏《正旦大會行禮歌》〔一三〕,《隸書體》,左思《吳都賦》),祭黠薛通押
的 2 個韻段(夏侯淳《彈棋賦》,束皙《近遊賦》),泰月通押的 1 個韻段(左思《魏
都賦》),泰曷通押的 2 個韻段(左思《魏都賦》達帶會大,《魏都賦》沛怛藹會),
隊没通押的 1 個韻段(左思《吳都賦》),霽祭怪黠屑薛通押的 1 個韻段(仲長敖
《覈性賦》)。

　　質類與祭類去聲通押的 1 個韻段,爲祭質通押(董京《答孫楚詩》逝七);質
類與至祭兩類去聲通押的 2 個韻段,其中未代質通押的 1 個韻段(陸機《吳貞獻
處士陸君誄》秩疾氣逮),旨至霽質通押的 1 個韻段(左思《魏都賦》麗旨致系毅
室肆)。

　　月類與至類去聲通押的 1 個韻段,爲未薛通押(傅玄《晉宗廟歌·景皇帝登
歌》哲畏);月類與至祭兩類去聲通押的 3 個韻段,其中寘祭薛通押的 1 個韻段
(張華《烈文先生鮑玄泰誄》哲世厲忮),至未祭泰黠通押的 1 個韻段(陸機《鼓
吹賦》器蔚綴類殺最),至霽隊没通押的 1 個韻段(左思《吳都賦》卒對續庆)。

　　質月兩類—同與相關去聲通押的 3 個韻段,其中未質物没通押的 1 個韻段
(左思《吳都賦》踔蔚卒骨)③,霽質薛通押的 1 個韻段(陸機《答賈謐詩》裂質弟
室),霽質月屑通押的 1 個韻段(皇甫謐《釋勸論》實結發契)。

　　質類與其他入聲通押的 2 個韻段,其中質錫通押的 1 個韻段(陸雲《愁霖
賦》激質室疾溢),質術陌通押的 1 個韻段(張協《都蔗賦》出白密橘實);月類與

---

① 　泄,于安瀾《漢魏六朝韻譜》作"世"(祭開三)。逯欽立《先秦漢魏晉南北朝詩》作"泄"。
　　依文意應作"世"。
② 　《惡道賦》,《藝文類聚》作《西道賦》;《初學記》及《北堂書鈔》作《惡道賦》,嚴可均《全晉
　　文》從之。《漢魏六朝韻譜》作《苦雨賦》,承前篇賦名而誤。
③ 　卒,《廣韻》有子聿切(又作將聿切,精術合三,終也)、倉没切(清没合一,"猝"之古字)和
　　則骨切(又作臧没切,精物/精没合一,士卒)三音。此處"卒"字乃"猝"之古字。

其他入聲通押的 1 個韻段,爲屑薛盍通押(夏侯湛《魯仲連贊》節絜闉悦);月類
與其他入聲及去聲通押的 2 個韻段,其中祭泰隊廢黠合通押的 1 個韻段(陸雲
《南征賦》煞乂昧遻磕逝),祭月薛鐸通押的 1 個韻段(木華《海賦》泼鼜渫勢);
質月兩類與其他入聲通押的 1 個韻段,爲屋質薛通押(陸雲《晉故豫章内史夏府
君誄》哲逸秩穆)。

通過以上統計,可以看出西晉時期:

第一,質術櫛物應該合爲一部,迄韻没有入韻字,不好斷定其分合情況。

第二,曷末應該合爲一部,屑薛應該合爲一部。但從薛韻獨用韻段數量考
慮,西晉時期屑薛在音值上還是應該有細微的差别。

第三,鎋韻和曷末相近,可以併爲一部;黠韻和屑薛相近,可以併爲一部。

第四,月韻與曷末、屑薛的關係都很近,且具有很强的獨立性,將月韻與曷
末合併或與屑薛合併均有一定的困難,衹好將月韻獨立或二分①。

第五,没韻應該是一個獨立的韻部,但没韻與薛韻和物韻的關係都不遠。

第六,質術櫛與屑薛黠的關係較近。

第七,質類與相關去聲通押的韻段,其韻脚字在上古主要是質物兩部字;月
類與相關去聲通押的韻段,其韻脚字在上古主要是月部字,少數是微部質部字。
這説明這些去聲字在西晉時期還讀入聲或有入聲一讀。質月兩類一同與相關
去聲通押韻段的情形也大致如此。

第八,上古次入韻祭至隊三部在西晉時期比三國時期更加接近去聲,尤其
是祭泰夬廢四韻與入聲的關係比三國時期要遠很多。

第九,質類月類與其他入聲及去聲通押韻段,均是以質類月類及與其相關
的入聲爲主,夾雜一個其他入聲字,情況比較特殊,需要進一步考察。

(三)東晉時期

該時期與質月等十三韻有關的 115 個韻段。

1. 衹與十三韻有關的韻段(101 個)

衹與質類有關的 36 個韻段,其中質韻獨用的 14 個韻段,物韻獨用的 1 個韻
段;質術通押的 14 個韻段,質櫛通押的 3 個韻段,質物通押的 1 個韻段,術物通
押的 1 個韻段,質術櫛通押的 1 個韻段,質術物通押的 1 個韻段。

衹與月類有關的 59 個韻段,其中月韻獨用的 4 個韻段,没韻獨用的 3 個韻

---

① 　如果二分,如何二分,尚需進一步研究。

段,末韻獨用的 1 個韻段,屑韻獨用的 1 個韻段,薛韻獨用的 7 個韻段;月末通押的 2 個韻段,月屑通押的 2 個韻段,月薛通押的 5 個韻段,月屑薛通押的 8 個韻段,曷末通押的 1 個韻段,月曷末通押的 1 個韻段,屑薛通押的 20 個韻段,曷屑薛通押的 1 個韻段,黠屑薛通押的 1 個韻段,月没黠曷通押的 1 個韻段,鎋黠屑薛通押的 1 個韻段。

質類與月類通押的 6 個韻段,其中質没通押的 1 個韻段,質薛通押的 1 個韻段,質術没通押的 1 個韻段,質屑薛通押的 1 個韻段,質術屑通押的 1 個韻段,質術薛通押的 1 個韻段。

2. 質月等十三韻與他韻通押的韻段(14 個)

質類與相關的去聲通押的 3 個韻段(均是與去聲至未通押),其中至質術通押的 1 個韻段(李暠《述志賦》),至術通押的 1 個韻段(孫綽《至人高士傳贊·原憲》),未物通押的 1 個韻段(郭璞《山海經圖贊·中山經·視肉》)。

月類與相關的去聲通押的 9 個韻段(均是與祭類去聲通押),其中泰月通押的 1 個韻段(闕名《晉吳聲歌曲·歡好曲》〔之三〕),泰曷通押的 1 個韻段(闕名《晉吳聲歌曲·七日夜女郎歌》〔之四〕),夬曷通押的 1 個韻段(無名氏《京口謠》),霽屑通押的 1 個韻段(王彪之《井賦》),泰薛通押的 1 個韻段(郭璞《遊仙詩》),祭月薛通押的 1 個韻段(曹攄《圍棋賦》),祭黠屑通押的 1 個韻段(曹攄《答趙景猷》),霽祭屑薛通押的 1 個韻段(曹嘉《贈石崇》),祭月屑薛通押的 1 個韻段(王廙《婦德箴》)。

質類和月類一同與相關去聲通押的有 2 個韻段,其中祭廢術月薛通押的 1 個韻段(李暠《述志賦》哲袂列際穢滯鋭傑出發),至泰夬物月通押的 1 個韻段(楊羲《夢蓬萊四真人作詩·張誘世作》闕鬱位邁帶會)。

通過進一步分析,我們可以看出東晉時期:

第一,質術櫛應該合爲一部,物韻以獨立爲一部爲宜;迄韻無入韻的韻段,不好斷定其分合;屑薛應該合爲一部,鎋黠二韻應該併入屑部;月韻的獨立性很强,但與屑部、曷末的關係都很近,祇好將月韻與曷末、屑薛各自獨立成部;没韻應該獨立成部,與質部的音值近,與月類的音值遠。

第二,質部與屑部的音值近而與月部、曷部的音值遠。

第三,質類與相關去聲通押韻段均爲與去聲至未通押;月類與相關去聲通押韻段均爲與祭類去聲通押;質類和月類一同與相關去聲通押韻段爲至泰夬物月通押和祭廢術月薛通押,這説明東晉時期與質類有關的次入韻逐漸消失,而與月類有關的次入韻還大量地保留，並且至類去聲與祭類去聲的界限更加清楚。這種情況與西晉時期很不相同。這種不同，儘管有時代的因素，但在一定程度上也反映了南北語音的差别，因爲西晉時期北方作家的韻文多一些，東晉時期南方作家的韻文多一些。

（四）劉宋時期

該時期與質月等十三韻有關的 117 個韻段（包括范曄《後漢書》傳贊韻語中 7 個韻段）。

1. 祇與十三韻有關的韻段（98 個）

祇與質類有關的 38 個韻段，其中質韻獨用的 14 個韻段（包括《後漢書·鄭孔荀傳》弼疾一），物韻獨用的 2 個韻段；質術通押的 20 個韻段（包括《後漢書·桓馮傳》術質失秩，《王充王符仲長統傳》一疾失術），質櫛通押的 2 個韻段。

祇與月類有關的 59 個韻段，月韻獨用的 7 個韻段（包括《後漢書·皇甫嵩朱儁傳》發鉞伐越蹙），末韻獨用的 1 個韻段，屑韻獨用的 1 個韻段，薛韻獨用的 4 個韻段；月没通押的 9 個韻段（包括《後漢書·律曆志》曶發月），曷末通押的 5 個韻段，月黠通押的 2 個韻段，月屑通押的 1 個韻段，月薛通押的 1 個韻段，屑薛通押的 17 個韻段，月屑薛通押的 5 個韻段，曷屑薛通押的 1 個韻段，黠屑薛通押的 4 個韻段，月没屑薛通押的 1 個韻段。

質類與月類通押的 1 個韻段，爲質術屑薛通押（謝靈運《羅浮山賦》）。

2. 質月等十三韻與他韻通押的韻段（19 個）

質類與相關的去聲通押的 2 個韻段（均爲與去聲至未通押），其中質至未通押的 1 個韻段（謝莊《舞馬賦應詔》），物未通押的 1 個韻段（張辯《廬山招提寺釋僧瑜贊》）。

月類與相關的去聲通押的 13 個韻段（均爲與去聲霽祭等通押），其中祭月通押的 1 個韻段（謝惠連《前緩聲歌》），隊月没通押的 1 個韻段（鮑照《代陸平原君有所思行》），霽泰月黠薛通押的 1 個韻段（爨道慶《宋故龍驤將軍護鎮蠻校尉寧州刺史邛都縣侯爨使君之碑》），霽祭没薛通押的 1 個韻段（謝靈運《辭禄賦》），霽屑通押的 1 個韻段（闕名《吳歌·讀曲歌》〔六六〕），霽薛通押的 1 個韻段（王微《四氣詩》），祭薛通押的 1 個韻段（謝莊《瑞雪咏》），祭屑薛通押的 2 個韻段（《後漢書·靈帝紀》孽缺衛，《張曹鄭傳》世祭缺輟），霽祭屑通押的 1 個韻段（闕名《宋張推兒墓誌》），霽祭屑薛通押的 2 個韻段（謝靈運《夜集歎乖詩》，劉駿《故侍中司徒建平王宏墓誌》），祭代薛通押的 1 個韻段（謝靈運《撰

《征賦》)。

質類與其他入聲通押的 2 個韻段,其中質昔通押的 1 個韻段(謝靈運《撰征賦》日益),質陌昔通押的 1 個韻段(任豫《夏潦省宅詩》室陌拆夕白迹惜)[①]。

月類與其他入聲通押的 2 個韻段,其中曷末鐸通押的 1 個韻段(謝靈運《維摩經十譬贊·聚沫泡合》沫壑奪怛),薛昔通押的 1 個韻段(謝靈運《登孤山詩》折璧)。

通過進一步分析,可以看出劉宋時期:

第一,質術櫛應該歸爲一部,物韻應該獨立爲一部。迄韻没有入韻的韻段,不好斷定其分合;月没應該合爲一部,黠屑薛應該合爲一部,曷末應該合爲一部。

第二,質類與相關去聲通押韻段均爲與去聲至未通押,月類與相關去聲通押韻段均爲與霽祭類去聲通押,説明劉宋時期與質類有關的次入韻已經基本完成了向去聲的演變,而與月類有關的次入韻還没有完全演變爲去聲,這一點與東晉時期的情況基本一致。

第三,質類、月類與其他入聲通押韻段均爲與收 -k 尾入聲字通押,説明它們在某些方言可能主元音相近或是韻尾相混。

(五)南齊時期

該時期與質月等十三韻有關的 62 個韻段。

1. 祇與十三韻有關的韻段(42 個)

祇與質類有關的 11 個韻段,其中質韻獨用的 2 個韻段,質術通押的 5 個韻段,質櫛通押的 2 個韻段,質術櫛通押的 1 個韻段,質術物通押的 1 個韻段。

祇與月類有關的 29 個韻段,其中月韻獨用的 11 個韻段,没韻獨用的 1 個韻段,薛韻獨用的 5 個韻段;月没通押的 2 個韻段,月黠通押的 1 個韻段,月薛通押的 1 個韻段,曷末通押的 1 個韻段,黠薛通押的 1 個韻段,屑薛通押的 6 個韻段。

質類與月類通押的 2 個韻段,其中術月通押的 1 個韻段,質櫛没通押的 1 個韻段。

2. 質月等十三韻與相關去聲通押的韻段(20 個)

質類與相關的去聲通押的 3 個韻段,均爲質類與去聲至韻通押,其中至質櫛通押的 1 個韻段(張融《皇太子哀策文》),至術通押的 1 個韻段(王思遠《皇太子釋奠詩》),至質術櫛通押的 1 個韻段(王融《雪晚敬和何征君點詩》)。

---

① 拆,《漢魏六朝韻譜》作“折”,誤。此處依逯欽立《先秦漢魏晉南北朝詩》。

月類與相關去聲通押的 15 個韻段,除了謝朓《七夕賦奉護軍命作》爲至隊代没通押的韻段外,均爲月類與霽祭類去聲通押,其中怪月通押的 1 個韻段(張融《海賦》),霽月屑薛通押的 1 個韻段(王儉《太宰褚顏回碑文》),祭月屑薛通押的 1 個韻段(王融《遊仙詩》),隊代月没曷通押的 1 個韻段(謝朓《冬緒羈懷示蕭諮議虞田曹劉江二常侍詩》),泰曷末通押的 1 個韻段(張融《海賦》),泰末通押的 1 個韻段(孔稚珪《北山移文》),祭屑通押的 1 個韻段(劉祥《連珠》〔之一〕),祭屑薛通押的 4 個韻段(蕭子良《登山望雷居士精舍同沈右衛過劉先生墓下作詩》,王融《法樂辭·寶樹》,《净住子頌·皇覺辯德篇頌》,謝朓《同沈右率諸公賦鼓吹曲名二首·芳樹》),祭薛通押的 2 個韻段(張融《海賦》,阮彥《皇太子釋奠會詩》八之二),霽祭薛通押的 1 個韻段(王融《皇太子哀策文》)。

質類與月類一同與相關去聲通押的 1 個韻段,爲祭質屑通押(王儉《侍太子九日宴玄圃詩》)①。

質類與其他入聲通押的 1 個韻段,爲質錫通押(謝朓《奉和隋王殿下詩》〔之九〕)。

通過進一步分析,可以看出南齊時期:

第一,質術櫛應該合爲一部,月没應該合爲一部;屑薛應該合爲一部,但屑薛在音值上似乎還有一些差別,即屑韻與質韻近一些,薛韻與月點近一些。曷末應該合爲一部。

第二,質類與相關去聲通押韻段均爲與支類去聲通押;月類與相關去聲通押韻段,除了謝朓《七夕賦奉護軍命作》爲没至隊代通押的韻段外,均爲與齊類去聲通押。另有祭質屑通押的 1 個韻段。這説明南齊時期實至未等韻中少數上古次入韻字和霽祭隊代等韻許多上古的次入韻字還没有完全演變爲中古的去聲,某些字至少還保留入聲一讀。

第三,術月通押的 1 個韻段,質櫛没通押的 1 個韻段,祭質屑通押的 1 個韻段,説明月没與質術櫛的主元音近些,祭屑與質韻主元音也不遠。質錫通押的 1 個韻段,也可能是主元音相近的緣故。

(六)南朝梁時期

該時期與質月等十三韻有關的 243 個韻段。

---

① 王儉原詩逯欽立《先秦漢魏晉南北朝詩》爲"方軼前軌",《藝文類聚》作"方軌前軼",此依《藝文類聚》。

1. 祇與十三韻有關的韻段（187 個）

祇與質類有關的 85 個韻段，其中質韻獨用的 33 個韻段，術韻獨用的 1 個韻段；質櫛通押的 3 個韻段，質術通押的 41 個韻段，質術櫛通押的 7 個韻段。

祇與月類有關的 99 個韻段，其中月韻獨用的 12 個韻段，沒韻獨用的 1 個韻段，末韻獨用的 1 個韻段，黠韻獨用的 2 個韻段，屑韻獨用的 1 個韻段，薛韻獨用的 13 個韻段；月沒通押的 13 個韻段，月沒曷通押的 1 個韻段，曷末通押的 2 個韻段，月黠通押的 1 個韻段，月屑通押的 1 個韻段，月薛通押的 9 個韻段，屑薛通押的 36 個韻段；月屑薛通押的 4 個韻段，沒鎋黠通押的 1 個韻段（《文心雕龍·書記》札訥拔察），沒屑薛通押的 1 個韻段。

質類與月類通押的 3 個韻段，其中質沒通押的 1 個韻段，質黠通押的 1 個韻段，質術月通押的 1 個韻段。

2. 十三韻與相關去聲通押的韻段（56 個）

質類與至未類去聲通押的 8 個韻段，其中質至通押的 1 個韻段（江淹《齊太祖高皇帝誄》），質術至通押的 4 個韻段（江淹《齊太祖高皇帝誄》，吳均《贈朱從事詩》，王筠《昭明太子哀策文》，徐勉《萱草花賦》），質櫛至通押的 1 個韻段（江淹《潘黃門岳述哀》）[1]，質術櫛至通押的 1 個韻段（江淹《盧郎中諶感交》），物至未通押的 1 個韻段（江淹《傷愛子賦》）。

月類與霽祭類去聲通押的 35 個韻段，其中霽屑通押的 1 個韻段（王筠《詩·緣巖蔓芳杜》），祭屑通押的 4 個韻段（周興嗣《白鶴羽扇賦》，王筠《詩·寶地恣憑陵》，《詩·九沸翻成緩》，蕭綸《贈言賦》）；霽屑薛通押的 3 個韻段（蕭繹《玄覽賦》，庾肩吾《八關齋夜賦四城門更作四度·第一賦韻北城門沙門》，王筠《昭明太子哀策文》），霽祭薛通押的 1 個韻段（周子良《張仙卿授詩》），祭薛通押的 7 個韻段（江淹《謝法曹惠連贈別》，任昉《王貴嬪哀策文》，《撫軍桂陽王墓誌銘》，蕭繹《鍾山飛流寺碑銘》，陶弘景《雲上之仙風賦》，張率《河南國獻舞馬賦應詔》，王筠《昭明太子哀策文》），祭屑薛通押的 7 個韻段（江淹《謝臨川靈運遊山》，《傷友人賦》，《齊太祖高皇帝誄》，《齊太祖高皇帝誄》，蕭洽《侍釋奠會詩·冬物澄華》，張纘《丁貴嬪哀策文》，王中《頭陀寺碑文》），霽祭屑薛通押的 4 個韻段（江淹《宋故尚書左丞孫緬墓銘》，荀濟《贈陰梁州詩》，丘遲《思賢賦》，闕名《簡文帝哀策文》），祭泰屑通押的 1 個韻段（王筠《詩·遠山多鬼怪》），祭月薛

---

① 李善本《文選》卷三一作《潘黃門悼亡》。見《文選》第 447 頁，中華書局 1977 年。

通押的 1 個韻段(任昉《奉和登景陽山詩》),霽點屑薛通押的 1 個韻段(江淹《王貴嬪哀策文》),隊月通押的 1 個韻段(江淹《齊太祖高皇帝誄》),泰没末通押的 1 個韻段(無名氏《梁鼓角横吹曲·隔谷歌》),泰末通押的 2 個韻段(江淹《蕭太傅東耕咒文》,陶弘景《水仙賦》),代月没通押的 1 個韻段(蕭衍《朝雲曲》)。

質類與霽祭類去聲通押的 2 個韻段(其韻脚字上古均屬物部),其中隊質物通押的 1 個韻段(大士傅弘《心王銘》),隊物術通押的 1 個韻段(無名氏《梁鼓角横吹曲·黄淡思歌》)。

月類與至祭兩類去聲字通押的 1 個韻段,爲紙未祭屑薛通押(江淹《蕭驃騎祭石頭戰亡文》)。

質月兩類一同與相關的去聲通押的 2 個韻段,其中未物没通押的 1 個韻段(江淹《悼室人詩》),質術物没至通押的 1 個韻段(蕭衍《清暑殿效柏梁體》)。

質類與其他入聲韻通押的 6 個韻段,其中質昔通押的 1 個韻段(沈約《贈劉南郡季連詩》),質職通押的 1 個韻段(蕭衍《凡百箴》),質術麥通押的 1 個韻段(江淹《知己賦》),質術昔通押的 1 個韻段(王筠《侍宴餞臨川王北伐應詔詩》),質昔錫通押的 1 個韻段(江淹《知己賦》),質術緝通押的 1 個韻段(裴子野《游華林園賦》)。

月類與其他入聲韻通押的 1 個韻段,爲月職通押(蕭統《殿賦》)。

月類與相關去聲及其他入聲通押的 1 個韻段,爲祭薛職通押(陸璉《齊皇太子釋奠詩》)。

通過進一步分析,可以看出南朝梁時期:

第一,質術櫛應該合爲一部,月没應該合爲一部,曷末二韻應該合爲一部,但與月没在音值上較近;屑薛應該合爲一部,屑薛與月韻的關係較近。

第二,鎋點屑薛的關係很近,如同删山先仙的關係很近一樣。

第三,從質類、月類與相關去聲通押情況看,南朝梁時期至霽隊代這些上古的次入韻中某些字還没有完全演變爲去聲。

第四,質類、月類與其他入聲韻通押韻段,情況較爲複雜,可能是在某些方言它們的主要元音相同或相近,留待詳考。

(七)南陳時期

該時期與質月等十三韻有關的 32 個韻段。

1. 十三韻有關的韻段(31 個)

祇與質類有關的 9 個韻段,其中質韻獨用的 4 個韻段;質術通押的 1 個韻段,質櫛通押的 2 個韻段,質術櫛通押的 1 個韻段,質術物通押的 1 個韻段。

祇與月類有關的 19 個韻段,其中月韻獨用的 4 個韻段,月沒通押的 1 個韻段;月屑薛通押的 1 個韻段,屑薛通押的 13 個韻段。

質類與月類通押的 3 個韻段,其中質月通押的 1 個韻段(陳叔寶《棗賦》),質術沒通押的 1 個韻段(沈炯《歸魂賦》汩疾出),質屑薛通押的 1 個韻段(徐陵《長相思》)。

2. 十三韻與他韻通押的韻段(1 個)

該韻段爲祭屑薛通押(沈炯《歸魂賦》綍轍雪折袂咽裂)。

通過進一步分析,可以看出南陳時期:

第一,質術櫛應該併爲一部。迄韻未見入韻的韻段,不好斷定其分合。至於物韻,祇入韻 1 個韻段,是與質術通押,可與質術櫛合爲一部,祇是入韻的韻段太少,説服力不强。

第二,月沒應該合爲一部,屑薛應該合爲一部。

第三,質類入聲與月類入聲的音值可能較近,也就是此時此地的 a 系統入聲與 ə 系統入聲的音值可能較北朝後期的 a 系統入聲與 ə 系統入聲的音值近一些。

第四,祭屑薛通押的 1 個韻段,説明上古月部中祭韻的"袂"字,此時此地尚未完成從上古入聲月部到中古去聲祭韻的演變。

通過以上分析,我們可以得出如下結論:

第一,如同魏晉南北朝時期真諄臻、寒桓、先仙均是各自合一一樣,與之相配的入聲質術櫛、曷末、屑薛在魏晉南北朝時期均是各自合一的。《廣韻》規定質術櫛同用與此時詩文用韻大致相同,王仁昫《刊謬補缺切韻》韻目入聲櫛韻下注"吕、夏侯與質同,今别",吕、夏侯櫛與質同,與當時詩文用韻一致,陸法言分立兩韻,應該是從"賞知音"的角度考慮;迄韻下注"夏侯與質同,吕别,今依吕",屑韻下注"李、夏侯與薛同,吕别,今依吕",吕的迄與質别,李、夏侯的屑與薛同,均和當時詩文用韻一致。

第二,三國時期質類與月類通押的 5 個韻段,約占祇與兩類有關韻段總數的 7.94%;西晉時期 14 個韻段,約占 10.94%;東晉時期 6 個韻段,約占 5.94%;劉宋時期 1 個韻段,約占 1.02%;南齊時期 2 個韻段,約占 4.76%;南朝梁時期 3 個韻段,約占 1.6%;南陳時期 3 個韻段,約占 9.68%。北朝北魏、北周時期質類與月類均無通押的韻段;北齊、隋朝時期質類與月類通押的各 1 個韻段,分別占 5.88%及 3.03%。這些數據説明兩個問題,一是整個魏晉南北朝十三個收 -t 尾的入聲韻明顯地分爲兩類,雖有通押,爲數很少;二是魏晉和南朝均有少數幾例通押韻段,而北朝和隋朝祇有北齊和隋朝詩文用韻各有 1 個通押韻段,北魏、北周則均無質月兩類通押的韻段。

　　第三,整個魏晉南北朝及隋時期,除了東晉時期、劉宋時期物韻應該獨立爲一部,北齊時期、北周時期物韻均未入韻,不好斷定其分合的關係外,物韻大都和質術櫛合爲一部。至於迄韻,除了隋朝時期有 1 個質術迄通押的韻段外,整個魏晉南北朝及隋時期均未入韻,其分合關係不好確定。總之,整個魏晉南北朝時期真諄臻均合爲一部①,與之相配的入聲質術櫛也是合爲一部的。正如文韻與真諄臻的關係若即若離一樣,物韻與質術櫛的關係也呈現出若即若離的狀態。

　　第四,三國時期没韻的獨立性很强;月韻與曷部、屑部的關係都很近,這和元韻與寒桓删山先仙都有通押的韻段是一致的。西晉時期没韻的獨立性也很强,這與此時魂痕的獨立性很强是一致的;月韻與曷末、屑薛的關係都很近,將月韻與曷末合併或與屑薛合併均有一定的困難,祇好將月韻獨立或二分。東晉時期没韻應該獨立成部,介於質部與月類之間;月韻與屑部、曷末二的關係都很近,祇好將月韻與曷末、屑薛各自獨立成部。劉宋時月没應該合爲一部,但與屑薛的關係很近,如同元韻與先仙的關係很近一樣。南齊時期月没應該合爲一部;月韻與黠薛有一定的關係,如同元韻與山仙有一定的關係一樣。南朝梁時期月没應該合爲一部,月韻與屑薛的關係很近,如同元韻與先仙的關係很近一樣。南陳時期月没應該合爲一部,月韻與屑薛的關係較近。北朝北魏時期没韻應該歸爲月部,月韻與黠薛的關係近一些。北齊時期没韻可以歸入月部,月部與屑部的關係很遠。北周時期没韻與月韻可以合爲一部;月韻與屑薛關係很近,甚至可以合爲一部。隋朝時期没韻應該與月部合爲一部,月部與屑部雖然可以勉强分爲兩部,但音值相差並不太遠。由此可見:整個魏晉南北朝時期,除了三國兩晉之外,没韻和月韻均應合爲一部,這與元魂痕在魏晉南北朝時期的關係大致相似②;整個魏晉南北朝時期,除了北齊,月部與屑部的關係都很近。王

---

① 參見本書第三章第三節。
② 《廣韻》中的魂痕在魏晉南北朝詩文用韻中合爲一部,與之相配的入聲自然也是合一的。與痕韻相配的入聲字少,如"麧"等,《廣韻》將其併入魂韻相配的入聲没韻中去了,所以《廣韻》中没有與痕韻相配的入聲韻目。

仁昫《刊謬補缺切韻》韻目入聲月韻下注"夏侯與没同,呂別,今依呂"。《廣韻》規定月没同用,夏侯的月與没同,與當時詩文用韻基本一致。

第五,三國時期黠韻入韻韻段中,除了月没黠通押韻段(應瑒《馳射賦》忽八越發)中的"八"字上古屬質部、《廣韻》屬黠韻外①,其餘韻段中的黠韻字"拔扎軋殺莈察"上古均屬月部,與其押韻的字也屬上古月部字。西晉時期鎋韻和曷末相近,可以併爲一部;黠與屑薛應該合爲一部,黠與霽祭泰隊廢的主元音可能相近。東晉時期黠韻應該併入屑部。劉宋時期黠屑薛應該合爲一部。南齊時期月黠薛的關係較近。南朝梁時期鎋黠屑薛的關係很近,如同此時删山先仙的關係很近一樣。南陳時期鎋黠均無入韻的韻段。北魏時期月曷黠的關係較近。北齊、北周、隋朝鎋黠均無入韻的韻段。

第六,三國時期,至未和祭霽泰代這些韻中的中古去聲字還没有從質物月的入聲韻部完全分立出來,至未雖然祭泰夬的有聯繫,但界限還是很明顯的。西晉時期,上古次入韻至隊祭三部與入聲韻的關係仍然很近,至少還保留入聲一讀。東晉時期,與質類有關的次入韻逐漸消失,而與月類有關的次入韻還保留一定的數量,並且至類去聲與祭類去聲的界限更加清楚,這種情況與西晉時期很不相同。這種不同,儘管有時代的因素,但在一定程度上也反映了南北語音的差別,因爲西晉時期北方作家的韻文多一些,東晉時期南方作家的韻文多一些。劉宋時期,與質類有關的次入韻已經基本完成了向去聲的演變,而與月類有關的次入韻還没有完全演變爲去聲,這一點與東晉時期的情況基本一致。南齊時期,實至未等韻少量上古次入韻字還没有完全轉爲或還保留入聲一讀;霽祭隊代等韻上古的次入韻字還没有完全演變爲中古的去聲,某些字至少還保留入聲一讀。南朝梁時期,至隊霽代這些上古漢語的次入韻中某些字還没有完全演變爲去聲,至少還保留入聲一讀。南陳時期,上古次入韻已經基本完成了向去聲字的過渡。北魏時期,上古的某些物部字雖與至部字相近,但還没有完全變爲去聲。在月類與霽祭類通押的韻段中,入聲韻均爲屑薛二韻字,去聲字除1個怪韻字外,均爲霽祭兩韻字。北齊時期,上古月部祭韻中的一些字,尚未完全完成從月部向祭韻的轉變。北周時期,霽韻"閉"字還有入聲質韻一讀。隋朝時期,在兩漢時期屬於質物部的"瘁"字還没有完全演變成中古的去聲至韻字。

第七,整個魏晉南北朝及隋時期,質月等十三韻與其他入聲韻通押的特殊韻

---

① 　《漢魏六朝韻譜》將此韻段歸在徐幹名下,誤。此處依嚴可均《全後漢文》。

段,可能是因主要元音相近,也可能是因作者用韻較寬,方言特點,傳鈔錯誤,情況較爲複雜,留待詳考。

第三節　緝合盍葉怗洽狎業乏九韻的關係

一、北朝及隋朝緝合等九韻的關係

(一)北魏時期

該時期與緝合等九韻有關的 6 個韻段。

緝韻獨用的 4 個韻段:陽固《刺讒詩》緝入及,《疾倖詩》入及,李騫《釋情賦》及立邑襲,于子建《武德郡建沁水石橋記》邑隰緝挹。

合韻獨用的 1 個韻段:元宏《縣瓠方丈竹堂饗侍臣聯句詩》帀合。

葉怗通押的 1 個韻段:高允《北伐頌》捷葉開三浹怗開四協怗開四牒怗開四葉葉開三。

由此可見:第一,北魏時期緝韻、合韻均是獨立的韻部,葉怗合爲一部。第二,至於盍洽狎業乏,未見入韻的韻段,不好斷定其分合關係。

(二)北齊時期

該時期與緝合等九韻有關的 2 個韻段。

緝韻獨用的 1 個韻段:顏之推《觀我生賦》及立邑粒集襲入泣及。

怗韻獨用的 1 個韻段:陸卬《元會大饗歌·食舉樂》(之八)協燮諜。

北齊時期與緝合等九韻入韻的祇有 2 個韻段,僅可以證明緝韻是一個獨立的韻部,怗韻爲一個韻部。合盍葉洽狎業乏未見入韻的韻段,不好斷定其分合關係。

(三)北周時期

該時期與緝合等九韻有關的 6 個韻段。

緝韻獨用的 3 個韻段:王褒《燕歌行》泣立,庾信《思舊銘》邑入,《周大都督陽林伯長孫瑕夫人蘿氏墓誌銘》泣及。

緝合通押的 1 個韻段:釋慧命《詳玄賦》雜緝開一合合開一。

葉怗通押的 2 個韻段:庾信《周大將軍司馬裔碑銘》接葉開三挾怗開四燮怗開四,釋静藹《列偈題石壁》篋怗開四涉葉開三。

由此可見:第一,北周時期緝韻是一個獨立的韻部,合韻應該歸入緝部。第二,葉怗合爲一部。第三,盍洽狎業乏未入韻,不好斷定其分合關係。

（四）隋朝時期

該時期與緝合等九韻有關的 7 個韻段。

緝韻獨用的 6 個韻段：盧思道《盧記室誄》立執習集，《仰贈特進陽休之詩》立泣集及，魏澹《鷹賦》立急，辛德源《東晉庾統朱明張臣尉三人贊》立集翕入，楊廣《隋秦孝王誄》立及，牛弘《凱樂歌辭·述天下太平》戢立緝集。

葉怗通押的 1 個韻段：薛道衡《敬酬楊僕射山齋而獨坐詩》疊_{怗開四}接_{葉開三}葉_{葉開三}。

由此可見，隋朝緝韻是一個獨立的韻部，葉怗合爲一部。合盍洽狎業乏未入韻，不好斷定其分合關係。

二、三國、兩晉、南朝緝合等九韻的關係

（一）三國時期

該時期與緝合等九韻有關的 14 個韻段，其中緝韻獨用的 9 個韻段，葉韻獨用的 2 個韻段，狎韻獨用的 1 個韻段；葉業通押的 1 個韻段（無名氏《衆人爲賈洪嚴危語》曄業），業乏通押的 1 個韻段（應瑒《文質論》業法）。

由此可見，三國時期緝韻是一個獨立的韻部，狎韻是一個韻部；葉韻是一個獨立的韻部，與業乏關係較近，或者葉業乏合爲一部。合怗洽未入韻，不好斷定其分合關係。

（二）西晉時期

該時期與緝合等九韻有關的 46 個韻段，其中緝韻獨用的 38 個韻段，葉韻獨用的 3 個韻段；緝怗通押的 2 個韻段（陸雲《吳故丞相陸公誄》集邑協輯；張翰《豆羹賦》莢篋急）①，盍合通押的 1 個韻段（左思《吳都賦》㙞合），葉乏通押的 1 個韻段（張協《七命》〔之六〕葉接法捷曄），葉業乏通押的 1 個韻段（左思《吳都賦》業法獵曄）。

由此可見，西晉緝怗二韻應該合爲一個韻部，盍合應該合爲一個韻部，葉業乏應該合爲一部。

（三）東晉時期

該時期與緝合等九韻有關的 20 個韻段，其中緝韻獨用的 12 個韻段，合韻獨用的 1 個韻段，盍韻獨用的 1 個韻段，葉韻獨用的 3 個韻段；葉怗通押的 1 個

---

① 　急，《漢魏六朝韻譜》認爲不入韻，依該賦韻例，以"急"字入韻爲是。此處依嚴可均《全三國文》補。

韻段(盧諶《太尉劉公誄》接變捷),緝合通押的 1 個韻段(孫緝《孫子》及合),葉業怗乏通押的 1 個韻段(李顒《雷賦》法攝業業開三協)。

由此可見,緝韻是一個獨立的韻部;袁宏《三國名臣序贊》連用四個合韻字,合韻顯示出較強的獨立性;緝合二韻關係近些;葉韻獨用的 3 個韻段,葉業怗乏四韻合爲一個韻部。須要説明的是,葉韻獨用的 3 個韻段,其中王獻之《桃葉歌》(之一)和無名氏《桃葉歌》(之三)中的韻脚字"楪"字《廣韻》有緝葉兩讀,此處讀又音葉韻,説明《廣韻》又音是有實際語音根據的。

(四)劉宋時期

該時期與緝合等九韻有關的 17 個韻段,其中緝韻獨用的 12 個韻段(包括《後漢書·順沖質帝紀》立集習及),合韻獨用的 1 個韻段,葉韻獨用的 1 個韻段;緝合通押的 1 個韻段(謝靈運《山居賦》納遝浥合),葉怗通押的 1 個韻段(謝靈運《登上戍石彭山詩》接涉躡協狹疊葉爕愜),葉洽怗通押的 1 個韻段(顏延之《赭白馬賦》葉洽接牒)。

由此可見,劉宋時期緝韻是一個獨立的韻部,緝合關係較密;葉洽怗三韻合爲一個韻部。盍狎業乏未入韻,不好斷定其分合關係。

(五)南齊時期

該時期與緝合等九韻有關的 9 個韻段,其中緝韻獨用的 7 個韻段,合韻獨用的 1 個韻段;洽合通押的 1 個韻段(張融《海賦》洽峯)①。

由此可見,南齊時期緝獨立爲一部,合韻是一個獨立的韻部,洽韻與合韻關係較近,或許應該合爲一部。盍葉怗狎業乏未入韻,不好斷定其分合關係。

(六)南朝梁時期

該時期與緝合等九韻有關的 50 個韻段(包括《文心雕龍》贊語中的 4 個韻段),其中緝韻獨用的 28 個韻段(包括《文心雕龍·誄碑》立集泣戢),合韻獨用的 6 個韻段(包括《文心雕龍·物色》匝合納颯荅),葉韻獨用的 3 個韻段,怗韻獨用的 1 個韻段;緝合通押的 1 個韻段(宗夬《荆州樂》雜嗒),葉怗通押的 8 個韻段(蕭衍《芳樹》葉接疊愜,《雜三言五首·愛遠山》葉疊接涉愜,吳均《吳城賦》葉蝶,蕭子雲《玄圃園講賦》接躡牒葉篋疊,蕭綱《菩提樹頌》莢浹疊葉牒攝叶,《採桑》妾蝶褔鑷葉,《雍州曲·北渚》葉堞妾楫,劉勰《文心雕龍·附會》疊

---
① 于安瀾《漢魏六朝韻譜》(第 543 頁)張融原韻段作"裂勢峯窟",韻脚字摘取有誤。張融《海賦》此韻段應作"裂勢、洽峯、渤窟"。"峯"字較僻,張融《海賦》"洽"下注"音合";"峯"下注"臝合",即臝合切。

葉接協),業乏同用的 1 個韻段(《文心雕龍·通變》業乏怯法),緝葉怗通押的 1
個韻段(戴嵩《釣竿》獵牒葉妾十緝),葉業乏通押的 1 個韻段(沈約《釋迦文佛
像銘》業法脅劫)。

由此可見,南朝梁時期緝韻是一個獨立的韻部,合韻是一個獨立的韻部,葉
怗業乏四韻合爲一個韻部,緝合的關係近一些。盍洽狎未見入韻的韻段,不好
斷定其分合關係。

王力在《范曄劉勰用韻考》中説:"劉勰'覃感勘合'與'談敢闞盍'分立是保
留了古韻的界限。'覃感勘'來自古韻侵部;'談敢闞'來自古韻談部。合來自
古韻緝部,盍來自古韻盍部。本來是各不相混的。"①

(七)南陳時期

該時期與緝合等九韻有關的 3 個韻段,其中葉韻獨用的 1 個韻段;緝合通
押的 2 個韻段(陳叔寶《五言畫堂良夜履長在節歌管賦詩迥筵命酒十韻成篇》颯
欱沓答合納閤匝雜拉,江總《脩心賦》雜沓币颯合)。

由此可見,南陳時期合韻是一個獨立的韻部,葉韻是一個獨立的韻部。緝
盍怗洽狎業乏未見入韻的韻段,不好斷定其分合關係。

通過以上分析,我們可以得出如下結論:

第一,整個魏晉南北朝時期,緝韻入韻的韻段最多,除了南朝陳時期未見侵
韻入韻的韻段外,各個時期侵韻獨用的情況均很明顯。除了個別緝怗、緝合、緝
葉怗通押韻段外,均是緝韻獨用。尤其是西晉潘尼《迎大駕詩》急隰集入揖澀立
縶習戢,南齊謝朓《夏始和劉潯陵詩》隰邑襲入及揖立汲粒集,南朝梁蕭統《玄圃
講詩》及急岌入濕吸立給邑十,均連用 10 個緝韻字,劉宋時期謝靈運《登上戍石
彭山詩》接涉躡協狹疊葉夑愜,北齊時期顏之推《觀我生賦》及立邑粒集襲入泣
及,均連用 9 個緝韻字,可見,整個魏晉南北朝時期緝韻都是一個獨立的韻部。

第二,整個魏晉南北朝時期與合韻有關的韻段很少。南朝陳陳叔寶《五言
畫堂良夜履長在節歌管賦詩迥筵命酒十韻成篇》颯欱沓答合納閤匝雜拉,連用
10 個合韻字,可見整個魏晉南北朝後期合韻的獨立性很强。至於盍韻,整個魏
晉南北朝時期除了東晉范堅《蜡燭賦》獨用的 1 個韻段外,就是西晉時期合盍通
押的 1 個韻段。可見,南北朝時期合韻是一個獨立的韻段,與緝盍的關係較近,

① 　見王力《龍蟲並雕齋文集》(第三册)第 353-354 頁。

盍韻以獨立爲宜。

第三,整個魏晉南北朝時期與狎韻有關的韻段衹有三國時期 1 個(無名氏《三國李甲鱗謡》狎甲)。

第四,整個魏晉南北朝時期葉怗業乏的關係很近,可以合爲一個韻部。

第五,整個魏晉南北朝時期,與緝合等九韻有關的韻段都比較少,有些韻從未入過韻,除了緝韻,説某韻獨立成部,某韻與某韻合一,衹是就少量的入韻韻段立論,許多立論的説服力都是不强的。王仁昫《刊謬補缺切韻》小注所引各家分韻,入聲洽韻下注"李與狎同,吕、夏侯别,今依吕、夏侯",葉韻下注"吕與怗洽同、今别",乏韻下注"吕與葉同,夏侯與合(?)同,今並别",對於瞭解當時收 -p 尾入聲的分韻情況有一定的參考价值。

第五章 子史材料反映的北朝時期韻部情況

第一節 《顏氏家訓》中語音材料反映的南北韻母差異[①]

《顏氏家訓》的《音辭篇》和《書證篇》中某些語音材料所反映出的南北朝後期南北聲母的差別,我們在本書第一章第一節"《顏氏家訓》中語音材料反映的南北聲母差別"中已經分析過了。本節我們重在分析《音辭篇》和《書證篇》中某些材料所反映出的南北朝後期南北韻母的各自特點。本節所使用的材料,有一部分在本書第一章第一節中也分析過,不過與本節分析的角度和目的不盡相同。

一、《音辭篇》反映的南北韻母差異

(1)北人以"庶"爲"戍",以"如"爲"儒",以"紫"爲"姊",以"洽"爲"狎"。

庶,《廣韻》商署反,審母御韻;戍,《廣韻》傷遇反,審母遇韻。如,《廣韻》人諸反,日母魚韻;儒,《廣韻》人朱反,日母虞韻。紫,《廣韻》將此反,精母紙韻;姊,《廣韻》將几反,精母旨韻。洽,《廣韻》侯夾反,匣母洽韻;狎,《廣韻》胡甲反,匣母狎韻。

北人以"庶"爲"戍",是御遇不分;以"如"爲"儒",是魚虞不分;以"紫"爲"姊",是紙旨不分;以"洽"爲"狎",是洽狎不分。御,魚韻去聲;遇,虞韻去聲。御遇不分,就是魚虞不分。紙,支韻上聲;旨,脂韻上聲。紙旨不分,就是支脂不分。北方在分韻方面是魚虞不分,支脂不分,洽狎不分。換一個角度説,南方在

[①] 本節內容主要依據筆者的《從〈顏氏家訓〉看南北朝時期南北韻母的一些差異》一文修改而成,原文見《渤海大學學報》2013 年 6 期。

分韻方面是魚虞能分,支脂能分,洽狎能分。周祖謨説:"此論北人語音,分韻之寬,不若南人之密。案:庶、戍同爲審母字,《廣韻》庶在御韻,戍在遇韻,音有不同。庶,開口,戍,合口。如、儒同屬日母,如在魚韻,儒在虞韻,韻亦有開合之分。又紫、姊同屬精母,而紫在紙韻,姊在旨韻,北人讀紫爲姊,是支、脂無别矣。又洽、狎同爲匣母字,《切韻》分爲二韻,北人讀庶爲戍,讀如爲儒,是魚、虞不分也;北人讀洽爲狎,是洽、狎不分也:由此足見北人分韻之寬。"①

　　(2)北人之音,多以"舉莒"爲"矩"。唯李季節云:"齊桓公與管仲於臺上謀伐莒,東郭牙望桓公口開而不閉,故知所言者莒也。"然則"莒矩"必不同呼,此爲知音矣。

舉,《切韻》居許反,見語開三;莒 kǐɑ/kǐo,《切韻》居許反,見語開三;矩 kǐwɑ/kǐu,《切韻》俱雨反,見麌合三。北人之音多以"舉莒"爲"矩",説明北人語韻、麌韻不分。語,魚韻之上聲;麌,虞韻之上聲。這與《音辭篇》前面所説的"北人以‘庶’爲‘戍’,以‘如’爲‘儒’"是一致的。陸法言《切韻序》有"脂支魚虞,共爲一韻"之語,陸氏所説的魚虞不分,應該也是指北人語音的普遍現象。李季節具有很强的審音能力,知道更早的時候發"莒"字之音是"口開而不閉",顏之推據此推斷更早的時候"莒"讀開口。《切韻》"莒"開口三等,"矩"合口三等,應該是依據南音將魚虞區分的,這種區分也是符合古音的。總之,此條材料與前條材料中的北人魚虞不分是一致的。北人語韻、麌韻不分,與陸法言《切韻》不合,此處説明陸法言的《切韻》是兼顧南北語音實際的。

　　(3)河北切"攻"字爲"古琮",與"工、公、功"三字不同,殊爲僻也。

古,見母;琮,冬合一。攻,《廣韻》東韻古紅切,冬韻古冬切。工、公、功,《廣韻》均衹古紅切(見母東韻)一讀。攻,《切韻》殘葉(伯3798)和唐寫本箋注本《切韻》殘卷(斯2055)均音古冬反②。古冬反,見母冬韻。一直到王仁昫《刊謬補缺切韻》,"攻"字纔有古紅、古冬二反③,分别收在一東、二冬中,裴務齊《正字本刊謬補缺切韻》同④,後來的《廣韻》承襲了這種做法。顧野王的《玉篇》原本殘卷未見"攻"字,《篆隸萬象名義》也未見"攻"字,宋本《玉篇》"攻"字衹有古洪切一音,故南人顧野王的"攻"字讀音不好確定。陸德明《經典釋文·序録·條例》:"又以

---

① 周祖謨《顏氏家訓·音辭篇注補》,載《問學集》上册第413頁。
② 參見周祖謨《唐五代韻書集存》第37、39頁,又第151、161頁。
③ 同上第437頁。
④ 同上第538頁。

登升共爲一韻,攻公分作兩音。如此之儔,恐非爲得。將來君子,幸留心焉。"可見陸德明並不認可將"攻"字與"公"字分作兩音的。《經典釋文》中爲"攻"字注音計12處,有平去之分,平聲以"如字"表明,去聲則主要以"音貢"表示,如《詩·唐風·葛生》"攻戰,音貢,又如字",《周禮·夏官·司馬·司弓矢》"攻,如字,劉音貢"。在表明去聲時也有使用反切的,如《詩·秦風·無衣》"攻,古弄反,又如字,下注同",《左傳·僖公二十八年》"德攻,如字,一音公送反"。由此可見,當時江南語音"攻"字確實無古琮切即見母冬韻一音。也就是說,顏之推和陸法言時代,"攻"字江南祇有東韻一讀,而河北祇有冬韻一讀,《切韻》中"攻"字的東韻一讀應該是王仁昫對《切韻》刊謬補缺時"補"進去的。顏之推有南方語音背景,認爲應該如同江南那樣,將"攻"字讀成東韻,與"工、公、功"三字讀音相同,所以他認爲"河北切'攻'字爲'古琮',與'工、公、功'三字不同,殊爲僻也"。

周祖謨説:"此雜論當時語音之不正。攻字《切韻》(王寫本第二種)有二音:一訓擊,在東韻,與工、公、功同紐,音古紅反;一訓伐,在冬韻,音古冬反。二者聲同韻異。此云河北切爲古琮,即與古冬一音相合。顏氏以爲攻當作古紅反,河北之音,恐未爲得。……揆顏氏此論,無不與《切韻》相合。陸氏《切韻》序嘗稱'欲更捃選精切,除削疏緩,顏外史、蕭國子多所決定'。由此可知,《切韻》之分聲析韻,多本乎顏氏矣。"[①]周先生此論可酌,因爲在"攻"字的讀音上,陸法言恰恰是沒有按着顏之推的"決定"去做。

(4)《韻集》以"成、仍、宏、登"合成二韻,"爲、奇、益、石"分作四章。

成,上古耕部,中古清韻;仍,上古蒸部,中古蒸韻;宏,上古蒸部,中古耕韻;登,上古蒸部,中古登韻;爲,上古歌部,中古支韻;奇,上古歌部,中古支韻;益,上古錫部,中古昔韻;石,上古鐸部,中古昔韻。在顏之推看來,這四韻是應該各自分立的,但呂靜《韻集》却將"成、宏"合成一韻,即將《切韻》的耕韻和清韻合成一韻;將"仍、登"合成一韻,即將《切韻》的蒸韻和登韻合成一韻。至於"爲、奇、益、石"四字,在顏之推看來,應該是"爲、奇"一韻,即《切韻》的支韻;"益、石"一韻,即《切韻》的昔韻,但呂靜《韻集》却把本該合成二韻的支、昔分作四韻。"爲、奇"分韻,是將支合三和支開三分立,屬於開合有分,與《廣韻》真諄、寒桓、歌戈開合分韻性質一致。至於"益、石"分韻,我們則找不出根據,因爲"益、石"二字均屬昔開三,又均來源於上古錫部(爲、奇均來源於上古歌部)。

---

① 周祖謨《顏氏家訓·音辭篇注補》,載《問學集》上册第 428 頁。

王仁昫《刊謬補缺切韻》所注吕静《韻集》分韻之部類與《切韻》不合處甚多:脂與微相亂,真臻文不分,元魂痕不分,董腫不分,語麌不分,吻隱不分,旱潸文不分,巧晧不分,敢檻不分,養蕩不分,耿静迥不分,簡嗎不分,宥候不分,艷梵不分,質櫛不分,錫昔麥不分,葉怗洽不分,藥鐸不分。通過《音辭篇》材料,我們可以看出,吕静《韻集》分韻與《切韻》不合之處,還不僅局限於王仁昫《刊謬補缺切韻》所注的18處。吕静,西晉任城(今山東濟寧東南)人,屬於北方方言區。顏之推對吕静的分韻歸字提出批評,説明顏之推是主張"成、仍、宏、登"應分成四韻,即耕清分立,蒸登分立;"爲、奇、益、石"應分作二章,即"爲、奇"合爲一韻,"益、石"合爲一韻。在這兩點上陸法言采納了顏之推的建議。不過,因爲顏之推具有南北語音的背景,所以僅就這裏的材料,還不好斷定《切韻》對此分韻是依據南方的語音還是北方的語音。

(5)岐山當音爲"奇",江南皆呼爲"神祇"之"祇"。江陵陷没,此音被於關中,不知二者何所承案,以吾淺學,未之前聞也。

顏之推認爲"岐"當音爲"奇"。岐,《切韻》巨支反,又渠羈反;《廣韻》巨支反,原本《玉篇》渠宜反,《經典釋文》其宜反,或祁支反,均群支韻開三;奇,《切韻》殘葉(伯3695、3696)渠羈反①,群支開三;又居宜反,見支開三。可見"岐"與"奇"均爲群支開三。祇,《廣韻》巨支反,群支開四。顏之推的意思是説:"岐山"之"岐"與"奇"字同音,北方均讀爲群支開三,而江南則將"岐山"之"岐"讀如"神祇"之"祇",即讀爲群支開四;江陵陷没之後,此音在關中流行開來,也就是説北方也有讀"岐"爲"祇"的,不過這種情況主要是侷限在關中地帶。錢大昕曰:"古書支與氏通,江南音不誤。《廣韻》祇、岐同紐,正用江南音,是法言亦不盡用顏説。"②錢氏忽略了"岐、祇"二字等第的差別。周祖謨根據"岐"字原本《玉篇》渠宜反,群支開三,《經典釋文》其宜反,或祁支反,群支開三,認爲江南也有將"岐"字讀如群支開三的,顏之推所説祇是"言其大略耳"③。

---

① 參見周祖謨《唐五代韻書集存》第60頁。

② 引自王利器《顏氏家訓集解》第554頁注[二七]。

③ 周祖謨説:"《切韻》奇,渠羈反,祇,巨支反。二字同在支韻,皆群母字,而等第有差。奇三等,祇四等。《切韻》岐山之岐,音巨支、渠羈二反(見王鈔《切韻》第二種,故宮本王仁昫《切韻》同),《易·升卦·象》曰:'王用享於岐山。'《釋文》云:'岐,其宜反,或祁支反。'亦有二音。祁支即巨支,其宜即渠羈也。顏云:'河北、江南所讀不同。'亦言其大略耳。考原本《玉篇》岐即作渠宜反,是江南亦有讀奇者也。"

值得注意的是,此條材料還有另外的價值,就是它可以幫助我們認識重紐字本來是否存在語音差異的問題。"岐山"之"岐"與"神祇"之"祇",《廣韻》均爲巨支切,在《廣韻》支韻,郭錫良《漢字古音手册》定爲同音,上古群母支部,中古群支開三。查《韻鏡》,"岐"字在群支開三的位置,"祇"字在群支開四的位置。依據顏之推所説,"岐"與"祇"是應該有所區别的,由此我們可以推斷,後來人們所説的重紐字,在當時是有實際語音區别的,至少有一部分重紐字是這樣。

(6)梁世有一侯,嘗對元帝飲謔,自陳"癡鈍",乃成"颸段"。元帝答之云:"颸異涼風,段非干木。"謂"郢州"爲"永州",元帝啟報簡文,簡文云:"庚辰吳入,遂成司隸。"①如此之類,舉口皆然。元帝手教諸子侍讀,以此爲誡。

鈍,王仁昫《刊謬補缺切韻》徒困反,定母慁韻(《廣韻》同);段,王仁昫《刊謬補缺切韻》徒玩反,定母翰韻(《廣韻》徒玩反,定母換韻)。郢,《廣韻》以整反,余母静韻;永,《廣韻》榮昞反,又於憬切,云母梗韻。就韻母來説,南朝梁這位侯爺將"癡鈍"説成"颸段",是將慁韻讀如換韻(依王仁昫《刊謬補缺切韻》應是定母翰韻);將"郢州"讀作"永州",是將静韻讀如梗韻。將"癡鈍"説成"颸段"、"郢州"讀作"永州",似乎可以看成是"南染吳越"的一條證據,至少可以反映出當時吳音土語中有將"癡鈍"説成"颸段"、"郢州"讀作"永州"的事實。參見本書第一章第一節"《音辭篇》反映的南北聲母差異"部分第(7)條材料的分析。

(7)《通俗文》曰"入室求曰'搜'",反爲"兄侯"②。然則"兄"當音"所榮反"。今北俗通行此音,亦古語之不可用者。

搜,《廣韻》所鳩反,山母尤韻;服虔音兄侯反,曉母侯韻。顏之推認爲服虔音應是"兄,所榮反",山母庚韻,這樣纔能在聲母上符合"搜"音山母尤韻。顏之推在這裏並不認爲以"侯"切"搜"存在不妥,在韻母上忽略了尤侯的差别,認爲尤侯同韻,這與《切韻序》所説的"先仙尤侯,俱論是切",認爲有的方言尤侯不分是一致的。據此可知,尤侯不分和魚虞不分一樣,主要是指北方語音。參

---

① 庚辰吳入,"吳入"即指楚國首都郢;遂成司隸,"司隸"即指司隸都尉鮑永。此條材料是説南朝有人將"郢"讀爲"永"。

② 此條材料原誤作"《通俗文》曰入室曰(句)搜",後人均依從盧文弨重校正改。錢馥曰:"按:《續家訓》正作'入室求曰搜'。"《續家訓》"侯"作"舊"。

見本書第一章第一節"《音辭篇》反映的南北聲母差異"部分第(2)條材料的分析。

二、《書證篇》反映的南北韻母差異

(1)《詩》云:"參差荇菜。"《爾雅》云:"荇,莕餘也。"字或爲"莕"。先儒解釋皆云:水草,圓葉細莖,隨水淺深。今是水悉有之,黄花似蓴,江南俗亦呼爲"豬蓴",或呼爲"荇菜"。劉芳具有注釋。而河北俗人多不識之,博士皆以參差者是"莧菜",呼"人莧"爲"人荇",亦可笑之甚。

莧,匣元/匣襇開二去,荇,匣陽/匣梗開三上。北人博士呼"人莧"爲"人荇",將襇韻讀成梗韻,在韻母和聲調方面都發生了語音誤讀。

(2)《詩》云:"有杕之杜。"江南本並木傍施大,《傳》曰:"杕,獨皃也。"徐仙民音徒計反。《説文》曰:"杕,樹皃也。"在木部。《韻集》音"次第"之"第",而河北本皆爲"夷狄"之"狄",讀亦如字,此大誤也。

杕,徐仙民《毛詩音》徒計反,定霽開四;吕静《韻集》音"次第"之"第",第,定霽開四。而河北本皆爲"夷狄"之"狄",狄,定錫開四。按:今本《經典釋文》徒細反,無徐邈《毛詩音》音和吕静《韻集》音。此條材料説明,顔之推時期北人俗音中有將"狄"字與"杕第"讀混的,即將霽韻與錫韻讀混了。

(3)《左傳》曰:"齊侯痎,遂痁。"《説文》云:"痎,二日一發之瘧,痁,有熱瘧也。"案:齊侯之病,本是間日一發,漸加重乎? 故爲諸侯憂也。今北方猶呼"痎瘧"音"皆"。而世間傳本多以"痎"爲"疥",杜征南亦無解釋。徐仙民音"介",俗儒就爲通云:"病疥,令人惡寒,變而成瘧。"此臆説也。疥癬小疾,何足可論,寧有患疥轉作瘧乎?

痎、皆,《廣韻》均古諧切,見母皆韻。疥、介,《廣韻》均古拜切,見母怪韻。《經典釋文》"齊侯痎"作"齊侯疥",陸德明説:"疥,舊音戒,梁元帝音該,依字則當作'痎',《説文》云:兩日一發之瘧也。痎,又音皆,後學之徒愈以'疥'字爲誤。"戒,《廣韻》古拜切,見怪開二;該,《廣韻》古哀切,見咍開一。北方讀"痎"音"皆",與《廣韻》一致,陸德明的"又音"與顔之推所説的北音相合,《經典釋文》與世間傳本一致,徐邈音與舊音相同。南人梁元帝蕭繹是將北人讀見母皆韻的字讀作見母咍韻。痎,《集韻》咍韻柯開切,大概是承用南人音切。

(4)簡策字,竹下施束……《史記》又作"悉"字,誤而爲"述",作"姤"字,誤而爲"妬"。徐、鄒諸家皆以"悉"字音"述","姤"字音"妬",既爾,亦可以"亥"爲"豕"字音,以"帝"爲"虎"字音乎?

《廣韻》悉，質開三;述，術合三。徐、鄒諸家皆以"悉"字音"述"，從韻母的角度看，是將質韻與術韻讀混。質術不分，是與《切韻》一致的。參見本書第一章第一節"《書證篇》反映的南北聲母差異"部分第(2)條材料的分析。

(5)《漢書》云:"中外禔福。"字當從示。禔，安也，音"匙匕"之"匙"。義見《蒼》《雅》《方言》，河北學士皆云如此。而江南書本多誤從手。屬文者對構，並爲提挈之意，恐爲誤也。

本條所涉各字的語音關係參見第一章第一節"《書證篇》反映的南北聲母差異"部分第(3)條材料的分析。材料表明，在《切韻》時代，"禔"字在北方祇有章支開三一讀，而在江南讀爲定齊開四，並誤寫成"提"字。

(6)《禮·王制》云:"贏股肱。"鄭注云:"謂捋衣出其臂脛。"今書皆作"攘甲"之"攘"。國子博士蕭該云:"'攘'當作'捋'，音宣，'攘'是穿著之名，非出臂之義。"案《字林》，蕭讀是;徐爰音患，非也。

本條所涉各字的語音關係參見第一章第一節"《書證篇》反映的南北聲母差異"部分第(1)條材料的分析。將"捋"讀若"攘"，即讀若"患"，僅就韻母而論，是將仙韻讀成襇韻，即讀成山韻去聲。

(7)或問:"《漢書注》爲元后父名禁，改'禁中'爲'省中'，何故以'省'代'禁'?"答曰:"案《周禮·宫正》:'掌王宫之戒，令糾禁。'鄭注云:'糾猶割也，察也。'李登云:'省，察也。'張揖云:'省，今省詧也。'然則小井、所領二反，並得訓察。其處既常有禁衛省察，故以'省'代'禁'。詧，古察字也。"

小井反這一讀法與《廣韻》息井切對應，二者聲韻均同，屬於心母静韻。所領反這一讀法與《廣韻》所景切對應，所領反，山母静韻;所景切，山母梗韻。静韻是清韻上聲，梗韻是庚韻上聲，此條材料説明，顏之推是將庚清兩韻合一的。

(8)《三輔決録》云:"前隊大夫范仲公，鹽豉蒜果共一箅。""果"當作"魏顆"之"顆"。北土通呼物"一凵"，改爲"一顆"，"蒜顆"是俗間常語耳。故陳思王《鷂雀賦》曰:"頭如果蒜，目似擘椒。"又《道經》云:"合口誦經聲璨璨，眼中淚出珠子磔。"其字雖異，其音與義頗同。江南但呼爲"蒜符"，不知謂爲"顆"。學士相承讀爲"裹結"之"裹"，言鹽與蒜共一苞裹，内箅中耳。《正史削繁音義》又音"蒜顆"爲苦戈反，皆失也。

果、顆、裹，果(戈)合一，凵、隊合一。從韻母的角度看，北土通呼"凵"爲"顆"，是將隊韻與戈韻相混;而江南仍然按照傳統讀法，讀"果"爲"裹"。參見本書第一章第一節"《書證篇》反映的南北聲母差異"部分第(5)條材料的分析。

(9)或問曰:"《東宮舊事》何以呼'鸱尾'爲'祠尾'?"答曰:"張敞者,吳人,不甚稽古,隨宜記注,逐鄉俗訛謬,造作書字耳。吳人呼'祠祀'爲'鸱祀',故以'祠'代'鸱'字,呼'紺'爲'禁',故以糸傍作'禁'代'紺'字,呼'盞'爲竹簡反,故以木傍作'展'代'盞'字,呼'鑊'字爲'霍'字,故以金傍作'霍'代'鑊'字。"

祠,邪之開三;鸱,昌脂開三。紺,見勘開一;禁,見沁開三。吳人呼"祠祀"爲"鸱祀",是將之開三讀成脂開三;呼"紺"爲"禁",是將勘開一讀爲沁開三。勘,覃韻去聲;沁,侵韻去聲。吳人將勘開一讀爲沁開三,就是將覃韻字讀成侵韻。參見本書第一章第一節"《書證篇》反映的南北聲母差異"部分第(6)條材料的分析。

(10)柏人城東北有一孤山,古書無載者,唯闞駰《十三州志》以爲舜納於大麓,即謂此山,其上今猶有堯祠焉,世俗或呼爲"宣務山",或呼爲"虛無山",莫知所出。趙郡士族有李穆叔、季節兄弟、李普濟,亦爲學問,並不能定鄉邑此山。余嘗爲趙州佐,共太原王邵讀柏人城西門内碑。碑是漢桓帝時柏人縣民爲縣令徐整所立。銘云:"山有巏嶅,王喬所仙。"方知此巏嶅山也。"巏"字遂無所出,"嶅"字依諸字書,即"旄丘"之"旄"也。"旄"字,《字林》一音亡付反,今依附俗名,當音"權務"耳。入鄴爲魏收說之,收大嘉歎。值其爲《趙州莊嚴寺碑銘》,因云:"權務之精。"即用此也。

本條所涉各字的語音關係參見第一章第一節"《書證篇》反映的南北聲母差異"部分第(7)條材料的分析。從韻母的角度看,顏之推、魏收認爲"巏嶅(旄)"應依附俗名讀"權務",上字是將元韻讀成仙韻,下字韻同,均爲遇合三;顏之推時代北俗有將"巏"讀成"宣",是將元韻讀成仙韻;將"巏"讀爲"虛",是將元韻讀爲魚韻。其他將"旄"讀爲"無",是將豪韻讀爲虞韻;將"嶅"讀爲"無",是將遇合三讀爲虞合三。

(11)世間小學者,不通古今,必依小篆,是正書記,凡《爾雅》《三蒼》《說文》豈能悉得蒼頡本指哉? 亦是隨代損益,各有同異,西晉已往字書,何可全非? 但令體例成就不爲專輒耳。考校是非,特須消息。……"率"字自有"律"音,强改爲別……

率,《廣韻》所律切,質合三;又所類切,至合三。律,《廣韻》吕邮切,術合三。《切韻》質術合一,《廣韻》質術爲二。顏之推認爲"率"字有"律"音,各種

《切韻》殘卷和《廣韻》都找不到證據;《經典釋文》中爲"率"字注音的 27 例,其中除了《周禮·天官·大宰》是引用徐邈、劉昌宗和戚衮音外,均爲南人陸德明所注首音或又音,反映的應是南人語音;而戚衮也是南人,可見"率"有"律"音,指的是南人的語音。參見第一章第一節"《書證篇》反映的南北聲母差異"部分第(8)條材料的分析。

顔之推在《音辭篇》中還對北人李季節《音韻決疑》和陽休之《切韻》進行過評論。他認爲前者是"時有錯失",而後者竟是"殊爲疎野"。李季節的《音韻決疑》和他的另一部著作《音譜》均已佚失。《音譜》之分韻,從敦煌本王仁昫《刊謬補缺切韻》中猶可知其梗概,主要是"佳皆不分,先仙不分,蕭宵不分,庚耕青不分,幽侯不分",這些均與《切韻》不合。至於被顔氏斥爲"殊爲疎野"的陽休之《切韻》,與陸法言《切韻》不合處主要有"冬鍾江不分,山先仙不分,蕭宵看不分"。周祖謨説:"至於韻部,則北音鍾、江不分,删、寒不分,燭、覺不分,均可由北朝人士詩文之協韻考核而知,與南朝蕭梁之語音迥别,此皆顔氏之所未及論。"[1]的確,《音辭》《書證》這兩篇文章,儘管内容十分豐富,但也很難全面揭示南北語音的異同之處。

第二節　史籍中語音材料反映的北朝韻部特點

一、《魏書》材料反映的韻部現象[2]

(一)陰聲韻與陰聲韻相混

1. 模韻與果韻相混

　　(1)高宗五年冬十月,吐呼羅國遣使朝貢。　　　　　　(《高宗紀》)

　　(2)吐呼羅國,去代一萬二千里。　　　　　　(《西域傳·吐呼羅》)

吐呼羅,《隋書·西域傳》作"吐火羅"。《新唐書·西域下·吐火羅》:"吐火羅,或曰'吐豁羅',曰'覩貨邏',元魏謂'吐呼羅'者。"現在通稱"吐火羅"。呼,上古曉母魚部,《廣韻》模韻荒烏切(唤也,《説文》曰"外息也",又姓,又虜複姓),曉模平;暮韻荒故切(號嘑),曉暮去。火,上古曉母微部,《廣韻》曉母果

---

① 周祖謨《顔氏家訓·音辭篇注補》,載《問學集》上册第 414 頁。
② 此部分内容是依據筆者《從〈魏書〉看南北朝時期北方語音的一些特點》修改而成的,原文見《南京師範大學文學院學報》2011 年 1 期。

韻;貨,上古曉母歌部,《廣韻》曉母過韻。豁,上古曉母月部,《廣韻》曉母末韻。《魏書》將"吐火羅"寫作"吐呼羅",是將上聲果韻字讀成平聲模韻,或是將上聲果韻字讀成去聲暮韻。

2. 微開三與脂開三相混

(1)靈太后詔曰:"邕菇政清勤,善綏民俗。比經年儉,郡内饑饉,群庶嗷嗷,將就溝壑,而邕自出家粟,賑賜貧窶,民以獲濟。雖古之良守,何以尚兹。" 　　　　　　　　　　　　　　　　　　　　　(《路邕傳》)

(2)羊敦,字元禮,太山鉅平人,梁州刺史祉弟子也。治有能名,奸吏局蹐,秋毫無犯。雅性清儉,屬歲饑饉,家饋未至,使人外尋陂澤,采藕根而食之。遇有疾苦,家人解衣質米以供之。　　　　　　　(《羊敦傳》)

(3)時山東飢饉,盜賊競起。　　　　　　　　　(《薛野腤傳》)

(4)真度表曰:"去歲不收,飢饉十五,今又災雪三尺,民人萎餧,無以濟之。臣輒日別出州倉米五十斛爲粥,救其甚者。"　　(《薛安都傳》)

(5)霜旱爲災,所在不稔,飢饉薦臻,方成儉弊。　(《崔光傳》)

(6)時軍旅之後,因之飢饉,顯爲綱紀,務存寬静,甚收時譽。

　　　　　　　　　　　　　　　　　　　　　　(《高祐傳》)

(7)東郡既由兵掠,因以飢饉,死者甚衆。三吳户口減半,會稽則十三四,臨海、永嘉死散殆盡。諸舊富室皆衣羅縠,佩金玉,相守閉門而死。

　　　　　　　　　　　　　　　　　　　　(《島夷桓玄傳》)

(8)始景渡江至陷城之後,江南之民及衍王侯妃主、世胄子弟爲景軍人所掠,或自相賣鬻,漂流入國者蓋以數十萬口,加以飢饉死亡,所在塗地,江左遂爲丘墟矣。　　　　　　　　　　(《島夷蕭衍傳》)

上述8例説明,在《魏書》中,與"饉"字連用時,"飢"與"饑"相混。

(9)衍城内大饑,人相食,米一斗八十萬,皆以人肉雜牛馬而賣之。軍人共於德陽堂前立市,屠一牛得絹三千匹,賣一狗得錢二十萬。皆熏鼠捕雀而食之,至是雀鼠皆盡,死者相枕。　　　(《島夷蕭衍傳》)

(10)景明初,豫州大飢。　　　　　　　　　　(《薛安都傳》)

(11)晉惠時,關西擾亂,頻歲大飢,特兄弟率流民數萬家就穀漢中,遂入巴蜀。　　　　　　　　　　　　　　　　　(《賨李雄傳》)

(12)五年,三吳大飢,人食草木皮葉,親屬互相販鬻,劫掠蜂起,死者不可勝數。　　　　　　　　　　　　　　　(《島夷劉裕傳》)

（13）其後漁陽大飢，庫辱官以日陸眷爲健，使將之詣遼西逐食，招誘亡叛，遂至強盛。　　　　　　　　　　　　（《徒何段就六眷列》）

上述 5 例説明，與"大"連用時"飢"與"饑"亦相混。

（14）玄削奪德宗供奉之具，務盡約陋，殆至飢寒。雖殺逆未至，君臣之體盡矣。　　　　　　　　　　　　　　　　（《島夷桓玄傳》）

（15）興光元年，駿改年日孝建。其中軍府録事參軍周朗啟駿曰："今士大夫父母在而兄弟異計，十家而七，庶人父子殊産，八家而五。凡甚者乃危亡不相知，飢寒不相恤，又疾讒害其間，不可稱數。"（《島夷劉裕傳》）

上述兩例説明，衹有與"寒"連用時用"飢"，不用"饑"。

饑，上古見母微部，《廣韻》見微開三；飢，上古見母脂部，《廣韻》見脂開三。當然，"飢"與"饑"相混由來已久，如《尚書·舜典》"黎民阻飢"，《墨子·辭過》"是以其民饑寒並至"，《墨子·七患》"五穀不收謂之飢"，《左傳·襄公二十八年》"饑寒之不恤，誰遑其後？"等等。

（二）陽聲韻與陽聲韻相混

（1）沖曰："民者，冥也，可使由之，不可使知之。"　　　（《李沖傳》）

民，上古明母真部，《廣韻》明母真韻；冥，上古明母耕部，《廣韻》明母青韻。此條聲訓材料似乎可以看成是真韻與青韻相混，即 -n 尾與 -ŋ 尾相混。

（2）刑者，成也，成而不可改。　　　　　　　　　（《高閭傳》）

刑，上古匣母耕部，《廣韻》匣母青韻；成，上古禪母耕部，《廣韻》禪母清韻。此條聲訓材料似乎可以看成是青韻與清韻相混。

以上兩條聲訓材料，均是陽聲韻與陽聲韻相混，衹是這兩條材料均不典型，缺少説服力。

（三）入聲韻與入聲韻相混

1. 薛韻與錫韻混

是時膠序廢替，名教陵遲，深乃上疏曰："臣聞崇禮建學，列代之所修，尊經重道，百王所不易。"　　　　　　　（《羊深傳》）

"列代"即"歷代"。列，上古來母月部，《廣韻》來母薛部；歷，上古來母錫部，《廣韻》來母錫韻。該條材料反映的是此時北地有些薛韻字讀音與錫韻相混。

2. 葉韻與錫韻混

（1）長子遵業，風儀清秀，涉歷經史。　　　　　（《王慧龍傳》）

（2）元聿第五弟元明，字幼章。涉歷群書，兼有文義，風彩閑潤，進退可觀。　　　　　　　　　　　　　　　　　　　　　　　　（《盧玄傳》）

（3）長子文甫，字元祐。少有器尚，涉歷文史，有譽於時。（同上）

"涉歷"即"涉獵"。歷，上古來母錫部，《廣韻》來母錫韻；獵，來母葉部，《廣韻》來母葉韻。這3條材料是將某些錫韻字讀成葉韻。

以上4條材料可以看成是入聲與入聲相混，衹是這幾條材料的説服力都不是很强。

（四）陰聲韻與陽聲韻相混

1. 脂韻與真韻混

當時北方讀"爾"音"人"，讀"朱"音"主"。《魏書》《北史》均有《尒朱榮傳》，《北史·尒朱榮傳》云："北人語訛，語'尒朱'爲'人主'。"

爾，上古日母脂部，《廣韻》日母紙韻；人，上古日母真部，《廣韻》日母真韻；朱，上古章母侯部，《廣韻》章母虞韻；主，上古章母侯部，《廣韻》章母麌韻。這也似乎可以看成是"北雜夷虜"的一條證據。

2. 支韻與真韻混

"兒"與"仁"音同。《序紀》"皇子胡仁莫"，皇子"胡仁"即《北史·景穆十二王傳序》中的"胡仁"，《魏書·景穆十二王傳補序》稱"尉椒房生樂陵康王胡兒"（此篇爲後人增補）；又《章武王太洛傳》"子彬，字豹兒"，《墓誌集釋·元舉墓誌圖版一五四》稱"祖章武烈王彬字豹仁"；《穆崇傳》中的"穆龍仁"，《北史·穆崇傳》作"龍兒"；《世宗紀》《島夷蕭衍傳》中的"齊苟仁"，《北史·魏紀四》《梁書·馬仙琕傳》均作"齊苟兒"；《尒朱兆傳》"兆，字萬仁"，《周書·文帝紀》作"吐萬兒"。

兒，上古日母支部，《廣韻》日母支韻；仁，上古日母真部，《廣韻》日母真韻。脂韻與真韻相混，支韻與真韻也相混，證明支韻與脂韻音值相同或相近。《顏氏家訓·音辭篇》説北人"以紫爲姊"，正説明支韻與脂韻混同（紫，《切韻》將此反，精母紙韻；姊，《切韻》將几反，精母旨韻）。

3. 唐韻與麻韻相混

　　世宗委任群下，不甚親覽，好桑門之法。　　　　　　（《陽尼傳》）

"桑門"即"沙門"。桑，上古心母陽部，中古心母唐韻；沙，上古山母歌部，中古山母麻韻。

4. 覃韻與灰韻相混

莫含，雁門繁時人也。其故宅在桑乾川南，世稱莫含壁，或音訛，謂之莫回城云。　　　　　　　　　　　　　　　　　　　　（《莫含傳》）

含，上古匣母侵部，中古匣母覃韻；回，上古匣母微部，中古匣母灰韻。這可能是因爲北人受北方"夷虜"的影響，將個別覃韻字訛變爲灰韻字。這也似乎可以看成是"北雜夷虜"的一條證據。

(五)陰聲韻與入聲韻相混

1. 蕭韻與藥韻相混

變族弟鴻貴，爲定州平北府參軍，送兵於荆州。坐取兵絹四百匹，兵欲告之，乃斬十人。又疏凡不達律令，見律有梟首之罪，乃生斷兵手，以水澆之，然後斬決。尋坐伏法。時人哀兵之苦，笑鴻貴之愚。（《宋弁傳》）

梟，中古見母蕭韻；削，中古心母藥韻。宋弁族弟鴻貴將"梟首"理解爲"削手"，似乎是把"削、梟"看成音同，説明此時北地入聲藥韻中的一些字已與平聲蕭韻字讀音相混。參見第一章第二節"《魏書》材料反映的聲母現象"部分第 6 點的分析。

2. 德韻與海韻相混

趙黑，字文静，初名海，本涼州隸户。海生而涼州平，没入爲閹人，因改名爲黑。　　　　　　　　　　　　　　　　　（《閹官傳·趙黑》）

海，上古曉母之部，《廣韻》曉母海韻；黑，上古曉母職部，《廣韻》曉母德韻。此條似乎可以看成是陰聲海韻與入聲德韻相混，祇是説服力不强。

(六)陽聲韻與入聲韻相混

在《魏書》等的語音材料中，陽聲韻與入聲韻相混的祇有願韻與没韻相混一項。《魏書·尒朱兆傳》"兆，字萬仁"，《周書·文帝紀》作"吐萬兒"，《梁書·陳慶之傳》作"吐没兒"。萬，上古明母元部，《廣韻》明母願韻；没，上古明母物部，《廣韻》明母没韻。此條材料説明北地有的陽聲元韻字在江南讀爲入聲没韻。

二、《北齊書》材料反映的韻部情況①

(一)陰聲韻與陰聲韻相混

1. 微開三和脂開三混同

神武齧臂止之曰："今殺之，其黨必奔歸聚結。兵饑馬瘦，不可相支，若

---

① 此部分内容是在筆者的《〈北齊書〉中的語音材料分析》基礎上修改而成的，原文見《渤海大學學報》2010 年 5 期。

英雄崛起,則爲害滋甚。不如且置之。兆雖勁捷,而凶狡無謀,不足圖也。"
(《神武紀上》)

此處"饑"字通"飢"。饑,上古見母微部,中古見微開三;飢,上古見母脂部,中古見脂開三。此例説明此時的微開三和脂開三混同。參見本節"《魏書》材料反映的韻部現象"部分"陰聲韻與陰聲韻相混"中第 2 點的分析。

2. 脂開三與之開三相混

綦連猛,字武兒,代人也。其先姬姓,六國末,避亂出塞,保祁連山,因以山爲姓,北人語訛,故曰綦連氏。父元成,燕郡太守。
(《綦連猛傳》)

綦連氏,本應作"祁連氏";綦連猛,本應作"祁連猛"。因爲北人語訛,所以有"綦連氏、綦連猛"之稱。祁,上古群母脂部,中古群脂開三;綦,上古群母之部,中古群之開三。此條材料説明北人此時把脂開三字讀爲之開三。脂之通押,南朝從梁開始,北朝從北周開始,已是極爲普遍的現象,因爲此時脂之二韻可能已經合爲一部①。

3. 御開三與遇合三相混

杜弼,字輔玄,中山曲陽人也,小字輔國。相府法曹辛子炎咨事,云須取署,子炎讀"署"爲"樹"。高祖大怒曰:"小人都不知避人家諱!"杖之於前。
(《杜弼傳》)

署,上古禪母魚部,中古禪御開三;樹,上古禪母侯部,中古禪遇合三。御開三與遇合三混,即魚、虞相混。陸法言在《切韻序》説:"支、脂,魚、虞共爲一韻;先、仙,尤、侯俱論是切。""魚、虞共爲一韻",就是魚、虞相混。陸法言分支、脂,魚、虞爲四韻,並且指出有的地方支、脂相混,魚、虞相混。顏之推《顏氏家訓·音辭篇》説"北人以'庶'爲'戍',以'如'爲'儒'……北人之音多以'舉、莒'爲'矩'",也是魚、虞不分。辛子炎讀"署"爲"樹"是魚、虞相混,但齊高祖高歡尚能分之。

(二)陽聲韻與陽聲韻相混

金祚,字神敬,安定人也。性驍雄,尚氣任俠。魏正光中,隴右賊起,詔雍州刺史元猛討之,召募狼家,以爲軍導,祚應選。以軍功累遷龍驤將軍、靈州刺史。
(《金祚傳》)

---

① 參見本書第二章第二節。

狼,上古來母陽部,中古來唐開一;良,上古來母陽部,中古來陽開三。《金祚傳》"良家"作"狼家",是將陽開三讀爲唐開一。

(三)陰聲韻與陽聲韻相混

1. 登韻與微韻相混

　　初天保中,顯祖自晉陽還鄴,陽愚僧阿禿師於路中大叫,呼顯祖姓名云:"阿那瓌終破你國。"是時茹茹主阿那瓌在塞北强盛,顯祖尤忌之,所以每歲討擊,後亡齊者遂屬阿那肱云。雖作"肱"字,世人皆稱爲"瓌"音,斯固"亡秦者胡",蓋懸定於窈冥也。　　　　　　　　　　(《高阿那肱傳》)

肱,上古見母蒸部,中古見登合一;瓌,上古見母微部,中古見微合三。《高阿那肱傳》所説"肱"字世人皆稱爲"瓌"音,是説北地有將登合一讀爲微合三的現象。這也似乎可以看成是"北雜夷虜"的一條證據。

2. 蒸韻與海韻混

　　段榮,字子茂,姑臧武威人也。祖信,仕沮渠氏,後入魏,以豪族徙北邊,仍家於五原郡……後高祖建義山東,榮贊成大策。爲行臺右丞,西北道慰喻大使,巡方曉喻,所在下之。高祖南討鄴,留榮鎮信都,仍授鎮北將軍,定州刺史……武定四年,從征玉壁。時高祖不豫,攻城未下,召集諸將,共論進止之宜。謂大司馬斛律金、司徒韓軌、左衞將軍劉豐等曰:"吾每與段孝先論兵,殊有英略,若使比來用其謀,亦可無今日之勞矣。吾患勢危篤,恐或不虞,欲委孝先以鄴下之事,何如?"金等曰:"知臣莫若君,實無出孝先。"仍謂韶曰:"吾昔與卿父冒涉險艱,同獎王室,建此大功。今病疾如此,殆將不濟,宜善相翼佐,克茲負荷。"即令韶從顯祖鎮鄴,召世宗赴軍……大寧二年,除并州刺史。高歸彦作亂冀州,詔與東安王婁睿率衆討平之。遷太傅,賜女樂十人,並歸彦果園一千畝。仍蒞并州,爲政舉大綱,不存小察,甚得民和……時大雪之後,周人以步卒爲前鋒,從西山而下,去城二里。諸將咸欲逆擊之。韶曰:"步人氣勢自有限,今積雪既厚,逆戰非便,不如陣以待之。彼勞我逸,破之必矣。"既而交戰,大破之,敵前鋒盡殪,無復孑遺,自餘通宵奔遁。仍令韶率騎追之,出塞不及而還。世祖嘉其功,別封懷州武德郡公,進位太師。　　　　　　　　　　　(《段榮列傳》)

以上諸例,大都可以看成"仍"與"乃"混。仍,上古日母蒸部,中古日蒸開平;乃,上古泥母之部,中古泥海開上。"仍"與"乃"混,説明此時北地有些蒸韻字仍讀海韻。參見第一章第二節"《北齊書》材料反映的聲母現象"部分第3點的分析。

　　3. 桓韻與過韻混,齊韻與寒韻混

　　　　(1)万俟普,字普撥,太平人,其先匈奴之別種也。雄果有武力。正光中,破六韓拔陵構逆,授普太尉。率部下降魏,授後將軍,第二領民酋長。

(《万俟普傳》)

　　　　(2)魏末破六韓拔陵爲亂,與鎮將楊鈞固守,遇害。 (《寶泰傳》)

　　　　(3)破六韓常,字保年,附化人,匈奴單于之裔也。右谷蠡王潘六奚没於魏,其子孫以潘六奚爲氏,後人訛誤,以爲破六韓。世領部落,其父孔雀,世襲酋長。孔雀少驍勇。時宗人拔陵爲亂,以孔雀爲大都督、司徒、平南王。孔雀率部下一萬人降於爾朱榮,詔加平北將軍、第一領民酋長,卒。

(《破六韓常傳》)

　　以上諸例中,"潘六奚"訛誤爲"破六韓"。潘,上古滂母元部,中古滂母桓韻;破,上古滂母歌部,中古滂母過韻。奚,上古匣母支部,中古匣母齊韻;韓,上古匣母元部,中古匣母寒韻。"潘"訛誤爲"破",是桓韻與過韻對轉(與上古音歌元對轉一致);"奚"訛誤爲"韓",是齊韻字與寒韻混。

　　(四)入聲韻與入聲韻相混

　　　　(1)三月,沃野鎮人破落汗拔陵聚衆反,殺鎮將,號真王元年。詔臨淮王或爲鎮軍將軍,假征北將軍,都督北征諸軍事以討之。(《肅宗紀》)

　　　　(2)是時,破落汗拔陵等反於北鎮,二夏、豳、涼所在蜂起。

(《李寶傳》)

　　　　(3)時沃野鎮人破落汗拔陵首爲反亂,所在蜂起,統萬逆胡,與相應接。

(《源賀傳》)

　　　　(4)後北鎮破落汗拔陵反叛,所在回應。 (《李崇傳》)

　　　　(5)三年十有二月,河西人紇豆陵步蕃、破落韓常大敗爾朱兆於秀容。

(《孝莊紀》)

　　破六韓拔陵,《魏書》均作"破落汗拔陵",祇有後增補的部分作"破六韓拔陵",如後增補的《廣陽王建傳》"及沃野鎮人破六韓拔陵反叛,臨淮王或討之,失利,詔深爲北道大都督,受尚書令李崇節度",《蠕蠕傳》"是歲,沃野鎮人破六韓拔陵反,諸鎮相應"。

　　落,上古來母鐸部,《廣韻》來母鐸韻;六,來母覺部,《廣韻》來母屋韻。這些材料説明,北魏時鐸韻的一些字此時已轉爲屋韻。

（五）入聲韻與陰聲韻相混

> 其妻夢猛獸將來向之，敬德走超叢棘，妻伏地不敢動。敬德占之曰：
> "吾當得大官。超棘，過九卿也。爾伏地，夫人也。"　　（《馬敬德傳》）

棘，上古見母職部，中古見職開三；九，上古見母幽部，中古見有開三。伏，上古並母職部，中古並屋合三；夫，上古幫母魚部，中古幫虞合三。就韻母而論，馬敬德把"棘"與"九"看成是音近或音同，是將職開三讀爲有開三；把"伏"與"夫"看成是音同或音近，反映了北地把一些屋合三的字讀爲虞合三。

三、《周書》材料反映的韻部特點①

《周書》中反映當時韻母有價值的材料主要有：

1. 仙開三與仙合三相混

> 更鑄錢，文曰"布泉"，以一當五，與五銖並行。　　（《武帝紀上》）

錢，上古從母元部，《廣韻》從仙開三；泉，上古從母元部，《廣韻》從仙合三。把"錢"說成"泉"，是將從仙開三讀爲從仙合三。

2. 模韻、微韻、登韻相混

> 其偽署王衛可孤徒黨最盛，肱乃糾合鄉里斬可孤，其衆乃散。
> 　　　　　　　　　　　　　　　　　　　　　　（《文帝上》）

衛可孤，《魏書·賀拔勝傳》《北史·周本紀上》均作"衛可瓌"，《北齊書·賀拔允傳》又作"衛可肱"，爲譯音之異。《北齊書·高阿那肱傳》還有"雖作'肱'字，世人皆稱爲'瓌'音"的記載，參本節"《北齊書》材料反映的韻部情況"部分"陰聲韻與陽聲韻相混"第1點。孤，上古魚部，《廣韻》模合一；肱，上古蒸部，《廣韻》登合一；瓌，上古微部，《廣韻》微合三。

3. 屋韻與候韻相混

> 魏恭帝初，賜姓普六如氏，行同州事。　　（《楊忠傳》）

普六如，《魏書·官氏志》作"普陋茹"。六，上古來母覺部，《廣韻》來母屋韻；陋，上古來母侯部，《廣韻》來母候韻。《楊忠傳》將《魏書》的"普陋茹"作"普六如"，說明此時北地有些屋韻字已演變爲候韻。

此外，第一章第二節"《周書》材料反映的聲母現象"部分所舉《賀蘭祥傳》"共

---

① 此部分内容是在筆者的《從〈周書〉語音材料看北朝後期至初唐北方語音的若干特點》一文的基礎上修改而成的，原文見《泰山學院學報》2011年1期。

和"又作"洪和",是東合一與鍾(用)合三相混(洪,上古匣母東部,《廣韻》匣東合一平;共,上古群母東部,《廣韻》見鍾合三平);《文帝紀下》"澬頭",《楊忠傳》作"淙頭",梁蕭韶的《太清紀》作"潼頭",説明江南語音有將東合一與冬韻相混的現象(淙、澬,上古冬部,《廣韻》冬合一;潼,上古東部,《廣韻》東合一)。

第三節　《齊民要術》音注材料反映的
北朝後期韻部情況

在《齊民要術》的音注材料中,與韻部有關的 146 條,其中與陰聲韻有關的 58 條,與陽聲韻有關的 56 條,與入聲韻有關的 26 條,陰聲韻與入聲韻相混 4 條,陰聲韻與陽聲韻相混的 2 條。

一、陰聲韻情況

(一)祇與魚虞模三韻有關的音注

《齊民要術》中祇與魚虞模三韻有關的音注共 10 條。

1. 三韻各自獨立的音注(4 條)

(1)卷十《五穀、果蓏、菜茹非中國物産者》"羍"條,標目下小注"音諸"。羍,《廣韻》無,《集韻》專於切;諸,《廣韻》章魚切。小注直音《廣韻》反切與被注字《集韻》反切同屬章魚開三平,即以魚韻字注魚韻字。

(2)卷五《種紅藍花梔子》第五二"乃至粉乾足,手痛接勿住","足"字下小注"將住反"。足,《廣韻》即玉切,又將喻切。小注反切與被注字《廣韻》又音同屬精遇合三去,以遇韻字注遇韻字,即以虞韻字注虞韻字。

(3)卷七《笨麴并酒》第六六"蜀人作酴酒法"句子下小注"酴音鎝"。酴、鎝,《廣韻》皆同都切,小注直音與被注字反切上下字同,同屬定模平。

(4)卷九《素食》第八七"蘇托飯","蘇"字下小注"音蘇"。蘇,《廣韻》無,《集韻》孫租切;蘇,素姑切。兩字同屬心模合一平。

上述兩條小注以模韻字注模韻字。

2. 三韻互注的音注(6 條)

(1)卷十《五穀、果蓏、菜茹非中國物産者》"蕖蔬","蕖"字小注"音瞿"。蕖,《廣韻》強魚切,群魚開三平;瞿,群虞開三平。小注以虞韻字注魚韻字。

(2)卷三《荏蓼》第二六"芥葅,一名水蘇","葅"字下石聲漢《齊民要術今釋》本小注"音粗";繆啟愉《齊民要術校釋》本"葅"作"菹",字下小注"音祖"。

葅,《廣韻》作"菹",側魚切,莊魚開三平;粗,《廣韻》倉胡切,清模合一平。葙,《廣韻》七余切,清魚開三平;又則吾切,精模合一平;又則古切,該音切與小注"祖"字反切上下字同,同屬精姥合一上。依石本,該條小注是以模韻字注魚韻字;依繆本,則是以姥韻字注姥韻字。

(3)卷三《種胡荽》第二四"櫚生者亦尋滿地","櫚"字下小注"音呂"。櫚,《廣韻》郎古切,來姥合一上;呂,來語開三上。小注以語韻字注姥韻字,即將模韻讀成魚韻。

上述兩條小注爲魚模互注。

(4)卷五《種紫草》第五四"候稈燥載聚","稈"字下小注"芳蒲反"。稈,《廣韻》芳無切,澇虞開三平;"芳蒲反",澇模合一平。

(5)卷十《五穀、果蓏、菜茹非中國物産者》"竹"條"䈽竹,黑皮,竹浮有文","䈽"字下小注"音模"。䈽,《廣韻》武夫切(黑皮竹),又莫胡切(竹名)。模,《廣韻》莫胡切。小注直音與被注字《廣韻》又音的反切上下字同,同屬明模合一平;但根據《廣韻》釋義,《齊民要術》中的"䈽"字是"黑皮竹",應讀武夫切,屬微虞合三平。也就是説,該條小注是用模韻字來爲虞韻字注音的。

(6)卷一《種穀》第三"昔予爲禾,耕而鹵莽之","莽"字下小注"忙補反"。莽,《廣韻》模朗切,明蕩開一上;又莫補切,明姥合一上。"忙補反",明虞開三上。小注以虞韻字注姥韻字,即將模韻讀成虞韻。這一音注的時間應該很早。

上述 3 條小注爲虞模互注。

綜上所述,在《齊民要術》音注材料中,衹與魚虞模三韻有關的音注 10 條,其中三韻各自獨立的音注 4 條,包括魚韻字注魚韻字的 1 條,虞韻字注虞韻字的 1 條,模韻字注模韻字的 2 條;三韻互注的音注 6 條,包括魚虞互注的 1 條,魚模互注的 2 條,虞模互注的 3 條。

這些材料説明,當時魚虞模三韻的關係是十分密切的,衹好將魚虞模三韻合一,這與北魏時期詩文用韻魚虞模三韻應該合爲一部的情況是一致的。至於虞韻字注虞韻字的那條音注(實際是以遇韻字注遇韻字),既可以看出去聲與入聲的密切關係,也可以看出《廣韻》的"又音"是有實際語音根據的。

(二)衹與支脂之微齊佳皆灰哈九韻有關的音注

《齊民要術》中與支齊等九韻有關的音注共 16 條。

1. 九韻各自獨立的音注(11 條)

(1)卷二《水稻》第十一"内草篇中裹之","篇"字下小注"市規反"。篇,

《廣韻》市緣切,禪仙平;又是爲切,禪支合三平。"市規反",禪支合三平。小注與被注字又音反切同屬禪支平。

　　(2)卷七《笨麴并酒》第六六"柯杝酒法","杝"字下小注"良知反"。杝,《廣韻》作"杝",弋支切,余支開三平;《類篇》鄰知切,來支開三平。"良知反",來支開三平。

　　(3)卷三《種薑》第二七"茈,生薑也","茈"字下小注"音紫"。茈、紫,《廣韻》皆將此切,同屬精紙上。

　　上述 3 條小注以支韻字注支韻字。

　　(4)卷二《水稻》第十一"秜,稻今年死,來年自生曰秜","秜"字下小注"力脂反"。秜,《廣韻》力脂反,與小注反切同,屬來脂平。

　　(5)卷十《五穀、果蓏、菜茹非中國物産者》"菜茹"條"薙菜"下小注"音唯"。薙、唯,《廣韻》皆以追切,余脂合三平。

　　(6)卷十《五穀、果蓏、菜茹非中國物産者》"廉薑"條"蔟荽,廉薑也","荽"字下小注"相維反"。荽,《廣韻》息維切,與小注反切同屬心脂合三平。

　　(7)卷一《耕田》第一"悉皆五、六月中穄種","穄"字下小注,明鈔、金鈔、《秘册彙函》系統版本皆作"美懿反"。穄,《廣韻》秦醉切,稻禾黏也;《集韻》作"穄",秦醉切(稻之黏者),又明秘切(散種也)。小注與被注字《集韻》又音反切同屬明至開三去,字義亦相合。

　　上述 4 條小注以脂韻字注脂韻字。

　　(8)卷八《八和齏》第七三"齏"字下小注"初稽反"。齏,《廣韻》祖稽切,精齊開四平;"初稽反",初齊開四平。

　　(9)卷二《大豆》第六"張揖《廣雅》曰……豍豆、豌豆,留豆也","豍"字下小注"方迷反"(或本作"方迷切")。豍,《廣韻》邊兮切,幫齊平;《集韻》補典切,幫銑上。小注與被注字同屬齊韻。

　　(10)卷一《種穀》第三"予來年變齊","齊"字下小注"在細反"。齊,《廣韻》在詣切,與小注反切同屬從霽去。"齊"又徂兮切,從齊平。

　　上述 3 條小注以齊韻字注齊韻字。

　　(11)卷九《飧飯》第八六"蒯米飯","蒯"字下小注"苦怪反"。蒯,《廣韻》苦怪切,與小注反切同,屬溪怪合二去。該條小注以怪韻字爲怪韻字注音,即以皆韻字注皆韻字。

　　2. 九韻互注的音注(5 條)

（1）卷十《五穀、果蓏、菜茹非中國物產者》"石菭"條，該標目下小注，繆啟愉《齊民要術校釋》及《百子全書》本作"丈之切"（知之開三平），石聲漢《齊民要術今釋》依金鈔本作"大之切"（定之開三平），又明鈔譌作"文之切"。菭，《廣韻》徒哀切，定咍開一平。小注將"菭"字讀成"大之切"或"丈之切"，是將咍韻讀成之韻。

（2）卷十《五穀、果蓏、菜茹非中國物產者》"檳榔"條"洪洪腫起，若瘣木焉"，在"瘣"字下小注"黄圭反，又音回"。瘣，《廣韻》胡罪切，匣賄合一上；"黄圭反"，匣齊合四平；又音"回"，匣灰合一平。小注以齊韻字注賄韻字，即以齊韻字注灰韻字；又音是以灰韻字注賄韻字。

（3）卷十《五穀、果蓏、菜茹非中國物產者》"莓"條，標目下小注"亡代反"。莓，《廣韻》莫杯切，明灰開一平；"亡代反"，微代開一去。小注以代韻字注灰韻字，即以咍韻字注灰韻字。

（4）卷十《五穀、果蓏、菜茹非中國物產者》"桃"條"上有二神人：一曰'荼'，二曰'鬱櫑'，主領萬鬼"，"櫑"字下小注"音壘"。櫑，《廣韻》《集韻》均無，《字彙》魯猥切，來灰平；壘，來旨上。小注是以旨韻字注灰韻字，即以脂韻字注灰韻字。

（5）卷十《五穀、果蓏、菜茹非中國物產者》"菜茹"條"薏"下小注"胡對反"。薏，《廣韻》袪狶切，溪尾開三上；"胡對反"，匣隊合一去。小注是以隊韻字注尾韻字，即以灰韻字注微韻字。

綜上所述，在《齊民要術》音注材料中，衹與支齊等九韻有關的音注材料16條，其中九韻各自獨立的11條，包括以支韻字注支韻字的3條，以脂韻字注脂韻字的4條，以齊韻字注齊韻字的3條，以皆韻字注皆韻字的1條；九韻互爲音注的材料5條，包括之咍互注的1條，齊灰互注的1條，咍灰互注的1條，脂灰互注的1條，灰微互注的1條。

這些材料可以説明：第一，支脂齊三韻各自獨立成部；第二，之咍、微灰二韻關係很近，齊灰、脂灰的關係也不算遠。

（三）衹與歌戈麻三韻有關的音注

《齊民要術》中衹與歌戈麻三韻有關的音注9條，均爲歌戈麻各自獨立的音注。

（1）卷一《種穀》第三"今墮車、下馬看……山醝……此二十四種，穗皆有毛，耐風，免雀暴"，"醝"字下小注"粗左反"。醝，《廣韻》昨何切，從歌開一平；

“粗左反”，清哿開一上。

（2）卷八《羹臛法》第七六“笥篝魚羹”，“篝”字下小注“古可反”。篝，《廣韻》無，《集韻》賈我切，與小注反切同屬見哿開一上。

上述兩條以歌韻字注歌韻字。

（3）卷九《煮膠》第九十“取净乾盆，置竈埵上”，“埵”字下小注“丁果反”。埵，《廣韻》丁果切，與小注反切同，屬端果合一上。

（4）卷一《種穀》第三“今墮車、下馬看……石駃歲青……此二十四種，穗皆有毛，耐風，免雀暴”，“駃”字下注音“良卧反”①。駃，《廣韻》無，《集韻》盧卧反，與小注反切同屬來過去。“駃”《集韻》又魯外切，來泰去。

（5）卷九《餅法》第八二“切麪粥、𪏻𪑶粥法”，“𪏻”字下小注“盧貨反”。𪏻，《廣韻》無，《集韻》盧卧切，與小注反切同屬來過合一去。

（6）卷九《餅法》第八二“切麪粥、𪏻𪑶粥法”，“𪑶”字下小注“蘇貨反”。𪑶，《廣韻》無，《集韻》蘇卧反，與小注反切同屬心過合一去。

上述4條以戈韻字注戈韻字。

（7）卷一《種穀》第三“朱穀、高居黄……𪍿支穀……此十四種，早熟，耐旱，熟早免蟲”，“𪍿”字下小注“音加”。𪍿，《廣韻》無，《集韻》居牙切；加，《廣韻》古牙切。小注反切與被注字《集韻》反切同屬見麻平。

（8）卷五《種桑柘》第四五“裁截碎木，中作錐、刀靶”，“靶”字下小注“音霸”。靶、霸，《廣韻》皆必駕切，同屬幫禡開二去。

（9）卷六《養牛馬驢騾》第五六“大髂短脅，四駑”，“髂”字下小注“枯駕切”。髂，《廣韻》枯駕切，與小注反切同，屬溪禡開二去。

上述3條以麻韻字注麻韻字。

綜上所述，在《齊民要術》音注材料中，衹與歌戈麻三韻有關的音注9條，其中以歌韻字注歌韻字的2條，以戈韻字注戈韻字的4條，以麻韻字注麻韻字的3條。

由此可以看出，歌戈麻三韻在音值上是有差别的，歌戈雖然在韻文中密不可分，但實際音值還是有别的，即存在着開合的不同。

（四）衹與蕭宵肴豪四韻有關的音注

《齊民要術》中衹與蕭宵肴豪四韻有關的音注10條，均爲蕭宵肴豪四韻各自獨立的音注。

---

① 　明鈔和《秘册彙函》系統版本均作“𪊨卧反”，依金鈔改作“良”。

（1）卷一《收種》第二"剿刈高懸之"，"剿"字下小注"才彫反"。剿，《廣韻》昨焦切，與小注反切同屬從蕭平。"剿"又才笑切，從笑去。

（2）卷二《大小麥》第十"宜作剿麥"，"剿"字下小注"才彫反"，小注與被注字的語音關係與上條同。

上述兩條小注以蕭韻字注蕭韻字。

（3）卷八《蒸魚法》第七七"胡炮肉法"，"炮"字下小注"普教切"。炮，《廣韻》薄交切，並肴開二平；"普教切"，滂肴開二平。

（4）卷八《作醬等法》第七十"上旬罽豆"，"罽"字下小注"楚狡切"。罽，《廣韻》初爪切，與小注反切同屬初巧開二上。

（5）卷五《種榆白楊》第四六"白楊……終不曲撓"，"撓"字下小注"奴孝切"。撓，《廣韻》奴巧切，泥巧開二上；"奴孝切"，泥效開二去。

上述3條小注以肴韻字注肴韻字。

（6）卷一《耕田》第一"漫擲黍穄，勞亦再遍"，"勞"字下小注"郎到反"。勞，《廣韻》郎到切，與小注反切同，屬來号開一去。"勞"又魯刀切，來豪開一平。

（7）卷一《種穀》第三"撓令洞洞如稠粥"，"撓"字下小注"呼毛反，攪也"。撓，《廣韻》奴巧切（撓亂），又呼毛切（攪也）。小注與被注字《廣韻》又音反切同，屬曉豪平。

（8）卷二《水稻》第十一"稻苗漸長，復須薅"，小注"拔草曰薅，虎高切"。薅，《廣韻》呼毛切，與小注反切同屬曉豪平。

（9）卷八《脯臘》第七五"煻灰中爊之"，"爊"字下小注"烏刀切"。爊，《廣韻》作"熝"，於刀切；《集韻》音切同。小注與被注字《廣韻》《集韻》反切同屬影豪開一平。

（10）卷十《五穀、果蓏、菜茹非中國物產者》"莙"條"莖如礜豆而細"，"礜"字下小注"力刀切"（《百子全書》本作"即刀切"）。礜，《廣韻》魯刀切，與小注反切同屬來豪開一平。

上述5條小注以豪韻字注豪韻字。

在《齊民要術》音注材料中，與蕭宵肴豪有關的10條，均是各自獨立的音注，儘管材料不多，但也能在一定程度上反映出蕭宵肴豪四韻在音值上是有一定差別的，也就是說《切韻》中的蕭宵肴豪四韻分立是有實際語音根據的。

（五）祇與尤侯幽三韻有關的音注

《齊民要術》中祇與尤侯幽三韻有關的音注共10條。

1. 尤侯幽三韻各自獨立的音注(8 條)

(1)卷五《種榆白楊》第四六"色變白,將落,可作醬臛……"句下小注"醬,音牟"。醬、牟,《廣韻》皆莫浮切,同屬明尤平。

(2)卷八《蒸魚法》第七七,標目"魚"字下小注"方九反"。魚,《廣韻》方九切,與小注反切同,屬非有開三上。

(3)卷七《笨麴并酒》第六六"穄米酎法"句下小注"酎音宙"。酎、宙,《廣韻》皆直祐切,同屬澄宥開三去。

(4)卷十《五穀、果蓏、菜茹非中國物産者》"柚"條"其名爲櫠","櫠"字下小注"音柚"。櫠、柚,《廣韻》皆余救切,余宥開三去。

(5)卷十《五穀、果蓏、菜茹非中國物産者》"藤"條"苖著枝閣間","苖"字下小注"側九反"①。苖,《廣韻》側鳩切,莊尤開三平;"側九反",莊有開三上。

上述 5 條小注以尤韻字注尤韻字。

(6)卷五《種榆白楊》第四六"臛"下小注"音頭"。臛、頭,《廣韻》皆度侯切,同屬定侯平。

(7)卷一《耕田》第一"以鐵齒鋋楱再遍杷之","楱"字下小注"俎候反"。楱,《廣韻》才奏切(鐵齒杷),從候開一去;"俎候反",莊候開三去。"楱"又倉奏切(欘屬),清候開一去。

(8)卷一《小豆》第七"皆得用鐵齒鋋楱縱橫杷勞之","楱"字下小注"俎候反",小注與被注字的語音關係同上。

上述 3 條小注以侯韻字注侯韻字。

2. 尤侯幽三韻互注的音注(2 條)

(1)卷十《五穀、果蓏、菜茹非中國物産者》"烏蘆"條下小注"音邱"。蘆,《廣韻》烏侯切,影侯開一平;邱,《廣韻》去鳩切,溪尤開三平。小注以尤韻字注侯韻字。

(2)卷三《雜說》第三十"漱生衣絹法","漱"字下小注"素鉤反"。漱,《廣韻》所佑切,山宥韻開三去;"素鉤反",心侯開一平。小注以侯韻字注宥韻字,即以尤韻字注侯韻字。

綜上所述,在《齊民要術》音注材料中,衹與尤侯幽三韻有關的音注 10 條,

---

① 《百子全書》本作"徂九反",從有開三。繆啟愉本作"側九切",並謂《太平御覽》引作"側尤切",但"側九切、側尤切"均誤,應作"側丸切"。該説似不可取。參見《齊民要術校釋》(第二版)第 814 頁校⑬。

其中尤侯幽三韻各自獨立的音注 8 條,包括以尤韻字注尤韻字的 5 條,以侯韻字注侯韻字的 3 條;尤侯二韻互注的音注 2 條。由此可見,尤侯二韻的音值較近。幽韻字未見,不好斷定其與尤侯二韻音值的關係。

（六）陰聲各韻的關係

《齊民要術》中反映各陰聲韻關係的音注材料有 3 條。

(1)卷十《五穀、果蓏、菜茹非中國物産者》"蘧蔬",小注爲"蔬"字注的是"音甇"。蔬,《廣韻》所菹切,山魚開三平;又所助切,山御開三去。甇,《玉篇》《集韻》作"毿",《類篇》疎鳩切,山尤平。小注以尤韻字注魚韻字。

(2)卷一《種穀》第三"竹葉青、石抑闓","闓"字下小注"創怪反"。闓,《廣韻》無,《集韻》楚快切①,初夬去。"創怪反",初怪去。小注以怪韻字注夬韻字。

(3)卷一《種穀》第三"今墮車、下馬看、百群羊……石駃葳青","葳"字下小注"蘇卧反"。葳,《廣韻》相鋭切,心祭開三去;"蘇卧反",心過合一去。小注以過韻字注祭韻字。

二、陽聲韻情況

（一）東冬鍾江耕庚清青陽唐蒸登十二韻的關係

《齊民要術》中衹與東庚等十二韻有關的音注共 13 條。

1. 十二韻各自獨立的音注(7 條)

(1)卷二《大豆》第六"胡豆,䝁䝁也","䝁"字下小注"胡江反"。䝁,《廣韻》下江切,《集韻》胡江切,二者與小注反切同屬匣江開二平。

(2)卷二《大豆》第六"胡豆,䝁䝁也","䝁"字下小注"音雙"。䝁、雙,《廣韻》皆所江切,同屬山江開二平。

(3)卷一《種穀》第三"構者,非不壅本苗深","構"字下小注"古項反"。構,《廣韻》古項反,與小注反切同,屬見講上。《百子全書》本注作"故項反",音同。

上述 3 條小注以江韻字注江韻字。

(4)卷二《黍穄》第四"燥溼候黄塲","塲"字下小注"始章切"。塲,《廣韻》直良切,澄陽開三平②;"始章切",書陽開三平。

(5)卷三《蔓菁》第十八"擬作乾菜及釀菹者","釀"字下小注"人丈反"。釀,《廣韻》女亮切,娘漾開三去;"人丈反",日漾開三去。

---

① 快,揚州使院重刻本作"忮"。
② 石聲漢、繆啟愉均認爲"塲"字就是現在的"墒"字。石説參見石聲漢《齊民要術今釋》第105 頁注①,繆説參見繆啟愉《齊民要術校釋》(第二版)第 103 頁注[三]。

(6)卷六《養鵝鴨》第六十"不爾,喜軒虛羌量而死","羌"字下小注"丘向切"①。羌,《廣韻》無,《集韻》許亮切,曉漾開三去;"丘向切",溪漾開三去。

上述3條小注以陽韻字注陽韻字。

(7)卷七《笨麴并酒》第六六"作鄠酒法","鄠"字下小注"盧丁反"。鄠,《廣韻》郎丁切,與小注反切同屬來青開四平,即以青韻字注青韻字。

2. 十二韻互注的音注(6條)

(1)卷五《種榆白楊》第四六"亦任生長,務使掌近",石聲漢《齊民要術今釋》"掌"字下小注"杜康反"②。掌,《廣韻》諸兩切,章養開三上;"杜康反",定唐開一平。小注以唐韻字注養韻字,即以唐韻字注陽韻字。

(2)卷一《耕田》第一"其林木大者劙殺之","劙"字下小注"烏更反"。劙,《廣韻》烏莖切,影耕平;"烏更反",影庚平。

(3)卷五《種藍》第五三"急手抨之","抨"字下小注"普彭反"。抨,《廣韻》普耕切,滂耕平;"普彭反",滂庚平。

(4)卷二《種芋》第十六"《廣雅》曰:'蕖、芋,其葉謂之莪'","莪"字下小注"公杏反"③。莪,《廣韻》古幸切,見耿上;"公杏反",見梗上。

上述3條小注以庚韻字注耕韻字。

(5)卷五《種桑柘》第四五"安硎泉","硎"字下小注"苦耕反"。硎,《廣韻》戶經切,匣青開四平;"苦耕反",溪耕開二平。小注以耕韻字注青韻字。

(6)卷十《五穀、果蓏、菜茹非中國物産者》"十一月采旁勃","旁"字下小注"音彭"。旁,《廣韻》步光切,並唐開二平;彭,並庚開二平。小注以庚韻字注唐韻字。

綜上所述,在《齊民要術》音注材料中,祇與東庚等十二韻有關的音注13條,其中十二韻各自獨立的音注7條,包括以江韻字注江韻字的3條,以陽韻字注陽韻字的3條,以青韻字注青韻字的1條;十二韻互注的音注6條,包括以唐韻字注陽韻字的1條,以庚韻字注耕韻字的3條,以耕韻字注青韻字的1條,以庚韻字注唐韻字的1條。

---

① 丘,原誤作"立"。
② 參見石聲漢《齊民要術今釋》第426—427頁。
③ 公杏反,原作"必杏反"。明鈔和《群書校補》所據鈔宋本,同作"必杏反",金鈔作"分杏反"。《玉篇》作"公幸反",《廣韻》"去聲三十九耿"作"古杏反",《集韻》分部和讀音,都和《廣韻》相同。可能金鈔的"分"字是"公"字寫錯,而"必"字也是"公"字爛成的。

這些材料説明,《廣韻》中的江韻是一個獨立的韻部,耕庚二韻的音值很近,很可能屬於同一韻部;陽唐二韻可以合爲一部,庚韻的主元音與唐韻的主元音很近;清韻字未出現,不好斷定其分合關係。

(二)真諄臻文欣魂痕元寒桓删山先仙十四韻的關係

《齊民要術》中衹與真元等十四韻有關的音注共 25 條。

1. 十四韻各自獨立的音注(22 條)

(1)卷四《插梨》第三七"先做麻紉,纏十許匝","紉"字下小注"汝珍切"。紉,《廣韻》女鄰切,娘真開三平;"汝珍切",日真開三平。

(2)卷八《蒸缹法》第七七"毛蒸魚菜:白魚、鱝魚最上","鱝"字下小注"音賓"。鱝,《廣韻》卑民切;賓,《廣韻》必鄰切。二者同屬幫真開三平。

(3)卷九《素食》第八七"缹菌法","菌"字下小注"其殞反"。菌,《廣韻》渠殞切,與小注反切同屬群軫合三上。

(4)卷十《五穀、果蓏、菜茹非中國物産者》"竹"條"籬竹","籬"字下小注"力印反"。籬,《廣韻》良印切,與小注反切同屬來震開三去。

上述 4 條小注以真韻字注真韻字。

(5)卷八《羹臛法》第七六"筍䉤魚羹","筍"字下小注"思尹反"[1]。筍,《廣韻》思尹反,與小注反切同,屬心準合三上。小注以準韻字注準韻字,即以諄韻字注諄韻字。

(6)卷十《五穀、果蓏、菜茹非中國物産者》"菜茹"條"菦"下小注"音謹"。菦、謹,《廣韻》皆居隱切,同屬見隱開三上。小注以隱韻字注隱韻字,即以欣韻字注欣韻字。

(7)卷二《種瓜》第十四"然瓜有龍肝、虎掌……𤬰瓝……","𤬰"字下小注"音温"。𤬰,《廣韻》烏渾切;温,《廣韻》烏魂切。二者同屬影魂合一平。

(8)卷七《笨麴并酒》第六六,標目"笨"字下小注"符本切"。笨,《廣韻》蒲本切,並混合一上;"符本切",奉混合一上。

(9)卷八《羹臛法》第七六"肺膹法","膹"字下小注"蘇本反"。膹,《廣韻》蘇本切,與小注反切同,屬心混合一上。

上述 3 條小注以魂韻字注魂韻字。

(10)卷十《五穀、果蓏、菜茹非中國物産者》"菜茹"條"蓽"下小注"音罕"。

---

① 筍,明清刻本譌作"荀";尹,明鈔與明清刻本譌作"丑"。院刻、金鈔不誤。

蕔，《唐韻》《廣韻》呼旱切，與小注"罕"（即"罕"）同屬曉旱開一上。

（11）卷九《作菹藏生菜法》第八八"熯菹法"，"熯"字下小注"呼幹反"。熯，《廣韻》呼旰切，與小注反切同屬曉翰開一去。

（12）卷九《餳餔》第八九"饊、飴、餳"，"饊"字下小注"生但反"。饊，《廣韻》蘇旱切，心旱開一上；"生但反"，山翰開一去。

上述 3 條小注以寒韻字注寒韻字。

（13）卷十《五穀、果蓏、菜茹非中國物產者》"萱"條標目下小注"音丸"。萱、丸，《廣韻》皆胡官切，匣桓合一平。

（14）卷二《水稻》第十一"今世有黃瓮稻……秫稻米，一名糯米"，"糯"字下小注"奴亂反"（《百子全書》本無此反切）。糯，《廣韻》無，《集韻》奴亂切，與小注反切同，屬泥換去。"糯"又奴臥切，泥過去。

（15）卷三《種胡荽》第二四"間拔令稀"，"間"字下小注"古莧反"。間，《廣韻》古莧反，與小注反切同，屬見襉開二去。"間"又古閑切，見山開二平。小注以去聲襉韻字注襉韻字，即以山韻字注山韻字。

（16）卷一《種穀》第三"今墮車、下馬看……一晛黃……此二十四種，穗皆有毛，耐風，免雀暴"，"晛"字下小注"奴見反"（《百子全書》本作"怒見反"）。晛，《廣韻》胡典切，又奴甸切。小注與被注字又音反切同屬泥霰去。

（17）卷八《蒸缹法》第七七"恣意飽食，亦不餇"，"餇"字下小注"烏縣切"。餇，《廣韻》烏縣切，與小注反切同，屬影霰合四去。

（18）卷九《煮糗》第八四，標目"糗"字下小注"莫片反"。糗，《廣韻》莫甸切，與小注反切同屬明霰開四去。

上述 3 條小注以先韻字注先韻字。

（19）卷八《作醬等法》第七十"作燥脡法"，"脡"字下小注"丑延反"[1]。脡，《廣韻》丑延切，與小注反切同，屬徹仙開三平。

（20）卷四《園籬》第三一"至明年春，剟其橫枝"，"剟"字下小注"敕傳切"。剟，《廣韻》丑緣切，與小注反切同屬徹仙合三平。

（21）卷十《五穀、果蓏、菜茹非中國物產者》"薁"條，標目下小注"而兗反"。

---

[1]　"脡"字音注，北宋院刻作"丑延反"，明鈔"丑"字譌作"五"，金鈔譌作"且"；明清刻本則作"始蟬反"。脡，宋本《説文解字》音丑連反；《廣韻》音式連切，又丑延切；《集韻》音尸連切，又抽延切。明清刻本的"始蟬反"，大致應與《廣韻》"式連切"及《集韻》"尸連切"相當，是依《玉篇》改的。

萸,《廣韻》而兖切,與小注反切同,屬日獮合三上。

(22)卷一《種穀》第三"穀田必須歲易"句下注"颾子則秀多而收薄矣。颾,尹絹反"。颾,《廣韻》以絹切,與小注反切同屬余線去①。

上述4條以仙韻字注仙韻字。

2. 十四韻互注的音注(3條)

(1)卷二《種瓜》第十四"然瓜有龍肝、虎掌……䫙㼉……","㼉"字下小注"大真反"。㼉,《玉篇》徒門切,定魂合一平;《廣韻》作"瓲",徒渾切,定魂合一平。"大真反",定真開三平。小注以真暈字注魂韻字。

(2)卷九《炙法》第八十"以羊絡肚㪚脂裹","㪚"字下小注"素千反"②。㪚,《廣韻》無,《集韻》相干切,心寒開一平;"素千反",心先開四平。小注以先韻字注寒韻字。

(3)卷九《煮醲酪》第八五"其大盆盛者,數捲亦生水也","捲"字下小注"居萬反"。捲,《廣韻》居轉切,見獮合三上;"居萬反",見願合三去。小注以願韻字注獮韻字,即以元韻字注仙韻字。

綜上所述,在《齊民要術》音注材料中,衹與真元等十四韻有關的音注25條,其中十四韻各自獨立的音注22條,包括以真韻字注真韻字的4條,以諄韻字注諄韻字的1條,以欣韻字注欣韻字的1條,以魂韻字注魂韻字的3條,以寒韻字注寒韻字的3條,以桓韻字注桓韻字的2條,以山韻字注山韻字的1條,以先韻字注先韻字的3條,以仙韻字注仙韻字的4條;十四韻互注的音注3條,其中將魂韻讀成真韻的1條,將寒韻讀成先韻的1條,將仙韻讀成元韻的1條。不過如果將卷九《炙法》第八十"以羊絡肚㪚脂裹"小注"素千切"中的"千"字看成是"干"字之誤的話,此條音注應該是以寒韻字注寒韻字。這樣,真元等十四韻各自獨立的音注23條,衹有將魂韻讀成真韻的1條、將仙韻讀成元韻的1條不是各自獨立的。由此可見,《切韻》的分韻是有實際語音根據的(真諄不分,寒桓不分,是開合的不同)。

(三)侵覃談鹽添咸銜嚴凡九韻的關係

《齊民要術》中衹與侵覃等九韻有關的音注共18條。

1. 九韻各自獨立的音注(17條)

---

① 《百子全書》本作"户絹切",匣線去。

② 石聲漢指出,"素千反",依《廣韻》《集韻》應是"素干切",但是《要術》各本都作"素千切"。參見《齊民要術今釋》891—892頁注①。

　　(1)卷九《筆墨》第九一"浸梣皮汁中","梣"字下小注"才心反"。梣,《廣韻》昨淫切(木名),從侵開三平;又鋤針切(青皮木名),崇侵開三平;又子心切(與"鋤針切"一音釋義無別,應是"才心反"之誤),精侵開三平。"才心反",從侵開三平。

　　(2)卷九《餅法》第八二"治麵砂墋法","墋"字下小注"初飲反"。墋,《廣韻》初朕切,初寢開三上;"初飲反",初沁開三去。

　　(3)卷七《塗甕》第六三"脂不復滲乃止","滲"字下小注"所蔭反"。滲,《廣韻》所禁切,與小注反切同屬山沁開三去。

　　上述3條小注以侵韻字注侵韻字。

　　(4)卷一《種穀》第三"……焦金黃、鶴履蒼……此十四種,早熟、耐旱、免蟲","鶴"字下小注"烏含反"①。鶴,《廣韻》無,《集韻》烏含切,與小注反切同,屬影覃平。

　　(5)卷一《耕田》第一"秋耕掩青者爲上","掩"字下小注"一感反"。掩,《廣韻》無,《集韻》鄔感切,與小注反切同屬感韻。"掩"字《集韻》又衣檢切,又於瞻切,又烏含切,又衣廉切,又乙業切。

　　(6)卷四《栽樹》第三三"日月撼而落之爲上","撼"字下小注"胡感切"。撼,《廣韻》胡感切,與小注反切同,屬匣感開一上。

　　(7)卷九《炙法》第八十"腩炙","腩"字下小注"奴感反"。腩,《廣韻》奴感切,與小注反切同,屬泥感開一上。

　　(8)卷九《作菹藏生菜法》第八八"梨菹法,先作糝","糝"字下小注"盧感反"。糝,《廣韻》盧感切,與小注反切同,屬來感開一上。

　　(9)卷十《五穀、果蓏、菜茹非中國物產者》"竹"條"篏竹,有毛","篏"字下小注"音感"。篏,《廣韻》無,《集韻》古禫切,與小注直音"感"同屬見感開一平。"篏"《集韻》又都感切,端感開一上。

　　上述6條小注以覃韻字注覃韻字。

　　(10)卷二《種瓜》第十四"崔寔曰:'十二月臘時祀炙蓮,樹瓜田四角,去蟲'","蟲"字下小注"胡濫反"。蟲,《廣韻》胡甘切(桑蟲),又下瞰切(瓜蟲)。小注反切與《廣韻》又音同屬匣闞去。小注以闞韻字注闞韻字,即以談韻字注談韻字。

---

① 鶴,現在通行的寫法是"鶉"。

（11）卷八《羹臛法》第七六"䑃臞：湯燖"，"燖"字下小注"徐廉切"①。燖，《廣韻》徐鹽切，與小注反切同屬邪鹽開三平。

（12）卷十《五穀、果蓏、菜茹非中國物産者》"菜茹"條"蘸菜"下小注"徐鹽反"。蘸，《廣韻》無，《唐韻》徐鹽切，與小注反切同，屬邪鹽開三平。

（13）卷八《羹臛法》第七六"槧淡"，"槧"字下小注"七豔切"。槧，《廣韻》七豔切，與小注反切同，屬清豔開三去。

上述 3 條小注以鹽韻字注鹽韻字。

（14）卷八《脯腊》第七五"凡生魚，悉中用，唯除鮎鱧耳"，"鮎鱧"下小注"上奴嫌反"。鮎，《廣韻》奴兼切，與小注反切同屬泥添開四平。

（15）卷二《種瓜》第十四"其子謂之㢡"，"㢡"字下小注"力點反"。㢡，《廣韻》作"瓥"，力忝反，與小注反切同屬來忝開四上。

上述兩條小注以添韻字注添韻字。

（16）卷八《羹臛法》第七六"臉臟：用豬腸"，"臉臟"下小注"上力減切"。臉，《廣韻》力減切，與小注反切同，屬來豏開二上。

（17）卷八《羹臛法》第七六"臉臟：用豬腸"，"臉臟"下小注"下初減切"②。臟，《廣韻》初減切，與小注反切同，屬初豏開二上。

上述兩條小注以咸韻字注咸韻字。

2. 九韻互注的音注（1 條）

卷八《蒸缹法》第七十七"復以穇屈牖篸之"，"篸"字下小注"祖咸反"。篸，《廣韻》作紺切，精勘開一去；"祖咸反"，精咸開二平。小注以咸韻字注勘韻字，即以咸韻字注覃韻字。

綜上所述，在《齊民要術》音注材料中，祇與侵覃等九韻有關的音注 18 條，其中九韻各自獨立的音注 17 條，包括以侵韻字注侵韻字的 3 條，以覃韻字注覃韻字的 6 條，以談韻字注談韻字的 1 條，以鹽韻字注鹽韻字的 3 條，以添韻字注添韻字的 2 條，以咸韻字注咸韻字的 2 條；九韻互注的音注 1 條，是將覃韻讀成咸韻。

由此可以看出，《切韻》收 -m 尾九韻的劃分是有實際語音依據的。同時也可以看出，覃咸二韻的語音關係近些。

---

① 徐廉切，明鈔本作"徐廉反"，此處依院刻、金鈔本。
② 音注中的"切"字，明鈔與明清刻本同作"反"，院刻、金鈔作"切"。

三、入聲韻情況

(一)祇與屋沃燭覺藥鐸陌麥昔錫職德十二韻有關的音注

《齊民要術》中祇與屋沃等十二韻有關的音注共 13 條。

1. 十二韻各自獨立的音注(9 條)

(1)卷十《五穀、果蓏、菜茹非中國物產者》"菫"條,標目下小注"丑六反"。菫,《廣韻》許竹切,又丑六切,又恥力切。小注反切與被注字《廣韻》一又音的反切同,屬徹屋合三入,即以屋韻字注屋韻字。

(2)卷九《炙法》第八十"手搦爲寸半方","搦"字下小注"汝角切"。搦,《廣韻》女角切,娘覺開二入;"汝角切",日覺開二入。小注以覺韻字注覺韻字。

(3)卷六《養雞》第五九"瀹雞子法","瀹"字下小注"音爚"①。瀹、爚,《廣韻》均以灼切,余藥開三入。

(4)卷八《作炙法》第七九"白瀹肫法","瀹"字下小注"瀹,煮也,音藥"。本條語音關係與上條同。

上述兩條小注以藥韻字注藥韻字。

(5)卷十《五穀、果蓏、菜茹非中國物產者》"芰"條"北燕謂之蒍","蒍"字下小注"音役"。蒍、役,《廣韻》皆營隻切,余昔合三入,即以昔韻字注昔韻字。"蒍"又羊捶切,余紙合三上。

(6)卷九《素食》第八七"蕰白蒸……令米毛,不潸","潸"字下小注"先擊反"。潸,《廣韻》無,《集韻》先擊反,與小注反切同,屬心錫開四入。

(7)卷一《耕田》第一"至春稿種亦得","稿"字下小注"湯歷反"。稿,《廣韻》無,《集韻》他歷反,透錫入;《字彙》丁歷反,端錫入。"湯歷反",透錫入。小注反切與被注字《集韻》《字彙》反切同屬錫韻。

(8)卷二《小豆》第七"稿種爲下","稿"字下小注"土歷反"。分析同例(7)。

上述 3 條小注以錫韻字注錫韻字。

(9)卷三《種蒜》第十九"冬寒,取穀得布地","得"字下小注"奴勒反"。得,《廣韻》奴勒切,與小注反切同,屬泥德入,即德韻字注德韻字。

2. 十二韻互注的音注(4 條)

(1)卷三《蔓菁》第十八"種菘、蘆菔法","菔"字下小注"蒲北反"。菔,《廣

---

① 南宋本作"音掄",字書無,石聲漢《齊民要術今釋》從此,參見該書第 587 頁 59.8.1 條。本書依繆啟愉《齊民要術校釋》(第二版),參見該書第 450 頁及 451 頁注⑨。

韻》房六切,並屋合三入;"蒲北反",並德開一入。小注以德韻字注屋韻字。菔、北二字上古均屬職部字。

(2)卷九《煮糗》第八四"宿客足,作糗粔","粔"字下小注"蘇革反"。粔,《廣韻》無;《玉篇》竹革切,《集韻》陟格切,同屬知陌開二入。"蘇革反",心麥開二入。小注以麥韻字注陌韻字。

(3)卷五《種楡白楊》第四六"三年,中爲蠶樀","樀"字下小注"都格反"。樀,《廣韻》無;《集韻》丁歷切,端錫開四入,又陟革切,知麥開二入。"都格反",端陌開二入。小注是以陌韻字注麥韻字或錫韻字。

(4)卷一《耕田》第一"凡耕高下田,不問春秋,必須燥濕得所爲佳",句下注"濕耕堅,數年不佳","垎"字小注又注"胡洛反"。垎,《玉篇》、《廣韻》、《説文》徐鉉注均作"胡格切",匣陌開二入;"胡洛反",匣鐸開一入。小注是以鐸韻字注陌韻字。

綜上所述,在《齊民要術》的音注材料中,衹與屋沃等十二韻有關的音注13條,其中十二韻各自獨立的音注9條,包括以屋韻字注屋韻字的1條,以覺韻字注覺韻字的1條,以藥韻字注藥韻字的2條,以昔韻字注昔韻字的1條,以錫韻字注錫韻字的3條,以德韻字注德韻字的1條;十二韻互注的音注4條,包括以德韻字注屋韻字的1條,以麥韻字注陌韻字的1條,以陌韻字注麥韻字的1條,以鐸韻字注陌韻字的1條。

由此可以看出,屋德、陌麥、陌鐸的關係較近。

(二)質術櫛物迄月没曷末轄黠屑薛十三韻的關係

《齊民要術》中衹與質月等十三韻有關的音注共5條。

1. 十三韻各自獨立的音注(4條)

(1)卷八《作醬等法》第七十"預前,日曝白鹽、黄蒸、草蒿、麥麴,令極乾燥","蒿"字下小注"居聿反"。蒿,《廣韻》居聿切,與小注反切同屬見術合三入,即以術韻字注術韻字。

(2)卷一《耕田》第一"凡秋收之後……粱、秫、菱之下,即移嬴","菱"字下小注"方末反"[①]。菱,《廣韻》蒲撥切,並末合一入;"方末反",非末合一入。小

───────────

[①]　據石聲漢、繆啟愉考證,"菱"下小注,金鈔本、學津本、漸西本均作"方末反",明鈔本、湖湘本及《學津討原》等《秘册彙函》系統版本則作"古末反";下文《種穀》第三第二段夾注中的小注"菱"亦作"方末反",故當以"方末反"爲是。石説參見石聲漢《齊民要術今釋》第10頁校[一],繆説參見繆啟愉《齊民要術校釋》(第二版)第40頁校⑪。

注以末韻字注末韻字。

（3）卷九《作豚奧糟苞》第八一"兩頭與楔楔之兩板之間"，後一"楔"字下小注"蘇結反"。楔，《廣韻》先結反，與小注反切同屬心屑開四入，即以屑韻字注屑韻字。

（4）卷二《大豆》第六"犁細淺畤而勞之"，"畤"字下小注"良輟反"。畤，《廣韻》無，《集韻》龍輟反。小注反切與被注字《集韻》反切同屬來薛入，即以薛韻字注薛韻字。

2. 十三韻互注的音注（1條）

卷三《種蔥》第二一"兩樓重構，竅瓠下之，以批契繼腰曳之"，"契"字下小注"蘇結反"。契，《廣韻》私列切，心薛開三入；又苦結切，溪屑入；又苦計切，溪霽去。"蘇結反"，心屑開四入。小注以屑韻字注薛韻字，也可以看成是以屑韻字注屑韻字。南北朝時期屑薛二韻本來就是合一的。

綜上所述，在《齊民要術》音注材料中，祇與質月等十三韻有關的音注5條，其中十三韻各自獨立的音注4條，包括以術韻字注術韻字的1條，以末韻字注末韻字的1條，以屑韻字注屑韻字的1條，以薛韻字注薛韻字的1條；十三韻互注的音注1條，是以屑韻字注薛韻字，該條音注也可以看成是以屑韻字注屑韻字，可見屑薛二韻在音值上還是有一定的差別的。

（三）緝合盍葉帖洽狎業乏九韻的關係

《齊民要術》中與緝合等九韻有關的音注共8條。

1. 九韻各自獨立的音注（6條）

（1）卷十《五穀、果蓏、菜茹非中國物產者》"菜茹"條"蓓菜"下小注"他合反"。蓓，《廣韻》他合反，與小注反切同，小注以合韻字注合韻字。

（2）卷一《耕田》第一"秋田墢實，濕勞令地硬"，"墢"字下小注"長劫反"。墢，《廣韻》直葉切，與小注反切同屬澄葉開三入。"墢"又直立切，澄緝開三入。

（3）卷二《黍穄》第四"穄，踐訖即蒸而裛之"，"裛"字下小注"於劫反"。裛，《廣韻》於劫切，與小注反切同，屬影葉入。"裛"又於輒切，影葉入；又於汲切，影緝入。

（4）卷九《作豚奧糟苞》第八一"作犬牒法"，"牒"字下小注"徒攝反"。牒，《廣韻》直葉切，澄葉開三入；"徒攝反"，定葉開三入。

（5）卷十《五穀、果蓏、菜茹非中國物產者》"藤"條"江東呼為樞檔"，"檔"字下注"音涉"。檔，《廣韻》書涉切，書葉開三入；涉，禪葉開三入。

上述 4 條小注以葉韻字注葉韻字。

（6）卷十《五穀、果蓏、菜茹非中國物産者》“竹”條“以爲柙檻”，“柙”字下小注“音匣”。柙、匣，《廣韻》皆胡甲切，匣狎開二入。小注以狎韻字注狎韻字。

2. 九韻與他韻互注的音注（1 條）

卷九《作菹藏生菜法》第八八“煮小麥時時紐之”，“紐”字下小注“桑葛反”。紐，《廣韻》無，《集韻》色責切，山麥開二入；“桑葛反”，心曷開一入。小注將麥韻讀成曷韻，即 -k 韻尾和 -t 韻尾開始相混。

另有卷八《八和齏》第七三“未嘗渡水者宜以魚眼湯溢半許用”，“溢”字下小注原作“銀洽反”（疑洽開二入），石聲漢認爲是“鉏洽反”（崇洽開二入）；石聲漢、繆啟愉都認爲“溢”同“煠”①。煠，曹憲《博雅音》弋涉切，余葉開三入；又士合切，崇合開一入；又丑涉切，徹葉開三入。溢，《集韻》側洽反，莊洽開二入；又實洽反，船洽開二入。小注可能是“銀洽反”，也可能是“銀合反”，也可能是“鉏洽反”或“鉏合反”。儘管此條音注存在傳鈔的錯誤，但仍可以斷定小注與被注字均是收 -p 韻尾字。

綜上所述，在《齊民要術》音注材料中，祇與緝合等九韻有關的音注 8 條，其中九韻各自獨立的音注 6 條，包括以合韻字注合韻字的音注 1 條，以葉韻字注葉韻字的音注 4 條，以狎韻字注狎韻字的音注 1 條；九韻與他韻互注的音注 1 條，是以曷韻字注麥韻字，表現出 -k 韻尾和 -t 韻尾開始相混。

四、陰陽入三聲的關係

（一）陰聲韻與入聲韻相混

《齊民要術》中反映陰聲韻與入聲韻相混的音注共 4 條。

（1）卷二《大小麥》第十“則薄漬麥種以酢漿並蠱矢”，“酢”字下小注“且故反”。酢，《廣韻》在各切，從鐸開一入；“且故反”，清暮合一去。小注以暮韻字注鐸韻字。

（2）卷八《脯腊》第七五“作浥魚法”中“凡生魚悉中用唯除鮊鱧”，“鮊鱧”下小注“下胡化切”。鱧，《廣韻》胡麥切，匣麥合二入；“胡化切”，匣禡開四去。小注以禡韻字注麥韻字。

（3）卷三《種葱》第二一“以批契繼腰曳之”，“批”字下小注“蒲結反”。批，

---

① 石説參見石聲漢《齊民要術今釋》第 806 頁校［一〇］，繆説參見繆啟愉《齊民要術校釋》（第二版）第 569 頁校⑦。

《廣韻》匹迷切,滂齊開四平;"蒲結反",並屑開四入。小注以屑韻字注齊韻字。

(4)卷一《種穀》第三"二月上旬及麻菩楊生種者爲上時","菩"字下小注
"音倍、音勃"。菩,《廣韻》蒲北切,並德開一入;又音"蒲",並模合一平。倍,並
海開一去;勃,並没合一入。須要指出的是,石聲漢和繆啟愉均認爲該處的"菩"
字借作"勃",石先生認爲"麻勃"是麻開花,繆先生認爲"麻勃"是大麻子發芽,
是萌發①。就韻母而論,小注"音倍"一音,是將德韻字讀成海韻;"音勃"一音,
是將模韻字讀成没韻。還有一種可能,小注入聲一音與《廣韻》入聲一音是德
韻、没韻的差別,非入聲一音是海韻、模韻的差別,不衹韻母有別,聲調也有上去
的不同。

(二)陰聲韻與陽聲韻相混

《齊民要術》中反映陰聲韻與陽聲韻相混的音注共2條。

(1)卷十《五穀、果蓏、菜茹非中國物産者》"橄欖"條"餘甘子,如梭形",
"梭"字下小注"且全反"。梭,《廣韻》蘇禾切,心戈合一平;"且全反",清先合三
平。小注以先韻字注戈韻字。

(2)卷二《種麻》第八"麻欲得良田,不用故墟"小注"故墟亦良,有點葉夭折
之患,不任作布也",小注"點"字下又注"丁破反"。點,《廣韻》多忝切,端忝開
四上;"丁破反",端過合一去。小注以過韻字注忝韻字,即以戈韻字注添韻字。

綜上所述,在《齊民要術》音注材料中,反映陰陽入三聲關係的音注6條,其
中反映陰聲韻與入聲韻關係的音注3條,包括將鐸韻讀成暮韻的1條,將麥韻
讀成禡韻的1條,將齊韻讀成屑韻的1條。另有卷一《種穀》第三"菩"字下小注
"音倍、音勃"的情況略微複雜一些。反映陰聲韻與陽聲韻關係的2條,包括將
戈韻先韻的1條,將添韻讀成戈韻的1條。可以看出,陰聲韻中的去聲與入聲
韻的關係較近,陰聲韻中的平聲與陽聲韻中的平聲,陰聲韻中的去聲與陽聲韻
中的上聲關係較近,入聲韻與陽聲韻的關係則遠一些。《切韻》入聲承陽聲韻,
可能是因爲它們都有輔音韻尾。

---

①   石説參見《齊民要術今釋》第45頁注③,繆説參見《齊民要術校釋》(第二版)第70頁注
    [八]。

第六章　北朝時期聲調方面的一些情況

第一節　北朝時期詩文用韻異調通押情況分析

一、北魏時期

（一）陰聲韻異調通押

在北魏詩文用韻中，陰聲韻異調通押的 8 個韻段。

1. 平上通押的韻段（2 個）

尤侯平上通押的 1 個韻段：盧元明《夢友人王由賦別詩》後_{厚開一}遊_{尤開三}。

支脂齊平上通押的 1 個韻段：仙道《老子化胡經玄歌·老君十六變詞·十一變之時》爲_{支開三}兒_{齊開四}隨_{支合三}池_{支開三}麾_{紙開三}虧_{支合三}支_{支開三}義_{支開三}祇_{脂開三}知_{支開三}。

《夢友人王由賦別詩》祇有兩句，原文是"自兹一去後，市朝不復遊"，不是標準的偶句末尾押韻，不能反映入韻字聲調的真實狀況。

麾，《廣韻》祇有上聲一讀，但現在還能常常聽到有人誤讀爲陽平的。《老子化胡經玄歌·老君十六變詞·十一變之時》首句句末有"地"字，應該認爲不入韻；"麾"字與"爲兒隨池虧支義祇知"等平聲字通押，説明此字可能在北魏時期的某些方言中誤讀爲陽平。

另有祖叔辨《千里思》："細君辭漢宇，王嫱即虜衢。寂寂人逕阻，迢迢天路殊。憂來似懸佩，淚下若連珠。無因上林雁，但見邊城蕪。"宇，《廣韻》中祇有上聲麌韻一讀，現代漢語普通話也讀爲上聲，但在現在北方的口語中有許多誤讀爲陽平的現象，可能在北魏時期北方方言也有將"宇"字誤讀爲平聲者。當然，"宇"字用在詩中首句之末，劉綸鑫主編的《魏晉南北朝詩文韻集與研究》（韻集部分)認爲"宇"字入韻,算作虞韻平上通押的韻段;于安瀾的《漢魏六朝韻譜》"宇"字不入韻。以看作不入韻爲是。

2. 平去通押的韻段(3 個)

虞模平去通押的 1 個韻段:陽固《疾俀詩》諛虞合三蠢暮合一。

歌戈麻平去通押的 1 個韻段:仙道《老子化胡經玄歌·老君十六變詞·十六變之時》遮麻開三閣模合一蛇麻開三家麻開二吒禡開二家麻開二花麻開二夜禡開三加麻開二舍禡開三。

魚虞模平去通押的 1 個韻段:衛操《桓帝功德頌碑》都模合一歟魚開三呼模合一訴暮合一盧魚開三塗模合一枯模合一夫虞合三衢虞合三誅虞合三膚虞合三榆虞合三模模合一書魚開三廚虞合三。

諛,《廣韻》衹有平聲一讀;《疾俀詩》平聲虞韻"諛"字與去聲暮韻"蠢"字通押。我們現在常常聽到有人把"阿諛奉承"誤讀成 ē yù fèng chéng,可以想見,北魏時期也可能有把"諛"字誤讀成去聲的情況。

吒,《廣韻》陟駕切(吒歟,《説文》曰"噴也,叱怒也"),知禡開二;"咤"同"吒",又陟加切(達利咤,出釋典,本音去聲),知麻開二。《老子化胡經玄歌·老君十六變詞·十六變之時》原詩是"遺風吹去到王家,國王得之大歟吒",詩中的"吒"字依字義應該讀去聲,但《廣韻》與"吒"字相同的"咤"字本音去聲,而在"達利咤"這個人名中讀平聲,故與"閣蚍家吒家花"等平聲字通押。舍,《廣韻》有上去二讀,在原詩"忽然變化白净舍,出家求道號釋迦"中是"屋舍"義,應讀去聲。夜,《廣韻》衹有去聲一讀,在詩中可以看成是與去聲"舍"字隔句爲韻,與之夾雜的"家"字與"迦"字也是隔句爲韻。

呼,《廣韻》荒烏切(喚也,《説文》曰"外息也"。又姓,又虜複姓),曉模平;又荒故切(號諱),曉暮去。《桓帝功德頌碑》似乎可以看成"都歟"二字通押,前者是平聲模韻字,後者是平聲魚韻字。其他如"盧塗枯夫衢誅膚榆模書廚"等 11 字,均是魚虞模三韻的平聲字。至於"呼訴"2 個韻脚字,《桓帝功德頌碑》原文是"悲痛煩怨,載號載呼;舉國崩絶,攀援無訴",此處正是用去聲"呼號"義,這樣,"呼"字與去聲暮韻的"訴"字應是同調爲韻。

3. 上去通押的韻段(3 個)

之微上去通押的 1 個韻段:闕名《魯孔子廟碑》氣未開三祀止開三意志開三置志開三。

支微上去通押的 1 個韻段：高允《徵士頌》偉_{尾合三}魏_{未合三}氣_{未開三}賁_{寘開三}。

支祭上去通押的 1 個韻段：高允《鹿苑賦》裔_{祭開三}世_{祭開三}被_{紙開}制_{祭開三}稅_{祭合三}睿_{祭合三}義_{寘開三}寄_{寘開三}。

祀，《廣韻》祥里切，母止上，濁上變去，後來成爲去聲字；《魯孔子廟碑》中的"祀"字與去聲未志二韻字通押，説明北魏時期"祀"字在某些方言可能已讀爲去聲。

偉，《廣韻》祇有于鬼切一讀，云母尾韻，後世也祇有上聲一讀，在《徵士頌》中與去聲通押。

賁，《廣韻》符非切（姓也），奉微撮三；又符分切（三足龜），奉文撮三；又博昆切（勇也，虎賁，亦姓），幫魂合一；又彼義切（卦名，賁，飾也，亦姓），幫寘齊三。《徵士頌》原文是"達而不矜，素而能賁"，此處"賁"字應該是"飾也"，正是用的去聲一讀之義。

被，《廣韻》皮彼切（寢衣也，又姓），並紙齊三；又平義切（被服也，覆也），並寘齊三。《鹿苑賦》原文是"灑靈液以滂沱，扇仁風以遐被"，此處正是用"覆也"義，屬於去聲。

可見，以上韻段，祇有"偉"字與去聲字通押，真正是屬於上去通押。

值得注意的是"夏下"二字，這二字在現代漢語普通話中均讀去聲，在《廣韻》中均有上去二讀，但在北魏詩文用韻中，"夏"字入韻 1 次，是與去聲"駕霸化"押韻（高允《徵士頌》夏駕霸化）；"下"字入韻 2 次，主要與上聲字押韻（高允《徵士頌》雅假下野，《賈思勰引諺論養牛馬》馬下）。另有"過"字，《廣韻》有平去兩讀，北魏詩文中，"過"字入韻 1 次，是與平聲戈韻字押韻（姜質《亭山賦》波跎多過何）。尤其值得注意的是"暇"字，現代漢語普通話讀陽平，《廣韻》祇有去聲禡韻一讀，而北魏詩文入韻 1 次，也祇是和去聲禡韻字相押，這説明"暇"字在《廣韻》中歸入去聲禡韻，是有實際語音依據的。

（二）陰聲韻與入聲韻通押

在北魏詩文用韻中，陰聲韻與入聲韻異調通押的 13 個韻段。

1. 平入通押的韻段（2 個）

職之通押的 1 個韻段：温子昇《司徒元樹墓誌銘》嶷_{之開三}直_{職開三}殖_{職開三}。

之咍職質通押的 1 個韻段：鄭道昭《與道俗□人出萊城東南九里登雲峰山論經書詩》職_{職開三}陟_{職開三}域_{職合三}逼_{職開三}圯_{之開三}極_{職開三}峓_{咍開一}勑_{職開三}亟_{職開三}億_{職開三}即_{職開三}食_{職開三}直_{職開三}日_{質開三}殖_{職開三}側_{職開三}色_{職開三}力_{職開三}棘_{職開三}

識職開三翼職開三憶職開三息職開三①。

職之通押的1個韻段,説明北魏時期職之二韻的主元音相同,還存在對轉關係;職之咍質通押的1個韻段,除了説明上面這一點外,還説明此時咍韻與之韻的音值還是很近,並且質韻與職韻主要元音也相近。

2. 去入通押的韻段(10個)

寘至志質通押的1個韻段:仙道《老子化胡經玄歌·老君十六變詞·八變之時》地至開三比質開三詰質開三恣志開三利至開三企寘開三次至開三地至開三。

祭薛通押的1個韻段:衛操《桓帝功德頌碑》烈薛開三説薛合三絶薛合三輟薛合三制祭開三列薛開三。

霽祭薛通押的1個韻段:李騫《釋情賦》濟霽開四蕙霽合四歲祭合三裔祭開三晣薛開三。

霽屑薛通押的1個韻段:高閭《至德頌》烈薛開三哲薛開三替霽開四缺屑合四。

霽祭屑薛通押的1個韻段:李諧《述身賦》絶薛合三結屑開四滅薛開三閉霽開四世祭開三逝祭開三勢祭開三裂薛開三血屑合四。

霽祭泰薛通押的1個韻段:張淵《觀象賦》際祭開三契霽開四世祭開三彗祭合三滅薛開三設薛開三蔡泰開一哲薛開三。

霽祭怪隊薛通押的1個韻段:仙道《老子化胡經玄歌·老君十六變詞》衛祭合三偈薛合三濟霽開四怪怪合二拜怪開二戒怪開二退隊合一誓祭開三。

怪夬廢屑薛通押的1個韻段:元宏《弔殷比干墓文》潔屑開四裔祭開三列薛開三介怪開二滅薛開三桀薛開三。

緝至二韻通押的2個韻段:陽固《刺讒詩》緝緝開三入緝開三及緝開三至至開三及緝開三,《疾倖詩》至至開三及緝開三。

在這10個韻段中,祭薛、霽祭、霽屑薛、霽祭屑薛、霽祭泰薛、霽祭怪隊薛、怪夬廢屑薛通押的7個韻段是霽祭泰夬廢與屑薛通押的韻段,其去聲字除了"濟怪"二字,上古均屬於入聲質部字或月部字,也就是説這些《廣韻》的去聲字,此時還没完全從入聲演變爲去聲,至少還保留入聲一讀。

比,《廣韻》房脂切(和也、並也),並母脂韻;又卑履切(校也、並也),幫旨齊三;又毗至切(近也,又阿黨反),並至齊三;又必至切(近也、併也),幫至齊三;又毗必切(比次),並質齊三。《老子化胡經玄歌·老君十六變詞·八變之時》

① 陟,逯欽立《先秦漢魏晉南北朝詩》作"涉",禪葉/禪葉開三,於音義均不合,誤。

原文"生在東北在艮地,圖畫天地我次比"中的"比"字應是"比次"義,並質齊三。企,《廣韻》丘弭切(企望也),溪紙齊三;又去智切(望也),溪寘齊三。原詩"通暢經書有舍利,見吾相好須信企"中的"企"字應讀去聲寘韻。

至於緝至二韻通押的 2 個韻段,"至"字上古是入聲質部,上古緝部與質部的主元音相近,説明北魏時期某些方言的"至"字可能還沒有完全變爲去聲,所以能和緝部字通押。

(三)陽聲韻異調通押

在北魏詩文用韻中,陽聲韻異調通押的 10 個韻段。

1. 平上通押的韻段(2 個)

陽唐平上通押的 1 個韻段:崔浩《慶德殿碑頌》荒_{唐合一}羌_{陽開三}顙_{蕩開一}亡_{陽合三}煌_{唐合一}。

陽唐庚平上通押的 1 個韻段:衛操《桓帝功德頌碑》陽_{陽開三}光_{唐合一}黨_{蕩開一}横_{庚合二}傷_{陽開三}堂_{唐開一}喪_{唐開一}漳_{陽開三}亡_{陽合三}行_{唐開一}方_{陽合三}王_{陽合三}攘_{陽開三}。

《慶德殿碑頌》中的"顙"字與"荒羌亡煌"等平聲字通押。顙,《廣韻》蘇朗切,祇有上聲一讀;該字從"桑"得音,本來應該讀平聲,可能在北魏時期某些方言中還有讀平聲的情況。

《桓帝功德頌碑》"黨"字與"陽光横傷堂喪漳亡行方王攘"等平聲字通押。黨,《廣韻》祇有多朗切一讀,屬於上聲,該韻段確實應該看成平上通押。

2. 平去通押的韻段(5 個)

耕庚清青平去通押的 1 個韻段:高允《酒訓》情_{清開三}競_{映開三}政_{勁開三}令_{勁開三}聽_{青開四}静_{静開二}病_{映開三}命_{映開三}。

元魂寒桓删先仙平去通押的 1 個韻段:衛操《桓帝功德頌碑》旋_{仙合三}年_{先開四}傳_{仙合三}患_{諫合二}安_{寒開一}權_{仙合三}宣_{仙合三}存_{魂合一}然_{仙開三}端_{桓合一}言_{元開三}延_{仙開三}蕃_{元合三}川_{仙合三}延_{仙開三}。

侵韻平去通押的 2 個韻段:高允《酒訓》侵箴禁,袁翻《思歸賦》岑陰林深禁。

衔韻平去通押的 1 個韻段:陽固《演賾賦》巖鑑。

情,《廣韻》祇有平聲一讀。聽,《廣韻》他丁切(聆也),透青齊四;又他定切(待也、聆也、謀也),透徑齊四。《酒訓》中的"聽"字雖然義爲"聆聽",但也有去聲一讀,所以與"競政令静病命"爲韻,可以看成是同調通押;至於"情"字與"競政令静病命"爲韻,祇能看成是平去通押。不過,于安瀾《漢魏六朝韻譜》認爲

“情”字不入韻。

　　患,《廣韻》祇有胡慣切一讀,但“患”字無論是在先秦還是在兩漢的韻文中均有許多與平聲通押的例證,也就是説“患”字似乎一直到兩漢時代都尚未演變爲去聲①,《桓帝功德頌碑》中該字與“旋年傳安權宣存然端言延蕃川延”等平聲字通押,説明北魏時期北方某些方言中“患”字可能還保留平聲一讀。

　　禁,《廣韻》居吟切(力所加也),見侵齊三;又居蔭切(制也、謹也、止也,又姓),見沁齊三。《酒訓》和《思歸賦》這2個韻段的“禁”字與其他平聲字通押,也都應讀平聲。

　　鑑,《廣韻》古銜切(鑑諸以取月中水,又明也),見銜開二;又格懺切(鏡也),見鑑開二。《演賾賦》原文是“既應縣而赴兆兮,作殷周之元鑑”,可知其中的“鑑”字應讀平聲。

　　3. 上去通押的韻段(3個)

　　真文仙上去通押的1個韻段:高允《徵士頌》雋獮合三振震開三訊震開三韻問合三。

　　元先仙上去通押1個韻段:高允《咏貞婦彭城劉氏》(之二)彥線開三變線開三選獮合三媛線合三。

　　山先仙上去通押的1個韻段:高允《鹿苑賦》簡產開二踐獮開三典銑開四宴霰開四遣獮開三顯銑開四。

　　雋,《廣韻》祇有上聲獮韻一讀,現代漢語普通話祇有去聲一讀,《徵士頌》中“雋”字與“振訊韻”等去聲字爲韻,這裏“雋”字通“儁”即“俊”字。俊,稕合三。説明北魏時期北方某些方言中“雋”字可能已經變爲去聲。

　　選,《廣韻》思袞切(擇也),心獮撮三;又息絹切(無釋義),心線撮三;又蘇管切(通算),心緩合一。媛,《廣韻》雨元切(嬋媛枝相連引),云元撮三;又王眷切(淑媛),云線撮三。《咏貞婦彭城劉氏》(之二)中“選媛”二字與“彥變”等去聲字爲韻,應是同調通押。

　　宴,《廣韻》於殄切(安也),影銑齊四;又於甸切(安也、息也),影霰齊四。《鹿苑賦》“宴”字與“簡踐典宴遣顯”等上聲字爲韻,説明《廣韻》“宴”字上聲一讀是有實際語音依據的。

---

① 　參見劉冠才《兩漢韻部與聲調研究》第376—377頁,巴蜀書社2007年第1版。

二、北齊時期

(一)陰聲韻異調通押

在北齊詩文用韻中,陰聲韻異調通押的 5 個韻段。

1. 平上通押的韻段(2 個)

麻韻平上通押的 1 個韻段:無名氏《北齊未鄴中童謠》把家。

尤韻平上通押的 1 個韻段:高昂《征行詩》牛酒婦。

把,《廣韻》祇有上聲一讀;家,《廣韻》祇有平聲一讀。《北齊未鄴中童謠》中"把家"爲韻,屬於平上通押。

牛,《廣韻》祇有平聲一讀;《征行詩》"牛"字與"酒婦"爲韻,屬於平上通押。當然,"牛"字出現在首句句末,也可以看作不入韻。至於"婦"字與"酒"字爲韻,説明"婦"字此時還没有變爲去聲。

2. 平去通押的韻段(1 個)

該韻段爲之微齊平去通押:闕名《朱曇思等造塔頌》兹之開三暈微合三系霽開四芝之開三。

系,《廣韻》祇有去聲一讀。闕名《朱曇思等造塔頌》原文是"爵璃往昔,麗宇今兹;弱黛留煙,炎起停暈;瑶草垂露,畫樹垂系;荷抽紫葉,嶺鬱青芝",詩中的"系"字疑是"絲"字之誤,"暈"字疑是"翬"字之誤。

3. 上去通押的韻段(2 個)

之韻上去通押的 1 個韻段:陸卬《郊廟歌辭·大禘圜丘及北郊歌辭·高明樂》矣止事始。

尤侯上去通押的 1 個韻段:陸卬《燕射歌辭·元會大饗歌·食舉樂》(之九)首有開三壽宥開三厚厚開一。

事,《廣韻》祇讀去聲,在先秦兩漢的韻文中有許多與上聲字押韻的韻段,通假字中也有一些與上聲字通假的例證。《郊廟歌辭·大禘圜丘及北郊歌辭·高明樂》中的"事"字與"矣止始"等上聲字通押,説明北魏時期有些地方還有人把"事"字讀成上聲。

壽,《廣韻》殖酉切(壽考,又州名,靈壽,木名,又姓),禪有齊三;又承呪切(壽考),禪宥齊三。《燕射歌辭·元會大饗歌·食舉樂》(之九)中的"壽"字與"首厚"等上聲字通押,也應該讀上聲。

(二)陰聲韻與入聲韻通押

在北齊詩文用韻中,去入通押的 1 個韻段,爲薛祭通押:顏之推《觀我生賦》

雪薛合三汭祭合三列薛開三説薛合三説薛合三。

汭,《廣韻》祇有去聲一讀,《觀我生賦》"汭"字與"雪列説"等薛韻字爲韻,説明上古月部祭韻中的一些字,北齊時期尚未完成從月部向祭韻的轉變。

(三)陽聲韻異調通押

在北齊詩文用韻中,陽聲韻異調通押的 6 個韻段。

1. 平去通押的韻段(5 個)

庚清平去通押的 3 個韻段:邢劭《文宣皇帝哀策文》名清開三貞清開三精清開三兵庚開三成清開三行庚開三城清開三姓勁開三映映開三,顏之推《古意詩》荆庚開三聲清開三名清開三生庚開二城清開三迎庚開三營清合三輕清開三并勁開三榮庚合三,闕名《馮翊王修平等寺碑》□明庚開三姓勁開三英庚開三。

庚青平去通押的 1 個韻段:無名氏《濟北民爲崔伯謙歌》政勁開三爭耕開二。

庚清青平去通押的 1 個韻段:陸卬《元會大饗歌・皇夏》明庚開三并勁開三庭青開四平庚開三。

并,《廣韻》府盈切(合也,亦州名,又姓),幫清齊三;又卑政切(專也),幫勁齊三;現代漢語普通話祇有去聲一讀。《古意詩》原文"願與濁泥會,思將垢石并"中的"并"字是"合也"之義,應讀平聲;《元會大饗歌・皇夏》原文"三千咸列,萬國填并"中的"并"字同樣應讀平聲。也就是説北齊時期"并"字除了作州名讀平聲外,在"合也"一義中也讀平聲,説明《廣韻》的這一音讀是有實際語音依據的。

姓,《廣韻》祇有息正切一讀,但"姓"字從平聲"生"字得音,在先秦兩漢時期的韻文中常常與平聲字通押,也有不少與平聲字通假的例證。《馮翊王修平等寺碑》中"姓"字與"明英"等平聲字通押,説明北齊時期有些方言"姓"字仍讀平聲;《文宣皇帝哀策文》中的"姓"字除了與平聲字通押外,還與去聲"映"字通押。這個韻段也可以分爲 2 個韻段,"名貞精兵成行城"爲 1 個韻段,"姓映"爲 1 個韻段。

"政"字在先秦兩漢的韻文中每每與平聲字押韻,也常常與其他平聲字通假;《濟北民爲崔伯謙歌》中"政"字與平聲"爭"字通押,説明北齊時期有的方言"政"字可能還有讀平聲的。

2. 上去通押的韻段(1 個)

該韻段爲冬鍾上去通押:陸卬《享廟樂辭・文德樂宣政舞》統宋合一縱用合三

種用合三綜宋合一①。

　　種,《廣韻》之隴切(種類也),章腫撮三;又之用切(種埴也),章用撮三。《享廟樂辭·文德樂宣政舞》的原文是"道則人弘,德云邁種",此處的"種"字應該讀去聲。"統"字今音衹有上聲一讀,《廣韻》衹有去聲一讀,此處"統"字與去聲字通押,與《廣韻》一致。

　　值得注意的是:"下"字《廣韻》有上聲馬韻和去聲禡韻兩讀,在北齊詩文中入韻2次,均與上聲馬韻字押韻(無名氏《敕勒歌》下野,陸卬《享廟樂辭·文德樂宣政舞》野雅下假);"夏"字《廣韻》也有上聲馬韻和去聲禡韻兩讀,在北齊詩文中入韻1次,是與上聲馬韻字押韻(穆子容《西門豹祠堂碑》瀉野夏雅)②。

三、北周時期

(一)陰聲韻異調通押

　　在北周詩文用韻中,陰聲韻異調通押的9個韻段。

　　1. 平上通押的韻段(2個)

　　微韻平上通押的1個韻段:庾信《擬連珠》(一六)飛鬼。

　　蕭宵平上通押的1個韻段:庾信《擬咏懷詩》(一九)曉篠開四少小開三鳥篠開四悄小開三夭宵開三。

　　夭,《廣韻》於喬切(和舒之貌,又乙矯切),影宵開三;又於兆切(曲也),影小開三;又烏皓切(《禮》曰"不殀夭",本又於矯切),影皓開一。今音讀平聲。庾信《擬咏懷詩》原詩"張儀稱行薄,管仲稱器小;天下有情人,居然性靈夭"中的"夭"字義爲"曲也",讀上聲,故與"篠少鳥悄小"等上聲字通押。

　　鬼,《廣韻》衹有上聲尾韻一讀,但《爾雅》《説文》《釋名》以至《廣韻》的釋義均爲"鬼之言歸也",用平聲"歸"字對"鬼"字進行聲訓。庾信《擬連珠》(一六)"飛鬼"通押是平上通押,還是此時的"鬼"字在某些方言中還保留傳統的聲訓讀爲平聲一讀,尚須進一步的探討。

　　2. 平去通押的韻段(1個)

　　該韻段爲脂佳霽祭平去通押:庾信《周祀方澤歌·昭夏》(降神)荔霽開四衛祭合三齊齊開四祭祭開三③。

　　齊,《廣韻》徂奚切(整也、莊也、好也、疾也、等也,亦州名,亦姓),從齊齊

---

① 縱,《廣韻》即容切,平聲鍾韻;又子用切,去聲用韻。
② 瀉,《廣韻》悉姐切,上聲馬韻;又司夜切,去聲禡韻。
③ 衛,《初學記》作"裔",裔,《廣韻》餘制切,余母祭韻。

四；又在詣切（火齊，似雲母，重沓而開，色黄赤，似金，出日南，又齊和），從霽齊
四。庾信《周祀方澤歌・昭夏》原詩是“列燿秀華，凝芳都荔；川澤茂祉，丘陵榮
衛；雲飾山疊，蘭浮沉齊①；日至之禮，歆兹大祭”，此處的“齊”字應是《廣韻》在
詣切的音，所以和去聲字“荔衛祭”通押。

3. 上去通押的韻段（6 個）

之韻上去通押的 1 個韻段：庾信《哀江南賦》事使。

魚模上去通押的 1 個韻段：庾信《周驃騎大將軍開府侯莫陳道生墓誌銘》祚_{暮合一}緒_{語開三}路_{暮合}故_{暮合一}墓_{暮合}墓_{暮合一}。

尤韻上去通押的 1 個韻段：庾信《燕歌行》柳守壽久。

尤侯上去通押的 2 個韻段：庾信《自古聖帝名賢畫贊・樊噲見項王》右_{有開三}酒_{有開三}守_{有開三}斗_{厚開一}，《周譙國公夫人步陸孤氏墓誌銘》守_{有開三}鏤_{候開一}鬥_{候開一}。

泰咍上去通押的 1 個韻段：庾信《哀江南賦》凱_{海開一}賴_{泰開一}。

事，《廣韻》側吏切（事刃，又作“傳”），莊志齊三；又鉏吏切（使也、立也、由
也），牀志齊三。側吏切、鉏吏切均讀去聲。使，《廣韻》疏士切（役也、令也，又
疏事切），山止齊三；又疏吏切（又色里切），書志齊三。《廣韻》中“使”字雖有去
聲一讀，但未注明與“使”字讀爲上聲是釋義的區別，也就是説，在《廣韻》的作
者看來，當時“使”字的上去兩讀並不是爲了區別意義。這也説明“使”字讀上
聲應是《廣韻》中的常見音，讀去聲的四聲別義讀法在《廣韻》中已不常見。《哀
江南賦》原文“王歙爲和蘇親之侯，班超爲定遠之使”中的“使”字是“使者”之
意，現代漢語普通話讀上聲。此處“使”與去聲“事”字押韻，可能是由於在北周
時期的某些方言中“使”字還保留去聲一讀。當然，也可能是另一種情况，就是
“事”字雖然在《廣韻》中衹有去聲讀法，但在《詩經》《楚辭》及兩漢韻文中有很
多與平上聲字通押的韻段②，也就是説，《哀江南賦》中的這個韻段也可能是
“事”字作爲上聲字而與讀爲上聲的“使”字通押。

緒，《廣韻》衹徐吕切一讀，屬於全濁邪母上聲語韻，濁上變去後讀去聲，現
代漢語普通話也衹有去聲一讀。《周驃騎大將軍開府侯莫陳道生墓誌銘》中
“緒”字與“祚路故墓”等去聲字通押，説明全濁上聲的“緒”字在北周時期的某

些方言中已有讀爲去聲的情況。

壽，《廣韻》殖酉切（壽考，又州名，靈壽，木名，又姓），禪有齊三；又承呪切（壽考），禪宥齊三。《燕歌行》中的“壽”字與“柳守久”等上聲字通押，也應該讀上聲。

右，《廣韻》云久切（左右也，又漢複姓），云有齊三；又于救切（左右），云宥齊三。現代漢語普通話“右”字祇有去聲一讀。《自古聖帝名賢畫贊·樊噲見項王》中的“右”字與“酒守斗”等上聲字通押，説明北周時期某些方言中“右”字還讀上聲。

守，《廣韻》書九切（主守，亦姓），審有齊三；又舒救切（太守），審宥齊三。現代漢語“守”字祇有上聲一讀。鏤，《廣韻》力朱切（來虞撮三），屬鏤，劍名；又慮候切（彫鏤，又鏤漏並姓，又力誅切），來候開一。鬪，《廣韻》祇有去聲候韻一讀。《周譙國公夫人步陸孤氏墓誌銘》原文“北降帝子，南麾蜀守”中的“守”是“太守”之義，所以與去聲“鬪鏤”字通押。

凱，《廣韻》祇有上聲一讀；賴，《廣韻》祇有去聲一讀。《哀江南賦》凱_{海開一}賴_{泰開一}，可以看成是上去通押。須要説明的是，劉綸鑫主編的《魏晉南北朝詩文韻集與研究》（韻集部分）有此韻段，而于安瀾的《漢魏六朝韻譜》並不承認此韻段的存在。《哀江南賦》的原文是：“司徒之表裏經綸，狐偃之惟王實親；横彫戈而對霸主，執金鞭而問賊臣；平吳之功，壯于杜元凱；王室是賴，深于溫太真。”依據文義，“凱賴”以不爲韻爲是。

（二）陰聲韻與入聲韻通押

在北周詩文用韻中，陰聲韻與入聲韻通押的 4 個韻段。

1. 平入通押的韻段（2 個）

平聲之韻與入聲職韻通押的 1 個韻段：庾信《周隴右總管長史贈少保豆盧公神道碑銘》嶷_{之開三}直_{職開三}色_{職開三}植_{職開三}棘_{職開三}軾_{職開三}。

平聲之韻與入聲職德二韻通押的 1 個韻段：闕名《王通墓誌銘》職_{職開三}嶷_{之開三}忒_{德開一}。

嶷，《廣韻》語其切（九嶷山名，亦作“疑”），疑之齊三；又魚力切（岐嶷，《詩》曰“克岐克嶷”），疑職齊三；現代漢語普通話中祇有陽平一讀。《周隴右總管長史贈少保豆盧公神道碑銘》原文是“挺此含章，降兹岐嶷”，《王通墓誌銘》原文是“允文允武，克岐克嶷”，這兩個韻段中的“嶷”字均爲《廣韻》職韻中“岐嶷”義，所以與入聲職韻和德韻字通押。

2. 上入通押的韻段（1 個）

該韻段爲歌戈麻上聲與入聲屋韻通押：釋亡名《三徒五苦辭》火_{果合一}假_{馬開}二我_{哿開一}下_{馬開二}福_{屋合三}。

福，《廣韻》祇有入聲一讀，《三徒五苦辭》中與上聲“火假我下”通押。儘管“福”字用在本詩末句句尾，但也可以看成未入韻，因爲北朝時期釋道之詩賦用韻大都比較隨便。

3. 去入通押的韻段（1 個）

該韻段爲尤侯去聲與入聲屋韻通押：庾信《哀江南賦》冑_{宥開三}漏_{候開一}寇_{候開}一獸_{宥開三}宿_{屋合三}鬥_{候開一}。

閟，《廣韻》博計切（掩閟，《說文》“閟門也”），幫霽齊四；又方結切（閉也、塞也），幫屑齊四。《廣韻》雖然將“閟”分爲去入二讀，並且分別釋義，但兩讀的釋義並不存在本質的差別。《鶴贊》原文“六翮摧折，九門嚴閟”中的“閟”是“閉也、閟門也”之義，與“折絕別”等入聲薛韻字通押，屬於入聲屑薛二韻通押。

(三)陽聲韻異調通押

在北周詩文用韻中，陽聲韻異調通押的 13 個韻段。

1. 平上通押的韻段（4 個）

登董平上通押的 1 個韻段：釋亡名《寶人銘》能_{登開}一懵_{董合}弘_{登合一}崩_{登開一}恒_{登開一}憎_{登開一}。

魂元平上通押的 1 個韻段：庾信《周大將軍上開府廣饒公鄭常墓誌銘》本_{混合}渾_{魂合一}遠_{阮合三}袞_{混合一}。

元魂删仙平上通押的 1 個韻段：庾信《小園賦》晚_{阮合三}遠_{阮合三}轉_{獮合三}阪_{潸開二}渾_{魂合一}。

魂唐平上通押的 1 個韻段：無名氏《第一欲界飛空之音》莽_{蕩開一}門_{魂合一}。

懵，《廣韻》莫孔切（心亂貌），明董開一；又武亙切（悶也），明嶝開一。《寶人銘》原文“英賢才能，是日懵懵”中的“懵”字依文意應是讀上聲。不過，在現代北方口語中常常能聽到有人將此字誤讀爲平聲的現象，可能在北周時期此字就有平聲一讀，或有人將此字誤讀爲平聲的現象，所以在《寶人銘》中“懵”字與“能惛弘崩恒憎”等平聲字通押。

渾，《廣韻》户昆切（渾濁，亦姓），匣魂合一；又胡本切（渾元），匣混合一。《小園賦》原文“諒天造兮昧昧，嗟生民兮渾渾”，《周大將軍上開府廣饒公鄭常墓誌銘》原文“水繞榮波，山斜陸渾”，以上兩個韻段中的“渾”字應是“渾元”義，讀上聲，所以與“本遠袞”等上聲字通押。

莽，《廣韻》莫補切（宿草，又音蟒），明姥合一；又模朗切（草莽，《說文》曰"南昌謂兔善逐兔于草中爲莽"。又姓，前漢反者馬何羅，後漢明德馬后恥與同宗，改爲莽氏），明蕩開一；又莫厚切（草莽），明厚開一。《第一欲界飛空之音》原文是"人道渺渺仙道莽莽，鬼道樂兮當人生門"，仙道作品往往用韻自由，此處也可以認爲是不入韻。

2. 平去通押的韻段（3 個）

元魂平去通押的 1 個韻段：王褒《祭梁王僧辯母貞敬魏太夫人文》元_{元合三}溫_{魂合一}言_{元開三}論_{來文/來恩合一}原_{元合三}。

庚清青平去通押的 2 個韻段：仙道《三徒五苦辭》齡_{青開四}傾_{清合三}生_{庚開二}并_{勁開三}，庚信《周五聲調曲・角調曲》征_{清開三}兵_{庚開三}生_{庚開二}聲_{清開三}并_{勁開三}盈_{清開三}成_{清開三}刑_{青開四}。

論，《廣韻》力迍切（有言理，出字書），來諄撮三；又盧昆切（論説，議也、思也，又力旬、盧鈍二切），來魂合一；又盧困切（議也），來恩合一。《祭梁王僧辯母貞敬魏太夫人文》原文"畫圖鏡覽，辭章討論"中的"論"字應該讀平聲。由此可見，北周時期"論"字讀平聲並不僅限於《論語》書名。

并，《廣韻》府盈切（合也，亦州名，又姓），幫清齊三；又卑政切（專也），幫勁齊三。《周五聲調曲・角調曲》原文"擾擾烝人聲教不一，茫茫禹迹車軌未并"中的"并"字與"征兵生聲盈成刑"等平聲字通押，在此韻段中應該讀平聲；《三徒五苦辭》原文"輾轉三徒中，去來與禍并"中的"并"字與"齡傾生"等平聲字爲韻，也應該讀平聲。

3. 上去通押的韻段（6 個）

庚清上去通押的 2 個韻段：庚信《周柱國大將軍紇干弘神道碑銘》命_{映開三}政_{勁開三}暎_{映開三}柄_{梗開三}鏡_{映開三}，《至仁山銘》嶺_{靜開三}影_{梗開三}井_{靜開三}靖_{勁開三}。

桓韻上去通押的 2 個韻段：庚信《夜聽擣衣詩》碗滿短管斷，《傷心賦》短滿斷。

鹽韻上去通押的 1 個韻段：庚信《後魏驃騎將軍荆州刺史賀拔夫人元氏墓誌銘》冉驗掩。

覃咸緩上去通押的 1 個韻段：庚信《夜聽擣衣詩》闇_{勘開一}纂_{緩合一}摻_{賺開二}。

柄，《廣韻》祇有上聲一讀，現代漢語普通話也祇有上聲一讀；暎，《廣韻》未見，《集韻》祇有烏慶切一讀，影映齊三。《周柱國大將軍紇干弘神道碑銘》中的"柄"字與"命政暎鏡"爲韻，應該是上去通押。

　　靖，《廣韻》衹有去聲一讀，庾信《至仁山銘》"靖"字與"嶺影井"爲韻，是上去通押，也可能是"靖"字此時還有上聲一讀。

　　斷，《廣韻》都管切（斷絶），端緩合一；又徒管切（絶也），定緩合一；又丁貫切（決斷），端換合一。《夜聽擣衣詩》"斷"字與"碗滿短管"通押，《傷心賦》"斷"字與"短滿"通押，均屬同調通押。

　　驗，《廣韻》衹有去聲一讀，《後魏驃騎將軍荆州刺史賀拔夫人元氏墓誌銘》"驗"與"冉掩"通押，是上去通押，也可能是"驗"字此時也有上聲一讀。

　　闇，《廣韻》衹有去聲一讀。纂，《廣韻》衹有上聲一讀。摻，《廣韻》所咸切（女手貌），山咸開二；又所斬切（擥也，《詩》曰"摻執手之袪兮"），山豏開二，《夜聽擣衣詩》"闇纂摻"通押，是上去通押，也可能是"闇"字此時也有上聲一讀。

　　其餘值得注意的是："下"字入韻9次，除了釋亡名《三徒五苦辭》和其他歌戈麻上聲字一同與屋韻"福"字通押外，均與上聲馬韻字押韻，不與去聲禡韻字押韻（庾信《哀江南賦》假野寡下馬瓦，《枯樹賦》社冶馬下，《擬連珠》〔之二〕假下，《刀銘》冶下馬，《周上柱國齊王憲神道碑》假下社夏雅，《周車騎大將軍賀婁公神道碑銘》社下馬夏，《周兗州刺史廣饒公宇文公神道碑》櫃馬社下，《行途賦及四更應詔詩》下馬）；"夏"字入韻3次，也是與上聲馬韻字押韻（除了上舉庾信《周上柱國齊王憲神道碑》《周車騎大將軍賀婁公神道碑銘》外，還有庾信《邛竹杖賦》夏野）。此外，"暇"字今音讀陽平，《廣韻》衹有去聲禡韻一讀，北周詩文用韻也是與去聲押韻（庾信《周五聲調曲·徵調曲》稼暇）。

四、隋朝時期

（一）陰聲韻異調通押

在隋朝詩文用韻中，陰聲韻異調通押的7個韻段。

1. 平上通押的韻段（3個）

魚虞模平上通押的1個韻段：釋真觀《夢賦》語_{語開三}主_{麌合三}縷_{麌合三}估_{姥合一}補_{姥合一}。

支韻平上通押的1個韻段：薛道衡《和許給事善心戲場轉韻詩》倚跂。

脂之咍平上通押的1個韻段：楊廣《隋秦孝王誄》旗_{之開三}湄_{脂開三}禩_{之開三}恃_{止開三}臺_{咍開一}思_{之開三}茲_{之開三}師_{脂開三}。

　　估，《廣韻》公户切（市税），今音衹有平聲一讀。《夢賦》中"估"與"語主縷補"通押，説明其《廣韻》的音讀是有實際語音根據的。

恃,《廣韻》祇有上聲一讀。嚴可均《全隋文》中《隋秦孝王誄》是上聲"恃"字與"旗湄禩台屍兹師"等平聲字通押;而于安瀾《漢魏六朝韻譜》中《隋秦孝王誄》"恃"字作"持",這樣此處韻段就是同調通押了。

2. 平去通押的韻段(1 個)

該韻段爲脂灰平去通押:薛道衡《和許給事善心戲場轉韻詩》戲_{實開三}鼻_{至開三}騎_{至合三}至_{至開三}翠_{至合三}跂_{實齊三}。

騎,《廣韻》渠羈切(《説文》"跨馬也"),群支齊三;又奇寄切(騎乘,又姓),群實齊三。跂,《廣韻》巨支切(行貌),群支齊三;又丘弭切(踉跂),溪紙齊三;又去智切(垂足坐,又舉足望也),溪實齊三。《和許給事善心戲場轉韻詩》原文"青羊跪復跳,白馬迴旋騎"中"騎"字是"騎馬"義,應讀平聲;"麋鹿下騰倚,猴猿或蹲跂"中"跂"字應讀去聲。此韻段中"騎"字與其他去聲字通押,説明在隋朝時"騎"不祇是作名詞時讀去聲,即使是作動詞時也有人把它誤讀作去聲。

3. 上去通押的韻段(3 個)

魚韻上去通押的 2 個韻段:楊素《贈薛播州詩》處語曙序佇,牛弘《五郊歌·赤帝歌徵音》處舉。

脂之上去通押的 1 個韻段:楊廣《咏鷹詩》裏_{止開三}子_{止開三}擬_{止開三}美_{旨開三}起_{止開三}志_{志開三}。

舉,《廣韻》祇有上聲一讀,《五郊歌·赤帝歌徵音》"舉"字與"處"字爲韻,"處"在《廣韻》中有上去二讀。曙,今音讀上聲,《廣韻》讀去聲御韻;處、語,《廣韻》均有上去二讀,所以《贈薛播州詩》"處語曙序佇"應是去聲獨用,也説明此時"處"字主要讀去聲。

志,《廣韻》祇有去聲一讀,《咏鷹詩》"志"字與"裏子擬美起"等上聲字通押,説明此時"志"字也可能有誤讀爲上聲的情況。

(二)陰聲韻與入聲韻通押

在隋朝詩文用韻中,陰聲韻與入聲韻異調通押的 2 個韻段。

1. 平入通押的韻段(1 個)

該韻段爲平聲尤韻與入聲鐸韻通押:薛道衡《宴喜賦》周_{尤開三}浮_{尤開三}落_{鐸開一}流_{尤開三}。

劉綸鑫主編的《魏晉南北朝詩文韻集與研究》(韻集部分)有此韻段。《宴喜賦》的原文是:"顧謂枚乘曰:予聞氣序環周,人生若浮;補天立地之聖,不能止日光西落;疏土奠川之力,不能停河水東流。"其中入聲"落"字似乎與"周浮流"

等平聲字爲韻,衹是于安瀾的《漢魏六朝韻譜》並不承認此韻段的存在。細尋原文,以《漢魏六朝韻譜》爲是。

2. 去入通押的韻段(1個)

該韻段爲去聲至韻與入聲質術通押:王胄《在陳釋奠金石會應令詩》軼_{質開}三瘁_{至合三}逸_{質開三}出_{術合三}。

瘁,上古從母物部,《廣韻》從母至韻;軼,上古余母質部,《廣韻》余母質韻;逸,上古余母質部,《廣韻》余母質韻;出,上古昌母物部,《廣韻》昌母術韻。在《在陳釋奠金石會應令詩》中,至韻"瘁"字與"軼逸出"三字爲韻。依王力的《漢語語音史》,兩漢時期質物分部,依周祖謨的《兩漢韻部略説》和羅常培、周祖謨《漢魏晉南北朝韻部演變研究》(第一分册),兩漢時期質物兩部合一。實際上,兩漢時期質物兩部的關係,在不同的方言中有不同的體現,不能一概而論。王胄《在陳釋奠金石會應令詩》的用韻情況説明,隋朝的某些方言中,在兩漢時期的屬於質物部的"瘁"字還没有完全演變成中古的去聲至韻字。

(三)陽聲韻異調通押

在隋朝詩文用韻中,陽聲韻異調通押的9個韻段。

1. 平上通押的韻段(1個)

元魂先平上通押的1個韻段:無名氏《禪暇詩》園_{元合三}玄_{先合四}怨_{阮合三}門_{魂合一}。

怨,《廣韻》於袁切(怨讎),影元撮三;又於願切(恨也,《説文》"恚也"),影願撮三。《禪暇詩》原文"善人募授福,惡友樂讐怨"中的"怨"字應讀平聲。

2. 平去通押的韻段(2個)

寒桓平去通押的1個韻段:王胄《言反江陽寓目灞涘贈易州陸司馬詩》干_{寒開}一安_{寒開}一盤_{桓合}一丹_{寒開}一竿_{寒開}一冠_{桓合}一韓_{寒開}一丸_{桓合}一翰_{翰開}一桓_{桓合}一難_{寒開}一漫_{換合}一端_{桓合}一寒_{寒開}一蘭_{寒開}一殘_{寒開}一寬_{桓合}一歡_{桓合}一瀾_{寒開}一歎_{翰開}一。

清韻平去通押的1個韻段:何妥《昭君詞》情并。

冠,《廣韻》古丸切(首飾,《説文》"絭也,所以絭髮弁冕之總名也"。又姓),見桓合一;又古玩切(冠束,《白虎通》曰"男子幼娶必冠,女子幼嫁必笄"。又姓),見換合一。翰,《廣韻》胡安切(天雞羽,有五色),匣寒開一;又侯旰切(鳥羽也、高飛也,亦詞翰;《説文》曰"天雞赤羽也";又姓),匣翰開一。難,《廣韻》那干切(艱也、不易稱也;又木難,珠名;又姓),泥寒開一;又奴案切(患也),泥旱開一。"冠翰難"三字,《廣韻》則均有平去二讀,但在《言反江陽寓目灞涘贈易州陸司馬詩》原文"鮮服鵁鶄冠、彈珠落矯翰、還謠北上難"三句中均用平聲一讀。"干安盤丹韓竿丸桓端寒蘭殘寬歡瀾"等 15 字,《廣韻》均衹有平聲一讀。"歡漫"二字衹有去聲一讀,但此二字在先秦兩漢的韻文中,常常與平聲字通押;在此韻段中與 18 個平聲字通押,説明此時的"歡漫"二字可能還有平聲一讀。

并,《廣韻》府盈切(合也,亦州名,又姓),幫清齊三;又卑政切(專也),幫勁齊三。《昭君詞》原文"今來昭君曲,還悲秋草并"中的"并"字是"合也"之義,應讀平聲。

3. 上去通押的韻段(6 個)

諄仙上去通押的 1 個韻段:無名氏《時人爲何妥蕭夋語》儁獮合三夋震開三。

删先仙上去通押的 1 個韻段:王胄《在陳釋奠金石會應令詩》宴霰開四饌清合二卷獮合三選獮合三。

庚清上去通押的 3 個韻段:薛道衡《隋高祖文皇帝頌》聖勁開三命映開三境梗開三盛清開三,釋僧燦《信心銘》病映開三靜靜開三,釋真觀《夢賦》正勁開三慶映開三聘滂耕/滂勁開三净勁開三柄梗開三咏映合三鏡映開三映映開三命映開三。

罩韻上去通押的 1 個韻段:楊廣《錦石搗流黄》(之二)暗慘。

儁,《廣韻》衹有上聲一讀,現代漢語普通話衹有去聲一讀;夋,《廣韻》衹有去聲一讀。《時人爲何妥蕭夋語》"儁夋"二字通押,此處"儁"字通"儁",即"俊"字。俊,精稕合三。説明"儁"字在隋朝某些方言中有去聲一讀。

宴,《廣韻》於殄切(安也),影銑齊四;又於甸切(安也、息也),影霰齊四。饌,《廣韻》雛鯇切(盤饌),牀潸合二;又士戀切(具食也),牀線撮三。卷,《廣韻》巨員切(曲也),群仙撮三;又求晚切(《風俗傳》云"陳留太守琅邪徐焉改'圈'姓'卷'氏",字異音同),群阮撮三;又居轉切(卷舒,《説文》曰"膝曲也"),見獮撮三;又居倦切(衣卷,曲也,又書卷,今作"卷"),見線撮三。選,《廣韻》思兗切(擇也),心獮撮三;又息絹切(無釋義),心線撮三;又蘇管切(通算),心緩合一。《在陳釋奠金石會應令詩》原文"奠享斯洽,克諧嘉宴;酒溢金罍,肴分玉饌;蕭蕭冠冕,詵詵巾卷;咸資楙德,是稱俊選",此韻段中的"宴饌"2 字應該均讀上聲。

境,《廣韻》衹有上聲一讀,現代漢語普通話衹有去聲一讀,《隋高祖文皇帝頌》"境"字與"聖命盛"等去聲字通押,説明隋朝某些方言"境"字可能有了去聲一讀,衹是《廣韻》失收罷了。

静,《廣韻》衹有上聲一讀,現代漢語普通話衹有去聲一讀,《信心銘》"静"字與去聲"病"字通押,説明此時的"静"字也可能有了去聲一讀。

柄,《廣韻》衹有上聲一讀,現代漢語普通話衹有上聲一讀,《夢賦》"柄"字與"正慶聘咏净鏡映命"等去聲字通押,"柄"字很可能有去聲一讀。

咏,《廣韻》衹有去聲一讀,現代漢語普通話衹有上聲一讀,《隋高祖文皇帝頌》"咏"字與其他去聲字通押,説明此字《廣韻》的去聲一讀是有實際語音根據的。

暗,《廣韻》衹有去聲一讀;慘,《廣韻》衹有上聲一讀,《錦石搗流黄》(之二)"暗慘"爲韻,可能是上去通押,也可能是"暗"此時有上聲一讀,也可能是"慘"字此時在北方有被誤讀爲去聲的情況。

第二節 《顔氏家訓》中語音材料反映的南北聲調情況

一、《音辭篇》反映的南北聲調差異

在《顔氏家訓·音辭篇》中,反映的南北聲調之差異的材料有3條。

1. 將平聲讀爲上聲(2條)

(1)"邪"(原注:音琊)者未定之詞,《左傳》曰:"不知天之棄魯邪,抑魯君有罪於鬼神邪?"《莊子》云:"天邪? 地邪?"《漢書》云:"是邪? 非邪?"之類是也。而北人即呼爲"也"字,亦爲誤矣。難者曰:"《繫辭》云:'《乾》《坤》,《易》之門户邪?'此又爲未定辭乎?"答曰:"何爲不爾,上先標問,下方列德以折之耳!"

邪,《切韻》以遮反,余母麻韻,疑問語氣詞;琊,《切韻》以爲"邪"之俗字。也,《切韻》羊者反,余母馬韻。顔之推認爲北人將"邪"讀爲"也"是錯誤的。此條材料説明,顔之推時代北人有將平聲"邪"字讀爲上聲"也"字之音。

(2)比世有人名"暹",自稱爲"纖";名"琨",自稱爲"袞";名"洸",自稱爲"汪";名"葯"(原注:音藥),自稱爲"獡"(原注:音爍)。非唯音韻舛錯,亦使其兒孫避諱紛紜矣。

琨,《切韻》古渾反,見魂平;袞,《切韻》古本反,見混上。此條材料説明,北人有將平聲"琨"字讀如上聲"袞"字的。參見第一章第一節"《音辭篇》反映的南北聲母差異"部分第(8)條材料的分析。

2. 將去聲讀爲入聲(1條)

夫物體自有精麁,精麁謂之好惡;人心有所去取,去取謂之好惡(原注:上呼號反,下烏故反)。此音見於葛洪、徐邈。而河北學士讀《尚書》云好(原注:呼號反)生惡(原注:於各反)殺①。是爲一論物體,一就人情,殊不通矣。②

精麁謂之好惡,盧文弨注云:"好、惡並如字讀。""好"是"好壞"之"好",《廣韻》呼晧切,曉晧上;"惡"是"美惡"之"惡",《廣韻》烏各切,影鐸入。"去取謂之好惡","好"是"喜好"之"好",《廣韻》呼到切,與原注"呼號反"同屬曉号去;"惡"是"厭惡"之"惡",《廣韻》烏路切,影暮去;原注"於各反",影鐸入。"見於葛洪、徐邈"的"此音",是指"去取謂之好惡"(原注上呼號反,下烏故反)中的"好惡"讀音。"好生惡殺"之"好惡",應讀作"去取謂之好惡"之"好惡",即將"好"字讀作去聲号韻,將"惡"字讀作去聲暮韻。而在顏之推時期北人將"喜好"之"好"讀去聲号韻,將"厭惡"之"惡"讀如入聲鐸韻。顏之推認爲北人將"喜好"之"好"讀去聲号韻是對的(顏氏沒有明說,但從原注可以看出),但"厭惡之惡"讀如入聲鐸韻則是"殊不通矣"。

據顏之推所說,這種區別始於東晉葛洪和徐邈。葛洪,東晉丹陽句容(今江蘇鎮江句容市)人;徐邈雖然是東晉東莞姑幕(今山東安丘市東南)人,但其祖徐澄之已於永嘉之亂時率子弟ń渡江,家於京口(今江蘇鎮江)。可以說,徐邈也算是南人,至少也非常瞭解南人的語音。也就是說,顏之推認爲,"好惡"作"喜好厭惡"講時讀去聲是從南方開始的,北方人這樣讀也是對的,而河北學士依然將"厭惡"之"惡"讀爲入聲鐸韻是"殊不通"的。

二、《書證篇》反映的南北聲調差異

在《顏氏家訓·書證篇》中,反映的南北聲調之差異的材料有 7 條。

1. 將平聲讀成去聲(1 條)

《禮·王制》云:"贏股肱。"鄭注云:"謂摍衣出其臂脛。"今書皆作"攘甲"之"攘"。國子博士蕭該云:"'攘'當作'挼',音宣,'攘'是穿著之名,非出臂之義。"案《字林》,蕭讀是;徐爰音患,非也。

本條所涉各字的語音關係參見第一章第一節"《書證篇》反映的南北聲母差

---

① 於各反,周祖謨《顏氏家訓音辭篇注補》作"於谷切",影母屋韻。參見《問學集》(上冊)第 423 頁。

② 《經典釋文·序録·條例》和張守節《史記正義·論音例》均云:"夫質有精麁,謂之好惡;心有愛憎,謂之好惡。"說與顏氏大致相同。

異"部分第(1)條材料的分析。將"捋"讀若"撮",僅就聲調而論,是將平聲字讀成去聲。並參第五章第一節"《書證篇》反映的南北韻母差異"部分第(6)條材料。

2. 將去聲讀成平聲(1條)

柏人城東北有一孤山,古書無載者,唯闞駰《十三州志》以爲舜納於大麓,即謂此山,其上今猶有堯祠焉,世俗或呼爲"宣務山",或呼爲"虛無山",莫知所出。趙郡士族有李穆叔、季節兄弟、李普濟,亦爲學問,並不能定鄉邑此山。余嘗爲趙州佐,共太原王邵讀柏人城西門內碑。碑是漢桓帝時柏人縣民爲縣令徐整所立。銘云:"山有巏嶅①,王喬所仙。"方知此巏嶅山也。"巏"字遂無所出,"嶅"字依諸字書②,即"旄丘"之"旄"也。"旄"字,《字林》一音亡付反,今依附俗名,當音"權務"耳。入鄴爲魏收説之,收大嘉歎。值其爲《趙州莊嚴寺碑銘》,因云:"權務之精。"即用此也。

本條所涉各字的語音關係參見第一章第一節"《書證篇》反映的南北聲母差異"部分第(7)條材料的分析。北人將"權務山"讀成"虛無山",是將去聲遇韻"嶅務"誤讀爲平聲虞韻"無"字。並參第五章第一節"《書證篇》反映的南北韻母差異"部分第(10)條材料。

3. 將去聲讀成上聲(2條)

(1)《詩》云:"參差荇菜。"《爾雅》云:"荇,接餘也。"字或爲"莕"。先儒解釋皆云:水草,圓葉細莖,隨水淺深。今是水悉有之,黃花似蓴,江南俗亦呼爲"豬蓴",或呼爲"荇菜"。劉芳具有注釋。而河北俗人多不識之,博士皆以參差者是"莧菜",呼"人莧"爲"人荇",亦可笑之甚。

莧,匣元/匣襉開二去,荇,匣陽/匣梗開三上。北人博士呼"人莧"爲"人荇",是將去聲襉韻字讀成上聲梗韻。參見第五章第一節"《書證篇》反映的南北韻母差異"部分第(1)條材料的分析。

(2)《三輔決録》云:"前隊大夫范仲公,鹽豉蒜果共一筩。""果"當作"魏顆"之"顆"。北土通呼物"一由",改爲"一顆","蒜顆"是俗間常語耳。故陳思王《鷂雀賦》曰:"頭如果蒜,目似擘椒。"又《道經》云:"合口誦經聲璨璨,眼中淚出珠子碟。"其字雖異,其音與義頗同。江南但呼爲"蒜符",不

---

① 山,一作"士"。巏嶅,南宋羅泌《路史·發揮》五作"巏嶅"。
② 字書,有的本子作"子書"。

知謂爲"顆"。學士相承讀爲"裏結"之"裏",言鹽與蒜共苞一裏,內菂中耳。《正史削繁音義》又音"蒜顆"爲苦戈反,皆失也。

由,隊合一;顆,戈合一;裏,果合一。就聲調而論,可以透露出如下的信息:第一,顏之推認爲"果"通"顆",是上聲字與平聲字相通。不過,"果"與"顆"相通由來已久。第二,北土通呼"由"爲"顆",是將去聲隊韻字讀爲平聲戈韻字。第三,江南學士相承讀爲"裏結"之"裏",是將上聲"果"字讀爲上聲"裏"字,即按"果"字本音來讀,與北人的讀破爲"顆"、爲"由"(塊)的做法不同。參見第一章第一節"《書證篇》反映的南北聲母差異"部分第(5)條材料、第五章第一節"《書證篇》反映的南北韻母差異"部分第(8)條材料的分析。

4. 將去聲字讀成入聲(1 條)

《詩》云:"有杕之杜。"江南本並木傍施大,《傳》曰:"杕,獨皃也。"徐仙民音徒計反。《説文》曰:"杕,樹皃也。"在木部。《韻集》音"次第"之"第",而河北本皆爲"夷狄"之"狄",讀亦如字,此大誤也。

本條所涉各字的語音關係參見第五章第一節"《書證篇》反映的南北韻母差異"部分第(2)條材料的分析。此條材料説明,顏之推時代北人俗音中有將去聲霽韻讀成入聲錫韻字者。

此外,《書證篇》還有 2 條反映南北朝時期聲調特點的語音材料。

(1)《左傳》曰:"齊侯疥,遂痁。"《説文》云:"痁,二日一發之瘧,店,有熱虐也。"案:齊侯之病,本是間日一發,漸加重乎? 故爲諸侯憂也。今北方猶呼"疥瘧"音"皆"。而世間傳本多以"疥"爲"痎",杜征南亦無解釋。徐仙民音"介",俗儒就爲通云:"病疥,令人惡寒,變而成瘧。"此臆説也。疥癬小疾,何足可論,寧有患疥轉作瘧乎?

本條所涉各字的語音關係參見第五章第一節"《書證篇》反映的南北韻母差異"部分第(3)條材料的分析。北方呼"疥"音"皆",與《廣韻》一致;而世間傳本多以"疥"爲"痎",是將平聲誤作去聲。《經典釋文》"齊侯疥"作"齊侯痎",陸德明説"痎,舊音'戒',梁元帝音該",意思是説南人梁元帝蕭繹又將去聲"痎"讀爲平聲"該",與《廣韻》不同。

(2)世間小學者,不通古今,必依小篆,是正書記,凡《爾雅》《三蒼》《説文》豈能悉得蒼頡本指哉? 亦是隨代損益,各有同異,西晉已往字書,何可全非? 但令體例成就不爲專輒耳。考校是非,特須消息……"覃"字自有

"善"音,輒析成異。如此之類,不可不治。

單,《廣韻》都寒切,端寒開一;又時戰切,禪線開三。善,《廣韻》常演反,禪獮開三。依據《廣韻》,"單"字與"善"字存在聲調的差別(單,去聲;善,上聲)。不過,唐寫本《切韻》殘卷(斯 2071)寒韻"單"字下注都寒反,又常演反,又市連反①,這説明"單"也有上聲常演反一讀。顏之推説"單"有"善"音,是指"單"與"善"均讀常演反,聲韻調均同。據此可知,"單"字去聲一讀應該是《切韻》以後纔産生的。參見第一章第一節"《書證篇》反映的南北聲母差異"部分第(8)條材料、第五章第一節"《書證篇》反映的南北韻母差異"部分第(11)條材料的分析。

第三節　史籍中語音材料反映的北朝聲調情況

一、《魏書》材料反映的聲調現象

1. 將上聲字讀爲平聲

(1)高宗五年冬十月,吐呼羅國遣使朝貢。　　　　　(《高宗紀》)

(2)吐呼羅國,去代一萬二千里。　　　　(《西域傳·吐呼羅》)

吐呼羅,《隋書·西域傳》作"吐火羅"。呼,《廣韻》曉模平,又曉暮去;火,《廣韻》曉果上。《魏書》將"吐火羅"寫作"吐呼羅",是將上聲果韻字讀成平聲模韻或去聲暮韻。參見第五章第二節"《魏書》材料反映的韻部現象"部分"陰聲韻與陰聲韻相混"中第 1 點的分析。

(3)蠻之種類,蓋盤瓠之後,其來自久。　　　　(《蠻傳》)

"盤瓠"即"盤古"。瓠,中古匣模平;古,中古見姥上。《魏書》將"盤古"寫成"盤瓠",是將上聲字讀爲平聲。參見第一章第二節"《魏書》材料反映的聲母現象"部分第 5 點的分析。

2. 將上聲字讀爲平聲,將平聲字讀爲上聲

《魏書》《北史》均有《尒朱榮傳》,《北史·尒朱榮傳》云:"北人語訛,語'尒朱'爲'人主'。"尒,《廣韻》日紙上;人,《廣韻》日真平;朱,《廣韻》章虞平;主,《廣韻》章麌上。北語將"尒"字讀作"人",是將上聲讀作平聲;將"朱"讀作"主",又是將平聲讀作上聲。參見第五章第二節"《魏書》材料反映的韻部現

---

① 參見周祖謨《唐五代韻書集存》第 81、116 頁。

象"部分"陰聲韻與陽聲韻相混"中第 1 點的分析。

3. 入聲字與去聲字相混

《魏書·尒朱兆傳》"兆,字萬仁",《周書·文帝紀》作"吐萬兒",《梁書·陳慶之傳》作"吐没兒"。萬,《廣韻》明願去;没,《廣韻》明没入。此條材料反映的是入聲韻與陽聲韻中去聲字相混。參見第五章第二節"《魏書》材料反映的韻部現象"部分"陽聲韻與入聲韻相混"的分析。

4. 入聲字與平聲字相混

> 爕族弟鴻貴,爲定州平北府參軍,送兵於荆州。坐取兵絹四百匹,兵欲告之,乃斬十人。又疏凡不達律令,見律有梟首之罪,乃生斷兵手,以水澆之,然後斬決。尋坐伏法。時人哀兵之苦,笑鴻貴之愚。(《宋弁傳》)

梟,中古見蕭平;削,中古心藥入。宋弁族弟鴻貴將"梟首"理解爲"削手",似乎是把"削、梟"看成音同,説明此時北地入聲藥韻中的一些字已與平聲蕭韻字讀音相混。參見第一章第二節"《魏書》材料反映的聲母現象"部分第 6 點、第五章第二節"《魏書》材料反映的韻部現象"部分"陰聲韻與入聲韻相混"中第 1 點的分析。

二、《北齊書》材料反映的聲調現象

1. 將平聲字讀成上聲

> (1)八年,徵睿赴鄴,仍除北朔州刺史,都督北燕、北蔚、北恒三州,及庫推以西黄河以東長城諸鎮諸軍事……九年,車駕幸樓煩,睿朝於行宫,仍從還晉陽。　　　　　　　　　　　　　　　　　(《趙郡王琛列傳》)

> (2)六年正月,師次義陽,遇荆州陷,因略地南至郢州,獲梁州刺史司徒陸法和,仍克郢州。　　　　　　　　　　　　　　　(《清河王岳列傳》)

> (3)世宗即位,以保洛爲左廂大都督。後出晉州,加征西將軍。王思政之援潁州,攻圍未克。世宗仍令保洛鎮楊志塢,使與陽州爲掎角之勢。潁川平,尋除梁州刺史。　　　　　　　　　　　　　　(《張保洛列傳》)

> (4)雄從父兄傑,字壽。性輕率,嗜酒,頗有武用。歷給事中、羽林監。從高祖破紇豆陵步藩有功,除鎮東將軍,封樂城縣伯,邑百户。出爲滄州刺史。屬義兵起,歸高祖。從平鄴及破爾朱兆,進爵爲侯。後爲都督,率衆隨樊子鵠討元樹於譙城,平之。仍除南兗州,多所取受,然性果決,吏民畏之。尋加行兗州事。　　　　　　　　　　　　　　(《堯雄列傳》)

> (5)時梁州刺史鹿永吉據州外叛,西魏遣博陵王元約、趙郡王元景神率

衆迎接。顯勒當州士馬邀破之,斬約等,仍與左衛將軍斛律平共會大梁。
拜儀同三司。   (《宋顯列傳》)

以上諸例中的"仍"字,大都可以看成"乃"字。仍,中古日蒸平;乃,中古泥
海上。將"仍"字讀成"乃"字,是將平聲字讀成上聲。參見第一章第二節"《北
齊書》材料反映的聲母現象"部分第 3 點、第五章第二節"《北齊書》材料反映的
韻部現象"部分"陰聲韻與陽聲韻相混"中第 2 點的分析。

2. 將平聲字讀成去聲

破六韓常,字保年,附化人,匈奴單于之裔也。右谷蠡王潘六奚没於
魏,其子孫以潘六奚爲氏,後人訛誤,以爲破六韓。世領部落,其父孔雀,世
襲酋長。孔雀少驍勇。時宗人拔陵爲亂,以孔雀爲大都督、司徒、平南王。
孔雀率部下一萬人降於爾朱榮,詔加平北將軍、第一領民酋長,卒。

                                    (《破六韓常傳》)

"潘六奚"訛誤爲"破六韓"。潘,中古滂桓平;破,中古滂過去。"潘"訛誤
爲"破",是將平聲桓韻字讀爲去聲過韻。參見第五章第二節"《北齊書》材料反
映的韻部現象"部分"陰聲韻與陽聲韻相混"中第 3 點的分析。

3. 將入聲字讀成上聲、平聲

其妻夢猛獸將來向之,敬德走超叢棘,妻伏地不敢動。敬德占之曰:
"吾當得大官。超棘,過九卿也。爾伏地,夫人也。"   (《馬敬德傳》)

棘,中古見職開三入;九,中古見有開三上。伏,中古並屋合三入;夫,中
古幫虞合三平。此段材料表明,馬敬德把"棘"與"九"、"伏"與"夫"看成是音
同或音近。就聲調而論,前者是將入聲字讀成上聲,後者是將入聲字讀成平
聲。參見第一章第二節"《北齊書》材料反映的聲母現象"部分第 2 點、第五章
第二節"《北齊書》材料反映的韻部現象"部分"入聲韻與陰聲韻相混"的
分析。

三、《周書》材料反映的聲調現象

1. 平聲與上聲相混

上洛人都督泉岳、其弟猛略,與拒陽人杜窋等謀翻洛州①,以應東軍。
企知之,殺岳及猛略等,傳首詣闕,而窋亡投東魏。   (《泉企傳》)

謀翻洛州,即"謀反洛州"。翻,《廣韻》孚袁切,平聲元韻;反,府遠切,上聲

---

① 拒陽,諸本皆作"拒陽",武英殿本作"順陽",誤。

阮韻。此處"翻"字通"反",可見,"翻"六朝時期應有上聲一讀,所以"反切"之
"反",六朝隋唐人又作"翻"。

2. 平聲與去聲相混

八月,齊神武襲陷潼關,侵華陰。太祖率諸軍屯霸上以待之。齊神武
留其將薛瑾守關而退。太祖乃進軍討瑾,虜其卒七千,還長安,進位丞相。

（《文帝紀上》）

薛瑾,又作"薛瑜、華長瑜（"華"乃"薛"之訛）、薛長孺、薛長儒",其人可能
名"瑜"字"長瑜",也可能名"長瑜",單稱作"瑜"。儒,《廣韻》曰虞平;孺,《廣
韻》曰遇去。"儒"與"孺"乃是聲調平去不別。參見第一章第二節"《周書》材料
反映的聲母現象"部分第 7 點的分析。

3. 將上聲字讀成平聲

蠻者,盤瓠之後。族類蕃衍①,散處江、淮之間,汝、豫之郡。憑險作梗,
世爲寇亂。　　　　　　　　　　　　　　　　　　（《蠻傳》）

"盤瓠"即"盤古"。瓠,中古匣模平;古,中古見姥上。將"古"字讀成"瓠",
是將上聲字讀成了平聲。《魏書·蠻傳》也有類似的記載②。參見第一章第二
節"《魏書》材料反映的聲母現象"部分第 5 點的分析。

4. 將入聲字讀爲平聲

普回子莫郍,自陰山南徙,始居遼西,是曰獻侯,爲魏舅生之國。九世
至侯豆歸,爲慕容晃所滅。　　　　　　　　　　　（《文帝上》）

侯豆歸,《晉書·慕容皝傳》作"逸豆歸"。侯,《廣韻》匣侯平;逸,《廣韻》余
質入。"侯"作"逸",是將入聲字讀如平聲。參見第一章第二節"《周書》材料反
映的聲母現象"部分第 6 點的分析。

5. 將入聲字讀如去聲

魏恭帝初,賜姓普六如氏,行同州事。　　　　（《楊忠傳》）

普六如,《魏書·官氏志》作"普陋茹"。六,《廣韻》來屋入;陋,《廣韻》來候
去。"陋"作"六",是將入聲字讀如去聲。參見第五章第二節"《周書》材料反映
的韻部現象"部分第 3 點的分析。

----

① 蕃,宋本作"番",誤。
② 不過,今本《魏書·蠻傳》是後人增補的。

第四節　《齊民要術》音注材料反映的
北朝後期聲調情況

一、陰聲韻中聲調混同者

1. 平聲與上聲相混者（4 條）

（1）卷一《種穀》第三"今墮車、下馬看……山蔵……此二十四種,穗皆有毛,耐風,免雀暴","蔵"字下小注"粗左反"。蔵,《廣韻》昨何切,從歌開一平;"粗左反",清哿開一上。

（2）卷十《五穀、果蓏、菜茹非中國物産者》"桃"條"上有二神人:一曰'荼',二曰'鬱櫑',主領萬鬼","櫑"字下小注"音壘"。櫑,《廣韻》《集韻》均無,《字彙》魯猥切,來灰平;壘,來旨上。

（3）卷十《五穀、果蓏、菜茹非中國物産者》"藤"條"蒟著枝閒間","蒟"字下小注"側九反"[1]。蒟,《廣韻》側鳩切,莊尤開三平;"側九反",莊有開三上。

上述 3 條小注將平聲字讀成上聲。

（4）卷十《五穀、果蓏、菜茹非中國物産者》"檳榔"條"洪洪腫起,若瘣木焉",在"瘣"字下小注"黃圭反,又音回"。瘣,《廣韻》胡罪切,匣賄合一上;"黃圭反",匣齊合四平;又音"回",匣灰合一平。該條小注將上聲字讀成平聲。

2. 平聲與去聲相混者（2 條）

（1）卷十《五穀、果蓏、菜茹非中國物産者》"莓"條,標目下小注"亡代反"。莓,《廣韻》莫杯切,明灰開一平;"亡代反",微代開一去。小注將平聲字讀成去聲。

（2）卷三《雜説》第三十"潄生衣絹法","潄"字下小注"素鉤反"。潄,《廣韻》所佑切,山宥開三去;"素鉤反",心候開一平。小注將去聲字讀成平聲。

3. 上聲與去聲讀相混者（2 條）

（1）卷五《種榆白楊》第四六"白楊……終不曲撓","撓"字下小注"奴孝切"。撓,《廣韻》奴巧切,泥巧開二上;"奴孝切",泥效開二去。

（2）卷十《五穀、果蓏、菜茹非中國物産者》"菜茹"條"薏"下小注"胡對

---

[1]　《百子全書》本作"徂九反",從有開三。繆啓愉本作"側九反",並謂《太平御覽》引作"側尤切",但"側九切、側尤切"均誤,應作"側丸切"。該説似不可取。參見《齊民要術校釋》(第二版)第814頁注⑬。

反"。葟,《廣韻》袪豨切,溪尾開三上;"胡對反",匣隊合一去。

上述兩條小注均將上聲字讀成去聲。

二、陽聲韻中聲調混同者

1. 平聲與上聲相混者(1 條)

卷五《種榆白楊》第四六"亦任生長,務使掌近",石聲漢《齊民要術今釋》"掌"字下小注"杜康反"①。掌,《廣韻》諸兩切,章養開三上;"杜康反",定唐開一平。小注將上聲字讀成平聲。

2. 平聲與去聲相混者(1 條)

卷八《蒸魚法》第七十七"復以穄屈牖篸之","篸"字下小注"祖咸反"。篸,《廣韻》作紺切,精勘開一去;"祖咸反",精咸開二平。小注將去聲字讀成平聲。

3. 上聲與去聲相混者(3 條)

(1)卷九《餳餔》第八九"饊、飴、餳","饊"字下小注"生但反"。饊,《廣韻》蘇旱切,心旱開一上;"生但反",山翰開一去。

(2)卷九《餅法》第八二"治麵砂墋法","墋"字下小注"初飲反"。墋,《廣韻》初朕切,初寢開三上;"初飲反",初沁開三去。

(3)卷九《煮醲酪》第八五"其大盆盛者,數捲亦生水也","捲"字下小注"居萬反"。捲,《廣韻》居轉切,見獮合三上;"居萬反",見願合三去。

上述 3 條小注均將上聲字讀成去聲。

三、陰聲與入聲聲調混同者

1. 平聲與入聲相混者(1 條)

卷三《種葱》第二一"以批契繼腰曳之","批"字下小注"蒲結反"。批,《廣韻》匹迷切,滂齊開四平;"蒲結反",並屑開四入。小注將平聲字讀成入聲。

2. 去聲與入聲相混者(3 條)

(1)卷二《大小麥》第十"則薄漬麥種以酢漿並蠶矢","酢"字下小注"且故反"。酢,《廣韻》在各切,從鐸開一入;"且故反",清暮開三上。小注將入聲字讀成去聲。

(2)卷八《脯腊》第七五"作浥魚法"中"凡生魚悉中用唯除鮎鱯","鮎鱯"下小注"下胡化切"。鱯,《廣韻》胡麥切,匣麥合二入;"胡化切",匣禡開四去。小注將入聲字讀成去聲。

---

① 參見石聲漢《齊民要術今釋》第 426—427 頁。

（3）卷五《種紅藍花梔子》第五二“乃至粉乾足，手痛援勿住”，“足”字下小注“將住反”。足，《廣韻》即玉切，精燭入；又將喻切，與小注同屬精遇去。從該條小注與被注字語音關係可以看出去聲與入聲的關係，也可以看出《廣韻》又音是有實際語音根據的。

另有卷一《種穀》第三“二月上旬及麻菩楊生種者爲上時”，“菩”字下小注“音倍、音勃”。菩，《廣韻》蒲北切，並德開一入；又音“蒲”，並模合一平。倍，並海開一去；勃，並没合一入。須要指出的是，石聲漢和繆啟愉均認爲該處的“菩”字借作“勃”，石先生認爲“麻勃”是麻開花，繆先生認爲“麻勃”是大麻子發芽，是萌發。小注“音倍”一音，是將入聲字讀成去聲；“音勃”一音，是將平聲字讀成入聲。還有一種可能，小注入聲一音與《廣韻》入聲一音是德韻、没韻的差別，非入聲一音是海韻、模韻的差別。

四、陰聲韻與陽聲韻異調相混者

卷二《種麻》第八“麻欲得良田，不用故墟”小注“故墟亦良，有點葉夭折之患，不任作布也”，小注“點”字下又注“丁破反”。點，《廣韻》多忝切，端忝開四上；“丁破反”，端過合一去。小注將上聲字讀成去聲。

主要參考文獻

一、古代典籍類

（北齊）魏　收《魏書》，中華書局 1974 年第 1 版。

（唐）李百藥《北齊書》，中華書局 1972 年第 1 版。

（唐）李延壽《北史》，中華書局 1974 年第 1 版。

（唐）令狐德棻《周書》，中華書局 1971 年 5 月第 1 版。

（清）嚴可均《全上古三代秦漢三國六朝文》，中華書局 1958 年 12 月第 1 版。

（清）法偉堂《法偉堂經典釋文校記遺稿》，華東師範大學出版社 2010 年第 1 版。

黃　焯《經典釋文彙校》，中華書局 1980 年第 1 版。

姜亮夫《瀛涯敦煌韻書卷子考釋》，浙江古籍出版社 1990 年第 1 版。

逯欽立《先秦漢魏晉南北朝詩》，中華書局 1983 年 5 月第 1 版。

繆啟愉《齊民要術校釋》（第二版），中國農業出版社 1998 年第 1 版。

石聲漢《齊民要術今譯》，中華書局 2009 年第 1 版。

吳承仕《經典釋文序錄疏證、經籍舊音序錄、經籍舊音辨證》，中華書局 2008 年第 1 版。

王利器《顏氏家訓集解》（增補本），中華書局 1993 年第 1 版。

周祖謨《唐五代韻書集存》，中華書局 1983 年第 1 版。

張金泉、許建平《敦煌音義匯考》，杭州大學出版社 1996 年第 1 版。

二、學術論著類

阪井健一《魏晉南北朝字音研究》,日本汲古書院 1975 年第 1 版。

丁邦新《魏晉音韻研究》,臺灣中央研究院歷史語言研究所 1975 年第 1 版。

馮　蒸《馮蒸音韻論集》,學苑出版社 2006 年第 1 版。

葛劍雄《簡明中國移民史》,福建人民出版社 2008 年 9 月第 1 版。

葛毅卿《隋唐音研究》,南京師範大學出版社 2003 年 8 月第 1 版。

胡阿祥《六朝疆域與政區研究》(增訂本),學苑出版社 2005 年第 1 版。

胡阿祥《東晉南朝僑州郡縣與僑流人口研究》,江蘇教育出版社 2008 年 9 月第
　　1 版。

李新魁《漢語音韻學》,北京出版社,1986 年第 1 版。

李新魁《李新魁語言學論集》,中華書局,1994 年第 1 版。

李新魁《李新魁音韻學論集》,商務印書館,2009 年第 1 版。

李　榮《切韻音系》,科學出版社 1956 年第 1 版。

李　榮《音韻存稿》,商務印書館 1982 年第 1 版。

魯國堯《魯國堯語言學論文集》,江蘇教育出版社 2003 年第 1 版。

劉倫鑫《魏晉南北朝詩文韻集與研究》(韻集部分),中國社會科學出版社 2001
　　年第 1 版。

羅常培《羅常培語言學論文集》,商務印書館 2004 年第 1 版。

羅常培《經典釋文音切考》,中華書局 2012 年第 1 版。

羅常培、周祖謨《漢魏晉南北朝韻部演變研究》,中華書局 2007 年第 1 版。

施向東《音史尋幽》,南開大學出版社 2009 年第 1 版。

邵榮芬《經典釋文音系》,臺北學海出版社 1995 年第 1 版。

邵榮芬《切韻研究》(校訂本),中華書局 2008 年第 1 版。

邵榮芬《邵榮芬音韻學論集》,首都師範大學出版社,1997 年第 1 版。

邵榮芬《邵榮芬語言學論文集》,商務印書館,2009 年第 1 版。

沈建民《經典釋文音切研究》,中華書局 2007 年第 1 版。

萬獻初《經典釋文音切類目研究》,商務印書館 2004 年第 1 版。

王　力《龍蟲並雕齋文集》(第一册),中華書局 1980 年第 1 版。

王　力《龍蟲並雕齋文集》(第三册),中華書局 1982 年第 1 版。

俞　敏《俞敏語言學論文集》,商務印書館 1999 年第 1 版。

于安瀾《漢魏六朝韻譜》,河南人民出版社 1989 年第 1 版。

周祖謨《問學集》(上册),中華書局 1966 年第 1 版。

周祖謨《魏晉南北朝韻部之演變》,臺灣東大圖書出版公司 1996 年第 1 版。

周祖謨《文字音韻訓詁論集》,北京大學出版社 2000 年第 1 版。

周祖庠《篆隸萬象名義研究》,寧夏大學出版社 2001 年第 1 版。

後 記

　　我在完成《兩漢韻部與聲調研究》(巴蜀書社,2007)後,就着手考察"兩漢時期的聲母系統"。按着最初的設想,我準備先完成"兩漢語音系統"研究,然後沿流而下,再在南北朝時期語音的研究方面做一些工作,以便把對上古語音的研究和對《切韻》的考察貫穿起來。恰巧在此期間申請到江蘇省社會科學2008年度重點項目"北朝通語語音研究"(批准號:0805109)這一課題。隨着時間的推移,與出版社簽訂的《兩漢聲母系統研究》出版合同期限漸近,江蘇省社科項目的結項也迫在眉睫,祇好日夜兼程,將這兩項工作同時進行,所以《兩漢聲母系統研究》和《北朝通語語音研究》這兩部書稿的初稿幾乎是同時完成的。《兩漢聲母系統研究》出版後(上海古籍出版社,2012),纔得以集中精力修改補充《北朝通語語音研究》的書稿。經過三年多的努力,終於將《北朝通語語音研究》的書稿修改完畢。

　　在本書中,本人在如下幾個方面做了努力嘗試:

　　第一,以往的相關研究,均是把北朝的語音研究放在南北朝語音研究之中一起討論的。本書將反映北朝時期的語音材料獨立出來考察,並按北魏、北齊、北周、隋朝四個時段分別討論,目的性更爲突出。

　　第二,以往的相關研究,重在探討韻部的分合演變方面,對於聲母和聲調大多是存而不論。本書除對北朝時期的韻部分合情況按時段進行討論外,也對北朝時期的聲母、聲調情況進行研究説明。

　　第三,以往的相關研究,所使用的主要是詩文用韻材料。本書除了沿用這一傳統的做法外,還對與北朝有關的子史材料、音注材料進行了較爲全面的整理使用,尤其是在討論北朝時期的聲母特點時,主要依據這些材料。

　　第四,本書對所討論的問題,不祇是簡單地羅列材料,還對材料所反映的語音現象進行歸納概括,對特殊的語音材料所反映的語音現象進行解釋説明,儘量將北朝語音特點與《切韻》音系聯繫起來討論。

第五,本書對於所討論的問題,一律作窮盡性分析,用統計數字説話,避免以偏概全、舉例式的説明。

在討論詩文用韻情況時,爲了避免相同材料在討論相同問題時重複出現,我們儘量將有關聯的韻放在一起討論,如將魚虞模尤侯幽歌戈麻九韻放在一節中討論,將真諄臻文欣魂痕元寒桓删山先仙十四韻放在一節中討論,將屋沃燭覺藥鐸陌麥昔錫職德十二韻放在一節中討論,等等。這樣,就造成了各個章節篇幅的不平衡。如《切韻》中的蕭宵肴豪四韻,雖然在魏晉南朝時期有一些與魚虞模尤侯幽通押的韻段,但在整個北朝時期幾乎未見與他韻通押的韻段,在後來的發展中也與他韻很少牽連,所以祇好將蕭宵肴豪四韻單獨放在一節討論。《切韻》中的蒸登二韻在整個南北朝時期入韻均不多,且與庚耕清青四韻通押的現象不太頻繁,但在後來的發展中與庚耕清青合流,所以我們將此六韻放在一節,但在討論時還是分開討論的。至於《切韻》中的祭泰夬廢四韻,與相關的陰聲韻支脂之微齊佳皆灰咍九韻和入聲韻質術櫛物迄没月曷末鎋黠屑薛十三韻均有牽連,放在哪裏討論均不方便,所以也祇好將此四韻獨立爲一節。

在討論北朝語音時,爲了能對北朝語音的來龍去脈有個把握,我們曾對反映魏晉和南朝語音的材料進行全面整理分析,限於篇幅和課題研究的範圍,大量的材料無法全面引入本書,有些南北語音特點的比較也無法具體展開。許多地方祇能用統計數字説明各韻之間的分合情況。這些材料將在我們的另一課題"南北朝時期方音研究"(江蘇省社科 2014 年度重點項目,批准號:1405059)中充分使用。

中華書局語言文字編輯室主任秦淑華女士和編輯張可女士爲本書的出版付出了大量的心血,使本書的質量有了很大的提升,在此對二位表示深深的謝意!

臺灣聲韻學會理事長竺家寧先生和導師李開先生百忙之中分別賜序指教鼓勵,在此深表謝忱!本人作爲一名漢語音韻學的普通愛好者,對兩位先生的獎掖之語愧不敢領,祇好將兩位前輩的鼓勵作爲自己前行的動力。

劉冠才於南京師範大學文學院

2015 年 11 月 5 日